АВТОБИОГРАФИЯ НАШЕЙ ЭПОХИ

КНИГА №1 ПО ВЕРСИИ

NEW YORK TIMES

Вместо предисловия	5
Глава 1 Моя Америка	8
Глава 2 Лимб	94
Глава 3 Отец народов	131
Глава 4 «Поедемте в Англию…»	189
Глава 5 О соснах и телеграфных столбах	235
Глава 6 Дракон, Ящеры и Время Жабы	306
Глава 7 Прорыв	349
Глава 8 Возвращение	397
Глава 9 Прощание с иллюзиями	426
Послесловие	435
Эпилог	456

ПОСВЯЩАЕТСЯ МОИМ РОДИТЕЛЯМ
GERALDINE LUTTEN
ВЛАДИМИРУ АЛЕКСАНДРОВИЧУ ПОЗНЕРУ

Как на проводе пичужка,
Как в полуночном хоре пьянчужка
На свой лад быть свободным хотел.

Леонард Коэн

По крайней мере я попытался.

Рендал Патрик МакМэрфи
в фильме «Пролетая над гнездом кукушки»

ВМЕСТО предисловия
19 ноября 2008 г.

Кажется, это было в 1987 или 1988 году. Я тогда познакомился с Брайаном Каном, сыном известного американского журналиста, писателя и общественного деятеля Альберта Кана, с которым приятельствовал мой отец, когда, живя в Америке, работал в кинокомпании MGM. Кан-старший был коммунистом, горячим сторонником СССР, и сын его, Брайан, побывал раз или два в знаменитом лагере «Артек». Во времена маккартизма его отца занесли в черные списки и лишили работы. Взгляды и опыт отца не могли не повлиять на формирование Брайана, который хоть и не стал коммунистом, но придерживался левых либеральных взглядов. Время от времени он приезжал в страну, поначалу представлявшуюся ему мечтой человечества, но и потом, когда его постигло разочарование (замечу в скобках, это случилось со множеством подобных людей, уверовавших в свое время в Советский Союз), он не терял с ней связи.

Если мне не изменяет память, наше с ним знакомство произошло благодаря его приезду на Московский международный кинофестиваль, куда он привез свой документальный фильм о советско-американском сотрудничестве по спасению, кажется, сибирского журавля. Словом, мы встретились, стали общаться, и в какой-то момент Брайан сказал, что мне следует написать книжку о своей жизни. Я ответил, что мне некогда, и он предложил приходить ко мне домой каждый день часа на два-три, задавать мне вопросы, записывать ответы на диктофон, затем расшифровать и разбить все это на главы. Я согласился, но с условием, что стану говорить только о политической стороне моей жизни, а не о личной. На том и договорились. Записав кассет сорок, Брайан уехал к себе в Монтану, откуда через два или три месяца прислал распределенный по главам текст. Я по нему слегка прошелся, сообщил Брайану, что тот может искать издателя, и забыл думать об этом.

Прошло еще месяца три, прежде чем Брайан позвонил:

— Владимир, я показал эту рукопись одному замечательному редактору, приятелю моего отца, и он сказал, что хотя это очень интересно, ни один издатель не захочет опубликовать ее в таком виде — без какой-либо информации о тебе, о твоей личной жизни, понимаешь?

— Ладно, Брайан, я подумаю, — ответил я ему.

И приступил к написанию книжки заново, выбросив все, что мне прислал Брайан. Писал я года два, как помнится, после чего отправил рукопись знакомому американскому литературному агенту Фреду Хиллу. Прочитав книжку, Фред позвонил мне, сказал, что она понравилась ему и что он свяжется со мной, когда найдет издателя.

Спустя два месяца он сообщил:

— Владимир, я сделал нечто такое, что литературные агенты редко делают, — я послал твою рукопись сразу семи самым крупным издательствам Америки.

— И что?

— А то, что все семь ответили отказом — некоторые сразу, некоторые потом, но отказались.

Помню, как при его словах я испытал одновременно два чувства: разочарование и облегчение.

— Значит, это конец?

— Нет, это значит, что твоя книжка станет бестселлером.

— ?

— Да-да, наберись терпения.

Я не знал что и подумать, но вскоре Фред позвонил с радостной новостью: издательство The Atlantic Monthly Press купило права на публикацию моей книжки и готово выплатить мне сто тысяч долларов. Сумма меня потрясла. Моим редактором должна была стать некая Энн Годофф (замечу в скобках, что это издательство хотя и не числится среди крупнейших, имеет очень высокую репутацию в литературных кругах — я это знал; чего я не знал, так это того, что Годофф считалась — да и считается — одним из самых знающих и сильных литературных редакторов США. Ныне она возглавляет издательство Penguin Books).

Книжка вышла в 1990 году и — к изумлению всех, кроме Фреда Хилла, — вскоре попала в престижнейший список бестселлеров газеты The New York Times; продержалась она там в течение двенадцати недель.

Как вы, возможно, догадались, я написал эту книгу по-английски. Я рассудил так: поскольку моя сознательная жизнь началась с английским языком, я и напишу книжку на нем, а потом сам переведу ее на русский.

Книга, однако, далась мне с огромным трудом, со страданиями. Она меня совершенно измотала, и наконец закончив ее, я и подумать не мог о том, чтобы взяться за русскоязычный вариант. «Подожду немного, отдохну, — говорил я себе, — и затем примусь за перевод». Мысль о переводе меня никогда не оставляла. Многие советовали мне отдать ее на сторону, но это было невозможно: слишком личное, я бы даже сказал, интимное содержание не позволяло мне доверить ее кому бы то ни было. Шли годы. Несколько раз я брался переводить и каждый раз бросал, так по существу и не начав. Прошло восемнадцать лет, и вот наконец я книжку перевел. Дав ей отлежаться некоторое время, я с чувством выполненного долга стал читать русский вариант... и ужаснулся: я понял, что в таком виде она выйти не может. Столько всего произошло в моей жизни за эти восемнадцать лет, столько изменилось в моих взглядах, столько из того, что казалось мне верным тогда, сегодня верным не кажется... Как быть? Можно было, конечно, «осовременить» текст, так сказать, подправить его, и тогда мой читатель поразился бы тому, что я еще восемнадцать лет назад был необычайно прозорлив...

Я решил оставить книжку такой, какой она была. Но при этом снабдить каждую главу своего рода комментариями к написанному, комментариями, отражающими мои сегодняшние взгляды, — эдаким хождением взад-вперед во времени.

Что получилось и получилось ли — не знаю. Но этого не знает никто из тех, кто пытается свои мысли выразить словами и положить их на бумагу.

ГЛАВА 1. моя америка

Я совершенно ясно помню один день из детства. На чердаке загородного дома друзей моей матери я играл — тянул за веревку деревянную лодку. Собственно, я хотел отвязать лодку, но узел не поддавался, хоть я и старался развязать его изо всех сил. Мне скоро стало ясно, что во всем виновата лодка. Шваркнув ее об пол, я стал пинать ее. Я был вне себя от гнева. Тут появилась мама.

— Почему бы тебе не пойти вниз? — предложила она. — Там есть один господин, который очень хорошо развязывает узлы.

Я спустился и увидал мужчину, сидевшего на диване. Быть может, мне изменяет память, но я и сейчас вижу его глаза: желтовато-зеленоватые, чуть насмешливо на меня смотрящие. Правда, меня это нимало не заботило. Я подошел к нему, поздоровался и попросил помочь мне развязать узел. Он сказал:

— Что ж, попробую, — взял кораблик и стал возиться с веревкой. Я наблюдал за ним крайне внимательно, и почему-то сильное впечатление произвело на меня небольшое вздутие, которое я заметил на безымянном пальце его левой руки. Он легко расправился с узлом, отчего я почувствовал себя неумехой, и отдал мне кораблик. Я поблагодарил его. А мама сказала:

— Это твой папа.

Он приехал в Америку, чтобы увести нас назад во Францию. Мне было пять лет.

Не помню, чтобы эта встреча тогда произвела на меня впечатление. Не помню также, чтобы я особенно скучал по отсутствовавшему отцу в течение первых пяти лет своей жизни. Раньше у меня не было папы, а теперь он появился, вот и все. Двигаясь по туннелю времени к тому далекому дню, я не ощущаю волнения: ни мороза по коже, ни холодка в животе — нет ничего, говорящего о том, что память задела и разбудила какое-то спящее чувство.

Мне 5 лет. Детский сад в Париже

8 Владимир Познер

И все же, этот день был для меня судьбоносным. Не приехал бы за нами папа — и моя жизнь пошла бы по совершенно другому руслу.

* * *

Моя мать, Жеральдин Нибуайе Дюбуа Люттен, была француженкой. Она, ее брат и три сестры родились в благородной семье, предка которой сам Наполеон наградил баронством за верную службу. Дворянский титул вскоре стал частью семейных легенд и толкований, событием громадного значения. Я проникся подлинным пониманием сего лишь в 1980 году, когда двоюродный брат моей матери пригласил меня с супругой на ужин в свой парижский дом. Мы были введены в комнату, и нам представили портрет «прапрапрапрадеда», а также баронскую грамоту, висевшую рядом в позолоченной раме, с такой торжественностью и благоговением, будто речь идет о Святом Граале.

Моя мать относилась к баронскому титулу с иронией и куда больше гордилась другим своим предком, первой великой суфражисткой Франции Эжени Нибуайе. Когда в 1982 году был выпущен спичечный коробок с ее изображением на этикетке, да еще с цитатой из ее работы 1882 года «Голос женщин», это вызвало у мамы настоящий восторг.

Наша семья удовлетворяла как тщеславие одних своих членов, так и общественный темперамент других и в этом смысле соответствовала самым разнообразным вкусам, но одного ей явно не хватало: денег. Именно это привело к тому, что моей бабушке, женщине поразительной красоты и великолепного образования, не получившей от родителей в наследство ничего и дважды овдовевшей к тридцати пяти годам, пришлось в одиночку добывать хлеб насущный для себя и для пятерых своих детей. Это проявилось в самой разнообразной деятельности — от управления замком для приема богатых туристов во Франции до обучения хорошим манерам и французскому языку перуанских барчуков в Лиме. Мама на всю жизнь запомнила переход через Анды — тогда она болталась в корзине, привязанной к спине ослика, и глядела вниз в бездонные пропасти. Быть может, именно тогда, в возрасте трех или четырех лет, она обрела страх высоты, от которого не избавилась до конца жизни.

Рауль Дюбуа, скорее всего, мой дедушка

Эжени Нибуайе, моя бабушка со стороны мамы, и ее первый муж Эрик (?) Люттен

Бабушка незадолго до смерти

Дети, перебираясь из страны в страну, получали лишь поверхностное образование и в конце концов были размещены матерью в школы-интернаты. Моя мама попала в школу при католическом женском монастыре в городе Дамфризе в Шотландии. Завершив там учебу, она вернулась в Париж, где устроилась работать монтажером во французском филиале американской кинокомпании Paramaunt. Вскоре она встретила моего отца.

Сказать, что его семейные обстоятельства отличались от ее, значит не сказать ничего. По сути дела, они не сходились ни в чем. Предки отца, испанские евреи, еще в пятнадцатом веке бежали от инквизиции и остановились, лишь достигнув города Познани, где и осели — отсюда фамилия Познер. Через несколько веков, уже после того, как Польша стала частью Российской империи, один из более предприимчивых представителей рода Познеров пришел к выводу, что в централизованном государстве выгоднее всего жить в центре, то есть в Санкт-Петербурге, и отправился туда. Насколько мне известно, один из его не менее сообразительных потомков, прикинув, что в России явно лучше быть русским и православным, нежели евреем, стал выкрестом, тем самым одарив эту ветвь клана привилегией считаться русской и, что более существенно, освободив ее от традиционной для России дискриминации евреев.

* * *

Может быть так, а может, и нет. Через несколько лет после выхода книги я разговаривал со старшей сестрой отца, Еленой Александровной Вильга (по мужу), которая горячо доказывала мне, что никаких выкрестов в семье не было.

УДК 821.161.1-31
ББК 84(2Рос=Рус)6-4
П47

П47 **Познер В. В.**
Прощание с иллюзиями / Владимир Познер. — М.: Астрель, 2012. — 480 [16] с., ил.

ISBN 978-5-271-40978-3 (ООО «Издательство Астрель», переплет)
ISBN 978-5-271-41210-3 (ООО «Издательство Астрель», суперобложка)

Книгу «Прощание с иллюзиями» Владимир Познер написал двадцать один год тому назад. Написал по-английски. В США она двенадцать недель держалась в списке бестселлеров газеты New York Times. Познер полагал, что сразу переведет свою книгу на русский, но, как он говорил: «Уж слишком трудно она далась мне, чуть подожду». Ждал восемнадцать лет — перевод был завершен в 2008 году. Еще три года он размышлял над тем, как в рукописи эти прошедшие годы отразить. И только теперь, по мнению автора, пришло время издать русский вариант книги «Прощание с иллюзиями».

УДК 821.161.1-31
ББК 84(2Рос=Рус)6-4

© Познер В. В., 2011
© ООО «Издательство Астрель», 2011

Владимир Познер

Прощание с иллюзиями

Астрель
Москва

Лёля — так звали ее близкие — была совершеннейшей атеисткой, как и все члены семьи, но, уехав из Нью-Йорка во Флоренцию в начале шестидесятых, стала активисткой местной русской православной церкви, хотя и продолжала отрицать существование бога (пишу со строчной буквы, поскольку и я атеист). Лёля никогда не стеснялась своего еврейства (в отличие от своей младшей сестры Виктории и моего отца), но абсолютно игнорировала все правила поведения, которые должен соблюдать правоверный иудей. Когда года за два до своей смерти она тяжело заболела, ее хотели разместить в еврейской клинике (там лечат бесплатно и на высшем уровне), для чего потребовалось предъявить бумаги, подтверждающие, что она еврейка. Таковых, понятно, не было. Пришлось дать небольшую взятку одному нью-йоркскому раввину, который в письменном виде засвидетельствовал, что Лёля, живя в Нью-Йорке с 1925 по 1962 год, регулярно ходила в синагогу и соблюдала все еврейские праздники. В больницу ее взяли. Там она и умерла. Она похоронена во Флоренции на еврейском кладбище.

Виктория, она же Тото, тоже отрицала наличие выкрестов в семье. О том, что дед был выкрестом, утверждал, насколько мне помнится, его сын — мой отец. Кстати, о семье отца: его бабушка с материнской стороны родилась в Кронштадте, что опять-таки не вписывается ни в какие правила, поскольку Кронштадт являлся военно-морской базой и евреям там не было места. Впоследствии она держала фотомагазин на Невском (дом 66), и многие фотографии из этой книги обязаны ей своим появлением.

И еще: мои две тети, Елена и Виктория Александровны, выведены в сказке Корнея Ивановича Чуковского «Крокодил» в качестве детишек Лелёши и Тотоши,

Моя мама еще до знакомства с моим папой. Париж

Мой прапрадед с мамимой стороны, знаменитый юрист, кавалер ордена Почетного легиона Жан Полен Нибуайе.

Шато, которое снимала моя бабушка, чтобы сдавать его богатым гостям

Прощание с иллюзиями

Мой дед, Александр Познер, со старшей дочерью Еленой, она же моя будущая тетя Лёля

Моя прапрабабушка со стороны отца Мария Перл

Елена Александровна Познер (тетя Лёля)

так что я могу гордиться тем, что являюсь племянником двух увековеченных теток. Кто прав — не знаю, но каким образом мог мой дед Александр Познер, еврей, учиться в Питере в престижном высшем учебном заведении (Институте инженеров путей сообщения), а потом состоять на царской службе — не понимаю. К сожалению, больше не у кого спрашивать: нет уже никого, кто мог бы пролить свет на эту историю, а пока они были живы, я не очень-то интересовался. Вот как странно! Пока наши родители и близкие рядом с нами, мы мало интересуемся их жизнью, их прошлым. Видимо, нам подсознательно кажется, что они навсегда останутся подле нас. Либо в своей гордыне мы уверены, что нам и так все известно, все доступно... А потом... А потом поздно, поздно, поздно.

* * *

Словом, мой отец рос в типично русской интеллигентской среде, в которой терпимость, открытость взглядов и жаркие споры по всякому поводу были такой же частью ежедневного «меню», как и утренняя гречневая каша. Когда Февральская революция 1917 года привела к отставке царя, а за ней последовал ноябрьский большевистский переворот, Познеры, как и большинство русских интеллектуалов, этому горячо аплодировали.

Мой отец и две его сестры учились в одной из лучших гимназий столицы — Тенешевской, не подпадая под пятипроцентную «еврейскую» квоту. Точно так же, как не подпал под нее их отец, мой дед, окончивший Институт инженеров путей сообщения, одно из самых престижных высших учебных заведений страны, куда евреям путь был заказан. Позже он был направлен лично Николаем II в США с двумя заданиями: закупать оружие для России и изучать мостостроительное дело. Почему-то мне кажется, что мои предки с отцовской стороны были рады освободиться от своего еврейства. Мой отец никогда не выказывал ни малейшей причастности к еврейскому миру. Он

Моя бабушка Елизавета Перл

Мой дед, Александр Познер. Санкт-Петербург, 1905 г.

Мой папа в матроске, с двумя сестрами, Лёлей и Тото. Санкт-Петербург, 1916 г.

Моя прапрабабушка Мария Перл, с моим отцом и двумя тетями. Женщины в заднем ряду мне неизвестны. Санкт-Петербург

Мой дед Александр с матерью. Санкт-Петербург

Мои прапрадед Виктор Иванович Перл и прапрабабушка Мария Мироновна.

свободно изъяснялся на нескольких языках, но не знал идиша, не говоря об иврите. Ни он, ни его сестры не проявляли интереса к еврейской истории и культуре. Познеры были атеистами (полагаю, что выкрест-родоначальник был побуждаем в своем решении помыслами не религиозного толка), что, впрочем, совершенно не мешало им праздновать Пасху — с крашением яиц и поеданием куличей домашней выпечки, равно как и Пейсах — с поглощением рыбы-фиш и прочей сугубо еврейской снеди. Эта готовность отмечать религиозные праздники по форме, но не по содержанию представляется мне вполне типичной чертой русской интеллигенции. Советские люди с энтузиазмом празднуют Пасху и по григорианскому календарю, по которому живет почти весь мир, и по юлианскому, по которому живет Русская православная церковь, не говоря о еврейском Пейсахе, и подобного я не встречал больше нигде. То же относится и к Рождеству, которое празднуется и 25 декабря, и 7 января. Понятно, что в стране атеистической эти религиозные праздники не являются официальными, но большинство выпивающих и закусывающих по этим дням тоже не сильно верующие.

С другой стороны, Новый год считается в СССР государственным праздником и отмечается 31 декабря... что не мешает населению чествовать и старый Новый год 13 января.

* * *

С тех пор мало что изменилось в отношении готовности жителей России праздновать все что угодно, лишь бы выпить и закусить. Однако есть одно изменение весьма принципиальное: роль Русской православной церкви и место, которое ей отведено сегодня. Еще во времена Бориса Николаевича Ельцина РПЦ стала занимать все более заметное положение, ее иерархи чаще появлялись на экранах телевизоров, глава государства и прочие высшие чиновники публично начали общаться с патриархом и чинами чуть пониже. РПЦ быстро приспособилась к новым временам, например к рыночным условиям — надо сказать, весьма диким — новой России. Она сумела добыть для себя привилегии, в частности, право торговать спиртными напитками и табачными изделиями, не платя за это налоги. Я не устаю поражаться аморальности церкви и церковников, шокирующим несоответствием между тем, что проповедуется, и тем, что делается (это относится не только к РПЦ). Горячие проповеди о вреде и греховности курения и потребления алкоголя никоим образом не воспрепятствовали бурной, чтобы не сказать лихой, торговле этим «грехом», которой активно добивались высшие иерархи РПЦ. По мне, лучше иметь дело с откровенным мерзавцем, ничего не проповедующим и ни во что не верующим, чем со святошей-лжепроповедником. По крайней мере, в первом случае знаешь, с кем имеешь дело.

Внезапное «прозрение» государственных чиновников всех разрядов, от самых высоких до вполне рядовых, их стремительное возвращение в лоно православия не просто удивляет, а вызывает чувство брезгливой неловкости. Все эти тогдашние «товарищи», которые размахивали красными партийными книжками и клялись положить жизнь на строительство коммунизма, в одночасье стали не просто господами, но еще и православными. Скорость и легкость этой метаморфозы уму непостижимы. Прав, конечно, был Наполеон, когда говорил, что от трагедии до фарса — один шаг: во главе РПЦ, облачившись в соответствующие патриарху одеяния, оказался человек, имевший тесные связи с КГБ. Ни для кого не секрет, что в советское время иерархи назначались в Совете по делам церкви и религии при Совете Министров СССР, на самом деле являвшемся одним из многих филиалов все того же КГБ.

Помнится, во время Великой Отечественной войны Сталин, по сути, вернул РПЦ к жизни, отменив гонения на нее и на верующих. Расчет был очевиден: церковь должна сыграть роль патриотического объединителя в борьбе со смертельно опасным врагом. Думаю, что и Ельцин, и в еще большей степени Путин увидели в РПЦ единственную силу, способную сплотить раздираемое противостояниями и противоречиями российское общество. Возможно, они правы.

Но повальное «эксгибиционистское» ношение крестов, заполонение телевизионного эфира религиозной тематикой и бородатыми проповедниками, почти насильное введение предмета «Православная культура» в государственных школах вызывает у меня отвращение.

Замечу: я к религии отношусь терпимо, понимая, что это есть некая система взглядов, некое мировоззрение. На христианскую же церковь смотрю с непримиримой враждебностью. Более всего она напоминает мне ЦК КПСС с генсеком (патриархом или папой), политбюро в виде митрополитов и кардиналов, ЦК и так далее.

Я писал эту книгу в конце восьмидесятых, когда еще горела надежда перестройки, и тогда РПЦ была тише воды, ниже травы. Но по мере убывания демократии — а она, с моей точки зрения, начала убывать вскоре после закрепления власти Ельцина, — РПЦ становилась все более заметной. В принципе нет в этом ничего удивительного: трудно найти менее демократический институт, чем церковь. Я даже позволю себе сказать так: дальнейший рост влияния РПЦ будет признаком все большего сокращения демократии в

Папа. Марсель, 1930(?) г.

Папе 17 лет. Берлин, 1925 г.

России, и напротив — ограничение влияния церкви станет свидетельством роста демократии.

Что и говорить, не повезло России, когда князь Владимир сделал выбор в пользу православной ветви христианства: именно она более других темна, нетерпима, замкнута, именно она активнее других доказывает человеку, что он — ничто.

Любопытный факт: если взять все европейские страны и распределить их по тем трем ветвям христианства, которые в них доминируют, то окажется, что наиболее высокий уровень жизни, наиболее развитые демократические институты встречаются в государствах, где церковь имеет наименьшее влияние, то есть в протестантских; за ними следуют страны католические, и на последнем месте — православные. Полагаете, это случайно?

В советские времена было опасно афишировать свою религиозную веру. Сегодня в «демократичес-

Владимир **Познер**

кой» России атеизм не приветствуется. *Высшие государственные чины, начиная с президента и премьер-министра, демонстративно крестятся и целуют патриарху руку на виду у всего народа. При новом патриархе — Кирилле — РПЦ еще более агрессивна в своем стремлении «рулить» процессом образования в России, стать истиной в последней инстанции по всем вопросам, касающимся СМИ, искусства, культуры, медицины, здорового образа жизни и, когда возможно, международных отношений. Она даже пытается быть законодателем мод, поучая, в частности, женщин, как и во что они должны одеваться.*

* * *

Мой отец встречал революцию десятилетним. Он навсегда запомнил те пьянящие дни с их обещаниями братства, свободы и равенства, с блоковским Христом в венчике из белых роз во главе революционного марша, с моряками-балтийцами в черных бушлатах и клешах и с лихо надвинутыми на самые брови бескозырками, с пулеметными лентами крест-накрест через грудь; моряки шли, чеканя шаг, чтобы остановить угрожавшие красному Питеру силы белого генерала Юденича. Эти «картинки» и порожденные ими идеи серьезно повлияли на моего отца, на его формирование; уверен, что отроческие впечатления сохранились в его душе до конца жизни. Он не был сентиментальным человеком, напротив, всегда держал эмоции в узде, я лишь трижды видел его плачущим. В 1940 году, когда мы бежали из оккупированной Франции и он простился, возможно, навсегда со своей любимой младшей сестрой; в 1968 году, когда он стал свидетелем уничтожения созданной им Экспериментальной творческой киностудии (ЭТК) — дела его жизни; и однажды, незадолго до его смерти, когда он рассказывал мне о своем детстве и о том далеком воспоминании — об отряде марширующих матросов революционного Балтфлота, певших песню с малопонятными для меня словами «наши жены — пушки заряжены».

Заметив, как слезы катятся по его щекам, я, испугавшись, спросил, что случилось, и отец ответил, что песня эта напомнила ему о детстве, о Петрограде восемнадцатого года, о русских мужиках, которые и в самом деле не знали ничего, кроме пушек, и лишь бесконечно воевали — то на фронтах Первой мировой, то на баррикадах революции, то на Гражданской войне; о мужиках, которым некогда было влюбляться, жениться, иметь детей; мужиках, которые пели эту песню с каким-то остервенелым юмором, смеясь над собой, пушкарями-ебарями, чьи дети-снаряды несут только смерть да разрушения; еще тогда, в восемнадцатом, песня эта пронзила его сердце — и рана так и не зажила.

В 1922 году семья Познеров эмигрировала из Советской России.

К этому времени Гражданская война закончилась, было ясно, что большевики пришли надолго. Стало понятно и то, что революция не явилась воплощением всех ожиданий тех, кто изначально встретил ее восторженно — в том числе моего деда. Таким образом, Познеры, как сотни и сотни тысяч других, оказались частью того

Знаменитая баскетбольная команда BBCR. Папа – капитан – третий слева

Первая пятерка. Папа – с мячом

эмигрантского потока, который осел в Берлине. Проведя там три года, став свидетелем размолвки родителей и отъезда отца в Литовскую Республику, в Каунас, мой отец переехал с матерью и двумя сестрами в Париж.

Там он окончил русскую среднюю школу, после чего начал работать, чтобы помочь тяжело заболевшей матери и младшей сестре — Тото (старшая, Лёля, вскоре после приезда в Париж вышла замуж за американца и уехала в США). Его ближайшие друзья были, как и он, вынужденными беженцами из России, учившимися во французско-русском лицее, который был создан специально для детей русских иммигрантов. Дружбу эту скреплял спорт, точнее, сильнейшее увлечение — баскетбол.

Вместе с несколькими выпускниками школы, отчаянными любителями этой игры, отец основал команду BBCR (Русский баскет-

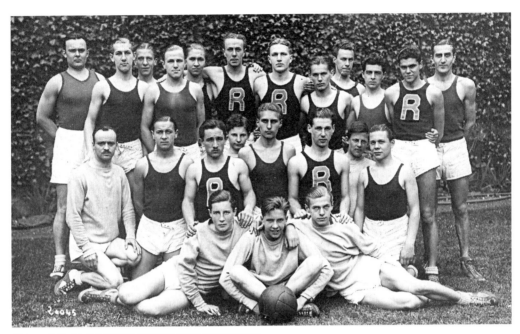

Весь клуб, со вторым и юношеским составами

больный клуб). Участвуя в играх на первенство Франции, команда начала с самого низшего дивизиона и через несколько лет добралась до высшей лиги и до чемпионских титулов. Это была, скорее, не команда, а семья. Некоторые из игроков-основателей BBCR не только живы по сей день, но и, несмотря на почтенный возраст — за восемьдесят, все еще собираются по воскресеньям, чтобы побросать в кольцо; процент попадания у них поразительно высок.

* * *

Сейчас уже нет никого. Живы их дети и внуки, но ни те, ни другие не играют в «баскет» и не говорят по-русски.

* * *

Благодаря близкому другу Вове Барашу, работавшему, как и моя мать, на «Парамаунте», отец получил работу в кино — правда, на «Парамаунте» не было свободных мест, и он устроился в филиале другой американской компании, MGM. Там отец

Папа. Фото на паспорт, 1934 г.

Клер, старшая сестра Люттен-Нибуайе. Она мало обращала на меня внимания. Но я обожал ее. Очевидно, за невероятную красоту

познакомился с другим эмигрантом из России, Иосифом Давидовичем Гордоном, и очень с ним сдружился. Втроем (вместе с Барашем) они снимали квартиру, выпивали, ухаживали за девушками и вообще куролесили. В 1936 году Папашка, как прозвали Гордона, вернулся в Советский Союз. Отец встретился с ним вновь лишь спустя восемнадцать лет. Иосифу Давидовичу предстояло сыграть важнейшую роль в моей жизни...

История Вовы Бараша достойна отдельного рассказа. Это был человек необыкновенно добрый и любвеобильный, с ярко выраженными данными комика. Вся округа умирала от смеха, когда он, прижав верхней губой короткую черную расческу к носу, выходил на балкончик своей квартиры и, размахивая руками, пародировал Гитлера. Бараш был доверчивым и наивным — только этим можно объяснить то, что когда в оккупированном Париже гестапо издало приказ, обязывающий всех евреев явиться для регистрации, он явился. И когда было приказано надеть нарукавник со звездой Давида, он надел его. Друзья-французы не уставали поражаться ему: «Неужели ты не понимаешь, немцы не могут жить без *Ordnung**, для них слово *verboten*** почитаемо, правила — священны. Если ты не играешь по правилам, они беспомощны, но если принимаешь их, тебе конец».

Бараш не верил. Однажды утром к нему домой явились двое французских жандармов. Они информировали его о том, что придут забирать его во второй половине дня. «Приготовьтесь, месье», — сказали они, многозначительно глядя ему в глаза. И ушли. Бараш все понял, но все-таки отказывался верить, что речь идет о чем-то действительно серьезном, и поэтому решил спрятаться в собственном садике позади дома. К вечеру вновь явились оба жандарма, но на это раз в сопровождении немецких солдат. Они обыскали дом. Не найдя там никого,

---

*Ordnung — порядок (*нем.*).
**Verboten — запрещенный (*нем.*).

решили заглянуть в сад, где и обнаружили Бараша, пригнувшегося за кустом сирени. Они увели его. На следующий день один из жандармов вернулся, чтобы сказать жене Бараша буквально следующее: «Мы рисковали жизнью ради твоего мудака. Если все жиды такие же кретины, как он, значит, они получают по заслугам».

Эту историю мне рассказал много лет спустя отец. Она запомнилась мне навсегда.

Мама. Фото на паспорт. 1934 г.

* * *

Вова Бараш погиб в газовой камере. Вроде бы в Аушвице... Написал — и задумался: почему не упомянул об этом прежде? Может быть, то, как и где закончил свою жизнь Бараш, тогда не казалось мне столь уж важным фактом, во всяком случае, в сравнении с историей его ареста. А теперь кажется.

Тото с мамой

Прощание с иллюзиями

Мама. Нью-Йорк, 1936 г.

Папа. Париж, 1936 г.

* * *

Отец и мать познакомились в 1930 или 1931 году благодаря общей профессии, тогда еще находившейся на ранней стадии развития и потому малочисленной: так или иначе, все были друг с другом знакомы. Я родился в Париже в 1934 году и был крещен в католической вере Владимиром Жеральдом Дмитрием Познером — в честь своего отца Владимира, матери Жеральдины и ближайшего друга отца по баскетбольным баталиям Дмитрия Волкова, согласившегося быть моим крестным. Родился я первого апреля, в день рождения матери. Было ли это предзнаменованием особого чувства, которым мы были связаны в течение всей ее жизни, или нет — не знаю. Но то, что первые пять лет своего существования я провел без отца, конечно, оставило след на моем становлении. Как потом рассказывала мама, отец не был в восторге от перспективы моего появления, он явно еще «не догулял». Мама, женщина тихая, но необыкновенно сильная и гордая, взяла меня, тогда трехмесячного, и уплыла в США, где жили ее мать и младшая сестра Жаклин. Так я прибыл в Нью-Йорк. Странно ли, что мои первые воспоминания связаны с Америкой?

* * *

Почему-то не написал, что в день моего рождения, в воскресенье первого апреля 1934 года, совпали все три Пасхи: католическая, православная и еврейская. Знак?

* * *

Мама мало запечатлелась в моей еще совсем детской памяти. Возможно потому, что я редко видел ее. Она зарабатывала на жизнь не только для нас двоих, но и для своей больной матери, смерть которой от рака была не за горами. Одну сцену, словно выжженную клеймом, мне никогда не забыть: закрываю глаза и вижу ее четче и ярче, чем на любом киноэкране. Мальчик трех или четырех лет вбегает в комнату. Время скорее всего вечернее, потому что в комнате темно, если не считать зажженного торшера около кровати, на которой полулежит подпертая подушками женщина. Она, склонив голову, читает, но когда вбегает мальчик, поднимает голову и улыбается ему. У нее тонкие, благородные черты лица. Страдальческие морщины не могут скрыть былой красоты, более того, странным образом ее подчеркивают. Мальчик бежит к ней, он счастлив от сознания того, что ею любим, и переполнен нежностью и любовью к ней. Он бросается на постель и замирает в ужасе от дикого крика боли и от понимания, что всем телом налег на ее больную ногу. Его часто предупреждали, чтобы был осторожен, но тут в пылу радости он все забыл. Мальчик — это я, и таково единственное воспоминание, оставшееся у меня о любимой бабушке.

Что касается других воспоминаний того времени, то они обрывочны, словно разрозненные фотографии из альбома без начала и конца. Помню свою няню Эйджус; она часами не давала мне встать из-за стола, пока не съем рыбное пюре, которое я есть отказывался из-за ненавистных костей. По сей день любое рыбное блюдо вызывает во мне прежде всего чувство протеста, а затем, при наличии в нем мелких костей, отвращение. Помню я и Мэри, дочь Эйджус, которая однажды наградила меня поцелуем и конфеткой за то, что я все-таки проглотил последнюю ложку рыбного пюре и заодно, что гораздо хуже, чувство собственного достоинства.

Словно из легкого тумана выплывают контуры квартиры, где мы жили вместе с мамиными друзьями — четой Уиндроу и двумя их дочерьми, Мидж и Пэт. Стеллан Уиндроу, отец семейства, запомнился мне, видимо, по совокупности причин. Он был громадного роста, разговаривал громовым голосом и обожал рассказывать анекдоты, над которыми больше всего смеялся сам. Мне было смешно только однажды, когда от хохота у Стеллана выпала вставная челюсть. У меня случилась истерика, закончившаяся тем, что Стеллан стеганул по моему заду парой подтяжек.

*   *   *

Уже работая в Америке, после выхода книжки, я разыскал Мидж, которую, в отличие от остальных членов ее семьи, любил. За что — не знаю. Может быть, за красоту и за то, как шикарно она плавала. Но скорее всего за то, что она никогда не шугала меня (как ее сестра), не орала (что часто делала ее мама Марджори) и не пугала (как Стеллан). Мидж приняла меня будто родного, словно не минуло почти сорок лет. Мы окунулись в воспоминания, и вдруг она сказала:
— Знаешь, мой отец писал доносы на твоего.
— ?
— Да, отец был иммигрантом из Швеции, он боготворил Америку и когда узнал, что твой папа симпатизирует русским, стал стучать на него...
Не зря я недолюбливал Стеллана.

***

Мой друг Стивен Шнайдер и я. Нам по 8 лет. Штат Нью-Гемпшир

Лучше всех я помню своего друга Стива Шнайдера, жившего этажом выше. Его спальня располагалась непосредственно над моей, и больше всего на свете нам нравилось перед сном переговариваться по воздуховоду, соединявшему все комнаты этой стороны здания. Как бы долго мы ни перешептывались, разговор всегда заканчивался одним и тем же ритуалом. Обычно начинал я: «Спокойной ночи, Стив». «Спокойной ночи, Вова», — отвечал он. И этот обмен пожеланиями продолжался долго-долго, плывя вверх-вниз по воздуховоду, пока кто-то из нас не засыпал. Каждый, понятно, стремился сказать «спокойной ночи» последним, хотя диалог иногда грубо прерывался появлением какого-нибудь взрослого, чаще всего Стеллана, требовавшего, чтобы мы немедленно умолкли.

Только ранний приход домой мамы способен был заставить меня забыть о переговорном процессе, поскольку перед сном она читала мне разные книжки. Мне было года четыре, когда мама познакомила меня с «Приключениями Тома Сойера». Я и сегодня помню, с каким восторгом представлял себе тетю Полли, которая в поисках Тома глядит поверх очков и из-под очков, но никогда не удостаивает простого мальчишку взглядом *сквозь* очки. Не менее этой сцены я обожал другую — о коте Питере и болеутолителе и просил маму раз за разом перечитывать ее. Слушая, я помирал со смеху; Стив, прильнув ухом к решетке воздуховода, хохотал не слабее меня. У меня все еще хранится этот том — «Избранные сочинения Марка Твена», изданный в 1936 году компанией Garden City Publishing, Inc.

***

Когда я писал эту книжку, не было еще социальных сетей, в которых ныне молодежь проводит полжизни; по существу, не было и Интернета, никаких блогов, чатов и прочих прелестей, приведших к тому (и это проверено), что люди, в особенности молодые, перестали читать. «А как же электронные книги?» — возразят мне. Убедительных аргументов против них не приведу. Скажу только, что есть неуловимая разница между чтением электронной книжки и реальной, от страниц которой исходит слабый запах типографский краски, от прикосновения к бумаге которой рождается какое-то особое чувство близости... Книгу хочется подержать, погладить, понюхать, она будит наши тактильные чувства.

Скажите, дорогой читатель, вам мама и папа читали на ночь книжки? Нет? Мне жаль вас. Никакое телевидение, никакой Интернет, никакие компьютерные игры не восполнят этого пробела. Знаете почему? Да потому, что они лишают вас воображения. Они не дадут вам возможности сочинить «своего» д'Артаньяна, Тома Сойера или Конька-Горбунка, они покажут их вам во всех деталях, раз и навсегда покончив с вашими придумками. В итоге они отучат вас не только читать, но и писать, они лишат вас ощущения красоты языка, представления о стиле и знаках препинания. Знаете, когда мне читали на ночь в последний раз? Когда я болел ангиной в восемнадцать лет, и папа читал мне «Тараса Бульбу».

Мама. Нью-Йорк. 1946 г.

* * *

Летом мама отправляла меня на дачу с семейством Шнайдеров, сама же продолжала работать монтажером в Paramaunt. Из памяти почти стерлось загородное житье, если не считать одной драки, во время которой я получил по голове граблями (дырка была вполне внушительная), но я прекрасно помню, с каким нетерпением ждал уик-энда и приезда мамы. Суббота и воскресенье — вот чем я жил.

Моя мать была необыкновенно хорошенькой женщиной. Она не испытывала недостатка в поклонниках, но относилась к редкой породе однолюбов. Насколько мне известно, у нее никогда не было ни романа на стороне, ни даже желания завести его. Она любила моего отца, и на этом вопрос был закрыт. Поэтому она и ждала его все пять лет жизни в Америке. По правде говоря, мне кажется, что она готова была бы ждать и двадцать пять лет. Тем временем отец, человек совершенно иного склада, вдоволь нагулявшись, пришел, по-видимому, к выводу, что никогда не полюбит другую женщину так, как любил мою мать (что, разумеется, вовсе не исключало возможности быстротечных увлечений и романов), и приехал за ней.

* * *

Впоследствии тетя Тото рассказала мне, что отец приехал за нами потому лишь, что об этом его просила незадолго до своей смерти мать, и он пообещал ей.
Не помню, писал ли я об этом прежде, но я рос практически без родственников, хотя их было немало. У матери имелись старший брат Эрик, две старшие сестры Клер и Кристиан и младшая сестра Жаклин.

Прощание с иллюзиями

Мой дядя Эрик в колониальной Африке. 1932(?) г.

Он же, 1941 г.

Эрика я видел один раз в жизни, когда он приехал в Нью-Йорк, чтобы навестить свою маму, и зашел к нам. Мне было три или четыре года, я болел коклюшем, жутко кашлял, и во время одного приступа меня вырвало — прямо на стоявшего у моей кроватки Эрика. За что получил от него пощечину. Этим и ограничились мои с ним отношения. Я знаю, что он много работал в экваториальной Африке; полагаю, представлял там интересы какой-нибудь французской компании, был колонизатором, имел множество связей с местными женщинами, в результате чего родилось большое число детей — видимо, где-то там, в одной из бывших колоний, у меня есть немало чернокожих родственников. Понятия не имею, чем занимался он во время войны, уже после нее он женился и стал отцом двух вполне законорожденных девочек. Когда Эрик умер, я получил письмо от его вдовы: речь шла о разделе его имущества, к которому, по ее мнению, я должен был иметь отношение в соответствии с принятым во Франции «правом крови». Я от этого права отказался.

Клер я помню очень смутно, знаю определенно, что любил ее, а за что — ума не приложу. Может быть, за небывалую красоту. Клер жгла свечу жизни с обоих концов сразу — мужчины, алкоголь, кокаин — и умерла, когда ей еще не было сорока лет.

Кристиан не пользовалась у меня никаким авторитетом. Она жила в нашем доме в Нью-Йорке со своей дочерью Андрэ (отец которой сбежал еще до ее рождения), где-то работала секретаршей, вечно боялась чего-то и дрожала над Андрэ, умело этим пользовавшейся.

Помню такой случай. Мне двенадцать лет. Мама с папой уехали во Францию. Вместо них у нас живут их приятели супруги Ди Ганджи, которые присматривают за мной. Я сижу на кухне и играю ножичком. Недалеко от меня сидит Андрэ — ей лет пять. Кристиан просит меня не играть ножом около Андрэ. Я не обращаю никакого внимания. Кристиан продолжает просить. Я продолжаю играть. Выведенная из себя Кристиан дает мне пощечину. Я вскакиваю и, не соображая, что делаю, со всего маху ударяю ее под дых. Кристиан складывается пополам и стонет. Я смотрю в ужасе на то, что сотворил, и убегаю из дома к семейству МакГи, живущему на соседней улице — их дети, Стив и Пит, учились со мной в одной школе. Утопая в соплях и слезах, я рассказываю их маме о своем преступлении... В общем, все уладилось, но хоть и прошло с тех пор больше шестидесяти лет, я до сих пор испытываю чувство липкого стыда, вспоминая об этом.

После войны, году в сорок шестом или сорок седьмом, Кристиан уехала во Францию и вскоре стала личным секретарем хозяина знаменитой коньячной фирмы «Henessy». Она проработала в этом качестве больше сорока лет. Не так давно я встретился с господином Энси (так произносится эта фамилия по-французски) и сказал ему, что моя тетя была секретарем его отца.

— Как! — поразился он, — вы племянник мадам Конти? Это была великая женщина, легендарная...

Каким образом моя тихая, скромная, сверхаккуратная и внешне ничем не примечательная тетя Кристиан стала «великой» и «легендарной», я не понимаю, но факт остается фактом.

Мамина младшая сестра Жаклин. 1937 г.

Кристиан умерла в возрасте девяноста шести лет.

Мамина младшая сестра Жаклин уехала из Франции в Америку совсем молодой — ей не было и двадцати трех. Там она вышла замуж за некоего Флауэра Бийла, звукоинженера компании CBS. Они купили домик в городе Александрия, штат Вирджиния, где и прожили всю свою долгую жизнь. Жаклин родила четырех сыновей, стала стопроцентной американской домохозяйкой, чуть подзабыла родной французский и никогда больше не ездила во Францию (не говоря о других странах). Почему? Быть может, это связано с какой-то семейной тайной, с чем-то таким, что случилось с ней в период жизни во Франции? Не знаю. Но знаю точно,

Мне 4 года. Нью-Йорк

что в семье хранилась некая тайна, которую приоткрыла для меня незадолго до своей смерти (и намного позже выхода в свет этой книги) Кристиан.

Присмотритесь к фотографиям. Клер похожа на свою мать. Эрик и Кристиан очень похожи друг на друга (оба блондины с вьющимися волосами, голубоглазые), и Жеральдин похожа с Жаклин — обе русые с карими глазами. Жаклин, младшая из всех, носила фамилию последнего мужа моей бабушки — Дюбуа, фамилию столь же французскую, сколь фамилия Кузнецов русская. Эрик, Клер, Кристиан и моя мама носили фамилию первого мужа бабушки — Люттен. Сей господин был настоящим денди с вьющимися золотистыми волосами и голубыми, как небеса, глазами. Но как сказала мне Кристиан, он был не французом, а немцем, точнее, немецким евреем по фамилии Леви, родители которого переехали во Францию и одновременно со сменой места жительства поменяли еврейскую фамилию на придуманную, но звучащую на французский лад, — Люттен. Итак, Клер походила на свою маму, Эрик и Кристиан — на отца по фамилии Люттен, моя мама и Жаклин были очень похожи друг на друга, но носили разные фамилии, поскольку родились от разных отцов. А если нет? Допустим, что моя бабушка забеременела четвертым ребенком (моей мамой) вовсе не от господина Люттена, а от господина Дюбуа, за которого вышла замуж лишь после рождения Жеральдин? Не надо забывать о том, что речь идет о начале XX века и о нравах в весьма буржуазно-аристократической семье, где беременеть и рожать ребенка не от законного мужа — предельно скандально.

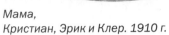

Мама, Кристиан, Эрик и Клер. 1910 г.

Если верить Кристиан — а не верить ей у меня нет ни малейшего повода, — тайна получается двойная: в добропорядочную французскую семью проник еврей (вряд ли есть необходимость напоминать об уровне антисемитизма во Франции — и не только в начале прошлого века), да еще родился ребенок от внебрачной связи — моя мама. Вспомним при этом, что и я, ее сын, тоже рожден вне брака, и останется лишь подивиться причудливости жизни.

* * *

На скамейке справа налево: мама, Жаклин, Кристиан. Стоят: Клер и Эжени Нибуайе. 1915 г.

Мы отплыли во Францию на «Нормандии», в то время самом роскошном океанском лайнере в мире. Стив и его родители, Нина и Саул, пришли нас проводить. Они стояли на дебаркадере и махали платками нам вслед, пока мы в сопровождении целой флотилии буксиров выплывали из нью-йоркской гавани. Шла весна 1939 года.

Первого сентября Германия вторглась в Польшу. Двумя днями позже Франция и Великобритания объявили войну Германии. Началась Вторая мировая.

Воспоминаний о войне как таковой у меня почти не сохранилось. Скорее всего, это объясняется тем, что военных действий в самой Франции по сути и не было. За первые полгода ни одна из сторон не потеряла ни одного человека на всем германо-французском фронте, если не считать британского солдата, который случайно застрелился, когда чистил свою винтовку. Немцы называли эту войну *Sitzkrieg**, французы — *la drole de guerre**, англичане же со своей прямотой обозвали ее *the phoney war***.

Я с мамой возвращаюсь во Францию на лайнере «Нормандия». 1939 г.

* * *

Как впоследствии признавал начальник Генерального штаба вермахта Гальдер — и это же подтвердил маршал Кейтель, — немцы пошли на точно рассчитанный военный риск, когда вторглись в Польшу. У Франции на германской границе было значительное превосходство в военной силе. Напади она сразу да со всей мощью, немцы вряд ли удержали бы Рурский бассейн — свою промышленную сердцевину, а без него нечего было и надеяться на военные успехи. Гитлер уже тогда потерпел бы поражение. Но объективности ради следует сказать, что и Гальдер, и Кейтель ошибались, когда говорили о *военном* риске. Риск был сугубо политическим и строился на точном расчете Гитлера: пока острие его удара будет направлено на Восток, Запад мало что предпримет — а скорее всего не предпримет ничего. Завершив Польскую кампанию и хорошенько подготовившись к следующей, Гитлер напал на Францию в мае 1940 года. К июню все было кончено.

---

*Sitzkrieg — «сидячая» война (*нем.*).
**La drole de guerre — смешная война (*фр.*).
***The phoney war — странная война (*англ.*).

***

Мама, папа и я на «Нормандии». 1939 г.

Как я уже говорил, я плохо помню войну. Более того, мне кажется, я даже не заметил отсутствия отца, к которому еще не успел привыкнуть. Он записался добровольцем во французскую армию, хотя мог и не делать этого, поскольку не был — и не хотел быть — гражданином Франции. Под влиянием множества факторов, в том числе ярких детских воспоминаний о революционном Петрограде, отец стал убежденным коммунистом, преданным сторонником Советского Союза. И не являясь членом компартии (причем до конца своих дней), он, несомненно, был «красным», верным последователем Маркса.

У отца был так называемый нансеновский паспорт — документ, который изобрел знаменитый норвежский полярный исследователь, ученый, государственный деятель и гуманист Фритьоф Нансен, получивший Нобелевскую премию мира 1922 года за помощь голодающей России и за участие в репатриации военнопленных. Созданный им документ должен был легализовать положение перемещенных лиц, приравнять их в правах к гражданам тех стран, в которых они оказывались. Документ этот, принятый Лигой Наций, признавался всеми цивилизованными государствами, за исключением, разумеется, нацистской Германии. С точки зрения немцев мой отец был отличным кандидатом для газовой камеры. Прежде всего он являлся евреем, и всякие рассуждения о том, что его предки — выкресты, с точки зрения нацистских идеологов не имели ни малейшего значения: ведь еврейство — это нечто генетическое, определенное состояние мозгов, несменяемое и несмываемое, как, например, черный цвет кожи у негров. Во-вторых, он был не просто евреем, а красным евреем, и нет смысла говорить о наличии или отсутствии членского билета. Главное — он коммунист *в душе*, а что может быть хуже? И наконец в-третьих, он — сторонник большевистской России, более того, не скрывает своих намерений вернуться туда, как только это станет возможным. К тому же сразу после демобилизации мой отец вступил в движение Сопротивления. Он торговал пирожками с мясом в немецких гарнизонах под Парижем, где благодаря отличному знанию языка подслушивал разговоры немецких солдат и офицеров и собирал таким образом сведения о количестве и качестве военных соединений, о возможных их передвижениях и т.д.

Однажды во время такой торговли пошел дождь. Схватив свой лоток с пирожками, отец встал под навесом. Вдруг рядом с ним оказался офицер в черной форме — член СС.

— Was machts du here?* — грозно спросил он.
— Nicht verstein**, — ответил отец.
— Raus!*** — приказал эсэсовец, и отец ушел чуть ли не бегом.

Прошло несколько лет. Году в сорок седьмом отец летел из Нью-Йорка в Лондон. Рядом с ним сидел до боли знакомый человек, но кто он — отец не мог вспомнить. Тот посматривал на него с полуулыбкой, потом вдруг спросил:

— Ну что, все еще торгуете пирожками?

Это был тот эсэсовский офицер, на самом деле оказавшийся английским разведчиком. Выяснив, что мой отец — советский гражданин, он сказал:

— Знаете, нет ни одного народа в мире, который способен преодолевать трудности так, как это делаете вы, русские. Но к счастью для нас, нет ни одного народа в мире, который так умеет устраивать трудности самому себе.

Прав был английский разведчик, прав.

* * *

В последние годы я много думаю о том, каков он, русский народ. От многих я слышал, будто русские имеют немало общего с американцами — что совершенно не так. Да и откуда у них может быть что-то общее, когда их исторический опыт столь различен? Назовите мне хоть один европейский народ, который в большинстве своем оставался в рабстве до второй половины девятнадцатого века. Покажите мне народ, который почти три века находился под гнетом гораздо более отсталого завоевателя. Если уж сравнивать, то, пожалуй, наиболее похожи друг на друга русские и ирландцы — и по настроению, и по любви к алкоголю и дракам, и по литературному таланту. Но есть принципиальное различие: ирландцы любят себя, вы никогда не услышите от них высказывания вроде «как хорошо, что здесь почти нет ирландцев!».

Два или три года тому назад мне повезло попасть на выставку «Святая Русь». Оставляю в стороне само название, которое могло бы послужить поводом для довольно горячей дискуссии. Поразили меня новгородские иконы, писанные до татарского нашествия: я вдруг отчетливо понял, что они, эти иконы, эта живопись ни в чем не уступают великому Джотто, что Россия тогда была «беременна» Возрождением, но роды прервали татаро-монголы. Кто-нибудь попытался представить себе, какой была бы Россия, не случись этого нашествия и двухсот пятидесяти лет ига? Если бы Русь, развивавшаяся в ногу с Европой, выдававшая своих княжон замуж за французских королей, не была отрезана на три долгих века от европейской цивилизации?

---

*Was machts du here? — Что ты тут делаешь? (нем.)
**Nicht verstein — Не понимаю (нем.).
***Raus! — Пошел вон! (нем.)

Что было бы, если бы Москва Ивана III проиграла новгородскому вече? Что было бы, если бы Русь приняла не православие, а католицизм? Что было бы, если бы русское государство не заковало собственный народ в кандалы крепостничества? Что было бы, если бы всего лишь через пятьдесят с небольшим лет после отмены крепостного рабства не установилось рабство советское? Много вопросов, на которые нет ответов, а есть лишь мало чего стоящие догадки...
Я отдаю себе отчет в том, что не принадлежу русскому народу. Да, временами я мечтал о дне, когда смогу с гордостью сказать: «Я — русский!» Это было в Америке, когда Красная Армия громила Гитлера, это было потом, когда мы приехали в Берлин, это было, когда я получил настоящий советский паспорт, при заполнении которого мне следовало указать национальность — по маме (француз) или по папе (русский), и я, ни секунды не сомневаясь, выбрал «русский», это было и тогда, когда исполнилось мое заветное желание и мы наконец-то приехали в Москву. Но постепенно, с годами, я стал понимать, что заблуждался. И дело не в том, что многие и многие намекали — мол, с фамилией Познер русским быть нельзя, и это было крайне неприятно, даже унизительно. Просто я ощущал, что по сути своей я — не русский. А что это значит конкретно? Ответить почти невозможно, потому что почти невозможно дать точное определение «русскости». В одной из моих телепередач Никита Михалков сказал, что русским может быть только тот, у кого чего-то нет, но нет не так, чтобы оно обязательно было, а так, что и хрен с ним. Допускаю... Но этот характер, склонный к взлетам восторга и депрессивным падениям, эта сентиментальность в сочетании с жестокостью, это терпение, граничащее с безразличием, это поразительное стремление разрушать и созидать в масштабах совершенно немыслимых, это желание поразить и обрадовать всех криком «угощаю!» — при том, что не останется ни рубля на завтра и не на что будет купить хлеб для собственной семьи, эта звероватость вместе с нежностью, эта любовь гулять, будто в последний раз в жизни, но и жить столь скучно и серо, словно жизнь не закончится никогда, эта покорность судьбе и бесшабашность перед обстоятельствами, это чинопочитание и одновременно высокомерие по отношению к нижестоящим, этот комплекс неполноценности и убежденность в своем превосходстве, — все это не мое. Когда я еще был мальчиком, тетя Лёля читала мне переведенные на английский русские сказки, и я не мог понять, как герой не то что тридцать лет, а вообще мог сидеть на печке, да потом еще одним махом семерых побивахом, как могло быть так, что Иван-дурак — всех умней, почему достаточно поймать золотую рыбку, чтобы исполнились три любых желания, но они не исполнялись никогда, ибо жадность фраера сгубила...
Нет, при всей моей любви к Пушкину и Гоголю, при всем моем восхищении Достоевским и Толстым, при том, что Ахматова, Цветаева, Блок и Булгаков давно стали частью моей жизни, я осознаю: я — не русский.

***

Дело это было опасное, особенно для человека с биографией моего отца. По мере того как гестаповская машина тщательно собирала и анализировала обрывки сведений о нем и его деятельности, стало очевидным, что надо бежать в так называемую Свободную зону Франции.

Понятно, что обо всем этом я узнал через много лет, какие-то вещи я додумываю, исходя из разных рассказов. Но помимо и значительно раньше этого был процесс познавания, было множество разных мелких случаев — каждый по отдельности не означал ничего, но в сумме они складывались в некую картину, которая способствовала моему развитию и пониманию происходившего.

Вот мы весело шагаем по Елисейским Полям — моя мама и двое немецких офицеров-красавцев. Высоченные, с «арийскими» лицами, отмеченными шрамами студенческих сабельных дуэлей, они держат меня за руки и раскачивают вверх-вниз, все выше и выше. Я пищу от удовольствия, мама смеется. Значит, *les boches** не такие уж плохие, верно?

С папой в Париже. 1939 г.

Прошло несколько дней. Я вышел из школы после уроков. Стоявший на часах немецкий солдат, следивший за тем, чтобы излишне патриотично настроенные старшеклассники лицея не нарушали порядок, потрепал меня по голове и подарил мешочек со стеклянными шариками. Придя домой, мама застала меня катающим их по ковру.

— Откуда шарики? — спросила она.

— Мне их подарил немецкий солдат, — ответил я.

И тогда мама, нежнейшая из всех женщин на свете, в первый и последний раз в жизни дала мне пощечину.

— Ты не смеешь принимать подарки от немцев, — сказала она.

А раскачиваться у них на руках посреди Парижа?

Вот мы с мамой едем в метро в вагоне второго класса (вагоны первого класса — только для представителей высшей, арийской расы). Впрочем, рядом с нами сидит немецкий офицер (видимо, ариец-демократ). На следующей остановке в вагон входит женщина. Она явно на сносях. Офицер встает и предлагает ей сесть. Она его не замечает. «Прошу вас, садитесь», — говорит он. Женщина смотрит сквозь него, будто его нет. «Прошу вас, мадам», — повторяет он с мольбой в голосе. Она продолжает не замечать его. На следующей остановке офицер выскакивает из вагона, бормоча под нос какие-то ругательства. Общий вздох удовлетворения звучит громче, чем хор триумфальных возгласов, и мама смотрит на меня сияющими глазами.

---

*Les boches — немцы, фрицы (*фр.*).

Прощание с иллюзиями

Мама в Биаррице окружена вниманием. 1940 г.

Лето 1940 года. Меня родители отправили в Биарриц, город на Бискайском заливе. Там живет Маргерит, друг семьи. Для всех она Маргерит, а для меня — моя обожаемая Гигит. Окна ее квартиры смотрят на больницу, в которой лечатся и выздоравливают немецкие военные. Однажды я увидел, как несколько солдат гоняют мяч. Я тут же забрался на подоконник, прильнул к окну и стал громко болеть. Вдруг мое ухо было схвачено железными тисками, и совершенно чужая, сумрачная Гигит буквально сдернула меня с подоконника, закрыла ставни и в наказание за то, что я смотрел на немецких солдат, лишила жареной курицы и зеленого салата — самых любимых моих блюд. Я был отправлен спать без ужина. В пять часов утра или около того Гигит грубо растолкала меня и велела одеваться. На улице было промозгло. Держа меня крепко за руку, она направилась в сторону набережной. Когда мы пришли, мне показалось, что там собрался весь город — сотни людей стояли в гробовом молчании. Они чего-то ждали, всматриваясь в темные воды залива. Я прижимался к Гигит, ожидая неизвестно чего, но зная, что *оно* обязательно появится. Потом толпа зашевелилась, задышала, все головы повернулись в одну сторону, и оно появилось-таки, оно принеслось тем самым коварным течением, об опасности которого знали все жители, о котором всегда предупреждали желающих купаться, в том числе и немцев — но разве представители высшей расы боятся какого-то жалкого течения? Проплыл труп первого утопленника, потом второго, третьего... Всего в этой зловещей тишине их пронеслось пятеро. Не сказав ни слова, Гигит развернула меня и зашагала домой, где налила кружку горячего шоколада и сказала:

— Вот на таких немцев ты можешь смотреть.

Уроки эти я усвоил.

* * *

В 1979 году, после двадцати семи лет пребывания в рядах тех, кого в СССР называли «невыездными», я оказался в парижской квартире тети Тото и увидел на стене необыкновенной красоты портрет совсем молодой Гигит — портрет работы художника Анненского. Тогда, в двадцатые годы, Маргерит работала манекенщицей. Она была необыкновенно хороша собой. Почему-то мне кажется, что Анненков был ее любовником — у меня нет никаких данных на сей счет, кроме самой картины: только влюбленный человек мог написать ее, только влюбленная женщина могла так смотреть на своего живописца.

Потом, когда изменился строй и поездка за границу стала делом нормальным, я много-много раз бывал у Тото — и всегда подолгу смотрел на портрет моей Гигит. Тото завещала его мне, и теперь он висит у меня дома, я вижу Гигит каждый день и каждый день молча с ней здороваюсь, ощущая прилив нежной радости.

* * *

К осени 1940 года мы оказались в Марселе. В то время Франция еще была разделена на две зоны. Одну занимали немцы, другая, так называемая «Свободная», управлялась профашистским правительством Петена-Лаваля. Для переезда из одной зоны в другую требовалось разрешение немецких властей, к которым, понятно, мой отец не мог обращаться. В отличие от Бараша, он понимал: его безопасность зависит от умения не стать учтенной частичкой немецкого аппарата слежения; ускользнуть от этого чрезвычайно тяжеловесного тевтонского механизма было не так уж сложно, но, попав в него однажды, человек в итоге неминуемо погибал.

Папа переехал в Свободную зону по подложному документу (чего я тогда, конечно, не знал). Много лет спустя он показал его мне — работа была грубоватая, явно любительская, но в те первые месяцы оккупации немцы были настроены довольно благодушно. В Марселе мы остановились в пансионате «Мимоза», третьеразрядной гостинице, принадлежавшей родителям Вовы Бараша. Когда я вспоминаю эти времена, до меня доносится голос мамаши Бараш (ее обычно называли «мадам Рита») — голос громкий, требовательный, созывающий всех на обед, главным блюдом которого нередко становились улитки в чесночном соусе. Еще одним главным «блюдом» был обычай дразнить le

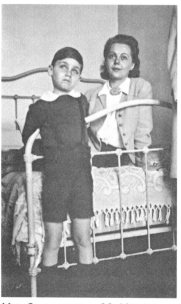

Мне 6 лет, маме – 30. Марсель, 1940 г.

Девочка, с которой я дружил в Марселе. Мы уехали в Америку, а она осталась… И погибла во время бомбардировки. 1940 г.

Прощание с иллюзиями

Папа. Фото на паспорт перед отъездом из оккупированной Франции. 1940 г.

petit Vova (то есть меня), обещавшего молчать весь обед. Условия были простые: если я не пророню ни слова, мне купят любую игрушку, которую я захочу. Если же проиграю, то буду получать улитки на обед семь дней подряд. Понятно, что как бы меня ни доводили, я молчал. Победив однажды, я потребовал в подарок (и получил) замечательную лодку на батарейке. Я пускал ее в ванне в пансионате вместе с Мари, девочкой моего возраста, которую очень любил. Когда мы уезжали из Марселя, я подарил ей эту лодку. Вскоре после нашего отъезда Мари погибла в союзнической бомбардировке.

Отъезд наш был делом не простым. Не для меня и мамы — ее паспорт был в полном порядке, требовалась лишь печать оккупационных властей. А вот отец нуждался в специальном пропуске, и на сей раз никакая подделка не годилась. К счастью, гестаповцы брали взятки, так что вся проблема сводилась к одному: где найти деньги? Их предложила отцу богатая еврейская семья — при условии, что с нами уедет их взрослая дочь. Родители сообщили мне, что мы едем с моей «няней». Я никогда прежде не видел этого человека, не имел о нем ни малейшего представления, я был всего лишь шестилетним мальчиком, которому сказали явную ложь. Но я совершенно точно помню, что меня это никак не смущало: хоть это и не моя няня, она должна считаться таковой, кто бы ни спросил. Мне было понятно, кто именно может спросить и что случится с «няней», если этот кто-то узнает правду.

В зависимости от обстоятельств и окружения ребенок способен мгновенно повзрослеть. Мне никто не рассказывал о том, что немцы убивают евреев. Но я это *знал*...

Мы получили деньги и потом документы. На поезде пересекли франко-испанскую границу, провели несколько дней в Барселоне и Мадриде, затем поехали в Лиссабон, сели на корабль «Сибонэ» и поплыли в Америку. Путешествие не оставило никаких следов в моей памяти, кроме двух — зато ярчайших. Первый связан с тем, что моя мама потеряла одну из любимых своих вещей: маленький шелковый галстук-бабочку синего цвета в белых горошках и с красной каемочкой. Его нашел мальчик, который был меня чуть больше и чуть старше. Я обрадовался, заметив бабочку в его руке, но он отказался отдать ее, и я бросился на него с таким же праведным гневом, с каким рыцарь Круглого стола, скажем, сэр Ланцелот, сразился бы за честь любимой дамы. Я за свою жизнь познал немало радостей, но лишь немногие могут сравниться с тем чистым восторгом, который я испытал, когда вручил маме то, что отвоевал для нее в честном бою, и увидел ее взгляд, полный благодарности и гордости.

О второй истории я предпочел бы забыть. Опасаясь немецких подводных лодок, капитан нашего корабля шел южнее курса, принятого для рейса Лиссабон — Нью-Йорк. В районе Бермудских островов он заметил тушу кита. Вонь от нее стояла совершенно невыносимая, но капитан, надеясь добыть ценнейшее вещество, амбру, решил взять тушу на борт. Корабль остановился. Потребовалось довольно много времени, прежде чем команде удалось громадной сетью обхватить разлагавшийся труп. Дважды стальной трос корабельного крана лопался со звуком пушечного выстрела, но в конце концов кита подняли на борт — и тут вслед за ним стали выпрыгивать из воды акулы: оказалось, целая стая кормилась и теперь внезапно лишилась лакомства. Разложив китовую тушу на нижней палубе, матросы решили позабавиться и занялись охотой на акул. Нацепили огромный кусок сала на стальной крюк, привязанный к корабельному тросу, и забросили в воду. Выстроившись вдоль нижнего борта, они передавали трос из рук в руки так,

Мама. Фото на паспорт. Война сильно изменила ее. 1940 г.

чтобы сало как бы плыло по воде. Почти сразу же одна из акул схватила приманку, и матросы, дружно выкрикивая нечто вроде «И — раз... и — раз!», вытянули ее из воды и подняли на борт. Я стоял на средней палубе, непосредственно над этой рыбой. В ней было метра три — для акулы размер не гигантский, но вполне внушительный, особенно с точки зрения шестилетнего ребенка. Один из матросов взял топорик и рубанул им акулу несколько раз. Топорик отскакивал от ее тела, не оставляя следов. Прошло несколько минут, и акула, до этого бившая хвостом по палубе, замерла. Она казалась мертвой, но и мертвая внушала страх. Потом один из матросов подошел к ней и ткнул ее пальцем в глаз. Акула дернула головой, и матрос отшатнулся. Фонтан крови хлестанул вверх в мою сторону, а матрос остался стоять и обалдело смотреть на то место, где прежде была его кисть: акула отхватила ее одним движением челюстей. С тех самых пор я боюсь акул. Это единственное животное, которое внушает мне страх. Когда-то я панически боялся самолетов, и часто мне снился один и тот же кошмар: лечу над Атлантикой, самолет падает, но я не тону, а болтаюсь в спасательном жилете, кажется, я спасся — и тут появляется самая страшная из всех акул, большая, белая, и рвет меня на части. Боязнь летать я давно преодолел. Боязнь акул — нет и вряд ли одолею.

В нью-йоркском порту нас встречал Стив Шнайдер с родителями. Больше всего меня удивило то, что мы со Стивом одного роста. Полтора года назад, когда мы уезжали, я был заметно выше его. Позже я понял, что из-за дефицита калорийного питания в оккупированной Франции я стал расти медленнее. Вернувшись в Штаты, я мгновенно «пошел вверх» и вновь обогнал Стива.

Наша первая нью-йоркская квартира находилась на Бликер-стрит, в том районе города, который называется Гринвич Вилладж. Это была замечательная улица. Она даже фигурирует в одной из самых моих любимых американских народных песен о товарном поезде, где есть такие слова:

> When I die please bury deep
> Down at the end of Bleeker Street...*

Квартирка была небольшая: три комнаты, вытянутые кишкой, да махонькая кухонька. В средней комнате спали родители, я спал в последней, за которой находилась ванная. Первую же комнату можно было — при наличии воображения — считать столовой.

Вова Бараш, папин друг. Он закончил свою жизнь в газовой камере. 1940 г.

* * *

Я точно не помню, в какой из приездов в Нью-Йорк отправится на Бликер-стрит искать нашу первую квартиру. Нашел я ее без малейшего труда, так как этот район города — Гринвич Вилладж — совершенно не изменился. Такое впечатление, что не снесли ни одного дома, не построили ничего нового. Не представляю, каково это — вернуться в город своего детства и этого города не узнать. Но я рад, что такого не произошло со мной. Мне трудно описать чувства, которые я испытал, оказавшись здесь через сорок пять лет после того дня, когда семилетним мальчиком впервые вошел в этот подъезд... Счастье?

* * *

Вот одно из первых воспоминаний: отец кнопками прикрепляет к двери встроенного шкафа большую контурную карту Европы и Европейской части СССР, затем черным карандашом заштриховывает территорию, захваченную немцами после 22 июня 1941 года. При этом он говорит, что им не победить Советский Союз:

— Они никогда не возьмут Ленинград, они никогда не возьмут Москву.

Я помню, с каким вызовом он повторял эти слова, в то время как остальные жалели «бедных русских», у которых нет ни малейших шансов, которым осталось ждать пару недель, в лучшем случае месяц-другой, пока с ними не будет покончено. «Никогда не победят немцы, — настаивал мой отец, — потому что фашизму невоз-

---

*Когда я умру, похороните меня поглубже в конце улицы Бликер... (англ.)

можно победить социализм, единственную справедливую систему, объединившую всех, словно братьев, и сделавшую их непобедимыми».

В декабре 1941 года у самых ворот Москвы Красная Армия пошла в контрнаступление. Гитлеровский вермахт потерпел первое поражение. По мере наступления советских войск папа заштриховывал отвоеванную территорию красным карандашом, приговаривая (я и сейчас слышу торжественные нотки в его голосе):

— Видишь? Я же говорил тебе!

Это было начало моего политического образования, тогда я впервые услышал слово «социализм», впервые задумался о том, что система может быть справедливой или несправедливой. Пожалуй, именно тогда возник в моем воображении образ страны, которую зовут Советским Союзом, страны, достойной уважения, благодарности и любви.

Я в Марселе. Скоро покинем Францию надолго. 1940 г.

Одно из первых «американских» воспоминаний того военного времени связано с антисемитизмом. Мне было семь лет. Я шел по Бликер-стрит, когда меня остановили двое ребят. Они были больше меня и, как я позже узнал, жили в небольшом ирландском католическом анклаве. (Замечу в скобках, что в те годы остров Манхэттен, то есть самый центр Нью-Йорка, состоял из десятков таких анклавов, в которых иммигранты из тех или иных стран, тяготея к «своим», особенно на первых порах, пока встраивались в новую жизнь, жили рядом. По мере ассимиляции иммигрантов многие из этих анклавов со временем исчезли.) Один из ребят схватил меня за плечо и спросил:

— Ты еврей?

Насколько я помню, я никогда прежде не задумывался о своем происхождении. В оккупированной Франции я что-то слышал о евреях и знал о том, что нацисты преследуют их — и это автоматически делало всех евреев героями в моих глазах. Отец учил меня тому, что все люди — люди, что иметь предрассудки в отношении расы или религии — то же самое, что быть нацистом. Поэтому мой ответ был предопределен:

— Не твое собачье дело.

Тот, что был побольше, повернулся к своему приятелю и предложил:

— Ладно, давай снимем с него штаны и посмотрим.

Я не имел ни малейшего представления о том, почему они хотят снять с меня штаны и какое это имеет отношение к заданному вопросу, но не стал размыш-

И вот я в Америке. Штат Нью-Гемпшир. 1942 г.

Прощание с иллюзиями

Летний дом наших друзей в городке Массапикуа, где я провел одно лето

лять на эту тему. Я побежал от них что было мочи. А надо сказать, бегал я очень быстро. Они кинулись вдогонку. Я завернул за угол и на полном ходу врезался в живот громадного полицейского. В те годы в городскую полицию Нью-Йорка не принимали никого ростом ниже шести футов (ста восьмидесяти двух сантиметра). Все полицейские были ирландцами по происхождению, здоровенными, голубоглазыми, рыжими — никаких «черных», латиносов, женщин. Когда я вернулся в город после тридцативосьмилетнего перерыва, мне в глаза бросились именно рост и внешность тех, кого нежно называли «гордостью Нью-Йорка»: среди них появилось множество невысоких, смуглолицых, «черных» и — да, даже женщины попадались. Итак, я врезался в эту громадину, он сгреб меня в охапку ручищами, каждая размером с окорок, и прорычал:

— Ты что, парень?

Я был весь в слезах, перепуган насмерть и проблеял, что с меня хотят снять штаны и что-то посмотреть. В этот самый момент два моих преследователя выскочили из-за угла. Увидев полицейского, они притормозили, но было поздно. Он отпустил меня и одним поразительно ловким и быстрым движением схватил каждого за воротник, оторвал от тротуара и стал трясти так, как терьер трясет пойманную крысу.

— Ах вы, ублюдки! — заорал он. — Как вам не стыдно! Я поговорю с преподобным отцом Кленси, уж он вас отделает как положено!..

Понятное дело, он знал все ирландские католические приходы наперечет. Тут оба мальчика заревели во весь голос. Он еще немного потряс их, потом опустил с такой силой, что подошвы их ботинок гулко стукнули об асфальт, и словно бык заревел:

— Вон с глаз моих!

И они исчезли. Ирландец повернулся ко мне:

— И ты, парень, давай чеши отсюда. И чтобы больше нюни не распускал. Стыдно же!

Я никогда не забуду этого полицейского. Бывало, мы встречались, когда он патрулировал наш район. Он проходил мимо, молча, величаво, но подмигивал мне. Больше никто ко мне не приставал. И если вам показалось, что я идеализирую стражей порядка из моего нью-йоркского детства, надеюсь, вы не станете упрекать меня за это.

На Бликер-стрит мы жили недолго. Отец стал прилично зарабатывать, и мы переехали на Восточную сорок восьмую улицу, между Третьей и Второй авеню.

(Для тех, кто никогда не бывал на Манхэттене, небольшая справка: кроме самой южной, или нижней, части острова, где город зарождался в семнадцатом веке и где улицы беспорядочно бегут в разных направлениях, как в старых городах Европы, весь остальной Нью-Йорк разделен идущими с юга на север *авеню* (проспектами) и с востока на запад — *стрит* (улицами). За редким исключением все авеню и стрит не имеют иных названий, кроме номера. Так, стрит, поднимаясь с юга на север, возрастают по нумерации, авеню же возрастают с востока на запад. Остров Манхэттен делится на восточную и западную части, причем разделительной линией служит Пятая авеню. Я жил на Восточной сорок восьмой стрит, то есть к востоку от Пятой авеню.) Из трехкомнатной квартиры, или, как принято считать в Америке, квартиры с двумя спальнями, мы переехали в четырехэтажный дом, так называемый *браунстоун*. Мальчишке там было раздолье. Более всего мне почему-то запомнилась кухня на первом этаже, где я получил первые уроки кулинарии от мамы и где папины русские друзья, такие же отверженные революцией люди, как и он, собирались, чтобы гонять чаи и спорить о политике. Я не знал ни одного слова по-русски, но иногда из уважения к маме они переходили на французский, что помогало мне хоть как-то уловить смысл обсуждаемого.

Есть еще одно воспоминание, которое я тоже с радостью стер бы из памяти. На восточной стороне Третьей авеню в районе пятидесятых улиц размещалось множество антикварных магазинчиков и лавок. Сквозь стекла их витрин я с вожделением разглядывал предметы старины: окуляры, письменные принадлежности, бронзовые чернильницы... Однажды я увидел настоящую кавалерийскую саблю. Желание обладать этим роскошным предметом было сильнее меня. Я вошел в магазин и спросил хозяина, сколько он хочет за саблю. Мне было девять лет, поэтому он равнодушно посмотрел на меня и процедил: «Пять баксов».

Ради этой сабли я готов был пойти на любое преступление и выкрал пять долларов из сумочки тети Кристиан, жившей в те годы у нас. Потом, за ужином, я рассказал захватывающую историю о том, как на улице нашел пятидолларовую бумажку и — хотите верьте, хотите нет — купил себе кавалерийскую саблю времен Гражданской войны. Я был уверен в убедительности своей истории, но как оказалось, не подумал о том, что тетя Кристиан тщательно считает каждый свой доллар. Она была матерью-одиночкой, зарабатывала на жизнь в поте лица и жила с нами потому лишь, что не имела денег на аренду квартиры. Она знала, сколько денег в ее кошельке — до последнего цента. И в тот самый день, ког-

Летний дом, который снимали мои родители в Миллер Плейсе на Лонг Айленде

Папа, я, Пэт Уиндроу. Миллер Плейс, 1944 г.

да я «нашел» пять долларов, она обнаружила их пропажу. Собственно, тогда я получил урок под названием «преступление и наказание» (надеюсь, Федор Михайлович и его поклонники простят меня за невольный плагиат). Как и подавляющему большинству людей, мне пришлось испытать последствия своей глупости на собственной шкуре. Я и сейчас ежусь от стыда, вспоминая беспощадный, презрительно-холодный допрос, учиненный отцом, а потом позор, который я испытал, будучи вынужден подняться к тете в комнату, чтобы признаться ей в содеянном. Урок был жестокий, но полезный: я тогда понял, что моральное наказание гораздо болезненнее, чем физическое, и оставляет значительно более глубокие раны.

В 1944 году мы переехали в изумительную двухуровневую квартиру на Восточной Десятой стрит между Пятой авеню и Юниверсити Плейс. Эта квартира остается в моей памяти как одна из самых красивых, какие я когда-либо видел. Она принадлежала знаменитому в то время адвокату Артуру Гарфилду Хейзу и была плодом дизайна его супруги, женщины необыкновенно талантливой, на много лет опередившей вкусы в области архитектуры интерьеров. Она скончалась в молодом возрасте, и господину Хейзу стало невмоготу жить там, где все напоминало о ней. Он переехал на четвертый этаж этого браунстоуна, принадлежавшего ему целиком, мы же сняли ту самую чудесную квартиру, расположенную на втором и третьем этажах. На первом жил знаменитый в то время киноактер Джон Гарфилд.

* * *

Говорят, невозможно вступить дважды в одну и ту же воду. Вернувшись в Нью-Йорк, я отправился посмотреть и на этот свой дом. Поднявшись по его ступенькам и присмотревшись к фамилиям его жильцов, я увидел, что в квартире господина Хейза, давно почившего в бозе, живет его дочь, с которой я когда-то был знаком. Набравшись храбрости, я позвонил. Когда по домофону женский голос спросил: «Кто там?» — я сказал: «Это Влад Познер». Она промолчала буквально пять секунд, потом раздалось: «Влад! Это ты?! Поднимайся!» И я вошел второй раз в одну и ту же воду. Так и хочется процитировать Гоголя:

«Кто что ни говори, а подобные происшествия бывают на свете — редко, но бывают».

* * *

Эти годы — с 1941 по 1946 — были для меня счастливыми. Я ходил в замечательную школу, «Сити энд Кантри», в которой обучались дети весьма обеспеченных, но либеральных родителей. Это была, конечно, частная школа, более того, одна из самых старых частных школ Америки. В те годы почти не было частных школ, в которых «чернокожие» дети учились бы с белыми, но здесь все было иначе: нам внушали мысль, что цвет кожи не имеет значения. С нами занимались несколько цветных ребят (тогда не появилось еще понятие «политкорректность» и негров полагалось называть цветными, а не «черными», как сейчас). Сегодня никого этим не удивишь, но в те годы это было нечто из ряда вон выходящее, можете мне поверить. У нас были замечательные учителя. Они не только любили детей, но — что не менее важно — знали, как обращаться с ними.

Я с двухлетним Павликом. Нью-Йорк, 1947 г.

* * *

Потом настало время, когда слово «цветной» уступило место слову «черный», а за ним последовало «афроамериканец». Странно все это. Мы все цветные в той или иной степени. Нет ни реально белых, ни «черных», ни желтых. Но есть расизм и сопряженное с ним чуть стыдливое стремление подчеркивать свою «особливость». Помню, отец говорил, что в Советском Союзе нет расизма, нет антисемитизма, со смехом рассказывал, как после революции жестко боролись с этим, и люди вместо «поджидаю трамвай» говорили «подевреиваю трамвай». Я еще вернусь к этому вопросу, но не могу не сказать о том разгуле расизма, крайнего национализма, шовинизма, которым охвачена нынешняя Россия. Такое впечатление, что никакого Советского Союза с его «дружбой народов» и не

Мама. Нью-Йорк. 1946 г.

Прощание с иллюзиями

было (а была ли она, это дружба?) и все вернулось к царской империи с ее черными сотнями, союзами Михаила Архангела и прочими прелестями. *В интеллигентской среде не считаются зазорными (уж не говорю — позорными) высказывания типа «терпеть не могу "черных"», «все чеченцы — воры и убийцы» и столь же «лестные» суждения о грузинах, армянах, азербайджанцах, казахах, узбеках, таджиках и так далее — список бесконечен. Постепенно я прихожу к выводу, что Россия — страна расистов. И поразительно то, что ни руководство, ни церковь, ни даже правозащитники не считают нужным противостоять этому.*

* * *

Помню директора и основателя школы Кэролайн Пратт — женщину поразительную.

Я был драчуном. В течение первых двух лет моей учебы в школе (классы обозначались в соответствии с возрастом учащихся: семилетки — в седьмом классе, восьмилетки — в восьмом и так до выпускного, тринадцатого) я постоянно затевал драки. Поскольку для своих лет я был довольно крупным мальчиком, потасовки чаще всего кончались в мою пользу. Как поступили бы со мной в обычной школе? Наказали бы, попытались бы так или иначе сломить меня и, если бы ничего не получилось, выгнали бы. Так сделали бы многие школьные директора, но только не мисс Пратт. По окончании мною восьмого класса она вызвала меня к себе в кабинет на беседу. Она сказала, что я — отличный мальчик, но есть проблема: я слишком опережаю в развитии учеников моего класса. Поэтому она приняла решение перевести меня через класс. Таким образом, я начну новый учебный год не в девятом, а в десятом классе. Я заплакал и стал упрашивать ее не делать этого. Мне казалось, что меня выдергивают из моего привычного мира и бросают в мир чужой и враждебный. Мисс Пратт улыбнулась, погладила меня по голове и ободрила: «Не плачь, Влади, — чаще всего меня так называли в Америке, — все будет хорошо».

Таким образом я оказался в классе, где ребята были на год, а то и на два старше меня... и конечно же значительно крупнее. Вот так решила мисс Кэролайн Пратт справиться с моей агрессивностью. Если я хотел драться, она не возражала, но предложила драться с теми, кто способен дать сдачи, чтобы я не взял в

Я со своим любимым Жуком. Нью-Йорк, 1945 г.

Встреча нового 1947 года у нас дома. Мама крайняя слева

привычку мутузить слабых. Что до возможных моих проблем с успеваемостью, то этот вопрос даже не возникал.

Учеба в «Сити энд Кантри» совершенно отличалась от общепринятой системы зубрежки. Могу даже сказать, что нигде более я ничего подобного не встречал. Я не помню, чтобы мы учились по учебникам, у нас их не было вообще, но те знания, то мировоззрение, которые я получил в этой школе, определили мое отношение к жизни. Я назвал бы его гармоничным, а не конфронтационным.

У нас была своя столярная и гончарная мастерские. Там нас учили эстетике, хотя мы и не подозревали, что нас хоть чему-то там учат. В одиннадцатом классе у нас были свои печатные станки — один ручной, другой электрический. Мы учились печатному набору, сдавали экзамен и получали звание подмастерья или мастера. Мы печатали для школы пригласительные билеты, рекламные листы, конверты и т.д. В одиннадцатом классе мы познакомились с Гутенбергом — изобретателем печатного станка, узнали о Высоком Возрождении в Европе. И получалось так, что Гутенберг и его станок для нас являлись не покрытыми пылью веков субъектами истории, а живыми и совершенно реальными. Мы сами становились гутенбергами, управляя созданной им машиной, конкурируя за право набора и печати, за право называться мастером-печатником. Когда мы проходили Средние века в десятом классе, нас обучили письму по пергаменту, умению смешивать краски и пользоваться ими так, как это когда-то делали средневековые монахи. Каждый из нас выбирал себе одного ученика выпускного тринадцатого класса и в течение полугода работал над его дипломом, расписывая в нем заглавные буквы кармином и золотом. Сидя над листами пергамента, мы были не Питером, Влади или Биллом, сидящими в школьном классе города Нью-Йорка, — нет, мы были монахами, затерявшимися в своих кельях где-то в средневековой Франции или Англии; до нашего слуха доносился слабый перезвон колоколов, а мы корпели над творениями, которые когда-то, через много веков, вызовут удивление и восхищение у будущих поколений.

Школа предлагала нам самую разнообразную деятельность. Ученики восьмого класса заведовали школьной почтой — продавали марки, конверты, открытки, которые покупали и учителя, и учащиеся. Это был совершенно конкретный способ учиться как арифметике (ведь надо было вести книги учета), так и обслуживанию клиента. Девятый класс заведовал школьным магазином писчебумажных принадлежностей. Там можно было купить карандаши, тетради, блокноты, ластики, акварельные краски и кисти и многое другое. Школа приобретала все это по оптовым ценам, а ученики продавали по розничным, вели бухгалтерский учет, одновременно усваивая такие понятия, как дроби, проценты, прибыль и кредит. Да, это была поразительная школа, но самым невероятным в ней, самым ее сердцем, по крайней мере на мой взгляд, являлась библиотека и заведовавшая ею библиотекарь. Я не помню ее фамилию, но помню лицо с такой ясностью, будто мы с ней виделись вчера, а не сорок с лишним лет тому назад. Библиотека манила каждого из нас — при первой же возможности мы неслись туда сломя голову. Это был большой зал, вдоль трех стен которого и до самого потолка стояли полки с книгами. Четвертую стену занимали шесть громадных окон, благодаря чему библиотека всегда была залита светом. Никому из нас никогда не говорили, что нельзя брать ту или иную книжку потому, мол, что мы еще маленькие. Но нас необыкновенно умело подводили к нужным книгам, я бы даже сказал, соблазняли именно теми книгами, которые были для нас полезны. Вот ты стоишь у одной из полок, изучая разноцветные корешки, и библиотекарь подходит к тебе, нагибается и с заговорщическим видом шепчет на ухо: «Тут есть книжечка одна... Советую тебе взять ее, пока не схватил кто-нибудь другой. Хочешь?»

Еще бы, конечно, хочу! Вот так мы часами сидели в белых с синими подушками соломенных креслах, расставленных в форме каре по всему залу, и читали. Мы словно ныряли в эти тайные книги, выходя на поверхность для того лишь, чтобы, оглядевшись, испытать сладкое чувство своей избранности, ведь только мы владели этим сокровищем. Книги вели нас в новые, сказочные миры. Я шел рука об руку с медвежонком Пухом, боролся против шерифа Ноттингемского и ничтожного Короля Джона вместе с Робин Гудом и его веселыми ребятами (особенно я любил Малыша Джона), я сражался на стороне Короля Артура и рыцарей Круглого стола, среди которых выделял Ланцелота и Гавейна, я участвовал в войнах Алой и Белой розы, отбивал девицу Мэриан и лично прикончил сэра Гая из Гисборна; вместе с Джимом Хокинсом я был на Острове сокровищ, и резкие крики попугая Длинного Джона Сильвера до сих пор звенят у меня в ушах; я плавал по Миссисипи с Томом Сойером, Геком и Джимом, я влюблялся в Озму, принцессу Изумрудного города, я раскачивался в такт Песни о Гайавате; я дрался плечом к плечу с д'Артаньяном, Атосом, Портосом и Арамисом (именно в таком порядке); я не уступил «Волку» Ларсену; я безудержно плакал на судьбой каждого из животных, населявших страницы книг Эрнеста Сетона Томпсона; я раскачивался на лианах в джунглях вместе с Маугли, утопал лицом в шелковой шерсти Багиры, вместе с Рикки-Тики-Тави чувствовал, как глаза мои наливаются кровью и ноги напрягаются в ожидании отвратительных гадин Нага и Нагиньи. Словом, я кое-что повидал на своем веку — и это лишь малая часть.

Что и говорить, эта библиотека да и вся школа были уникальны. И за всем этим стояла настоящая забота, настоящая любовь учителей к детям. Это я стал понимать гораздо позже, тогда все принимая как должное. Хотя имел уже и другой опыт, относившийся к первому моему школьному году во Франции. 1940 год — время оккупации, учителя были подобраны немцами. Нас, учеников, рассаживали в классе в соответствии с успеваемостью: лучший ученик сидел справа за первой партой, за ним, за второй партой, ученик, занимавший второе место по успеваемости, за ним — третий. Всего в классе было четыре ряда по десять парт в каждом. За последней, сороковой, партой крайнего левого ряда, сидел худший из всех. В течение года нас передвигали вперед-назад и слева направо, словно фигурки в какой-то причудливой игре. На самом деле все это приводило к конкуренции и зависти среди шестилетних детей. Учитель расхаживал по классу, держа в руке длинную гибкую деревянную указку с круглым набалдашником на конце. Тот, кто баловался, получал набалдашником по голове. Это было и больно, и унизительно. Таков был немецкий метод обучения. Или, скажем, французский метод с немецким акцентом.

Я окончил «Сити энд Кантри» в двенадцать лет и

Выпускной класс моей любимой City & Country School. Я – во второй справа во втором ряду. 1946 г.

поступил в Стайвесант Хай-скул, по-нашему — в среднюю школу имени Стайвесанта. Школа имени первого губернатора Нью-Йорка (в то давнее время город назывался Нью-Амстердамом) голландца Питера Стайвесанта была и остается в числе лучших в Америке. Она одна из тех немногих, для поступления в которые необходимо сдать конкурсные вступительные экзамены. Несмотря на ее академическую элитарность, в классах было по сорок учеников, и большинство учителей относились к ним с полнейшим равнодушием — так по крайней мере казалось мне. Учителя учили нас, тестировали. Если ты преуспевал — значит, преуспевал, если нет — значит нет. Если в конце года по сумме тестов ты получал провальную оценку, тебя исключали. Просто и понятно, и никому нет до тебя дела. Выпускника «Сити энд Кантри», привыкшего к вниманию и любви учителей, подобное отношение шокировало.

Живя в Америке, я прекрасно понимал, что я — не американец. Не могу сказать, откуда я это знал, хотя, быть может, ощущал интуитивно из-за отца. Ему Америка *не нравилась*, хотя он весьма преуспел, служа в Louis Incorporated, дочерней компании кинокорпорации MGM (та, чьи фильмы начинаются с появления рычащей львиной головы). В 1946—1947 годах он зарабатывал двадцать пять тысяч долларов в год, что сегодня составляло бы около трехсот тысяч. Как я уже писал, у нас была изумительная квартира, а лично у меня, сопливого юнца, имелась не только собственная спальня, но и отдельная комната для игр и своя отдельная ванная комната. Так что нелюбовь отца к Америке не имела отношения к проблемам карьерным или

Новый 1947-й год, за пианино нелюбимый мной Стеллан Уиндроу

финансовым. Просто он был до мозга костей европейцем; американцы казались ему людьми поверхностными, неотесанными. Такое мнение многие европейцы разделяют и по сей день.

*   *   *

Я уехал из Америки, когда мне было неполных пятнадцать лет. Мое знание страны ограничивалось именно этим опытом; с одной стороны — бесценным, даже невосполнимым, но с другой — все-таки недостаточным. Кроме Манхэттена, где жил и учился, я мало где бывал — летом во время школьных каникул на Лонг-Айленде, под Вашингтоном у моей тети и двоюродных братьев. После отъезда, живя в оккупированной советскими войсками Германии и затем в Германской Демократической Республике, я от Америки был отрезан. Да и оказавшись в Советском Союзе, я не имел никаких контактов с Америкой или американцами вплоть до 1957 года и Всемирного фестиваля молодежи и студентов (об этом еще будет сказано). Не вдаваясь в подробности, скажу, что мое «открытие» Америки началось лишь при первом моем возвращении в страну в 1986 году и продолжалось вплоть до создания документального фильма «Одноэтажная Америка» (2006 год). За эти двадцать лет я не только ездил по стране с лекциями, не только работал на американском телевидении, но исколесил ее вдоль и поперек и могу теперь заявить, что знаю американцев настолько, насколько человеку вообще дано знать какой-либо народ.

Американцев, на мой взгляд, отличают некоторые совершенно замечательные черты: удивительная и совсем не европейская открытость, удивительное и совсем не европейское чувство внутренней свободы, удивительное и совсем не европейское отношение к работе. Есть, конечно, и черты иные — тоже не европейские: в частности, отсутствие любопытства ко всему, что не является американским, довольно низкий уровень школьного образования.

Образ туповатого, малообразованного, хамоватого американца, который так культивируется в Европе, не более чем неудачная карикатура. Образ этот рожден, как мне кажется, одним характерным для всех европейских стран чувством: завистью. Это же относится и к русскому антиамериканизму, к образу «америкоса», столь дорогому многим русским сердцам. Да, американцам и Америке завидуют, многие втайне хотели бы жить так, как живут они, потому носят джинсы и «ти-шерты»*, жуют жвачку, пьют кока-колу, едят в кинотеатрах попкорн, преклоняются перед голливудскими звездами и блокбастерами, млеют от американских сериалов, восторгаются американской попсой — и завидуют.

В России это принимает престранные формы. Антиамериканизм становится знаменем различного рода молодежных объединений — «Наших», «Нацболов», «Молодогвардейцев», всякого рода полуфашиствующих шовинистических групп. Им противостоят «продвину-

---

*Ти-шерт — от англ. t-shirt — футболка, тенниска.

тые либералы», для которых Америка — вершина цивилизации. Порой все это обретает комические черты.

В России мои противники из «патриотического» крыла обзывают меня «американцем», подразумевая тем самым, что я ненавижу Россию и желаю ей гибели; мои противники из «либерального» крыла (а их, поверьте, ничуть не меньше) не могут обозвать меня «американцем», поскольку это было бы высшей похвалой. Поэтому они используют такие обидные словечки, как «приспособленец», «и нашим, и вашим» и тому подобные.

Смешно. И скучно.

* * *

Итак, я понимал, что я не американец. Но я также осознавал, что я не русский. Как я мог быть русским, если не знал по-русски ни слова? На самом же деле я считал себя французом. А как же? Мама моя — француженка, я родился в Париже, так о чем речь? Француз я — и точка. Это мое убеждение в точности совпадало с французскими законами, принятыми, когда в результате Наполеоновских войн Франция потеряла почти весь цвет своего мужского населения. Закон гласит: ребенок мужского пола, рожденный во Франции от французской матери или французского отца, является гражданином Франции и не может отказаться от своего гражданства без особого решения Хранителя печати государства. Так что с точки зрения французских властей я — не просто гражданин Франции, а гражданин, уклонившийся от военной службы, конкретно — от участия в войне в Алжире. Стоит мне ступить ногой на французскую землю, и власти имеют законное право арестовать меня. Но хоть я и вступал туда не раз, власти выказывали необыкновенное сочувствие к моей непростой жизни. Vive la France!

* * *

Так-то оно так, но требуется некоторое дополнение.

Зимой 2004 года я получил от Эльдара Рязанова приглашение на прием в честь его награждения французским орденом. Рязанов сделал целый ряд телевизионных программ о Франции, представив ее культуру и искусство российскому зрителю, за что правительство этой страны выразило ему благодарность. Все это происходило в резиденции посла, причудливом купеческом особняке, что стоит на улице Якиманке. Собралось довольно много народу, и вот в назначенный час посол Франции господин Клод Бланшмезон, видный мужчина средних лет, выступил вперед и, сказав короткую, но полную достоинства речь, вручил Рязанову орден. Эльдар Александрович, явно растроганный, ответил не менее достойно, раздались аплодисменты, и на этом торжественная часть завершилась. Начался фуршет.

Гости разбрелись по двум-трем залам, а посол вместе со своей переводчицей переходил от группы к группе, обмениваясь, в общем, банальными фразами. Настала и наша очередь, и поскольку я оказался ближе всего к подошедшему послу, он заговорил первым со мной. Не помню, что именно он произнес, но когда его переводчица вступила в разговор, я пояснил на чисто французском языке, что перевод мне не нужен.

— А, так вы француз? — спросил посол.
— Как вам сказать, — ответил я, — я родился в Париже от французской матери, но...
— Никаких «но», — перебил меня господин Бланшмезон, — если вы родились во Франции от француженки, значит вы француз.
— Да, но у меня нет французского паспорта...
— Это не проблема, позвоните мне в понедельник.

Разговор происходил в пятницу. Когда я позвонил в понедельник, секретарь посла сообщил мне, что моего звонка ждет генеральный консул. Я тут же позвонил и был приглашен на среду. Я пришел в указанные день и время, взяв с собой свидетельство о рождении и копию французского удостоверения личности моей мамы. Консул ознакомился с этими документами и, достав мое личное дело, удивившее меня своим объемом, сказал:

— Что ж, месье, все у вас в порядке. Месяца через два или три — уж так работает наша бюрократия — вы получите паспорт и удостоверение личности.

Приблизительно через шесть недель мне принесли письмо от консула, в котором было написано следующее:

«Уважаемый месье Познер,

Прошу Вас явиться (день, число, время) для решения интересующего Вас вопроса.

С совершеннейшим уважением,

(Подпись)».

Явившись, я вновь встретился с консулом, который, протянув мне руку, сказал:
— Месье Познер, имею честь поздравить вас с французским гражданством.

Это случилось 16 февраля 2005 года, и тот день остается одним из самых счастливых в моей жизни.

За полтора года до этого я стал гражданином Соединенных Штатов Америки. Это произошло при куда менее романтических обстоятельствах: приехав на работу в США в 1991 году, я вскоре подал бумаги на получение так называемой «грин кард» (green card) — документа, дающего обладателю абсолютно такие же права, как любому американскому гражданину, кроме права голосовать и быть избранным, но и все обязанности тоже, главная из которых — платить налоги.

Green card дается не сразу и не каждому, но я получил ее очень быстро. Не стану докучать вам описанием тех правил, которые надо соблюдать для сохранения грин кард, замечу лишь, что, имея этот документ и прожив в США не менее пяти лет, вы имеете право подать на гражданство. Что я и сделал. Американский закон гласит: если вы родились в Америке, вы автоматически становитесь гражданином; более того, если вы захотите получить гражданство еще одной страны, вам придется отказаться от американского. Логика простая и очень американская: нет большего блага, чем родиться американцем, и если вы не дорожите этим и хотите получить иное гражданство, что ж, это ваше право, но американского гражданства вас лишат. Однако этот же закон говорит, что если вы не родились американцем, являетесь гражданином другой страны и хотите стать американцем — пожалуйста, ваше иное гражданство не помеха.

Словом, наступил торжественный день, когда меня и мою жену вызвали в центр по получению гражданства, расположенный в нижней части Манхэттена в абсолютно безликом здоровенном здании.

Помимо пятилетнего пребывания, для получения гражданства надо: а) доказать устно и письменно, что вы знаете английский язык и б) ответить на десять вопросов об Америке. При желании вы можете совершенно бесплатно по почте получить вопросы предстоящего «экзамена».

В огромном, довольно спартански обставленном и холодном зале ждали вызова человек двадцать «абитуриентов». Почти все были со своими адвокатами, которым в случае чего предстояло доказать, что их клиент достоин американского гражданства. Обстановка была нервозная и напряженная. Примерно через двадцать минут ко мне подошел высокий худощавый человек лет пятидесяти, на вид образцово-показательный американский чиновник: невыразительные очки, столь же невыразительный коричневый костюм с короткими, чуть не доходящими до туфель штанинами, белой сорочкой и — опять же — совершенно невыразительным галстуком.

— Екатерина Орлова и Владимир Познер? — спросил он.

Получив утвердительный ответ, он продолжил:

— Мистер Познер, вы не возражаете, если дама пойдет первой?

И увел Катю. Мне было совершенно ясно, что нам оказано особое внимание, ибо к другим жаждущим американского гражданства никто не подходит, лишь по громкоговорителю раздается то и дело:

— Мистер Роберто Гонзалес, кабинет восьмой.

— Миссис Светлана Гринберг, кабинет двенадцатый.

Я же был человеком, известным в США не только потому, что проработал почти семь лет на канале *CNBS* с Филом Донахью, но, возможно, в большей степени из-за своей прошлой пропагандистской деятельности. Словом, я считался VIP.

Минут через сорок вернулась Катя — гражданка США, по словам чиновника в коричневом, блестяще справившаяся с заданием.

— Теперь, — сказал он, чуть нажимая на каждое слово, — посмотрим, как справитесь вы.

И повел меня в кабинет.

— Мистер Познер, — начал он, — прежде всего вы должны доказать, что читаете, пишете и говорите по-английски. Это в вашем случае формальность, но будем соблюдать закон.

(Вот оно! Понимаете, это чистая формальность, чиновник знает, что я говорю и пишу по-английски лучше, чем он, но есть порядок и его надо соблюсти. Вся Европа смеется над этим — и напрасно. Это вовсе не демонстрация тупости, ограниченности, нет, это демонстрация абсолютного уважения к закону, который одинаков для всех).

— Вот, мистер Познер, — сказал он, протянув мне лист бумаги, — прочитайте первое предложение.

Я прочел. Затем мне был выдан чистый лист с предложением написать что-нибудь. Я спросил, что именно.

— Напишите: «Я хочу быть хорошим гражданином Соединенных Штатов Америки».

Я написал.

— Что же, — произнес чиновник, — теперь ответьте на десять вопросов, которые я вам сейчас задам. И помните, сделаете больше трех ошибок — значит, не сдали. Ясно?

Я ответил правильно на все десять — и не подумайте, что это говорит о моих глубоких знаниях США. Вопросы были простые.

— Поздравляю, — сказал он. — Позвольте я задам вам еще один вопрос вне программы, для удовлетворения моего личного любопытства. Можно?

И он спросил, какой была первая столица США. Я ответил правильно (Нью-Йорк), и дальше произошло самое интересное. Чиновник достал толстенный фолиант, раскрыл его и уточнил:

— Мистер Познер, заполняя опросник, вы написали, что были членом КПСС. Это так?

Я кивнул.

— Вы понимаете, что этот факт дает нам основание отказать вам в гражданстве?

— Да, понимаю. А вы хотели бы, чтобы я соврал и написал, что не состоял?

— Мистер Познер, вы также пишете, что вступили в партию с целью изменить ее к лучшему. Это так?

— Да. Это было наивно с моей стороны, но это так.

— Ну, это же меняет дело! Позвольте поздравить вас с удачной сдачей всех тестов.

После этого он вывел меня в зал, где сидела Катя, и проводил нас в еще один кабинет. Там поджидал коренастый, усатый человек в темно-синем костюме, который должен был привести нас к присяге.

— Мистер Познер, вам надлежит повторить за мной клятву верности флагу Соединенных Штатов Америки. Вы готовы?

Я кивнул.

Поднимите правую руку и посмотрите на флаг. И теперь повторите за мной.

— «Я клянусь в верности...» — начал он, и я повторил.

— «Флагу Соединенных Штатов Америки...» — продолжал он, и я повторил.

— «И Республике, которую она олицетворяет...» — и я повторил.

— «Одна нация под Богом, неделимая, со свободой и справедливостью для всех...»

И тут я запнулся. Усатый господин вопросительно посмотрел на меня.

— Видите ли, сэр, я атеист, и слова «под Богом» для меня неприемлемы.

— Можете эти слова опустить, — ответил он настолько обыденно, что стало ясно: мой случай далеко не редкий.

Я повторил клятву без упоминания всевышнего, господин с усами пожал мне руку, поздравил с вхождением в гражданство и вручил соответствующий документ за подписью президента Билла Клинтона.

Прощание с иллюзиями

Этот день — 4 ноября 2003 года — тоже числится среди самых счастливых в моей жизни. Завершу эту «паспортную» сагу еще одним рассказом.

Года через два я прилетел из Москвы в Нью-Йорк. Прошел паспортный контроль, где пограничный офицер поздравил меня «с возвращением домой», поехал в гостиницу и обнаружил, что паспорта нет. То ли его украли, то ли я его выронил, но факт оставался фактом: паспорт пропал.

На следующее утро, ровно в девять, я позвонил в Паспортный центр города Нью-Йорка. Как ни старался, я не смог добиться живого человеческого голоса, а бесконечная запись не разъясняла, как мне поступить. И я поехал. Центр этот тоже находится в нижней части острова и выглядит столь же безлико, как тот, в котором я получил гражданство. У входа стояли двое вооруженных автоматами охранников. Я подошел и начал:

— Я потерял паспорт и хотел бы...

Один из них перебил меня:

— Прямо, налево по коридору, белое окошко.

В окошке сидела афроамериканка не слишком приветливого вида.

— Я потерял паспорт... — заговорил я, но она тоже перебила:

— Белый телефон на стенке справа.

И в самом деле, на стене висел белый телефон, а рядом с ним, за прозрачной пластмассовой защитой, была прикреплена инструкция. Начиналась она так:

«*1. Поднимите трубку.*

2. Услышав гудок, нажмите цифру «1».

3. Услышав слово «говорите», четко и ясно изложите свой вопрос...»

И так далее. Таким образом я получил порядковый номер и время, когда должен подняться на десятый этаж в зал номер такой-то. На часах было 9:30 утра, а встречу мне назначили на 11:00. Я вышел, попил кофе, почитал газету и вернулся без пяти одиннадцать.

— Мой номер такой-то, — сказал я охранникам, которые жестом пригласили меня пройти.

Я поднялся на десятый этаж, вошел в большой зал, часть которого состояла и застекленных окошек. Не успел я сесть, ровно в одиннадцать раздался голос: «Владимир Познер, окно номер три». Я подошел. Меня поджидал мужчина лет пятидесяти, лицо которого я почему-то запомнил — может, потому что он удивительно походил на Чехова.

— Привет, как дела? — спросил он.

— Да так себе.

— Что случилось?

— Да то ли у меня украли, то ли я потерял паспорт.

— Ну, это не беда. Вот вам бланк, заполните его.

Я заполнил и вернул бланк Чехову.

— Та-а-а-к, — протянул он, — вы натурализованный гражданин США?

Я кивнул.

— Это чуть осложняет дело. У вас есть документ, подтверждающий ваше гражданство?

— Есть, но он в Москве, я его не вожу с собой.

— А напрасно. Надо иметь при себе хотя бы ксерокопию.

— Я могу позвонить в Москву и попросить, чтобы прислали мне в гостиницу копию по факсу — поеду, получу и вернусь к вам.
— Отлично, буду ждать, — сказал Чехов.
Я тут же позвонил, помчался в гостиницу, где факс уже ждал меня. Схватив его, вернулся в Паспортный центр. В половине первого я подошел к окошку номер три и протянул факсимильную копию. Чехов посмотрел на нее, покачал головой и сказал:
— Сэр, мне очень жаль, но я получил разъяснение, что нам нужен оригинал.
— Но оригинал в Москве. Не могу же я лететь туда, не имея паспорта!
— И не надо, сэр, не нервничайте. В Вашингтоне имеется второй оригинал, который нам пришлют. Но эта операция будет стоить вам девяносто долларов.
Я готов был заплатить любую сумму, лишь бы получить паспорт.
— Мистер Познер, — сказал Чехов, — вас будут ждать ровно в три часа в зале номер два.
Я вышел на улицу, съел хот-дог «со всеми причиндалами» — так говорят, когда на сосиску накладывают все специи и все соусы плюс кетчуп и горчицу. Запил эту гадость бутылкой кока-колы, и без пяти три пришел в зал номер два. Ровно в три раздался голос:
— Мистер Валдимир Познер! — Именно так, Валдимир, а не Владимир.
Я подошел к окошку. Довольно мрачная черная женщина протянула мне паспорт и сказала:
— Проверьте, все ли правильно.
В паспорте значилось «Владимир», а не «Валдимир». Все было правильно.
— Распишитесь в получении.
Я расписался. Время было пять минут четвертого. Меньше чем за один рабочий день я получил новый паспорт. Признаться, я был потрясен.
Я отправился в другой зал, подошел к окошку, за которым сидел Чехов, и сказал:
— Сэр, не могу даже подобрать слова, чтобы выразить вам благодарность за такую работу. Я поражен.
Чехов посмотрел на меня и совершенно серьезно, я даже сказал бы строго, ответил:
— Сэр, вы за это платите налоги.

* * *

Несмотря на то, что я осознавал себя французом, несмотря на прохладное отношение к Америке отца, я-то Америку любил. Я обожал Нью-Йорк — и продолжаю его любить. Я люблю его улицы, его запахи, его толчею. Этот город был — и в определенном смысле остается — моим городом. Тогда я не понимал, что люблю его, ведь дети редко думают о таких вещах. Но там я чувствовал себя дома.

Как любой американский мальчик того (да и настоящего) времени, я обожал бейсбол. Мои первые воспоминания об этом «всеамериканском времяпрепровождении», как его там называют, связаны с двумя бейсбольными мячами, которые были подарены моей матери игроками сборных «всех звезд» Американской и Национальной лиги во время ее работы над документальным фильмом об их ежегодной игре — в

Я играю в софтбол в составе созданной мною команды «Московские чайники». Сан-Франциско, 1990 г.

данном случае 1937 года. На одном мяче стояли автографы «всех звезд» одной лиги, на другом — подписи звезд другой. Каких там фамилий не было! И Хаббел, и Гериг, и ДиМаджио... Пусть российский читатель попробует представить себя обладателем хоккейной клюшки с автографами Боброва, Пучкова, Якушева, Харламова, Фирсова, Петрова, Александрова, братьев Майоровых, Старшинова, Третьяка, Мальцева... Сегодня в Америке эти мячи были бы оценены на вес золота.

В «Сити энд Кантри» мы играли не в бейсбол, а в софтбол, это в общем одно и то же, только мяч побольше и помягче, что позволяет играть без перчатки-ловушки. Отец одного из моих соучеников, брокер с Уолл-стрит, приятельствовал с владельцем самой знаменитой из всех бейсбольных команд — «Нью-йоркские Янки». Поэтому Бобби, его сын, знал о «Янки» все, был знаком с игроками, даже имел счастье посидеть с ними на скамейке запасных во время игр на легендарном «Янки-стадионе». Господи, да он даже здоровался за руку со знаменитым Филом Риззуто! Бобби изобрел игру — бейсбол на косточках. Каждый бросок косточек, каждая их комбинация обозначала какой-то момент бейсбольного действия. Сила изобретения заключалась в том, что для игры не требовался партнер; ты бросал кости и для одной команды, и для другой. Мы были фанатами этого дела. Каждый имел особую тетрадь, в которой расписывал все команды двух высших бейсбольных лиг, всех игроков, и мы разыгрывали свой чемпионат страны, тщательно ведя учет всем удачам и неудачам. Но, пожалуй, увлекательнее всего было создавать команды из любимых героев. Например, в одной из моих команд играли три мушкетера (д'Артаньян, понятное дело, был лучшим), Гайавата, Маугли, сэр Ланцелот, Гек Финн и Том Сойер. Кроме того, в запасе у меня имелся Джим — тем самым я ввел «черного» игрока в состав высшей лиги раньше, чем «Бруклинские Доджеры», которые первыми в истории бейсбола включили в команду Высшей (и совершенно белой) лиги великого Джеки Робинсона. Эта команда называлась «Герои». У меня был целый набор команд, но только одна из них могла конкурировать с «Героями» — «Могучие Мифы». В нее входили такие игроки, как Геркулес, Пол Баньян и Святой Георгий, но не стану больше докучать вам деталями. Я стал болельщиком «Янки» отчасти из-за Бобби, но главным образом благодаря тому, что дважды встретился с Джо ДиМаджио — первый раз у отца на работе, второй — после игры в раздевалке «Янки-стадиона».

Нынешнему американцу трудно представить себе, какой фигурой для бейсбола тридцатых —сороковых годов был «ДиМадж», как его ласково называли. Это тем более сложно понять русскому читателю, который если и имеет представление об этом человеке, то весьма смутное. Могу твердо заявить: таких игроков сегодня нет. Он был буквально живой легендой. Существовали другие замечательные игроки, но ДиМадж — особый. Он олицетворял все лучшее, что имелось в бейсболе, он был безупречным рыцарем без страха и упрека, моим идеалом, да что там — идолом. Он обладал необыкновенным чувством собственного достоинства, внушал уважение, в нем ощущался настоящий класс и какое-то волшебство — в общем, второго такого спортсмена не было.

По субботам и воскресеньям мы отправлялись в парк Ван Кортланд Хайтс и играли в бейсбол. Я играл довольно прилично и конечно же в центре, как ДиМаджио. Если бы не он, я болел бы за «Бруклин Доджерс». Все-таки «Янки» считались командой богатых, все ее игроки были белые, а это противоречило моим представлением о справедливости. И когда «Доджерс» включили в свой состав Джеки Робинсона, я чуть не изменил своим любимцам. Но не сделал этого, ведь у них играл Джо ДиМаджио.

Даже за пределами Америки я продолжал следить за бейсболом. Когда «Доджерс», переехав в Лос-Анджелес, покинули Бруклин, самый демократичный, колоритный и своеобразный из всех пяти административных районов Нью-Йорка, игра каким-то образом изменилась — она потеряла единственную команду, как бы олицетворявшую маленького человека, явного аутсайдера по жизни. Побеждая, «Доджерс» словно показывали тем самым язык «толстым котам», будто публично издавали громкий и неприличный звук в адрес всех толстосумов. Понятно, команда была собственностью и игрушкой какого-то владельца, он мог купить и продать любого игрока, а то и всех разом, и в этом смысле «Доджерс» ничем не отличались от любой другой профессиональной бейсбольной команды — что тогда, что сейчас. Однако было в них что-то *особенное*, какое-то популистское волшебство, выделявшее их и делавшее особенно любимыми среди болельщиков. С переводом команды в Лос-Анджелес волшебство исчезло, испарилось под

Сан-Франциско, 23.09.1990 г.

лучами жаркого калифорнийского солнца, появились новые, все в загаре, игроки с не менее загоревшими болельщиками. Они стали командой, игравшей хорошо, подчас блестяще, но командой, которая никогда больше не выведет на поле таких, как «Герцог» Снайдер, «Карлуша» Фурилло или «Малышка» Рийс. И никогда не будет у нее таких болельщиков, какими были «Фанаты Флетбуша» (во Флетбуше, одном из районов Бруклина, находился овеянный легендами стадион «Доджерс» — «Эббетс-филд»), не имевшие равных себе ни по силе глоток, ни в синхронном реве, от которого дрожали стены близлежащих домов, ни в красноречии — когда, например, перекрывая ор стадиона, вставал флетбушский щеголь и элегантно советовал своему питчеру «воткнуть мяч этому мудиле в ухо» (в данном случае имея в виду моего кумира ДиМаджио). Исчезла та команда, и вместе с нею исчезли ее искристые игроки и безумные болельщики.

По сей день я слежу за бейсболом, читая спортивную страницу газеты International Herald Tribune. Когда бываю в Штатах, смотрю бейсбол по телевизору. Но это уже другая игра. Нынешние игроки надевают специальные перчатки, прежде чем взять в руки биту; теперь они носят одну бейсболку при игре в нападении, другую — при игре в защите. Играют они не на траве, а, прости господи, на искусственном покрытии, носящем названии «астротурф». Вообще, почти не осталось стадионов с нормальным естественным газоном. Сегодня это считается чуть ли не аномалией.

Конечно, спорт прогрессирует. Нынешние команды Национальной баскетбольной ассоциации играючи расправились бы с командами тех лет. То же относится к футболу. Но не к бейсболу. Мне представляется, что когда-то эта игра требовала большего мастерства и более сильных спортсменов, чем сегодня. Скажете, во мне говорит возраст, ностальгия? Бог с вами! Я точно знаю, что моя команда звезд тех лет во главе, конечно, с Джо ДиМаджио разгромила бы любую нынешнюю в пух и прах.

На промо-туре моей книги в Денвере, штат Колорадо. 1990 г.

* * *

Когда эта книжка вышла в США, меня отправили в «бук-тур».

Автор за счет издательства посещает разные города страны, выступая по радио и телевидению, давая интервью газетам, встречаясь в книжных магазинах с потенциальными покупателями. Так я оказался в Сан-Франциско. Работа очень напряженная, я отдыхаю в гостиничном номере, раздается телефонный звонок:

— Мистер Познер?

— Да.

И дальше меня приглашают на какой-то званый ужин, от которого я, понятно, отказываюсь за неимением времени. И тут мне говорят:
— Но как же так, мистер Познер, ведь придет Джо ДиМаджио!..
Как? Джо? Сам Джо?! Да пропади все пропадом! Даже если бы ждал меня президент США, я послал бы его подальше.
И вот я вхожу в шикарный зал, где собралось некоторое количество весьма утонченных и высокомерных представителей светской элиты, и вдруг понимаю, что никакого Джо ДиМаджио нет и в помине, что меня, говоря просто, поимели. Я лихорадочно начинаю придумывать способ сбежать и вроде даже придумал, когда открывается дверь в зал и входит... Джо. Он необыкновенно элегантен, он двигается в мою сторону грациозной походкой великого атлета и, приблизившись, протягивает руку:
— Джо ДиМаджио.

На передаче *Donahue* Фил обсуждает мою книжку. Это в немалой степени способствовало тому, что она стала бестселлером. 1990 г.

Прощание с иллюзиями

А я мычу что-то нечленораздельное, будто мне снова семь лет и я потерял дар речи.
— Я принес кое-что для вас, — говорит Джо. Он вынимает из кармана пиджака бейсбольный мяч и протягивает его мне. Я беру его и читаю надпись: «*Владимиру Познеру, человеку, с которым я всегда хотел познакомиться. Джо ДиМаджио*».
Дамы и господа, жизнь удалась!

* * *

Где бы человек ни рос, он открывает мир вокруг и внутри себя. Нет ничего более увлекательного. Но это вдвойне верно для Нью-Йорка. Я уж не говорю о том, что именно в этом городе я впервые влюбился. Мне было четырнадцать, ей хорошо за тридцать. Она была американкой ирландского происхождения, а я всегда имел слабость к ирландцам, но не спрашивайте почему — не знаю. У нее была копна волос цвета красной меди, глаза, словно сапфиры, и таинственно-волнующая улыбка ирландской феи. Я считал ее самой красивой и желанной женщиной на свете (после разве что Линды Дарнелл, голливудской актрисы, лишенной всякого таланта, но одаренной такими губами и бюстом, перед которыми не смог устоять киномагнат и самолетостроитель Хоуард Хоукс — что уж оставалось мальчику, вступавшему в период половозрелости). Она владела моими эротическими снами так же основательно, как Джо Луис владел титулом чемпиона мира по боксу в тяжелом весе, нокаутируя всех претендентов из года в год. Но то были тайные сны, о них не знал никто. В реальной жизни я безнадежно любил Мэри, которой хватило деликатности и ума не выставить меня на всеобщее осмеяние. Она была счастлива в браке, но тем не менее приглашала меня в кино, в ресторан, к себе домой на коктейль, обращаясь со мною как со взрослым. Я был горд и находился на седьмом небе, чувствуя себя рыцарем прекрасной дамы... до того дня, когда она пригласила меня на фильм «Моя дражайшая Клементина» — отличный вестерн с Генри Фондой в главной роли и участием... Линды Дарнелл. Вот поистине конфликт интересов! Но за исключением этого единственного случая, моя первая любовь была необыкновенно счастливой, подарила мне бесценный опыт, и до сего дня, вспоминая Мэри, я испытываю сладкое волнение и благодарность.

* * *

И сегодня ничего не изменилось. Вернувшись в Нью-Йорк после тридцативосьмилетнего перерыва по приглашению Фила Донахью, я чуть ли не на второй день отправился навестить Рут Лоперт, мою крестную мать и вдову ближайшего папиного друга. Она была свидетелем моей *юношеской влюбленности, так что совершенно не удивилась вопросу о Мэри. Услышав, что все у нее хорошо, я попросил Рут дать мне ее номер телефона — уж очень не терпелось увидеть ее.*

— Давай я сама позвоню ей, — сказала Рут. — Зайдешь завтра, и я тебе все дам.

На следующий день Рут огорошила меня:

— Мэри запретила мне давать тебе ее телефон и попросила передать, что не будет встречаться с тобой.

Я не сразу понял, в чем дело, даже решил, что это связано с политикой. Но когда я с усмешкой заговорил об этом, Рут выразительно посмотрела на меня и сказала:

— Не будь идиотом.

И в самом деле я был идиотом. Ведь в последний раз я видел Мэри будучи подростком — я помнил молодую, обаятельную, красивую женщину, и Мэри, перешагнувшая уже семидесятилетний рубеж, хотела остаться в моей памяти только такой.

* * *

В Нью-Йорке же я получил свою первую работу — стал разносчиком газет и заодно впервые вкусил то, что принято называть капиталистической конкуренцией. Читателю следует учесть, что в Америке не принято давать детям карманные деньги за так: их нужно заработать. Мне отец платил пятьдесят центов в неделю за то, что я накрывал и убирал со стола и по субботам чистил ботинки всем членам семьи. Но я хотел большего, и для этого следовало найти работу, поскольку на любую просьбу увеличить размер моего еженедельного пособия отец отвечал:

— Деньги не растут на деревьях, их надо зарабатывать.

Вот я и нанялся к Сэму, владельцу магазинчика за углом. Приходилось вставать в полшестого утра, чтобы успеть прийти к шести. В первое мое рабочее утро Сэм показал мне весь маршрут и те дома и квартиры, у которых я должен оставлять номер той или иной газеты. На следующее утро я уже разносил газеты, но под бдительным оком Сэма, желающего убедиться, что я все правильно запомнил. С третьего дня я все должен был сделать сам: появиться у Сэма ровно в шесть, нагрузить здоровенную почтовую сумку газетами, перекинуть ее через плечо — и вперед! К семи требовалось сдать Сэму пустую сумку. Строго говоря, Сэм не нанимал меня, поскольку не платил мне ни цента.

— Запомни, Билли, — сказал он мне в самый первый день (Билл и Билли — уменьшительные формы от Вильяма, а для американского уха Виль-

Дома в Нью-Йорке. Мне 12 лет

ям и Владимир достаточно схожи), — чтобы ты у меня не стучался к клиентам в двери и не звонил в звонки, понял? Но по праздникам — дело другое. По праздникам ты звони в звонок и барабань в дверь, пока не откроют. И тут выдавай им улыбку на миллион долларов и говори: «Доброе утро, сэр, или мэм, я ваш разносчик, поздравляю вас с праздником. Вот вам ваши газеты». Они дадут тебе на чай, и эти деньги — твои. Сколько дадут — не мое дело, понял?

Я понял. И в Рождество получил больше ста долларов чаевых — в то время это была большая сумма. Я купил себе английский велосипед с тремя скоростями, специальную корзину к нему и уже потом развозил газеты на велосипеде. Развозить и разносить — это принципиально разные вещи.

Однажды я проспал. Примчавшись в киоск, обнаружил, что Сэма нет, он сам пошел разносить газеты. Я дождался его возвращения и стал извиняться:

— Сэм, прости меня, у нас были гости, я поздно лег, что-то случилось с будильником...

Мне ведь было только десять лет. Сэм похлопал меня по плечу и сказал:

— Да не бери ты в голову, Билли! Нет проблем. Но когда в следующий раз проспишь, лучше совсем не приходи. Понимаешь, тут есть паренек, он очень хочет на твое место. Ему эта работа очень нужна, понял?

И вновь я понял. Сэм не стал ругать меня, выговаривать, читать нотации. Но он преподал мне урок на всю жизнь, урок простой и ясный: либо ты держишься на плаву, либо тонешь. Сэм относился ко мне хорошо, я знаю это совершенно точно, вообще он был добрый человек. Но с той минуты я не сомневался: как бы он ко мне ни относился, если я еще раз опоздаю — прощай моя работа.

Такие уроки способствуют взрослению человека, и этому же способствовали мои столкновения с расизмом. Одно произошло на Лонг-Айленде, в местечке Миллерплейс. Недалеко от дома, который снимали мои родители летом (в русском понимании это была дача, но в том-то и дело, что дачи не может быть нигде, кроме России, дачный мир — мир совсем другой, далекий от американского), находилась небольшая бензоколонка, принадлежавшая двум братьям. Им было по двадцать с небольшим лет, мне же — лет тринадцать. Я торчал у них целыми днями, болтая о том о сем, запивая болтовню кока-колой. Как-то подъехал негр. Они заправили его машину, помыли ветровое стекло, и он отправился прочь. А они принялись обсуждать этих «ниггеров» (черномазых), которые уж больно стали воображать, и высказывались в том смысле, что с удовольствием пристрелили бы их, представься подходящий случай. Ну, я тут же вступился:

Моя любимая собака Жук

— Вы что это такое говорите?

И выступил с пламенной речью о Декларации Независимости, братстве и равенстве, Аврааме Линкольне и тому подобном, полагая, что потом мы пожмем друг другу руки, а они, стыдливо опустив очи долу, скажут что-нибудь вроде: «Спасибо тебе за то, что прочистил нам мозги, Влади».

Вместо этого они сказали:

— Ты, парень, видно, взасос целуешься с этими черномазыми. Пошел-ка ты на х... отсюда. И не попадайся нам, а то жопу на голову натянем.

Я был потрясен. Ведь мне эти парни очень нравились. Мы же были друзьями. И вдруг оказалось, что какая-то абстрактная чепуха (ведь цвет кожи — это же чепуха!) способна превратить двух симпатичных людей в самых отъявленных сукиных сынов. Я прекрасно понимал, что они не шутят и в самом деле готовы избить тринадцатилетнего пацана до полусмерти. Этот урок я тоже запомнил.

Такой же поворот в отношениях на сто восемьдесят градусов произошел в Америке применительно к русским, хотя это было событие совершенно иного масштаба и с другой подоплекой. Во время войны все обожали Советский Союз, существовали различные организации помощи России, восхищение вызывало

Мы с Жуком дома в Нью-Йорке. 1945 г.

то, как русские воюют с Гитлером. Признаки этого встречались на каждом шагу. Я страшно гордился своим русским именем. Более того, я так хотел, чтобы меня принимали за русского, что ради этого однажды пошел на обман. Летом 1942 или 1943 года я находился в детском летнем лагере в Кетскилских горах, когда туда с визитом приехала делегация советских женщин. В течение всего лета я врал ребятам и взрослым, что я — русский и, разумеется, говорю по-русски. И вдруг — на тебе! Прибыли мои «соотечественники», а я по-русски ни бум-бум. Я спрятался под своей койкой, но меня нашли и вытащили. Потом, крепко держа за руки, повели знакомить с ними. Меня, красу и гордость летнего лагеря «Ханкус-Панкус» (даю слово, название истинное) — единственного лагеря во всей Америке, способного похвастаться тем, что среди детей есть один всамделишный русский. Благодаря папе и его русским друзьям я знал несколько слов, типа «да», «нет», «спасибо», «до свидания» и «пожалуйста». Каким образом состоялось наше знакомство при таком словарном запасе — загадка. Думаю, все объясняется тактичностью этих женщин. В этот же день в честь советских гостей устроили концерт, который должен был открываться песней «Полюшко-поле...». В Америке эту песню знали из-за популярности Краснознаменного ансамбля Красной Армии, я же слушал ее десятки, если не сотни раз на патефоне моей тети Лёли. К сожалению, слов песни я не помнил, кроме первых двух, которые, собственно, и составляют ее название. Угадайте с трех раз, кому было поручено солировать по-русски (хор подхватывал на английском языке)? У меня не было проблем во время репетиций: я начинал со слов «Полюшко-поле...» и дальше выдавал различные звукосочетания, которые все принимали за русские. И все мне сходило с рук, пока не появились эти женщины! Я был бессилен изменить что-либо. Уж лучше бы разгневанный Зевс метнул молнией и уничтожил меня. Но Зевсу было угодно послушать мое пение — и я спел нечто совершенно невообразимое, полнейшую абракадабру, выводя дрожащим дискантом «Полюшко, поле...» и мечтая провалиться сквозь землю. И кто спас меня? Спасли те самые советские женщины, которых я так боялся. Он говорили всем, что я замечательно пел, ласково трепали меня по головке и нежно улыбались — а я пишу об этом спустя сорок пять лет и поныне краснею от мучительного стыда.

Словом, в те годы американцы относились к СССР как нельзя лучше. Например, о маршале Тимошенко шутили, что никакой он не русский, а американец ирландского происхождения, и зовут его Тим О'Шенко. Все понимали, что именно русские дерутся не на жизнь, а на смерть с фашистами, именно Красная Армия и русский народ переломили Гитлеру хребет. Тогда это открыто признавали такие люди, как Рузвельт, Черчилль и многие другие. Сегодня удобно об этом не помнить. Об этом не говорится в американских учебниках. Это такое же извращение истории, какое практиковалось в Советском Союзе и вызывало праведное возмущение в мире. В результате многие американцы, если не большинство, по сей день не знают, какой народ в самом деле победил в войне против нацизма. Говоря об этом, я вовсе не хочу уменьшить вклад Соединенных Штатов, роль ленд-лиза и прочего. Но именно нашей стране пришлось вынести основную тяжесть гитлеровской военной машины на своих плечах, именно она нанесла ей смертельный удар, это даже не вопрос. И в те дни американцы *знали* это, ценили, что проявлялось в их отношении к Советскому Союзу.

* * *

Мало что изменилось. В американских школьных учебниках не сказано ничего о роли СССР в победе над Гитлером, а в нынешних русских учебниках истории реальная помощь Соединенных Штатов обходится молчанием. На ум приходят слова одного английского историка, писавшего, что «история — это прошлая политика, а политика — это настоящая история». Яркое подтверждение тому — то, как освещается сегодня сталинская эпоха и репрессии. После «развенчания культа личности И.В. Сталина» на XX съезде КПСС бывшего «отца народов» стали подавать не только как величайшего злодея (вполне справедливо), не только как маньяка (для чего имелись основания), но и как полуграмотного и слабоумного военачальника, руководившего операциями не по картам, а по глобусу (что вряд ли соответствует действительности). В течение двадцати с небольшим лет после снятия Хрущева в 1964 году и вплоть до горбачевской перестройки образ Сталина как в СМИ, так и в школьных пособиях стал «очищаться» от темных красок: он вновь назывался вдохновителем победы в Великой Отечественной войне, а что до учиненных им репрессий, то эта тема вовсе исчезла. Те же, кто упорно о них напоминал — в первую очередь Александр Исаевич Солженицын, — тоже исчезли: кого отправили в ГУЛАГ, кого в психиатрические лечебницы, кого, предварительно лишив советского гражданства, выкинули из страны. Затем наступили времена Горбачева и Ельцина, а с ними пришла очередная переоценка. Как мне представляется, «мотором» этого движения был Александр Николаевич Яковлев, с которым я познакомился во время его «канадской ссылки». Это было в 1978 году, когда после «проверочных» выездов в Венгрию и Финляндию меня выпустили аж в Торонто для участия в местной телевизионной программе. Я уже собирался обратно в Москву, но получил сообщение, что меня вызывает в Оттаву советский посол Яковлев. За мной прислали машину (чего я никак не ожидал). Я не помню, о чем беседовал со мной Александр Николаевич, но он совершенно точно произвел на меня сильнейшее впечатление — не только умом, но манерой разговаривать, поведением, простотой в общении. Он абсолютно не походил на тех высокопоставленных советских деятелей, которых я встречал прежде (да и после тоже). Мы время от времени виделись потом с Яковлевым — вплоть до его смерти, и пожалуй, главным, чем он подкупал меня, было спокойное чувство собственного достоинства, чаще всего встречаемое у людей деревенских — какое-то очень естественное, органичное. И как я уже упоминал — ум. Помню, как однажды Александр Николаевич «сделал» меня словно ребенка...
Это было году в восемьдесят восьмом. Я тогда завершил работу над документальным фильмом «Свидетель», главным (и единственным) действующим лицом которого являлся личный переводчик Сталина Валентин Михайлович Бережков. Фильм был для того време-

ни убойный, поскольку Бережков рассказывал в нем о дотоле абсолютно закрытых вещах (например, впервые по советскому телевидению мы показали архивные документальные кадры встречи советских и фашистских войск в Польше, когда они совместным парадом прошли мимо трибуны, на которой стояли офицеры вермахта и Красной Армии: первые приветствовали марширующих выброшенными вперед руками и криками «хайль Гитлер!», а вторые, приложив руку к фуражкам, — громкими «ура!»). В одном из эпизодов Бережков поведал о подписании тайного протокола к советско-германскому пакту 1939 года, оговаривающего «сферу интересов» СССР в отношении, в частности, Латвии, Литвы и Эстонии. Советское руководство всегда отрицало существование этого протокола, а тут об этом заявил переводчик Сталина. Гостелерадио отправил фильм в отдел пропаганды ЦК КПСС, возглавляемый тогда Яковлевым. Вскоре тот пригласил меня на встречу. Разговор состоялся примерно такой:

— Владимир Владимирович, очень мне понравился ваш фильм.
— Спасибо, Александр Николаевич.
— Но есть у меня один вопрос. Присутствовал ли Бережков на подписании советско-германского пакта?
— Нет, там был другой переводчик, Павлов.
— Гм. Но ведь ваш фильм называется «Свидетель», не так ли?
— Ну да.
— Тогда давайте говорить только о том, свидетелем чего являлся ваш герой. Так будет честнее. И потому разговор о пакте и о протоколе я попрошу вас убрать...

Папа, мама и Павлик. Берлин, 1949 г.

Но именно Александр Николаевич сыграл ключевую роль в признании Советским Союзом подписания тайных протоколов, именно он добился предания гласности преступлений Сталина и его окружения, и многие, в том числе и автор этих строк, почувствовали облегчение от того, что наконец-то Сталину и советской системе даны пусть жесткие, но честные оценки. Однако зря радовались. С приходом к власти В.В. Путина произошло очередное толкование «истории»: Сталина и его правление «реабилитировали», и ныне признается, что Сталин, хотя и допустил некоторые злоупотребления, руководствовался требованием времени и, безусловно, принес гораздо больше пользы, чем вреда... Злодеяния, грубейшие просчеты, приведшие к гибели цвет нации, — все это тщательно убрано из учебников, из телевизионных программ федеральных каналов. Сталин, поучают нас, был прекрасным менеджером. Так-то.

Хочется излить свой праведный гнев на тех, кто проституирует звание историка, желая тем са-

мым угодить власти. Но зачем? Это было и это будет. И в конечном счете время все ставит на свои места. Жаль только, что приходится платить за это уж очень высокую цену...

* * *

Потребовалось чуть более одного года, чтобы произошел полнейший поворот в головах. К 1947 году в школе имени Стайвесанта меня уже били за мои просоветские высказывания. Все изменилось в одночасье. В американцах глубоко засело до времени спящее чувство антикоммунизма, оно восходило к двадцатым и тридцатым годам: надо было только чуть пошевелить его, и оно тут же зарычало во всю свою глотку. Чувство это было скорее иррациональным, оно основывалось на «красном страхе» прошлых лет. Если сегодня заговорить о рейдах Пальмера, окажется, что девя-

Я с Павликом на ступеньках нашего нью-йоркского дома. 1948 г.

носто девять процентов американцев не имеют о них ни малейшего представления. Тем не менее страх, внушенный американцам в двадцатых и тридцатых годах, имел прямое отношение к тому, как быстро и легко сумели добиться радикальных перемен те, кто имел на то свои интересы, кто стремился надеть мантию распадавшейся на глазах Британской империи, кому необходимо было оправдать распространение американской экономической и военной мощи во всем мире. Все получилось у них наилучшим образом. Надо сказать, что в этом помог им Сталин. Его поведение — в частности, сокрытие подлинных потерь и разрушений, понесенных СССР в результате войны, не говоря о проведенных по его указке репрессиях против целых народов, — чрезвычайно облегчало задачу воссоздания образа Красного Пугала.

Есть несомненная ирония в том, что свою лепту в это дело внесло и международное левое движение.

После войны моральный авторитет Советского Союза и его лидера Иосифа Сталина был необычайно высок. Ведь советские люди победили Гитлера, а Сталин в одиночку, казалось, почти не имея никаких на то шансов, уничтожил самую могучую военную машину в истории человечества. Еще не всплыла правда о его тяжелых ошибках, обошедшихся советскому народу миллионами потерянных жизней, — в частности, о его отказе поверить информации как советских разведчиков, так и Уинстона Черчилля о точной дате начала реализации плана «Барбаросса», о его отказе дать приказ о приведении Красной Армии в полную боевую готовность. Не знал мир и о страшных преступлениях, совершенных в СССР под его руководством между 1929 и 1938 годами. На самом деле никакого секрета не было, но для левых, которым пришлось долго терпеть унижения и преследования за свои «красные» убеждения, советская победа над нацистской Германией стала, можно сказать, личным торжеством и триумфом. Эта победа означала, что они правы были, когда стояли твердо, не меняли своих убеждений, не желали ни видеть, ни слышать ничего, что могло бы противоречить им. В их числе был и мой отец, хотя он и не являлся членом какой-либо коммунистической партии. Партии эти, будь то американская, французская, итальянская или британская, верно следовали генеральной линии КПСС, несмотря на действия и заявления Сталина. Ясно, что это подливало масло в ярко разгоравшийся костер теории всемирного коммунистического заговора, в первую очередь в США.

К 1947 году уровень антисоветизма достиг такой отметки, что я почувствовал себя неуютно и начал мечтать о том, чтобы уехать из Америки. Я не особенно переживал из-за этого, ведь я понимал, что я — не американец. Это понимание достигло особенной ясности благодаря дружбе с Юрием Шиганским, русским парнем моего возраста, сыном советского дипломата при ООН. В те годы советским дипломатам очень мало платили, естественно, они снимали плохонькие квартиры в непригодных районах Нью-Йорка и жили весьма скромно. Отец мой всячески стремился к дружбе с этими людьми, часто приглашал их в гости в нашу квартиру на Десятой стрит — даже по завышенным представлениям Нью-Йорка, это был роскошный район. Собственно, так я и познакомился с Юрой. Для меня он олицетворял все то замечательное, что я знал о Советском Союзе, то, о чем рассказывал мне отец. Будь Юра девушкой, я сказал бы, что был в него влюблен. Благодаря ему я смог посетить советскую школу в Нью-Йорке и сравнить уважительное отношение советских учеников к своим учителям с абсолютно наплевательским — моих соклассников по Стайвесанту. По мере ухудшения американо-советских отношений банды американских подростков стали поджидать своих советских сверстников перед школой, чтобы затеять драку. Два или три раза я бился конечно же на стороне русских, при этом во всю глотку матерился (английский язык весьма экспрессивен в этом отношении), замечая, с каким удивлением смотрели на меня американские ребята («Ты же американец, какого х... ты на их стороне?»); затем их удивление переходило в ненависть («сраный коммуняка-предатель!»). В свою очередь свирипел я, ненавидя все и всех. Да, я был готов покинуть Америку.

Мы уехали в конце 1948 года. Думаю, жизнь моя еще более усложнилась бы, оттяни мы отъезд. Ведь худшее для США было впереди. Еще не наступило время маккартизма, американцы еще не могли представить себе, что появится Комитет по расследованию антиамериканской деятельности. Понятно, ФБР следило за нами в четыре глаза, наш телефон прослушивался. Но в этом не было ничего необычного.

Незадолго до нашего отъезда отцу пришлось уйти с работы. Как он рассказал мне несколько лет спустя, его вызвал босс, который, кстати говоря, очень хорошо относился к нему, и сообщил, что в нынешней обстановке он не может держать у себя советского гражданина. «Откажись от этого гражданства, подай на американское, — я удвою твое жалованье. Иначе должен с тобой расстаться».

Отец отказался от пятидесяти тысяч долларов в год. Он отказался бы и от пяти миллионов. Он не торговал своими принципами — никогда. Ни за какие деньги. И потерял работу.

* * *

Когда папины родители разошлись, его отец уехал в Литовскую Республику, в Каунас, где основал стекольную фабрику, существующую, насколько мне известно, по сей день. Он стал гражданином Литвы.
Вскоре после того как СССР, воспользовавшись тайным протоколом к Советско-Германскому пакту 1939 года, аннексировал балтийские республики, был опубликован указ Верховного Совета СССР, гласивший, что любой гражданин Латвии, Литвы или Эстонии, а также их взрослые дети, вне зависимости от места проживания, имеют право на немедленное получение советского гражданства. Мой отец немедленно отправился в Генеральное консульство СССР в Нью-Йорке и получил советский паспорт. Точнее, не паспорт, дававший право на въезд в Советский Союз, а вид на жительство. Так он стал советским гражданином.

* * *

Как только отец остался без работы, мы немедленно переехали в куда менее роскошную квартиру на Западной Двенадцатой стрит, меня же отправили жить к Марии-Луисе Фалкон, испанке, воевавшей против Франко в гражданской войне. Она близко дружила с моими родителями, которые просили ее приютить меня, поскольку новая квартира была слишком тесной для них, меня и моего брата Павла, родившегося в 1945 году. Когда я жил у Марии-Луисы, я попал в весьма пикантное положение. В те годы еще не существовало в США настоящей порноиндустрии. Продавались так называемые «девичьи» журналы, в которых печатались фотографии полураздетых женщин в весьма красноречивых позах. Кроме того, можно было при некоторой расторопности достать «неприличные» фото, но на газетных стендах не встречалось ничего даже отдаленно похожего на то, что продается там сегодня. Мне шел четырнадцатый год, я начал интересоваться сексом — и стал покупать журнал, название которого давно забыл, помню только, что стоил он полдоллара (немало для того времени) и изобиловал фотографиями девиц в трусиках, лифчиках и, как правило, в шелковых чулочках и на высоких каблуках. О позах говорить не буду. Понятно, я прятал эти журналы от чужих глаз — читал их на ночь, а потом совал под кровать. Однажды, вернувшись из школы, я обнаружил аккуратную стопку своих журналов, стоявшую у изголовья кровати. Оказалось, что Мария-Луиса вызвала уборщицу, и та вынула их из «тайника». Я чуть не сгорел со стыда — и перестал покупать эти журналы.

Мы уехали из Америки потому, что больше не могли там жить. У отца не было ни работы, ни будущего в Америке, он тревожился о том, что ждет его жену, детей. Он хотел в Советский Союз, что не удивительно, учитывая его идеалы и иллюзии. Сегодня право человека эмигрировать, свободно ездить куда хочется — модная тема. Тема, мною думанная-передуманная. Моя жизнь самым драматическим образом менялась и ломалась из-за того, что мне было отказано в праве выезда, из-за того, что я был отнесен к категории так называемых «невыездных», и все это конечно же повлияло на образ моих мыслей. Я ничуть не сомневаюсь в том, что право на свободное передвижение есть одно из основных прав человека. Любой, кто захочет покинуть пределы своей страны, на время ли, на всегда ли, рожден с этим правом — вне зависимости от законов страны проживания. Вместе с тем я всегда считал, что покинуть родину человек может лишь по одной, по-настоящему убедительной причине: из-за невозможности более жить там. Либо твоя жизнь в опасности и что-то угрожает благополучию твоих близких, любимых, либо жизнь так удушлива, что нет сил далее терпеть это. Человек уезжает не потому, что *там* молочные реки, не потому, что *там* больше товаров лучшего качества, не потому, что хочется заработать миллион. Человек уезжает потому, что больше не может жить *здесь*.

Несомненно, решение моих родителей напрямую было связано с изменением общественного климата в Америке, с началом антикоммунистической истерии. Я часто задавался вопросом: как объяснить произошедшее понятиями человеческими? Разумеется, пугающая способность превратиться из добрых, порядочных людей в нечто совершенно иное не является сугубо американской. С течением времени я стал понимать, что это обычная человеческая слабость, ущербность, и веками разные структуры власти пользовались ими для достижения своих целей. Как расизм и антисемитизм, антикоммунизм абстрактен, теоретичен. Часто бывает так, что самые отъявленные антисемиты никогда в жизни не встречали ни одного еврея и не имеют ни малейшего представления о еврейской культуре, истории, об иудаизме. Сколько американцев когда-либо встретили хотя бы одного коммуниста — уж не говорю, близко знали?

Лепить образ врага — старая-престарая, грязная-прегрязная игра. Она сводится к тому, чтобы лишить врага даже намека на человечность, чтобы в итоге он не воспринимался как человек. Добившись этого, несложно вызвать в людях страх, ненависть, желание убивать. Так, в частности, готовят солдат к войне. Мы стали свидетелями подобного подхода во многих странах мира.

Каковы корни предрассудков? Пожалуй, никому пока не удавалось ответить на этот вопрос исчерпывающе. Как бы далеко в прошлое мы ни вглядывались, мы не находим человеческого общества, лишенного предрассудков. Психологи утверждают, что характер человека в основном формируется к пяти годам. Если наши родители, наше общественное окружение внушают нам, что люди с черной кожей, католики и, скажем, велосипедисты туповатые и жадные, дурно пахнущие, предатели и недочеловеки, мы воспримем это как истину. Усвоенное с молоком матери, это сформирует нашу психику с такой же определенностью, с какой молоко матери формирует наше тело. Это станет *верой*: «Велосипедисты — не люди». Преодолеть подобное убеждение крайне тяжело. Двадцатилетнего же сложно убедить в такой истине. Взрослый человек скажет: «Да, некоторые велосипедисты и в самом деле мало похожи на людей», другие же — «замечательные ребята». Но в любом случае объяснение не связано с тем, что они — велосипедисты. Глубоко сидящие предрассудки идут от ценностей, внушенных в ранней молодости. Предрассудки не имеют отношения к логике, но имеют непосредственное отношение к незнанию.

Как биолог по образованию я понимаю, что страх — это рефлекс, древнейший рефлекс самосохранения. Не знают чувства страха только люди психологически ущербные. Страх — жизненно важная биологическая реакция. Но это и нечто такое, чем можно манипулировать, пользоваться. Примеров тому — тьма.

На Западе некоторые заклеймили меня как пропагандиста. Этот ярлык тоже отливает страхом и требует некоторого рассмотрения. Я советский гражданин и, хотя критически отношусь ко многим явлениям жизни моей страны, сторонник социализма. Само по себе это не очень пугает в Америке тех, кто хотел бы внушить американцам боязнь Советского Союза и ненависть к нему. Но проблема в том, что ими придуман плоский, негативный образ стереотипного «советского», который должен был внушать страх и вызывать ненависть. Советский человек расчетлив, лишен эмоций, груб, жесток, не достоин доверия и т.д. и т.п. Беда в том, что я не вписываюсь в этот образ. И отсюда стремление некоторых во что бы то ни стало «сорвать маску» с меня.

Сразу после моего появления в той или иной теле- или радиопрограмме в США слово дается «эксперту», чтобы он проанализировал меня и растолковал бедным, наивным зрителям, как я подготовлен, какова природа моей эффективности, почему нельзя мне верить. Чаще всего это люди профессорского облика, они тоном сдержанным и веским объясняют, что я крайне опасен из-за сочетания факторов, как то: знание языка, мастерское владение психологическими приемами, дар коммуникации. Все это совершенно поразительно и на самом деле отражает некоторую растерянность, которую испытывают авторы антисоветского стереотипа. Они более всего опасаются, что, узрев во мне нормального, всамделишного, искреннего человека, искреннего *советского* человека, американцы засомневаются в справедливости стереотипа и даже — упаси боже — в той политике, которая из него следует, а именно: антикоммунизм, гигантский оборонный бюджет, сама холодная война.

* * *

Позвольте обратить ваше внимание на этот пассаж. Вы видите, с какой настойчивостью (чтобы не сказать «настырностью») я заявляю о том, что я советский человек. Перечитав этот отрывок, я сам поразился ему, задумался, попытался понять — что на самом деле скрывалось за этими словами? И понял. Скрывались неуверенность, сомнения в том, кто я на самом деле. Я все еще доказывал всем — но прежде всего самому себе, что я *«свой», русский, советский. Я кричал об этом, но как бы ни старался, не мог заглушить тихий, твердый, ироничный внутренний голос, говоривший мне, что никакой я не русский, никакой я не советский, а так, некое недоразумение, которое придумало себе роль, ухватилось за нее и держится из последних сил.*

* * *

На самом деле я сам был поражен своей популярностью в Соединенных Штатах, своей способностью «достучаться» до рядового американца. Ведь хотя я и вырос в Нью-Йорке, но уехал оттуда в пятнадцать и возвратился лишь *тридцать восемь лет* спустя. Да, я свободно говорю на языке, да, я всегда старался быть в курсе жизни страны моего детства и моей юности. Но этого мало, чтобы стать настолько влиятельным. Словом, я задавался этим вопросом множество раз. Ответ же пришел в процессе работы над этой книгой: моя эффективность связана прежде всего с тем, как я отношусь к Америке. Все дело в том, что Америка — это часть меня, того, кто я есть и во что я верю.

Одним из моих любимых мест в Нью-Йорке был стадион «Эббетс-филд». Но он запомнился мне не только да, пожалуй, и не столько тем, что на нем играли «Бруклин Доджерс», а благодаря тому, что в 1944 году я, среди многих, слушал там выступление президента Рузвельта во время его последней предвыборной кампании. Республиканская партия ненавидела Рузвельта-демократа, Рузвельта-противника монополий, Рузвельта, выигравшего выборы три раза подряд и теперь баллотирующегося в четвертый, Рузвельта, обожаемого американским народом. У него было лишь одно слабое место: здоровье. Заболевший полиомиелитом в молодом возрасте, он не мог ходить. Чтобы стоять, он надевал на ноги специальные металлические щитки, передвигался же в инвалидной коляске. В тот раз республиканцы решили сделать упор именно на это: стар, мол, Рузвельт, немощен, не может управлять страной. В ответ он проехал по улицам Нью-Йорка стоя, с непокрытой головой в открытом кабриолете под проливным дождем. Авеню и стрит были запружены сотнями тысяч нью-йоркцев, которые встречали его громовыми аплодисментами и восторженным ревом. И вот он прибыл на стадион. Он стоял у трибуны посереди поля в своей, ставшей знаменитой, мантии, освещенный сотнями мощных арочных огней, в свете которых потоки дождя превращались в переливающиеся полупрозрачные театральные занавеси. Я не помню, что он говорил. Но помню, как мы орали до хрипоты, помню чувство гордости от того, что я здесь, присутствую при сем, вижу его. Много лет спустя я понял, что Рузвельт принадлежал и принадлежит *моей* Америке, той Америке, которая и составляет часть меня. Америка Тома Пейна, Томаса Джефферсона и Авраама Линкольна. Америка великих песен, прославивших Джона Генри, Джо Хилла, Джесси Джеймса, Франки и Джонни, и сотен, и сотен других. Америка тех, кто эти песни пел и сочинял — Вуди Гатри, Ледбелли,

Пита Сигера, Билли Холидей, Бесси Смит. Америка Декларации Независимости и бостонского чаепития, истоков великой демократической традиции, родившейся здесь и, несмотря на неблагоприятные условия, выжившей. Повторяю: выжившей — не победившей.

Тогда я этого не понимал, но сегодня знаю, что, вне всякого сомнения, ФДР — Франклин Делано Рузвельт — хотя и являлся патрицием, был плоть от плоти этого американского демократического наследия, той, настоящей Америки. Трудно не американцу, человеку, не прожившему в Америке много лет, полностью это почувствовать и понять. Такого человека вряд ли взволнуют до появления гусиной кожи слова Пейна: «Это времена, которые испытывают человеческие души». Либо вы часть этого, либо нет. Я — часть.

На «Эббетс-филд» состоялось последнее публичное выступление Рузвельта. То, что я был его свидетелем, — чистое везение. Почему-то мне кажется, что я тогда видел и Фалу, знаменитого скотч-терьера президента, сидящего рядом с ним в автомобиле. Но, возможно, это лишь игра моего воображения. Популярность Рузвельта была поразительной. Его и в самом деле любил народ, именно любил, а не боготворил. Республиканцы шли на все, пытаясь подорвать такую популярность. Вот один разительный пример: во время войны Рузвельт однажды навещал войска на тихоокеанском фронте в сопровождении своего неразлучного друга Фалы. Как-то случилось, что после визита Рузвельт отплыл от острова, по ошибке оставив любимого пса на берегу. Обнаружив это, он приказал капитану корабля, или адмиралу, развернуть судно и вернуться за Фалой. Республиканцы, пронюхав об этом, устроили целую истерику — мол, президент тратит деньги налогоплательщиков на то, чтобы прокатить на военном корабле собаку. Я помню, как Рузвельт ответил на их выпады по радио, проронив с восхитительным презрением: «Не удовлетворяясь нападками и очернительством в мой адрес, мои оппоненты теперь нападают на мою собачку Фалу».

Надо ли говорить о том, что он был великим оратором и великолепно владел искусством оборачивать подобные ситуации в свою пользу. После его слов я стал относиться к Фале почти так же, как к самому Рузвельту.

* * *

Когда Рузвельт выдвинул свою кандидатуру на третий президентский срок, он нарушил одну из главных американских заповедей, которая восходит к правлению первого президента США Джорджа Вашингтона. Он был избран единогласно Колледжем избирателей в 1789 году, затем снова единогласно в 1792. Когда же подошло время третьего срока, Вашингтон категорически отказался от него, сказав (хотя это не доказано), что мы не для того освободились от британской короны, чтобы создавать собственную монархию. Это было в 1796 году. И вплоть до Франклина Рузвельта ни один американский президент не посмел нарушить заложенный Вашингтоном принцип. *Когда Рузвельт баллотировался на третий срок в 1940 году, он оправдал свое решение началом Второй мировой войны. Решив баллотироваться на четвертый срок в 1944 году, он вновь сослался на войну. В 1947 году была предложена поправка к Конституции США, согласно которой человек мог находиться на посту президента не более двух сроков (восьми лет). Эту поправку приняли в 1951 году.*

Обращаю ваше внимание на то, что в течение почти ста пятидесяти лет все президенты США сами ограничивали свое пребывание во власти, не решаясь нарушить наследие Вашингтона. Я пишу об этом в связи вот с чем. Конституция РФ изначально ограничивала пребывание у власти двумя президентскими сроками подряд. Это, конечно, лазейка. Но есть и вторая: если поставить вопрос о третьем подряд сроке на референдуме, то в случае победы третий срок обеспечен и конституция соблюдена. Я прекрасно помню момент, когда президент Путин объявил, что не будет баллотироваться на третий срок, не собираясь менять конституцию «под себя». Помню я и то, с каким снисходительным смехом буквально все наши политологи и журналисты — как правых, так и левых убеждений — встретили эти слова. Мол, дымовая завеса, хитрый политический ход и прочее, и прочее, и прочее. Однако речь не о них, а о Путине: поступив так, он, возможно, заложил начало традиции, которая крайне осложнит в будущем любую попытку президента задержаться у власти.

Я не сравниваю Путина с Вашингтоном, но все же...

* * *

Есть, однако, и другая Америка. Не так давно мне встретился пример в лице человека, который по иронии судьбы носит такую же фамилию, как я: Виктор Познер. Он — богатейший бизнесмен. Согласно журналу Fortune, в 1984 году Познер заработал денег больше, чем кто-либо другой в Америке. Недавно он был привлечен к суду за то, что не уплатил налоги с суммы в один миллион триста тысяч долларов. Ему грозило сорок лет тюремного заключения. Но как выяснилось, он не проведет за решеткой ни одного дня. Ему придется лишь уплатить надлежащий налог да выдать несколько миллионов долларов фонду помощи бездомным. Кроме того, ему придется еженедельно выделять несколько часов на благотворительную деятельность.

Не будь Виктор Познер богатым, будь он рядовым американцем, он очутился бы за решеткой. Но в сегодняшней Америке — в гораздо большей степени, чем во вчерашней, — некоторые люди, как бы сказал классик, «равнее других», и эти люди крайне редко попадают в тюрьму. Для них существуют особые правила. Все, о чем заявлено в Декларации Независимости, относится прежде всего к ним: к *их* праву на жизнь, к *их* праву на свободу, к *их* праву на счастье — и потому лишь, что в отличие от «Джо-полдюжины пива», как в Америке прозвали рядового человека, у *них* есть деньги, большие деньги.

Я горячий поклонник Декларации Независимости, это великий документ. Великий как по тому, что в нем говорится, так и по тому, когда это было сказано. Ведь

Декларация была написана в последней четверти восемнадцатого века, когда миром правили короли и королевы, цари, императоры, шахи, паши и падишахи. И в это время Америка заявила, что все люди равны, что всем даны неотъемлемые права. Тогда это было уму непостижимо. Но вдобавок эти слова стали фундаментом для возведения реального общества, для построения судебной системы. Однако если непредвзято взглянуть на Америку сегодня, вряд ли можно положа руку на сердце говорить, что этих великих принципов придерживаются в полной мере. Декларация все еще существует, и большинство американцев верят в то, что все люди имеют равные права от рождения. Но реальности — общественная, политическая, экономическая — исключают возможность для всех американцев пользоваться этими правами в равной мере. В зависимости от того, в какой вы родились семье, в зависимости от положения семьи, ее достатка,

Фотосессия для обложки моей книги. 1989 год.

вам будет либо проще, либо несравненно труднее воспользоваться своими неотъемлемыми правами. Американское выражение «родиться не на той стороне дороги» лишь подтверждает мою мысль. Если вы родились американским индейцем, мексиканцем, пуэрториканцем или «черным» в семье, где кроме вас имеется еще выводок детей, если отец ваш наркоман, а мама проститутка, если сызмальства вас окружают наркотики и преступность — а таковы обстоятельства жизни буквально миллионов американских детей, — ваши шансы вырваться из всего этого и добиться чего-либо в жизни близки к нулю. Тому, кто хотел бы оспорить это утверждение, я задам лишь один вопрос: вы согласились бы добровольно на то, чтобы ваш ребенок вырос в гетто? Разумеется, нет — и не только потому, что он испытал бы всякого рода трудности. Помимо прочего, ему было бы отказано в равных с другими возможностях учиться, работать, просто жить. Что означает тот факт, что пятнадцать процентов населения — тридцать миллионов человек — живут в Америке за официальной чертой бедности и двадцать процентов всех детей и подростков относятся к этой категории? Как совместить это со словами Декларации Независимости, со словами о равноправии? Напрашивается неопровержимый вывод: в самом фундаментальном смысле Америка — несправедливое общество. Общество, создавшее невиданное богатство, но терпящее крайнюю нищету и страдания. Всем понятно, что если бы богатство в Америке распределялось чуть иначе, можно было бы обеспечить каждого американца приемлемым, человеческим уровнем жизни. У каждого была бы крыша над головой, никто не голодал бы, каждому были бы доступны образование и достойные условия.

* * *

Смешно читать это, правда? Прошу снисхождения. Ведь когда писалась эта книжка, еще существовал Советский Союз, я еще надеялся, что перестройка приведет к появлению того социалистического государства, о котором я мечтал, государства, в котором не то что не будет богатых, а не станет бедных, государства, в котором не все измеряется деньгами. Я не мог знать, что семьдесят с небольшим лет советской власти почти ничего не изменили в людях, что жажда наживы, искусственно сдерживаемая столько десятилетий, вырвется с такой силой, что сметет все и вся.

Я уехал из одной страны в 1991 году, а в 1997-м вернулся в совершенно другую.

Буквально на днях я прочитал в газете The New York Times, что совокупное богатство одного процента наиболее имущих американцев равно совокупному богатству девяноста процентов наиболее бедных. Это плохо кончится.

Приблизительно то же самое произошло и происходит в России: разрыв между наиболее богатыми и наиболее бедными стремительно растет — и последствия очевидны. Все-таки прав был старина Карл Маркс, когда говорил, что ради прибыли капиталист пойдет на преступление, а ради любой прибыли — пойдет на любое.

Признаюсь: потеря веры в социализм не сделала из меня поклонника капитализма. Ничем не сдерживаемая жажда денег отвратительна во всех своих проявлениях и губительна для общества. Понятно, что капитализм, давно существующий во многих странах Запада, обрел более цивилизованные черты, но суть его не изменилась. Капитализм российский довольно отвратителен, замешан на крови, лжи, коррупции и прочих «прелестях», но он стремительно обретает человеческие черты (гражданин Шариков?). Богатые и сверхбогатые отправляют своих детей учиться в элитарные школы Великобритании, Швейцарии и иных стран, где им предстоит обрести вместе со знаниями лоск и хорошие манеры. Что с того?

Помните анекдот времен Второй мировой войны о том, как Гитлер поручил группе ученых добиться того, чтобы можно было питаться говном. Через полгода он вызвал их и спросил, каковы успехи.

— Успехи хорошие, — ответили они. — Правда, все еще воняет, но на хлеб уже мажется.

Вот и капитализм, что американский, что русский: первый гораздо лучше мажется, но воняют они одинаково. Нельзя считать нормой, когда в богатейшей стране еле-еле живут, при этом голодая и не имея крыши над головой, миллионы ее сограждан. Нет ничего более отвратительного, чем разного рода «рублевки», окруженные морем неимущих. И это, господа, не коммунистическая точка зрения. Или вы полагаете, что Радищев был коммунистом, когда писал: «Я глянул окрест себя, и душа моя уязвлена страданиями человечества стала»?

И еще — о так называемых «новых русских». Предлагаю забыть это определение или как минимум отложить его использование, потому что оно вводит людей в заблуждение. Никаких «новых русских» нет: есть вполне традиционные работники обкомов и райкомов КПСС, ЦК и райкомов комсомола, люди и тогда преуспевшие из-за своих способностей, цепкости, связей. Нет ничего удивительного в том, что и в новых условиях именно они преуспели.

Может быть, появятся реальные новые русские, люди, рожденные и выросшие в условиях свободного и демократического общества и вследствие этого имеющие совершенно иной менталитет?

* * *

Во всем этом просматривается глубокий этический и философский конфликт. Невозможно искренне заявить о равенстве всех людей и об их привилегии пользоваться «некоторыми неотъемлемыми правами» и в то же время допускать постоянные нарушения этого равенства и этих прав. Нельзя «поженить», с одной стороны, экономику, основанную на выживании сильнейших, и с другой, эгалитарную демократическую философию Томаса Джефферсона. Этот конфликт неразрешим в капиталистическом обществе.

Благотворительность, бесплатный суп для бедных и подобные вещи не решат вопроса. Более того, они унижают тех, на кого направлена забота. Я не хочу стоять в очереди за бесплатной тарелкой супа. Я хочу пользоваться плодами *своего* труда. Разумеется, некоторым удается прорваться — тем, кому повезло, людям исключительного таланта, силы воли, целеустремленности. Но цель должна быть иной, необходимо такое общество, которое работает на обыкновенного, рядового человека. И у любого, кого волнует американская традиция, великие американские человеческие ценности, подобная ситуация не может не вызывать глубокой тревоги.

Это же относится к расовым предрассудкам. Моя родная тетя жила и живет в городе Александрия, штат Вирджиния. Когда-то я ездил к ней в гости из Нью-Йорка. Мама сажала меня на поезд, я прибывал в Вашингтон, затем садился на автобус и доезжал до Александрии. В американской столице не было сегрегации, но как только автобус пересекал линию штата Вирджиния, сегрегация вступала в силу — негры занимали все задние сиденья, белые — передние. Мне было около двенадцати лет, когда я решил, что с этим пора кончать. И вот, в очередной раз приехав в гости к тете Жаклин, я сел в автобус на одно из задних мест. Никаких проблем не возникало, пока мы не пересекли линию штата. Все «черные» сели сзади, белые — впереди (на самом деле никто не пересаживался: с самого начала, еще в Вашингтоне, негры садились на задние места, белые — на передние, ведь не было смысла устраивать этакое переселение народов буквально через пять минут после отъезда от вокзала). Так что с самого начала я был единственным белым, севшим сзади. Кое-кто искоса посматривал на меня, но молча — пока мы не пересекли линию штата. Я продолжал сидеть, где сидел.

Автобус остановился. Водитель встал, подошел и стал разглядывать меня. Плечистый, мордастый, с торчащим животом — я ждал от него крика. Но он заговорил тихо, растягивая слова так, как это делают на американском юге:

Моя любимая Джулия, благодаря которой я полюбил джаз и научился танцевать. 1945 г.

— Парнишечка, ты ищешь себе неприятности? Так я тебе скажу: ты найдешь их. Подними-ка свою жопу и унеси ее отсюда бегом, слышь, парнишечка?

И мне вдруг стало совершенно ясно, что он не шутит, что если я откажусь, со мной может произойти настоящая беда. Я одновременно ощущал враждебность не только водителя, но всех пассажиров, белых и «черных». Для белых я был типичным хитрожопым янки — любителем черномазых, а для «черных» — опасным провокатором. Я пересел.

Потом я повторил этот опыт, и в результате меня выкинули из автобуса (стоявшего, к счастью). На самом деле с моей стороны это было глупостью — пользы никакой, а вероятность беды была велика.

Отвращение к расовым предрассудкам воспитано во мне родителями, которые в этом вопросе не различали цветов. Дома они часто говорили о расизме, объясняя мне, что он неприемлем, недостоин человека: «Этим и отличаются фашисты, нацисты, только они ненавидят евреев, вот и вся разница».

Первым «черным» человеком, с которым я был близко знаком, стала наша домработница Джулия Коллинз. Для меня Джулия являлась боссом, абсолютным авторитетом. Она звала меня Владимэри — как я полагаю, такой вариант имени казался ей куда более естественным и благозвучным. Она была невысокая (метр пятьдесят три сантиметра) и необъятно толстая, но двигалась необыкновенно грациозно и легко. Она научила меня танцевать, и я никогда не забуду своих ощущений, когда я «вел» ее во время фокстрота: казалось, я держу в руках пушинку. Убирая квартиру, она что-то тихо напевала, иногда же запевала в полную силу. Я был готов слушать ее часами — такой у Джулии был голос.

Мне было девять лет, когда она впервые повезла меня к себе домой в Гарлем. Она жила со своей многочисленной семьей на Леннокс-авеню, угол Сто двадцать пятой стрит. Я помню ее сыновей и дочерей — славных, веселых, теплых людей. Я их обожал и совершенно не мог понять, почему одни ненавидят и презирают других за то, что у них кожа другого цвета. Как-то мой школьный приятель сообщил мне, что «ниггеры воняют», и, вернувшись из школы домой, я подбежал к Джулии, уткнулся носом в ее необъятную грудь и стал нюхать. Джулия сразу смекнула, в чем дело, и, закинув голову, захохотала так, что зазвенели оконные стекла. Захохотал и я. Кстати говоря, пахла она замечательно, было в этом запахе что-то от теплой земли, что-то призывно-завлекательное.

Джулия Коллинз играла роль сводни в моем романе с американской народной музыкой. Как я уже писал, убирая квартиру, она тихо напевала какой-нибудь блюз,

Пит Сигер, легендарный народный певец и музыкант. Мой учитель и близкий друг. Пригород Нью-Йорка, 1993 г.

а иногда в голос пела спиричуэлс*. Чаще других она исполняла «Порой мне кажется, что я сирота». Я же приставал с просьбами спеть еще что-нибудь, и еще, и еще. Как-то в воскресенье, с разрешения моих родителей, она взяла меня со всей своей семьей в церковь в Гарлеме. Меня при рождении крестили в католической вере, и в этом качестве я бывал на службах, но никогда прежде не испытывал ничего подобного. Проповедь показалась мне несколько странной — уж больно вопил и размахивал руками священник, но от пения я совершенно обомлел. Меня словно подхватил нежный и мощный поток, и я полетел, охваченный восторгом, не замечая того, что смеюсь и плачу попеременно от ощущения радости и любви, надежды и горя.

Я «заболел» этой музыкой и стал просить у родителей в подарок проигрыватель — и получил его на Рождество. Это был автомат на десять пластинок фирмы «RCA» — полный восторг. Так я начал собирать пластинки. В то время в Америке существовал музыкальный рынок, специально «настроенный» на «черных», и я посещал именно эти магазины. В заведениях для белых не было того, что так полюбил я, да и я с полным презрением относился к белым кумирам, таким, как Бинг

---

*Спиричуэлс, спиричуэл (англ. Spirituals, Spiritual music) — духовные песни афроамериканцев.

Прощание с иллюзиями

Пит Сигер выступает в актовом зале МГУ. 1965 г.

Кросби и Фрэнк Синатра, не говоря уж о Перри Комо. Я и по сей день дрожу над моими старыми, семьдесят восемь оборотов в минуту, пластинками Билли Холидей, Арта Тэйтума, Бесси Смит и многих, многих других. Да, я обожал и обожаю музыку «черной» Америки и буду любить ее всегда. Но это был лишь мой первый глоток из сказочного фонтана, который не только не утоляет жажду, но возбуждает ее, — фонтана американской народной музыки.

Джулия была сводницей, а сватом стал Пит Сигер.

Он преподавал музыку в школе «Сити энд Кантри», когда его фамилия еще никому не была известна, еще до создания ансамбля «Уиверс» («Ткачи»). Взлет американской народной музыки еще не начался, но благодаря Питу я открыл для себя Вуди Гатри, Ледбелли — людей, ставших впоследствии легендарными. Все это не могло не повлиять на мое представление об Америке, на мое отношение к ней. Эта поразительная музыка, такая живая, дышащая свободой, человеческим достоинством, как ничто другое выражала суть американского характера. Благодаря Питу и через его посредство я вошел в мир белой народной музыки, в мир баллад и «блюграсса», в мир кантри, в мир печальных ковбойских песен, в мир матросских куплетов и рабочих песен, и все они сливались в единое целое с песнями кандальных команд, с блюзами, со спиричуэлс.

В те годы только страстные любители жанра знали, кто такие Бесси Смит или Билли Холидей. Если сегодня упомянуть о Билли Холидей, ваш собеседник скажет, скорее всего, что видел фильм о ней с Дайаной Росс в главной роли. И то хлеб, как говорится. Но фильм не имеет ничего общего с оригиналом. Росс — продукт дня сегодняшнего, отличная певица, нет спора. Но это не Билли Холидей.

Я даже рискну предположить, что я чувствую и понимаю голос Америки — в смысле ее песен — лучше, чем большинство американцев. Многие из них и в самом деле плохо представляют себе собственные истоки. Но эти истоки и *есть* традиция — и таков, например, Вуди Гатри.

Вуди был исключительно американским явлением. То, что он говорил, и то, как он это говорил, выражает самую суть американского духа: «Я ненавижу песню, которая внушает тебе, что ты — ничто. Я ненавижу песню, которая внушает тебе, что ты для того родился на свет, чтобы проигрывать, что нет вариантов, что ни к черту никому ты не нужен, ни к черту ни на что не годишься, потому что ты или слишком стар, или слишком молод, или слишком толстый, или слишком худой, или слишком противный, или слишком то, или слишком се. Песни, которые обижают тебя, или песни, которые смеются над тобой за то, что тебе не повезло, что не все было гладко. Я буду воевать с такими песнями до последнего моего вздоха, до последней капли крови. Я собираюсь петь такие песни, которые докажут тебе, что это *твой* мир, и уж если он приподнял тебя и стукнул раз-другой, если сшиб с ног да еще напоследок врезал тебе, неважно, сколько раз тебя переехало и перевернуло, неважно, какого ты цвета, или роста, или телосложения, я собираюсь петь песни, которые заставят тебя *гордиться* собой».

Вот это моя Америка...

Мы по сей день остаемся с Питом Сигером близкими друзьями. Я помню его первый приезд в Москву в 1961 году. Ему предстоял концерт в Зале им. Чайковского, и среди песен, которые он собирался спеть, была одна о лесорубе. Для ее исполнения требовалось, чтобы на сцене лежало здоровенное бревно: Пит выходил, брал в руки топор и во время пения разрубал бревно пополам. Зал им. Чайковского принимал на своей сцене знаменитейших исполнителей мира и ко-

Выступление Пита Сигера в Москве. 1965 г.

С Питом Сигером, которого пригласил в свою передачу Фил Донахью, когда он презентовал мою книжку. 1990 г.

нечно же имел богатейший реквизит... но бревна среди него не числилось. Пит сказал мне:

— Слушай, Влад, мне нужно бревно. Представители Госконцерта считают, что я сбрендил, работники сцены только разводят руками.

Я ответил:

— Пит, не беспокойся. Тебе нужно бревно — ты его получишь.

И я отправился на поиски бревна. Нельзя сказать, чтобы на улицах Москвы бревна валялись в значительном количестве. Но в конце концов я нашел прекрасный экземпляр, хотя и великоватый. Я позвонил брату Павлу, и вдвоем мы отнесли бревно ко мне домой. Наступил день концерта, и москвичи, оказавшиеся в это время в районе Зала им. Чайковского, улицы Горького и площади Маяковского, стали свидетелями весьма странного зрелища: мимо шли два молодых человека, разодетые в пух и прах и несущие на плечах бревно. Затем эти двое вошли через служебный вход в Зал им. Чайковского, молча миновали опешившую дежурную, поднялись по лестнице, вышли на сцену и положили бревно. Самое интересное заключалось в том, что никто из невольных зрителей не произнес ни слова, хотя смотрели на нас с изумлением.

Пит как-то провел всю ночь у нас дома, куда мы пригласили целую кучу друзей. Он пел и пел. Это было одно из тех редчайших мгновений, когда музыка всех объединяет, и хотя прошло уже много лет, тот вечер помнят все.

У Пита приятный голос (он называет его «расщепленный тенор»), но ему не приходится ждать приглашений из Ла Скала. Однако для народной музыки голос — не главное. Взять, например, Джоун (именно так следует произносить и писать ее имя в русской транскрипции, а не Джоан) Баэз — у нее совершенно удивительный по красоте голос, пожалуй, именно голос сделал ее знаменитой. Но я сомневаюсь, что через пятьдесят лет кто-нибудь вспомнит ее имя. Пит же Сигер — часть американской истории, невзирая на «расщепленный тенор», такая же часть истории, как Вуди, Ледбелли, Боб Дилан, да еще несколько человек, чьи голоса больше напоминали звук ссыпающегося гравия или наждака по стеклу.

В чем же их секрет? Если речь о Пите, то ответ простой: он на редкость красивый человек. Я говорю не о внешности. Это человек поразительного мужества, цельности и честности, человек, который никогда не пел ради денег. Он вернул Америке американскую народную песню. Он пел тем, кого списали, выбросили за борт, он пел пикетчикам, он пел ради блага людей, он песней воевал против войны во Въетнаме, его песни сыграли роль в борьбе за чистоту окружающей среды. Он сумел добиться того, чтобы жители побережья реки Гудзон скинулись на строительство трехмачтовой шхуны «Клируотер», которая затем поплыла по реке, заходя в города и поселки, объединяя людей разных политических взглядов, разного цвета кожи, разных вероисповеданий и мобилизуя их усилия, чтобы почти мертвая река была очищена и сохранена — и Гудзон спасли!

Пит использует американскую народную песню по ее прямому назначению: для обмена и передачи мыслей и чувств. Он великолепный исполнитель, он не просто поет. Он, если угодно, несет людям слово. Говорят, нет пророка в своем отечестве. Пит доказывает, что это не так. Это человек совершенно несгибаемый и бесстрашный, никакие «черные списки», никакие сенаторы МакКарти не могли его сломить. Да, он был занесен в «черные списки», был вызван Комиссией по расследованию антиамериканской деятельности, где от него требовали назвать имена всех знакомых ему коммунистов и самому ответить на вопрос: «Являетесь ли вы или были ли когда-либо членом коммунистической партии?» Пит сказал на это, что коль скоро его обвиняют в пении «подрывных» песен, он хотел бы исполнить одну прямо здесь, для Комиссии. Это ему запретили. Разумеется, он отказался ответить на вопросы, за что был обвинен в «презрении к Конгрессу», а за это полагалась тюрьма. Правда, Пита не успели посадить: когда МакКарти и компания попытались взяться за вооруженные силы США, утверждая, что среди высшего командного состава засели «красные», они, как говорят в Америке, «откусили больше, чем смогли прожевать». Комиссию и ее главу разгромили, а многие «незавершенные дела», в том числе и Пита, предали забвению. Это было много лет тому назад, но по сей день Пита Сигера, несомненную гордость страны, ни разу не пригласили выступить по общенациональному телевидению.

Пит — свободомыслящий человек в американском понимании этого слова. Именно это делает его выдающейся личностью. Его, как и всякого человека, можно убить. Но не победить.

Я часто задавался вопросом, почему такие люди, как Пит Сигер, стоят поперек горла общества? Скорее всего потому, что всякое общество, всякая социальная система обязательно реагируют на то, что им кажется опасным. Система совершенно индифферентна к той деятельности, которая не воспринимается ею как угроза. И чем система крепче, чем более она в себе уверена, тем менее она опасается угроз и, следовательно, менее репрессивна.

Так, в 1830-х годах в Соединенных Штатах людей вываливали в гудроне и перьях, сажали голыми на бревна и под общий жестокий хохот выносили из поселений и городов за то лишь, что те посмели похвалить англичан. Это было через семьдесят лет после окончания Войны за независимость против Великобритании, но тем не менее эта страна все еще казалось опасной, и любое пробританское высказывание воспринималось как предательство и вызывало жесточайший отпор. И такое — в государстве, которое во всеуслышание заявило, что свобода слова, свободомыслие — неотъемлемое право каждого человека. Как же так? А очень просто: Америка тогда была относительно слабой страной, Великобритания же по нынешним меркам была ведущей супердержавой. Она представляла для Америки угрозу, по крайней мере теоретически. Не будем забывать и о том, что в 1812 году англичане взяли Вашингтон и сожгли Белый дом. Так что опасения американцев не были лишены оснований — отсюда и соответствующая реакция.

Если бы сегодня какой-нибудь американец крикнул: «Да здравствует королева (или король)!» — ему громко аплодировали бы, да еще купили бы кружку пива. Ясно же, что сегодня Королевская семья и Объединенное Королевство не представляют для Америки ни малейшей угрозы. Соединенные Штаты ныне сами являются супердержавой, за плечами у них двести лет опыта, и они более не реагируют на «опасности» подобного рода.

Но это не относится к коммунизму, к так называемой «Красной угрозе». Ведь она исходит от Советского Союза, а Советский Союз — сверхдержава. Истоки этого страха имеют глубокие корни. Когда в 1917 году в России произошла революция, многим, особенно в Европе, новое общество показалось чрезвычайно привлекательным. Вспомним о мощном революционном движении, в частности, в Венгрии и в Германии.

На Западе имущие рассматривали социализм как страшную заразу, как моральную опасность для их привилегий и власти и были правы. Революция в России совпала по времени с зарождающимся в Америке профсоюзным движением, тогда рабочие, по сути дела, еще не имели союзов, элементарных прав, работали по двенадцать — четырнадцать часов в сутки в ужасающих условиях, а там, в России, коммунисты объявили о самом коротком в мире восьмичасовом рабочем дне, о самой короткой рабочей неделе — четыре рабочих дня, пятый — выходной. Ясно, это многих привлекало, и конечно, Морганы, Дюпоны, Рокфеллеры и прочие капитаны индустрии видели в этом смерть для себя. И последовало то, что сегодня является историей, — период «Красной угрозы».

Попробуйте полистать американские публикации 1918 года, и вы неоднократно встретите карикатурное изображение одной и той же темы: мужчина угрожающего вида — собственно, мужчина ли он, не горилла ли? — с всклокоченной торчащей бородой, с меховой шапкой на голове; между сжатыми крупными, как у лошади, зубами он держит нож, в правой руке — бомбы с дымящимся фитилем, левой он приподнимает угол висящего флага Соединенных Штатов, под которым собирается пролезть. Поперек шапки на ленте написано «БОЛЬШЕВИК». Вот она, коммунистическая угроза Америке, так пытались — и не безуспешно — напугать до полусмерти американцев. Красные сделают их жен общими, съедят их детей, разграбят их дома.

Кому принадлежали газеты и журналы — единственные тогда средства массовой информации? Тем же, кто владеет ими сейчас: богатым и сверхбогатым. Надо ли удивляться тому, что их роль и тогда, и позже, во времена маккартизма, была злонамеренной? Прежде чем действовать, властям требовалась народная поддержка, и средствам массовой информации предстояло сыграть ключевую роль в возбуждении антикрасной истерии и поддержании ее в точке кипения. Как только чайник забулькал, власть приступила к завариванию соответствующего напитка.

Рейды, организованные Генеральным прокурором США Пальмером, которые я упомянул ранее, были лишь одним из ингредиентов. О них в Америке забыли — что крайне удобно. Так, энциклопедия The Columbia Viking Desk Encyclopedia за 1960 год сообщает лишь следующее: «Пальмер, А(лександр) Митчелл, 1872–1936, Генеральный прокурор США (1919–1921). Страстно преследовал тех, кого подозревал в нелояльности по отношению к США». Ну конечно. И Вышинский тоже страстно преследовал тех, кого подозревал в нелояльности к СССР. И святая инквизиция страстно преследовала тех, кого подозревала в нелояльности к... Уточню, что целью так называемых «рейдов Пальмера» было уничтожение всех социалистов, подавление рабочего движения, арест всех радикалов-иммигрантов и высылка их обратно в Европу.

Еще одно свидетельство тех времен — казнь Сакко и Ванцетти. Сегодня известно, что дело их было сфабрикованным; штат Массачусетс, в котором они были казнены, признал их невиновность. Использовали эту пару итальянских иммигрантов, дабы продемонстрировать «иностранные», а, следовательно, не американские истоки социализма, и казнили их, чтобы «доказать» обществу: красные все до одного по своей природе убийцы. По той же логике убили и Джо Хилла, о котором потом родилась народная песня, вошедшая в американские анналы:

> Во сне приснился мне Джо Хилл живым, как ты и я.
> — Но Джо, тебя нет десять лет.
> — Смерть не берет меня, смерть не берет меня...

Джо Хилл, точнее, Джозеф Хиллстром, был шведским иммигрантом, которого расстреляли за то, что он якобы убил хозяина овощной лавки в городе Солт-Лейк Сити. На самом деле он просто являлся одним из первых профсоюзных активистов в истории Америки.

Это был первый период «Красной угрозы». Я же стал свидетелем начала второго — в конце сороковых годов. С течением времени напряжение нарастало, что привело к «черным» спискам, к появлению Джозефа МакКарти, к тому, что миллионы американцев зажили в атмосфере страхов и доносов. Вновь власть имущим почудилась угроза. Победа Советского Союза над Германией и ведущая роль, которую сыграли разные коммунистические партии в организации подпольного сопротивления и партизанского движения в Европе, резко подняли авторитет и популярность СССР и компартий, особенно во Франции, в Италии и в Греции. Усугубляло дело и то, что в американском профсоюзном движении постепенно стали закрепляться социалистические и даже коммунистические элементы. Очевидно, требовалось повторить то, что предприняли после Первой мировой войны, вновь напугать американский народ. В этом и заключался подлинный смысл всего маккартистского периода. Средства массовой информации тех лет внушали народу, что коммунисты проникли повсюду, что под каждой кроватью прячется «красный», что даже американское правительство поражено коммунистической заразой. Да разве у самого Эйзенхауэра нет партбилета? Сегодня мы говорим об этом со смехом, но смешного-то мало. Лучше задаться вопросом, как и почему это все произошло и почему по сей день слово «коммунист» вызывает в рядовом американце страх?

То, что во времена маккартизма было не до смеха, — общеизвестно. В той атмосфере никто особенно не выступал против «черных» списков, против тюремного заключения не желающих «сотрудничать». Правда, никого не убили, хотя было много самоубийств. Большинство людей уничтожили морально и экономически. Тем не менее это совершенно не походило на сталинские репрессии — ни по стилю, ни по существу. Вместе с тем следует помнить, что речь идет не о Советском Союзе 1937 года, а о стране, имеющей двухвековой опыт демократии, стране, безопасности которой на самом деле не угрожал никто. Это была наиболее могущественная держава как в военном, так и в экономическом отношении, она на голову превосходила всех остальных, можно сказать, что ни одно государство не доходило даже до ее пупка. Американцам нечего было бояться — но это не помешало им впасть в параноидальное состояние.

Когда американцы спрашивают меня: «Откуда вы знаете, что у вас не появится второй Сталин, какие есть тому гарантии?» — я отвечаю: «Откуда вы знаете, что не появится в Америке еще один Джо МакКарти, какие есть гарантии не только этому, но и тому, что вы не придете к фашистской диктатуре?»

Разве существует общество, способное дать подобные *гарантии*? Гитлероподобного деятеля можно избрать вполне демократическим образом. Собственно, так уже было.

Я пишу обо всем этом в надежде, что люди готовы честно смотреть фактам в глаза. И тогда они согласятся с тем, что в устойчивых, сильных общественных системах должны существовать определенные непереступаемые грани выражения несогласия. Эти грани будут расширяться по мере того, как общество становится более демократическим и гуманным, но не следует обманываться или обманывать других: грани все равно остаются.

Америка — тому пример. Да, американцы пользуются большей свободой слова, чем люди советские (по крайне мере, так обстоит дело сегодня; что будет завтра — не знает никто). Но тем шире доступ к народу в целом и тем серьезнее ограничения. Так, есть определенные взгляды, которые не допускается выносить на национальные телеканалы. У меня состоялся любопытный разговор о свободе слова с президентом одной из трех телесетей страны. После довольно длительного спора я спросил его: «Если бы я был самым известным вашим репортером и если бы вы послали меня в Советский Союз, чтобы подготовить серию передач, а я, вернувшись, открыл бы свою серию следующими словами: «Леди и джентльмены, я вынужден признать, что мы, представители американских средств массовой информации, ввели американский народ в заблуждение, ибо социализм, как я увидел в России, ведет к созданию более справедливого общества, чем наше», — скажите, сколько времени я еще проработал бы у вас?»

Он ответил честно: «Нисколько. Вас не только уволили бы, но ни одна телевизионная станция страны не захотела бы иметь дело с вами».

Вот, пожалуй, и все. Просто и ясно.

С другой стороны, коммунистическая партия США имеет право публиковать свою газету People's Daily World. Правда, ее тираж столь ничтожен, что не о чем беспокоиться.. Тут речь идет о некоторой ухищренности, восходящей к британской традиции, — англичане великие мастера этого искусства. Пусть себе человек заберется на ящик из-под мыла посреди Гайд-парка! Пусть хоть вывернется наизнанку! Пусть получит полное удовлетворение от осознания того, что смог публично высказать все накипевшее! Дайте ему возможность прийти домой к жене и поведать ей, как он им всем врезал! Ну дайте ему эту возможность... Ведь нет в этом ничего опасного, ну ничегошеньки. Если же зародится движение, если у него обнаружатся последователи, если это все начнет расти и расширяться — другое дело. *Тогда* и встанет вопрос, как лучше его нейтрализовать. Чем ухищреннее общество, тем эффективнее оно с ним справится. Ну, а если не будет другого выхода, его убьют. Мы же были свидетелями подобных вещей. Понятно, нам внушают, что убийство совершено маньяком-одиночкой, однако...

Что *на самом* деле кроется за убийством Мартина Лютера Кинга? Неужели есть люди, которые искренне верят, что человек по имени Джеймс Эрл Рей решил застрелить его? Взял и решил? Ни с того ни с сего? Не знаю, что думаете вы, но я не верю. Ведь Мартин Лютер Кинг стал мощным явлением, силой в Америке. Пожалуй, Америка не знала такого человека со времен Авраама Линкольна (которого, кстати, застрелил некто Джон Уилкс Бут, еще один «безумец»). Кинг не только консолидировал «черных» граждан Америки, он добивался единения «черных» и белых, он сплачивал все этнические меньшинства страны. Это был первый человек в истории США, которому подобное удалось. Его идеалы — вполне притом христианские — приводили к таким выводам, которые угрожали самым разным интересам, в частности, интересам военно-промышленного комплекса, войне во Вьетнаме, гонке вооружений. То, что говорил Кинг, то единение, которого он добивался, угрожало status quo. И это было неприемлемо.

Ограничения существуют всегда. Весь вопрос заключается в том, насколько умело система их определяет и утверждает. Любая система защищается — уж в этом сомневаться не приходится. Чем она неуверенней в себе, тем тяжелее окажется мера ее действий, вернее, действия будут сверх всякой меры. Французская революция 1789 года победила под лозунгом Свободы, Равенства и Братства — а затем занялась отрубанием множества голов, в том числе тех, кто принадлежал к самым страстным приверженцам этой самой революции. Людей казнили за протесты против бессмысленной жестокости, их казнили за высказываемые сомнения. В сегодняшней Франции человек может куда более резко высказаться о власти, о властителях без того, чтобы на это кто-либо обратил хоть какое-то внимание.

В Советском Союзе существует своя эволюция ограничений, о чем я еще скажу. Пока же отмечу, что появилось новое ощущение, некоторое чувство уверенности в большей терпимости общества, люди начинают отдавать себе отчет в том, что социализм — по крайней мере концептуально — должен всячески способствовать свободе мысли, слова и выражения.

Тем не менее ограничения остаются, и их много. Но как ни странно, в некотором отношении они менее жестокие, чем в Соединенных Штатах. Например, в советских средствах массовой информации чаще можно встретить критику своего общества и похвалу в адрес другого, нежели в американских. Однако редко появляется критика Горбачева или других членов Политбюро. Если бы это было результатом некоего принципа, в соответствии с которым высокопоставленные члены партии и правительства и не подвергаются критике и не награждаются похвалой, но критикуется или превозносится та или иная *политика*, то или иное *действо*, что ж, можно было бы поговорить о пользе или вреде такого подхода. Но на самом деле руководство лишь превозносится, ему курят фимиам. При перестройке и гласности не должно быть проблем с публичной критикой лидера или лидеров страны. А проблема-то есть, и весьма серьезная. Мы молчим в основном из-за традиционного страха последствий. В прошлом любое такое высказывание угрожало твоей карьере, твоей свободе, твоей жизни. К этому добавляется некая традиция почитания чинов — нечто схожее с британской традицией не критиковать королеву. Но страх, конечно, — главная причина молчания. Еще одно табу — внешняя политика СССР. Журналисты, вернее, редакторы весьма неохотно печатают критику в этой области — в отличие, кстати, от тем политики внутренней. Но я надеюсь, что, пока эти строки дойдут до вас, читателя, положение изменится к лучшему.

Итак, о будущем. Сомневаюсь, что будет позволено открыто призывать к свержению правительства и социалистического строя. Подобным правом американец обладает только в том случае, если этот призыв не содержит в себе «ясную и сиюминутную угрозу» — хотя что означают сии слова, понять трудно. Но возможно, примут похожее правило и в России? А вдруг пойдут еще дальше, кто знает? Предсказания — дело малопродуктивное. Вряд ли каких-то пять лет назад кто-нибудь мог предсказать то, что сегодня происходит в Советском Союзе. Определения того, к чему можно публично призывать в любом обществе, зависят от того, каким *само общество* видит происходящее, в какой мере оно воспринимает это как угрозу своему существованию. Но если оно именно так это воспринимает, угрозу ликвидируют — будь то в Советском Союзе или в Соединенных Штатах Америки.

Оба общества требуют от нас быть честными, когда мы оцениваем ограничения в том, что касается практики свободы человека во всех ее проявлениях. Если эти ограничения противоречат заявленным нами идеалам, мы морально обязаны протестовать. Применительно к социализму и его практике это ставит вопросы одного рода. Применительно к Америке конфликт возникает между давней демократической традицией, с одной стороны, и с другой стороны — экономической системой, которая фактически вверяет власть привилегированному меньшинству. Раньше ли, позже ли, Америке придется разобраться с этим. Исходя из своего опыта жизни в Америке, знаний ее традиций и народа, я полагаю: когда наступит время для решения этих фундаментальных противоречий — а оно наступит неизбежно, — вопрос будет решен в пользу демократии.

* * *

Гм-гм. Смотрите, что идеология способна сотворить с человеком! Она слепит его, делает глухим. Это не оправдание, а констатация факта.
Конечно, все это писалось во времена горбачевской гласности и ельцинской вседозволенности, когда и в самом деле советским СМИ дозволялось все... или почти все...
Было это году в девяностом, какой-то американский журналист обратился ко мне с вопросом, за кого я стал бы голосовать — за Горбачева или за Ельцина, если бы в ближайшее воскресенье состоялись президентские выборы. Я ответил, что, хотя всегда был горячим сторонником Горбачева, я перестал понимать его политику, его назначения, мне неясны кровопролития в Вильнюсе и Риге, Тбилиси и Баку, словом, я скорее всего проголосовал бы за Ельцина.
Через несколько дней меня вызвал начальник Главного управления внешних сношений, заместитель председателя Гостелерадио СССР Валентин Валентинович Лазуткин. Мы с ним было знакомы давно, он сыграл одну из главных ролей в моем назначении политобозревателем и явно относился ко мне с симпатией.
— Володя, — начал он, — у тебя неприятности. Ты давал интервью американцам о том, за кого проголосовал бы, за Михаила Сергеевича или за Ельцина?
— Давал.
— Ты сказал, что проголосовал бы за Ельцина?
— Сказал.
— А зря. Все дошло до Михаила Сергеевича, он очень недоволен. Сейчас у нас идет переаттестация политобозревателей, и Леонид Петрович считает, что тебе нет места на телевидении. Тем более что ты вышел из партии...
Леонид Петрович Кравченко был председателем Гостелерадио, правда, не долго — с 1990 по 1991 год, — но за короткий срок успел продемонстрировать всем свою реакционность; в частности, ему принадлежит заслуга закрытия знаменитой перестроечной программы «Взгляд». Высокий, хорошо сложенный, с подкупающей улыбкой, голубоглазый, чуть кур-

носый — с типично русским лицом «вечного мальчика» (этому образу совершенно не противоречили красиво подстриженные седые волосы), он пришел на ТВ из газеты «Труд», имевшей благодаря его стараниям самый большой тираж среди всех советских газет. Это был человек безусловно способный, умелый и, как мне кажется, лишенный даже намека на совесть. Абсолютный продукт советской системы. Сегодня партия заявила, что Земля плоская — с жаром будет доказывать, что это так. Завтра партия объявит, что Земля круглая — с таким же жаром примется убеждать всех в этом. И горе тому, кто не согласится.

— Валентин Валентинович, — сказал я, — а ведь Леонид Петрович прав, мне в самом деле нет места на этом телевидении. Я напишу заявление об уходе.

Лазуткин не стал отговаривать меня.

Заявление я написал и отправил в отдел кадров. Но я не ограничился банальной фразой «прошу освободить меня от занимаемой должности по собственному желанию», а развернуто изложил причины своего нежелания далее работать под началом Кравченко Л.П. Последующие события приняли неожиданный для меня поворот. Мне предстояло взять интервью у Председателя Президиума Верховного Совета СССР Анатолия Ивановича Лукьянова. Я позвонил ему и объяснил, что интервью не состоится, потому что я подал заявление об уходе. Анатолий Иванович сказал, что этого не может быть и чтобы я приехал немедленно к нему в Кремль. Это было, пожалуй, мое первое посещение кремлевского кабинета. Подробностей уже не помню, в памяти остались лишь огромных размеров кабинет и невероятное количество книг на полках — книг очень хороших.

Я поведал Лукьянову о своем решении, он сказал, что немедленно позвонит Кравченко и «вправит ему мозги». Я объяснил, что приехал к нему не для того, чтобы просить помощи, что решение принято бесповоротно.

— Но хочу заметить вам, Анатолий Иванович, что вы сильно ошибаетесь, когда назначаете таких людей, как Кравченко, на руководящие посты: пока вы у власти и все хорошо, они готовы поцеловать вас в любое место, но первыми всадят вам нож в спину в трудный для вас момент...

Разговор не получился. Покинув кабинет, я пошел к лестнице и столкнулся с Евгением Максимовичем Примаковым, который в то время занимал какой-то высокий правительственный пост (по моим ощущениям, Примаков всегда занимал высокий пост — это, конечно, преувеличение, но сколько я помню Евгения Максимовича, он всегда был «там», наверху). Увидев меня, Примаков спросил басовитым и одновременно скрипучим голосом:

— Володь, я слышал, у тебя неприятности?

— Да что вы, Евгений Максимович, это у них неприятности, у меня все хорошо.

— А ну-ка зайди ко мне...

Если кабинет Лукьянова и удивил меня размерами, то этот просто поразил: по нему можно было ездить на велосипеде.

Разговор состоялся в своем роде замечательный и свелся к двум посылам: первый — я не должен уходить; второй — Кравченко, возможно, и переборщил, но и мы, журналисты, позволяем себе черт знает что и с этим надо что-то делать.

Завление я назад не забрал, и через два дня мне позвонили из приемной Кравченко с просьбой «зайти к Леониду Петровичу». Я сразу понял, что с ним «поговорили», но совершенно не ожидал того, что последовало: он встретил меня как родного вернувшегося в лоно семьи сына, сказал, что я — лучший профессионал среди всех, кто работает на ТВ, и что он мне дает «карт бланш» — мол, могу делать что хочу и как хочу. А ведь это был тот же самый человек, который даже не счёл нужным встретиться со мной, чтобы сообщить, что мне нет места на ТВ, поручив это своему заместителю.

Я отказался, повторил, что не желаю работать с ним на этом телевидении, и ушел. Через некоторое время я

С гостем программы «Pozner & Donahue», сенатором Джо Байденом, ныне вице-президентом США. 1993 г.

получил приглашение от Валентины Николаевны Демидовой вести еженедельное ток-шоу в прямом эфире Московского телевидения. Так появилась программа «Воскресный вечер с Владимиром Познером», которую я вел с удовольствием вплоть до отъезда в США. С Демидовой работать — одно удовольствие: профессионал до мозга костей, сердечная, добрая, она протянула мне руку помощи в трудный для меня момент. За что я был и всегда буду ей благодарен.

И все же работать журналистом в те годы было делом необыкновенно увлекательным: свободы было много — несравненно больше, чем прежде, и гораздо больше, чем сегодня.

А что Америка?

Работая в Америке на канале CNBS, где вместе с Филом Донахью мы делали программу «Pozner & Donahue», я близко познакомился с тем, как реально обстоят дела со свободой слова. Приведу случай, который стал роковым для программы «Познер и Донахью». Новым президентом канала CNBS был назначен Роджер Эйлс (нынешний президент канала Fox News), человек крайне реакционных, чтобы не сказать неандертальских, взглядов. Когда наступило время возобновить наш контракт, Эйлс позвонил мне и сказал (помню, как мне кажется, почти дословно):

— Мы продлим с вами контракт, но только при двух условиях. Во-первых, вы должны будете согласовывать со мной тему каждой вашей программы. Во-вторых, вы должны будете согласовывать гостей, которых приглашаете, а то у вас сплошные либералы!

Это была ложь: мы чаще приглашали именно представителей консервативного крыла, людей иных, а то и противоположных нам политических взглядов. Но соврать ради достижения цели никогда не составляло трудности для Эйлса.

Прощание с иллюзиями

Я заметил ему, что это называется цензурой. На что мистер Эйлс ответил (и это точная цитата):
— I don't give a rat's ass what you call it, that's the way it's going to be*.
Я объяснил Эйлсу, что не для того переехал из Москвы в Нью-Йорк, чтобы меня цензурировали, и послал его к черту. Фил сказал примерно то же самое. В результате наш контракт не продлили, и программа исчезла.
Замечу, что она была успешной и имела самый высокий рейтинг среди всех политических шоу, шедших по кабельному ТВ в то время. Но никто из телекритиков не «заметил» ее исчезновения. Знаю, что Ральф Нейдер, один из самых известных общественных деятелей США, с возмущением позвонил Тому Шейлзу, главному телекритику престижнейшей газеты The Washington Post, а тот выслушал Нейдера, что-то пробормотал и... ничего не последовало. Все прошло тихо-мирно, без скандала.
Фил продолжал выходить в эфир со своим шоу «Донахью», я же лишился работы. Со мной связался один из самых известных и влиятельных телевизионных агентов США и предложил свои услуги, которые я конечно же принял. Он, как я потом узнал, обратился по моему поводу к трем главным телевизионным сетям Америки — ABC, NBC и CBS. Первая реакция во всех трех случаях была весьма позитивной, но когда предложение доходило до «руководящих этажей», его отвергали. Как оказалось, мне не могли простить моего советского пропагандистского прошлого. Если говорить совершенно откровенно, я не в обиде. За все надо платить. Не знаю, как сложилась бы моя жизнь, получи я работу, но не сомневаюсь: сложилась бы она совершенно иначе. Вполне возможно, что я так и не вернулся бы в Россию.
Через несколько лет после моего отъезда из Нью-Йорка Фила Донахью пригласили вести программу на канале MSNBC, где он имел неосторожность резко выступить против операции «Шок и Трепет» (войны в Ираке). Программу почти сразу же закрыли. Потом кто-то обнаружил записку за подписью председателя правления компании General Electric (которой принадлежит телевизионная компания NBC) о том, что лица, подобные Донахью, не должны появляться в эфире.
И все-таки: уровень свободы печати, свободы слова в Америке значительно выше, чем в России. Тому множество причин, и самая очевидная заключается в том, что в США средства массовой информации контролируются частными владельцами, а в России — властью, либо прямо, либо опосредованно.
Хотя эта причина и лежит на поверхности, она далеко не главная. Если представить себе, что завтра в России власть уйдет из СМИ (как того потребовал президент Медведев), положение изменится незначительно и конечно же не станет таким, как в Америке.
Уж слишком различна история двух стран, слишком рознятся представления о роли СМИ в частности и о свободе печати в целом. Прочтите, что писал Томас Джефферсон, автор Декларации Независимости США, одному своему приятелю в 1787 году: «Поскольку

---

*Мне до крысиной жопы, как ты это называешь, но будет именно так (англ.).

основой нашего правления является мнение народа, первой целью должно быть сохранение этого права, и если бы мне выпало решать, иметь ли нам правительство без газет или газеты без правительства, я, ни минуты на сомневаясь, предпочел бы последнее». Обратите внимание: написано в 1787 году будущим президентом. Что происходило в России в это время? Пик феодализма с Екатериной II, преследование Новикова и Радищева за изданные и написанные ими статьи и книги.

Если посмотреть на это чуть шире, то заметим, что по сути дела русский народ всегда находился в рабстве — почти три века татаро-монгольского ига, за которым через некоторое время последовало установление крепостного права, длившегося без малого четыре века; его отмена не сопровождалась попытками дать крестьянству подлинную свободу (т.е. земельные наделы), а спустя пятьдесят с небольшим лет пришло рабство в виде советской власти с ее прикреплением крестьян к колхозу.

Откуда у народа с подобной историей может взяться понимание свободы? Свобода и ответственность — две стороны одной и той же монеты, без второй нет первой. Но раб по определению безответственен, за него отвечает хозяин. Для раба существует воля — что хочу, то и ворочу, — не имеющая ничего общего со свободой.

Мне потребовалось довольно много времени, чтобы прийти к этим выводам. Придя к ним, я понял: мои прекраснодушные мечты о том, что скоро все изменится к лучшему, суть тоже иллюзии. Повторюсь: если завтра президентом России станет просвещеннейший демократ, если перестанут оказывать давление на журналистов, если и федеральная, и региональная власти будут вынуждены уйти из СМИ, если будут созданы, помимо частных, общественные СМИ, — все равно потребуется еще немало времени, чтобы положение стало таким, каким является в Западной Европе.

«Крепостной» менталитет власти очевиден. Все эти постыдные попытки квалифицировать демократию, называя ее то управляемой, то суверенной, все это словесное жонглирование, напоминающее цирковой номер, есть не что иное, как выражение не то что нежелания, но неспособности нынешней российской власти вырваться из представлений прошлого. Сюда же можем отнести и заигрывания с Русской православной церковью, которая, как ни одна другая сила в России, устремлена в прошлое.

Вернувшись в Россию, я встретился со СМИ, совершенно лишенными обязательств, с журналистами, искренне считавшими, что не несут ответственности ни перед кем, кроме своего главного редактора, — да и то лишь потому, что он может их уволить. А всего через четыре года к власти пришел Владимир Владимирович Путин, и установленная им «вертикаль власти» привела к тому, что журналистики в России почти не стало — были введены неписаные ограничения, приведшие к безграничной самоцензуре, при которой несомненное большинство сегодняшних «журналистов» чувствуют себя как нельзя лучше.

Когда я уезжал из СССР в 1991 году, я покидал страну, в которой, после долгих десятилетий правления веры и страха, робко зарождалась новая вера — без страха. Вернувшись всего через семь лет, я нашел страну, совершенно лишенную какой бы то ни было веры; что до страха, то ему на смену пришли цинизм, безразличие и неуемная жажда денег. Конечно, есть исключения. Но как мы знаем, исключение только подтверждает правило.

ГЛАВА 2. ЛИМБ

Мы выплыли из нью-йоркской гавани в декабре 1948 года на «Стефане Батории», польском океанском лайнере водоизмещением в тридцать четыре тысячи тонн. Помню, как я стоял на палубе и смотрел вниз, на дебаркадер, где толпились провожающие. Проститься с нами пришел лишь один-единственный человек — мой дядя Бийл, муж тети Жаклин. И больше никого. Никого из числа ближайших друзей, из тех, кто пользовался нашим гостеприимством, когда отец неплохо зарабатывал, тех, кто приходил в наш дом, чтобы наслаждаться хорошим вином и хорошей компанией...

Последний год в Америке был тяжелым. Папа потерял не только работу, но и надежду на ее получение. Советскому гражданину с коммунистическим мировоззрением, человеку, который не стеснялся открыто выражать свои политические взгляды, не было места в этой Америке, и он быстро это понял. Он мечтал вернуться в Советский Союз со своей семьей. Он говорил об этом неоднократно с советским генеральным консулом в Нью-Йорке, но тот отвечал уклончиво и неопределенно, от чего отец сходил с ума. Позже, когда мы жили в Германии, картина повторилась, только теперь уклончивые ответы давал не генконсул, а посол СССР в Германской Демократической Республике, — и отец вновь не находил себе места. Сегодня я понимаю, что все мы обязаны жизнью этим двум людям. Если бы мы приехали в Советский Союз чуть раньше, не приходится сомневаться в том, что отца расстреляли бы, мы с матерью очутились бы в ГУЛАГе, а брата разместили бы в приюте для детей врагов народа. Генеральный консул в Нью-Йорке и посол в Берлине знали о том, что творится в СССР. Но ни тот, ни другой не могли рассказать об этом моему отцу, да и он вряд ли поверил бы им; поэтому они изо всех сил пытались задержать его отъезд. Я буду благодарен им по гроб жизни и хочу, чтобы все знали их имена: Яков Миронович Ломакин и Георгий Максимович Пушкин.

Лишившись работы, не имея права на въезд в Советский Союз, мой отец решил вернуться во Францию, страну, которую он знал и любил. Это вполне соответствовало желанию матери. Она не нуждалась во французской визе, поскольку являлась гражданкой Франции. Мы с братом были вписаны в ее паспорт. А вот с отцом дело обстояло иначе. Ему требовалось получить визу. Шел 1948 год, Коммунистическая партия Франции была сильна как никогда. Более того, существовала реальная угроза того, что к власти придет коалиция левых сил. Французские власти моего отца знали, и нельзя сказать, что жаждали его возвращения. Они скорее всего отказали бы ему в визе в любом случае, но тут подоспел донос от бывшего его сотрудника, некоего Шифрина, человека, завидовавшего ему и ненавидевшего его (эти два чувства часто идут рука об руку); в доносе отец был назван «опасным коммунистом». Получив такого рода «предупреждение», французские инстанции поступили вполне предсказуемо — визу не дали.

Именно тогда у матери случился тяжелый нервный срыв. Вдруг прямо на улице она потеряла сознание. С того дня и в течение многих лет она боялась выходить из дома одна. Мне трудно представить себе, что она испытывала, когда ей, женщине сильной и независимой, каждый раз приходилось просить мужа, либо меня, либо знакомых сопровождать ее.

У нас оставалась еще одна возможность — уехать в Мексику. Многие американские «левые» бежали туда от МакКарти и его Америки, и у отца было много добрых друзей среди мексиканских кинодеятелей. И вдруг, словно гром среди ясного неба, он получил предложение от советского правительства: работать в организации «Совэкспортфильм» в составе Советской военной администрации в Германии (СВАГ) с конкретной задачей — восстановление немецкой киноиндустрии в советской зоне оккупации. Обрадовавшись, отец тут же согласился.

***

После окончания войны довольно многие из эмигрантов (либо детей эмигрантов), покинувших Советский Союз, стали возвращаться. Их называли «реэмигрантами» и относились к ним с подозрением. Не могло быть и речи, чтобы им предложили советскую представительскую работу за рубежом. А отцу моему предложили. Я, тогда ничего не знавший о советских порядках, не обратил на это никакого внимания, как и моя мама. Лишь спустя много лет я сообразил — а потом и получил доказательства того, что отец сотрудничал с советской разведкой. Он не был кадровым офицером, не получал никаких денег, но как многие другие, в том числе весьма известные и высокопоставленные люди, сотрудничал по идеологическим мотивам. Я к этой теме вернусь, но мне хотелось сразу внести ясность в вопросе папиного назначения в Берлинское отделение «Совэкспортфильма».

***

Как сложилась бы моя судьба, если бы французы не отказали моему отцу в визе? Если бы не последовало предложения от советских властей и мы уехали бы в Мексику? Или если бы отец отказался от советского гражданства в пользу американского? Это просто личная головоломка, не более того, поскольку то, что случилось — случилось, и никто никогда не узнает о том, что могло бы быть. Но мне почему-то в голову приходит рассказ О'Генри «Дороги, которые мы выбираем»: если судьбе угодно, чтобы тебя убил Маркиз де Бопертью, то так оно и случится, независимо от выбранной тобой дороги.

В 1948 году нас перестали навещать не только знакомые, но и почти все друзья. Зато появились новые визитеры. Это были представители Федерального бюро расследований (ФБР), задававшие нам обычные вопросы. «Обычные», а не «идиотские», потому что у них своя логика, которая может показаться упрощенной и туповатой, но ее не следует недооценивать. Полиция, как и Церковь, существует очень давно, она — один из древнейших общественных институтов, накопивших громадный опыт. От нас шарахались как от прокаженных, в гости не приходили и не звали. Исчезла даже семья Уиндроу, знавшая нас с середины тридцатых годов. Не пожелал исчезнуть лишь дядюшка Бийл.

Я его никогда не любил. Навещая своих двоюродных братьев в Александрии, я держался от него подальше. Меня настораживало и то, что все зовут его только по фамилии — Бийл. Это был молчаливый человек, он редко улыбался и запрещал своим детям (и мне тоже) дотрагиваться до замечательной игрушечной электрической железной дороги, которую установил в подвале. Он был строг, педантичен, холоден. Но когда дошло до дела, когда все наши либеральные, левые, прогрессивные друзья спрятались под корягу, бежали прочь, предпринимали все, лишь бы их не увидели ни с мамой, ни с отцом, этот человек, несомненно консервативных политических взглядов, этот стопроцентный истинный американец не струсил, не пожелал отказаться от родственников своей жены потому, что они не нравятся ФБР. Нет, не таков был Бийл. Он подчеркнуто публично попросил на CBS свободный день и приехал из Вашингтона в Нью-Йорк, чтобы проводить нас.

Я этого не забыл. И имея возможность на протяжении лет видеть, как страх вынуждал людей предавать друг друга, я все больше понимал значение жеста дядюшки Бийла; и я стал испытывать вину за то, что не любил его, что не разгадал подлинную душу этого немногословного, строгого и сдержанного человека. И один из самых счастливых моментов в моей жизни наступил через сорок лет — вскоре после того, как Бийла оперировали по поводу рака, и незадолго до его кончины. Я приехал к нему в больницу и провел с ним два часа. Потом, прощаясь, обнял его и крепко прижал к себе. И я *знаю*, что он все понял. Понял без слов.

Но это было в 1988 году, а пока шел год 1948, и я, опершись о перила главной палубы «Стефана Батория», смотрел вниз на толпу провожающих и напевал под нос совершенно бессмысленную песенку — из тех, которые почему-то в мгновенье ока становятся безумно популярными, а потом, буквально с той же скоростью, уходят в Лету:

Mares eat oats and does eat oats
And little lambs eat ivey
A kid'll eat ivey too
Wouldn't you?..

Почему в поворотный момент я напевал эту чепуху? Почему я это помню по сей день? Не потому ли, что я, сам того не ведая, находился в состоянии глубокого шока? Мне кажется, что подсознательно я понимал: моя жизнь меняется самым драматическим и коренным образом. Да, я хотел уехать, это правда, но тем не менее внутри что-то ныло, какой-то голос говорил: «Прощай, Америка, здравствуй...» — что? И может, это было способом удержать равновесие?

Я мало что помню о путешествии на «Батории». Корабль приплыл в Саутгемптон, затем заходил в Гавр, Бремерхавен и Копенгаген, пока, наконец, не добрался до порта назначения — Гданьска. Пассажиры по своей разношерстности вполне соответствовали маршруту: тут были и англичане, и французы, и датчане. Я почти не видел ни немцев, ни поляков (если не считать команду). Мне очень приглянулись датчанки, но многие из них курили сигары, что противоречило моим юношеским представлениям о женственности. С тех пор я повзрослел настолько, что могу не моргнув глазом наблюдать за тем, как женщина закуривает «Монтекристо».

«Дядя Бийл», который не испугался ни ФБР, ни соседей

* * *

Женщина, курящая сигару, необыкновенно сексуальна, возбуждает воображение. Удивительно, сколько лет должно было пройти, прежде чем я понял это. Привитые нам с детства представления о том, что прилично, а что нет, крайне неохотно сдают свои позиции...

* * *

К значительным событиям этого путешествия относится то, что я впервые в жизни побрился. Я пошел на это вполне сознательно, решив, что моим старым друзьям не придется привыкать к моему новому лицу, а будущим не знакомо старое. Я хорошо помню бледную и несколько удивленную физиономию, которая после бритья и смытия остатков пены уставилась на меня из зеркала. Весь процесс прошел под бдительным оком и руководством моего отца.

Копенгаген запомнился мне игрушечным городом, теплым и приветливым, с покрытыми снежком улицами и позеленевшими от времени медными дверными ручками; в этом оживленном и мирном городке нам было позволено провести несколько часов. Но, несомненно, самые яркие воспоминания из этого путешествия относятся к войне, точнее, к ее последствиям: зияющие окна полуразрушенных стен, горы обломков и кирпичей, целые кварталы-призраки — такими я увидел Гданьск и Варшаву. Это была совершенно другая планета. Планета, которая внушала мне отвращение. Такой мир пугал меня своей мрачностью, жестокостью, ощущением, что все увиденное — это навсегда. И я закрыл на это глаза, «закрыл» восприятие, говоря себе, что это не мое, что я мимо проходящий, меня это не касается. Я не хотел помнить об этом, но кое-что, словно оборванные картинки, застряло в паутине моей памяти, не предано забвению: гостиница «Бристоль» в Варшаве, бархатные красные ковровые дорожки и хрустальные люстры, свидетели других, роскошных времен; еда — вкусная, но вместе с тем грубоватая и тяжелая. И цены. Тарелка супа стоила десять тысяч злотых, карман оттопыривался из-за пачки денег, на которые можно было купить сущую ерунду. И еще помню одну из официанток в ресторане «Бристоля» — золотые кудри, пронзительные темные глаза, влажные красные губы и фигура богини из греческой мифологии. Я не мог оторвать от нее глаз, а отец, заметив это, расхохотался: «Польские красавицы очень опасны. Когда прочитаешь "Тараса Бульбу" Гоголя, сам убедишься в этом».

В то время мы с отцом сблизились как никогда прежде. Еще больше сплотило нас одно идиотское происшествие, приключившееся со мной в Кракове. Я всегда ненавидел зоопарки и цирки. Мне по сей день не по себе при виде животных, томящихся в неволе или вынужденных выделывать разные фокусы.

И вот, будучи в Кракове, мы всей семьей в сопровождении польского знакомого моего отца пошли гулять в местный парк. Дело было в декабре, температура ниже нуля, но снег еще не выпал. Вдруг я увидел антилопу. Она стояла на небольшом островке выцветшей травы, окруженном, как мне показалось, асфальтовой дорожкой. «Вот это да! — подумал я, — настоящая живая газель, живущая на воле среди людей». Обрадовавшись, я бросился к ней, ступил на «асфальтовую дорожку», пробежал два шага и... провалился по подбородок в ледяную воду. На самом деле «дорожка» представляла собой ров, покрытый льдом — очень тонким, о чем, видимо, газель догадывалась: она даже не двинулась с места, просто смотрела на меня широко открытыми ласковыми глазами.

Папа вытащил меня, насквозь промокшего и дрожащего от холода.

— А ну, — сказал он, — побежали.

И мы побежали. Мама с польским приятелем поймали такси, а мы бежали и бежали, отец держался чуть сзади, не давая мне сбавить шаг, похваливая меня и подгоняя. Мы примчались в гостиницу и, не останавливаясь, взлетели на третий этаж к себе в номер, где я тут же разделся догола, и папа растер меня водкой до такого состояния, что вся кожа горела.

— Все будет хорошо, — сказал папа, — никакой холод не устоит перед разогретой кровью и хорошей водкой.

Он был прав. Все обошлось даже без намека на простуду. Вместе мы победили ее, и это сблизило нас.

Еще одно воспоминание того времени — варшавское гетто, вернее, то, что осталось от него. Я даже не буду пытаться описать его. Это было сделано не раз и не два людьми куда более талантливыми, чем я. Пустынность, кучи битого кирпича, завывание холодного ветра, невыразимая печаль этой картины остались со мной навсегда. Она порой возникает перед глазами, странным образом напоминая полотно Шагала: я слышу плач одинокой скрипки, одну бесконечную тянущуюся печальную ноту, извлекаемую медленно водимым смычком: вверх-вниз, вверх-вниз.

* * *

Я вернулся в Варшаву лет через шестьдесят, да и то на полтора дня, так что мне неизвестно, существует ли в виде памятника варшавское гетто. Хватило ли у поляков гражданской и исторической совести, чтобы увековечить его героизм? Сумели ли они таким жестом хоть как-то воздать должное тем, кого сами веками презирали и преследовали и, по сути дела, при Гомулке выгнали до последнего из страны?

Двадцать лет тому назад, читая какой-то роман, я наткнулся на следующую историю. В 1492 году король и королева Испании Фердинанд и Изабелла издали эдикт, согласно которому все евреи были обязаны либо покинуть страну, либо принять католичество. В это время король Польши быстро сообразил, что эти изгнанные евреи могут ему пригодиться, и пригласил их переехать к нему на восток страны. Он гарантировал им свободу вероисповедания, возможность развития культуры и получения образования и так далее, но с одним условием: они должны стать сборщиками королевских налогов и сторожами православных храмов, двери которых они будут отпирать лишь для крещений и отпеваний. Условия были приняты. Так получилось, что в Польше ненавистный в принципе сборщик налогов и ненавидимый в восточных районах владелец храмовых ключей оказался к тому же чужестранцем и иноверцем. Когда в 1648 году вспыхнуло восстание Богдана Хмельницкого, были убиты сотни тысяч евреев, разграблены и сожжены их жилища, школы, синагоги. Немногие уцелевшие отвернулись от мира и ушли в схоластику, в изучение Талмуда, похоронив себя заживо.

Мне эта история показалась настолько невероятной, что я отправился к знакомому раввину и спросил его, правда ли это.

— Да, правда, — сказал он.

— Но как же они согласились собирать налоги и держать двери православных храмов запертыми?

— А какой у них был выход? В Испании их ждали костры инквизиции, в других странах Европы — разного рода преследования, а здесь им предложили сделку. И они пошли на нее.

Ничего не бывает на пустом месте. Мне антисемитизм отвратителен что в Польше, что в России или где-либо еще, но бессмысленно пытаться найти выход из проблемы, если не знать ее истоков.

Так выглядела школьная форма советских учащихся в Берлине. 1949 г.

* * *

Последнее воспоминание. Мы находимся в варшавской квартире польского кинорежиссера, пригласившего моих родителей на чай. Меня отправили играть с девятилетним сыном хозяина. Игрушек у него совсем мало, но среди них я обнаруживаю металлическую коробку, в которой хранятся медали, военные награды. Я начинаю понимать, что его отец воевал в Красной Армии, против Гитлера — и он немедленно становится героем в моих глазах. Но почему же он позволяет сыну играть с этими священными медалями? Я задаю этот вопрос своему папе, но тот смущенно молчит. Отец же мальчика улыбается и с иронией говорит:

— Кому эти безделушки нужны?

Я не верю своим ушам, но вместе с тем понимаю по его тону, по взгляду, что он переживает, что за его небрежными словами кроется глубокое разочарование, — и начинаю злиться, я не хочу знать об этом ничего, я хочу уйти отсюда немедленно. Оглядываясь назад, я думаю, что это был, пожалуй, первый случай в моей жизни, когда я злился, столкнувшись с чем-то, противоречащим тому, во что я хотел верить. Первый случай, но далеко не последний. Мне предстояло встретиться с этим бесчисленное количество раз, мне предстояло наблюдать за тем, как это же чувство выводило из себя моего отца, как он терял над собой контроль, мне предстояло прожить много лет, прежде чем я научился справляться с этим.

Мы провели в Польше около двух недель, а после уехали в Берлин. Я хорошо помню свое первое впечатление, когда поезд замер на перроне Остбанхоф: неимоверное количество людей в военной форме. Они заполонили все пространство — советские офицеры в длинных зимних шинелях и папахах, лица, будто высеченные из гранита и лишь изредка озаряемые улыбкой, которая обнажала нечто никогда мною прежде не виданное — стальные зубы. Не знаю, чего я ожидал, но знаю совершенно

Сотрудники «Совэкспортфильма» в Берлине встречают новый, 1950 год. Крайние справа – мама с папой

определенно, что не этого. И я помню свою первую мысль: «Мне здесь не нравится». Мы прожили в Берлине четыре года, и не было дня, когда бы мне не захотелось оказаться в другом месте. С течением времени это чувство только усиливалось. Теперь, имея за плечами целую жизнь, я понимаю: тогда я это чувство глубоко в себе спрятал, запер за стальной дверью, отказывался признавать его существование. Но оно жило и тихо меня сжирало. Эти четыре года — самые тяжелые в моей жизни.

Я рос, ненавидя немцев. Это не достоинство или недостаток, это факт. То, что переживал я, переживали тогда все подростки моего возраста, тем более это относилось к тем, кто, как и я, испытал немецкую оккупацию Парижа и силу антинацистских настроений в Нью-Йорке военных лет. Я ни слова не говорил по-русски и поэтому воспринимался советскими, жившими в Берлине, как немец. Мысль, что меня считают немцем, была невыносимой. Я убил бы того, кто назвал бы меня немцем. И однажды чуть не убил...

Скорее всего, это случилось в 1950 году. Для своего возраста я был довольно крупным юношей, особенно в сравнении с моими немецкими сверстниками, прошедшими лишения войны. Они были малого роста, тощие, слабые от недоедания. Один такой мальчик, звали его Клаус, иногда заходил к нам домой за своей девушкой — дочерью нашей уборщицы фрау Херты. Как-то я увидел, что он с завистью смотрит на мои боксерские перчатки — у меня было две пары, — и я спросил его, хочет ли он надеть их. Он хотел. Потом я спросил, не хочет ли он со мной побоксиро-

Мой первый советский приятель в Берлине Геннадий Круглов. Канун 1950 г.

вать. Он согласился. Мы вышли с ним во двор. Все началось вполне нормально. Я не жаждал крови — по крайне мере мне так казалось. Но как только мы встали друг против друга, мне захотелось разорвать его на части, избить до полусмерти. Я был выше его на голову, тяжелее килограммов на десять и намного сильнее. Кроме того, я немного занимался боксом в католическом спортивном клубе в Нью-Йорке, он же не имел никакого опыта. Я и сегодня не помню, что на самом деле произошло — сперва мы вроде баловались, а дальнейшее стерлось из памяти... И вот уже мама висит на моих плечах и что-то кричит, и я вижу белое окровавленное лицо Клауса. Если бы мама не увидела нас из кухни, не выбежала бы и не остановила меня, я убил бы его. На самом деле убил бы.

Клаус был ни при чем. Я убивал ненавистную Германию, я убивал обстоятельства, которые привели меня сюда, я убивал мою потерянность, мое непонимание того, кто же я — и не русский, потому что русские меня не принимают, и не немец, потому что я никогда с этим не примирюсь. Я убивал мое отчаяние, мою безысходность, я пытался поквитаться со злой силой, которая так изменила мою жизнь, и при этом ощущал свою полнейшую беспомощность. Тогда я этого не сознавал.

Оказалось, что я живу в лимбе — не с советскими (рай), которых я априори любил и любви которых я жаждал, не с немцами (ад), которых я ненавидел, но которые были готовы принять меня, — за что я ненавидел их еще пуще. Я существовал как бы между ними. Не там и не здесь. В лимбе. Может быть, это и привело к ощущению, что я вечно нахожусь где-то вовне, откуда вглядываюсь внутрь, наблюдаю и откладываю в память увиденное.

Я легко выискивал поводы для поддержания своей ненависти к немцам. Например, то, с каким подобострастием они разговаривали с советскими, и то, с каким высокомерием они обращались со своими немецкими подчиненными. Скаредность, счет денег до последнего пфеннига, нежелание угощать друг друга, привычка платить приятелю за взятую у него сигарету; тупость немецкого туалетного юмора — все больше о говне и жопах; вульгарная громкость и агрессивность голосов, преклонение перед *Ordnung*, порядком, неважно каким, неважно, для кого и для чего, лишь бы был порядок; и еще глубочайшее почитание понятия *Verboten*. Если на двери написано «Verboten», то ни при каких обстоятельствах входить нельзя, и если по газону ходить «Verboten», ни в коем случае по нему не пойдешь, но главное-преглавное: никогда и ни в коем случае нельзя спрашивать, *почему* что-то Verboten. Бесило меня и то, как при знакомстве девочки делали *Knicksen* и как в ответ мальчики делали поклон головкой и щелкали каблуками — я все ждал, когда они выбросят в салюте правую руку и заорут «Heil Hitler!». Я ненавидел всех и каждого за то, что, разговаривая с советскими, они подчеркивали, что воевали исключительно на *западном* фронте, почти никто из них никогда не признавался в том, что воевал на восточном, в связи с чем я жаждал спросить: кого же тогда Красная Армия разнесла на мелкие куски под Сталинградом? Но больше всего я ненавидел немцев за их якобы неведение. Концлагеря, говорите? В глазах полное непонимание. Какие такие концлагеря? Газовые камеры? Да это все ложь, выдумки тех, кто хочет очернить немецкий народ. Печи? Разве что для выпечки хлеба, не более того.

В нашей берлинской квартире

Перед нашим домом. 1950 г.

Прощание с иллюзиями

Отец, как я уже упомянул, работал в «Совэкспортфильме», организации, созданной главным образом для продажи советских фильмов за рубежом и для закупки иностранных фильмов для советского зрителя. Но в оккупированной Германии главной целью было восстановление местной киноиндустрии. Речь шла не о благотворительности. Давно известно, что кино — «важнейшее из искусств», потому что оно как никакое другое формирует взгляды, создает стереотипы, вырабатывает общественно принятые «плохо» и «хорошо», устанавливает нормы добра и зла. Самое убедительное свидетельство тому — Голливуд, сумевший не только донести до всего мира определенный облик Америки и американца, но и сформировать у самих американцев представление о том, кто они такие, что значит быть американцем и вести себя по-американски. Лучшая иллюстрация этого — Рональд Рейган; он сам себя воспринимал как героя-ковбоя, который, победив зло, скачет по бескрайним прериям и исчезает в лучах заходящего солнца. Кино — мощный идеологический инструмент, которым пользовались и пользуются во всем мире. Советскому Союзу было небезразлично, какие фильмы будут смотреть в ГДР немцы и какие станут производиться в этой стране. Но беда заключалась в том, что немцы не ходили в кино. Не ходили не потому, что это было «Verboten», а потому, что не отапливались кинотеатры. За время войны отопительные системы либо разрушили, либо они сами вышли из строя. Надо было что-то придумать, каким-то образом сделать привлекательным посещение кинотеатра — и эту задачу поставили перед моим отцом. Он нашел решение — краткосрочное, но гениальное: договорился с советским военным командованием о том, что оно одолжит кинотеатрам столько шерстяных одеял, сколько в каждом зале имеется мест. Потенциальному посетителю одеяло будет предлагаться *бесплатно* на время сеанса. Бесплатно?! Mein Gott, разве можно отказаться от такого предложения? Народ повалил толпами. Но это решение было лишь временным. Следовало ввести в действие новые отопительные системы.

Отец стал объезжать кинотеатры ГДР. Как-то он оказался в древнем Веймаре, на родине Гете и других славных представителей немецкого искусства. Как обычно, он снял офис и опубликовал в местной газете объявление о том, что каждый день с восьми тридцати утра будет принимать специалистов по отопительным системам. На следующее утро ровно в половине девятого к нему постучались два немца средних лет (вероятно, они явились бы и в пять утра, будь в объявлении указано это время — Ordnung есть Ordnung). Они представились и сказали, что являются как раз теми специалистами, в которых он нуждается: инженеры-тепловики, причем потомственные представители фирмы, давно заслужившей уважение горожан. Они принесли с собой несколько чертежей и, хотя отец объяснил, что ему это совершенно не нужно, вынули один рулон из сумки и развернули на письменном столе. Надо сказать, отец мало что смыслил в отопительных системах, он в свое время работал звукоинженером на фирме MGM, но это имело мало общего с отоплением. Тем не менее он принялся рассматривать чертеж, и ему стало казаться, что на листе изображено нечто, к отоплению отношения не имеющее. Папа попросил двух господ помочь ему разобраться.

— Ах, герр Познер, — расплылся в улыбке один из них, — это на самом деле исключительный проект. Его заказало нам самое высокое начальство, самое высокое, сами понимаете. Мы очень этим гордимся. Мы считаем, что это — наше лучшее достижение.

Отца объяснение не удовлетворило. Он все-таки желал знать, в чем суть этого «лучшего достижения». И вскоре выяснил, что перед ним — рабочие чертежи печей для крематория Бухенвальда, концлагеря, расположенного на окраине Веймара.

Папа выгнал достопочтенных потомственных инженеров, пригрозив вдобавок, что если когда-либо встретится с ними вновь, добьется их расстрела. Они же, несомненно, сочли, что он сошел с ума. Как понять этого дикого неотесанного русского? Ведь они получили заказ и выполнили его наилучшим образом. Какие могут быть к ним претензии? Для чего должно использоваться то, что им заказали, — не их дело и не их ответственность, разве не так? Да, у этого русского явно не все дома.

Мне еще предстояло убедиться в том, что способность забывать, способность делать свою работу, не задумываясь о последствиях, черта не сугубо немецкая. Многие из нас, получая и выполняя указания, таким образом уходят от ответственности. Мы полагаем, что коль скоро не будем задумываться о последствиях своей деятельности, они минуют нас. Это заблуждение. Они непременно найдут нас, не отстанут и будут мучать как отдельных людей, так и целый народ — и это тоже относится не только к немцам и Германии.

Среди немцев были люди, которые отдавали себе в этом отчет.

Некоторых я встретил, когда стал посещать специальную среднюю Немецко-русскую школу, созданную для детей немецких политэмигрантов, которые в свое время бежали от Гитлера в Советский Союз. Эти дети выросли в Москве. Когда во время войны они учились в советских школах, их дразнили «фрицами» и «фашистами», часто били, в результате чего они возненавидели свое немецкое происхождение. Теперь их привезли «на родину», как уверяли их родители, навсегда. Надо ли говорить, как они не хотели этого. Германия была им чужой, они к тому же плохо знали немецкий. Они были совсем малышами,

Мама с Антониной Михайловной, женщиной, с которой у меня случился первый роман. *1950 г.*

когда их родители бежали, их родным языком стал русский. Школу создали, чтобы облегчить постепенное «врастание» этих ребят в немецкое общество. Многие предметы преподавались немцами на немецком языке в полном соответствии с программой немецкой средней школы. Но ряд предметов преподавался советскими учителями на русском, поскольку предполагалось, что по окончании десятого класса выпускники школы получат высшее образование в МГУ или ЛГУ, а уж потом вернутся в ГДР, чтобы занять ведущие посты в своей профессии. Когда мы приехали в Берлин в конце декабря 1948 года, еще действовали советские средние школы для детей совработников. Я начал учиться в одной из них — кажется, в седьмом классе. Но после весны 1949 года все советские школы были закрыты по решению советского правительства — не знаю точно, почему; кажется, советская молодежь вела себя слишком вольно, выходила из-под контроля, самовольно посещала Западный Берлин. Думаю, советские власти испугались «тлетворного влияния» Запада на молодые пионерские и комсомольские души и решили убрать их от греха подальше в СССР. Нам же в СССР ехать было воспрещено, мне негде стало учиться — вернее, я мог бы учиться в немецкой школе, но категорически отказывался от этого. Тут и подвернулась Немецко-русская школа, в нее меня и определили. Именно там я встретился с «другими» немцами, с теми, чьи родители боролись против Гитлера, попали в гитлеровские концлагеря, но сумели вырваться оттуда. Это были люди, которым скоро предстояло стать лидерами новой Германии, лидерами Германской Демократической Республики. И дети их, как я уже сказал, должны были получить соответствующую подготовку, включая высшее советское образование, чтобы затем вернуться и занять руководящие посты — чего не случилось. По иронии судьбы их воспринимали в ГДР как чужих, их недолюбливали те, кто в Германии родился, вырос, окончил там школы и университеты.

Не могу сказать, что школа эта мне не нравилась. Но и не скажу, что чувствовал себя в ней хорошо. Я приезжал в девять утра, уезжал в три — и точка. В Нью-Йорке после школы мы скопом шли в кино или в Вашингтонский сквер, чтобы поиграть в мяч либо подраться с чужаками из других школ, по воскресеньям уезжали играть в бейсбол или приглашали друг друга в гости. Кажется, я несколько раз ходил в поход с моими немецко-русскими одноклассниками, у кого-то побывал на дне рождения, но в общем и целом мы жили раздельно, они — в немецкой среде, я — с родителями и вне какой бы то ни было среды. За одним исключением. Со мной в классе училась девушка, звали ее Лорой — в честь Долорес Ибаррури, знаменитой «Пассионарии» испанской гражданской войны против Франко. Ее отец, венгерский хирург, погиб в Испании, служа республиканской армии. Ее мать, одна из самых красивых, теплых, умных и добрых женщин, которых я когда-либо встречал, вышла замуж вторично — уже по возвращении в Германию. Ее муж Вилли, немецкий коммунист, отсидевший много лет в концлагере и чудом оставшийся в живых, был офицером и служил в органах безопасности ГДР — в печально знаменитой «Штази». В дальнейшем он занимал высокие посты в этой организации. Честный и принципиальный, он через несколько лет застрелился, и, узнав об этом, я, с одной стороны, был потрясен этим известием, но с другой — не очень этому удивился.

Человек убежденный, человек, преданный делу, способен выстоять в самых бесчеловечных условиях — он не ломается под пытками ни физическими, ни моральными, не уступает тщательно рассчитанному безумству концлагеря, сохраняет силу духа даже тогда, когда его уничтожают изуверскими методами. Но отнимите у него дело его жизни, лишите его веры — и этот человек развалится на мелкие части, самоуничтожится — в том числе и буквально, как в случае с Вилли. Другие уйдут в пьянство, в насилие, но так или иначе потеряют свое нутро. Возможно, именно это отличает нас от животных? То, что мы не можем жить без веры.

В русско-немецкой школе. 1951 г.

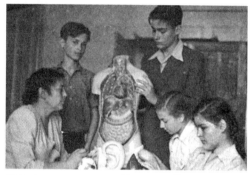

Урок анатомии ведет Надежда Исидоровна Жаркова, благодаря которой я решил стать биологом. 1951 г.

* * *

Не понимаю, почему я так куце написал об этой школе и о тех, с кем я там подружился. Школа на самом деле была замечательная, хотя учился я в ней, к сожалению, не в полную силу — ходил только на «русские уроки», которые требовались мне для получения в дальнейшем аттестата зрелости.
Русский язык и литературу преподавала выпускница филологического факультета МГУ им. Ломоносова Эдель Яковлевна. Она была замужем за крупным чиновником МИДа ГДР. Эдель Яковлевна отличалась тонким умом и блестящим даром рассказчика, думаю, что именно она разбудила во мне подлинный интерес к Пушкину и Лермонтову.
Анатомию преподавала жена крупного советского военного чина Надежда Исидоровна Жаркова. Если бы не она, я не принял бы решения стать физиологом и, словно второй Павлов, исследовать тайны человеческого мозга.
Все другие предметы я пропускал — и совершенно напрасно. Мое нежелание иметь дело с чем-либо немецким было настолько безрассудным, насколько безрассудным может быть поведение семнадцатилетнего юноши. Вспоминая то время, я сожалею о том, что не на-

Наша берлинская футбольная команда. Я – крайний справа, мой брат Павлик, второй слева, страшно хочет кое-куда. 1951 г.

шлось человека, который отвел бы меня в сторону и объяснил, что знание немецкого языка не имеет ничего общего ни с нацизмом, ни с Гитлером, что оно очень и очень пригодится мне в жизни. Как жаль, что не было Кассандры, которая шепнула бы мне в ухо: «Сама судьба дает тебе возможность выучить немецкий, воспользуйся этим! Тебе, именно и прежде всего тебе это нужно, как никому другому, поверь мне!» Кассандры, которая предупредила бы меня о том, что когда-нибудь в Германии будут жить мои самые близкие, самые любимые люди, и, приезжая к ним, я не смогу общаться с их близкими и друзьями, потому что не воспользовался предоставленной мне возможностью. Carpe diem, carpe diem!*

Я очень хорошо помню тех, с кем учился. Был класс девятый — самый старший, состоявший чуть ли не из пяти учеников: Ули, Герды, Вилли, Ильи и Тамары. В нашем восьмом классе учились Рувим, Борис, Карл, Ютта, Лора (Долорес) и я. Ни с кем из них я особенно не дружил, если не считать Лоры, она часто бывала у меня дома, а я — у нее.

Внешне Лора была типичной венгеркой, вся в отца: высокие скулы, чуть треугольный рисунок лица, прямые, почти черные волосы и темно-карие глаза. Мы много общались и постоянно что-то горячо обсуждали... не помню, что именно, да это и не имело значе-

---

*Carpe diem — лат. букв. «срывай день», т. е. пользуйся настоящим днем, лови мгновение (из Горация).

ния. Думаю, мы были слегка влюблены, хотя ни разу даже не поцеловались. *По окончании школы Лора уехала учиться на филфаке ЛГУ и вскоре там, в Ленинграде, вышла замуж. Как-то мельком я увидел ее в Москве — это было в конце пятидесятых. Потом, если мне не изменяет память, в конце шестидесятых в Берлине. И последний раз где-то в 2005-м. Она вышла встретить меня к станции «S-Bahn», опасаясь, что я не найду ее нового адреса и даже ее не узнаю — ведь прошло больше тридцати лет. Волновалась она напрасно. Я Лору узнал бы в любом случае — по посадке головы, по выражению лица, а что до седины, так это вообще не в счет. Жива ли она? Не знаю. В Берлине бываю раз или два в году, у меня есть ее телефон, но не звоню. Не могу объяснить себе, почему. Отчего-то страшно.*

* * *

В Немецко-русской школе я проучился два года. Для дальнейшей учебы в Союзе мне нужен был советский аттестат зрелости. Поэтому, закончив там восьмой и девятый классы, я перешел в советскую вечернюю школу при полевой почте — школу, созданную для советских офицеров, старшин и сержантов, учебу которых прервала война. Но если в Немецко-русской школе я был чужим, то в новой стал чужим вдвойне. Всем «ученикам» было хорошо за двадцать, а то и за тридцать, все они прошли через огонь и ад войны. Мы происходили из совершенно разных миров — и все же, к моему удивлению, с ними мне было проще и легче, чем с прежними соклассниками. Связано ли это с тем, какими вышли они из неописуемого ужаса войны, смерти и разрухи? Было ли это благодаря сплаву гордости и мудрости, привнесенных в их души победой? Не знаю. Но этих людей, людей жестких и невероятно выносливых, отличало такое чувство сострадания, такая нежность, каких я не встречал ни до, ни после. В отношении меня они выражали их весьма своеобразным образом.

Я еще плохо говорил по-русски. Как-то на уроке физики учительница вызвала меня к доске, чтобы я прочел классу, что написано в учебнике о свойствах соленоида (такой проводник, вокруг которого при пропускании через него электрического тока создается электромагнитное

Лора Бейр, моя одноклассница, в которую я был тайно влюблен. 1951 г.

Общежитие МГУ на улице Стромынка, где проживали мои друзья по берлинской русско-немецкой школе. Я – второй справа в верхнем ряду.

поле). Слово «соленоид» по-русски произносится как «соленойд», но поскольку в конце стояла буква «и», я прочитал: «со-ле-но-и́д» — с ударением на последнем слоге. Тут один из офицеров засмеялся, и мне захотелось провалиться сквозь пол. Я покраснел и даже вспотел от нестерпимого чувства стыда и неловкости, я мечтал, чтобы обвалился потолок и всех нас похоронил. Наступила полная тишина. И тут один из офицеров встал и рявкнул мне: «Выйди!» Низко опустив голову, я покинул класс и, закрыв за собой дверь, замер. Я был раздавлен. И тут услышал взрыв. Нет, не в буквальном смысле. Это был взрыв словесный, точнее говоря, матерный. Русское сквернословие исключительно красноречиво и богато — я говорю это как любитель жанра, вполне владеющий им, и не только по-русски. Но бурный поток, мощно разливающийся за дверью, виртуозность и мастерство, которые демонстрировал вставший на мою сторону офицер, были, конечно, достойны кисти Айвазовского.

Моему насмешнику сообщили, что все его родственники, начиная с матери и кончая бабушками, дедушками и более давними предками, были, судя по всему, людьми недалекими. Далее ему указали на то, что даже среди них он считался бы... как бы это сказать... глупым; что абсолютно невозможно понять, каким образом он дослужился до офицерских погон, и кстати, коль уж упомянули погоны, посоветовали, что именно он с ними может сделать. Разбор бедного капитана был донельзя подробным и касался всего: его привычек, выражения лица, походки, манеры говорить — все это подверглось детальнейшему рассмотрению, всему была дана точная оценка. Это продолжалось около четверти часа. Затем наступила тишина. Открылась дверь, и офицер, который выставил меня, пригласил меня войти. Предмет общего обсуждения стоял в середине класса совершенно бледный. Он подошел ко мне, протянул дрожащую руку и с трудом выговорил:

— Володь, извини меня, пожалуйста. Я был не прав.

Тут все остальные — а их было человек тридцать — окружили меня, стали хлопать по спине, жать руку, пока наша физичка, привлекательная блондинка лет тридцати, не подняла голову от книги, которую якобы читала в течение всего этого времени, и не произнесла абсолютно спокойным голосом:

— Итак, свойства соленоида. Познер, идите к доске.

Возможно, кому-то описанное покажется странным примером тонкости и понимания, но только не мне. С того самого дня я начал чувствовать, что все эти мужики подчеркнуто обращаются со мной как со своим. Правда, иногда это влекло за собой непредвиденные последствия, и одно из памятных мне событий такого рода — когда я впервые в жизни напился. Как-то днем в советском военном городке в Карлсхорсте я встретил старшину, который учился вместе со мной в вечерней школе. Он спросил меня, чем я занят, я ответил, что ничем, и он предложил мне пойти с ним перекусить в солдатскую столовую. Время было обеденное, я согласился. Правда, несколько опасался того, что он предложит мне хлопнуть по рюмочке, ведь я уже знал: у русских «хлопнуть по рюмочке» — чистейший эвфемизм. Опыт русского застолья убедил меня в том, что русский человек может перепить любого другого, в том числе и инопланетянина. Я испытывал определенную робость, но не могло быть и речи, чтобы обнаружить ее перед старшиной Ковалевым. «Пошли», — подчеркнуто небрежно сказал я.

Мы быстро дошагали до столовой, где Ковалев усадил меня за столик и отошел, пообещав скоро вернуться. И в самом деле, он тут же появился с подносом, на котором красовалась бутылка «Московской особой», два граненых стакана, тарелка с черным хлебом и тарелка с двумя сваренными вкрутую яйцами. Поставив поднос на стол, старшина откупорил бутылку, виртуозно разлил водку так, что оба стакана оказались заполнены совершенно одинаково до образования «мениска», затем почистил яйцо (то же сделал и я), макнул его в солонку, взял стакан, картинно отставив мизинец, чокнулся со мной, сказал: «Ну, будем», — выдохнул и залпом опустошил, после чего отправил яйцо целиком в рот, откусил кусок хлеба и принялся энергично жевать. Я застыл, глядя на него в полном изумлении. Ковалев поднял брови и спросил: «Ну, ты что? Пить будем?» Я до сего дня не знаю, как удалось мне выпить этот стакан. С яйцом же никаких проблем не возникло, поскольку я когда-то выиграл спор, засунув одновременно в рот пять слив (после чего потребовалось внешнее вмешательство, так как я не мог ни прожевать их, ни вынуть).

«Молодец, — похвалил меня старшина и хлопнул по плечу, затем посмотрел на часы и сказал: — Ну, мне пора».

Я остался один. Совершенно не помню, как я добрался до дома. Очевидно, на автопилоте. Но зато в памяти остались воспоминания о той части дня, которую я провел в обнимку с унитазом, и о том, как меня выворачивало наизнанку всю ночь.

На старшину Ковалева я зла не держу. Ведь он просто хотел, чтобы я почувствовал себя своим, хлопнуть по рюмочке — это был его способ дать мне знать, что мы товарищи.

* * *

Еще один пример, дорогой моему сердцу. Был один офицер-пограничник — кажется, звали его Вадимом, — который решил выучить меня русскому языку. Происходило это у него на квартире за чаем, который готовила нам его жена Манюня.
— Володь, — начинал он, пытливо и чуть насмешливо поглядывая на меня, — объясни разницу между рябью и зыбью.
— Ну, — неуверенно отвечал я, — рябь это... — И показывал руками, что такое рябь.
На это Вадим незлобиво замечал:
— А хули ты руками размахиваешь, ты говори по-русски!
После чего и он, и Манюня хохотали в голос.

* * *

Правда, не все мои советские знакомые были такими, как старшина Ковалев или другие офицеры из моего класса. Многие держались от нас подальше, опасались знакомства с нами, и мне это абсолютно понятно — я знаю теперь, как опасны были в Советском Союзе любые контакты с иностранцами. Некоторые даже относились к нам враждебно. Но были и дружелюбно настроенные, и еще такие, которые всячески подчеркивали свою дружбу, размахивая ею, словно флагом. И все-таки все они сходились в одном, причем я пытался не замечать этого, но тщетно: они были *другими*. Отличными от моих американских знакомых, от русских, которых я знал в Америке, детей русских интеллигентов, бежавших от большевиков в 1918—1922 годах. Более всего меня расстраивало то, в чем выражалось это отличие. Их происхождение — как правило из низов — оставляло след на всем: на поведении за столом, на речи, на вкусах. Большей частью они прожили жизнь, полную таких лишений, о которых я не имел даже приблизительного представления. Послевоенная, полуразрушенная Германия чудилась им рогом изобилия, сосредоточением сказочных богатств. Подавляющее большинство из них никогда не знало роскоши, отдельной квартиры, а здесь, в Берлине, представители «Совэкспортфильма» занимали целиком первый или второй этаж отдельного двухэтажного дома. Мне Берлин казался пустынным, ничто не привлекало мое внимание ни на улицах, ни в магазинах, еда была грубоватой, выбор — мизерным, все отпускалось по карточкам. Для них же каждый день был сродни нескончаемым новогодним праздникам. Я часто задавался вопросом: о чем думали они, победители, видя, что побежденные живут лучше, чем жили они *даже до войны*? Как объясняли они себе это?

Вероятно — хотя бы у некоторых — возникали сомнения. Сорок лет спустя, когда я работал над телевизионным документальным фильмом с Валентином Бережковым — личным переводчиком Молотова, а затем Сталина (с 1940 по 1944 год), он сам ответил на этот вопрос: «Причина, по которой Сталин возобновил политику репрессий и террора, в значительной степени объясняется миллионами советских солдат и офицеров, которые собственными глазами увидели, как живут люди в других странах — в Австрии, Норвегии, Венгрии, Чехословакии, Польше, Германии. В какой-то степени это напоминает то, что произошло в России в результате Отечественной войны 1812 года. Вспомните: русская армия, возглавляемая блестящими молодыми офицерами, побеждает Наполеона и оказывается в Париже. Да, многое во Франции изменилось с 1789 года, но революционный дух все еще чувствуется. И он сильнейшим образом повлиял на этих молодых аристократов, тех самых, которые возглавили восстание декабристов в 1825 году, когда царизму в России чуть-чуть не пришел конец. А теперь подумайте о войнах советского времени. До войны они жили в обществе, в котором любая инициатива была наказуема, где всем управляла партийная бюрократия, где каждый шаг, каждое решение контролировались и разрешались только вышестоящей инстанцией, а уже это решение рассматривалось следующей инстанцией и так далее. И вот случилась война. И она странным образом людей раскрепостила. Потому что война требовала мгновенных решений, творческого подхода, самостоятельности. Каждая минута была на счету, время становилось решающим фактором — и это стали очень быстро понимать буквально все. Хочешь не хочешь, но солдаты, офицеры должны были принимать решения с ходу, это не только разрешалось, это поощрялось. Вдруг они стали вести себя как свободные люди — и возникло в связи с этим чувство собственного достоинства, чувство гордости. Если когда-то они стояли согбенно с опущенной головой в ожидании приказа и удара, теперь они выпрямились, высоко держали голову, отдавали себе отчет в том, что это они победили в войне. Сталин не мог не видеть в этом опасности для своей власти. Не надо забывать и о том, что мы-то и в самом деле верили своей пропаганде, внушавшей нам уверенность, что наш уровень жизни — самый высокий в мире, что денежные мешки в мире капитала утопают в богатствах, но рабочий люд испытывает лишения и отчаяние. Мы верили в это, никогда не сомневались. А тут — на тебе, после семи лет войны, после зверских бомбежек и артиллерийских обстрелов, после войны на два фронта и безоговорочной капитуляции, после всего этого рядовой немец хранит в подвале целые окорока и колбасы, живет в отдельной отапливаемой квартире, у него есть электричество, горячая вода и — подумать только! — свой собственный телефон. То есть он живет значительно лучше, чем жили многие так называемые обеспеченные советские люди еще до войны, уж не говоря о том, как они стали жить после. Не могли не возникнуть у них вопросы: как же так? Почему? Сталин понимал, куда может привести ответ на эти вопросы. И думаю, с его точки зрения опасность можно было отвести только одним-единственным способом. Надо было сломить этот новый дух, нужно было заставить людей забыть эти вопросы, надо было создать атмосферу ксенофобии, страха и подозрительности. Что и было сделано». Думаю, Бережков прав.

* * *

Приведу еще одно свидетельство, переданное мне генералом-лейтенантом Иосифом Иосифовичем Сладкевичем, командовавшим во время войны танковым корпусом, бравшим Берлин. Он родился на Украине, во время Гражданской войны совсем мальчишкой стал бойцом в войсках Котовского, был советским до мозга костей, умницей, замечательным рассказчиком, хотя грассировал и не выговаривал букву «л». Вот его рассказ:

«Понимаете, Воуодя, когда мы погнауи немцев и вошуи в Поушу, я увидеу беёзы и обаудеу. Я-то думау, что беёзы уастут тоуко у нас, в Уоссии. Ну, уадно. Дауше, вошуи в Геуманию. И что мы видим? А то, что у них нет коммунауных кваутиу. То, что во всех кваутиуах есть теуефоны. То, что у них в подвауах висят коубасы, сыуы. И это в конце войны, котоую они пуоигуауи! А живут-то, живут-то так, как мы не могуи мечтать! Это как надо понимать?! Выходит, вуауи нам, когда говоуиуи, что в Советском Союзе самый высокий уовень жизни, что мы живем учше всех! Значит, нас обманывауи?! Своуочи!»

* * *

Но тогда, в конце сороковых и начале пятидесятых, ни о чем таком я не думал. Более того, если бы кто-нибудь предложил мне подобную теорию, я отверг бы ее с полным возмущением. Я был, как говорят французы, бо́льшим католиком, чем римский папа. Пожалуй, я не имел альтернативы, моя вера, моя убежденность являлись моим спасательным кругом, только благодаря им я не утонул в штормовых водах, куда меня бросила судьба. Несоответствие между моими ожиданиями и той реальностью, с которой я встретился, предлагала мне выбор: либо признать, что такое несоответствие есть *на самом деле*, и сознаться себе в том, что я заблуждался, когда поверил некоторым утверждениям, сделать выводы и начать жизнь заново; либо закрыть на все глаза и отмахнуться от очевидного.

Я выбрал последнее. Поступить иначе я не мог — уж слишком тяжело это было для юноши, вырванного из своей привычной среды и пытающегося встроиться в новую. Я не ищу оправдания, но мое решение «не видеть» не представляло собой исключения. По сути дела, так поступали почти все, кто поддерживал Советский Союз, кто был сторонником социализма, причем я говорю о вполне взрослых мужчинах и женщинах, о людях, занимавших солидное положение в своих странах, в своем обществе. Они не хотели ни видеть, ни признавать никаких недостатков советского строя, они отвергали любую критику в адрес СССР. Это были люди с менталитетом круговой обороны — ибо требовалось немалое мужество, чтобы оставаться просоветским как в довоенные, так и в послевоенные годы. Имелся только один способ устоять против антисоветской канонады: сомкнуть ряды, не уступать ни на сантиметр, ни на йоту — ведь шаг назад интерпретировался как капитуляция. Странная логика? Да, странная, но все же логика, которая, кстати говоря, подтвердилась не раз и не два, когда коммунисты на Западе, узнав о преступлениях Сталина, стали не только осуждать Советский Союз, но и выходить из партии и занимать активную антикоммунистическую позицию.

Мой мир был черно-белым (скорее, красно-белым). Мир без оттенков: прав — не прав, хорошо — плохо, друг — враг. Никакой неопределенности. Я являлся горячим приверженцем «ясности», аксиом, одной истины. На самом деле моя правда была не столь ясной, сколь поверхностной, не столь аксиоматичной, сколь упрощенной. Я обожал подкреплять свои доводы цитатами типа: «Достаточно для всех, лишнего — никому» (Робеспьер), «...Тот, кто сегодня... не с нами, тот — против нас» (Маяковский), «Если враг не сдается — его уничтожают» (Горький). Я был экстремистом, и мое видение мира отличалось тем, что характерно для всех экстремистов: односторонностью, однобокостью. Англичане называют это «туннельным видением». Нельзя сказать, что у экстремистов нет идеалов, они есть, часто весьма благородные, — и ради них они не моргнув глазом совершают самые отвратительные преступления. Для меня слово «идеал» не обязательно означает нечто *благородное* — кстати, понятие тоже не однозначное; я имею в виду стремление человека к достижению определенной цели, составляющей для него смысл жизни.

Всегда ли хорош экстремизм, всегда ли плох — не мне судить. Даже если бы мой авторитет позволял мне высказать такое суждение — что с того? Экстремизм — это некое состояние ума, которое переживают все или почти все, особенно в молодости. Кое-кому удается преодолеть его, иным — нет, но пока жив человек, будет жив и экстремизм. Полагаю даже, что невозможно добиться некоторых вещей без экстремизма. Скажем, революции. Всего того, что требует от человека полной отдачи без оглядки и без размышлений о возможных последствиях. Начинаешь думать над всеми этими «да, но...», «а что, если...», «возможно, однако...» — и прощай достижение немедленных результатов. В некотором смысле у экстремизма есть свои плюсы. Однако он страдает тяжелейшими пороками, в какой-то мере в нем самом заложены семена его поражения. Экстремист конечно же никогда не признается в том, что он — эскапист, что на самом деле он бежит от сложностей, избегает их. Он ищет «простых» решений. Например, самый простой для него способ борьбы со страшным преступлением, с убийством — это смертная казнь. Такой взгляд разделяет большинство — думаю, всемирный опрос общественного мнения подтвердил бы это. Но вся история человечества доказывает, причем окончательно и без сомнений, что смертная казнь проблему не решает. Можно даже сказать, что, напротив, обостряет ее.

Вспомним Алеко, центральную фигуру пушкинских «Цыган». Он убивает Земфиру за то, что она изменила ему. В «нормальном» обществе Алеко был бы арестован, судим и приговорен к смертной казни — к расстрелу, повешению, газовой камере, отсечению головы. Цыгане же подвергают его остракизму. Для них он перестает существовать. Они избегают его, он ими отринут, потому что, убив человека, он убил человека в себе. Если бы общество в целом так реагировало на убийство, сами убийцы заканчивали бы свой путь самоубийством. Но такое поведение требует от общества готовности рассматривать сложные материи, не упрощать, а большинство из нас не готовы к этому. Мы вверяем некоторым людям право принимать законы, другим — право эти законы интерпретировать, третьим — право эти законы применять. Мы наделяем Власть правом убивать, тем самым как бы говоря Алеко: ты можешь убить, но в ответ будешь убит сам. Чисто экстремистское решение. Оно ничего на самом деле не дает, а лишь создает иллюзию того, что найден идеальный ответ. Это удобно, мы к этому привыкаем, простое решение становится своего рода умственным наркотиком.

Берлин конца сороковых и начала пятидесятых был идеальным местом для экстремистского процветания, ведь именно в этом городе сосредоточились контрасты, крайности, непримиримые взгляды, которые сделали его тем, чем он стал: городом, разделенным на Восток и Запад не только географически, но экономически и идеологически. Еще предстояло появиться Берлинской стене... Будь моя воля, я распорядился бы стену сохранить полностью на веки вечные в качестве трехмерного памятника идиотству и бесчеловечности менталитета холодной войны. (Берлинская стена — по-своему памятник ничуть не менее грандиозный, чем Великая Китайская стена, которую сегодня славят как великое инженерное достижение, хотя на самом деле она была построена с целью защиты Поднебесной от варваров; стену Берлинскую возвели с целью... Впрочем, предлагаю вам, уважаемый читатель, закончить это предложение так, как сочтете нужным.) Я попал в Берлин во время знаменитой блокады этого города советскими войсками. Каждые три минуты над нашим домом пролетал американский транспортный самолет, битком набитый товарами и продуктами; в скором времени Западный Берлин стал сияющей витриной, созданной, чтобы доказать превосходство западной демократии над коммунистическим тоталитаризмом, заворожить жителей Восточного сектора и побудить к переходу на Запад как можно большее их число. Нельзя сказать, что борьба была равной. Советский Союз никогда не придавал особого значения легкой промышленности, а то немногое, что все же было построено до 1941 года, лежало в руинах. Приходится напоминать, что в этой войне страна потеряла одну треть своего национального богатства, было уничтожено тысяч семьсот городов и поселений, сорок тысяч деревень, до двадцати пяти миллионов человек лишились крова. Соединенным же Штатам война принесла неслыханные дивиденды. Да, были людские потери — почти в сорок раз меньшие, чем у СССР. Но ни одна бомба не упала ни на один американский город. И впервые в истории Америки полностью исчезла проблема безработицы — война оказалась решающим фактором в преодолении последствий Великой депрессии, именно война, а не политика «новой сдачи» Франклина Рузвельта.

Америка вышла из войны куда более богатой, чем была до ее начала. Не забудем и о том, что уже тогда это было общество потребления, и ему не составило труда завалить Западный Берлин товарами, стимулируя экономику и промышленное производство. Советский Союз не мог, даже если бы захотел, но в том-то и дело, что и желания такого не было, не позволяла идеология. Поражение было безусловным. Западный Берлин и Федеративная Республика Германия в целом оказались необычайно привлекательными — и ручеек беженцев с Востока вскоре превратился в ручей, а потом и в бурный поток. Перед Германской Демократической Республикой возникли серьезные экономические проблемы — проблемы людских ресурсов. И решением стало возведение Берлинской стены. Очередное «простое», экстремистское решение. С одной стороны, так была ликвидирована проблема экономического оттока, с другой — это породило проблемы куда более сложные и серьезные — и в смысле того, как стена повлияла на взгляды восточных немцев, и в смысле того, какое разящее оружие получили в руки антикоммунисты во всем мире. Экстремизм в худшем виде.

* * *

Более всего меня поражает, что по сей день есть немцы, которые оправдывают построение стены. Они утверждают, что это был единственный способ сдержать то, что грозило превратиться в цунами беженцев. При этом не задаются вопросом, почему люди бежали с Востока на Запад, а не наоборот? Не ставится под сомнение право власти насильственно удерживать своих граждан. И главное — итог. Что дала Берлинская стена? Если положить на весы истории, с одной стороны, ее экономический эффект для ГДР, а с другой — ее разрушающий идеологический эффект для всей страны, а также разорванные семьи, посаженные в тюрьму и убитые при попытке перелезть через стену люди, — что перетянет? Символом чего остается Берлинская стена? Сталинизма?

* * *

Жизнь в Берлине вынуждала меня как никогда прежде определиться: с кем я? Конечно, в Америке я принимал ту или иную сторону, но здесь было другое дело. Это больше напоминало деление класса на две стороны — подрались, однако все остаются членами класса, школы, чего-то большего, к чему мы все принадлежим, несмотря на частные разногласия. Но все теперь выглядело иначе. Теперь я принадлежал к чему-то совсем иному. Американские солдаты, дежурившие на переходе из Западного в Восточный Берлин, — на «чекпойнт Чарли», как они его назвали, — внушали мне страх: они теперь были *не наши* (как?) и поэтому их следовало бояться. Помню, я как-то поехал на «S-Bahn», о чем-то задумался и вдруг понял, что проехал свою остановку и оказался в западном секторе Берлина. Я выскочил из вагона, пошел пешком в сторону советского сектора и вдруг заметил, что мне навстречу движутся двое полицейских. Сердце застучало, я разом вспотел. У меня на голове была фуражка с красной звездой, и я не сомневался, что полицейские меня сейчас же арестуют (хотя немцы не имели права задерживать кого-либо из оккупационных сил). Они прошли мимо, не удостоив меня взглядом, а я безо всяческих приключений вернулся в «свой» сектор. Чего я боялся? Не могу сказать. Может быть, дело в том, что подсознательно я стремился стать членом моей новой «команды», той, которая не очень-то выражала желание принять меня. Может, я при этом пытался отказаться от себя прежнего. Этот новоявленный страх перед американскими солдатами, мои антиамериканские взгляды скорее всего родились в результате моего отчаянного желания отринуть свое прошлое и стать «новым».

Моя прапрабабушка Мария Перл

Несмотря на внутренний раздрай, несмотря на все, что разрывало меня на части, из отрока я становился юношей. Мне шел пятнадцатый год, когда мы приехали в Берлин, и девятнадцатый, когда мы уехали. Даже при полном благополучии это сложные годы — годы растущего напряжения между детьми и родителями, годы, требующие от родителей любви, понимания, тактичности. Моя мама сдала этот экзамен с блеском. Отец же его провалил.

Когда я был совсем мальчишкой, а потом подростком и затем — молодым человеком, папа рассказывал мне о своем петербургском детстве. Особенно выпукло в этих рассказах выглядели обе его бабушки...

Бабушка Перл, со стороны его матери, родилась в Кронштадте. Морская крепость, прикрывающая подходы к Санкт-Петербургу со стороны Финского залива, Кронштадт, был населен преимущественно военными. Каким образом родилась там моя еврейская прабабушка — одному богу известно *(много позже я выяснил, что в Кронштадте будто бы была синагога, что там жило очень небольшое количество евреев — бывших матросов, отставных морских чинов и ремесленников)*. Для меня образ Кронштадта, базы прославленного Балтийского флота, всегда был связан с приключениями, смелостью, отчаянным риском, романтикой морской братвы, которой сам чёрт не брат. Все эти черты были присущи бабушке Перл — по крайней мере так выходило из рассказов моего отца. Чертовски обаятельная и хорошенькая, она не боялась ничего и отличалась исключительной независимостью. Порядки в обществе царили патриархальные, но ей все было нипочем: она мужчин обводила вокруг пальца, воевала с ними не их, а своим оружием — льстя, уговаривая, посмеиваясь,

Моя бабушка Елизавета Перл

но так, что смеялись они сами, — и всегда добивалась своего легко и незаметно, и они сами не успевали понять, что же произошло. Когда она входила в комнату, казалось, становилось светлее, ее всегда сопровождали смех, радость и любовь. Дети обожали ее, в том числе и мой отец. Слушались ее беспрекословно, хотя она никогда не повышала голоса, никогда не читала нотаций, никогда никого не наказывала.

Бабушка Познер была совершенно другой. Высокого роста, ширококостная, с сильными мускулистыми руками и громадными ладонями, эта мужеподобная женщина с волосами стального оттенка, затянутыми в узел на затылке, являлась антитезой бабушки Перл. Если одна отчаянно и с удовольствием флиртовала и вовсе не считала зазорным показаться в глубоком декольте и временами на мгновение обнажить лодыжки, то другая всегда одевалась в черные до пола платья с длинными и застегнутыми до запястья рукавами и с высоким, закрывавшем шею, белым кружевным воротником. Это была «форма», которую она надевала по утрам — но только проверив, хорошо ли умылись все семеро ее детей. Ежеутренне она неизменно выстраивала их в ряд и, стоя перед ними в исподнем, надзирала за их утренним туалетом. Этот ритуал включал тщательный осмотр ногтей, а затем выворачивание (весьма болезненное) ушей на предмет обнаружения малейших следов неумытости. Когда выросли ее дети, она переключила свое внимание на внуков и внучек, в том числе моего папу.

Как-то он попросил еще немного киселя, не дождавшись, пока ему будет предложена добавка. Шел обед. Огромная рука бабушки Познер схватила его за ухо и вывела в кухню, где распорядилась поставить перед ним гигантскую миску с киселем. Папе было сказано, что ему не позволят выйти, пока он не съест всю миску, приготовленную человек на десять-двенадцать. Папа старался изо всех сил, но потерпел сокрушительное поражение. Обильно полив слезами кисель, до той минуты обожаемый, он возненавидел его на всю жизнь. Так учили папу «хорошим манерам», в частности, тому, что не положено просить добавки, пока тебе ее не предложат.

Другая история касается какого-то блюда — кажется, рыбы, которую папа не любил. Когда он сообщил об этом, ему было предложено выйти из-за стола. Он так и сделал, а на ужин получил тарелку с той самой рыбой, от которой отказался за обедом (все остальные, разумеется, ели свежеприготовленные к ужину блюда). Папа снова отказался от рыбы, и ему вновь предложили выйти из-за стола. Наутро на завтрак папа опять получил свою рыбу. Он был голоден, расстроен, несчастен, ему шел всего девятый или десятый год. Он горько заплакал, и тогда бабушка Познер объяснила ему, что коль скоро кто-то приготовил для тебя еду, ты обязан съесть ее.

Я был в восторге от этих рассказов, хохотал, будто безумный, представляя, как эта старая карга выворачивает ухо моему папе, заставляет его умываться только холодной водой, чтобы он закалялся и был здоровым. Я воображал, как волны страха опережают ее движения по дому. Рассказы о киселе и рыбе виделись мне примерами педагогической мудрости — что в каком-то смысле, возможно, и соответствует действительности. Но в гораздо большей степени эти рассказы говорили об авторитарном отношении взрослого к ребенку, основанном на безоговорочном признании незыблемых «истин»: взрослые всегда правы, всегда знают лучше, они всегда умнее, и поэтому их следует уважать и слушаться. Этот взгляд не учитывает того факта, что подобное послушание держится в гораздо большей степени не на уважении, а на страхе. Если не будешь слушаться, тебя накажут. Это не имеет ничего общего с большими знаниями или умом взрослого, а только лишь с тем, что взрослый физически сильнее и обладает бóльшей властью. На самом деле все сводится к простой истине: сделай то, что я говорю, либо будь готов к последствиям своего непослушания. И ничего тут не поделаешь. Вместо уважения возникает страх, а страх *всегда* влечет за собой чувство протеста. Может ли это быть одной из причин того, почему некоторые из нас, повзрослев, часто жестоко обращаются со своими престарелыми родителями? Не пытаемся ли мы отомстить им за то, как они

Моя прабабушка Татьяна Познер, мать девятерых детей. Санкт-Петербург, 1912 г.

несправедливо обращались с нами, когда мы были маленькими?

Высоко в горах Сванетии молодые люди, увидев старого человека, соскакивают с коня и ведут его под уздцы мимо и, только удалившись шагов на двадцать, вновь садятся в седло. Это не подчинение, а послушание, признак глубокого уважения к старикам в обществе, где с самого рождения ребенка *уважают*, признают в нем человека, в обществе, где опыт ценится выше чего бы то ни было, за исключением дара прозрения. Эти два качества находят свое самое яркое выражение в двух полюсах — старости и детстве, и благодаря этому общество живет в гармонии.

Было, возможно, что-то от сванов в отношении бабушки Перл к детям. Ей никогда не приходилось заставлять их — они мечтали выполнить любую ее просьбу, тем самым выказывая ей свою любовь. Бабушка Познер воспитала своих детей (и внуков) в подчинении авторитету. Они в свою очередь так воспитали своих детей. И мой отец так пытался воспитывать меня.

Моя тетя Лёля и мой отец. Санкт-Петербург, 1912 г.

Я никогда не узнаю, почему познеровская «прививка» оказалась в нем сильнее перловской. Но не сомневаюсь: где-то там, глубоко внутри, в нем сидел протест против того, как его довели до слез миской с киселем, как его вынудили съесть холодную, вчерашнюю рыбу. Во всем этом было что-то очень унизительное, а унижение всегда вызывает протест. Который, в свою очередь, нашел свое выражение в том, что отец пытался точно так же унизить меня. Ответить тем же своей бабушке он не мог, но должен был каким-то образом избавиться от жившего в нем с детских лет чувства униженности. Если бы я подчинился, если бы я не восстал, у нас, думаю, сложились бы иные отношения. Если бы я провел первые годы жизни — свои первые пять лет — в его присутствии, скорее всего я принял бы его авторитет, потому что вырос бы с этим. Но случилось иначе.

Первое мое воспоминание о конфликте с ним до смешного совпадает с его собственным опытом. Мне было лет шесть, папа только что демобилизовался и вернулся домой. Я его почти не знал. Мы ужинали, и мама приготовила салат из холодного вареного лука-порея. Я никогда прежде не пробовал этого деликатеса и теперь, посмотрев на него, решил, что он не нравится мне — и сообщил об этом всем заинтересованным сторонам. Отец молча взглянул на меня, а потом тихо спросил:

— Что ты сказал?

Тон был почти нежный, в иных обстоятельствах я подумал бы, что он промурлыкал, а не проговорил свой вопрос. Но что-то насторожило меня. Тем не менее я повторил, что не хочу салата из лука-порея. Он сузил глаза до щелочек и почти шепотом произнес:

— Тебя не спрашивали, нравится тебе это или не нравится. Съешь.

Я вновь отказался. Дело закончилось тем, что я проглотил лук-порей, затем меня вырвало, и у меня случилась истерика. Прошло полвека, и я до сих пор не знаю, простил ли его. Может быть, простил, но гнев не прошел — гнев не за то, что он вынудил меня уступить силе, а за то, что мне *за него* стыдно. Как же мог он так поступить со мной?!

Много лет спустя, когда у меня появился собственный ребенок, я сделал ужасающее открытие: я унаследовал эту болезнь, эту заразу. Моя дочь плохо ела. Казалось, она вообще никогда не хотела есть, особенно пока была совсем маленькой. Кормить ее было сущим мучением. Она действовала подобно хомяку — закладывала ложку еды за щеку и сидела... и сидела... и сидела. Однажды — ей было лет пять — этот спектакль продолжался около двух часов, и я сорвался. Я вскочил, вырвал ее из-за стола, потащил в ванную комнату и отвесил ей пощечину. Она не издала ни единого звука. Просто уставилась на меня своими огромными темными глазами, а из носа потекла тонкая струйка крови. Это был последний случай, когда я попытался заставить ее подчиниться мне; сцена эта стоит у меня перед глазами по сей день, и каждый раз, вспоминая ее, я испытываю жгучее чувство стыда. Я хочу просить у нее прощения, я презираю себя и не могу избавиться от вины.

Отец, как мне кажется, никогда никакой такой вины не испытывал.

Мне шел восемнадцатый год, когда произошло то, что не могло не произойти. Это было в Берлине. Прихватив своего брата Павла, который младше меня на одиннадцать лет, я отправился гулять, пообещав, что вернусь не позже шести. По пути я встретился с какими-то приятелями, завернул вместе с ними попить пивка и в результате направился к дому с опозданием в два часа. Где-то на полпути мимо нас просвистела машина. Со страшным скрежетом она остановилась, отец выскочил из нее и побежал к нам. Его лицо побелело от ярости.

— Ты куда пропал, черт бы тебя побрал! — закричал он. — Твоя мать с ума сходит! Да не из-за тебя, кретина, а из-за твоего брата!

Если бы не это оскорбление, я, наверное, извинился бы за опоздание. А так просто пожал плечами, и отец, вне себя от возмущения, ударил меня. Не могу сказать, что сильно, во всяком случае, не помню, чтобы мне было больно. Но удар этот пробил ставшую совсем уже тонкой стену, до того момента удерживавшую накопившийся во мне протест. Меня прорвало. Я схватил отца за плечи, приподнял, встряхнул и изо всех сил отшвырнул от себя, да так, что он еле удержался на ногах — он упал бы, если бы не ударился о бок стоявшей рядом машины. Мы замерли, тяжело переводя дыхание, и уставились друг на друга, словно два боксера: каждый ждал, что предпримет другой. Первым овладел собой отец.

— Садись в машину, — сказал он Павлу, оцепеневшему от ужаса. Потом посмотрел на меня и бросил: — С тобой я еще разберусь.

Его способ разобраться выразился в том, что он перестал меня замечать. В течение нескольких недель он не разговаривал со мной. Потом, мало-помалу, жизнь пришла к чему-то, напоминавшему норму. Он никогда ни одним словом не напомнил о случившемся. Но с того дня между нами встало что-то. Это было не единственное событие, нас разделившее, да и не самое серьезное, но оно оставило след, рану, которая так до конца и не затянулась — даже несмотря на то, что за несколько лет до его смерти мы, наконец, все высказали друг другу и помирились.

В русских сказках Иванушке-дураку приходится терпеть от царей страшные мытарства — например, нырять в кипящую воду, а потом в студеную. Выныривает Иванушка князем-красавцем, а царь-злодей, тоже желая обернуться статным молодцем, прыгает в кипяток и благополучно там сваривается, Иванушка же женится на царевне. В каком-то

У нашего дома в Карлхорсте. Берлин, 1952 г.

смысле Берлин был для меня и водой кипящей, и водой студеной. Нет, конечно, я не стал красавцем-молодцем, но я изменился, и процесс этот был крайне болезненным. Я потерял связь с привычным образом жизни, я потерял связь с отцом, и в чем-то я потерял себя. Вместе с тем Берлин сыграл ключевую роль, подготовив меня к будущему. Не знаю, как справился бы я с жизнью в Москве, не имея четырехлетнего берлинского опыта, не застряв в этой промежуточной точке, где правила игры принципиально отличались от тех, по которым я жил прежде, но были почти схожи с теми, по которым мне предстояло жить. Берлин закалил меня, обучил — не дидактически, как в школьном классе, а ежедневным опытом, встречами.

* * *

Из Нью-Йорка я уехал совершенно неопытным тинэйджером: у меня не было девушки, я ни разу ни с кем не целовался, не говоря о чем-то более серьезном. Так что к семнадцати годам я уже был готов к «совращению».
Этим занялась жена одного из сотрудников «Совэкспортфильма», ни имени, ни фамилии которой не стану называть, несмотря на то, что ни ее, ни других работников скорее все-

го нет на свете. В свои тридцать с небольшим она была очень хорошенькой, кокетливой, муж ее целыми днями пропадал на работе, и она скучала. А тут под боком оказался привлекательный молодой человек, смотревший на нее влюбленными телячьими глазами.

Во время каких-то каникул я каждый день заходил к ней домой, поскольку она договорилась с моим отцом, что будет учить меня русскому языку. В то утро она приняла меня в зеленом шелковом пеньюаре, плотно облегавшем ее соблазнительную фигуру.

— А знаешь ли ты, какой сегодня праздник? — спросила она, как только мы прошли в гостиную. — Я сказал, что не знаю. — Сегодня — Пасха, — пояснила она, выразительно посмотрев мне в глаза. Я принял это к сведению, но никак не отреагировал. — А ты знаешь, что в России положено делать на Пасху? — продолжала она. Я отрицательно покачал головой. — Положено сказать человеку «Христос воскрес», а он ответит «Воистину воскрес», и после этого друг друга целуют. — Я смущенно промолчал. — Ну, давай. Ты же хочешь быть русским, правда?

Я подошел к ней и пробормотал «Христос воскрес», на что она ответила «Воистину воскрес», и я робко поцеловал ее в щеку.

— Да не так! — сказала она. — А вот так, — и, обвив мою шею горячими голыми руками, поцеловала меня в рот, тут же проникнув туда языком. Что происходило дальше, я плохо помню. Словно Колумб, я оказался на вожделенном и незнакомом материке, где делал все новые не совсем географические открытия.

Роман наш был столь же бурным, сколь кратким. Два или три раза мы встречались на квартире ее подруги, но не прошло и месяца, как моя пассия вызвала меня, чтобы сообщить о своей беременности. Когда я, горя любовью, предложил ей развестись с мужем и выйти за меня, она рассмеялась недобрым смехом и сказала:

— Пошел вон.

На этом закончились наши отношения.

* * *

Расскажу случай с Германом, молодым кагэбистом, с которым я учился в вечерней школе и подружился. Как-то я зашел к нему — он жил в поистине спартанских условиях — и застал его за разбором и чисткой пистолета. Я уставился на оружие с завистью и восторгом.

— Эх ты, дурачок, — сказал Герман, — помолись Богу, чтобы у тебя не было никогда оружия и чтобы тебе не пришлось делать то, что делаю я.

Тогда я впервые услышал что-то негативное о КГБ, и это произвело на меня особенное впечатление, так как было сказано человеком, там служившим. Я никому не рассказал об этом и помню, что стал испытывать некоторые сомнения.

Была еще одна история, когда я стал жаловаться дочери Верховного комиссара на то, что нас не пускают в СССР.

— А ты напиши товарищу Сталину, — посоветовала она.

— А разве он умеет читать по-английски? — удивился я. Она уставилась на меня, будто я допустил какое-то святотатство. Потом коротко хмыкнула и сказала:

— Ты и в самом деле иностранец. *Конечно*, товарищ Сталин знает английский. Иначе как бы он общался с Рузвельтом и Черчиллем? Товарищ Сталин *все* знает.

* * *

Речь здесь идет о дочери Верховного комиссара СССР в ГДР Владимире Семеновиче Семенове, впоследствии ставшем заместителем министра иностранных дел СССР. Ее звали Светланой, она была пресимпатичной девушкой и, как мне казалось, тяготилась своим положением: куда бы она ни отправлялась, ее повсюду сопровождала охрана. Ее отец, человек умный, талантливый, любивший искусство и превосходно игравший на рояле, отличался холодностью и высокомерием. Меня он сразу невзлюбил, считая, очевидно, что я имею какие-то подлые намерения в отношении его дочери. Намерения, возможно, и были, но не содержали ничего подлого. Со своей стороны, Светлана опекала меня, «бедного американца».

* * *

Я хотел возразить, что нет человека, который знал бы все. Но внутренний голос приказал мне заткнуться и оставить при себе сомнения относительно знаний товарища Сталина. Я не ощущал опасности, нет, я обожал Сталина не меньше, чем она. Но мое воспитание (западное?) не позволяло мне считать, что кто-то способен знать все. Почему же я не возразил? Из-за того, что в Берлине я стал получать и иное воспитание, преподавшее мне, причем весьма тонко, одну истину: если хочешь жить без проблем — молчи.

Еще один урок я усвоил в вечерней школе. Мы проходили советскую литературу, в частности «Мать» Горького и поэму Маяковского «Владимир Ильич Ленин», а также «Молодую гвардию» Фадеева. Выбор этих произведений был прежде всего идеологическим, это-то я понимал. Правда, в двух первых случаях речь шла о выдающихся писателях, хотя изучаемые произведения были далеко не лучшими среди их наследия. Но не в этом дело. По прочтении и обсуждении нам надлежало написать по каждому из них сочинение, при этом тема всегда формулировалась четко: «Горький как основатель социалистического реализма», «Образ Ленина в поэме Маяковского «Владимир Ильич Ленин» и т.д. Предполагалось, что мы своими словами изложим то, что прочтем в учебнике и услышим от учительницы, что будем следовать прямой и определенной дорогой и не допустим никакой отсебятины, никаких вольностей.

Это были новые правила иной игры. И они подготовили меня к той игре, которая еще предстояла.

* * *

Я уехал из ГДР безо всяких сожалений. Более того, я поклялся себе, что ноги моей больше там никогда не будет. Правда, мне пришлось вернуться через шестнадцать лет, чтобы привезти домой отца, у которого случился инфаркт, когда они с мамой гостили у друзей в Дрездене. Но я не считал это новым приездом в Германию; он был вызван особыми обстоятельствами, хотя и не прошел для меня бесследно.

Папа лежал в больнице, я исправно навещал его, но это занимало всего два-три часа в сутки. В Дрездене я никого не знал и как-то решил пойти в Дрезденскую галерею, о которой был наслышан. Я пошел туда как бы вынужденно: делать нечего — ладно, пойду. Если бы эта галерея вдруг приехала в Москву, я точно не пошел бы. Бред... Но разве все наши анти-то и анти-сё — не бред? Разве все наши предрассудки — не бред?

Словом, пошел. Я знал, что самой знаменитой картиной этого музея является «Сикстинская Мадонна» Рафаэля Санти, и решил: дай-ка проверю, такая уж ли она замечательная. Подобный скепсис мне свойствен, когда речь заходит о каких-либо всемирно восхваляемых вещах. Мне всегда хочется самому «пощупать» прежде, чем согласиться. Так произошло с «Джокондой». Видал я сто пятьдесят восемь тысяч репродукций, и ни одна не произвела на меня никакого впечатления. «Вот ведь, — думал я, — до чего легко люди поддаются влиянию авторитетов! Ведь картина-то — ничего особенного».

Приехав в Париж в 1979 году, я первом делом отправился в Лувр, чтобы собственными глазами увидеть «Джоконду» и убедиться в своей правоте. Народу было как на первомайской демонстрации, особенно японцев; они шли плотными группами, следуя за высоко поднятым экскурсоводом флажком. Но вот толпа схлынула, и я оказался с Джокондой лицом к лицу. Мы уставились друг на друга, и я, абсолютно не ожидая этого, зарыдал. От счастья. От того, что я заблуждался. От того, что она была невыразимо прекрасная, совершенно недостижимая и непостижимая. От того, что Леонардо да Винчи и в самом деле гений.

Но это было много позже. В Дрездене я пошел в зал, в конце которого, отдельно от всех остальных картин, висела «Сикстинская Мадонна». Встал перед ней и долго-долго смотрел. И ничего. Ни мороза по коже, ни учащенного биения сердца, ни слез на глазах. Так у меня бывает почти со всеми картинами Рафаэля. Как ныне говорят — не цепляет...

Отправился дальше и попал в зал Рубенса. Его я никогда не любил. Эти пышные тела, лоснящиеся от жира, эти несуразного размера куски мяса, рыбы, эти овощи — мечта мичуринцев — все это не мое. Ничего хорошего от встречи с Рубенсом я не ждал.

Вошел в просторный зал, стены которого увешаны его громадными картинами, посмотрел налево и... замер. Там висела картина «Леда и Лебедь». Не будь это работа гения, ее можно было бы назвать порнографией: чувственность, с которой Рубенс изобразил, как Зевс овладевает Ледой, возбуждает. От картины идет густой женский запах, слышны стоны... Я был потрясен. Придя в себя, я посмотрел направо и вновь остолбенел: «Пьяный Геракл» — так, кажется, называлась та картина. Огромного, полуобнаженного и пьяного в стельку Геракла поддерживают дева и сатир. Они сгибаются под весом повисшего на их плечах Геракла. От его тела идет ощутимый жар, влага на его красных, полуоткры-

тых губах настолько реальна, что хочется стереть ее платком. Он смотрел на меня бычьими, ничего не видящими глазами, и я стоял молча, боясь дышать, понимая, что если он меня заметит, мне несдобровать.

Так я открыл для себя Рубенса. Может быть, открою когда-нибудь и Рафаэля...

Но вернусь к отъезду: я уехал из Германии, твердо решив никогда больше туда не возвращаться. Ни в ГДР, ни в ФРГ, потому что дело было не в политике. Эта страна не только повинна в двух мировых войнах и в смерти десятков миллионов людей, но и совершила самое страшное преступление из всех возможных — попыталась уничтожить целый народ. Тщательно подготовилась к этому, без лишних эмоций, без всякой страсти. Все рассчитала: наиболее эффективный способ убивать, сохраняя при этом то, что может быть полезно — золотые коронки зубов убитых, их волосы, кожу для создания абажуров и сумочек, детские пинеточки, любые украшения. И тщательно наблюдала за уничтожением, за убийством, за медицинскими «опытами», документально фиксируя все это на пленке, на бумаге. Уж сколько прошло лет, а я пишу это, и во мне поднимается такая волна ярости, что могу вот-вот разорваться на части.

Моя дочь Катя Чемберджи. Берлин, 2002 г.

A propos: я никогда не пойму, как евреи — это касается в основном российских евреев — могли и могут эмигрировать в Германию. Мне так и хочется спросить их: «Ну как?! Неужели вы забыли, что они отправляли в газовые камеры ваших бабушек и дедушек? Неужели пепел Клааса не стучит в ваших сердцах?!» Только не подумайте, что я осуждаю эмиграцию из СССР. Напротив, я всегда выступал за право любого человека (не только евреев) уезжать куда хочется. Но евреям — в Германию? Это уму непостижимо!

Совсем недавно я получил ответ на этот вопрос от доброго приятеля, который эмигрировал в Германию в начале девяностых.

— Понимаешь, Володя, нам, евреям, в Германии комфортно, как нигде. Мы получаем помощь государства, всякого рода льготы — ведь немцы покаялись как никто другой, они делают все, чтобы искупить свою вину. Нам там удобно. Много удобней, чем в Израиле, не говоря о Франции.

— Значит, интерес шкурный? — довольно зло спросил я.

— Конечно, — ответил он.

Может быть потому для меня этот вопрос столь болезненный, что моя дочь замужем за немцем и живет в Берлине?

Она уехала двадцать лет тому назад со своим первым мужем и шестилетней дочерью, как я понимаю, решив для себя не возвращаться в страну, в которой не чувствовала себя

Я с внуком Колей. Берлин, 1999 г.

защищенной. Она музыкант. Училась в Центральной музыкальной школе при Московской консерватории; окончила консерваторию с двумя красными дипломами — как пианист и как композитор. Преподавала в Музыкальном училище им. Гнесиных. И уехала. Добро бы во Францию, в Америку, в Италию... Нет, в Германию. Это как в пословице: «Хочешь рассмешить Бога — расскажи ему о своих планах».

Нелегко пришлось ей на первых порах. И в личной жизни, и в профессиональной. Но она выстояла. Добилась признания и как пианист, и, что для нее особенно важно, как композитор. А что особенно важно для меня — она счастливо вышла замуж. Сказать, что я люблю ее — банально. Сказать, что она — предмет моей гордости — это радость, которую далеко не все испытывают по отношению к своим детям. Счастлив я не только в детях, но и во внуках. Маша, уехавшая шестилетней в Германию, прекрасно говорит по-русски, по-немецки и по-французски. Она делает какие-то совершенно не понятные мне радио- и телепередачи в Интернете, окончила Сорбонну, добилась той работы, которую хотела, пользуется невероятным успехом у мужчин, абсолютно самостоятельна, умна и талантлива. Что до Коли, то ему семнадцать лет, он красавец, мечтает стать шеф-поваром, периодически выкидывает фортели, от которых мы все хватаемся за голову, но ему, скажу еще раз, только семнадцать. Вы помните себя в этом возрасте?

Коля рассказывал мне о том, что им говорят в школе о нацизме. Их учат, что в нем виноваты не только Гитлер и его приспешники, не только нацистская партия; виноват весь немецкий народ. Им не дают забывать об этом. Напоминают постоянно самыми разными способами. В том районе, где живет Катя и где до войны жили вполне преуспевающие евреи, то и дело на улице можно увидеть прикрепленные к фонарным столбам металлические щиты, на которых выписаны цитаты из разных указов гитлеровских времен: «Евреям запрещено...», «Евреям нельзя...», «Евреи должны...» и так далее.

Я снимаю шляпу. Требуется мужество, чтобы так публично признавать свою вину, напоминать о ней. Мне скажут: так их же оккупировали! Ну и что? Японцев тоже оккупировали, но они по сей день никак не могут извиниться перед Китаем за совершенные ими зверства во время Второй мировой войны.

И сколько таких, не желающих ничего признавать? Турки — авторы геноцида армян в 1915 году; красные хмеры; китайцы-коммунисты, уничтожившие десятки миллионов

Слева направо: Арсений Гробовников, ныне известный фотомастер, его мать Наталия Порошина (жена Петра Орлова), моя дочь Катя, Петя Орлов и Коля. Москва, 2002 г.

Моя внучка Маша Лобанова. Берлин, 2001 г.

Чемпионат мира по тому, кто лучше скорчит рожу. Коля – явный чемпион. Берлин, 2002 г.

Коля. Ему 15, и девушки уже на него засматриваются. Берлин. 2009 г.

собственных граждан во времена Великого кормчего. Уж о Северной Корее не говорю...

А Россия? Россия, которая в советском обличье уничтожила несчетное количество своих лучших сыновей и дочерей? И которая никак не может раз и навсегда, во всеуслышание, не юля и не крутя, сказать: да, виноваты. Не только Ленин, не только Сталин, не только большевики, но все, весь народ, поддерживавший их, совершал эти страшные преступления. Мы все виноваты! И мы никому не дадим забыть об этом — прежде всего самим себе.

Совсем недавно я узнал, что с мая 1945 года на советской территории оккупации Германии было создано около сорока концлагерей. Приказом от 18 апреля 1945 года за № 135, подписанным генерал-полковником Серовым, создано десять спецлагерей НКВД на базе бывших лагерей смерти нацистов. В этих лагерях содержались попавшие в плен советские солдаты и офицеры, угнанные в Германию рядовые советские люди. В частности, на базе одного из самых страшных концлагерей, Заксенхаузен, был создан спецлагерь НКВД № 1/№ 7. В нем содержались шестьдесят тысяч человек; за пять лет от голода, болезней и жесточайшего обращения погибли двенадцать тысяч. Советских военнопленных сначала уничтожали нацисты в их лагерях смерти, а потом — свои все в тех же лагерях.

Нет-нет, я, конечно, изменил свое отношение к немцам, к Германии, но иногда вдруг ловлю себя на темных, страшных мыслях.

Пусть меня простят. Ведь никому от них не плохо так, как мне самому.

ГЛАВА 3. отец народов

Знавал я в жизни радость, но редко испытывал такое чувство восторга, как в тот день, когда мы сели в поезд Берлин—Москва. Кошмар кончился. Теперь пришло время прекрасного сна. Мучительная боль, ностальгия по будущему, невыносимое состояние человека, зависевшего в пространстве, находящегося и не здесь, и не там, ожидание, молчаливая мольба — все это было позади. Наконец-то я возвращаюсь домой. Я никогда не пересекал порог этого дома, но дом тот я выстроил в своем воображении, и это был самый желанный дом во всем мире.

Я совершенно не помню заоконный пейзаж нашего путешествия — Восточная Германия, короткая остановка в Варшаве, Польша. Скорее всего, я даже не смотрел в окно — меня это не интересовало. Скажи мне кто-нибудь тогда, что никогда больше я не увижу эти страны, мне было бы решительно все равно. И все-таки я вновь оказался в Германии много лет спустя, в 1969 году. Поездка в Дрезден, о которой я уже писал в предыдущей главе, запомнилась не только из-за драматизма положения с папой, и не только потому, что это был мой первый выезд за шестнадцать лет пребывания в Советском Союзе. Она запомнилась главным образом потому, что почти не состоялась.

До совсем недавнего времени советских людей можно было делить на две категории: *выездные* и *не выездные*, на тех, которые прошли проверку и годны для зарубежного употребления, и всех остальных. Такое разделение на граждан сорта первого и второго является для меня предметом особого интереса, о котором еще будет сказано. Я отдавал себе отчет в своей «второсортности», понимал, что мое досье торчит в каком-нибудь кагэбэшном шкафу и отмечено соответствующим знаком, каким отмечают досье неблагонадежных либо подозрительных личностей. И все же, когда я получил телеграмму за подписью главного врача дрезденской больницы, где он сообщал, что у моего отца тяжелейший инфаркт и я должен приехать как можно раньше, я совершенно не ожидал, что у кого-либо хватит тупости, уж не говорю — черствости и бездушия, отказать мне в поездке. Я был еще очень наивным. Мне предстояло еще многое узнать и о тупости, и об отсутствии сострадания. Я обратился за разрешением и в тот же самый день, весьма оперативно, получил отказ. Помню свое состояние: я ослеп от ярости и растерянности, от ощущения полной беспомощности и зависимости от людей и организаций-невидимок, которые, словно кукольники, дергали за нитки моей судьбы. Они решат, могу ли я увидеться с отцом, возможно, в последний раз. Они рассмотрят доносы, написанные на меня стукачами и прочей сволочью, они определят, не слишком ли я неблагонадежен, достаточно ли я лоялен, не чересчур ли я независим в своих словах и мыслях для поездки в Германскую Демократическую Республику. Как описать мою ярость и ощущение полной тщетности любых усилий?

Народная мудрость гласит: если нельзя, но очень хочется, — можно (английский вариант: «Where there's a will there's a way»*). Перед отъездом отец оставил мне телефон некоего Виктора Александровича, генерала КГБ, которому я мог позвонить только при совершенно экстренных обстоятельствах. Звонок возымел действие, и, хотя почти неделя потребовалась для получения загранпаспорта, вскоре я сел в поезд Москва—Берлин.

Впрочем, это уже другая история, относящаяся к другому времени. Вернусь же к моменту, когда я ехал в обратном направлении, оставляя позади безо всяких сожалений Германию и Польшу.

Когда поезд пересек границу Польши и СССР и замер у перрона в Бресте, у нас на глазах появились слезы. То, что я, наконец, оказался на советской земле, явилось для меня потрясением, но не оставило в памяти никаких зрительных образов. Если бы через два дня меня попросили описать вокзал в Бресте, я не сумел бы. Поэтому не удивительно, что шестнадцать лет спустя, проехав через Брест на пути в Берлин, я не узнал ничего.

Дорога до Москвы прошла без каких-либо инцидентов. Основное время в пути я проводил в соседнем купе за игрой в домино с молодой советской женщиной — гидом Интуриста, которая, проводив группу интуристов до границы, возвращалась домой. Она казалась мне хорошенькой и умной. Кроме того, она очень прилично играла в домино и обыграла меня в конечном счете сорок семь на сорок шесть. Коротая таким образом длинные часы пути и выпивая стакан за стаканом крепкий сладкий чай, мы разговаривали. В какой-то момент я стал понимать, что рассказываю ей гораздо больше о своей жизни, чем она — о своей. Правда, она дала мне свой московский адрес, пообещав, что когда мы увидимся там — а увидимся мы обязательно, — она поведает мне о себе. Моя наивность не знала пределов. Уже будучи в Москве, я отправился на поиски своей компаньонки... и обнаружил, что такого адреса нет! Улица нашлась, но не было нужного дома.

О, Женщина-Домино, если вы случайно набредете на эти строки, знайте, что я вас помню и не держу на вас зла. Я вскоре понял: в те времена работа гида в Интуристе предполагала в обязательном порядке регулярные отчеты перед КГБ. А несанкционированные контакты с иностранцами таили в себе угрозу, подчас страшную. Я понимаю, почему вы дали мне ложный адрес, и по сей день удивляюсь вашей смелости — ведь вы позволили мне провести столько часов в вашем купе за игрой

---

*Буквально: «Где есть воля, там есть и способ». Существенно отличается от русского варианта, не так ли?

в домино, зная, сколь велика вероятность того, что за вами наблюдают, что на вас могут «стукнуть» (кто-нибудь из советских пассажиров, проводник — да мало ли кто). Фальшивый адрес поначалу вызвал во мне чувство растерянности. Но я это пережил.

Чего не скажу о некоторых других вещах. Когда мы жили в послевоенном Нью-Йорке, мой отец подчеркнуто активно общался с советскими гражданами, работавшими в ООН. Они часто приходили в гости к нам домой на восточной Десятой улице, встречались с людьми, которые явно были не их круга, наслаждались недоступными для них яствами, а потом писали отчеты для своих гэбэшных начальников. Это правило не нарушалось ни тогда, ни в течение многих последующих десятилетий — дипломаты, где бы они ни работали, всегда отчитываются перед офицером безопасности по поводу своих «контактов». И переживать тут нечего, таковы правила игры.

С некоторыми из этих людей мы подружились. Они стояли для меня особняком именно потому, что были советскими. Я мечтал вновь увидеться с ними, и вот теперь наконец-то в Москве я мог осуществить свою мечту! Я представлял себе, как это будет: как я разыскиваю и нахожу одного из них, как звоню в дверь и жду, улыбаясь, пока он откроет и замрет, не веря собственным глазам. Либо, думал я, позвоню и притворюсь, что я — приятель сына Владимира Александровича Познера, Володи, звоню, чтобы передать привет из Нью-Йорка, а потом... Да никакой я не приятель, я и есть Володя Познер! Я играл в эту игру снова и снова, наслаждаясь мыслью о той минуте, когда игра станет реальностью. И вот на второй день нашего пребывания в Москве я решил позвонить Борисовым, ставшим еще в Нью-Йорке близкими друзьями отца. Я по сей день помню этот разговор:

— Здравствуйте, как дела?
— Кто это?
— С трех раз угадайте.
— Кто говорит? — (чуть раздраженно).
— Это я, Вовка, — именно так звали они меня тогда, в Америке.
— Какой еще Вовка?
— Вовка Познер

Вот он, долгожданный момент. Я ждал реакции, полной удивления и радости. Уверен, что улыбался я во весь рот. Дорогой читатель, вам хоть раз в жизни доводилось испытать шок, когда вы положили в рот что-то, как вы ожидали, сладкое, а оно оказалось горьким? Именно такое сравнение приходит мне на ум при воспоминаниях о финале того разговора. Длинная пауза. Потом:

— Ах, вот как. Вы в Москве?
— Да! Когда увидимся?

Еще одна пауза.

— Мы сейчас очень заняты. Позвоните через неделю, хорошо? И передайте привет родителям. Всего хорошего.

Я только что приехал в Москву. Мне 18 лет. 1952 г.

Щелчок. Я стоял, будто пораженный громом. В трубке раздавались частые гудки. Я положил ее и посмотрел на папу.

— Ну? — спросил он.

— Они заняты, — ответил я. — Попросили позвонить через неделю.

Спустя несколько дней за ужином папа сказал:

— Не звони больше Борисовым.

— Почему? — спросил я.

— Просто не звони, — резко ответил он, и вдруг меня осенило: они боятся нас.

Мои первые впечатления от Москвы состоят из какой-то мешанины, в которой каждая отдельная деталь ясна, но помнится без всякой связи со всеми остальными. Зима. Скрипучий под ногами снег. Сказочного размера снежинки, танцующие в лучах уличных фонарей. Троллейбусы с покрытыми изнутри тонким слоем льда окнами, идеальным местом для граффити, которые сами собой исчезнут весной. Моя мама, сидящая у троллейбусного окна и на деле использующая свое знание только-только выученного русского алфавита. «Ха, — читает она первую букву, высеченную в ледяном покрове окна, — у, — продолжает она, — и краткое, — завершает мама и громко, почти победно, произносит: — хуй».

Троллейбус взрывается смехом, хотя должна бы звучать овация: ведь она овладела, возможно, самым употребляемым в русском языке словом.

Мороз. Если сильно втянуть воздух, склеиваются ноздри, при разговоре вокруг головы образуется нимб из пара. Самое невероятное: люди на улице едят мороженое. Говорят, что Черчилль, увидев глубокой зимой москвичей, поглощающих мороженое, сказал: «Этот народ непобедим». Сказал или нет — не знаю, но я-то съел мороженое при двадцатипятиградусном морозе... и схватил такую ангину, что получил осложнение на сердце.

В отличие от Берлина Москва жила бурно. Всюду сновали люди, они пихались, толкались, вечно спешили куда-то, и этим столица чуть-чуть напоминала мне Нью-Йорк. В один из первых дней я оказался в гастрономе № 1, так называемом «Елисеевском», и был потрясен его богатствами: бочки зернистой, паюсной и кетовой икры, ряды копченой белуги и севрюги, лососина «со слезой», дурманящий аромат свежемолотого кофе, горы яблок, апельсинов и груш, и все это за копейки — девяносто рублей за килограмм зернистой икры, восемьдесят копеек за банку камчатского королевского краба; банки стоят пирамидой, на каждой броско написано «СНАТКА». «Какая еще «СНАТКА»?» — читается в глазах недоумевающих покупателей. На самом деле написано латинскими буквами «ЧАТКА» (сокращенное от «Камчатка»), по-видимому, это партия, предназначенная для экспорта, но забракованная и поэтому «выброшенная» на внутренний рынок: свои съедят, не подавятся... Москва была набита не только обычными продуктами, но деликатесами, в Москве не просто ели, в Москве чревоугодничали, однако мне потребуется три года, чтобы понять, как питаются в городах и весях СССР. Летом 1955 года в составе агитбригады я поехал на Алтай и в Кулунду. Будучи в Барнауле, я увидел, как люди встают в очередь в пять часов утра за черным хлебом (белого не было вообще). Они, эти люди, никогда не нюхали копченую белугу, не то что не ели ее.

Но это в будущем.

Мы въехали в гостиницу «Метрополь», великолепный памятник архитектуры конца девятнадцатого века, расположенный в историческом центре города.

В гостинице «Метрополь», где прожили 1,5 года. 1953 г.

Окна родительского номера выходили на Большой и Малый театры, левее виднелся Дом Союзов (прежнее здание Дворянского собрания), еще левее — здание Совета Министров СССР работы архитектора Ле Корбюзье, гостиницы «Москва» и «Националь», музей В.И. Ленина и Исторический музей, а за всем этим — башенки и звезды Кремля. Что до моего номера, то его окно выходило на неказистый внутренний гостиничный двор. Мы прожили в «Метрополе» немногим более года — в Москве у нас не было ни квартиры, ни родственников, которые могли бы нас принять. Мы имели самое туманное представление о масштабах жилищного кризиса, но оно несколько прояснилось после того, как мы навестили одну семью, с которой родители подружились еще в Берлине. Вспоминая, в каких условиях жили эти «победители нацизма», я и сейчас испытываю чувство неловкости. Это было одноэтажное деревянное барачное здание, разделенное вдоль длиннейшим коридором, по обе стороны от которого располагались жилые комнаты. Семья Гридневых, состоявшая из четырех человек, занимала две комнаты, в одной из них находился умывальник. Туалет располагался в конце коридора и наряду с гигантской кухней, в которой разместились двадцать две газовые плиты (я посчитал!), служил нуждам двадцати двух семей, здесь обитавших. Мне еще предстояло понять, что проживание вчетвером в двух комнатах считалось чуть ли не роскошью, что нередко жили по восемь-десять человек в одной комнате. И лишь не более десяти процентов москвичей в те годы наслаждались роскошью — отдельной квартирой.

* * *

Я потом довольно много размышлял над тем, что именно в советской системе реально повлияло на формирование «нового человека», которого потом стали называть «homo sovieticus». Убежден, что одним из самых мощных факторов оказалась коммунальная квартира. Не

Вид из окна номера моих родителей. Колонны Большого украшены портретами Маркса, Энгельса, Ленина, Сталина. Май, 1953 г.

думаю, что за этим стояла идеология, нечто спланированное, хотя и не исключаю этого. Ведь советская система всячески воспевала коллектив и принижала значение личности. А чем лучше убить личность, как не коммунальным проживанием? Нормальному человеку невозможно мириться с тем, чтобы делить туалет, кухню с совершенно чужими людьми. Нормальному человеку, как правило, чуждо чувство стадности, неискалеченная личность требует «privacy». Личностью сложно управлять, личность требует уважения к себе, она постоянно «возникает», задает вопросы, не соглашается с тем, что она, эта личность, не стоит ничего, а какой-то «коллектив» априори неизмеримо ценнее ее. Но если взять эту личность и с самых первых ее дней поместить в коммунальную среду, если внушить ей, что по утрам стоять в очереди в туалет или в ванную комнату — это нормально, что наличие нескольких газовых плит на кухне, где одновременно стряпают соседи, где смешиваются десятки запахов и где соседские холодильники запираются на замок, — это хорошо и правильно, если внушить человеку, что это естественно, когда все знают о каждом его шаге — кто пришел к нему, когда ушел, чем занимались и так далее, если все это внушить человеку сызмальства, тогда личность съеживается, как цветок на морозе.

* * *

Шокировало меня не то, что люди живут в таких условиях — будь это в Африке или Азии, я пожалуй, принял бы это как должное. Но чтобы так жили в Советском Союзе — это было выше моего понимания. Жизнь в знакомом мне по сороковым годам Гарлеме была безусловно более устроенной и комфортабельной, чем жизнь большинства москвичей времен нашего приезда. Но жителя Гарлема более всего поразило бы не отсутствие элементарнейших удобств, а то, какими радостными выглядели жители советской столицы, как мало они жаловались, с какой готовностью они мирились с тяготами жизни. Тому, как мне кажется, есть два объяснения. Первое — война. После всех испытаний военных лет люди понимали, что придется затянуть пояса. Властям не требовалось ничего объяснять, всем было ясно: всему виной война. Она, проклятая, виновата в лишениях, в дефиците, во всех проблемах — и этим доводом пользовались из года в год, из десятилетия в десятилетие, пользовались без зазрения совести — и люди этот довод принимали. Они стали подвергать его сомнению лишь позже, когда наконец осознали: довод этот — прикрытие, оправдание бюрократического безразличия ко всему, экономического застоя, нежелания признать наличие глубоких изъянов самой политической системы. Второе объяснение относится к почти религиозной уверенности людей в том, что завтрашний день будет лучше сегодняшнего. Несмотря на голод времен коллективизации, несмотря на сталинские репрессии тридцатых и сороковых годов, подавляющее большинство советских граждан стало жить лучше; они несомненно испытывали и радость и гордость от того, что выполнили и превзошли задания пятилеток, превратили страну из отсталой аграрной в мощную индустриальную сверхдержаву. Они смотрели в будущее с оптимизмом, а к трудностям они привыкли, как привыкли и справляться с ними.

Почему-то на ум приходит сравнение с Америкой времен президента Рейгана. В результате применения так называемой «рейганомики» бедные не только стали беднее — их количество увеличилось до тридцати миллионов. Цифра впечатляющая, однако представляющая меньшинство населения. Большинство же стало жить богаче. В Америке главенствует точка зрения, поддерживаемая властью: человек беден потому лишь, что не хочет быть богатым. Это либо его выбор, либо его вина, что, в сущности, одно и то же. В Советском Союзе от репрессий пострадали миллионы людей, но они составляли меньшинство населения. Большинство же считало, что те виноваты сами, что они и в самом деле враги народа и заслужили свое наказание — и власть активно, чтобы не сказать отчаянно, поддерживала этот взгляд...

Гостиница «Метрополь» высилась подобно сверкающему драгоценному айсбергу среди моря бедности и лишений начала пятидесятых годов. Шуршащий фонтан и утонченная еда роскошного, под расписным стеклянным шатром-потолком, ресторана, хрустальные люстры, отражаемые в начищенных бронзовых статуэтках, ковры, в которых утопали ноги, — это был другой мир, доступный лишь немногим: приезжей советской элите да иностранным туристам, журналистам и дипломатам. Если вы не жили в «Метрополе», то для прохода туда необходимо было получить пропуск у администратора, для чего не только предъявить паспорт, но и объяснить цель визита. Такое пристальное внимание гарантировало, что сюда придут лишь те, кому это положено. Помимо старшего администратора, стол которого располагался непосредственно у лифтов, напротив выхода из лифтов на каждом этаже сидел дежурный. Невозможно было пройти внутрь, не ответив на вопрос, в какой номер вы идете и кто вас ждет. Эта тотальная слежка была характерной для сталинской эпохи. С годами она стала ослабевать, но после пожара в гостинице «Россия» в 1977 году ужесточилась вновь. Ныне для посещения знакомого в гостинице нужно получить пропуск, и дежурные по этажу вернулись на свои стратегические посты напротив выходов из лифтов. Эта мера введена якобы с благородной целью — безопасность и защита клиентов от нежеланных гостей, но в такое трудно поверить,

Каннский фестиваль. Мой отец и прославленный советский актер Николай Крючков. 1963(?) г.

глядя на то, с какой легкостью и уверенностью в лучшие гостиницы проникают валютные проститутки и представители явно криминального мира.

По мере того как первые дни нашей московской жизни превращались в недели, я стал понимать, что отец не ходит на работу. Поначалу я на это не обращал внимания, уж слишком был увлечен открытием Москвы. Но папа, который всегда уходил из дома до половины девятого и возвращался после восьми вечера, теперь проводил часы в гостиничном номере; это было настолько необычно, что не заметить я не мог. Что же происходит, спрашивал я себя? В Берлине он служил в «Совэкспортфильме». Почему не служит в этой же организации в Москве? На мой вопрос отец ответил, что заполнено штатное расписание. Он предложил свои услуги студии «Мосфильм» и Киностудии им. Горького. Но и там ему отказали.

Однажды он сообщил, что едет искать работу в Минск. Перспектива переезда в Минск показалась мне ужасной, и я страшно обрадовался, когда он вернулся ни с чем, хотя и старался не подавать вида. Кто-то посоветовал ему попытать счастье в Тбилиси. Он снова вернулся с пустыми руками. Я не мог понять, что же происходит.

Владимира А. Познера хорошо знали и уважали в киноиндустрии Северной Америки и Западной Европы. Он считался одним из самых знающих и блестящих профессионалов в области проката и производства. И тем не менее СССР не нуждался в его талантах. Работая в Берлине, он, как и все советские граждане за рубежом, получал часть своей зарплаты в местной валюте, другая же часть выплачивалась в рублях и хранилась на его счету в Москве. Ко времени нашего приезда у него накопилось порядка восьмидесяти тысяч рублей, что в то время было солидной суммой. Но стоимость двух номеров в «Метрополе», ресторанное питание и отсутствие регулярной зарплаты довольно быстро съели эти сбережения. Деньги кончались, работа не появлялась — словом, положение становилось отчаянным. Впрочем, мы не осознавали истинной отчаянности происходившего...

Описываемые мной события совпадают по времени с одним из самых отвратительных и мерзких проявлений сталинизма, получившим название «Дело врачей»: группу ведущих советских врачей (в основном работавших в так называемой «кремлевке» — Четвертом Главном управлении Минздрава СССР) обвинили в шпионаже, в том, что они являются агентами враждебных иностранных государств и по заданиям этих государств убили многих видных советских государственных деятелей, художников и писателей, в том числе Максима Горького, якобы отравленного ими еще в 1936 году. В течение многих лет эти «убийцы в белых халатах», как их сразу же окрестили в советских средствах массовой информации, эти предатели, эти наемные псы империализма, эти иуды, продавшие советскую родину за тридцать сребреников, систематически уничтожали красу и гордость страны. Но теперь благодаря бдительности обыкновенного участкового врача Лидии Тимашук они схвачены и признались в своих человеконенавистнических преступлениях. Буквально за одни сутки известность Тимашук стала всенародной. Школьники сочиняли в ее честь поэмы, журналисты-борзописцы не находили слов, чтобы описать и восславить ее деяния. Ей был вручен высший орден страны — орден Ленина.

* * *

Не знаю почему, но я только недавно — да и то случайно — решил выяснить судьбу Лидии Федосеевны Тимашук. То, что я узнал, потрясло меня. Оказывается, она умерла в 1983 году; оказывается, она все годы своей жизни обращалась в ЦК КПСС с просьбой о реабилитации ее имени; оказывается, она на самом деле оказалась жертвой, а не злодейкой. Л.Ф. Тимашук была врачом-кардиологом и работала в «кремлевке», где лечилась советская партийная элита. В частности, она имела отношение к лечению заболевшего А.А. Жданова, члена Политбюро, секретаря ЦК, которого прочили в «наследники Сталина». Жданов умер в 1948 году от последствий инфаркта, который «прозевали» медицинские светила. Они были не в ладах с новой медицинской техникой, в частности, с электрокардиографом. Как потом сами признали, плохо умели читать и расшифровывать ЭКГ — в отличие от Тимашук, молодого врача, более сведущего в этом вопросе. Тимашук правильно поставила диагноз Жданову — инфаркт. Но профессора В. Виноградов, В. Василенко и начальник Лечсанруправления Кремля профессор-генерал П. Егоров с ней не согласились и заставили ее подписать другой диагноз. Когда Жданов умер, Тимашук, опасаясь, что могут скрыть всю эту историю, написала в Кремль письмо с рассказом о том, как было на самом деле. Письмо — и это непостижимо — оставили без внимания. А когда в 1952 году Сталин задумал своего рода советское «окончательное решение еврейского вопроса», вспомнили о письме Тимашук. Вот и получилось: Жданов пал от рук убийц в белых халатах, которых разоблачила простая советская женщина, врач Лидия Федосеевна Тимашук. Дальше все пошло по накатанным рельсам: она стала своего рода советской Жанной д'Арк, ей вручили орден Ленина, а потом, менее чем через два года, лишили этого ордена, она из Жанны превратилась в злобную, коварную бабу-ягу и вскоре была предана забвению.
Но ведь на самом деле она не сделала НИЧЕГО предосудительного, всего лишь поддалась нажиму сановных врачей, авторитет которых ставила неизмеримо выше собственного.

Прощание с иллюзиями

* * *

Помню, когда я читал фамилии врачей-убийц, меня неприятно поразило, что почти все они — евреи. Впрочем, и на Западе среди медиков часто встречаются еврейские фамилии — факт, с помощью которого я попытался успокоить возникшую в душе тревогу, правда, без особого успеха. Как-то не верилось, что группа врачей-выродков придумала такой дьявольский план — под прикрытием белых халатов быть наемными убийцами каких-то неназванных иностранных организаций. Сомневаться я сомневался, но даже приблизительно не догадывался о подлинной подоплеке «дела врачей». На самом деле это стало лишь первым действием драмы, придуманной злым гением. В финале же пьесы должна была произойти повальная депортация всех евреев далеко за Урал, и в этом виделось нечто общее с гитлеровским «окончательным решением еврейского вопроса». Но имелась и существенная разница: Гитлер в самом деле ненавидел евреев, считал их злом. Его преступление ужасно, однако это преступление, совершенное человеком, одержимым ненавистью, предрассудками. Оно было исполнено по-тевтонски, без эмоций, педантично, но в основе всего лежала иррациональная ненависть.

Со Сталиным дело обстояло иначе. Нет никаких оснований утверждать, что какая-либо национальность внушала ему особое отвращение. Не будем забывать, что среди наций, пострадавших от сталинских репрессий, грузины занимают одно из самых видных мест. Сталина заботило лишь одно — власть. Если ради ее достижения и сохранения требовалось убить одного человека или миллион человек, так тому и следовало быть. Вполне может статься, что сталинское представление о том, что угрожает или может угрожать его власти, было параноидальным. Но это не мешало ему действовать необыкновенно расчетливо и точно. Мне не дано анализировать необыкновенно изощренный ум Сталина, но мне кажется, что он, в отличие от других диктаторов, использовал страх не столько для подчинения людей своей воле (в чем, кстати, блестяще преуспел: народ обожал его и преклонялся перед ним), сколько для сохранения всех в состоянии вечной бдительности, круговой обороны. Был враг внешний, мечтавший уничтожить первое в истории государство рабочих и крестьян, и был враг внутренний, строивший планы подрыва страны социализма. Троцкисты, правые уклонисты, враги народа, кулаки, безродные космополиты, сионисты — все служили одной цели. И до тех пор, пока народ опасался угрозы, пока его несло по предательски скользкой палубе истории, создаваемой у него на глазах, ему было некогда думать, некогда задаваться вопросами, некогда сомневаться, и в это время ничто не могло пошатнуть абсолютной власти Сталина. Уже были принесены в жертву целые народы: чеченцы и ингуши, кабардины и балкары, курды и крымские татары. Теперь наступила очередь евреев.

Еврейские истоки моего отца, его «заграничное» прошлое, его французская жена — любая из этих причин была достаточной, чтобы загреметь в ГУЛАГ, сочетание всех трех гарантировало это. Нет ничего удивительного в том, что он не мог устроиться на работу. На самом же деле удивительно то, что узел затягивался столь медленно. Не умри Сталин 5 марта 1953 года, всего лишь через два месяца после нашего приезда, нет сомнений: нас ожидала бы участь миллионов советских людей.

Никогда мне не забыть день смерти Сталина. Эту новость сообщили по радио. Около пяти часов утра меня разбудил телефон. (За три дня до этого, когда стало известно о болезни Сталина, я попросил горничную на этаже разбудить меня в случае важного сообщения.) Я выскочил из кровати и схватил трубку.

— Все. Конец. Сталин умер, — прозвучал глухой голос, в котором я с трудом узнал Полину, обычно веселую и наиболее симпатичную мне из всех горничных.

Я положил трубку и начал торопливо одеваться. Хорошо помню, как был удивлен тому, что почему-то не плачу. От этой мысли мне стало не по себе, будто я человек с каким-то изъяном. Я вышел из номера и пошел разбудить родителей. Напротив лифта за столом дежурной плакала Полина. Несмотря на раннее время, по коридору взад-вперед шныряли какие-то люди — в основном проживавшие в гостинице иностранные журналисты и дипломаты. Мимо меня промчался заведующий корреспондентским пунктом газеты The New York Times Харрисон Солсбери, и его торчащие рыжие усы и возбужденное выражение лица напомнили мне почему-то лису, готовую вот-вот схватить добычу.

Родители приняли мое сообщение молча. Так мы и просидели утро, погруженные в собственные раздумья. Поскольку я вырос не в Советском Союзе, то не подвергся тому идеологическому давлению, которое испытали мои сверстники. Несмотря на мое страстное желание слиться с новым обществом, во мне сидело что-то такое, что восставало против обожания и преклонения, встречаемых повсюду при имени Сталина. Я, конечно, считал Сталина великим человеком, я восхищался им, для меня это был человек, можно сказать, в одиночку победивший Гитлера. Я мечтал пройти по Красной площади Первого мая, чтобы увидеть его и его сподвижников на Мавзолее Ленина. Но считать его отцом народа? Всего народа? Гениальным авторитетом в любой области — от языкознания и кибернетики до генетики и национального вопроса? С этим мозг не соглашался. Точно так же я не испытывал к Сталину любви. Да, я горевал о его кончине, но в отличие от большинства советских людей не воспринимал это как личную потерю. Несоответствие между тем, кем я был и кем хотел быть, служило источником острого дискомфорта, который я пытался скрывать не только от окружающих, но и от себя самого.

Трое суток гроб с телом Сталина стоял в Колонном зале Дома Союзов, и трое суток мимо него шла нескончаемая вереница москвичей. Среди них был и я. Видно, мой ангел-хранитель устроил дело так, что лауреат Сталинской премии, с которым я познакомился в «Метрополе», сумел провести меня к началу очереди в Дом Союзов — в противном случае я попытался бы пройти самостоятельно и, как многие другие, погиб бы в давке.

Точных данных нет, но не менее трех миллионов человек хлынули в Дом Союзов, чтобы проститься с вождем. Они стекались со всех концов Москвы, людские капли, которые сливались в речушки и превращались затем в бурные реки, упиравшиеся в узкую горловину. Эти человеческие потоки, словно потоки водные, тоже имели свои берега — естественные, в виде стен зданий, и искусственные, образованные сотнями и сотнями плотно прижатых друг к другу бамперами грузовиков — они перекрывали все переулки и дворы, которыми можно было воспользоваться, чтобы вклиниться в начало очереди на Пушкинской улице. Гигантская волна катилась неудержимо, неся и давя людей. Одних смерть настигла у чугунных ворот и бетонных стен, в которые их вдавила толпа, другие гибли, ломаясь, словно спички, об острые углы военных грузовиков. Но больше всего жизней унесла сама эта многоголовая гидра. Зима 1952—1953 годов была необыкновенно суровой, московские улицы все еще покрывал лед. Люди падали под ноги тех, кто не мог остановиться, тех, на кого напирали тысячи и тысячи других. Этот ужас обрел апокалиптические масштабы в районе Трубной площади. На бульваре, круто спускавшемся от Сретенки, было особенно скользко — падал один, второй, сразу несколько, а волна все катилась да катилась, накрывая глухие крики и тела, об которые спотыкались все новые и новые жертвы. Началась паника, толпа ринулась вперед, буквально поднимая на воздух конную милицию вместе с лошадьми, сбивая с ног и топча их. Обезумевшие лошади, матерящиеся милиционеры, пытающиеся дубинками остановить неостанавливаемое, круговерть черных людских масс, которая, словно гигантский водоворот, всасывает в себя все и вся — можно ли представить себе более подходящее прощание с чудовищем, унесшим столько жизней уже после собственной смерти?

В Колонном зале все было затянуто черной тканью. У гроба в почетном карауле стояли руководители партии и правительства, а люди в штатском и в военной форме следили за тем, чтобы никто из пришедших проститься не задерживался.

Гроб стоял под небольшим наклоном, чтобы тело Сталина было легче рассмотреть. Проходя мимо, я вдруг ужаснулся огромному размеру ноздрей покойника. Они напоминали пещеры: глубокие черные провалы, готовые поглотить того, кто слишком к ним приблизится. Одновременно с этой мыслью меня буквально потрясла другая: ведь я должен испытывать благоговение, горе от зрелища великого Сталина, лежащего в гробу и утопающего в море цветов. А я уставился на его ноздри! Да что это со мной происходит? Не болен ли я? И ведь в самом деле я горевал, но чего-то в этом горе недоставало...

Вскоре после смерти Сталина отец получил работу на «Мосфильме» — его взяли на должность рядового инженера, что совершенно не соответствовало его квалификации и, надо полагать, сильно ударило по его самолюбию. И все же это было лучше, чем ничего. Я же готовился изо всех сил к поступлению на биолого-почвенный факультет Московского государственного университета, поскольку очень был увлечен теорией условных рефлексов Ивана Петровича Павлова. Я отдавал себе отчет в том, что остальные абитуриенты имеют передо мной значительное преимущество: для них русский язык являлся родным и они все годы учились в советской школе. Поэтому я занимался как одержимый. Вероятно, оттого я плохо помню время между мартом, когда умер Сталин, и августом, когда шли приемные экзамены, если не считать одного события — ареста Лаврентия Павловича Берии. Это осталось в памяти потому, скорее всего, что на улице Горького вдруг появились танки. Я не знал причин их появления, но поскольку это происходило не в конце октября и не в начале апреля, когда шли репетиции военного парада, возник вопрос: почему здесь танки? Все решилось очень быстро. Танки появились вечером, а наутро уже исчезли, и было объявлено об аресте Берии и предстоящем суде над ним. В то время я не придавал большого значения его аресту, так как не знал почти ничего о его деятельности — все это стало достоянием публики лишь несколько лет спустя. Берию арестовали и приговорили к расстрелу за то, что он был английским шпионом. Абсурдность этого обвинения столь же очевидна, сколь очевидны причины, по которым антибериевской группе пришлось прибегнуть к нему. В 1953 году, за три года до знаменитой речи Хрущева на XX съезде КПСС, невозможно было предъявить Берии обвинение в его подлинном преступлении — убийстве сотен тысяч людей, не говоря о пытках, проводимых им лично и с удовольствием. Рассказывают такую историю: одному арестованному грузинскому композитору выкололи глаза, потому что Берия не хотел, чтобы тот узнал его на допросе. Но не успел Берия задать первый вопрос, как тот сказал:

— А, так это ты, Лаврентий.

— Как ты меня узнал? — спросил Берия.

— Ты отнял у меня зрение, но не слух. Я композитор, у меня абсолютный слух.

Рассвирипевший Берия приказал принести молоток и гвозди и лично вбил гвозди в ушные каналы несчастного. Известно и то, что Берия имел целый штат оперативных работников, которые выискивали для его неуемных сексуальных аппетитов хорошеньких женщин и привозили их к нему в его особняк на улице Качалова, где он принуждал их к сожительству. На память о каждой встрече он брал лифчик — после ареста целую коллекцию обнаружили в его сейфе. И этот человек был буквально в одном шаге от кресла, которое занимал Сталин. Танки на улице свидетельствовали о его силе: их ввели, опасаясь того, что верные ему войска КГБ попытаются выручить своего начальника.

За первые шесть месяцев жизни в СССР я стал свидетелем смерти двух всесильных властелинов. Впрочем, хотя Сталин умер, не умер сталинизм. За свою жизнь он создал огромную сложную сеть взаимосвязанных институтов, выработал в людях определенное отношение к жизни. Гениальность всей структуры заключалась в том, что она точно учитывала человеческие слабости, настолько точно, что и через три с лишним десятилетия после смерти тирана она продолжает жить. Именно поэтому то и дело пробуксовывает перестройка, система сопротивляется переменам. Борьба, свидетелями которой мы все являемся, есть на самом деле борьба со сталинизмом.

Моя первая личная встреча с этой системой координат не заставила себя долго ждать.

Фотомастер в Столешниковом переулке отретушировал меня до неузнаваемости. Мне 19.

Я собирался стать биологом и в течение всей зимы, весны и части лета готовился к конкурсным приемным экзаменам. На биофаке их было пять, и для успешной сдачи — то есть для того, чтобы быть зачисленным на первый курс, — требовалось набрать не менее двадцати четырех баллов. Взвешивая свои шансы, я исходил из того, что вряд ли смогу написать сочинение лучше чем на «4», зато физику, химию, английский язык и литературу сдам на «5».

Первым экзаменом после сочинения (результаты которого мы должны были узнать только на устном экзамене по литературе) была физика — и я получил лишь «4». Это был, с моей точки зрения, провал, но я решил не сдаваться и — о чудо! — заработал «пятерки» по всем остальным предметам, в том числе за сочинение! Я был счастлив, меня распирало от гордости.

Наступил день, когда должны были вывесить списки принятых, и я помчался в здание биофака на улице Герцена. Перед огромной доской со списками стояла толпа возбужденных абитуриентов. Пробравшись сквозь нее, я стал искать свою фамилию — ладони мокрые, сердце колотится в предверии той радости, которую мне предстоит испытать.

Но моей фамилии не было.

«Не торопись, — сказал я себе, — могли ошибиться и вписать твою фамилию не в тот столбик, надо смотреть список с самого начала, а не только те фамилии, которые начинаются на П». Так я и сделал.

Моей фамилии не было.

Буквы в списках стали расплываться. Я закрыл глаза, потер их и вновь уставился на списки.

Фамилия «Познер» отсутствовала.

Я, наверное, походил на робота, пока шел в аудиторию, в которой комиссия вручала документы принятым и отвечала на вопросы тех, кто остался за бортом. Я подошел к столику и сказал:

— Моя фамилия Познер...

— И что же?

— Дело в том, что я набрал двадцать четыре балла, но меня нет в списках.

— Ну что ж, вы не один такой. Уж очень многие набрали двадцать пять. Жаль, но количество мест ограничено. Приходите через год.

Через год? Я не поверил своим ушам.

— Но мне сказали, что двадцать четыре — проходной балл! Наверное, это ошибка!

— Молодой человек, ошибка заключается в том, что слишком много абитуриентов. Извините, но я занят.

Я повернулся и пошел, плохо соображая, что же произошло. Я был не разочарован, нет, я был раздавлен — все эти дни и ночи подготовки, все эти старания... чего ради? Я уже выходил из здания, когда услышал, как меня кто-то зовет:

— Владимир...

Обернувшись, я увидел женщину. Ей было на вид лет сорок пять, серо-голубые глаза, шатенка, лицо приятное, но вполне обыкновенное. Лицо, которое я запомнил на всю жизнь.

— Пойдемте со мной, — произнесла она и вышла на улицу, не глядя на меня. Так мы и проследовали почти полквартала, она в нескольких шагах впереди меня. Остановилась она, только убедившись, что поблизости нет никого из пришедших на биофак. Посмотрела мне прямо в глаза и сказала:

— Вот что вы должны знать. Вы по конкурсу прошли. Двадцати четырех баллов более чем достаточно. Но у вас плохая биография. Вы выросли за рубежом, ваш отец — реэмигрант, ваша фамилия Познер — еврейская. Поэтому вас не приняли. Все это должно остаться между нами. Боритесь. Этого разговора не было. Я вас не знаю. Удачи вам.

Она повернулась и пошла назад к факультету.

Я же стоял будто окаменевший. Дело не в том, что я не сталкивался с предрассудками и дискриминацией — и того, и другого было и остается предостаточно в Нью-Йорке. Но меня учили, что эти явления — «родимые пятна» капитализма! Я же находился в Советском Союзе, в стране социализма! К тому же (спасительная мысль?) никогда не считал себя евреем! Неужели все это происходит со мной?

В «Метрополь» я вернулся вне себя от ярости. Меня ожидал отец — видно, это был мой день.

— Ты куда это меня привез?! — взорвался я. — Это что за страна такая?

И я рассказал ему обо всем. У отца было два уровня гнева. Первый — при котором он повышал голос, производил впечатление только на тех, кто плохо его знал; второй — при котором он, сузив до щелочек глаза, белел и начинал говорить почти шепотом, означал, что всем следует вести себя в этот момент крайне осторожно. Завершив свой рассказ, я сам испугался выражения его лица.

— Запомни, что я тебе скажу, — прошипел он, — тебя примут! Подохнут, но примут.

Развернувшись, он вышел из номера, хлопнув дверью.

Позже я узнал, что он прямиком отправился в приемную ЦК КПСС и потребовал встречи — не знаю с кем, потому что у него там не было личных знакомств. Он не являлся членом партии (так им и не стал), но для него это не имело значения. Он был готов стучаться в любую дверь как угодно громко, если считал это нужным.

А я ждал. Прошел август, наступил сентябрь. Как-то мне пришла повестка из военкомата. Явившись в указанный день и час, я был направлен на беседу к майору, фамилия которого не предвещала ничего хорошего: Рысь. Когда я вошел в его кабинет, он встал, протянул мне лапу и сказал: «Добро пожаловать, Владимир Владимирович», — чем не только поразил меня до глубины души, но и насторожил. Он был старше меня лет на пятнадцать, да и вообще впервые в жизни кто-то назвал меня по имени-отчеству. Насторожился я, как оказалось, не напрасно.

— Садитесь, садитесь, — сказал майор и протянул мне коробку «Казбека». — Курите?

— Спасибо, не курю.

— И правильно делаете, — кивнул майор и закурил. — Отвратительная привычка.

Он пустил густую струю дыма и, доверительно улыбнувшись, сказал:

— Мы тут ознакомились с вашим личным делом. Очень оно любопытное. Решили сделать вам интересное предложение. Вам не очень-то улыбается годика три протопать в пехоте, верно? Так вот, что скажете насчет учебы в разведшколе?

Теперь я понял, почему удостоился такого вежливого обращения. Предложение меня одновременно рассмешило, удивило и рассердило.

— Забавная получается картина, товарищ майор, — заметил я. — Меня не принимают в МГУ из-за моей биографии и неподходящей фамилии, а вы предлагаете мне стать разведчиком?

Рысь улыбнулся, обнажив два ряда желтоватых от курения зубов, и ответил:

— Так у нас разные учреждения.

Я поблагодарил его за предложение и за оказанное доверие и, якобы вынужденно, отказался.

Рысь удивленно повел бровями:

— Вы что, не патриот?

— Почему же? Патриот. Но разве нельзя быть патриотом-биологом, а не патриотом-разведчиком? Я для разведки не подхожу, не тот у меня характер.

Рысь уставился на меня в изумлении. Потом, уже совсем не так приветливо, велел:

— Вот что, Познер, поди-ка ты в коридор, посиди там и подумай. И имей в виду — такое предложение, какое мы сделали тебе, получает не каждый.

Я вышел и сел на один из стульев, стоявших вдоль длинной стены. Минут через пять ко мне подошла девушка в гражданском и довольно резко сказала:

— Вас ждет военком.

Это был полковник, человек громадного роста с седой гривой. Разговор у нас состоялся короткий и совершенно не дружелюбный. Он задал мне несколько вопросов, я повторил, что не собираюсь быть разведчиком, и он отправил меня вновь к майору. На сей раз у Рыси появились зубы и когти.

— Значит, отказываешься? Значит, так. Тебе предложили выбор, но у тебя, дурака, не хватило ума сообразить, что к чему. Дураков учить надо. Ты будешь служить, но не три года в пехоте, а пять лет на флоте. Понял? Что теперь скажешь?

От этой перспективы мне стало худо, но мое нью-йоркское прошлое научило меня никогда не показывать свой страх. Поэтому я довольно нагло ответил:

— Закон есть закон. Зря пугаете. Меня примут на биофак раньше, чем успеете мобилизовать.

К счастью, так оно и случилось. Благодаря стараниям отца мое дело было решено положительно.

* * *

Задним числом понимаю, что помощь пришла не из ЦК, куда якобы ходил отстаивать меня папа, а из того учреждения, которое — худо ли, бедно ли — его опекало: из КГБ.

Студент 1-го курса биолого-почвенного факультета МГУ им. М. В. Ломоносова.

* * *

Не думаю, что это огорчило кого-либо на биолого-почвенном факультете — в конце концов, решение о моем зачислении было принято более высокой инстанцией, а значит, ответственность за него несла именно она, инстанция. Окажусь хорошим во всех отношениях студентом — тем лучше, а нет — что ж, прозорливое руководство факультета правильно отказало мне в приеме...

Тогда, в военкомате, состоялась первая моя встреча с вооруженными силами. Вторая случилась через год с небольшим, когда я был исключен за академическую неуспеваемость — провалив два экзамена на зимней сессии.

Первый курс я окончил вполне успешно, но когда наступило время летних каникул, мне было некуда деваться. Новички в Союзе, мы не имели представления о том, как здесь проводят отпуск, можно ли снять дом за городом или на море и как вообще это делается. Вскоре мы всему эту научились, но в то, второе наше московское лето все еще набирались опыта. Примерно тогда же мама начала работать диктором во французской редакции Московского радио. Как-то она пожаловалась коллеге на то, что не знает, «куда девать Вову», и тот сказал, что сестра его жены живет в Ленинграде и будет рада принять меня. Так, за неимением лучшего, я поехал в Ленинград. «Красная стрела» ничем меня не удивила, и ничто не свидетельствовало о том, что впереди — незабываемая встреча.

Ровно в восемь двадцать пять утра поезд прибыл на Московский вокзал. Утро было ослепительным и редким для Ленинграда: казалось, небо и солнце только что умылись — чистая голубизна и чистое золото, да чуть прохладный воздух, от одного вдоха которого хотелось взмахнуть крыльями и полететь. Я постоял на перроне, подставив лицо солнцу, и вдруг меня окликнули: «Володя?» Голос был чуть глуховатый и низкий, даже слишком. Я обернулся и уставился в лицо, от вида которого потерял дар речи. Я и сейчас вижу его: совершенно серые глаза (слишком широко расставленные), высокие скулы (слишком высокие), маленький чуть приплюснутый нос (слишком маленький), большой рот (слишком большой — очень пухлые губы, причем верхняя губа шла одной сплошной линией, словно арка, без углубления), решительный подбородок (немного тяжеловатый) и голова, увенчанная короной каштановых волос (слишком вьющихся), посаженная на шее, ради которой Модильяни продал бы душу дьяволу. Я смог бы и тело ее описать подробно, ибо познал его детально, но предоставлю это воображению читателя. Такой оказалась сестра жены коллеги. Ей было тридцать четыре года, она была замужем за морским офицером, с которым, как я вскоре узнал, находилась в процессе развода. Так что время моего приезда пришлось — в зависимости от точки зрения — на самый подходящий или самый неподходящий момент.

Этот месяц в Ленинграде был одним из счастливейших в моей жизни. Женя, так ее звали, не просто водила меня по городу, она, если можно так сказать, учила меня Ленинграду, открывая и раскрывая мои глаза и сердце на его редкую красоту, волшебные пропорции и симметрию. Мы шли по улицам Северной Пальмиры, а она уводила меня в прошлое. Я видел, как Петр, широко шагая, будто журавль по болотистой топи, тяжелым взглядом окидывает Финский залив, видел, как он своей железной волей строит город, загоняя себя до предела, не жалея никого, ставит город там, где городу стоять невозможно, возводит его на костях бесчисленных русских мужиков, умиравших от заразы, голода, безнадежья и проклинавших день и час, когда родились на свет божий. Я видел, как поднимается Петропавловская крепость, бросая своим золотым шпилем вызов свинцовым небесам. Я видел, как дворцы и особняки выстроились вдоль Невы, как река, восстав, выходит из гранитных берегов, не подчиняясь руке человеческой. Я видел Пушкина, словно ртуть подвижного, невысокого, изящного, с лицом, в чертах которого явственного просматривались следы мавританских предков, самого нерусского из русских поэтов в его жажде жизни, в умении наслаждаться каждой минутой существования, в легкости его прикосновения, в том, как гармонично и просто уживались в его стихах чувственное и духовное — в стихах столь же прозрачных, как капля дождя, и столь же непостижимых, как бесконечность; Пушкина, этого самого русского из русских поэтов в его мудрости, в его понимании людских обстоятельств и в его сострадании к ним.

Я видел Гоголя, крадущегося по Невскому, завернувшегося в плащ, с лисьим лицом, оглядывающегося через правое плечо на торопящегося петербуржца, которому неведомо: именно ему предстоит бессмертие среди всех тех, кто населяет гоголевский мир. Я слышал, как задыхается под подушками император Павел, пока сын его, Александр, ждет известий от его убийц. Я чуял кислый запах пороха на Сенатской площади, где николаевская артиллерия разгоняет восстание декабристов и тем самым перечеркивает только начатую главу, которая могла бы привести

Россию к демократии, и открывал одну из самых темных и мрачных страниц в тяжелой истории России.

Все это и многое другое я видел, слышал, осязал, и все это время я всматривался в эти совершенно серые глаза и слушал этот голос, слишком хриплый, слишком низкий, слишком меня пленивший.

Я был влюблен.

Мы вернулись в Москву вместе. Ей предстояло жить здесь со своей сестрой и ее мужем, а мне, студенту второго курса, — с родителями и младшим братом в только что полученной двухкомнатной квартире. Но слухи нас опередили, и нам оказали «теплый» прием. Женю ее родственники распяли за совращение малолетних, а мне, малолетнему, отец заявил: либо я прекращаю все отношения с этой потаскухой, либо он выгонит меня из дома. В результате Женя сняла комнату в коммуналке на Малой Бронной, и я фактически переехал к ней. Надо ли говорить, что у меня не было ни желания, ни времени учиться. То есть я ходил на лекции и на лабораторные занятия, но присутствовал там лишь физически: душа витала в комнатушке, где жила женщина, ради которой я легко расстался бы с жизнью. Я мечтал о той минуте, когда вернусь в эту коммунальную конуру, превращенную моей любимой в сказочное царство. Все прочее не имело значения, ничто другое не существовало.

Наступило время зимней сессии, и я провалил два первых экзамена — за что и был исключен. Я ничего Жене не сказал. Я понимал, что она узнает, что каким-то образом подвел ее, но не мог заставить себя признаться в этом. Как-то вечером я пришел, неся коробочку с пирожными «картошка», которые она обожала. Я открыл дверь в нашу комнату — и остановился, будто уперся в стену. Женя сидела на диване и смотрела на меня с презрением.

— Так ты — лжец? — сказала она. — Ты к тому же трус. Не просто трус, но безмозглый трус, раз считаешь, что из-за экзаменов можешь врать и обманывать меня. Я презираю тебя. Поди вон. И чтобы я больше не видела тебя никогда.

Я не ответил ничего. Под угрозой расстрела я не смог бы вымолвить ни слова. Я повернулся и вышел, закрыв за собой дверь.

Вспоминая все это, я подозреваю, что Женя решила прекратить наши отношения задолго до того, подходящего, момента. Видно, она пришла к выводу, что у нас нет совместного будущего, и поставила точку. Может быть...

Спустя десять лет на каком-то мероприятии в Кремлевском дворце съездов я встретил ее. Это было в антракте, на втором этаже — она стояла метрах в тридцати от меня, но не видела (Женя была близорукой и категорически отказывалась носить очки) — за что я благодарю судьбу. У меня задрожали колени, язык присох к небу, сердце заколотилось так, что я, казалось, вот-вот потеряю сознание. Время остановилось. Помани она меня пальчиком, и я пошел бы за ней, как крысы пошли за гаммельнским крысоловом. Но она повернулась и исчезла в толпе.

Прошло еще десять лет, прежде чем я вновь увидел ее. Я поднимался по эскалатору станции метро, глядя и в то же время не глядя в лица проплывавших мимо меня людей, когда вдруг заметил ее. Жене должно было быть пятьдесят пять, но передо мной было все то же лицо, которое заворожило меня двадцать лет тому назад. Она смотрела куда-то в пространство, погруженная в собственные мысли и не замечающая ничего вокруг... Это случилось пятнадцать лет назад. С тех пор я не видел ее. Вероятно, никогда больше не увижу. И никогда не забуду...

Всем этим и объясняется моя вторая встреча с вооруженными силами.

Как только меня исключили из университета, я получил повестку из военкомата. Когда я явился на сборочный пункт, то оказался в компании нескольких десятков юношей моего приблизительно возраста, которых скорее всего либо не приняли в вузы, либо, вроде меня, исключили. Среди последних был мой приятель и однокурсник по биофаку. Ныне это личность известная всей стране и весьма уважаемая, поэтому назову его просто Колей.

* * *

Прошло столько лет... Речь идет о Николае Николаевиче Дроздове, популярнейшем еще совсем недавно телеведущем, человеке редкой доброты, неиссякаемого юмора и щепетильной порядочности.

* * *

Нас загнали в большой зал и приказали раздеться догола для медицинского осмотра. До того дня я никогда не раздевался на публике, даже среди мужчин. Поэтому легко представить себе степень моего смущения и ощущения неловкости, когда пришлось стоять в чем мать родила перед женщинами, коими были все врачи. Они сидели за столиками, расставленными по кругу в зале, и мы двигались от одного специалиста к другому, словно по конвейеру: от невропатолога к хирургу, от хирурга к офтальмологу и так далее. Меня осмотрели дотошнейшим образом, заглядывали во все явные и тайные места моего тела, щупали и щипали, постукивали и поглаживали, при этом обсуждали и комментировали, хорош я или не очень; меня допрашивали, разворачивали в разные стороны, сгибали и разгибали — в общем, если бы не неунывающее чувство юмора Коли, не знаю, как бы я выдержал. Наконец мы подошли к последнему столику, за которым врач лет двадцати пяти сидела, уткнувшись в список фамилий. Даже не посмотрев на Колю, она сказала:

— Расставьте ноги на ширину плеч и нагнитесь.

Коля расставил ноги и нагнулся.

— Положите ладони на ягодицы и раздвиньте их, — продолжала она, поднявшись из-за стола и подойдя к Коле с тыльной стороны.

Коля так и поступил. Врач нагнулась и, всматриваясь в его анальное отверстие, спросила:

— Курите?

— Ага, — ответил он.

— Пьете?

Коля обернулся и, широко улыбаясь, спросил:

— А что, пробка видна?

После чего у всех близко стоящих приключилась истерика.

Когда вся эта мучительная (по крайней мере для меня) процедура была завершена, нас, все еще совершенно голых, строем привели в бо́льшую по размерам залу, где на сцене сидели, будто в президиуме торжественного собрания, офицеры, представляющие разные рода войск. Каждого вызывали по фамилии, затем рассматривали и обсуждали — примерно так, как могли бы обсуждать стати скаковой лошади или племенного быка. Когда настала моя очередь, офицеры несколько возбудились и заговорили оживленно. Потом старший среди них объявил, что я иду на флот. К этому времени я уже знал, что отец уговорил декана биофака условно восстановить меня до конца второго курса. Если я успешно сдам весеннюю сессию, меня полностью восстановят, если же нет — прости-прощай институт. Преодолев ощущение беспомощности и стыда, я сказал:

— Не надо рассчитывать на меня. Мое дело пересмотрено, я возвращаюсь на факультет.

Это вызвало оживленную дискуссию среди офицеров, поскольку ВМС устраивали скандал в случае неполучения обещанного комиссией новобранца. Им всем, понятно, было плевать на меня, но никому не хотелось ссориться с ВМС. Наконец решили приписать меня к пехоте, где одним новобранцем больше или меньше — значения не имело.

Далее я с армией не сталкивался, это был мой первый и последний опыт. К счастью, я не узнал в подробностях, какова служба в советских Вооруженных силах, где, судя по всему, с самого начала пытались сломить человека, уничтожить его чувство собственного достоинства (какое может быть достоинство у одиноко торчащего перед всеми голого парня?), подавить в нем личность. Я всегда ненавидел муштру и все с ней связанное. Возможно, у меня были какие-то романтические представления о службе, о военных, об армии, но этот день на сборочном пункте не только избавил меня от них, но и привил пожизненный стойкий иммунитет к ним.

Как это ни покажется странным, но воспоминания моих студенческих лет связаны с событиями, встречами и людьми, не имевшими никакого отношения к главному в то время моему делу — учебе. Возможно, это объясняется тем, что уже к концу первого курса я стал понимать: биология — не для меня. Открытие было пренеприятным, я никому в нем не признавался, даже самому себе, представляя, как это огорчит родителей. За пять лет учебы лишь два случая, имевшие отношение к биофаку, помнятся так, будто произошли вчера. Первый относится к зимней сессии

Двоюродный брат моего отца, самый младший из «Серапионовых братьев» французский писатель Владимир Познер

1955–1956 годов, когда я сдал все экзамены на пять и тем самым доказал всем — родителям, сокурсникам, профессорам и, главное — самому себе, что способен блестяще учиться. Суета сует... Второе лежит в том файле моей памяти, который обозначен не названием, не именем, а вытянутым вверх средним пальцем. Среди преподавателей, которых я особенно не любил, был некто Утёнков, читавший нам курс марксизма-ленинизма. В нем сошлись все наиболее омерзительные черты, отличавшие преподавателей этой «науки»: тупость, догматизм, агрессивная безграмотность, ограниченность мышления, а также страх, если не сказать ужас, перед независимыми суждениями.

Я никогда не мог понять, почему этот предмет, наряду с изучением экономики капитализма и социализма, а также исторического и диалектического материализма, был обязательным для всех без исключения студентов Страны Советов. Мне казалось спорным утверждение, будто эти предметы жизненно необходимы будущему астрофизику или авиационному конструктору. Я удивлялся и тому обстоятельству, что курсы этих предметов были как бы высечены в граните, в них запрещалось сомневаться, они, словно церковная догма, были неоспоримы потому, видите ли, что за ними стояло учение Маркса-Энгельса-Ленина-Сталина. Следовало учить их наизусть, не обсуждая — и вот такие предметы формировали преподавателей соответствующего типа. Правда, изучая философию, пусть весьма поверхностно, мы знакомились с идеями древних греков и великих немецких мыслителей, что вело к жарким спорам. Курс экономики хоть как-то приводил к обсуждению конкретной жизни. Курс же марксизма-ленинизма являлся обыкновенным катехизисом. Сомневаться в чем-либо, что было сказано в учебнике «Краткий курс истории ВКП(б)», — ересь, не соглашаться — смертный грех. Преподаватели этого предмета неизбежно относились к клану утенковых, это были фундаменталисты в самом прямом смысле этого слова. Неудивительно, что студенчество презирало их, но среди презираемых Утёнков занимал одно из первых мест. Вполне возможно, анекдот о даме, которая говорит своему супругу, что на чемпионате мира мудаков он занял бы только второе место («Почему второе?» — спрашивает муж. «Потому что ты такой мудак, что не смог бы занять первое», — отвечает жена), родился в связи с товарищем Утёнковым. Словом, я терпеть его не мог и не особенно скрывал это во время семинаров. Дело дошло до того, что студенты из других групп стали посещать наш семинар по марксизму, дабы присутствовать при нашем обмене любезностями. Пришло время изучать аграрную политику партии. Это было, когда Никита Сергеевич Хрущев находился в зените славы и власти. Во время поездки в США Хрущева поразила кукуруза — корм для скота и еда для людей. Вернувшись в Москву, он потребовал, чтобы кукурузу выращивали в СССР. Идея была в принципе неплохая, если бы не извечный российский бич: глядящая начальству в рот бюрократия, только и думающая о том, как ему угодить. Так было и в царской России, но при Сталине в Советском Союзе масштабы лизоблюдства достигли невероятных размеров. Когда Хрущев стал нахваливать кукурузу, партийно-советская бюрократия восприняла это как приказ к действию. Все другие культуры были забыты, всем колхозам и совхозам приказали сеять кукурузу, невзирая ни на климат, ни на почву. Последствия этого хорошо известны. Достаточно заметить, что когда Хрущева сняли в результате партийного путча, кукурузу перестали

В нашей московской квартире на Новослободской улице. 1956 г.

сажать вообще, и это оказалось столь же пагубным для советского сельского хозяйства, сколь пагубным было изначальное повальное сеяние этой культуры.

В тот день семинар был посвящен, как вы догадываетесь, кукурузе. Утёнков запел соответствующую оду, но чем дольше он говорил, тем очевиднее становилось, как мало он знает о данном предмете. Допускаю, что сарказм ясно читался на моем лице, поскольку Утёнков вдруг прервал свою речь и, повернувшись в мою сторону, сказал:

— Не ошибаюсь ли я, предположив, что товарищ Познер, как обычно, не согласен? Неужели он знает нечто такое о кукурузе, что и нам было бы полезно узнать? Не хотел бы он просветить нас?

Я продолжал молча улыбаться.

— Ну что же вы молчите? Неужели вами овладел — пусть неожиданно — приступ скромности? Это, конечно, похвально, но не должно помешать вам поделиться вашими обширными познаниями. — Утёнков явно был в ударе.

— Товарищ Утёнков, — ответил я, придав лицу и голосу предельную искренность, — я просто хотел спросить: вы когда-нибудь видели кукурузное дерево?

Утёнков оглядел притихший класс, потом посмотрел на меня, а затем со всего маха угодил в расставленные мной сети:

— В отличие от некоторых я бывал в деревне и знаю жизнь. Да, я видел кукурузное дерево, и не одно.

В классе началась истерика. Когда хохот успокоился, Утёнков взглянул на меня с такой ненавистью, что у меня зашевелились волосы на голове.

— Мы с вами еще посчитаемся, товарищ Познер, обязательно посчитаемся. Ждите.

Ждать пришлось недолго, лишь до весенней сессии. Понятно, что к экзамену по истории партии я подготовился хорошо, читал не только учебник, но и первоисточники. С одной стороны, я понимал: как ни готовься, хоть выучи предмет наизусть, Утёнков меня все равно провалит. С другой стороны, какое-то шестое чувство подсказывало мне, что готовиться надо.

И вот наступил момент истины. Был холодный майский день — причем настолько холодный, что Утёнков сидел за экзаменационным столом в пальто. Тактика и стратегия сдачи устного экзамена стары как мир. Надо ли отвечать первым, тем самым демонстрируя уверенность в своих знаниях, или среди последних, когда экзаменатор устал и не столь придирчив? Возможно, стоит чуть подождать, дождаться первых результатов, чтобы почувствовать настроение экзаменатора? Но если ждать, то сколько? Как лучше отвечать — громко чеканя каждое слово или доверительно тихо, будто говоря, что у нас доверительный разговор, не предназначенный для чужих ушей? Вот лишь некоторые стратегические вопросы, которые жарко обсуждаются студенческой братией. Но в этот день они меня не касались. Я хотел лишь побыстрее покончить со всем этим. Когда Утёнков открыл дверь и пригласил первых пятерых студентов, среди них оказался я. На экзаменационном столе лежали тридцать билетов. Каждый из нас подошел, вытянул билет, громко назвал его номер и сел готовиться, на что было дано около двадцати минут. Утёнков посмотрел на меня и процедил:

— Жду не дождусь вашего ответа.

Я был четвертым и, значит, располагал гораздо большим временем, чем двадцать минут. Вообще-то, быть четвертым или пятым считалось большой удачей. Но я понимал: в данном случае и применительно ко мне это не имеет никакого значения. Я даже не особенно думал о вопросах моего билета. Прошло двадцать минут, и Утенков вызвал первого студента, круглого отличника, который всегда шел первым на все экзамены. Я уставился в потолок. Еще минут через пятнадцать вдруг открылась дверь, и вошел моложавый мужчина в ослепительном синем костюме. Утёнков вскочил, вытянулся и представил:

— Товарищи студенты, это профессор Райский, заведующий кафедрой марксизма-ленинизма.

Райский кивнул нам, улыбнулся и сказал:

— Я буду помогать товарищу Утёнкову принимать экзамены. Если кто-то готов отвечать, милости прошу.

Не прошло и наносекунды, как я уже был на ногах:

— Я!

Райский сел за столик в углу аудитории и жестом пригласил меня подойти. Я преступил один из неписаных студенческих законов: нарушил очередность сдачи экзамена, но никто из моих сокурсников и бровью не повел. Они прекрасно понимали, что происходит. Я не помню, какие вопросы были в билете, не помню, что говорил, но помню, что отвечал с блеском и вдохновением, и Райский, когда я закончил, заметил:

— Жаль, что вы выбрали естественную науку как профессию, у вас явный дар в области наук общественных.

Ликуя, но не подавая вида, я повел плечами — мол, вы, конечно, правы, но что теперь говорить, выбор сделан. Райский взял мою зачетку и против названия предмета четким крупным почерком написал «Отлично», а затем в следующей графе поставил «5».

— Спасибо, — сказал он. — Теперь дайте книжечку на подпись товарищу Утёнкову.

Практика в Звенигороде. 1956 г.

Как описать чувства, обуревавшие меня в тот момент, когда я подошел к своему несостоявшемуся палачу и положил перед ним зачетку? Пожалуй, точнее всего ситуации соответствуют слова Битла, одного из героев малоизвестного, но совершенно замечательного романа Киплинга «Сталки и компания»: «Je vais gloater. Je vais gloater tout le blessed afternoon. Jamais j'ai gloater comme je gloaterai aujourd'hui». Сложность перевода заключается в том, что студент Битл говорит здесь отчасти на нелюбимом им французском языке, отчасти по-английски и отчасти переделывая английские слова на французский лад. Поэтому если бы Битл был русским студентом, он сказал бы примерно так: «Je vais злорадствоrе. Je vais злорадствоrе весь этот благословенный день. Jamais j'ai злорадствоrе, comme je злорадствоrе aujourd'hui». Как же я злорадствовал! И когда Утёнков отказался подписать мою зачетку (чему Райский сильно удивился), уже не просто злорадствовал, а находился в раю. Райский, разумеется, зачетку подписал сам.

В памяти осталось и участие мое в агитбригадах.

Позволю себе небольшое, хотя и не лирическое, отступление. Насколько я могу понять, слово «агитация» в русском языке не сопряжено с какими-либо отрицательными эмоциями — в отличие от языка английского, где дела обстоят ровно наоборот (несмотря на то, что Томас Пейн, Томас Джефферсон и Авраам Линкольн были выдающимися агитаторами). «Agiter» или «to agitate» скорее соответствуют русскому «возбуждать», «привести в нервное, возбужденное состояние». Чем же занимается «агитбригада»? С точки зрения француза или американца, исходящего из своего понимания этого слова, ничем хорошим она заниматься не может по определению. Это лишь один пример того, как абсолютно точный перевод на самом деле воспринимается совершенно отлично от оригинала. Например, русский говорит американцу:

Первый поход ставшей знаменитой на всю страну агитбригады биофака. Четвертая слева — организатор и вдохновитель всего Ляля Розонова

Слева направо: Валя Хромова, наш хормейстер, я, Гарик Дубровский, впоследствии известный сценарист, и лучший наш танцор Ванюшин (к сожалению, его имени я не помню)

— Будучи студентом, я был в агитбригаде, ездил по стране и встречался с самыми разными людьми. — При этом он блаженно улыбается, вспоминая славное студенческое время.

Американец вежливо улыбается в ответ, но думает: «Странные люди эти русские. Хвастаются довольно постыдным делом. Видно, коммунистическая зараза сидит в них так глубоко, что стала частью менталитета».

Я мог бы рассказать бесконечное число историй, связанных с абсолютно обратным действием, казалось бы, безупречного перевода. Ограничусь лишь одной.

Во время одной из своих поездок в США Никита Сергеевич Хрущев, обращаясь к Америке, заявил: «Мы вас похороним». Виктор Суходрев, один из самых блестящих переводчиков-синхронистов, которых я когда-либо встречал, перевел: «We will bury you», то есть дословно и точно повторил по-английски слова Хрущева. Казалось бы, все правильно. На

Я дома в полной экипировке агитпохода перед отъездом на вокзал

Сценка из нашего алтайского агитпохода. Ляля Розонова показывает на меня, вернувшегося после довольно тяжелого гриппа. Все фото – лето 1956 г.

Прощание с иллюзиями

В кузове грузовика. Болею. Лечит меня Лия Фролова. Алтай, 1956 г.

деле этот перевод оказался мощным аргументом в руках наиболее антисоветских кругов США, всякий раз ссылавшихся на него, доказывая, что Советский Союз собирается уничтожить Америку.

Даже если Хрущев лелеял подобные планы, он не был ни безумцем, ни глупцом, чтобы публично признаваться в этом, тем более находясь в Америке. Так что же он все-таки хотел сказать? По-видимому, Никита Сергеевич в своей обычной афористичной манере пытался довести до сведения американцев Марксово положение о законах общественного развития, согласно которым одна общественная формация неизбежно сменяется другой: первобытно-общинный строй — рабовладельческим, рабовладельческий строй — феодальным, феодальный — капиталистическим, которому на смену приходит строй социалистический. Мысль Хрущева, таким образом, предельно ясна: наш социалистический строй похоронит ваш капиталистический. Сказано грубовато (вполне в духе Никиты Сергеевича), но с точки зрения марксистской науки точно. Однако марксизм столь же знаком американским журналистам и политикам, сколь знакома им китайская грамота (как правило, круг их познаний настолько же узок, насколько высока их самооценка). Нет ничего удивительного в том, что слова «We will bury you» они восприняли буквально. Невозможно переоценить не только тот вред, который был нанесен двусторонним отношениям между СССР и США, но и то недоверие к России, которое до сих пор испытывает большинство американцев, всякий раз, к слову и не к слову, вспоминающих, что русские хотели (хотят?) их уничтожить.

Мог ли Виктор Суходрев перевести слова иначе, например: «We will be present at your funeral» («Мы будем присутствовать на ваших похоронах»)? Нет, не мог. Во-первых, не дело переводчика толковать слова главы государства. Во-вторых, среди присутствовавших наверняка были американцы, понимавшие русский язык, и они с превеликим удовольствием раструбили бы факт попытки переводчика «смягчить» подлинный смысл сказанного Хрущевым.

Словом, синхронный и последовательный перевод — дело тонкое, и я утверждаю: не проходит буквально ни одной встречи на высшем или другом уровне, на которой недостаточное владение переводчиком тонкостями языка перевода не приводило бы к искаженному пониманию сути разговора...

Пора, однако, вернуться к моим студенческим годам.

В течение трех из пяти лет учебы (за исключением первого курса, когда я только осваивался, и последнего, когда я корпел над дипломной работой) я был членом агитбригады биофака, в которую входили около пятнадцати человек. В летнее каникулярное время мы ездили по стране, выступая перед разными трудовыми коллективами с песнями, плясками, небольшими отрывками из спектаклей, сатирическими стихами и сочиняемыми прямо на ходу частушками на местные злободневные темы — они пользовались бешеным успехом. Мой первый опыт относится к лету 1956 года, когда наша бригада отправилась на Алтай, где мы выступили

Среди участников агипохода затесался мексиканец Эль Кабальеро Познеро

на предприятиях и в колхозах. Более всего я запомнил красоту белопенной Катуни, мечты каждого любителя экстремального плавания на плотах, и уродливость двух главных городов края — Барнаула и Бийска. Барнаул я не забуду никогда благодаря событию, которое, вопреки моему желанию, упорно хранит память. Там я надрался водкой «Черноголовкой». Для тех любителей этого русского напитка, которые придерживаются мнения, будто водка бывает только двух видов: хорошая и очень хорошая, — хотел бы заявить, что они не только заблуждаются, но демонстрируют свою врожденную неполноценность. Говорю прямо и без обиняков: водка бывает плохая, водка бывает отвратительная, водка бывает — в прямом смысле слова — убийственная.

Если читатель решил, что я противник алкоголя, то он ошибается. Лишь человек, знающий толк в напитках и любящий выпить, способен рассуждать о хорошей и плохой водке. Да, я люблю выпить и разбираюсь в этом вопросе (алкоголик не разбирается ни в каких напитках да и пьет не с целью получения вкусового удовольствия, а чтобы напиться). Я мог бы здесь воспеть вина красные и белые, в основном французские бордоские и бургундские, лотарингские и ронские; мог бы поделиться с вами палитрой вкусовых ощущений и букетов коньяков и арманьяков; мог бы посвятить целые главы виски шотландскому, односолодовому и бурбону, виски канадскому и ирландскому, мог бы порассказать о прелестях хереса и портвейна, кальвадоса и текилы, рома светлого и темного, ликеров золотистых и изумрудных, об абсенте и саке, не говоря о царстве пива пенистого и шипучего. Мог бы, да не стану, поскольку тогда книга будет о другом. Среди всех видов водки,

Знаменитый братский агитпоход. Мы едем в Иркутск. Рапортует Сергей Янушкевич. Я – второй слева. 1957 г.

выпитых мною, я ни до ни после этого не встречал напитка отвратительнее «Черноголовки». В 1956 году в Стране Советов было крайне мало бытовых холодильников, так что летом в Барнауле (мы были там в июле) водку пили теплой, что делало этот и так неслабый напиток подобным смеси, которую потреблял доктор Джекилл перед тем, как превратиться в мистера Хайда.

Последствия потребления этого пойла были ужасающими. Где-то после четвертой рюмки я почувствовал себя нехорошо, вышел из-за стола и, пошатываясь, отправился во двор. Над головой раскинулось звездное алтайское небо, но мне было не до него: я искал сортир. Мне, человеку, приехавшему с Запада, трудно было понять, почему в таком районном центре, как Барнаул, нет или почти нет нормальной канализации в домах... У меня было ощущение, что под ногами земля ходит ходуном — и я, словно Колумб, ищущий путь в Индию, искал путь облегчения моих страданий, пока — о радость! — не уперся в объект моих вожделений.

Будь я Гомером, я сейчас пустился бы в эпическое повествование под названием «Советский Сортир или Русский Сральник (сокращенно ССРС)». Не подумайте только, что во мне живет особый, извращенный, интерес к фекальной теме. Равным образом не следует думать, будто я считаю изучение этой тематики способным привести к каким-либо глубоким философским истинам, полезным для человечества. В ином случае я как истинный гуманист давно занялся бы рассмотрением этого не слишком благоухающего вопроса. Впрочем, считаю своим долгом предупредить: тщательно готовьтесь к опасностям и неожиданностям, подстерегающим каждого, кто собирается покорить ССРС (они ничуть не уступают тем, которые ждут будущих покорителей Северного полюса и пустыни Сахары). Вооружитесь должным оборудованием: противогазом, высокими резиновыми сапогами, альпенштоком и костюмом для виндсерфинга. Кроме того, настоятельно рекомендую психологически подготовиться к тому, чтобы увидеть... говно. Нет, не просто там и сям, а повсюду, даже в таких местах, которые не могут присниться вам и недоступны самой бурной и больной фантазии. Повторяю: будь у меня эпический гений Гомера или хотя бы талант и выдумка юного Гаргантюа, который в пятилетнем возрасте поразил своего папашу тем, что сочинил диссертацию на тему подтирки и который опытным путем пришел к выводу, что среди всех *torchecul* (буквально «жопоподтиралок») ничто так не радует, не ласкает нашу грешную задницу, как совсем нежный и юный птенец, еще покрытый пухом (но только при условии, что его голову зажмут между коленями, дабы он, птенец, не нанес неприятных ощущений своим клювиком)... так вот, будь у меня этот талант, я несомненно взялся бы за этот литературный подвиг. Но не являясь, увы, ни Гомером, ни Рабле, ограничусь следующей краткой характеристикой: ССРС оставляет впечатление на всю жизнь.

Теперь надеюсь, дорогой читатель, вы имеете общее представление о том учреждении, о которое я споткнулся в барнаульском дворе и в котором, войдя и пос-

Приобщаюсь к совершенно незнакомым мне зимним видам спорта. Я – крайний справа. 1957 г.

Прощание с иллюзиями

кользнувшись, я упал. Что можно добавить к этому? Пожалуй, только то, что пытки Торквемады ничто в сравнении с выпавшими на мою долю испытаниями.

* * *

Там, на Алтае, я заболел — схватил какой-то вирус и лежал с температурой под сорок. Меня мои товарищи по агитбригаде оставили в доме мясника (заплатили ли ему за это или нет — не помню), который каждый вечер приходил домой пьяный в стельку, хватал огромный кухонный нож и гонялся по всему дому за женой, выкрикивая всякого рода угрозы, перемешанные с отборным матом. Гонка продолжалась минут пятнадцать, они за это время раза четыре проносились мимо моей постели. Наконец, настигая жену, мясник отбрасывал нож, валил супругу на пол, и далее следовала бурная любовная сцена. Оставленная ухаживать за мной студентка Алла Ганасси смотрела на происходящее с каменным лицом, будто ничего не замечала. Меня же наблюдение за местными нравами повергло в легкую депрессию — видно, поэтому я не написал об этом в английском издании.

* * *

И все же среди всех воспоминаний студенческих лет особняком стоит день, когда наш курс собрали в самой большой аудитории и прочитали нам речь Хрущева с XX съезда партии. То, что было сказано в ней о Сталине и преступлениях сталинского режима, потрясло всех, хотя для меня услышанное не стало полной неожиданностью. Меня подготовила к этому чета Гордонов...

За год до упомянутых событий мои родители уехали в ГДР — отца направили туда вновь работать в «Совэкспортфильме». Честно говоря, я обрадовался их отъезду. Мои отношения с отцом были натянутыми, к тому же в свой двадцать один год я давно уже мечтал о самостоятельной жизни в нашей двухкомнатной квартире без родителей и десятилетнего брата. Мечте моей, однако, не суждено было осуществиться. Незадолго до отъезда в Берлин отец сообщил мне, что к нам переедет его друг еще по довоенному парижскому времени Иосиф Давыдович Гордон с супругой Ниной Павловной. Я сразу же воспылал к Гордонам самыми недобрыми чувствами. Имей я право выбора, я наверняка отказался бы от этих не званных мною гостей — и лишился бы такого, что, несомненно, изменило мою жизнь.

Иосиф Давыдович был года на два или три старше моего отца. Он тоже родился в Петербурге, но эмигрировал в Париж в 1925 году из-за проблем со здоровьем (у него обнаружили зачатки туберкулеза, и для лечения требовались питание и климат, совершенно недоступные в Ленинграде). Приехав в Париж, Гордон устроился работать в филиале киностудии «Парамаунт» монтажником. Собственно, он познакомился с моим отцом из-за общности профессии — работы в кино. Гордон, как и многие эмигранты из России, испытывал большую симпатию к советскому строю и являлся к тому же гражданином СССР. В 1936 году он вернулся на родину, в Москву, и стал работать на студии «Мосфильм». Вскоре он встретил Нину Павловну Кара — влюбились они с первого взгляда, что бывает нередко, но в отличие от многих сберегли свою любовь навсегда — любовь единственную и неизменную, что встречается гораздо реже. Через год с небольшим Иосифа Давыдовича арестовали по обвинению в шпионаже в пользу Великобритании (!), судили и приговорили к десяти годам лагерей. В целом он провел в лагере и в ссылке семнадцать лет, пока не был реабилитирован в 1954 году и не вернулся в Москву.

Иосиф и Нина познакомились, когда она работала секретарем одного из самых прославленных советских журналистов, Михаила Кольцова, возглавлявшего объединение «Жургаз»; благодаря этому она общалась с людьми, составившими славу советской литературы: Юрием Олешей, Ильфом и Петровым, Осипом Мандельштамом и многими другими. Когда в 1939 году Михаил Кольцов вернулся из Испании, где воевал против Франко на стороне лоялистов, его вскоре арестовали, отправили в ГУЛАГ и расстреляли — до сего дня обстоятельства его смерти остаются туманными. Многих, если не всех, кто воевал против фашизма в Испании, постигла такая же судьба. Причины? Нет внятного ответа на этот вопрос. Быть может, Сталин опасался людей, которые в борьбе за свободу Испании вдохнули полной грудью воздух демократии? Может, у него имелись свои особые соображения насчет Испании, принципиально отличные от официальной советской позиции? Возможно, такие люди, как Кольцов, обнаружили этот мотив и собирались заявить об этом? Эти вопросы, как и многие другие, еще требуют ответа...

К тому времени, когда Кольцова поглотил ГУЛАГ, большую часть литературных знакомцев Нины Павловны репрессировали. Вокруг нее образовалась пустота, но ее не тронули. Объясняется ли это тем, что она уехала в Красноярск, чтобы оказаться ближе к Иосифу? Возможно. В добровольной ссылке она провела много лет и поэтому скорее всего избежала ареста. Как говорится, с глаз долой — из сердца вон. Когда в 1954 году Гордоны, наконец, вернулись в Москву, Нина Павловна стала литературным секретарем Константина Симонова. На самом деле звался он Кириллом, но поскольку он не выговаривал ни «р», ни «л» (получалось «Киуиу»), то изменил имя на Константин. Я не стал бы задерживать ваше внимание на этом обстоятельстве, если бы не одна странная мысль. Симонов был не только известным поэтом и писателем, но и влиятельной общественной фигурой, человеком смелым и принципиальным, однако вместе с тем он, говоря футбольным языком, никогда не рисковал попасть в офсайд. Он часто отстаивал правду, но никогда при этом не шел на риск. Смелость его никогда не становилась безрассудной, никогда не представляла угрозы ему или его делу — что красноречиво подтверждается его карьерой. Когда же попахивало жареным — а это бывало не раз и не два, он отступал, тем самым невольно присоединяясь к тем силам, против которых боролся. Можно сказать, что в его характере, как и в речи, имелся изъян. Вместе с тем Симонов делал все, что было в его силах, чтобы помочь Нине Павловне и Иосифу Давыдовичу; Нина Павловна также была абсолютно предана ему вплоть до самой его смерти в 1979 году.

* * *

Я не стал писать о Симонове в английском варианте книжки, понимая, что рядовому американскому читателю его фамилия не скажет ничего. Написал и подумал: а рядовому русскому читателю? Недавно я был в одной компании. Разговор зашел о советском кино, и всплыла фигура Николая Крючкова, одного из самых любимиых и снимаемых советских актеров. Вдруг одна молодая женщина лет тридцати спросила:
— А кто такой Крючков?
Я был совершенно сражен. Не знаю, насколько эта женщина типична для поколения россиян, родившихся в конце семидесятых — начале восьмидесятых годов прошлого столетия, но подозреваю, что заданный ею вопрос не является аномалией. А знают ли они, кто такой Константин Симонов? Думаю, в СССР не было ни одного взрослого человека, не знакомого с этой фамилией. В каком-то смысле Симонов — архетип советского человека, в котором непостижимым образом — по крайней мере для меня — сочетался несомненный ум, высокая порядочность и совершенно слепая вера не только в систему, но и в ее руководителя. Когда умер Сталин, Симонов написал стихи:

> Нет слов таких, чтоб ими передать
> Всю нестерпимость боли и печали,
> Нет слов таких, чтоб ими рассказать,
> Как мы скорбим по Вас, товарищ Сталин.

Плохие стихи. Но тот же Симонов написал стихотворение «Жди меня», ставшее чем-то вроде мантры для всех советских солдат и офицеров Великой Отечественной. Симонов резко выступил против Солженицына, но все тот же Симонов сыграл ключевую роль в возвращении в советскую литературу Ильфа и Петрова, Булгакова и многих других писателей, фактически запрещенных в сталинские времена.
Симонов был любимцем власти: шестикратный (!) лауреат Сталинской премии, лауреат Ленинской премии, Герой Социалистического Труда, главный редактор журнала «Новый мир», «Литературной газеты»... Вместе с тем Симонов нередко отстаивал тех, кого система преследовала.
И нечто личное: Константин Симонов сыграл важную положительную роль в создании придуманной моим отцом Экспериментальной творческой киностудии (ЭТК), которая на самом деле представляла вызов, чтобы не сказать — угрозу всей системе советской киноиндустрии. Но когда противникам ЭТК во главе с заместителем председателя Госкино В.Е. Баскаковым удалось добиться лишения ЭТК самостоятельности, превратив ее в одно из подразделений «Мосфильма» (то есть фактически кастрировав ее), Симонов

Нина Павловна и Иосиф Давыдович Гордоны

и пальца не поднял в ее защиту. Я убежден, что это оказалось тяжелейшим ударом для моего отца, приведшим к его преждевременной смерти.

* * *

Никогда мне не забыть дня знакомства с Иосифом Давыдовичем. Это был человек среднего роста и необычайной худобы (не телосложение, а теловычитание — так однажды сострил один мой приятель), с большими, выразительными руками красного цвета — следствие обморожения. Его лысую голову окаймлял венец седых волос, в прошлом рыжих — что подтверждал неувядший цвет бровей. Но все эти детали я заметил позже. При встрече меня поразили его глаза — огромные, совершенно синие, видящие насквозь. Невозможно было, глядя в эти глаза, солгать. Под его взглядом становилось не по себе от не совсем пристойной мысли, не говоря о действии. Это были глаза твоей совести, полные доброты и сострадания, глаза, призывавшие тебя достигать своего потолка. Это были глаза, которые обращались к твоей сущности, требовали, чтобы ты распрямлял плечи, не сгибался, гордился собой. Глаза, в которые нельзя было смотреть без стыда, когда ты им не соответствовал.

Я прожил с Иосифом Давыдовичем и Ниной Павловной три незабываемых года. И то, как жили они, их отношения друг с другом и с окружавшими людьми, их тонкость и тактичность, их моральные стандарты оставили во мне глубокий след. Иосиф Давыдович стал мне вторым отцом, перед ним я мог открыть душу, зная, что он никогда не воспользуется оказанным доверием, никогда не причинит мне боли, но всегда скажет мне правду. Я ощущал, что его любовь ко мне и чувство ответственности за меня таковы, что я всегда смогу положиться на него, — ведь я имел дело с человеком, который прошел через печи ада и вышел оттуда чистым золотом.

Иосиф Давыдович умер в 1968 году от второго инфаркта, умер как минимум на десять лет раньше срока. Эти десять, а то и больше, лет отняли у него сталинские лагеря. Он ушел из жизни двадцать с лишним лет тому назад, но место, которое он занимал в моем сердце, не перестает болеть. В трудные минуты я все еще ищу его глаз и совета.

* * *

Теперь прошло вдвое больше времени, и для меня все остается по-прежнему. Иосиф Давыдович похоронен на Немецком кладбище в Москве. На его могильной плите выведен его автограф: И. Гордон — четкий, твердый росчерк пера, я бы даже сказал — честный, каким был он сам. Там же похоронена Нина Павловна, умершая много лет спустя. Она так и не оправилась от потери мужа и, насколько я знаю, все годы, пока была жива, писала ему письма.
Я был на его могиле только один или два раза. Для меня все ушедшие, но любимые люди живут в моем сердце, в моих мыслях, а истлевшие кости и пепел... Каждому свое, но я распоряжусь так, чтобы мой прах развеяли — лучше всего над Парижем, а если это будет невозможно — над океаном около Биаррица.

* * *

В тот первый день нашего знакомства Иосиф Давыдович посмотрел на меня и совершенно серьезным голосом спросил:

— Могу ли я называть вас Генрихом?

Заметив мое замешательство, он пояснил:

— Когда-то, в Париже, я набрел на учебник русского языка для французов, в котором встретил следующий диалог: «Как вы поживаете?» — спрашивает один господин другого. «Благодарю вас, Генрих, я здоров», — отвечает тот. С тех пор я мечтаю встретить какого-нибудь Генриха, чтобы он спросил меня, как я поживаю.

«Кузьма» и «Генрих», 1957 г.

Судьбе, однако, это не было угодно, и вот я решил более не ждать случая. Я прошу вас быть Генрихом.

Я и сейчас чувствую теплую волну радости, которая окатила меня тогда. Я протянул руку и проговорил:

— Здравствуйте, как вы поживаете?

В ответ Иосиф Давыдович крепко пожал мою руку и все так же серьезно, но со смехом в глазах, ответил:

— Благодарю вас, Генрих, я здоров.

Так я стал Генрихом.

В течение последующих трех лет я познакомился со многими гордоновскими друзьями, бо́льшая часть которых прошла через лагеря и сибирскую ссылку. Часто по вечерам я молча сидел, слушая бесконечные рассказы и запивая их знаменитым «б-дробь-б» — чаем «без блядства», то есть крепким, душистым, обворожительным, свежезаваренным по всем классическим принципам, по чайной ложке грузинского и краснодарского «экстра» на человека плюс одну на чайник. Однажды я попросил Кузьму... ах, да, я забыл сказать: в лагере Иосиф Давыдович получил именно такую кликуху и просил, чтобы я звал его так. Почему Кузьма? Вот уж не знаю. Может, потому, что шли от обратного, ведь он — тощий, интеллигентный до мозга костей, рафинированный в своих обширных литературных познаниях — абсолютно никак не подходил к этому имени. Так или иначе, я звал его Кузьмой, Нина Павловна — Кузей или Юзом, друзья по лагерю и ссылке — тоже Юзом, ну а все прочие — по

Прощание с иллюзиями

имени-отчеству: этот человек, подчеркнуто вежливый, совершенно не допускал фамильярного обращения.

Итак, однажды я попросил Кузьму поделиться со мной секретом его феноменального чая. Он внимательного посмотрел на меня и сказал:

— Видите ли, Генрих, жил-был старый еврей. Жил он в местечке и был знаменит своим чаем. К нему приезжали издалека, приезжали не только евреи, приезжали гои тоже, приезжали, чтобы насладиться вкусом его чая и выведать секрет его приготовления. Одни умоляли его рассказать об этом, другие предлагали ему деньги, и немалые, но все было тщетно. Шли годы, и вот наконец наступил день, когда он лежал на смертном одре. Вокруг него собралось все местечко во главе с раввином, и раввин этот говорит ему: «Если ты уйдешь из этого мира, так и не открыв секрет своего чая, это будет тяжкий грех». Старый еврей оглядел всех и сделал знак, чтобы они приблизились к нему. Они подошли к самой постели, напрягая слух, боясь не услышать совсем тихий голос умирающего, который прошептал: «Вот вам, евреи, мой секрет: не жалейте заварки».

Мир, о котором часто вспоминали Кузьма, Нина и их друзья, был ужасен и бесчеловечен, но их истории, всегда переданные с юмором, служили подтверждением той истины, что человеческий дух неодолим. Мне не повторить тех историй — не тот у меня голос. Я в лучшем случае смог был повторить мелодию, некоторые оттенки, но спел бы лишь «около» нот, чуть фальшиво, не попадая. Я в этих воспоминаниях был чужим, извне заглядывал внутрь, будто стоял около двери и вслушивался в рассказы этих мужчин и женщин о системе, специально созданной, чтобы потушить тот святой огонь, с которым рождается каждый из нас. Но в них огонь не погас, а разгорелся в яркое пламя.

Парадокс: те, которые прошли через лагеря и выжили, вышли людьми более значимыми и значительными, чем те, которых миновала эта чаша. Они вышли более сильными, более сострадательными, более мудрыми и добрыми, менее циничными. Почему так произошло? Не знаю, но когда я задумываюсь над этим, часто мне на ум приходит история Кирилла Викторовича Хенкина и его матери Елизаветы Алексеевны Нелидовой. С Кириллом моя мама познакомилась во французской редакции Московского радио. Его мать, Елизавета, была не только дворянкой, но и в прошлом фрейлиной ее императорского величества Марии Федоровны. После революции ноября 1917 года она эмигрировала в Париж, где познакомилась с молодым и удивительно талантливым актером Виктором Хенкиным, за которого вскоре вышла замуж. Это вызвало возмущение большей части русского эмиграционного сообщества: как же так, русская дворянка повенчалась с евреем! Кирилл родился в Париже, воспитывался в традициях русской интеллигенции и получил блестящее образование. Как и многие дети русских эмигрантов, он рос с «левыми» убеждениями, сторонником Советского Союза. Во время войны в Испании Кирилл дрался на стороне республиканцев и, когда они потерпели поражение, вернулся глубоко разочарованным — считая, что «свободный» мир предал дело демократии в Испании. В 1939 или 1940 году вся их семья приехала в СССР. В отличие от подавляющего большинства людей с таким прошлым, людей, «развращенных буржуазной идеологией», ни Кирилла, ни его родителей не репрессировали. Его отец, Виктор Хенкин, был знаменитостью и умер довольно молодым, но по естественным причинам. Елизавета Алексеевна ушла из жизни, когда ей было хорошо за восемьдесят. Что до Кирилла Викторовича, то он жил вполне обеспеченно — по крайней мере по советским стандартам. Он адаптировался к новым условиям жизни, довольно легко пошел на необходимые компромиссы и вскоре стал преподавать французский язык, на котором блистательно говорил и писал, в Военном институте иностранных языков, где готовили военных разведчиков. Позже он работал на Московском радио — переводил пропагандистские тексты, при этом находил их (вполне справедливо) оскорбительно тупыми. Тем не менее он читал их в эфире, мысленно плюясь и получая приличные гонорары. Он обладал необыкновенно острым умом, тонким и предельно ироничным чувством юмора и режущим как бритва языком. Чуть презрительно скривив рот, Кирилл Викторович с разящей точностью уничтожал весь советский эстаблишмент — бездарных бюрократов, партийных пустобрехов и в первую голову тупоголовый идиотизм той самой пропаганды, которую сам, наряду с другими, распространял.

Как мне кажется, Хенкин считал, что жизнь не удалась, вернее, что она обошлась с ним несправедливо, не обеспечила его теми успехами и общественным признанием, которых он был достоен. В каком-то смысле он прав, поскольку природа щедро оделила его — и умом, и литературным даром, и редкими способностями к языкам; живи он в другое время или в другой стране, его талантам, думаю, было бы воздано в гораздо большей степени. Однако у Кирилла Викторовича не доставало мужества признать: пусть жизнь и не совсем справедливо обошлась с ним, но отсюда не следует, что она несправедлива вообще. В каком-то смысле он напоминал мне тех мужчин, которые сами не любили и никогда не были любимы (либо были преданы в любви). Им невыносима мысль, что кто-то другой может быть счастлив, и они занимают психологическую круговую оборону, возводят крепость, на каждой башенке которой реет лозунг: «Любовь — обман, ее не существует». В результате они относятся к противоположному полу так, как летчик-истребитель относится к противнику: чем больше будет «сбито», тем лучше, потому что каждая победа лишь подтверждает их правоту. И чем глубже они заходят в это болото, тем меньше шансов имеют в самом деле встретить любовь.

Кирилл Викторович получал, казалось, мазохистское удовольствие, вываливаясь в липкой грязи, которую так презирал. Он нырял на самое зловонное дно и выныривал, держа в зубках нечто совершенно омерзительное и вынося это на всеобщее обозрение, тем самым доказывая часто повторяемую им аксиому: «Все говно, кроме мочи...»

Был такой момент в моей жизни, когда я больше не хотел жить в Союзе, мечтал вернуться в Нью-Йорк.

* * *

Причина этого — состоявшийся в Москве в июле 1957 года Всемирный фестиваль молодежи и студентов, о чем расскажу чуть позже.

* * *

Я решил посоветоваться с Кириллом Викторовичем. Рассказал ему о тяжелом разговоре с отцом, пригрозившим выдать меня КГБ, если только я попытаюсь выехать из страны. Я был в отчаянии. Кирилл ответил мне своей коронной кислой улыбкой (никогда ни до этого, ни после я не встречал человека, который умел бы одновременно опускать уголки губ — и это улыбаясь!), как бы говоря: «Ну? Я же вас предупреждал». А затем посоветовал попытаться бежать через советско-норвежскую границу. Нет-нет, он не шутил. Он сказал мне, что идеальное место для перехода границы — Кольский полуостров, та его часть, которая прилегает к Норвегии, а не к Финляндии, поскольку там граница охраняется менее строго. Кириллу Викторовичу хотелось уехать из Советского Союза не меньше моего (он эмигрировал в начале семидесятых; не найдя подходящих занятий ни во Франции, ни в США, он осел в Мюнхене на «Радио Свобода», где занимался теми же презираемыми им упражнениями в пропаганде, правда, направленной в обратную сторону), но сам он никогда не пробовал бежать. Он понимал, сколь это опасно. Будь я настолько безрассудным, что послушался бы его совета, меня либо схватили бы и посадили, либо пристрелили бы. И Кирилл Викторович, услышав об этом, улыбнулся бы своей коронной, уголками-губ-вниз улыбкой — мол, все говно, кроме мочи.

Если сравнить жизнь его и Кузьмы, то можно сказать, что Кирилл родился не в рубашке, а прямо в смокинге. Кузьма в двадцать девять лет, в 1936 году, приехал в Советский Союз, в тридцать его арестовали и отправили в лагерь, в сорок семь он вернулся. Эти пропавшие семнадцать лет отняли у него карьеру, отцовство, дом. Жизнь обошлась с ним неслыханно несправедливо. Но в нем не было ни горечи, ни цинизма. А ведь как легко он мог бы сыграть на моем разочаровании тем, что я нашел в стране квазисоциализма, на моем желании уехать и плюнуть на те немногие идеалы, которые еще жили во мне. Он поступил ровно наоборот. Он учил меня — не разговорами, заметьте, а поведением — пониманию того, что есть вера, что означает быть преданным чему-то, что некоторые вещи в этом мире куда более важны, чем твои личные интересы. «Знайте, Генрих, — как-то сказал он, — можно провалить любой экзамен — и это не страшно, его легко пересдать. Можно провалить любой экзамен, кроме одного: экзамена зеркала. Каждое утро вы встаете и, глядя в зеркало, бреетесь. Так вот, не дай бог, чтобы когда-нибудь вам захотелось плюнуть в свое отражение».

Нет утра, чтобы я не вспоминал эти слова. И если пока мне удается смотреть на свое отражение без тошноты, то это в значительной степени благодаря Кузьме, человеку, который никогда не предавал ни себя, ни других, человеку, который не сгибался и отказывался ломаться.

Кузьма подготовил меня ко многим будущим событиям. Хрущевское разоблачение Сталина было одним из них. Среди других — венгерская революция, студенческие протесты против советской интервенции и последовавшие за этим репрессии и аресты. Понять, что являл собой сталинизм и что он за собой повлек, было крайне сложно; для этого требовалось не только осознать события крупные, наподобие тех, что я упомянул выше, но и множество мелких, вроде незначительных случаев: только собрав их, словно кусочки пазла, можно было составить подлинную картину страны и общества.

Летом 1956 года наша агитбригада отправилась на строительство Братской ГЭС. Нам предстояло поездом доехать до Иркутска, а затем на разных видах транспорта, в том числе пешком, добраться до Братска (примерно четыреста пятьдесят километров от Иркутска), где шло строительство очередного «гиганта пятилетки». Июльская тайга встретила нас несусветной жарой, непроходимостью и полчищами жалящих, колющих и кровососущих насекомых. Днем это были мириады гнуса и отряды самых злобных и огромных оводов в мире. Из-за них, несмотря на африканскую жару, мы вынуждены были идти в ватниках, масках из конского волоса и толстых перчатках — иначе нас съели бы живьем. К тому же каждый был нагружен рюкзаком весом примерно в двадцать килограммов. Под лучами сибирского солнца мы потели, как лошади, что приводило гнуса и оводов в состояние экстаза, они набрасывались на нас, словно почуявшие кровь голодные акулы. Когда солнце заходило, они исчезали, уступая место эскадрильям сибирских комаров. Сибирский комар размерами напоминает шмеля, сосет кровь не хуже Дракулы, летает, сохраняя военный порядок, и нападает с решительностью камикадзе.

Однажды, после длинного и утомительного перехода, мы оказались в лагере лесорубов, где должны были в тот же вечер дать концерт. Больше всего на свете я хотел поспать, хотя бы недолго, и отправился в одну из палаток. Я вошел, прилег на койку и, заметив сидящего напротив мужчину, подумал: «Не похож он на лесоруба». Он был лет на десять старше меня, имел тонкие черты лица, носил усы «в ниточку» и мушкетерскую бородку. Я почти уже спал, когда он спросил, откуда мы. Когда я ответил, что мы — агитбригада из Москвы, он осведомился, что в этой бригаде делаю я. Борясь со сном, я пытался отвечать как можно короче, чтобы он

Под этим катером находится затопленный старый Братск. 1957 г.

отвязался, но когда я упомянул, что пою французские и американские песни, он поинтересовался, говорю ли я по-английски. Я кивнул, надеясь, что больше вопросов не последует, в ответ на что он произнес на абсолютно чистом американском языке с говором жителя Нью-Йорка: «So, where'd you learn your English?»*

Я чуть не свалился с койки. Дальше последовал его рассказ:

«Мой отец, яицкий казак, воевал в армии Колчака против красных. Потом, как и многие, оказался в Китае, где встретил свою будущую жену, мою маму. Она тоже была с Урала. Отец работал на американской концессии, там я и родился. Я учился в американо-китайской школе, по окончании которой отправился в колледж в Нью-Йорке. После получения степени магистра я вернулся в Китай и записался добровольцем к Чан Кайши, чтобы воевать против японцев. После 1945 года я остался в Гоминдане воевать против Мао и его коммунистов. Все дело кончилось пленом в 1949 году. Когда выяснили, что я — русский, меня передали советским товарищам, а те прямым ходом отправили в Москву на Лубянку. Там меня подержали, устроили несколько допросов, потом судили и дали двадцать пять лет как американскому шпиону. Это было в 1951 году. Когда Сталин сыграл в ящик, меня вскоре реабилитировали, дали чистый паспорт и — давай чеши на все четыре стороны...»

Я просто не мог поверить своим ушам. Передо мной сидел человек, который совершенно одинаково владеет русским, английским и китайским языками и работает... на лесоповале в Сибири!

— Какого черта?! — возмутился я. — Вы говорите на трех главных в мире языках и торчите в этой глухомани! Поезжайте в Москву, немедленно поезжайте. Вот вам мой адрес и телефон.

Мы расстались друзьями. И больше я никогда его не видел. Эй, лесоруб-лингвист, ау, где ты? Что случилось? Куда ты пропал? Отзовись...

К 1957 году я стал задаваться нетривиальными вопросами. Хочу ли я в самом деле быть биологом? На самом ли деле Советский Союз — такая уж замечательная страна? Собираюсь ли я жить здесь до конца дней своих? Вопросы совершенно разные, но с одинаковым коротким ответом, все более и более походящим на слово «нет». Как раз в это время, летом, Москва стала местом проведения очередного Всемирного фестиваля молодежи и студентов. Николай Антонович (помните моего незадачливого кагэбэшного вербовщика?) обратился ко мне с предложением: не хотел бы я быть прикрепленным к американской делегации? Вдруг там найдется что-нибудь интересное... Подумав, я дал согласие, поскольку никаких условий мне не поставили, и в течение двух недель я не расставался с американцами. Это была не делегация в истинном смысле этого слова, а причудливая мешанина, состоявшая из членов компартии США, радикалов, либералов, халявщиков, агентов ФБР — словом, всех понемножку. Они бесконечно ругались и спорили на самые разные темы —например, о том, следует ли называть себя «американской делега-

---

*Ну и где ты выучил английский? (англ.)

цией» или «делегацией из Америки», следует ли нести флаг Соединенных Штатов во время торжественного парада открытия фестиваля или лучше этого не делать, и так далее. Несмотря, однако, на все это безумие, я, окунувшись в их среду, почувствовал себя дома, среди своих. Фестиваль в каком-то смысле подвел черту под всем тем, что я пережил и испытал с тех пор, как уехал из США, и заставил меня посмотреть, наконец, себе в глаза. Неполных пяти лет пребывания в Советском Союзе вполне хватило, чтобы понять, насколько реальность отличается от того, что я ожидал встретить. Но этого срока было недостаточно, чтобы у меня возникло чувство глубокой привязанности к этой стране. Здесь была чужая культура, чужой язык, которым я овладел лишь недавно. К тому же мой личный жизненный опыт привел к тому, что мой взгляд на Америку стал меняться. Не в том смысле, что я теперь иначе воспринимал антикоммунизм, расизм и прочие несправедливости, с которыми столкнулся там. Но выяснилось, что это та страна, с которой я связан эмоционально, страна, в которой я вырос, говоря короче — мой дом.

* * *

Думаю, мой читатель, вы никогда не играли в бейсбол. Для вас гулкий и резкий звук удара деревянной биты о кожаный мяч не означает ничего, не вызывает ни малейших ассоциаций: звук да и только. А в сердце американца при этом возникает целый мир. Он видит игровое поле, чует запах кожаной перчатки-ловушки, следит, как белая сфера маленьким метеором взмывает в голубое небо, а центральный ловец отступает к самой кромке поля, чтобы с лету поймать ее. Этот мир живет в нем, невидимый ни для кого другого, мир, рожденный этим гулким, сухим звуком. Цок! — чистый, сладостный звук удара дерева о конскую кожу. Или, скажем, глотнешь кока-колы — и вдруг тебе снова двенадцать лет, и снова гоняешь мяч с дружками в Вашингтонском сквере в Нью-Йорке...
Это и есть тоска по дому. Политика ни при чем, просто-напросто это твой дом и ты оттуда родом.

***

Тем летом 1957 года в возрасте двадцати трех лет я сказал себе: «Все, наелся по самое горло, я возвращаюсь». У меня не было ни малейших иллюзий относительно последствий такого решения. Я поддерживал советский строй, разделял коммунистическую идеологию. Я понимал, что в Америке, только что избавившейся от сенатора Джозефа МакКарти, мне придется нелегко. Сознавал, что предстоят трудные времена — эмоционально, финансово, политически. Но это не имело значения. Я возвращался домой. Я не собирался устраивать из своего решения большой шум, я отдавал себе отчет в том, насколько оно огорчит родителей, но у меня не было выбора — так по

Родители с Павликом вернулись из Берлина. 1958 г.

крайней мере казалось мне. Как говорится, человек предполагает, а Бог располагает. Я в Бога не верую, но не отрицаю роли судьбы, в моем случае заявившей о себе сразу же после окончания фестиваля — в образе девушки, на которой мне предстояло жениться. Не встреть я ее, невозможно представить, как сложилась бы моя дальнейшая жизнь. Может быть, я послушался бы совета Кирилла Викторовича и попытался нелегально перейти границу — кто знает? Да и не имеет это никакого значения. Имеет значение лишь то, что, женившись, я обязан был спросить себя: заставлю ли я женщину, которую люблю, вырвать свои корни, бросить все то, с чем она выросла, чтобы пройти через ту же мучительную адаптацию, через которую прошел я? Либо сделаю усилие над собой и забуду об отъезде? Я выбрал последнее, что и предопределило мои дальнейшие столкновения со сталинским наследием.

* * *

Имя этой девушки, ставшей моей первой женой, — Валентина Николаевна Чемберджи. Ее отец, Николай Карпович Чемберджи, армянин по национальности, имел прямые родственные связи с великим армянским композитором Александром Афанасьевичем Спендиаровым. Отец Николая Карповича был лейб-медиком Его Императорского Величества, и этим объясняется тот факт, что Николай родился в Царском Селе. Впоследствии Николай Карпович стал известным советским композитором, но его таланту не дано было полностью раскрыться: он умер в сорок пять лет от инсульта.
Мать Валентины, Зара Александровна Левина, — замечательная пианистка и талантливейший композитор. Она была родом из Симферополя, окончила с золотой медалью Одесскую консерваторию, затем Московскую. Как же она играла Шопена! К моменту нашего знакомства она уже не давала концертов, целиком посвятив себя композиторскому делу, но занималась на рояле каждый день и иногда играла для домашних. Лучшего исполнения Шопена я не слышал.
Сказав все это, не могу не упомянуть, что Зара Александровна тиранила свою дочь, доводя ее иногда до полуобморочного состояния. Я не знаю причин этого, хотя имею догадки, которые оставлю при себе. Однако это было ужасно. Валентина — в принципе человек сильный и независимый — перед матерью становилась совершенно беззащитной. Это обстоятельство иногда делало нашу жизнь невыносимой и, возможно, стало одной из причин (хотя и не главной) нашего развода, последовавшего через неполных десять лет. Ни

у Валентины, ни у меня не было опыта личной жизни, мы многого не знали, не понимали. Прожив довольно долгую жизнь, я пришел к выводу, что человек должен разобраться, что для него хорошо, прежде чем жениться или выйти замуж. Словом, мы поженились в 1958 году, когда оба учились на пятом курсе МГУ, я — на биофаке, Валентина — на филологическом, а расстались в 1967. У меня случился роман, который, конечно, нанес Валентине острую боль, я ушел из дома, чуть не покончил собой, потом, попросив разрешения, вернулся, но трещина не срослась. Помню наш последний вечер...

Меня пригласили на закрытый показ картины Стенли Креймера «Корабль дураков». Фильм сильный, главная мысль его заключается в том, что мы, люди, не желаем смотреть правде в глаза, самообманываемся — и это кончается катастрофой. После фильма мы пришли домой и, как всегда, сели на кухне пить чай. В какой-то момент я и высказал Валентине свое понимание фильма. Она посмотрела на меня большими умными карими глазами и каким-то особенным голосом произнесла:

— Да, Володя, ты прав, мы живем в самообмане.

И я понял, что это она о нас, что все кончено.

Прошло много лет. Валентина вышла замуж за замечательного человека, выдающегося математика. Живут они ныне под Барселоной, он преподает в местном университете, а она пишет исключительно талантливые и умные книги.

К счастью, мы остались друзьями, очень близкими людьми, что благо, в частности, для нашей дочери Кати, да и не только для нее.

Валентина Чемберджи — штучный товар. Умная, эрудированная, щепетильно честная, с замечательным чувством юмора и умением с чисто детским увлечением играть в шарады — такую надо долго искать.

Я ее очень люблю.

Я уже женат. Слева направо: Нелли Тиллиб, по совету отца которой я вступил в КПСС, Зара Александровна Левина, Валентина Чемберджи, я, Нина Павловна Гордон

***

В 1963 году, когда я работал в агентстве печати «Новости» в редакции журнала «Soviet Life» (он издавался правительством СССР и распространялся в США в обмен на распространяемый в Союзе журнал «Америка»), я поехал в командировку в Иркутск и на озеро Байкал. На этот раз, однако, я был московским журналистом, а не каким-то там студентиком, и мне дали машину с шофером. Прошло более четверти века, но тот водитель стоит у меня перед глазами, будто я видел его вчера. Это был человек *одноразмерный*, что ввысь, что поперек, что в глубину — около метра семидесяти сантиметров. Рядом с ним железобетонный дот выглядел строением неустойчивым и ломким. У него была большая лысая голова и совсем светлые голубые глаза — такого же цвета, в какой окрашивается лед озера Байкал, когда луч солнца скользит по его поверхности и, словно полунамеком, начинает просвечивать голубизна воды. Белый шрам, словно молния, прочерчивал его смуглую кожу от мочки правого уха до угла рта. Улыбаясь — в среднем мой водитель делал это где-то раз в сутки, он обнажал крупные, желтоватые лошадиные зубы. Когда он садился за руль «Волги», машина с жалобным стоном кренилась набок, как корабль в бурю. Рядом с ним монах, давший обет молчания, казался бы болтуном. Когда вы едете часами по пустынной и незнакомой местности, где не видно ни людей, ни домов, ни признаков человеческой деятельности, хочется поговорить. Я и пытался делать это — без малейшего успеха. В лучшем случае в ответ я получал хмыкание или некое движение губ, которое следовало, как я думаю, воспринять как улыбку.

Наступил последний вечер моей командировки. Я завершил сбор информации по озеру, и уже затемно мы поехали в Иркутск. Яркий лунный свет освещал дорогу, меня стало клонить ко сну. И вдруг водитель заговорил. Сначала мне казалось, что это сон. Даже сейчас, столько лет спустя, это воспоминание, омываемое серебристым светом луны, висевшей низко-низко над чернильно-черными силуэтами кедров, легко спутать со сновидением.

— Отсюда я родом, деревенский я, — заговорил он. — В начале тридцатых нас всех загнали в колхозы. Я был совсем еще пацан, но помню, как брали всех, сажали. Кулаки, говорят. Какие на хер кулаки. Мужики зажиточные, потому что работящие, непьющие. Чего там, батя мне рассказывал: всем после революции раздали землю поровну, сколько ртов — столько земли. Одни только въябывали, а другие ни хуя не делали. Одни зажили хорошо, а другие бездельничали. А русский мужик — что? Норовит отнять у другого, завидует тому, кто живет лучше. Вот пришли комиссары, ну и пошло: мол, этот кулак, тот против Сталина. И давай сажать, расстреливать, а хозяйство конфисковывать. Ну и слили все к ебеной матери в колхоз. Работящих и умелых поубивали, а вместо них пришла голытьба перекатная. Ну и что? Жрать стало нечего, вот что. Ха! Но зато все по плану. А потом, лет через семь, опять пошли аресты, но тоже по плану. Что, не веришь? А я тебе говорю — по плану. Ведь кругом враги народа, так? Кирова убили, так? Даже среди старых ленинцев нашлись предатели, так? Значит, надо быть бдительным. А тот, кто самый бдительный, он самый преданный, самый ленинец-сталинец. Вот эти бляди и придумали, понимаешь: кто больше разоблачит и арестует врагов народа, тот и есть самый большой патриот. Такое, видишь ли, придумали соцсоревнование. Ордена получали за старания. Хватали всех, все равно кого. В моей деревне половину посадили, половину, еб их мать!..

Я молчал, боясь проронить хоть слово, а он ехал, глядя прямо перед собой.

— Ну, я быстро сообразил, что к чему. Устроился на работу — лучше не бывает. Водителем в гэбэ. А кто работал в системе ГУЛАГа, того на войну не брали. Вот и отвоевался тут. Гонял грузовики по лагерям, перевозил всякое — продовольствие, инструменты, зэков. Так и жил. Ну, а в пятьдесят третьем вождь народов отдал концы. Прошло месяца два, и я получаю приказ перевезти партию зэков в другой лагерь, да побыстрее. Такие перевозки всегда делались ночью. Ну и поехали. Три вертухая, один со мной в кабине, двое там, с зэками. Ночь была... ну, как сейчас. Луна светит, видно все как днем. Едем-едем, и тут один из охранников начинает стучать нам — мол, притормози, отлить надо. Ну, остановились, все вылезли. Никто особенно ни за кем не следит, ведь куда на хуй убежишь? И представляешь, я вдруг увидел этих бедолаг — вроде как пелена с глаз упала... Может, луна виновата, не знаю, да только увидел я их... ну, призраки — кожа да кости, бледные — краше в гроб кладут, стоят на снегу — живые мертвецы. И меня как стукнуло: да это же такие же мужики, как в моей деревне, ничего они не сделали, ни в чем не виноваты, они просто часть плана, понимаешь, чтобы какая-нибудь блядь смогла отрапортовать усатому, будь он проклят, что все в стране под контролем. Хочешь верь — хочешь нет, но я понял: все, больше не могу. Залез в кабину, высунул морду и заорал: «Пошли все на хуй!» И укатил, бросил их всех, зэков и вертухаев. Ну, понятно, мне конец. Арестуют и поставят к стенке. Но мне было насрать. Приехал в Иркутск, кинул грузовик на подъезде к городу, пешком пришел домой к сестре — как раз рассветало. Постучался, она открыла дверь, увидела меня, и говорит: «Вов, слышал новость? Арестовали Берию!» Да, видно, я родился в рубашке. Если бы эту сволочь не арестовали, хрен бы я тебе тут что-нибудь рассказывал, — подвел он итог и хохотнул, впрочем, совсем не весело.

Мне, американцу по воспитанию, было невозможно понять феномен сталинизма, тиранической политической системы, пользовавшейся безоговорочной поддержкой *большинства*. На самом деле, этому нет исторического аналога — включая гитлеризм, поскольку эта система просуществовала всего лишь двенадцать лет. Кроме того, в нацистской Германии не проводилось массовых и бессмысленных репрессий против собственного народа. Опять-таки, мне, с моим американским прошлым, приходила в голову лишь Америка до 1861 года, то есть общество, провозгласившее, что *все* люди рождены равными и наделены некоторыми *неотъемлемыми* правами, среди которых — право на жизнь, на свободу и на счастье. И тем не менее это общество в течение почти целого века допускало у себя существова-

Программа «Времена», в те времена, когда я ею гордился. 2000 г.

ние рабства. Каким образом люди оправдывали это? Исходя из каких аргументов могли они — фермеры, священники, политики, нормальные честные граждане, боровшиеся за свою свободу, — одновременно выступать за свободу и за рабство? Причем оправдывали рабство цитатами из Библии, из Конституции США, даже из Декларации независимости, написанной рабовладельцем Томасом Джефферсоном (который, впрочем, в конце-то концов даровал своим рабам свободу). Какое же количество людей в Америке были публично опозорены, изгнаны из дома, пущены по миру, даже убиты за то лишь, что требовали отмены рабства, а потом, добившись своего, боролись против сегрегации и неравноправия цветных. Я не знаю ответов на эти вопросы, но уверен, что одного морального осуждения недостаточно. Нужно пристально вглядеться в человеческую суть, в человеческий опыт, в основы наших политических и экономических систем в поисках подлинных ответов.

***

Несколько лет тому назад я набрел на совершенно замечательную пьесу французского писателя Жана-Клода Карьера «Вальядолидский диспут». Речь идет о диспуте, состоявшемся в городе Вальядолиде в 1550 году. Суть его сводилась к следующему: можно ли делать рабов из покоренных индейцев Латинской Америки, или, на религиозный лад — искуплены ли индейцы кровью Христа или рождены, чтобы быть рабами.

На программе «Времена». 2000 г.

В дебатах участвовали два человека: каноник-философ Хинес де Сепульведа, который доказывал, что индейцы не имеют души, не люди и потому могут и должны быть рабами, и доминиканский монах Бартоломе де лас Касас, защищавший противоположную точку зрения. Дебаты длились целый год. По указанию папского легата, присутствовавшего на них, были привезены несколько семей индейцев для того, чтобы на деле выяснить, есть ли у них «человеческие проявления»: испытывают ли они страдания, когда их лишают детей, умеют ли они плакать и тому подобное.

Победил Бартоломе де лас Касас, было признано, что у индейцев есть бессмертная душа, а значит, они не могут быть рабами.

Вы думаете, это конец истории? Как бы не так! Лишившись одних рабов, испанская корона устремилась в поисках других — и нашла их в Африке. Тут отчаянный доминиканский монах вновь поднял голос — мол, чернокожие тоже люди, у них тоже есть бессмертная душа. Однако никаких новых дебатов не последовало: монаху очевидно дали понять, что ему лучше заняться чем-нибудь другим, и работорговля пошла полным ходом.

***

Американцу это трудно. Америка, как никакая другая страна, живет днем настоящим. Такое положение вещей имеет свои плюсы и минусы. Проще жить, не чувствуя груза прошлых ошибок, — и это конечно же плюс. К минусам относится короткая историческая память и отсутствие исторической перспективы, без которых невозможно оценить положение страны.

Я хорошо помню, как один мой американский приятель с неподдельным удивлением реагировал на то, какое значение придавали в России реабилитации Николая Ивановича Бухарина через полвека после того, как он был приговорен к смертной казни за шпионаж и попытки разрушить советский строй.

— Я все понимаю, — сказал он, — то, что казнили его, — это ужасно, и то, что реабилитировали его, — это хорошо, особенно для его родственников, но почему чуть ли не вся страна обсуждает это и переживает за это? Нет, русские — странные люди.

Я попытался возразить:

— Допустим, что Джон Фитцжеральд Кеннеди и в самом деле стал жертвой заговора. Допустим и то, что Ли Харви Освальд был убит специально подосланным для этой цели человеком, смерть которого в тюрьме была не случайной, допустим и то, что буквально все свидетели этого дела ушли из жизни (вскоре после убийства Кеннеди) тоже не просто по стечению обстоятельств. Допустим, что в заговоре против Кеннеди участвовали руководители военно-промышленного комплекса, представители организованной преступности, даже некоторые высокие государственные чиновники. Если все было бы так и если бы эти истины стали достоянием гласности сегодня, двадцать пять лет спустя, я думаю, это очень сильно ударило бы по американской психике и травма от этого удара была бы тяжелее даже, чем травма от вьетнамской войны, тяжелее, чем позор Уотергейта. Согласие с этим означало бы необходимость признать существование в Америке всесильной олигархии, ставящей и убирающей президентов по своему желанию. Проще говоря, это означало бы следующее: мысль, гласящая, что в Америке торжествует власть народа, созданная для народа и состоящая из народа, — истина, на которой воспитан всякий американец, есть обман. Как ты думаешь, это потрясло бы Америку? Реабилитация Бухарина означает, что все эти процессы, казнь старых большевиков, казнь военных руководителей — все это было ложью, а главным лжецом во всем этом являлся Сталин, человек, которому народ поклонялся и безгранично верил.

Мой знакомый задумался. Потом сказал:

— Я понимаю, о чем ты говоришь. Но мы, американцы, никогда не стали бы кому-либо поклоняться и безгранично доверять. Помнишь слова, которые приписывают Линкольну: «Можно дурачить часть народа много времени, и можно дурачить много народа часть времени, но невозможно дурачить весь народ все время». Видимо, мы чуть-чуть отличаемся от вас.

— Видимо.

И все-таки есть нечто схожее с русскими, скажем, в том, как относятся американцы к «отцам-создателям» Соединенных Штатов, к тем, кто возглавил борьбу за освобождение от британской короны, в первую голову к первому президенту США Джорджу Вашингтону.

Он был избран *единогласно* (правда, тогда правом голоса обладали далеко не все люди) не только на первый свой президентский срок, но и на второй. Да его избрали бы точно так же и на третий, не откажись он баллотироваться, заявив, что не для того Америка боролась против тирании британского короля, чтобы посадить подобие венценосца у себя (добровольный отказ от власти — редчайшее в истории явление). Но «культ Вашингтона» существовал и существует в Америке, умилительные сказочки о «маленьком Джордже», который топориком срубил вишневое дерево, но признался в этом своему отцу, потому что, мол, не мог соврать, на удивление похожи на тошнотворные рассказы из учебников начальных классов советских школ о «маленьком Вове Ульянове». Однако есть между ними

Катечка. 1963 г.

принципиальная разница. Для американца Джордж Вашингтон — давняя история, для советского человека Ленин — история совсем недавняя, Сталин же — вообще не история, а вчерашний день. Попробуйте представить себе человека, который скажет вам: «Когда я в последний раз видел Джорджа Вашингтона...» Скорее всего, вы решите, что имеете дело с безумцем. Но в России живут еще немало людей, видевших и слышавших Ленина, не говоря уже о Сталине. Если же рассуждать об их влиянии, то Ленин прожил после революции всего лишь семь лет, а активно участвовал в делах страны и того меньше. Сталин же правил фактически тридцать лет, создав по своему образу и подобию все государство. Странно ли, что это дает знать о себе по сей день?

Одно дело — признаться в том, что Сталин повинен в репрессировании миллионов ни в чем не повинных людей. Это, конечно, тяжело, но это все же признали более тридцати лет тому назад. И совсем иное дело согласиться с тем, что Сталин спланировал уничтожение партийного руководства, задумал и осуществил убийство ближайших соратников Ленина; что им владела лишь одна страсть — жажда безраздельной власти, и, завладев ею, он навязал целому народу бесчеловечную, коррумпированную и омерзительную систему, сумев при этом внушить людям, что все страдания, муки и жертвы не напрасны, что цель всего — достижение революционной мечты. Каково после всего этого узнать, что вас вводили в заблуждение, обманывали, что жертвы принесены напрасно, и если бы не он, не его преступления — ты жил бы куда как лучше в гораздо более благополучной стране?

Разве это можно выдержать?

***

Когда я писал эти слова, мне казалось, что вопрос о Сталине разрешен раз и навсегда, что безоговорочно признано: он был одним из самых страшных злодеев в истории человечества, он — преступник, и место ему на скамье подсудимых. Я ошибался.

В России не было ничего, что могло бы напомнить Нюрнбергский процесс, более того, сталинская камарилья не была привлечена к ответственности и доживала свой век безмятежно и со всеми удобствами. Мне могут возразить: фашистская Германия проиграла войну, она была оккупирована, и только поэтому состоялся Нюрнбергский процесс. Советский Союз проиграл холодную войну, но это совсем другое дело.

Согласен. Требуется невероятная политическая воля и редкое чувство ответственности, чтобы публично признать преступный характер прошлой системы и тех, кто ее внедрил. Этой воли и ответственности не хватило ни у Горбачева, ни у Ельцина. Что до Путина, то при нем мы стали свидетелями некоторого «возвращения» Иосифа Виссарионовича, некой его реабилитации. Мы увидели переписывание учебников истории СССР, в которых бегло, словно невзначай, упоминается о сталинских репрессиях, но зато подробно и с несомненным пиететом говорится о его великих деяниях, среди которых — коллективизация, индустриализация и победа в Великой Отечественной войне. Правда, молчанием обходится вопрос о том, какой ценой это было достигнуто, сколько десятков миллионов людей было уничтожено...

Сталин сегодня — одна из самых популярных фигур русской истории, и этот взгляд не встречает сопротивления со стороны властей в лице президента Д.А. Медведева и Председателя правительства В.В. Путина. Даже Русская православная церковь во главе с Патриархом Кириллом хранит молчание по этому поводу — хотя, надо признать, она чрезвычайно активно обсуждает множество иных общественных вопросов. Признаться, беспринципность РПЦ меня давно перестала удивлять, равно, впрочем, как и беспринципность власти.

***

Но реабилитация Бухарина, да и многих других, официальное признание того, что все эти дела сфабрикованы, а признания выбиты, — это и есть окончательный, безоговорочный приговор Сталину. Если до этого момента можно было попытаться оправдать некоторые «излишества» сталинизма тем, что, мол, он вынужден был бороться с оппозицией, с настоящими врагами социализма, с заговорщиками, то теперь вопрос закрыт, точка поставлена. Реабилитация сталинских жертв важна с точки зрения элементарной справедливости. Но она куда более значима потому, что позволяет мыслящим людям понять: на самом деле Сталин уничтожил возможность появления социализма в России. Вряд ли он преследовал эту цель. Но существенно то, что, уничтожив крестьянство, интеллигенцию, превратив партию из революционной силы в тяжеловесную коррумпированную бюрократическую машину, он отбросил страну далеко назад, покалечил генный фонд России. И я убежден, что основные проблемы, которые испытывает сегодня Советский Союз, — проблемы крайне сложные и тяжелые — не имеют к социализму ни малейшего отношения и связаны напрямую со сталинизмом.

***

Читаю и испытываю чувство жгучего стыда. Не за то, что был не до конца искренен, а как раз наоборот: за то, что абсолютно верил в этот бред. Конечно, Сталин наломал дров, внес самую существенную лепту в создание «нового человека», Шарикова, гениально угаданного Михаилом Булгаковым. Что до социализма, то его и не было никогда в СССР (достаточно вспомнить привилегии для партийной и правительственной элиты и полное игнорирование основного посыла социализма — от каждого по возможностям, каждому по труду, — чтобы убедиться в этом). Я довольно давно размышляю над вопросом, возможен ли социализм вообще — по крайней мере социализм по Марксу? Возможно ли изменить то, что является сутью человека, такие черты, как жадность, зависть, жестокость и, главное, эгоизм? Я в этом сильно сомневаюсь.

***

Был ли Сталин злым гением? Таким, как, скажем, Гитлер? Нет, пожалуй. Гитлер продержался с 1933 по 1945 год, всего двенадцать лет. Он нанес миру ужасающий удар, но влияние его было ничтожным. Вряд ли можно утверждать, что он глубоко и надолго изменил психику немецкого народа. Гитлер открыто проповедовал идеи расового превосходства, он никогда не скрывал своих намерений — пусть самых отвратительных, но одобряемых большинством немцев. Гитлер не притворялся. Он говорил немцам, что они арийцы, высшая раса, что вместе с ними он построит Третий рейх, который просуществует тысячу лет. Он сообщил им, что во всех их бедах виноваты евреи, которых следует уничтожить. И большинство немцев приняли эту точку зрения. Говоря языком рекламы, Гитлер предлагал совершенно определенный продукт — да, ядовитый, даже смертоносный, но без обмана. Заплатил деньги в кассу — получил то, что обещано. Сталин действовал иначе. Он облачился в ленинскую мантию и убедил советский народ (да и не только его) в том, что он, Сталин, есть продолжатель дела Ленина. Вот такой он предложил «товар». И народ «купился».

***

На самом деле Ленин был ничем не лучше Сталина... Ленин — и это отличало его от Сталина — являлся фанатиком идеи, его совершенно не интересовала власть, но для дости-

жения идеи, которой он был предан, он готов был к уничтожению *любого количества своих (да и чужих) сограждан. То есть то, на что Ленин шел ради идеи, Сталин шел ради собственной власти. И тот и другой — монстры.*

***

В блестящем документальном фильме Михаила Ромма «Обыкновенный фашизм» есть такая сцен: Гитлер стоит на некотором возвышении, примерно на два метра выше проходящей мимо него толпы. Безумно счастливые люди что-то восторженно орут, протягивая руки фюреру, а он время от времени нагибается и опускает одну руку так, что она как бы парит над головами проходящих. Это вызывает сильнейшее возбуждение, из толпы, словно натренированные морские котики, хватающие протянутую им рыбку, некоторые выпрыгивают, пытаясь коснуться полубожественной руки. Гитлер, будто дразнясь, в последний миг отдергивает руку, отводит ее в сторону, и люди промахиваются. Он хохочет, смеются в ответ и они. Какое прекрасное, истинно арийское времяпрепровождение!

Сталин никогда не позволил бы себе подобной фривольности. Он появлялся на Мавзолее Ленина вместе с другими верными ленинцами, причем часто скромно стоял во втором ряду. Потом он делал шаг вперед, поднимал приветственно руку, и в ответ многотысячная толпа на Красной площади восторженно ревела. Сталин всегда выглядел скромным, он не носил ни орденов, ни медалей, кроме одной золотой звезды Героя Советского Союза. Он редко произносил речи, но когда выступал, говорил коротко, по делу, весомо и без малейшего намека на театральность.

Да, Сталин превратил Советский Союз в индустриальную державу. Да, в конечном счете он привел страну к победе над германским фашизмом. Да, благодаря его усилиям некогда отсталое государство изменилось. Но он добился всего этого ценой десятков миллионов человеческих жизней и еще большего числа искалеченных душ. Миллионы людей, которые жертвовали всем и в самом деле героически трудились, делали все во имя одного человека и жили с именем Сталина на губах. Это нельзя назвать ни ошибкой, ни заблуждением, поскольку последствия этого были фатальными. Слепая вера — в Бога ли, в человека ли — и благородна, и трагична. Трагична потому, что такая вера требует от нас жертвовать самым существенным нашим правом: способностью сомневаться.

Был ли этот человек злым гением? Безусловно. Возможно, Сталин — величайший преступник в истории человечества. Но если это правда — в чем я не сомневаюсь, — то почему же тридцать пять лет спустя после его смерти, после бесчисленных разоблачений его поступков такое количество людей в Советском Союзе с гордостью называют себя сталинистами? У меня нет однозначного ответа на этот вопрос, но есть некоторые соображения, которыми я хотел бы поделиться.

Первое касается национальной гордости. Сталин бесспорно вызывал уважение как у себя в стране, так и за ее пределами. Он всегда шел первым номером, и это несмотря на существование Рузвельта и Черчилля. Можно было любить его, можно было ненавидеть, но невозможно было отрицать его величие. Чего нельзя сказать о тех, кто сменил его. По сравнению со Сталиным Хрущев был деревенским шутом, болтуном, человеком, который обещал народу к 1980 году построить коммунизм; предсказал, что Советский Союз вот-вот догонит и перегонит США; снял башмак во время Генеральной Ассамблеи ООН и стучал им об стол, став посмешищем в глазах всего мира. Брежнев был даже хуже. Этот лидер страны увлекался спортивными автомобилями и обожал ордена и медали. Он поразил и оскорбил народ тем, что, получив золотую звезду Героя Социалистического Труда (в народе — «Гертруда»), он *четырежды* наградил себя золотой звездой Героя Советского Союза (таким образом обойдя маршала Георгия Константиновича Жукова). Публичные появления и выступления Брежнева вызывали смех и ощущение неловкости, особенно в последние годы его пребывания у власти, когда он ходил с трудом, иногда нуждаясь в поддержке, и безбожно коверкал фамилии и слова из-за частичного речевого паралича. Ни «кукурузник», ни «сисимасиси» не вызывали у народа уважения. В отличие от Сталина.

Второе соображение относится к утере идеалов. В «старые добрые времена» Сталин являл собой пример как для бюрократии, так и для страны в целом, и этому примеру следовали все. Если Сталин жил предельно скромно (так, по крайней мере, гласила легенда), то так должны были жить остальные. Если он работал по четырнадцать или шестнадцать часов в сутки, то так должна была работать вся страна, особенно ее верхушка. Опоздание на работу каралось, во время войны за это расстреливали. Безответственность, безделье не прощались, если приказ не выполнялся неукоснительно — пеняли на себя. Но когда не стало Сталина, не стало и той железной воли, которая «держала» страну. На смену ему пришли люди совершенно иного свойства. Каждый из них норовил отхватить от пирога самый большой кусок. Каждый из них думал исключительно о себе. С этого момента вся система, которую Сталин создал и которой он управлял посредством энергии террора и веры, стала использоваться ради удовлетворения тех, кто ее контролировал. Каждый отхватывал все что мог.

Это положение достигло апогея при Брежневе, когда уровень коррупции стал зашкаливать. Взятки были повсеместными, организованная преступность, якобы невозможная в отсутствие частной собственности, расцвела, пустив щупальца от хлопковых полей Узбекистана до самого Кремля. Вопиющее несоответствие между лозунгами и действительностью было оскорбительным и вызывало множество анекдотов. Вот один из лучших: «Человек приходит в поликлинику и просит записать его к врачу «глаз-ухо». Девушка в регистратуре говорит ему, что такого врача нет. Есть ухо-горло-нос и есть глазной врач. Но тот настаивает: подавай ему врача «глаз-ухо». Спорят они, спорят, наконец сестра говорит: «Ну, хорошо, предположим, был бы такой врач. Вам-то он зачем?» — «А затем, — отвечает мужчина, — что я все время слышу одно, а вижу совсем другое!»

В таком обществе идеалы быстро умирают.

Мне всегда казалось, что чем больше у человека идеалов, чем крепче общество стоит на них, тем опаснее угроза хаоса и распада, если вдруг окажется, что идеалы эти фальшивы. Как говорят англичане, the higher you fly, the harder you fall — чем выше взлетел, тем больнее падать. В капиталистическом обществе стяжательство не только возможно, оно удостаивается похвалы (правда, под другим названием: предпринимательство). Оно никого особенно не шокирует — в таком обществе. Но когда выясняется, что стремление к личному богатству составляет основу действий тех, кто публично проповедует скромность и самопожертвование, такое откровение может оказаться тяжелейшим моральным ударом. От этого удара советское общество не смогло оправиться.

Разумеется, при Брежневе жить было не так страшно, как при Сталине. Конечно, были диссиденты, их преследовали — кого сажали, кого держали в «психушках», кого высылали из страны. Но во времена Сталина не могло быть диссидентов — их расстреливали или уничтожали в лагерях еще до того, как они могли стать ими. На смену сталинскому террору пришла всеобщая коррупция, возникло отношение, которое сводилось примерно к следующему: начхать на страну, начхать на великие цели, срать мне на всю эту болтовню о светлом завтрашнем дне, хватай все, что плохо лежит, хватай, пока хватается. Поэтому-то советское общество стало распадаться. Во времена Сталина общество держалось на своего рода эпоксидном клее, состоявшем из веры и из страха. Когда оба исчезли, общество распалось. Этот распад оказался таким тяжелым, таким страшным, что некоторые (и их не мало) испытывают ностальгию по «добрым старым временам» (думаю, именно этим объясняется популярность, которой пользовался во время своего недолгого пребывания у власти Андропов; организованные им рейды дружинников, проверявших посреди белого дня документы у людей в магазинах, в кинотеатрах, даже в банях с целью выяснения, не прогуливают ли они работу, чем-то, очевидно, напоминали «прелести» сталинских времен).

И последнее соображение.

Я пишу эти слова, когда Советский Союз переживает смутные времена. Все меняется с невероятной скоростью, и нет простых и исчерпывающих ответов на все вопросы. Сталин являлся, среди прочего, маяком стабильности. Все при нем было ясно и понятно: черное—белое, друг—враг, хорошо—плохо, горячо—холодно, никаких оттенков, никаких кривых линий, только прямые. Кто не с нами, тот против нас. Жить было тяжело, но по крайней мере была ясность. Все необходимые ответы на вопросы содержались в «Правде», в словах Отца народов, который никогда не ошибался. Сегодня в Советском Союзе многие испытывают чувство неуверенности, многие не могут приспособиться к тому, как все меняется, не успевают за событиями, не понимают, что же происходит, не привыкли и не могут самостоятельно думать и находить ответы. Пред лицом зла и угроз древние христиане осеняли себя крестом и шептали «Бог с нами». Точно так же в свое время не одно поколение советских людей кидалось на зло со словами «За Сталина!». И сегодня есть такие, которые, закрыв глаза, не желая видеть или знать того, что творится, пришептывают: «Сталин с нами...»

В чем-то они не ошибаются.

***

Тогда, двадцать лет назад, я довольно жестко высказался по поводу капитализма. Это было до того, как я уехал работать в Нью-Йорк, до того, как я мог с близкого расстояния присмотреться к развитой рыночной экономике.

Я намеренно не стану писать о той рыночной экономике, которая существует в России, — она все же появилась совсем недавно, можно даже сказать, зарождается. Она пока не обрела человеческого лица и вряд ли способна кому-либо внушать симпатии. Но когда обвиняют ее в том, что она привела к полнейшему социальному неравенству, что разрыв между десятью процентами самых богатых россиян и десятью процентами самых бедных огромен и постыден, мне хочется спросить: а разве это не характерно для капитализма, причем чем «чище», без каких-либо социалистических частичек этот капитализм, тем быстрее и разительнее увеличивается пропасть между богатыми и бедными? А чем отличается то, что происходит в России, от того, что произошло давно и продолжает происходить в Америке? Разрыв там еще больше. Да, процент бедных ниже, но смешно сравнивать благополучие Америки с тяжелейшими испытаниями, заготовленными судьбой для России.

Я совершенно не намерен спорить с тем фактом, что рыночная экономика эффективней того «социализма», что был в СССР. Но что такое вообще эффективность? Как ее измерить? Деньгами? Защищенностью каждого отдельного человека? Уровнем демократии? Некоторые полагают, будто можно поставить знак равенства между рыночной экономикой и демократией. Примеры России, Китая, Вьетнама, Турции достаточны, чтобы подвергнуть это утверждение сомнению. Предлагаю вашему вниманию три следующих списка:

Страны с самым высоким подушевым ВВП в мире (данные Всемирного валютного фонда за 2010 год):

1. Катар

2. Люксембург

3. Сингапур

4. Норвегия

5. Бруней

6. Объединенные Арабские Эмираты

7. США

8. Гонконг

9. Швейцария

10. Австралия

Страны с самым высоким средним доходом на душу населения:

1. Норвегия

2. Швейцария
3. США
4. Япония
5. Дания
6. Швеция
7. Объединенное Королевство
8. Финляндия
9. Ирландия
10. Австрия
Страны, имеющие самый высокий уровень демократии*:
1. Норвегия
2. Исландия
3. Дания
4. Швеция
5. Новая Зеландия
6. Австралия
7. Финляндия
8. Швейцария
9. Канада
10. Нидерланды

Внимательное изучение этих списков приводит лишь к одному бесспорному выводу: нет прямой связи между уровнем рыночной экономики и демократией. Во втором списке восемь из десяти стран отличаются чрезвычайно высоким развитием социальной обеспеченности граждан, активной государственной позицией в помощи безработным, бездомным и так далее; это страны, получившие социалистическую прививку. И получили они ее в значительной степени в результате Октябрьской революции 1917 года: уже в начале 1918 года Советское правительство первым в мире объявило о принятии определенных законов, таких, например, как восьмичасовой рабочий день и шестидневная рабочая неделя.

Свои сомнения по поводу социализма я уже высказал. Что до капитализма, то его главное отличие от социализма заключается в следующем: он функционален, поскольку не только не исходит из убеждения, что возможно изменить человека, но вообще не рассматривает этот вопрос. Добавлю: никаких иллюзий в отношении капитализма у меня нет. Это жестокая, несправедливая система, она благоволит лишь к богатым. У бизнеса нет ни совести, ни морали, а есть лишь одна неодолимая и все определяющая черта: жажда наживы, уж извините за набившее оскомину определение. Последует ли за капитализмом другой строй, как предсказал Маркс, — не знаю, хотя хотелось бы, чтобы помыслами и действиями человечества управляли не деньги.

Я не против того, чтобы были богатые. Я против того, чтобы были бедные.

---

*С 2006 года журнал «The Economist» ежегодно публикует наиболее авторитетный список самых демократических (равно как и не демократических) стран, используя для этого 60 показателей. Данный список относится к 2010 году.

ГЛАВА 4. "поедемте в англию..."

Два человека привили мне любовь к литературе. Первый — моя мама, она начала читать мне вслух, когда мне было два или три года. Первая книга, запомнившаяся в ее исполнении, — история о быке Фердинанде, который родился в Испании и должен был стать свирепым быком для корриды. Но Фердинанд больше всего любил сидеть в тени пробкового дерева и просто нюхать цветы. Сколько ни старались сделать из него быка-страшилу, ничего не получилось, и книга заканчивается словами: «Насколько мне известно, Фердинанд все еще сидит в тени своего любимого пробкового дерева и просто нюхает цветы». Книгу эту я обожал, она до сих пор стоит у меня на полке, занимая почетное место среди тысячи других...

Вторым человеком, привившим мне любовь к чтению, была библиотекарь «Сити энд Кантри», моей школы в Нью-Йорке, о ней я уже писал.

В детстве я не особенно любил поэзию, если не считать стихов «Матушки Гусыни» да книжек А.А. Милна (автора «Винни-Пуха») «Когда мы были очень маленькими» и «Теперь нам шесть». Я заинтересовался поэзией лет в семнадцать-восемнадцать, когда начал учиться по программе советской средней школы. Так я познакомился с Пушкиным и Лермонтовым, Тютчевым и Некрасовым, Баратынским и Фетом, да и со многими другими.

Мне повезло, что я стал читать их так поздно, уже имея возможность хотя бы приблизительно понять этих авторов — в отличие от тех учащихся, которые «проходили» их в четырнадцать-шестнадцать лет. Кроме того, я читал, не следуя никаким программам, читал так, как читалось, не впадая ни в дидактику, ни в политическое толкование, которыми отличалась да и продолжает грешить советская школа. Никто не внушал мне, что следует понимать «Медного всадника» так или этак, никто не предупреждал меня о том, что, читая Фета, я должен помнить, как жестоко он обращался со своими крепостными. Я просто читал и наслаждался прекрасной, величайшей поэзией.

Это первое знакомство с поэзией — в данном случае русской — возбудило мой аппетит и подготовило меня к встрече с поэзией английской, сыгравшей не очевидную, но решающую роль в моей жизни.

Как правило, вспоминая события, приведшие нас к тому или иному итогу, мы не можем восстановить их в первичной, строгой последовательности. Но в этом смысле мой случай представляет собой исключение... Я обожал Хемингуэя, особенно его рассказы, однако в то время еще не читал «По ком звонит колокол» (замечу, что этот роман долго не переводился на русский язык из-за того, что в нем Хем довольно жестко и безо всякой симпатии описал роль и действия коммунистов и, в частности, Михаила Кольцова, в испанской гражданской войне). Пока мы жили в Америке, я был еще мал для этой книги, в Германии она не попалась мне на глаза, а вот в Москве, вскоре после нашего приезда, в замечательнейшем букинистическом магазине иностранных книг на улице Герцена (ныне Большая Никитская), я набрел на американское издание романа и впился в него, как клещ.

***

Магазина больше нет. Часто, проходя мимо того места, где он располагался и где вместо него сверкает витриной бутик модной одежды, я думаю о тех прохожих, для которых этой книжной лавки никогда и не было. Их мне почему-то жалко.

***

Открыв первую страницу, я увидел эпиграф — это была цитата из одной Медитации английского поэта шестнадцатого-семнадцатого веков Джона Донна, ставшего священником. «Человек — не *Остров*, достаточный сам по себе; каждый человек — кусок *Континента,* часть Суши; если *Море* смоет *горсть* земли, *Европа* станет меньше, как и в случае, если бы это был *Мыс,* или *Жилище* друзей твоих, или *твое собственное*; *смерть* любого человека уменьшает меня, потому что я — часть *Человечества*; И поэтому никогда не посылай узнавать, по ком звонит *колокол*; Он звонит по *тебе*». Эти слова потрясли меня. Это были *мои* слова, это были *мои* мысли, Донн сказал то, что хотел сказать я, но *как* сказал!

Книжку я прочитал с огромным удовольствием (я и сегодня считаю, что это великий роман), но я все спрашивал себя: а кто же такой этот Джон Донн? За ответом я вновь отправился в букинистический, напротив Консерватории.

Это было удивительное место, сокровищница великолепнейших изданий иностранных книг; среди них встречались настоящие раритеты, вероятнее всего, конфискованные у арестованных «бывших», либо принесенные арбатскими старушками, которым каким-то чудом удалось выжить, несмотря на революцию и сталинский террор.

Милые старушки, выросшие в окружении французских бонн и английских воспитателей; трогательные старушенции, носившие потрепанные, но все еще утонченные платья давнего прошлого, отороченные у шеи и на запястьях белыми кружевами, и шляпки с вуалетками; старушечки, которые щебетали, словно птички в клетке; маленькие, ломкие старушки, вечно недоедавшие, копившие жалкие гроши и постепенно распродававшие все то, что осталось с «тех времен», в том числе замечательные книги. Их можно было купить задешево, ими мало кто интересовался.

Помню, как я напал на полное собрание сочинений Шекспира в одном томе в великолепном кожаном переплете, и заплатил за него восемьдесят рублей — порядка десяти долларов в сегодняшнем исчислении. Там же я купил совершенно изумительный однотомник сочинений Байрона 1837 года с исключительными по красоте гравюрами. Стоил он пятьдесят рублей.

Магазином управляли две дамы — одна стояла за прилавком на первом этаже, другая оценивала книги, которые приносили на комиссию. С последней я общался редко. А дама с первого этажа была личностью выдающейся. Внешне она напоминала цыганку-волшебницу из какого-нибудь богемского сказания. Ее черные волосы, кое-где пронизанные сединой, всегда были затянуты назад и завязаны в узел, что позволяло разглядеть ее довольно большие уши, неизменно украшенные гигантскими серьгами. Черные продолговатые глаза тонко обрисовывали две дуги бровей, которые шли, не прерываясь, от одного виска до другого — так дети рисуют чаек. У нее был крупный с горбинкой нос, столь же выразительный, сколь аристократический, и маленький с тонкими губами рот. Она свободно говорила по-французски; когда мы с мамой впервые забрели в ее царство и она услышала, что мы общаемся между собой на этом языке, то сразу выделила нам VIP-место среди клиентов. В те времена современные иностранные книги, особенно триллеры и детективы, были на вес золота.

Не будем забывать, что с точки зрения властей подобная «макулатура» представляла собой пример буржуазного декаданса, недостойного внимания строителя социализма. Такие книжонки не были запрещены, но вместе с тем их продажа не поощрялась. Поэтому они никогда не появлялись на прилавках, но когда хорошо знакомая клиентура приносила на продажу карманное издание Агаты Кристи или Эрла Стэнли Гарднера, дама второго этажа книжку принимала, ставила цену и тихо-тихо передавала ее даме первого этажа, а та уже продавала ее из-под прилавка какому-либо хорошо знакомому клиенту за стандартную цену в пятьдесят рублей.

— Voulez-vous quelque chose d'interessant?* — говорила она мне низким, заговорщическим голосом, опускалась прилавком и выныривала оттуда, держа в руке полузапрещенное издание. — Regardez**, — шептала она, скрывая книжку от чужих глаз, и быстрым движением обнажала обложку последнего романа крутого Микки Спиллейна.

В общем, именно здесь я нашел и купил роман Хемингуэя, и именно сюда я отправился в поисках Джона Донна...

Как описать то, что испытал я, когда впервые прочел... впрочем, нет, прежде чем продолжить, я вынужден сделать отступление.

---

*Хотите увидеть кое-что интересное? (*франц.*)
**Посмотрите (*франц.*).

Всякий перевод художественной литературы в конечном счете тщетен, но это особенно верно в отношении стихов. Начнем с того, что оригинал не стареет — язык меняется, но оригинал остается таким, каким родился. Язык, на котором писал Пушкин, сильно изменился, но никому не придет в голову переписать Пушкина «посовременнее». Перевод же неизменно и неизбежно устаревает. Невозможно сегодня читать переводы с французского или английского Щепкиной-Куперник, хотя в свое время они были очень хороши. По каким-то особым закономерностям язык перевода, в отличие от языка оригинала, устаревает, требует нового исполнения. Таким образом, получается, что человек, который ломал голову и мучительно находил соответствие оригиналу, делал это безо всякой надежды на то, что его перевод останется рядом с оригиналом на века.

Но это не все. Строй и музыку оригинала абсолютно невозможно повторить, передать в переводе — ведь это *другой* язык. В английском множество односложных слов, что придает языку энергию, лаконичность. В английском стихосложении чаще всего встречаются рифмы мужские с ударением на последнем слоге. В русском, напротив, односложных слов мало, чаще используется женская рифма — отсюда другая ритмика, другая музыка. Пример? Семьдесят четвертый сонет Шекспира. Возьмем первые четыре строчки оригинала:

But be contented; when that fell arrest
Without all bail shall carry me away,
My life hath in this line some interest,
Which for memorial still with thee shall stay.

Всего в этих стихах тридцать слов, из них двадцать три — односложные. Буквальный (не поэтический) перевод звучит так: «Но будь довольной; когда этот подлый арест Без выкупа меня унесет, Моя жизнь имеет в этой строке некоторый интерес, Который останется с тобой, как памятник».

Теперь прочтите эти строчки в переводе Самуила Яковлевича Маршака, одного из лучших переводчиков Шекспира, единственного, если мне не изменяет память, кто перевел все сто пятьдесят четыре сонета великого Барда:

Когда меня отправят под арест,
Без выкупа, залога иль отсрочки,
Не камня глыба, не могильный крест —
Мне памятником будут эти строчки.

У Маршака всего двадцать одно слово, но при этом лишь шесть односложных. У Шекспира все рифмы мужские, у Маршака — две мужские, две женские. Оригинал и перевод написаны ямбом, но только это их и роднит. Музыка английского языка звучит совершенно отлично от музыки русского. Перевод Маршака превосходен, но... Вот это «но» верно для любого перевода, тем более для того, который я хочу представить вашему вниманию.

Вернемся к моей цыганке-волшебнице, нашедшей для меня томик Джона Донна. Я открыл его и набрел на следующие строки:

> Busy old foole, unruly Sunny,
> Why dost thou thus,
> Through windowes, and through curtaines call on us?
> Must to thy motions lovers seasons run?

Дословно:

> Старый дурень деловой, непокорное Солнце,
> Почему ты таким образом,
> Сквозь окна и сквозь занавески навещаешь нас?
> Должны ли времена любовников следовать твоему ходу?

В Донна я влюбился сразу и навсегда. Он привел меня к Шекспиру, к Чосеру, к Бену Джонсону, к Блейку и Баньону, к Худу, Муру, Китсу, Шелли и Байрону, наконец, к Йейтсу, к Эмили Дикинсон и Дилану Томасу.

Наступил момент, когда я понял окончательно и бесповоротно: биологом-ученым я не стану, и все мое свободное время стало уходить на переводы поэтов елизаветинского периода. Последние два года учебы были посвящены дипломной работе на тему «О дыхательном центре у костистых рыб». В течение долгих часов я вводил электроды в определенные участки мозга карпов и затем следил за вспышками на экране осциллографа, одновременно пытаясь найти русский эквивалент словам:

> Blasted with sighs, and surrounded with tears,
> Hither I come to seek the spring,
> And at mine eyes, and at mine eares,
> Receive such balmes, as else cure everything.

Дословно:

> Вздохами взорван, слезьми окружен,
> Иду сюда искать ручей,
> И своими глазами, и своими ушами
> Получить такой бальзам, что вылечивает все другое.

За те два года я стал чрезвычайно популярен в общежитии биофака. Уж не знаю, скольких я извел карпов во имя науки, но многие мои сокурсники рассчитывали на меня как на поставщика свежайшей и вкуснейший рыбы, которой в магазинах не было никогда.

Катечке три года. Зима 1963 г.

Мою дипломную работу оценили на «отлично», и я даже получил предложение поступить в аспирантуру, но отказался, чем очень огорчил своих родителей.

По законам того времени меня ожидало распределение — своего рода трехлетняя отработка за пять лет бесплатной учебы, которую предоставляло государство. Закон, однако, диктовал одно, а реальность — другое. Часто случалось так, что вуз предлагал место, которого на самом деле не было, а выпускник соглашался, понимая при этом, что работать там не будет ни одного дня. Волки оставались сытыми и овцы целыми. Когда я отказался от аспирантуры, мне официально предложили место в институте научной и технической информации. Я подписал соответствующую бумагу лишь тогда, когда мне сообщили (разумеется, не официально), что на самом деле в Институте нет мест, — ведь я не собирался зарабатывать на жизнь переводами с русского на английский и, наоборот, научных статей о достижениях в биологии. Я выполнил все, что было предписано: дал письменное согласие на работу, получил письменный отказ от института и стал свободным — а заодно и одним из очень немногих безработных в Советском Союзе.

Тем не менее начал зарабатывать я именно переводами медицинских и биологических текстов с русского на английский — безо всякого удовольствия, правда. Но платили за это значительно больше, чем за переводы с английского на русский. Зарабатывать же было необходимо: к этому времени я был уже и мужем, и отцом. Я упоминал, что, учась на пятом курсе МГУ, женился на Валентине Чемберджи, студентке пятого курса классического отделения филологического факультета; спустя два года родилась наша дочь Катя. Как и подавляющее большинство молодоженов в стране социализма, мы не имели своего жилья и должны были сделать выбор между квартирой моих родителей или ее матери. Тридцать лет тому назад проблема жилья стояла столь же остро, как и сегодня. Меня всегда поражает, что серьезные люди в России удивляются большому количеству разводов и пожимают плечами, если просишь их объяснить причины такой ситуации. Я не сомневаюсь, что именно квартирный вопрос фигурирует среди главных причин... Итак, я переехал в квартиру матери Валентины, Зары Александровны Левиной, известной талантливой пианистки и композитора.

Как описать Зару Левину? Я назвал бы ее явлением природы, своего рода Антеем, она, как и он, черпала свою силу из Земли, жила так, как ей подсказывало собственное нутро — и только. Ела, когда хотелось есть, спала, когда хотелось спать, и совершенно игнорировала так называемые общепринятые нормы и правила поведения. У нее были белые, крепкие зубы (не знаю, ставила ли она за жизнь хоть одну пломбу) и волосы, подобные львиной гриве — густые, блестящие, необыкновенно красивые. Она выглядела так, словно только что вышла из самого модного салона красоты — при этом утром раза два проходилась расческой по волосам. Она отличалась необыкновенной гибкостью, хотя и была в теле (ко всем диетам Зара Александровна относилась с плохо скрываемым презрением, равно как и ко всем «можно» и «нельзя») и двигалась легко и грациозно. Спотыкаясь или падая, что бывает со всеми, она почти никогда не ушибалась, не говоря о переломах, потому что

Она же. Лето того же года.

падала так, как падают кошки или обученные каскадеры — не напрягая мышц, расслабленно. Она олицетворяла собой типичного рассеянного профессора. Так, например, могла засунуть свои очки в холодильник вместо масла, а потом провести большую часть дня в их поисках, тихо кляня недоброжелателей, которым нечего делать, кроме как прятать ее несчастные очки. Однажды в тот момент, когда она ела бутерброд, раздался телефонный звонок. Зара Александровна схватила трубку, приложила бутерброд с колбасой к уху и сказала: «Слушаю».

В ней сочеталось все. Она могла быть обворожительной и необыкновенно смешной, но могла быть и абсолютно невыносимой. Она была подозрительной, страстной, эгоцентричной, высокомерной, непредсказуемой, несправедливой; а также доброй, щедрой, преданной, открытой — словом, настоящий коктейль. Но прежде всего и главным образом она была талантливой. И именно благодаря ей, прочитавшей без моего ведома некоторые мои пробы пера в области перевода и передавшей их Самуилу Яковлевичу Маршаку, я познакомился с этим корифеем поэтического перевода и детской литературы.

***

Я проработал у Самуила Яковлевича два с половиной года и ни разу не слышал от него ни одного слова о том, что его первые поэтические опыты были связаны с увлечением сионизмом. Он мне рассказывал, что выдающийся русский критик В.В. Стасов познакомил его со Львом Толстым, что все тот же Стасов оказывал ему, еще совсем юному поэту, всяческую поддержку, но при этом не упомянул, что первое его опубликованное стихотворение, получившее горячее одобрение Стасова, называлось «Двадцатого Таммуза» и посвящалось смерти основоположника идей сионизма Теодора Герцля в 1904 году

(Маршаку было семнадцать лет). Оказалось, что вплоть до 1920 года тема трагедии израильского народа являлась основной в творчестве поэта, а потом... А потом она исчезла. Не трудно догадаться, почему, учитывая разгул санкционированного антисемитизма в Советском Союзе и введение паспортов с пресловутым «пятым пунктом». Я даже не могу себе представить, что думал и чувствовал Маршак, когда развязали кампанию против «безродных космополитов» (читай: евреев), расстреляли всю головку Еврейского антифашистского комитета, затеяли дело врачей... Порой вспоминаю замечательные строчки из его стихотворения «Цирк»:

> По проволоке дама
> Идет, как телеграмма.

Какой же эквилибристикой должен был заниматься Самуил Яковлевич, чтобы ни разу и нигде ничего не написать о «главном друге детей» Сталине, но находить блестящие, на мой взгляд, патриотические слова:

> Бьемся отчаянно,
> Рубимся здорово!
> Дети Чапаева,
> Внуки Суворова.

Чем больше я думаю над его вынужденным молчанием о том, что, возможно, было ближе всего его сердцу, тем мне очевидней: Маршак — не просто выдающийся детский писатель, переводчик и поэт, Маршак — совершенно уникальная фигура, по сей день не в полной мере понятая и оцененная в собственной стране.

***

Маршак прославился прежде всего своими переводами из Роберта Бернса. Можно спорить о том, насколько эти переводы точны, насколько они близки к оригиналу. Но вот о чем спорить невозможно, так это о том, что только благодаря Маршаку Бернс стал русским поэтом, вернее, частью русской культуры. Помимо Бернса Самуил Яковлевич переводил и множество других поэтов, в том числе английских (Шекспира, Китса, Шелли, Блейка, Киплинга и т.д.). Маршак стал при жизни классиком, так что вы можете представить себе мое возбуждение, когда однажды у меня дома раздался телефонный звонок:
— Владимир Владимирович? — Голос был женский, старушечий, скрипучий.
— Да.
— Я звоню вам от Самуила Яковлевича Маршака. Он хочет, чтобы вы пришли к нему.

Я совершенно обалдел.

— Алло?! Вы слышите меня?

— Да, извините, а как вас зовут?

— Розалия Ивановна, хотя это не имеет значения. Так вы придете?..

Приду ли я на зов Маршака? Да все злые силы мира не смогли бы остановить меня!

Маршак жил на улице Качалова, напротив Курского вокзала. Дверь мне открыла та самая Розалия Ивановна, как я потом узнал, рижская немка, которой было хорошо за семьдесят и которая большую часть своей жизни служила Маршаку экономкой.

***

Я так и не узнал, каким образом эти два ни в чем не похожих друг на друга человека встретились, однако узнал вот что: Самуил Яковлевич спас Розалии Ивановне жизнь, когда началась война. Он каким-то образом вывез ее из Риги и устроил у себя в Москве.

***

Она никогда не улыбалась, была всегда и всем недовольна, но в особой степени была недовольна Самуилом Яковлевичем, о чем извещала желавших и не желавших слышать об этом своим высоким скрипучим голосом. Между ними установились отношения, которые по Фрейду назывались бы «любовь/ненависть», но не имели даже оттенка отношений между мужчиной и женщиной. Розалия Ивановна являлась свидетелем всех его триумфов и бед — кончины жены, смерти от туберкулеза любимого младшего сына-математика, двадцатилетнего Яши. Она знала его насквозь и считала своим долгом быть его поводырем, чтобы он не сбился с пути истинного. По-моему, он был глубоко к ней привязан, но вместе с тем его страшно раздражали ее назидания и приставания. Оба они отличались вспыльчивостью, и я не раз становился свидетелем сцен вполне безобразных с оскорблениями и обзыванием. Бедная Розалия Ивановна безнадежно проигрывала ему в этих состязаниях. Она отдавала себе в этом отчет и поэтому упорно, точнее, с тевтонской последовательностью, повторяла одно и то же заклинание: «старый дурень». Она говорила эти слова вновь и вновь, а он отвечал ей творчески: «Мадам Прыг-Прыг», «Гитлер в юбке», «Недописанная трагедия Шекспира»...

Впрочем, все это я узнал позже. В тот же первый день, помню, меня потрясла библиотека Маршака. Я никогда не видал такого количества книг. Они были повсюду, занимали все стены от пола до потолка, стояли стопками на столах, царили, завоевав и подчинив себе пространство. Пока я глазел, из своего кабинета вышел мне навстречу Маршак. Я хорошо знал его по фотографиям, которые печатались в газетах и журналах, и ожидал увидеть довольно полного и крепкого мужчину среднего роста. Увидел же человека совсем маленького — не выше ста шестидесяти пяти сантиметров — и почти тщедушного. И на этом тщедушном теле восседала крупная львиная голова. Из-за толстых стекол очков меня внимательно разглядывали маленькие серо-зеленые глаза. Они смотрели с любопытством, но потом я узнал, что они могли быть и с хитринкой либо со смешинкой, а иногда даже полыхали гневом. Когда Самуил Яковлевич сердился, у него раздувались ноздри, и воздух выходил из них с таким свистом, что я ожидал увидеть вслед за этим пламя, как у настоящего дракона. У Маршака были необыкновенного размера уши — большие, в морщинках, как у слона. Мне казалось, что на ощупь они должны быть теплыми и шершавыми — не раз я хотел дотронуться до них, но так и не набрался смелости... Лицо его испещрили следы старости — оно и в самом деле напоминало мне морду слона. Мудрое, милое лицо.

Поздоровавшись со мной, Самуил Яковлевич сказал, что прочитал мои переводы, что у меня есть определенные способности, однако мне еще надо многому научиться, много потрудиться. И вот, сказал он, если я соглашусь стать его литературным секретарем (то есть отвечать на письма, которые он получал, по-английски и по-французски, а также записывать под диктовку его ответы на письма русские), то он готов позаниматься со мной, научить меня кое-чему и, если я окажусь того достоен, помочь мне напечататься. Я был в полном восторге и тут же согласился. Это была моя аспирантура в самой привилегированной школе мира. Я находился в постоянном контакте с культурным динозавром, с представителем вымирающего рода. Ведь детство и отрочество Маршака прошли в дореволюционной России. Его мальчишкой Стасов представил Льву Толстому. Он учился в Лондонском университете и, вернувшись, общался с иконами Серебряного века. Он пережил революции семнадцатого года, был свидетелем потрясений мира искусств и литературы, которые породили неслыханную череду великих писателей, драматургов, режиссеров театра и кино, художников и архитекторов. Первые два с половиной десятилетия русского двадцатого века напоминают ослепительный карнавал, и небеса над ним освещены невиданным по яркости фейерверком. Каждый огонек — фамилия, которую любая страна с гордостью приписала бы себе: Ахматова, Блок, Цветаева, Есенин, Маяковский, Сутин, Шагал, Кандинский, Петров-Водкин, Филонов, Серебрякова, Лисицкий, Татлин, Эйзенштейн, Вертов, Таиров, Мейерхольд, Вахтангов, Станиславский, Мандельштам, Зощенко, Булгаков, Прокофьев, Шостакович — бесконечный список гениев, поразивших мир своими открытиями. Кто знает, как и почему происходят такие извержения талантов? Отчего это случилось в Англии времен королевы Елизаветы? Что стало причиной Возрождения в Италии? Как объяснить золотой век Древней Греции? Из-за чего Рим оказался Римом? Какие закономерности привели к рождению великой литературы Франции? Мы не знаем этого и, даст бог, никогда знать не будем. Но какое же счастье — присутствовать при сем! И Маршак познал такое счастье.

Он же стал свидетелем уничтожения этого великолепия в сталинские годы, обезглавливания интеллектуального и художественного сообщества страны. Все это он видел, и память его хранила бесконечно много.

На самом деле Маршак был одинок. Он — трагическая личность другого времени, и происходящее могло восприниматься им лишь чувством омерзения. Свое одиночество он преодолевал, постоянно окружая себя людьми — редакторами, начинающими поэтами, подающими надежды переводчиками, журналистами. С одной стороны, он постоянно жаловался на то, что ему не дают покоя люди, которых не заботит его здоровье и почтенный возраст; с другой, он делал все необходимое, чтобы не умолкал телефон и не прерывался поток посетителей. Стоило этому потоку замедлиться или уменьшиться, и он становился раздражительным, недовольным.

Самуил Яковлевич обожал рассказывать, а я был благодарным слушателем. Благодаря ему я прошел совершенно новый курс русской литературы и русской истории. Я начал перечитывать писателей, с которыми познакомился, еще когда готовился к сдаче экзаменов на аттестат зрелости. Но теперь я читал иначе, заново открывая для себя Пушкина, Гоголя, Толстого, Достоевского. Я также знакомился с литераторами, о которых прежде не слыхал, с теми, чьи фамилии не встречались в учебниках, чьи книги были запрещены и хранились лишь в спецфондах библиотек. С точки зрения советского общества их не существовало. Однако среди них встречались писатели выдающиеся, такие как Булгаков, Платонов, Бабель и Зощенко. Были и менее значимые, но они помогли мне понять, что произошло в России в начале двадцатого века, составить представление о течениях, которые в конце концов привели к падению династии Романовых. Этих книг не продавали в магазинах, а для того, чтобы читать их в библиотеках, требовались особые разрешения. Но у Маршака они были.

Самуил Яковлевич являлся не только блестящим переводчиком и писателем, он был своего рода культурным магнитом, втягивавшим в свою орбиту совсем еще молодых Евтушенко, Вознесенского, Ахмадулину и прочих. Он близко дружил с Александром Трифоновичем Твардовским, которого считал великим поэтом. Занявший прочное место в пантеоне русской поэзии благодаря своему «Василию Теркину», Твардовский в те годы работал главным редактором журнала «Новый мир», где опубликовал «Один день Ивана Денисовича» Солженицына.

Как человек, родившийся и выросший не в России, человек, который постигал Россию и ее культуру не изнутри, не естественным путем, не как нечто само собою разумеющееся, а как явление, хотя и притягательное, но чужое, я много размышлял над тем, что есть «русскость»? Какое сочетание черт формирует русского? Или, скажем, грузина, француза, американца? Перечисление черт не приносит ровно никакого результата, поскольку оказывается, что они есть у всех. И тем не менее их вполне причудливое и, я бы даже сказал, таинственное переплетение дает в итоге то, что простым перечислением невозможно определить. Из всех знакомых мне литературных героев самый русский — Василий Теркин. Это мое субъективное восприятие, но это так. Он для меня гораздо более русский, чем такие сказочные и, следовательно, народные фигуры, как Иван-дурак, Илья Муромец и прочие. Теркин для меня вполне легендарен в смысле его обобщенного образа русского человека.

Твардовского открыл Маршак. Это было в тридцатых годах — деревенский парень со Смоленщины, в лаптях, пешком дошел до Москвы. Он явился к Маршаку, держа в одной руке завернутые в материнский платок продукты, а в другой — исписанную химическим карандашом ученическую тетрадку; пришел к Маршаку потому лишь, что с детства знал его фамилию, читал его книжки. Как поведал мне Самуил Яковлевич, он чуть не свалился со стула, когда начал читать «каракули» этого неотесанного мужика. Это были, по его словам, замечательные стихи, подобных которым он уже давно не встречал.

Маршак не мог наговориться, рассказывая о гениальной простоте поэзии Твардовского, о сочном народном языке, о его выразительности. Чаще всего Самуил Яковлевич приводил в качестве примера вот эти строчки:

> Переправа, переправа!
> Берег левый, берег правый,
> Снег шершавый, кромка льда...
> Кому память, кому слава,
> Кому темная вода, —
> Ни приметы, ни следа.

И в самом деле, точнее не скажешь, за несколькими словами возникает целая картина. Просто? Да. И непереводимо. Как, в частности, непереводим Пушкин — не в том смысле, о котором я уже писал, а в своей простоте. Самое короткое расстояние между двумя точками — прямая линия. Ее не улучшишь, ее по-другому не изложишь. Я читал множество переводов Пушкина на английском языке, и не было ни одного, который хоть в чем-то напоминал его. Все слишком просто, слишком гениально. Сравниваю ли я Твардовского с Пушкиным? Нет, конечно. Но отношусь с презрением к снобам, которые смотрят на Твардовского свысока, считая его слишком доступным, недостаточно элитарным, понятным и без ученой степени. Смех, да и только! Самое великое искусство просто, как Эверест, как океан, как огонь. В простоте той — красота, мощь, бессмертие и непостижимая сложность.

Твардовский нередко заходил к Маршаку, и мне было позволено сидеть тихо в углу и слушать их беседы. Как и большинство советских людей, Александр Трифонович в свое время восхищался Сталиным и безмерно верил ему. Но в отличие от многих, он сам же подверг эту веру сомнениям. В результате родилась поразительная поэма «За далью даль». Самое первое чтение этой работы, еще в рукописи, состоялось в кабинете Самуила Яковлевича, и я имел счастье присутствовать при нем. Это лишь один из множества примеров того, какими уникальными были мои обстоятельства, благодаря которым я имел возможность непосредственно слышать и слушать литературу и рассуждения корифеев того времени.

Кроме того, мне позволялось находиться в «лаборатории» Маршака, в его кабинете, когда он писал. Я был свидетелем того, как он работал, как раз за разом правил, перечеркивал, начинал с начала и вновь перечеркивал. Писательство — дело трудное, это знают все, это, так сказать, общее место; но чтобы понять, насколько оно трудное, надо увидеть муки сидящего за столом. Маршак садился за стол в девять утра и выходил из-за него в девять вечера, он работал как одержимый, доводя себя до полного изнеможения в поисках точного слова, точной рифмы. Самуил Яковлевич уже был на литературном олимпе, ему не требовалось никому ничего доказывать, все, что он писал, печаталось без разговоров. Словом, он мог не стараться. А он трудился на пределе своих возможностей. Художник иначе не может, художник — это... Нет, я и пробовать не буду дать определение, тем более, что это уже сделано бесподобно и точно Уильямом Фолкнером:

«Говоря о художнике, я, конечно, подразумеваю всех тех, кто попытался создать нечто такое, чего до них не существовало, создать лишь с помощью тех инструментов и того материала, которые принадлежат человеческому духу и потому не продаваемы; тех, кто, неважно как, неумело, попытался вырезать на стене окончательного забытья языком духа человеческого: «Здесь был Вася».

Это, главным образом, и, как мне кажется, по сути дела и есть все, что мы когда-либо пытались сделать. И я полагаю, мы все согласимся с тем, что мы провалились. Что созданное нами не дотягивало и никогда не дотянет до формы, до идеальной мечты, которую мы получили в наследство, которая подгоняла нас и будет подгонять дальше, даже после каждого провала, до тех пор, пока мука нас отпустит и рука, наконец, упадет и замрет». Эта мука не была чужда Маршаку. Ему потребовалось двадцать лет, чтобы перевести сонеты Шекспира, но мне доподлинно известно: когда эта работа была опубликована и встречена восторженно критикой и читателями, он страдал от осознания того, что не «дотянул» до идеала.

Он был одинок. Потеря младшего сына оказалась невосполнимой, а отношения со старшим складывались не лучшим образом. Жена его, Софья, давно скончалась. Женщина, которую он любил, — как я понимал, любил очень давно, — была замужем. К моменту моего появления в доме Маршака у нее нашли рак. Нет ничего удивительного в том, что в этих обстоятельствах Самуил Яковлевич нуждался в близком человеке, и волею судеб им стал я.

***

Речь идет о Тамаре Григорьевне Габбе, авторе, в частности, ставших классическими детских пьес «Волшебные кольца Альманзора» и «Город Мастеров». Время от времени она навещала Маршака, и я видел, как светлело его лицо, как блеск появлялся в его глазах. «Надо же, — думал я, — человек такой старый, а испытывает любовь». А ему тогда было меньше лет, чем мне сегодня...

***

Маршак всегда разговаривал со мной как с ровней, называл только по имени-отчеству, никогда не тыкал, понимая, что подчеркивал бы этим свое превосходство.

Он был заядлым курильщиком и, несмотря на слабые легкие, выкуривал две-три пачки сигарет в день. Нередко он болел воспалением легких и, как только поднималась температура, начинал бредить. Он всегда требовал, чтобы во время болезни я сидел около его постели — до сих пор не понимаю, почему он выбрал именно меня. Как-то, приходя в себя после очередного подъема температуры, Самуил Яковлевич посмотрел на меня печально и слабым голосом предложил:

— Эх, Владимир Владимирович, поедемте в Англию.

Мне, абсолютно невыездному, показалось, что он все еще бредит.

— Конечно, поедем, Самуил Яковлевич, — ответил я.

— Когда приедем, — абсолютно серьезно продолжал он, — мы купим конный выезд.

Я согласно кивнул.

— И вы, Владимир Владимирович, будете сидеть на козлах и привлекать всех красивых молодых женщин.

— Договорились, Самуил Яковлевич.

— Но внутри, — он взглянул на меня с хитрецой, — буду сидеть я, потому что вы, мой дорогой, совершенно не понимаете, как надо обращаться с красивыми женщинами!

Типичный Маршак.

Одновременно я корпел над своими переводами, иногда отдавая их на суд мастера. И вот однажды, прочитав несколько моих последних опусов, он сказал:

— Вот это можно печатать. Если хотите, могу кое-куда позвонить.

Я был вне себя от радости, но гордость взяла верх:

— Спасибо, Самуил Яковлевич, я сам. Главное то, что переводы вам понравились.

Гордость гордостью, но я был хитер и подл. Я перепечатал на машинке отмеченные Маршаком переводы (два из Донна, два из Блейка), а потом добавил к ним четыре маршаковских — разумеется, не из Роберта Бернса, бывшего у всех на слуху, а из Киплинга, Шелли, Китса и Браунинга. Вооружившись всем этим, я отправился в «Новый мир» к заведующей отделом поэзии. Меня там не знал решительно никто, я явился с улицы в самый престижный журнал страны с намерением опубликовать в нем свои труды. Заведующая отделом поэзии, женщина в литературных кругах известная главным образом потому, что муж ее был весьма «встроенным» литературным критиком, посмотрела на меня как солдат на вошь и сказала, что мои переводы не представляют интереса для журнала (и это не читая их). Я стал просить ее все-таки найти время, хоть одним глазком посмотреть на мою работу, и она, скорчив усталую и кислую гримасу, сказала, чтобы я оставил свою «писанину» и позвонил через неделю. Через неделю я вернулся в редакцию и спросил о ее впечатлениях.

— Серятина, — ответила она.

— Жаль, — вздохнул я. — Неужели ни один перевод из восьми вам не понравился?

— Нет, все это малоинтересно. И вообще, извините за прямоту, но вряд ли вам следует заниматься переводами.

— Ну что вы, — сказал я, — напротив, я вам очень признателен, даже не могу передать, как.

Она посмотрела на меня с удивлением:

— Я что-то не понимаю вас...

— Видите ли, — торжествуя, пояснил я, — вот эти четыре перевода, — я показал ей четыре листа бумаги, — принадлежат мне, а вот эти четыре, — я вытащил другие четыре страницы, — принадлежат Маршаку. И то, что вы не смогли различить мои переводы и переводы великого мастера, — это, знаете ли, огромный для меня комплимент.

Нужно ли описывать истерический скандал, который последовал за этим? Стоит ли говорить, что мои переводы никогда не публиковались в «Новом мире»?

***

Моей «благодетельницей» была Софья Григорьевна Караганова, жена известного тогда литературного и кинокритика Александра Васильевича Караганова.

***

На меня пожаловались Маршаку, который страшно возмутился и устроил мне головомойку, но при этом не смог удержаться от смеха.

— Я понимал, что я вас многому научил, — сказал он, и в его серо-зеленых глазах заиграла смешинка, — но не знал, что вы научились переводить не хуже меня.

Переводчик художественной литературы, переводчик поэзии — творец, да не совсем. Он зажигается от искры, но не высекает ее. Он заранее знает, что не дотянет, что потерпит поражение. Он понимает: то, что поэтическая вольность позволяет на одном языке, совершенно недопустимо на другом. Вот пример из Уильяма Блейка:

> Tiger! Tiger! Burning bright
> In the forests of the night.

Присмотритесь к этому образу:

> Тигр! Тигр! Ярко горящий
> В лесах ночи.

Я вас спрашиваю, может ли тигр ярко гореть? Разве не хочется обратиться к Уильяму Блейку: «Слушай, Билл, может, ты перебрал вчера? Ты вообще-то соображаешь, что, во-первых, в Англии нет тигров, и во-вторых, тигры не горят?» Но вся беда в том, что у Блейка тигр горит, таково волшебство его языка, и когда читаешь по-английски, это не вызывает никакого удивления, напротив, только восторг. Но как же передать это по-русски? Оставим в стороне рифму и размер, бог с ними, просто подскажите ради всего святого, как же перевести на русский «Тигр! Тигр! Ярко горящий», чтобы не казаться полным идиотом? Способ существует один-единственный: нужно суметь пропустить образ оригинала через призму другого языка — то, что выйдет, будет выглядеть иначе, но если это сделано мастером, позволит почувствовать силу оригинала:

> Тигр! Тигр! Светло горящий
> В темноте полночной чащи.
> *Перевод Маршака*

Конечно, тигр не горит, горят холодным светлым огнем *его глаза*, и горят они оттого ярче и страшнее, что он, тигр, затаился в полночь в густой лесной чаще...

Браться за перевод — значит принять вызов. И если ты любишь язык, то вызов в том заключается прежде всего, чтобы предоставить читателю возможность полакомиться совершенно новым блюдом. Вызов замечательный и сводящий с ума — в буквальном смысле слова. Я знаю об одном переводчике Фолкнера, который лишился рассудка и был отправлен в психиатрическую клинику: ему не удавалось, как он считал, достойным образом передать слог великого американского писателя на русском языке. Фолкнер, как вы знаете, писал прозу. Попытка же переводить стихи — это свидетельство и отваги, и любви, достойное благодарной памяти. Эдуарду Фицджеральду, одарившему Англию своим блестящим переводом рубайатов Омара Хаяма, поставили в Лондоне памятник. Он, совершивший литературный подвиг, вполне это заслужил.

Мое сближение с литературным миром причудливым образом усилило мой интерес к миру окружающему. В тот период, казалось, возрождалось советское общество. Все началось с выступления Никиты Сергеевича Хрущева на XX съезде КПСС, с разоблачения культа личности И.В. Сталина. Думалось, только этого и ждала страна, чтобы рвануться вперед, вырваться из сковавших ее идеологических пут. Поднялась мощная волна новых писателей, поэтов, художников, кино- и театральных режиссеров, композиторов, хотя, конечно, это было несравнимо с ситуацией начала XX века. То было время надежд, время, породившее знаменитых «шестидесятников», людей, веривших в идеалы социализма и коммунизма, идеалистов, но не фанатиков, не безумцев; это было время, когда верилось: вот-вот наступит та замечательная жизнь, о которой мечтали наши отцы и деды, вот она, за углом, осталось сделать лишь несколько шагов. Впрочем, это было время противоречивое. Я помню Маршака, возмущенного преследованиями никому тогда не известного поэта Иосифа Бродского. Самуил Яковлевич категорически не соглашался с теми, кто утверждал: коль Бродский не член Союза писателей СССР, то он не может считаться профессиональным поэтом и, следовательно, является тунеядцем, поскольку нигде не работает. Вообще-то, Бродский зарабатывал тогда на жизнь переводами, но преследовавшие его власти отказывались признавать, что это работа (нет трудовой книжки, значит, не работает — и точка). Преследовали Бродского за то, о чем он писал, за его мысли, а потому и не существовало защиты, не действовала логика, не было приемлемых аргументов. Чем это кончилось, все помнят: страна потеряла Бродского, потеряла его точно так же, как сонм блестящих художников, ученых, писателей, которым было невмоготу дальше жить в этом удушливом государстве, провозгласившем, что «искусство должно быть понятно народу» (лозунг был приписан Розе Люксембург, которая на самом деле сказала, что «искусство должно быть *понято* народом». Должно быть *понято*, а не *понятно*).

Вместе с тем это был период так называемой «оттепели». Он был отмечен романом Дудинцева «Не хлебом единым» (ныне он забыт, но тогда его воспринимали как манифест, им зачитывались все), «Одним днем Ивана Денисовича» Солженицына, поэмами Твардовского, публикациями возглавляемого им журнала «Новый мир», рождением Театра на Таганке под руководством Юрия Петровича Любимова и, разумеется, ныне тоже забытой книгой Ильи Эренбурга «Оттепель», давшей этому времени свое название. Однако тогда же было потоплено в крови венгерское восстание, десять лет лагерей получила группа Краснопевцева за то, что они, студенты исторического факультета МГУ, стали выпускать подпольную газету, в которой критиковали основы советской системы; тогда же родилось слово «диссидент» и состоялся первый суд — вернее, судилище — над диссидентами Синявским и Даниелем. Да, время было противоречивое, но атмосфера полнилась надеждами и ожиданиями, великими свершениями. В те годы я впервые (и в последний раз) стал свидетелем спонтанных изъявлений воли тысяч и тысяч людей, вышедших на демонстрации самостоятельно, чтобы выразить свой восторг, свою поддержку чему-либо. Мне, правда, говорили, что подобные массовые волеизъявления были вполне обычными в сталинское время, что Первого мая и Седьмого ноября сотни тысяч москвичей шли торжественным маршем через Красную площадь, чтобы собственными глазами увидеть «великого Сталина». Может быть. После его смерти парады стали пустой формальностью.

Дважды я принимал участие в таких парадах. Первый раз, когда еще был студентом биофака, второй — через много лет, уже работая в Гостелерадио СССР. В обоих случаях меня назначили правофланговым, то есть тем человеком, который проходит в шеренге ближе всего к Мавзолею. Правофланговый смотрит прямо вперед, все остальные равняются по нему, от него зависит, как будет выглядеть шеренга. Словом, быть правофланговым — своего рода честь. Кроме того, положено проходить некоторую подготовку, которая совершенно не имеет отношение к строевой. В частности, когда я готовился к участию в последнем в моей жизни параде (насчет последнего — это я заявляю твердо), меня пригласили на партийное собрание «для правофланговых». Каждому из нас вручили лозунг, который надо было запомнить и потом, проходя перед трибунами на Красной площади, проорать во все горло, после чего «твоя» шеренга должна взреветь «УуууууууРРР-РРааааааааа!» Эти лозунги отличались предельной тупостью, для нормального человека произносить такие вещи — уж не говорю кричать — просто оскорбительно. Я, например, получил лозунг «Да здравствуют советские женщины!». Я сказал, что орать такую белиберду отказываюсь. После недолгого спора парткомовец отстал от меня, рассудив, что в общем реве Красной площади никто не заметит, кричу я со всеми или нет.

Кроме того, всем нам вручили ветки искусственных цветов, коими мы должны были ритмично махать... но осторожно. Почему осторожно? А потому, что они скреплены какими-то пластмассовыми защипками. В прежние годы цветы держались на довольно толстой металлической проволоке, но один бдительный товарищ решил, что они могут быть использованы как колющее оружие. Против кого? — все задавался я вопросом. Ответ я получил во время самого парада. По мере того как наша колонна приближалась к Красной площади, вдоль улиц скапливалось все больше и больше «искусствоведов в штатском», а на самой площади их было, как мне казалось, столько же, сколько демонстрантов. Они стояли ровными рядами, разделяя площадь вдоль коридорами, по которым мы шли; они следили за нами, как ястребы, никому не давали останавливаться, держа под контролем каждый жест, каждый взмах руки. Они охраняли от нас руководителей партии и государства, стоявших на трибуне Мавзолея. Это было омерзительно. Ничего менее спонтанного и искреннего я не видел ни до, ни после.

Но во время «оттепели» все было иначе. В 1957 году состоялся запуск первого спутника Земли, а в октябре 1961 года Юрий Гагарин стал первым человеком, взмывшим в космос. Как только сообщили о Гагарине, столица сошла с ума. Тысячи людей высыпали из домов и учреждений, они пели, плясали, обнимались и целовались, шли шеренгами по десять человек, взяв друг друга под руки, и от радости хохотали в голос и плакали. Вот это была спонтанность! То же самое случилось чуть позже, 9 мая 1965 года, когда праздновали двадцатилетие Победы над германским фашизмом. О своих соображениях по поводу этого двадцатилетнего перерыва я уже писал и не буду повторяться, но хочу сказать, что каждый раз, думая об этом, я вспоминаю фильм «Белорусский вокзал», в котором режиссер Андрей Смирнов сумел необыкновенно тонко показать, что война — страшная, кровавая, бесчеловечная — была мигом наивысшего самовыражения и даже счастья советских солдат, а последовавшее за нею время — периодом тяжелым, безрадостным, а порой трагическим.

Так или иначе, это был первый за двадцать лет праздник Победы, люди выходили на улицы, заполняли московские скверы, площади, парки, бульвары — поразительное и трогательное зрелище. Мне никогда не забыть их, ветеранов Великой Отечественной, как они собирались группками перед Большим театром, держа в руках плакаты с названиями военных подразделений, с фамилиями тех, с кем когда-то воевали плечом к плечу. Они стояли строго, почти торжественно, ожидая чуда: что появятся их фронтовые товарищи, что как-то кто-то хоть немного успокоит их ноющие раны. Нет у меня слов, не такой я писатель, чтобы суметь передать, что я увидел, что почувствовал. Но за тот один день я понял больше о том, как в Советском Союзе люди относятся к войне и к миру, чем за все предыдущие и последовавшие годы.

Это были противоречивые времена, за ними стоял Хрущев — противоречивый человек. С одной стороны, им двигали определенные демократические импульсы; он не был лишен принципиальности и мужества — требовалась приличная порция и того, и другого, чтобы, вопреки большинству Политбюро, выступить с разоблачениями сталинских зверств. Вместе с тем Хрущев являлся продуктом своего времени и сам измазал руки в крови по самые локти; порвать с той системой, которая вознесла его к власти, он не мог так же, как ящерица не может порвать со своим хвостом — взамен старого вырастает новый.

Хрущев был своего рода самородком, хитрым, далеко не глупым, но при этом малообразованным и совершенно не утонченным человеком, как и все партийные лидеры, правящие страной после Ленина и вплоть до появления Горбачева. Никита Сергеевич не терпел возражений, был вспыльчив и падок на лесть, чем безбожно пользовалось его окружение. При всей своей хитрости он довольно легко «заводился». Один из самых ярких примеров этого — печально известная выставка в Манеже, посвященная годовщине МОСХа. Среди представленных произведений было довольно много картин абстрактных, не предметных; руководство Союза художников, верные последователи социалистического реализма, долго готовили Хрущева к открытию выставки, понимая, что молодая и талантливая поросль художников всерьез угрожает их благополучию. И Хрущев, увидев абстрактные работы, взбесился. Он и в самом деле ничего не смыслил в искусстве и считал, что если нарисовано «похоже», значит, это здорово, если же не похоже — то мазня. Генеральный секретарь ЦК КПСС разорался так, что чуть не лопнул, причем главным объектом своего гнева выбрал того, кто совершенно его не испугался и на грубости в свой адрес отвечал не меньшими грубостями. Речь идет об Эрнсте Неизвестном, замечательном скульпторе, художнике, мыслителе, человеке, на которого дважды во время войны присылали похоронки, человеке, одним словом, не боявшемся ни Бога, ни черта. Хрущев орал, что тот — педераст, а Неизвестный кричал, что Хрущев — тупица. Много лет спустя, уже отойдя от власти, Никита Сергеевич признал, что был не прав, и попросил Неизвестного сделать памятник на его могиле, когда он умрет. Неизвестный выполнил просьбу того, кто фактически вынудил его покинуть Россию и эмигрировать в Америку. Если вы посетите Новодевичье кладбище, найдите могилу Хрущева: вы увидите могильную плиту, наполовину белую, наполовину черную, а в нише — цвета темного золота скульптурное изображение головы Никиты Сергеевича. Смеющегося. Непонятно, над чем он смеется, хотя мне кажется, что над собой.

* * *

О манере Никиты Сергеевича разговаривать лучше всего свидетельствует анекдот того времени:
Правительственная делегация СССР приехала в Нью-Йорк на заседание Генеральной Ассамблеи ООН. На ней должен выступить Хрущев. Накануне выступления, вечером, Хрущев ужинает со своим зятем Алексем Ивановичем Аджубеем, главным редактором газеты «Известия».
— Алеша, — говорит он, — завтра мое выступление, хочу, чтобы ты посмотрел мою речь. За завтраком скажешь свое мнение.
Утром они вновь встречаются.
— Ну, как тебе моя речь? — спрашивает Хрущев.
— Никита Сергеевич, — отвечает Аджубей, — речь гениальная. Только два мелких замечания: «в жопу» пишется раздельно, а «насрать» — слитно.

* * *

Хрущев был типичным «человеком из народа», он и пахал, и уголь добывал, он с юности поверил в идеи коммунизма и воевал за них отчаянно, не щадя ни себя, ни других. Ни для чего другого у него не было ни времени, ни подготовки. Приведите такого человека в художественную галерею, подведите его к картине, на которой изображена черная точка на белом фоне, и скажите ему, что картина называется «Лошадь, жующая сено». Он ведь жил в деревне, знает, как выглядит лошадь и что такое сено, он видел, как околевали лошади и умирали от голода люди, потому что не было сена. Он хлебнул этой жизни по самые помидоры, но ничего не смыслил в искусстве, и если он повернется к вам и скажет: «Нечего дурачить меня, вы — сраные шарлатаны», если он взорвется и понесет вас, а заодно всех остальных, по кочкам, густо пересыпая свою речь матом, этому не следует удивляться. Его реакция не только искренна — она предсказуема. Именно ее ждали от него те, кто так тщательно готовил его к этому дню.

План сработал на все сто. Когда Хрущев объявил всю беспредметную живопись «говном», соцреалисты получили то, на что рассчитывали: Союз художников, а заодно и все другие творческие союзы захлопнули двери перед целым поколением наиболее талантливых людей. Их работы было запрещено выставлять, исполнять, печатать. Они оказались изолированными от общества, стали внутренними эмигрантами. Удивительно ли, что как только эмиграция стала возможной, они среди первых покинули свою советскую родину?

Хрущев был типическим явлением своего времени, как и те, кого он выдвигал на руководящие должности. Министр культуры СССР Екатерина Алексеевна Фурцева, кажется, в прошлом была ткачихой. Сегодня некоторые вспоминают о ней с долей ностальгии, но, как мне кажется, только потому, что люди, пришедшие ей на смену, понимают в культуре еще меньше, чем понимала она. Ткачиха — министр культуры — это нонсенс, издевка, особенно в отношении России, страны уникальной по культурному богатству. Именно во времена Фурцевой родился анекдот о том, как в Праге на приеме представляют главе советской делегации министра военно-морского флота ЧССР. «Прошу прощения, — говорит советский гость, — но как может Чехословакия иметь военно-морского министра, если не имеет при этом выходов к морю?» «Но ведь у Советского Союза есть же министр культуры?» — следует любезный ответ». Конечно, анекдот не корректный, потому что у России, в том числе советской, культура была. И все же...

После захвата власти большевиками в ноябре 1917 года первое советское правительство приняло целый ряд решений, направленных на то, чтобы искусство стало доступным широким народным массам. Надо признать, что этот подход принципиально отличался от царистской и буржуазной традиции, согласно которым искусство считалось областью, доступной лишь элите — интеллектуальной и финансовой (этот взгляд продолжает исповедоваться на Западе и сегодня).

Можно как угодно относиться к первому министру культуры Советского Союза Анатолию Луначарскому, но нельзя отказать ему в исключительной эрудиции. Нет сомнений, что он сыграл ключевую роль в поддержке всякого рода экспериментов, которыми изобиловало искусство тех лет. Другое дело, что по мере укрепления власти большевиков и самого Сталина, по мере того, как культурный авангард либо покидал страну, либо подвергался репрессиям, советская политика в области культуры стала выполнять иную функцию и потребовала иных руководителей. Луначарский пытался приспособиться к новым временам, но тщетно. После него культуру возглавили комиссары, люди, совершенно лишенные даже самых приблизительных представлений о том предмете, который был поручен их руководству. Они безграмотно говорили по-русски, не имели образования, если и прочли какие-то книжки, то скорее всего не более двух-трех (включая сталинский «Краткий курс истории ВКП/б»); в артистических кругах над ними смеялись, но это был смех сквозь слезы — ведь именно их наделили властью, от них зависело благополучие каждого, кто трудился на ниве культуры.

Среди них Фурцева была не худшим человеком, чуть более деликатным и склонным выслушивать людей, чем большинство советских руководителей. Но этим, пожалуй, можно ограничиться, оценивая ее как министра культуры. Она, например, была убеждена, что на смену профессиональному искусству придет художественная самодеятельность, о чем и говорила неоднократно. Однажды Борис Николаевич Ливанов, народный артист СССР и один из столпов МХАТа, публично спросил ее:

— Екатерина Алексеевна, если бы вам пришлось сделать аборт, вы пошли бы к гинекологу-профессионалу или к врачу самодеятельному?

Последовал гигантский скандал — не только потому, что ее публично унизили, но и потому, что Фурцева, как большинство так называемых «простых людей», была ханжой и прилюдное произнесение слова «аборт» считала верхом неприличия. Как правило, однако, «простым людям» не поручают судьбу культуры страны. Когда же поручают, как это было в СССР, происходят вещи предельно нелепые. Например, во время Московского международного кинофестиваля 1961 года был представлен английский фильм «Такова спортивная жизнь». В одной сцене герой фильма, сыгранный замечательным актером Альбертом Финни, узнает от своей девушки, что она беременна.

— Ты с чего это взяла? — спрашивает он.

И она отвечает:

— У меня не было месячных.

Когда синхронист перевел эти слова, то сидевшая в ложе почетных гостей Фурцева устроила форменную истерику. Говорить с экрана о «месячных»?! Да это настоящая порнография! Типичная реакция человека, только что вышедшего из лицемерной атмосферы крестьянской общины, где можно делать все что угодно, лишь бы не видели, не знали, не говорили.

Ханжество такого рода вообще характерно для различного рода русских шовинистических и националистических организаций, например типа «Памяти», чьи идеалы и устремления якобы восходят к «чистому роднику русской духовности». Эти господа отличаются звериным антисемитизмом, патологической нелюбовью ко всему Западу (это не касается автомобилей и прочих «мелочей жизни», которыми они охотно пользуются) и регулярно поносят телевидение за то, что оно позволяет себе показывать отдельные части обнаженного женского или мужского тела. Фильмы, содержащие сексуальные сцены, равно как и книги, их описывающие, должны быть, с точки зрения «Памяти», сожжены, а конкурсы красоты — запрещены... Словом, аятолла Хомейни приветствовал бы подобную организацию (если бы она только не выдавала себя за истинно православную), но если говорить серьезно, у «Памяти», как и у аятоллы, есть поклонники.

Возвращаясь к Фурцевой, — она годилась для управления культурой в России в такой же мере, в какой я гожусь на то, чтобы возглавить Министерство атомной энергетики. И я искренне не знаю, от кого из нас в конечном счете страна пострадала бы больше...

Противоречивость личности Хрущева проявилась особенно выпукло в деле Бориса Пастернака, когда того исключили из Союза советских писателей за позволение опубликовать роман «Доктор Живаго» в Италии. Многие не помнят о том, что роман должен был появиться в журнале «Новый мир», но главный редактор журнала Константин Симонов попросил Пастернака внести в рукопись некоторые коррективы. Из-за этого, в частности, журнальная публикация задержалась. Тем временем право издания рукописи за рубежом приобрело издательство Фельтринелли, согласившееся выпустить итальянский перевод сразу же после публикации в «Новом мире». Но когда появление романа в журнале стало откладываться, Фельтринелли не захотел больше ждать и опубликовал его в Италии. И конечно, последовала буря негодования. То, что на Западе роман приняли как своего рода антисоветский манифест, усугубило дело. Но у меня нет ни малейших сомнений в том, что бурная реакция Хрущева и последовавшая за ней подлая кампания травли Пастернака в советской прессе — результат таких же интриг, которые возбудили гнев Хрущева на выставке в Манеже в 1961 году. Вся история с Пастернаком не только нанесла урон советской литературе и искусству, но была использована на все сто процентов на Западе — это стало козырным тузом в холодной войне, той самой непобиваемой картой, о которой мечтал антисоветский эстеблишмент. И карту эту подарили сам Хрущев и советские, с позволения сказать, журналисты-пропагандисты.

***

Меня всегда поражала способность российских властей принимать решения, наносящие урон образу России и русских в мире. Представьте себе, что советское руководство никак не отреагировало бы на выход книги Пастернака: вышла книга — и вышла. Что последовало бы? Скорее всего, оживленное обсуждение на тему «изменившихся обстоятельств», «либерализации» в СССР (т.е. ничего плохого), да и все. Я даже допускаю, что Борису Леонидовичу не дали бы Нобелевской премии — не потому, что он был ее недостоин, а потому, что тогда она носила явно политический характер. Кстати, о премии в области литературы... Она была основана в 1901 году. Но ни Антон Павлович Чехов, умерший в 1904 году, ни Лев Николаевич Толстой, проживший до 1910 года (посмертно «Нобеля» не дают), не стали лауреатами...
Так нет же, решили наказать Пастернака, а на деле сами обделались с ног до головы в глазах мира. Российские власти с завидным постоянством наступают на одни и те же грабли — что тогда, полвека назад, что сегодня. И убеждаясь, что «имидж России» как-то непривлекателен, тратят уйму усилий и денег на создание центров, призванных этот имидж улучшить. Таким было Центральное радиовещание на зарубежные страны,

таким было агентство печати «Новости», такой сегодня является телевизионная компания «Russia Today». Как же не понимают идеологи подобных пропагандистских контор, что если средства массовой информации во всем мире рисуют негативную картину России, то своим СМИ местное население поверит гораздо больше, чем какому-то «Голосу России»? Да и вообще, если хочешь, чтобы твой «имидж» вызывал симпатию, лучше внимательно посмотри на себя в зеркало и сделай правильные выводы.

***

В какой-то степени вся эта история напоминает мне то, что я читал (сначала в американском журнале Time, а потом в советской печати) о суде над Синявским и Даниелем. Речь идет о разговоре, который состоялся между Евгением Евтушенко и Робертом Кеннеди во время приема в Нью-Йорке. В какой-то момент Кеннеди подошел к Евтушенко и повел его в ванную комнату, где пустил душ, чтобы никакой «жучок» не смог записать их разговор. Потом Кеннеди рассказал Евтушенко, что суд над Синявским и Даниелем был результатом сговора между ЦРУ и КГБ, и имел этот сговор отношение к следующему: в течение нескольких предыдущих лет в американских литературных журналах регулярно появлялись рассказы некоего Абрама Терца, советского писателя-диссидента. Как ни старался КГБ обнаружить фамилию того, кто прячется за этим псевдонимом, не удавалось. ЦРУ, располагавшее этой информацией, специально для КГБ устроило утечку, в результате которой Терца-Синявского арестовали. Безумие? Да не совсем. К этому времени в Америке маккартизм ушел в прошлое, антисоветская истерия поутихла, американцам порядком поднадоело слушать заявления о «коммунистической угрозе», их больше начало беспокоить происходящее во Вьетнаме. Надо было каким-то образом повлиять на общественное мнение, повернуть его в нужное русло, и план нашелся дьявольски удачный: подтолкнуть Советский Союз к тому, чтобы власти повели свою «охоту за ведьмами», то есть чтобы возник советский маккартизм, который вызвал бы возмущение американского народа. И все сложилось как нельзя лучше. Правда, журнал «Тайм», получивший эту информацию от Евтушенко, усомнился в ее достоверности. К этому времени Роберта Кеннеди убили, но жив был его переводчик, участвовавший в тайной беседе в ванной комнате. Журнал разыскал его, и он подтвердил подлинность рассказа. Я, читая об этом событии, тоже сомневался, но у меня нет и серьезных оснований опровергать его. Для меня КГБ и ЦРУ одинаково подлы.

История с Пастернаком попахивает той же мерзостью.

Подавляющее большинство моих московских знакомых были в ужасе от того, что сотворила с ним власть. Его исключили из Союза советских писателей, — и проголосовавшие за это навеки покрыли себя позором. К тому же выход Пастернака из этого Союза почти комичен. Сброд лизоблюдов, чьи фамилии и чью писанину не будет помнить никто, выгнал из своих рядов великого поэта! Блоха «стряхнула» с себя собаку.

— Нашлись писатели, выступившие в защиту Пастернака — и при этом подвергшие себя немалому риску. Среди них был Илья Эренбург, который и сам отличался противоречивостью характера, но к концу жизни попытался искупить свое просталинское прошлое. Эренбург, весьма эрудированный блестящий оратор, не имел равных себе в дискуссиях. Я был свидетелем того, как в Библиотеке иностранной литературы проходили дебаты между ним и известным тогда советским критиком Тамарой Мотылевой. Тема — значение французского импрессионизма. В те годы исповедовался лишь метод социалистического реализма (термин уже забытый, наряду с целым ворохом абракадабры сталинского периода), от которого импрессионизм был весьма далек. Лучшие коллекции предметов изобразительного искусства, принадлежащих этому течению, хранились тогда в ленинградском Эрмитаже и московском Музее изобразительных искусств им. А.С. Пушкина, но никогда не выставлялись. Сегодня, наслаждаясь работами, купленными Морозовым, Щукиным, Мамонтовым и другими русскими предпринимателями и меценатами, имевшими поразительное чутье на подлинное искусство, мы только диву даемся: как советская власть могла прятать эти картины от глаз населения, о котором якобы заботилась? Эренбург, проживший долгие годы во Франции и друживший с Модильяни, Браком, Шагалом, Леже, Пикассо, великолепно разбирался и в импрессионизме, и в живописи вообще. Дебаты превратились в полнейший разгром Мотылевой, а публика аплодировала как сумасшедшая. Я помню громовый смех, последовавший за предложением Мотылевой доказать, что Дега — более крупный художник, чем Решетников. Эренбург бросил на нее взгляд, полный презрения, и парировал: «Позвольте мне процитировать Чехова, который как-то сказал: «Невозможно доказать, что Пушкин лучше Златовратского...»

Библиотека иностранной литературы являлась своего рода оазисом в литературной пустыне. Здесь можно было найти не только современную литературу зарубежных стран, но и кассеты с песнями разных стран и народов, записи поэзии в исполнении иностранных актеров... Наконец, в залах библиотеки проводились на соответствующих языках ежемесячные семинары «Новинки американской (английской, немецкой, французской) литературы». Эти семинары вели чаще всего критики, специалисты. Исключение составляла американская тематика — почему-то по ней не было тогда специалистов (речь идет о конце пятидесятых — начале шестидесятых годов). От друзей отца мне, как члену «Клуба книги месяца», достался трехлетний абонемент, и я получал свежие издания прямо из США, благодаря чему был, в общем-то, в курсе всего, что происходило *там* в области литературы. Как ни странно, цензура ни разу ничего не изъяла из моих заказов, если не считать двух случаев: в первом конфисковали подарочное издание Библии с иллюстрациями Рембрандта, во втором — великолепную работу журналиста Уильяма Ширера «Взлет и падение Третьего рейха», лучшую, на мой взгляд, книгу о приходе к власти Гитлера и о падении его режима. Книга еще ждет своего перевода на русский язык.

Моя первая лекция во Всесоюзной государственной библиотеке иностранной литературы (ВГБИЛ), ныне названной в честь Маргариты Ивановны Рудомино. 1959 г.

***

К счастью, книга переведена. Рекомендую ее всем, кто не читал и кто интересуется историей возникновения и установления нацизма в Германии, равно как и его падением.

***

Я совершенно не помню, при каких обстоятельствах встретился с директором библиотеки Маргаритой Ивановной Рудомино, чтобы предложить ей свои услуги в качестве ведущего ежемесячного семинара по новинкам американской литературы — вполне возможно, мне в этом помог Маршак. Но так или иначе встреча состоялась, и она немедленно приняла мое предложение. Я поблагодарил ее и сказал, что есть одно условие, без выполнения которого буду вынужден отказаться, а именно: я хочу читать лекции бесплатно. Посмотрев на меня, скорее с любопытством, нежели с удивлением, Маргарита Ивановна поинтересовалась причиной такого требования.

— Видите ли, — пояснил я, — если я соглашаюсь на оплату, это означает, что я принимаю ваши правила и должен выполнять их. Если же денег не возьму — я сам себе хозяин и могу говорить что хочу.

Маргарита Ивановна Рудомино была человеком выдающимся, Библиотека иностранной литературы, которая ныне носит ее фамилию, была создана ею и сохранена благодаря ее подвижнической работе. Она все знала, все понимала. Я плохо помню, как она выглядела: кажется, довольно высокого роста, с уже седыми волосами, зачесанными вверх наподобие короны... Лицо доброе, чудесная улыбка. И вот, услышав мои доводы, она улыбнулась и совершенно серьезно, без тени иронии, приняла мои условия, но в обмен выдвинула одно свое: через год мы вернемся к этому вопросу, и если у меня не будет оснований для возражений, мне начнут платить. Я согласился.

Там же. На меня ходили, как на тенора. Отчасти потому, что «пел» я на чистом американском

Вспоминая этот эпизод, я мысленно краснею. Может ли двадцатипятилетний человек быть таким наивным? То, что Маргарита Ивановна не рассмеялась мне в лицо и не выставила за дверь, говорит об удивительной терпимости и мудрости этой женщины.

Я начал читать лекции — и сразу стал пользоваться необыкновенной популярностью, на мои семинары буквально ломились. Отчасти это объясняется тем, что я говорил на чистом американском варианте английского языка — в те годы в Москве такое редко встречалось (по сей день в советских вузах студентов учат «королевскому» английскому языку, хотя большинство желает говорить так, как говорят в Америке, вопреки взглядам незабвенного профессора Генри Хиггинса). Наверное, причина еще и в том, что мои высказывания отличались от привычных, я не разбирал авторов и их произведения с классовых позиций. Наконец — и, возможно, это было главное — я обсуждал книги, не доступные рядовому читателю, книги, которые держались в так называемом спецхране, книги хотя и не антисоветские, но с точки зрения Главлита (цензуры) не подходящие для советского читателя. Например, роман писателя второго разряда Леона Юриса «Исход» — о том, как возникло и строилось государство Израиль. Конечно, нарушая правила спецхрана, я мог навлечь на себя неприятности. Помню, как одна из сотрудниц библиотеки потребовала от меня, чтобы я не обсуждал на своих лекциях «подрывную» литературу. Я, естественно, отказался, но уверен, что неприятности последовали бы, не вмешайся Маргарита Ивановна. Вспоминая ее, я поражаюсь тому, как она избежала ареста, почему ее, типичного представителя блестящей дореволюционной русской интеллигенции, не замели, каким образом она не только устояла, но и активно участвовала в общественной жизни страны, в которой люди ее типа и происхождения уничтожались чохом?

***

В облике Маргариты Ивановны было что-то... несоветское. Описать это словами не могу. Но чувствовалось, что она не из «простых» ни лицом, ни манерами, ни тем прекрасным и образным русским языком, которым она говорила. Тогда, правда, я не особенно задумывался над этим, но много позже, когда писал эту книжку, захотелось узнать, откуда родом Маргарита Ивановна Рудомино? Интернет оказался не точным источником, равно как и Википедия. К счастью, мне удалось дозвониться до Адриана Васильевича Рудомино, ее сына, так что сведения у меня, можно сказать, из первоисточника. Оказывается, род Рудомино — из обрусевших немцев. Мать Маргариты Ивановны была из аристократического рода фон Бэр, с отцом же сложнее. Фамилия Рудомино весьма известна в Литве, более того, под Вильнюсом есть маленький городок Рудомино. Так что есть основания полагать (но не утверждать), что и отец Маргариты Ивановны был из дворян. Что до его профессиональных занятий, то они неизвестны. В любом случае, я правильно угадал «несоветское» происхождение моей первой советской работодательницы.

Маргарита Ивановна окончила филологический факультет МГУ в 1926 году и при поддержке Луначарского создала Всесоюзную государственную библиотеку иностранной литературы (ВГБИЛ), которую возглавляла пятьдесят один год. На базе созданных ею лингвистических курсов библиотеки был основан Государственный педагогический институт иностранных языков. При ее деятельной поддержке родились журналы «Интернациональная литература» и «Иностранная литература». Переоценить вклад этой женщины в сохранение и развитие культуры в России невозможно. Если представить себе, в каких условиях она отстаивала свое дело, то точнее Сергея Аверинцева не скажешь: «Труд М. И. Рудомино был героическим в самом буквальном смысле слова». Когда в 1973 году дочери Председателя Совета министров А. Косыгина захотелось возглавить ВГБИЛ, Маргариту Ивановну вызвали в Министерство культуры СССР, где встречался с ней не министр (видимо, Фурцева считала, что это не ее «уровень»), а замминистра и начальник отдела кадров. Потребовали, чтобы она написала заявление об уходе на пенсию, и когда М.И. отказалась, пригрозили снять «за допущенные ошибки». В конце концов ее вытолкнули на пенсию, даже не позволив остаться работать в созданной ею библиотеке, чтобы написать ее историю. Правда, М.И. все же написала книжку — но не с помощью, а вопреки. Такие были времена.

***

Прошел год, и Маргарита Ивановна попросила меня зайти в ее кабинет. Напомнив мне о нашей договоренности, она спросила, имел ли я свободу говорить о чем хотел и как хотел? Я ответил, что да. Тогда, сказала она, я должен согласиться на оплату моих лекций. Чувствуя себя полным идиотом, я согласился. И с тех самых пор стал получать по семь рублей за лекцию (кандидаты наук получали десять, но у меня не было степени), то есть двадцать восемь рублей в месяц.

Я хотел бы еще написать, хотя бы коротко, об особом читальном зале, который существовал во всех сколько-нибудь крупных библиотеках Советского Союза, а именно о спецхране. Доступ туда имели люди, чьи профессиональные занятия требовали обращения к той или иной «закрытой» литературе. «Закрывал» литературу Главлит — отчасти по своему разумению (например, все романы и рассказы Хемингуэя были «открыты», кроме «По ком звонит колокол»; его запретили, поскольку описание гражданской войны не соответствовало советскому взгляду на это событие. Недоступен был и роман Маргарет Митчелл «Унесенные ветром» — потому что он с точки зрения цензоров слишком положительно показал рабовладельческий Юг США), отчасти по определенным правилам (скажем, «закрывали» всю некоммунистическую периодику). Дело доходило до полного абсурда. Так, будучи уже сотрудником Гостелерадио СССР, я имел доступ к спецхрану великолепной справочной этого учреждения. Но поскольку работал я в Главной редакции радиовещания на США и Англию, я мог читать только американскую и британскую прессу. А французскую или немецкую — нет.

Сжигают ли книги, запрещают ли, изымают ли с полок школьных библиотек, как все еще происходит и в США, и в других странах, — под этими действиями лежит один общий знаменатель: боязнь иного мнения, опасение, что оно бросит вызов принятым нормам и традициям и повлечет за собой непредсказуемые последствия. Чем менее уверено в себе общество, тем более жестко и жестоко оно реагирует. Советский Союз — ярчайшее тому подтверждение. О том, как обошлись с Пастернаком, Бродским, Солженицыным, знают все. Но ведь несть числа жертвам советской государственной машины: Булгаков, Пильняк, Зощенко, Ахматова, Цветаева, Платонов, Мандельштам, Хармс... Любое общество, которое по той или иной причине страшится свободомыслия и тем более инакомыслия, страдает в своем отношении к писателю раздвоением личности. С одной стороны, оно видит в писателе несомненный плюс, поскольку тот может силой своего таланта добиться для этого общества гораздо больше, чем пропагандистский аппарат (например, Горький, Гайдар, Фадеев). Но с другой стороны, писатель способен нанести сильнейший удар по принятым взглядам, подорвать общественный порядок — и потому потенциально опасен. Эта шизофрения проявляется так или иначе во всех обществах, в зависимости от исторических и прочих традиций.

Невозможно в рамках этой книги подробно рассмотреть причины того, почему русская литература развилась как часть контркультуры, как течение, которое противостояло царизму. Крупные русские писатели крайне редко увлекались искусством ради искусства, они всегда, или почти всегда, занимали определенную позицию, отстаивали определенные взгляды — за что и страдали.

Удивительно, как мало помнят советские граждане о тех, кого «просвещенная Россия» мордовала за то, что они писали, о чем думали. Например, Николай Новиков, которого на пять лет похоронили в Шлиссельбургской крепости по приказу Екатерины II; она же отправила в сибирскую ссылку Александра Радищева, чья замечательная книга «Путешествие из Петербурга в Москву» была запрещена в 1790 году и не печаталась в России сто пятнадцать лет (!) — до 1905 года. Я уж и не говорю о судьбе Лермонтова, о том, что Достоевский был приговорен к смерти (и спасен театральнейшим образом в последнюю минуту), об отлучении от церкви и предании ею анафеме Льва Толстого... А помним ли мы, что «наше все» — Пушкин — имел в качестве персонального цензора самого царя, без разрешения которого не мог печататься? Александр Сергеевич был вполне по-советски невыездным, и сколько бы ни просил он о выдаче паспорта, неизменно получал отказы.

Думаю, справедливо предположить, что где-то в последней четверти восемнадцатого века в России родилась традиция, в соответствии с которой писатель либо противостоял системе, либо служил ей. И революция 1917 года не изменила ее.

Все те, кто вынужден был «писать в ящик», с кем расправлялись и морально, и физически, все эти люди — не случайные жертвы тупой бюрократии. Им заткнули рты вполне намеренно, считая их опасными. Разумеется, это не сугубо русское явление. И Мольер, и Байрон, и Гейне страдали от недовольства короны. Еще совсем недавно «левым» американским писателям устраивал своего рода аутодафе Комитет по антиамериканской деятельности Палаты представителей конгресса США. Тем не менее я не могу назвать вторую страну, писатели которой не только брали на себя функцию совести нации, но и выражали полную готовность нести за это ответ.

В годы «оттепели» невозможно было купить «лишний билетик» на поэтические вечера Ахмадулиной, Вознесенского, Евтушенко, проводившиеся в Лужниках на зимней арене, куда набивалось пятнадцать с лишним тысяч человек. Люди приходили не наслаждаться поэзией, а послушать страстные слова о жизни — об их жизни, их стране, их времени, узнать то, о чем не писали в газетах, не говорили ни по радио, ни по телевидению, то, что помогало им лучше понять, кто они сами и куда идут. И вот это на самом деле — исключительно русское явление.

Особо хотелось бы высказаться по поводу неимоверной популярности Владимира Высоцкого. Высоцкий был хорошим актером, возможно, очень хорошим, но когда люди шли в Театр на Таганке, они шли не «на Высоцкого», а именно на спектакль «Таганки», «на Любимова».

Высоцкий был одаренным поэтом, возможно, очень одаренным, но изданные посмертно книжки его стихов никогда не являлись предметом массового ажиотажа.

Если бы не песни, Высоцкого, возможно, знали бы не больше, чем десятки и сотни других актеров. А что же сами песни и их исполнение? Играл на гитаре Высоцкий посредственно. Музыка его песен довольно рудиментарна, она не отличается ни профессиональным мастерством, ни даже оригинальностью. Более того, в исполнении других людей, исполнителей куда более профессиональных, песни эти не пользовались и не пользуются особым вниманием публики. Так чем объяснить неслыханную славу Высоцкого, почему его песнями заслушивалась вся страна — от рядовых людей до членов ЦК и Политбюро? Ответ-то очевидный, но я все-таки повремению с ним, чтобы провести некоторую параллель (разумеется, неполную).

Во Франции такой же, или почти такой же, всенародной любовью пользовался Жорж Брассенс. Он, как Высоцкий, сам писал слова и музыку своих песен, сам их пел, сам аккомпанировал себе на гитаре (надо признать, что делал он это несравненно лучше).

В Америке таким народным в подлинном смысле слова певцом стал Вуди Гатри — человек, сочинивший порядка трех тысяч песен, объездивший Америку вдоль и поперек, не имевший голоса и музыкального образования, но сумевший своими песнями выразить дух страны.

Думаю, что при всей непохожести популярность этих троих объясняется именно этим: они лучше всех сумели ухватить и выразить суть страны в конкретный момент, они сумели сказать то, что думали, но не могли либо боялись сказать все остальные, они стали рупором собственного народа — на определенное время и в конкретных обстоятельствах. Если сегодня взять молодого россиянина и поставить ему самые знаменитые песни Высоцкого, не сомневаюсь: они не вызовут в нем никакого отклика, вернее, он не поймет, в чем их пафос.

И в этом смысле Высоцкий — явление куда более временное, чем, скажем, Ахматова или Ахмадулина.

***

Я написал это двадцать лет тому назад и не знаю, оказался прав или нет. Сегодня Высоцкий менее популярен, чем был тогда, — это бесспорно. Высоцкий, выразитель чаяний народных, не востребован в обществе, где каждый может безнаказанно высказаться о ком угодно не на кухне, заметьте, а публично — через Интернет. Но все равно Высоцкий популярен. Он явно больше, чем просто острый и остроумный комментатор-бард общества, в котором жил. В нем есть что-то еще. Когда я писал, что век его будет много короче, чем век Ахматовой или Ахмадулиной, моим мерилом было Искусство, в котором я ему отказал. Снобизм с моей стороны? Может быть.

***

Странно, но совершенно иностранного по происхождению слова «интеллигенция» нет в других языках. Скажем, слово «intelligence» по-английски и по-французски значит «ум», а «intelligent» — «умный». Слово же «intelligentsia» всегда употребляется применительно к России и к определенной прослойке общества, существующей только в нашей стране. Как так получилось, что лишь в России появилась эта прослойка — для меня загадка. Но если попытаться определить, что ценное дала миру Россия, то первое, что приходит в голову, — это интеллигенция. Как сформулировать определение этого понятия — не знаю. Но знаю совершенно точно: эта немногочисленная группа людей была брильянтом чистейшей воды. Преломляя через себя лучи свободы, она сконцентрировала такой жар, что отсталая, недоразвитая Россия зажглась и чуть не погибла в пожарище создания нового, никогда дотоле не существовавшего общества. Малочисленность интеллигенции и крайняя ее концентрированность одновременно составляли ее силу и ее слабость. Словно луч солнца, пронзающий лупу, эта обжигающая точка света могла зажечь все что угодно. Но ничего не стоило эту точку загасить. Что и предпринял Сталин.

Как всегда, мудрый вождь прекрасно отдавал себе отчет в том, что он делает и почему он это делает. Ведь интеллигенция по определению состоит из людей, вечно подвергающих все сомнению. Они все анализируют, во всем сомневаются. Она, интеллигенция, — дрожжи в общественном тесте, никаким гнетом ее не удержать. Но она никогда не действует как единое целое, никогда не шагает в унисон под одним знаменем. Вот и получается, что главная сила интеллигенции — умение и желание рассматривать, оценивать, вопрошать — одновременно является ее главной слабостью. Этим и воспользовался Сталин, поставив одну группу против другой, уничтожая одних усилиями других, и так до тех пор, пока, по сути, не исчезла вся сколько-нибудь реальная оппозиция. А дальше пошли рубить сами корни. Это был геноцид, интеллектуальный геноцид, и как таковое это было преступление против человечности — о чем пока молчат.

Полвека спустя я задаюсь вопросом: существует ли сегодня интеллектуальное сообщество, воспринимаемое как моральный эталон как образец порядочности? Разве за эти годы сумела развиться новая интеллигенция? А если нет, то что это означает с точки зрения перспектив перестройки? Известна аксиома, что без поддержки народа любые попытки общественного обновления обречены на провал, но достаточно ли для успеха только народной воли? Коль скоро считается, что без интеллектуального руководства большевиков революция не состоялась бы, следует задуматься: а может ли перестройка состояться при отсутствии интеллектуального лидерства? Говоря иначе, есть ли дрожжи в этом социальном тесте? Успех перестройки зависит от множества факторов, прежде всего от радикальной экономической реформы, от глубокой политической реструктуризации, от решения тяжелейшего национального вопроса. Но по моему убеждению, все это напрямую связано с существованием здоровых интеллектуальных сил, задающих вопросы, во все влезающих, ничьему слову не верящих. Без этого не может быть никаких надежд на создание демократического и гуманистического общества.

***

Я тогда не понимал одной простой истины: невозможно реально и радикально изменить общественный строй руками тех людей, которые этот строй содержали, были его оплотом.

Чем объяснить очевидные успехи в развитии гражданского общества и демократии в таких странах, как Польша, Чехия и Венгрия, в странах Балтии? Главным образом тем, что к руководству этих стран пришли противники прежнего режима — Валенса, Гавел и им подобные. К рычагам управления не было допущено бывшее руководство. А в России? В России ровно наоборот. Михаил Сергеевич Горбачев являлся крупнейшим партийным функционером, почти такой же — Борис Николаевич Ельцин; Владимир Владимирович Путин — не только часть партийной машины, а к тому же и бывший работник КГБ. Могли ли эти выдающиеся по своим способностям и данным люди восстать против той системы, которая породила их? Я утверждаю: не только не могли, но — и это важно — в глубине души не хотели.

В России не произошло никакой чистки — я не имею в виду расстрелы, «посадки» и другие ужасы, сопряженные со сталинским понимаем этого слова. Я говорю об отстранении от ключевых механизмов управления всех тех — и речь идет о сотнях тысячах (если не о миллионах), — кто прежде их монополизировал. Попробуйте сегодня в России найти хотя бы одного человека, который до анонсированной Горбачевым перестройки был диссидентом, критиком советской власти. Это вам вряд ли удастся.

Мучительно медленное продвижение России к демократии, мучительно тяжелое рождение демократии объясняется только этим. Все, что я писал тогда о необходимости радикальных экономических реформ, политических изменений, национальном вопросе, — все это не более чем благие пожелания, а то и пустословие, если не рассматривать всерьез кардинальную смену руководящих кадров на всех уровнях. Этого-то как раз и не произошло.

Я пишу эти строки летом 2011 года, когда все еще неизвестно, кто будет баллотироваться в президенты Российской Федерации — Дмитрий Анатольевич или Владимир Владимирович. Сама по себе это ситуация совершенно безобразная, говорящая о полном презрении и того, и другого к так называемому избирателю. Такая ситуация совершенно немыслима для любой страны, уважающей своих граждан. Если же власть их не уважает, граждане платят ей той же монетой.

Думаю, значительному большинству россиян совершенно безразлично, кто станет президентом в 2012 году — Медведев или Путин. Я понимаю их, хотя считаю, что возвращение Путина в президентское кресло будет означать лишь одно: еще большее замедление хода страны, общества к демократии, еще большее ее отставание и от Европы, и от Америки. Это движение ускорится только тогда, когда все путины канут в Лету и на их место придут люди, не служившие прежней власти, не зараженные ею на генетическом уровне.

* * *

В 1988 году я принял участие в одной из программ Теда Коппела, одного из самых уважаемых и популярных американских телеведущих. В какой-то момент он спросил меня, почему я являюсь противником религии. Я ответил приблизительно следующее (это не цитата, но весьма близка к ней):

Парк Культуры. Беру интервью для «Московского радио». 9 мая 1985 г.

— «Я противник религии потому, что она заставляет нас отказаться от главного нашего человеческого качества, а именно — от любопытства, способности сомневаться и задавать вопросы. Религия требует одного: веры».

Разве это же не применимо к диктатуре, к тоталитарному обществу?

Нет ничего важнее для развития общества, чем подвергать все сомнению, ставить вопросы и получать на них ответы. Собственно, это и есть матрица любой мысли. Декарт сказал: «Мыслю — следовательно, существую», я сказал бы: «Сомневаюсь — следовательно, мыслю». Ищете ли вы ответа на вопрос, анализируете ли вы событие, думаете ли о недавно прочитанной книге или увиденном фильме, пытаетесь ли разобраться в своих отношениях с супругой/супругом или с детьми, в конце концов, пытаетесь ли понять самого себя — *вы все время задаете вопросы*. У нашего мозга нет более значимой функции. Вся эволюция есть не что иное, как результат сомнений. Чем лучше развита способность сомневаться и формулировать вопросы, тем выше интеллект (вспомним Сократа, Эйнштейна, Дарвина, Гегеля, Маркса).

В конечном счете все сводится к одному-единственному слову: *почему?* Если лишить человека этого слова, он превратится в животное. К счастью, такого не случится никогда, хотя попытки сделать это были и будут. Мы теперь знаем, что можно обезглавить нацию, уничтожив ее интеллектуальную элиту. Об этом в одном интервью замечательно сказал Карлос Фуэнтес: «Самые великие преступления против человечества были совершены во имя уверенности. Именно те, кто утверждал, что знают ответы на все вопросы, именно те, кто претендовал на истину в последней инстанции, — именно они совершили самые страшные в истории преступления. Гитлер, Сталин и Мао — примеры лишь двадцатого века. Но если мы окинем взором прошлое, то увидим всех этих королей, царей, императоров, религиозных фанатиков и вспомним о Крестовых походах, а также о миллионах человеческих жизней, о десятках тысяч городов, о целых цивилизациях, уничтоженных потому лишь, что некая личность или какая-то группа людей была уверена: *она владеет всеми ответами, или самым главным и единственным ответом на все вопросы.* Если мы хотим жить достойной жизнью, мы должны раз и навсегда отказаться от того, чтобы кому-либо верить на слово».

В этом смысле, следует тщательным образом взвесить идеи Маркса и тем более Ленина. С точки зрения диалектики постоянно только одно: движение. Статичность равна смерти. Диалектика, применительно к социальному анализу, требует регулярной постановки вопросов, и это единственный способ оценки непрерывно изменяющихся сложных взаимоотношений и связей. Это и в самом деле интеллектуальная доктрина и подход к изучению явлений. Но между открытостью и будоражащей мысль марксистской философией и ее практическим воплощением существует глубокое противоречие. По сути, не было случая, чтобы конкретное воплощение этой философии (как и любой утопии) не привело к уничтожению интеллектуального сообщества, к прекращению любых общественно значимых дискуссий, к появлению так называемого марксистского государства, которое на самом деле являло бы собой антитезу марксистской мысли: замену дебатов одной и «единственно верной» точкой зрения.

Таким был Советский Союз. Такой была Китайская Народная Республика. Это верно для всех стран, в которых к власти пришли так называемые марксисты-ленинисты, будь то Куба или КНДР, Румыния или Вьетнам, Албания или Монголия — страны, абсолютно не похожие друг на друга. Впрочем, одно их объединяет: они вступили на социалистический путь развития, будучи отсталыми, слабо развитыми. Это касается и России. В противовес предсказаниям Маркса ни в одной индустриально развитой стране не было социалистической революции. Почему? И если бы такая революция состоялась, стали ли бы мы свидетелями все той же картины? Может ли так называемый социализм существовать без подавления интеллектуальной свободы?

Когда новая социальная формация борется за свое существование, когда оно подвергается ударам изнутри и снаружи — как это было с Советской Россией в 1918–1922 годах, когда положение в самом деле является военным, это вряд ли способствует развитию демократических дебатов. Не исключено, что окажись Советская Россия не в столь враждебном окружении, страна пошла бы по другому пути. Возможно, да. А возможно, и нет.

Вопрос: когда марксизм становится государственной философией, не теряет ли он свое главное и самое привлекательное качество — свойство все подвергать сомнению? Вопрос архиважный, тем более что исторически известно: государственные учреждения никогда не поощряли задавание вопросов и выражение сомнений.

Мы знаем, что Ленин считал невозможным существование партии без дебатов, без отстаивания разных точек зрения. Но знаем мы и то, что именно Ленин сформулировал для партии принцип «демократического централизма», где слово «демократический» можно понимать как открытые дебаты, без которых нет новых идей (без них партия умирает); «централизм» же означает, что дебаты прекращаются, как только большинство проголосовало. Более того, член партии обязан выполнять решение этого большинства и не имеет права возражать против него.

Я стал членом КПСС в тридцать три года. В отличие от тех, кто из пионеров «автоматом» переходил в комсомол, а потом по этой наезженной колее вступал в партию, я пионером не был. В комсомол я вступил зимой 1954—1955 года, будучи второкурсником. Вступление это запомнилось на всю жизнь. Мою кандидатуру обсуждал весь курс на общем собрании, человек триста. Как обычно, попросили «рассказать о себе», потом пошли вопросы — сначала по уставу, который я знал на зубок, потом по истории, в чем я тоже был силен. Словом, все шло по накатанной дорожке, как вдруг одна сокурсница встала и потребовала: «Расскажи, как ты боролся против капитала, когда жил в Америке?» Мне показалось, что она шутит, но поскольку никто не рассмеялся, я попросил ее уточнить вопрос. «Ты был в подпольном движении борьбы против капиталистической эксплуатации?»

Тут-то я понял, что я в безвыходном положении, что ничего объяснить ей не смогу. Ее воспитали так, что у нее сложилось свое представление о Соединенных Штатах, и что бы я ни сказал, я ничего не изменю в ее взглядах. Поэтому я просто ответил, что не был членом никаких подпольных организаций. Она отреагировала соответствующим образом: «Товарищи, мой отец — посол Советского Союза в Китайской Народной Республике, он очень хорошо разбирается в таких вопросах, и он учил меня не доверять людям вроде Познера, воспитанным на Западе».

Несмотря на это, подавляющее большинство моих сокурсников проголосовали за меня, но я никогда не забуду ее слов...

Затем мою кандидатуру утверждал факультетский комитет комсомола. Меня попытались поймать на вопросе «Что сказал Маркс на могиле Энгельса?» — но я не поймался. Потом спросили, читал ли я последние газеты. Какие события показались мне наиболее важными? Случилось так, что в течение недели, предшествовавшей моему приему, мы переезжали из гостиницы «Метрополь» в новую квартиру. Из-за миллиона разных дел читать что-либо было некогда. Я и объяснил — мол, так и так, газет не видел. В ответ на мои слова воцарилась мертвая тишина. Потом, после некоторого молчания, один из членов комитета, откашлявшись, проговорил:

— Володя, мы не можем принять тебя в комсомол, ведь ты же знаешь, что комсомолец должен был политически грамотным и хорошо подкованным. Мы даем тебе неделю, чтобы ты восполнил этот пробел.

И меня отпустили. Через пару дней я встретил этого члена комитета на факультете, и он сказал мне:

— Ты что, Володь, ох...л? Читал ты газеты, не читал — какое это имеет значение? Не хочешь — не читай, если ты такой мудило. Нам-то насрать на твой переезд. Сказал бы, что читал, ну, не ответил бы насчет событий, все равно приняли бы. Думать надо головой, Володь, а не жопой!

И в самом деле, ровно через неделю мне задали тот же вопрос, я подтвердил, что газеты читал (чистая правда!), и за то, чтобы принять меня в ряды Всесоюзного ленинского коммунистического союза молодежи, проголосовали единогласно. Тогда я впервые стал догадываться о том, что означает членство в ВЛКСМ, насколько оно может быть формальным. Но не подозревал, что вскоре это станет главным рассадником цинизма и коррупции в стране.

Предельно важным делом я считал членство в КПСС. С одной стороны, многое в руководстве партии вызывало во мне протест (шел 1967 год, Хрущева скинули за три года до этого, и у власти был Л.И. Брежнев); само советское общество казалось мне душным, в чем-то неприемлемым. Но с другой стороны, мог ли я надеяться что-либо изменить, не являясь членом партии? Можно ли быть активным членом общества, находясь вне центральной силы этого общества? От этой головоломки я сходил с ума. Решение было принято в конце концов благодаря двум людям — Иосифу Давыдовичу Гордону и Николаю Яковлевичу Тиллибу, старому большевику, латышскому стрелку. Как истинный латыш, Николай Яковлевич говорил мало и по делу: «Если хочешь быть коммунистом, если хочешь исправить что-то — вступай в партию. Но хорошо подумай прежде, чем сделаешь это. Это будет не просто, оцени, хватит ли у тебя сил».

Он оказался прав. Это было и есть не просто — что, в общем, не беспокоит меня. Не стремился же я в партию ради развлечений. Но несмотря на то что я член партии с 1967 года, я все еще противлюсь принципу демократического централизма и не нахожу решения дилеммы, которую он ставит.

Будучи членом команды, ты можешь сколько угодно обсуждать тактику и стратегию, но когда тренер принял решение, с которым команда согласна, ты обязан выйти на поле и сыграть так, как было договорено, даже если ты не согласен с принятым планом. Либо тебе придется уйти из команды. Но вот вопрос: как же сыграть по плану, с которым ты принципиально не согласен? Это не риторический вопрос. Применительно к партийной дисциплине мы все помним не один эпизод, когда решение партии оказывалось катастрофическим для страны — например, насильственная коллективизация или оказание «интернационалистической помощи» Афганистану. Правда, ни в том, ни в другом случае не было никакого открытого обсуждения. Несогласных арестовывали, расстреливали, ссылали, отправляли в психлечебницы. Когда партия объявляла о каком-либо своем решении, ни средства массовой информации, ни общество в целом не обсуждали этого решения, а лишь выражали горячее его одобрение.

Моя мама с Катей. 1969 г.

Марксизм утверждает, что научный метод анализа способен прояснить самые сложные и важные политические и социальные истины. Однако во всех странах, где к власти пришли коммунистические партии, именно они стали единственными обладателями истины в последней инстанции.

Партия утеряла свою роль исследователя общественного развития, как мне кажется, потому, что она к своей *политической* функции присовокупила функцию *управления*. Она стала не только разрабатывать стратегию, не только агитировать массы, но и непосредственно управлять всеми процессами — от биологической науки до языкознания. Это начинает меняться при перестройке, но очень медленно — ясно, что высшие партийные функционеры не горят желанием расставаться с должностью верховного главнокомандующего всего и всех.

Что до рядовых партийных работников, то для них ситуация вообще выглядит устрашающей. Ведь в течение десятилетий партработник мог в принципе рассчитывать на занятие любой должности — министра, председателя комитета, посла. Это вытекает из той простой истины, что партработник на самом деле ни в чем не является экспертом, специалистом, он умеет только одно: управлять тем, что поручит ему партия, и так, как хочет партия. Потому и возможна ситуация, когда председателем Госкино становится человек, чье знакомство с кинопромышленностью и киноискусством ограничивается любительским просмотром кинофильмов. И именно такой партработник до самого последнего времени принимал все решения, касающиеся кино в Советском Союзе. Решения, которые базировались на безошибочной мудрости партии. Но теперь, когда мы начинаем возвращаться к ленинскому взгляду на роль политической партии, на что надеяться нынешнему партработнику?

Потеряй я работу, я сумею устроиться — ведь у меня в руках профессия. Я журналист. К тому же я знаю языки. В худшем случае я смогу зарабатывать переводами. Но что ожидает партработника, лишившегося места, тем более если он или она уже много лет трудятся в этом качестве и давно забыли то, чему когда-то учились? Ведь и управлять-то они умеют престранным образом. Как правило, они только мешают людям работать. Во всем мире фермеры, крестьяне сажают, выращивают и собирают то, что считают нужным, тогда, когда считают это нужным. Но только не в Советском Союзе. Здесь партия указывает председателю колхоза, что сажать, когда сажать и когда собирать урожай. Не бред ли? Морозы, жара, снег, дождь — это не его вопрос. Приказано сажать такого-то числа — и баста! Приказали сажать кукурузу там, где она не может расти? Сажай! А не будешь сажать — тебя посадят. Так-то.

В этой ситуации председатель колхоза имеет три возможности. Наиболее смелые и независимые посылают партийное начальство на три буквы, что сопряжено с огромным риском, вплоть

В усах и с бородкой – но ненадолго. 1969 г.

до расстрела (так было еще в совсем недавнем прошлом). Партработник не может позволить, чтобы крестьянин оказался прав, а он — нет. Лучше сгноить его, упрятать за решетку, чем допустить, чтобы он добился выдающегося результата и тем самым нанес удар по престижу партработника. Более осторожный председатель правления отвечает «Есть!», потом возвращается в колхоз и поступает так, как считает нужным. Наконец, председатель, которому не раз давали по башке, которому все уже все равно, говорит «ну и х... с вами!» и выполняет указания. И потом все удивляются тому, какое тяжелое положение царит в советском сельском хозяйстве. Что до меня, то я поражен, что оно вообще функционирует. Как, впрочем, и все остальное...

Партийные работники указывают художникам, что и как рисовать, писателям — о чем и как писать. Результат такого «управления» ничуть не лучше того, что мы имеем в сельском хозяйстве.

Сейчас многое меняется радикально, но принцип демократического централизма все еще стоит незыблемо. Да и шестая статья Конституции СССР оговаривает «руководящую роль» партии. Если согласиться с тем, что инакомыслие и сомнения — необходимые витамины, обеспечивающие здоровье общества, то от этих двух принципов необходимо отказаться. Но и этого мало...

Подавляющее большинство американцев убеждены в том, что они имеют право все подвергать сомнению. Но это... как бы. Сколько американцев готовы публично усомниться в политике той компании, в которой работают? Сколько, скажем, высокопоставленных работников нефтяной индустрии способны публично подвергнуть сомнению экологическую стратегию своих компаний? Сколько, например, членов Национальной ассоциации стрелкового оружия могут открыто признаться в том, что на самом деле эта организация в гораздо меньшей степени озабочена защитой права

Во время съемок одной из программ серии «Донахью в России». 1987 г.

американского гражданина хранить оружие, и в гораздо большей — прибылью от продажи десятков миллионов единиц этого оружия? На мой взгляд, американская пропаганда преуспела в том, чтобы убедить своих граждан *верить*, а не *действовать*. Это проявляется во всем, даже в американском шовинизме, который не отличается особой агрессией, но выражает абсолютное убеждение в том, что Америка — страна особенная, а американцы — избранный богом народ. Собственно, об этом совершенно откровенно и безо всякого стеснения говорит президент Рейган, сравнивая Америку с библейским городом на горе, поставленном там самим Господом Богом на обозрение всем другим. В определенном смысле это напоминает мне то, чего сумел добиться Сталин, убедивший советский народ, что его страна — самая-самая в мире. Подобная пропаганда более успешна в Америке отчасти потому, что ведется давно, но главным образом из-за того, что в Америке как нигде умеют «продать» товар; пропаганда в Америке является на самом деле наукой, отростком от мощного древа рекламы, которой никогда (к сожалению) не было в Советском Союзе.

Помню, как меня «нокаутировал» один американец, гордо мне заявив: «Если я не хочу работать, я могу не работать! Если я хочу жить на улице, то это мое право!» Он пытался доказать мне превосходство его политической системы над моей. Но тот факт, что у него нет права на работу, нет права на крышу над головой, даже не пришел ему в голову. То есть он не стал подвергать сомнению (хотя с гордостью скажет вам, что у него есть такое *право*) то, чему его научили, а именно: безработица есть право не работать, бездомность есть право жить на улице, наконец, то и другое есть доказательство американской демократии.

В современном обществе телевидение и кино мощно влияют на общественные представления об окружающей действительности. Но в Америке середины девятнадцатого века соотношение было обратным: действительность сильнейшим образом влияла на все формы общественного мнения, в особенности на литературу. Вставшая во весь рост американская литература несет в себе весомый общественно-политический комментарий, она озабочена положением общества. Это так же верно для Марка Твена, как и для Германа Мелвилла. Этой литературе чужд эскапизм, она не призывает вас поглядеть в другую сторону, забыть о неприятностях, она призывает вас к соучастию. Писатели — «разгребатели грязи» — появились именно в Америке. Они смотрели на свою страну открытыми глазами и писали о ней с такой же болью, с какой писал в свое время о России Радищев. В этом веке Америка дала миру целую плеяду великих писателей — Твена и Мелвилла, Драйзера и Фолкнера, Стейнбека, Хемингуэя, Томаса Вулфа. Все они писали о людских обстоятельствах. Их все *касалось*, их все *занимало*. Это же верно для великих американских поэтов: Уолта Уитмена, Карла Сандберга, Роберта Фроста.

Большинство американцев не читали *никого* из названных авторов. Большинству американцев невдомек, о чем писали те люди, которые были совестью нации. Американцы, конечно, читают — вопрос лишь в том, *что*. Наиболее популярные среди них книги имеют такое же отношение к литературе, какое — еда, предлагаемая МакДоналдсом, — к высокой кулинарии.

Рядовой советский гражданин знает об американской литературе больше, чем средний американец. Помню, в 1987 году Фил Донахью приехал в Советский Союз, чтобы записать серию передач. Во время одной из них он обратился к аудитории:

— Поднимите руки те, кто хотел бы поехать посмотреть Америку.

Поднялся лес рук.

— Куда именно вы хотели бы поехать? — спросил Фил одного из участников передачи.

— В Нью-Йорк.

— Отлично. А вы? — спросил он другого.

— В Лас-Вегас.

— Ого! А вы куда поехали бы?

— В город Оксфорд, Миссисипи.

— Понятно, — почти механически ответил Фил, потом спохватился и с изумлением переспросил: — В Оксфорд, Миссисипи? А почему, собственно?

— Потому, что там жил мой любимый писатель Уильям Фолкнер, — последовал ответ.

У Фила отвисла челюсть. Вспоминая этот случай, он часто добавлял: «Интересно, сколько американцев знают об этом?»

Немногие, это факт.

Почему же американцы так слабо знакомы с собственной великой литературой? Почему в Америке процветает бульварное чтиво? Отчасти ответ кроется в том, насколько Америка стала рыночной страной, в которой все — в том числе и литература — рассматривается прежде всего как товар.

Это же явление наблюдается и в кино. Не будем говорить об исключениях, но основной рецепт американской киноиндустрии строится на трех ингредиентах: хай-тек, хай-секс и хай-вай, что я передал бы по-русски как ТСН^n, или Технология-Секс-Насилие в энной степени. Достаточно сравнить фильмы семидесятых-восьмидесятых годов с теми, которые производились в тридцатых-сороковых. Разница поразительная. В тех картинах речь идет о политике, о демократии, о проблемах маленького человека — разумеется, лишь в определенных рамках, ведь именно тогда Голливуд получил прозвище «Фабрика грез». Но чем же является Голливуд сегодня? Тем же, чем и был всегда: отражением общественного пульса Америки, ее совести; сейчас этот пульс бьется сильно и ровно, как и должен биться пульс общества, которое озабочено состоянием своего здоровья и потому в значительной степени бросает курить, начинает бегать трусцой, «качать» мышцы, заниматься аэробикой — до такой степени, что, умирая, старики выглядят молодыми; что до общественной совести, то она блаженствует от ощущения особой роли и положения Америки. Пульсу нравится то, как он бьется, совесть кайфует. Пульсу совершенно не хочется учащать свой ритм, уж не говорю — пропускать удары, а совести ни до чего нет дела. Все славно.

С Айваной Трамп, женой Доналда Трампа. Нью-Йорке, 1990 г.

Откуда это изменение американского кино и литературы? Нет единого и полного ответа, но есть некоторое соображение, отсылающее нас к политике и к корням холодной войны. Кого первыми занесли в черные списки во времена деятельности печально знаменитой комиссии Палаты представителей по расследованию антиамериканской деятельности, возглавляемой в конце сороковых — начале пятидесятых годов Джозефом Мак-Карти? Не тех, кто производил для американского экрана «грезы», не тех, кто делал второразрядные фильмы, официально отнесенные американской киноиндустрией к так называемым «Б-фильмам», не тех, наконец, кто дарил зрителю

С Жак-Ивом Кусто на Играх доброй воли. Сиэттл, 1989 г.

сверхпатриотические, обернутые в цвета американского флага, без промаха сражающие всех врагов, боевики во главе с самым главным суперамериканцем Джоном Уэйном. Нет, их не трогали, напротив, их восхваляли. А мочили, извините за не совсем литературное словцо (уж больно оно соответствует тому, что происходило), тех сценаристов, режиссеров и продюсеров, которые страдали от наличия общественной совести, которым настолько все было не безразлично, что они тратили силы, талант и деньги, чтобы ставить перед собственным народом мучившие их вопросы. Владельцы киностудий быстро усвоили урок, который можно было бы сформулировать так: развлекайте зрителя, держитесь подальше от политики, но если не можете без политики, боритесь с коммунизмом. Что до совсем еще юного телевидения, то оно мгновенно поняло, что к чему.

В американских кино, литературе, телевидении появилась новая этика, которая косо смотрит на проявления политической или социальной озабоченности. Нужно развлекать, нужно относиться ко всему полегче, это приятнее всем и каждому, в этом не содержится никаких оценок. Если вы развлекаете людей, то вам нет дела до того, что происходит кругом, даже если это аморально и бесчеловечно. Ведь вы за это *не несете ответственности*. При этом людям вроде бы и невдомек, что лишенное социального содержания развлечение — тоже позиция, причем весьма красноречивая. Люди убеждают и себя, и других в том, что они нейтральны, более того, что нейтральность представляет собой высший уровень искусства и профес-

На вручении медали «За лучший мир». Слева направо: Фил Донахью, Марло Томас, я, Тед Тернер. 1987 г.

сионализма. Это зеркальное отображение синдрома журналиста-объективиста, о чем я еще скажу. Согласно этой новой этике социально активный актер, продюсер, режиссер почему-то подозрителен, почему-то не дотягивает до уровня «подлинного» художника. Вы, не сомневаюсь, встречались с критикой писателя за то, что он, мол, слишком много места отдает политике, слишком социален. А вы когда-нибудь слышали, чтобы писателя обвинили в излишней «развлекательности»? Я ничего такого не припоминаю...

Понимание социальной ответственности, достигшее расцвета вместе с утверждением политических принципов «новой сдачи карт» Франклина Рузвельта, списано со счета, отправлено во Всеамериканский архив, чтобы собирать там пыль, как и множество других принципов, которые когда-то были такой же базисной частью американского образа, какой стала рейганомика. Например, профессиональные союзы. В тридцатых-сороковых годах профсоюзы в Америке являлись мощной социальной силой. Сегодня из шести работающих только один — член профсоюза (это больше, чем на Тайване, в Турции, Южной Корее, Греции и даже Франции, но гораздо меньше, чем когда-то в Америке). А что же сами профсоюзы? Изначально они бились за социальную справедливость, за справедливое распределение богатства. Но после окончания Второй мировой войны и начала холодной войны из рядов профсоюзов изгнали всех «левых», то есть как раз тех, кто сыграл ключевую роль в их зарождении и развитии. Что до профсоюзных боссов, то они договорились со своими прежними противниками, владельцами предприятий: платите нам как следует, и мы избавим вас от неприятностей. Американская экономика была на подъеме, так что все это сработало. Профсоюзы же потеряли свой стержень. Если прежде американских рабочих объединяло стремление улучшить условия труда, если они были движимы общими идеалами, то теперь каждый думает иными категориями: а что выиграю лично я? Изменился общественный взгляд на вещи, профсоюзы стали пользоваться гораздо меньшей поддержкой. Когда же в семидесятых годах экономика застопорилась, профсоюзы были уже не те, и оказалось намного проще ослабить их, вызвать недовольство ими, обвинить их в инфляции, выставить их

На подписании Женевской конвенции

прибежищем гангстеров. Профсоюзы не нашли чем ответить, поскольку продались в лице своего руководства.

Какое отношение это имеет к искусству и литературе? И какое — к роли интеллигенции, к роли инакомыслия? Самое прямое.

Отсутствие общественной ответственности, нежелание задавать вопросы — будь то в искусстве или в профсоюзном движении — зиждется на убеждении, что в данном обществе нет серьезных проблем, требующих внимания и действий. Все хорошо, прекрасная маркиза. И поэтому нет нужды в искусстве, которое вопрошает и лезет куда-то, нет нужды будоражить умы и ставить перед ними фундаментальные моральные вопросы.

Именно такая складывалась ситуация в брежневском Советском Союзе. Конечно, было написано немало глубоких, содержательных книг, но они не увидели свет (если не считать «самиздата»). Не находилось проблем, у нас было общество победившего социализма — об этом, собственно, и следовало писать, делать кино, сочинять музыку... В результате наш театр, наша литература, наши кино и телевидение понесли серьезный урон. Как, впрочем, и наши мозги. Да и не только наши.

Искусство и жизнь едины. Искусство отражает, выражает и в своих лучших проявлениях предсказывает. Оно есть истина. Можно как угодно далеко обратиться в прошлое и увидеть: человек всегда выражал свое отношение к жизни через искусство. Это же относится к искусству эскапизма, к нежеланию или опасению высказываться — что говорит об определенном отношении к реальности. Банальное, бессодержательное, аполитичное искусство — в Советском ли Союзе, в Соединенных ли Штатах — признак общества в шорах, общества, которое прячется от истины.

***

Дорогой Самуил Яковлевич!
Я все-таки поехал в Англию, как вы наказывали. Без вас, увы, без вас. Но мне все время казалось, что вы рядом со мной, что вы рассказываете мне о том давнем времени, когда учились в Лондонском университете.
Это было в 1979 году. Конный выезд я не купил. С теми жалкими грошами, которые выдавали советским загранкомандированным, можно было в лучшем случае приобрести детский самокат.
Но я помнил ваши слова о красивых женщинах и вот на второй день пребывания спустился из своего гостиничного номера и обратился к консьержу:
— Сэр, не скажете ли вы, где я могу в Лондоне увидеть красивых женщин?
Вопрос, согласитесь, нетривиальный, не из разряда тех, что задают по десяти раз на дню консьержу. Но консьерж — в особенности британский — не тот человек, которого легко смутить или удивить.
— Сэр, — ответил он совершенно невозмутимо, — советую вам пойти к дому Клуба Плейбоя, что стоит напротив Гайд-парка. Думаю, вы найдете то, что ищете. Но не раньше семи вечера, сэр, это не ранние пташки.
Поблагодарив Джона, так звали консьержа, и зажав в потном кулаке малочисленные фунты стерлингов, я отправился гулять по Лондону, городу, по которому гулять — сплошное удовольствие. Я так спланировал маршрут, что ровно в семь вечера вышел к дому Клуба Плейбоя. Я стоял на тротуаре, смотрел на Гайд-парк и задавался вопросом: почему же англичане, как женщины, так и мужчины, такие некрасивые, почему они так плохо одеваются?.. Вдруг неслышно подъехал роскошный кабриолет с открытым верхом и с не менее роскошной женщиной за рулем. Машина была совсем низкой, так что красавица смотрела на меня изумрудными глазами снизу вверх.
— Вы свободны? — спросила она.
— Да, — ответил я, — и беден.
— Жаль, — сказала она с очаровательной улыбкой, нажала на газ и была такова... Вжжжжжж.
Вот так, дорогой Самуил Яковлевич, ничего у меня с красивой женщиной не получилось. Вы были правы: я, видимо, не понимаю, как с ними надо обращаться.

ГЛАВА 5. О СОСНАХ И ТЕЛЕГРАФНЫХ СТОЛБАХ

Я никогда не думал о том, чтобы стать журналистом. В 1961 году мне исполнилось двадцать семь лет. К этому времени большинство моих ровесников уже добились первых успехов на своих поприщах, а я только знал наверняка, что не хочу быть ни биологом, ни переводчиком художественной литературы. Чем я хотел заниматься — оставалось вопросом...

Одним из моих любимых литературных персонажей был и остается Тигра, друг-приятель Винни-Пуха, который полагал, что Тигры любят все, и немало огорчился, убедившись на опыте в том, что они не любят ни мед, ни желуди, ни чертополох. По чистой случайности Тигра обнаружил действительно любимое Тиграми лакомство, а именно рыбий жир. Точно так же и я обнаружил журналистику.

Как-то позвонил мне приятель и спросил, не хочу ли я поработать в только-только открытом агентстве печати «Новости»? Как он объяснил, АПН создано вместо Совинформбюро, является общественной организацией и планирует выпускать журналы и прочую печатную продукцию для зарубежного читателя. Поэтому требуются люди со знаниями иностранных языков. Я что-то промямлил, он ответил — мол, ты ничего не теряешь, сходи, поговори. Я сходил — и моя профессиональная судьба была решена.

Было бы прекрасно, даже возвышенно и благородно сказать, что я пошел в АПН в результате углубленной попытки понять свое предназначение в жизни. Но это не так. Я вообще не помню, чтобы шла во мне какая-то подсознательная работа, толкнувшая меня, в конце концов, к принятию решения. Зато прекрасно помню, что Самуил Яковлевич Маршак, интереснейший и замечательнейший из людей, был человеком весьма прижимистым. Платил он мне семьдесят рублей в месяц, а я был женат и имел маленького ребенка; содержать семью на такую зарплату не представлялось возможным — и надежда на иную оплату моего труда явилась той силой, которая подтолкнула меня к встрече с Норманом Михайловичем Бородиным.

Она состоялась в бывшем здании Совинформбюро, а также Государственного комитета по радиовещанию и телевидению, — сейчас пишу эти слова и не понимаю, как могло быть так, что две мощные идеологические организации делили одно здание. Однако еще будучи студентом, я подзарабатывал, ведя вместе с Джо Адамовым еженедельную программу «Почтовый ящик» (по-английски «Moscow Mailbag»); студия находилась именно в этом здании. Вспомнив это, я не могу не сказать несколько слов об Иосифе Амаяковиче Адамове, человеке в определенном смысле легендарном. Насколько мне известно, его отец был одним из первых советских представителей в США, где маленький Адамов и усвоил английский язык. В 1937 году его отца арестовали, обвинили в шпионаже и расстреляли. Каким образом Джо (так его звали все) устроился диктором Иновещания — не знаю. Но он был конечно же не просто диктором, а блестящим журналистом-пропагандистом. И дело не в том, что Джо говорил по-английски без тени акцента, совершенно как американец. Дело в таланте, в умении аргументировать, в бойцовском характере. Среднего роста, широкоплечий, мощного телосложения, с крупной головой, необыкновенно живыми черными глазами, громовым хохотом, наделенный бесподобным даром пародиста, Джо Адамов был не менее известен в международной пропагандистской среде, чем, например, звезда BBC Анатолий Максимович Гольдберг или ведущий джазовой программы «Голоса Америки» Уиллис Коновер. Я не удивился бы, узнав, что Адамов со своим «ящиком» вошел в Книгу рекордов Гиннесса: не скажу точно, сколько лет он ведет эту передачу, но то, что больше сорока — факт. Получив вопросы от слушателей «Московского радио» из США, Джо готовился к передаче, делал себе какие-то заметки, а потом без всякого написанного текста наговаривал ответы на магнитную ленту. Запись затем расшифровывалась и одновременно переводилась на русский язык, после чего поступала на подпись в отдел, затем к главному редактору и, наконец, к цензору. Необходимо владеть гораздо более выразительным пером, чем я, чтобы описать, как Джо Адамов ругался с цензорами и прочим начальством, когда те требовали убрать то или иное соображение или высказывание из его передачи. Стены сотрясались от его громогласного крика, потом гром переходил в угрожающие перекаты — это Джо ходил по коридорам, хватая каждого встречного за фалды и объясняя ему, что начальство ни черта не смыслит в пропаганде.

Как и все сотрудники Иновещания, Джо был неизвестен в собственной стране — недаром мы называли это учреждение «могилой неизвестного солдата». Я уверен, что, родись Джо в другое время, он стал бы популярнейшим журналистом-шоуменом. Он был намного более талантлив большинства «генералов» от журналистики и сам это понимал. Думаю, он глубоко страдал от отсутствия известности, от вынужденного пребывания в этой «могиле».

Мои отношения с Джо складывались весьма непросто и завершились драматически — о чем я еще расскажу...

Итак, меня принял Норман Михайлович Бородин — крупный красивый мужчина лет пятидесяти с гаком. Большая круглая голова, зачесанные назад волосы с проседью, пышные усы, внимательнейшие карие глаза и руки — выразительные, тонкие, какие-то дирижерские. Спросив меня, говорю ли я по-английски, и получив утвердительный ответ, Бородин перешел на английский и поразил меня чикагским прононсом (в Америке, как и в любой другой стране, люди, живущие в разных регионах и городах, отличаются друг от друга выговором, произношением разных слов и т.д.). Потом он проверил мои познания во французском, которым владел не столь хорошо, но вполне сносно. И предложил мне должность старшего редактора с окладом в сто девяносто рублей в месяц. Я согласился с восторгом и вскоре был представлен человеку, который официально принял меня на работу, а потом, много лет спустя, сыграл ведущую роль в попытке изгнать меня из профессии. Это был Энвер Назимович Мамедов, тогда — первый заместитель председателя агентства печати «Новости».

***

Энверу Назимовичу сейчас, когда я пишу эти строки, восемьдесят восемь лет. Это человек совершенно блистательного ума и редко встречающегося бесстрашия. Люди, работавшие с ним в АПН или на Гостелерадио, где он начинал главным редактором радиовещания на США, Канаду и Латинскую Америку, а закончил первым заместителем председателя, высказывались о нем восторженно, утверждая, что не было более творческого и интересного руководителя. Видимо, это так. Мне работать под его непосредственным руководством не довелось. Но встречались мы неоднократно, и впечатление сложилось у меня неоднозначное.

Приведу несколько эпизодов.

— Бородин меня представляет Мамедову, сообщает, что хотел бы зачислить меня старшим редактором с окладом в сто девяносто рублей. Мамедов рассматривает меня не слишком доброжелательно и говорит Бородину, что, возможно, не надо брать меня старшим редактором, лучше просто редактором, а там видно будет...

— Я опаздываю на работу, бегу изо всех сил со станции «Новокузнецкая», влетаю на ступеньки здания, на которых сталкиваюсь с Мамедовым и здороваюсь: «Здравствуйте, Энвер Назимович». Он буравит меня черными глазами и резко говорит: «Что это вы себе позволяете опаздывать на работу?!» Я обалдеваю от тона и резко отвечаю: «Не у всех есть персональная машина, Энвер Назимович!» — и бегу дальше...

— Мамедов принимает в своем кабинете в Останкино главу ирландского ТВ. Ее сопровождает совсем молоденький переводчик, не слишком в себе уверенный. Я вызван Мамедовым на случай, если потребуется мой перевод. Энвер Назимович явно на взводе — все знали, что во второй половине дня лучше к нему не заходить. Гостья что-то говорит, юный переводчик начинает переводить, и вдруг Мамедов прерывает его словами: «Молчи, собака!» Потом обращает на меня мутный взор и приказывает: «Переводите».

Не слишком привлекательные картинки, правда? Вместе с тем я ставлю Мамедова очень высоко, он лучше всех понимал, как надо вести пропаганду, и отлично чувствовал, кто чего стоит как работник.

Мне кажется, он больше всего на свете переживал из-за того, что родился русским только наполовину (его мать была русской). Я абсолютно убежден: будь Мамедов русским, он занял бы куда более высокое положение. Он легко мог стать совершенно выдающимся министром иностранных дел. *Его отца расстреляли в 1949 году (с последующей полной реабилитацией), и он не мог не видеть того, что в самом деле происходит в стране. Думаю, что его цинизм, осознание собственной недооцененности, нереализованного потенциала — все это являлось причиной его довольно частых срывов.*

***

Я был принят в Главную редакцию политических публикаций, совершенно не представляя, чем мне предстоит заниматься. В этой редакции среди редакторского персонала числилась, кажется, лишь одна женщина. Всем мужчинам, за исключением меня и еще одного человека, было около сорока, а некоторым заметно больше. Это в основном были люди молчаливые, серьезные, замкнутые. Редакция делилась на четыре отдела: Америка, Европа, Азия, Африка. Может быть, кто-то и писал авторские материалы, но я занимался исключительно редактированием чужих текстов — иногда довольно неплохих, чаще посредственных, но всегда антиамериканских. Проработал я в этой редакции два года не без интереса, но со все нарастающим ощущением, что занимаюсь ассенизаторством: подчищаю труд других. Наша редакция находилась в конце Кутузовского проспекта, она была совершенно изолирована от основного здания АПН, что должно было меня навести на определенные мысли, будь я поумнее и поопытнее. Однако я наведывался в АПН довольно часто, постепенно меня там узнали, и однажды я получил предложение от главного редактора журнала Soviet Life Юрия Сергеевича Фанталова прийти к нему заведовать отделом. Этот журнал издавался правительством СССР в обмен на журнал «Америка», работа в нем была не только престижной для меня, но и желанной, ведь он имел прямое отношение к Соединенным Штатам. Я пришел к Норману Михайловичу с просьбой отпустить меня, и он, пожав мне руку, сказал, что я сделал правильный выбор, что «нечего здесь коптить небо», и пожелал всяческих успехов.

***

Достаточно заглянуть в Интернет, чтобы выяснить, кто такой был Н.М. Бородин. Он родился в 1911 году в Чикаго в семье российского революционера и видного деятеля Коминтерна Михаила Марковича Грузенберга, взявшего партийную фамилию Бородин. М.М. Бородин был арестован в 1949 году и умер в кагэбэшной тюрьме от пыток и побоев. В этом же году арестовали его сына, ставшего к тому времени одним из самых крупных разведчиков СССР. В 1954 году отца реабилитировали, равно как и Нормана Михайловича, и вопрос у меня вот какой: как же мог он (и не только он, а, например, и Энвер Назимович) столь же преданно, самоотверженно служить советской власти? Как могли они простить партии убийство их отцов, людей ни в чем не виноватых и даже в некото-

рых случаях вполне героических? Каким образом удавалось им сохранить веру, равновесие души? Я этого не пойму никогда.

***

Через две-три недели я получил повестку в военкомат. В регистратуре девушка встретила меня словами:

— Вы служили в КГБ?

Я чуть не лишился дара речи.

— Я?! В КГБ?!

— А что вы, собственно, так удивляетесь? — ответила она. — Ваше военное дело было в ГэБэ, его переслали к нам, значит, вы числились у них.

И тут я прозрел! Главная редакция политических публикаций на самом деле являлась частью аппарата КГБ, все мы, редакторы, готовили статьи для печатных органов, главным образом стран третьего мира, и они печатались там за подписью местных купленых журналистов. Наша редакция занималась множеством замечательных вещей, как то: дезинформацией, статьями-провокациями и т.д. и т.п. В основном работали в ней так называемые «погорельцы» — бывшие разведчики, которые в свое время были разоблачены, провалены, засвечены и потому возвращены домой. Попадались среди них люди очень интересные, даже выдающиеся. Спешу заверить читателя: подобного рода «журналистские» редакции имеются во многих странах, занимаются они тем же, чем и наша, — все это считается совершенно нормальным явлением. Но мне там нечего было делать, и конечно же мой ангел-хранитель сыграл свою роль, когда помог мне унести оттуда ноги и в который раз уйти из-под крыла Комитета государственной безопасности.

Журнал Soviet Life выходил только на английском языке и только для американцев. Он печатался в Финляндии, поскольку в СССР не было возможности добиться необходимого для Штатов качества полиграфии, характерного для так называемых «глянцевых журналов». Это было пропагандистское издание, цель которого — представить Советский Союз в лучшем свете. Для реализации этой цели использовались два способа. Первый: смягчать все негативные аспекты общества с тем, чтобы они выглядели не столь негативными; второй: вообще игнорировать все негативное и писать лишь о позитивном. Имелся, конечно, и третий: врать напропалую, но все же пропагандистские издания высокого пошиба предпочитают этого не делать. Если говорить об «Америке» и Soviet Life, то за тридцать с небольшим лет их существования они в основном придерживались второго способа — показывали исключительно хорошее.

Впрочем, о таких вещах я стал задумываться уже потом. Поначалу я ушел в журналистику с головой, был увлечен и получал колоссальное удовольствие от работы. Сколько себя помню, я интересовался политикой, социальными вопросами, и вот теперь имел возможность делиться своими соображениями с тысячами читателей. Правда, ими были американцы, но это меня совершенно не смущало, даже напротив. Работая в Библиотеке иностранной литературы, я способствовал тому, чтобы советские люди лучше понимали Америку, причем это направление я вел много лет, рассказывая о джазе, об американской народной музыке. И служба в Soviet Life превращала мою деятельность в улицу с двусторонним движением.

Я писал о Советском Союзе, следовательно, я много читал о стране, о ее истории, много ездил в командировки. Это были уже не студенческие агитпоходы, а углубленное знакомство со страной, куда я приехал восемь лет назад и о которой имел фрагментарное и идеалистическое представление. Моя первая встреча со сталинизмом, годы учебы в университете потребовали от меня довольно болезненной переоценки. Работа у Маршака открыла передо мной богатство и гуманизм русской литературы, показала ее уникальные черты. Но я не имел ни малейшего представления о подлинной сложности этой страны — сложности географической, этнической, культурной.

В Советском Союзе, как и в Соединенных Штатах, перед журналистом отворяются многие двери — хотя и по разным причинам. Пресса в США имеет огромную власть. Она может уничтожить кого угодно. Журналиста и боятся, и обхаживают, и пытаются использовать. В Советском Союзе до 1985 года журналист представлял угрозу для кого-либо, только если получал соответствующее задание сверху — мол, надо раскопать материал, вывести такого-то на чистую воду. Для этого существовали журналисты особого рода, так называемые фельетонисты. Но в основном журналисты писали о том, как прекрасно люди живут в Стране Советов, каких добиваются феноменальных успехов, и каков он вообще, советский человек. Стать героем такого репортажа или очерка мечтал каждый. Когда же появлялись материалы критические, то подчеркивалось, что речь идет о нетипичном для Советского Союза или советского человека явлении. С возникновением же гласности в 1985 году все радикально изменилось.

Как мне представляется, сегодня советская пресса не уступает западной по уровню и серьезности своей работы, по тому, как срываются покровы лжи и обмана с того, что только что считалось неприкасаемым. Отношение общества к печати поменялось. Большая часть воспринимает журналиста как героя, порой как своего рода Дон Кихота, порой как знаменитого Баярда, рыцаря без страха и упрека. Но некоторые чувствуют в журналисте опасность. Таких меньшинство, но оно чрезвычайно громко, если не сказать шумно, выражает свои взгляды; оно состоит из партбюрократов, писателей, ветеранов Великой Отечественной войны, афганцев, всякого рода «патриотов», шовинистического сброда. Новая роль, которую стали играть средства массовой информации, — прямое следствие революционных реформ, инициированных партией. И это совершенно не мешает тому, что из всех «неприкасаемых» в прошлом, самым по-прежнему закрытым, защищенным от критики остается партийный аппарат, то есть как раз те люди, чье поведение диктовалось их уверенностью в собственной безнаказанности. Они хвалили и хвалят гласность потому лишь, что убеждены: к ним новые правила не относятся. И когда что-то стало меняться, они будто с цепи сорвались.

Битва между СМИ и бюрократией была выставлена на общее обозрение во время Девятнадцатой партийной конференции 1988 года, когда громовыми аплодисментами встречалось каждое выступление, содержащее нападки на прессу. То же самое происходило во время Первого съезда народных депутатов (июнь 1989 г.), на котором консервативному меньшинству удалось выиграть большинство мест благодаря избирательной системе, для этого и выработанной, — о чем СМИ подробнейшим образом рассказали стране. Все это стало делом совершенно новым, даже в пору расцвета так называемой «оттепели» о таком и не мечтали.

В 1961 году «оттепель» достигла своего зенита. Общество испытывало подлинный энтузиазм, подкрепленный реальными успехами: люди стали жить заметно лучше, производительность труда ощутимо росла, и когда Хрущев на фоне этих успехов и стагнации экономического положения Запада предсказал, что СССР догонит и перегонит США, это не воспринялось как бездумное прожектерство. Вспомним громкие, а порой и феноменальные успехи советской науки и техники: 1955 год — Ту-104, первый в мире реактивный пассажирский авиалайнер; 1957 год — первый искусственный спутник Земли; 1961 год — Юрий Гагарин, первый человек, покоривший космос, — с его обаятельнейшей улыбкой сошедшего с рекламного плаката советского человека... Казалось, все возможно, казалось, судьба нам улыбается так же, как она улыбалась Америке во времена Джона Кеннеди, и все наконец будет хорошо.

Путешествуя по стране, я вновь и вновь восхищался поразительной уверенностью людей в том, что нет неразрешимых проблем, что нам все по плечу. Это была настоящая общенациональная эйфория. Тот, кто помнит те времена, согласится со мной, что они составляют разительный контраст с временами перестройки и гласности. Размах и глубину того, что происходит при перестройке, невозможно сравнить с реформами Хрущева. Тогда была пластическая операция, сегодня — радикальное вмешательство в организм. Потенциал другой, возможные последствия иные, значение происходящего для жизни каждого советского человека неизмеримо большее. Тем не менее общественное мнение куда менее солидарно, чем было тогда, в 1961 году, и настроено куда более скептически, чем в отношении сумасбродных планов Хрущева. Почему?

Отчасти ответ лежит в плоскости самого времени: прошло около тридцати лет. Кроме того, силен фактор разочарования. Обещали златые горы, а получили застой и моральное разложение. Говоря языком сегодняшним — страну «кинули». Нынешний скепсис — условный рефлекс, который, как и всякий условный рефлекс, отражает приспособление организма к новым обстоятельствам. Либо приспосабливаешься, либо погибаешь. Это, если угодно, психологический спасательный круг, и люди боятся расстаться с ним. Верны слова Александра Николаевича Яковлева: перестройка представляет собой прорыв в неизвестность, она — целый набор изменений настолько базисных, что мы должны сменить и привычный нам способ размышлять: о себе, о своем обществе, о структуре общества, об окружающем нас мире. Это тяжелый вызов. Страшный вызов. Десятки миллионов советских граждан жалуются на вечный дефицит всего и требуют, чтобы навели порядок. Но когда им говорят, что решение проблем коснется *их*, что *им* придется по-другому работать и жить, что *им* даже придется иначе думать и брать на *себя* гораздо большую ответственность, многие не соглашаются с этим. Вероятно, так реагировали бы в любой стране, но в Советском Союзе это имеет особое значение. Все же страна с абсолютистскими корнями, усиленными советским тоталитаризмом. В такой стране вся жалоба сводится к тому, что ничего поделать уже нельзя — потому и жаловаться можно без всяких опасений, что тебе предложат заняться делом. Не имея власти в своих руках, легко было все валить «на них», это «они» во всем виноваты. Пусть «они» и решают вопросы. Но когда Горбачев ясно дал понять, что перестройка не может осуществиться без личного участия рядовых граждан, когда он призвал всех изменить свои привычки и поведение, это оказалось неприемлемым для многих, в том числе и для тех, кто помнил конец пятидесятых и начало шестидесятых годов.

Более всего поразило меня в моих первых журналистских путешествиях по стране ее многообразие. Она была едина в том смысле, в каком едино лоскутное одеяло, сшитое из множества совершенно разных кусков, — да, оно сшито, но куски-то разные. Разумеется, я знал, что Советский Союз — многонациональная страна, но знание было сугубо теоретическое. Я не был готов к тому, с чем встретился, с уровнем *непохожести* буквально во всем. Начну с того, что люди отличались внешне — даже живущие по соседству друг с другом. Грузины, например, более походят на басков или гасконцев, чем на армян, которые в свою очередь больше напоминают греков, чем соседей азербайджанцев. Последние же намного ближе к иранцам. Но эти три народа — соседи, они трутся плечо о плечо веками. Скажем, шведы, норвежцы и датчане внешне по существу вообще не отличаются друг от друга, да и языки у них очень похожи. У грузин, армян и азербайджанцев и языки абсолютно отличные друг от друга. При большем внешнем сходстве народы Балтии — латыши, литовцы и эстонцы — говорят на принципиально несхожих языках да и характерами сильно различаются. Обращаясь к Средней Азии, можно заметить, что узбеки, туркмены, таджики и киргизы кажутся одинаковыми только тем, кто вообще считает, что все представители «не белой расы» неотличимы друг от друга. Казахи, буряты, калмыки, якуты — какой-то калейдоскоп разных лиц, языков, культур, историй, традиций, причем то, что не видно глазу, на самом деле куда более важно для понимания каждого из этих этносов.

Во время этих поездок я оценил мудрость русской пословицы о том, что каждый видит мир со своей колокольни. Хотим мы того или нет, отдаем ли себе отчет в этом или нет, но мы судим обо всем, исходя из собственного опыта, из своего понимания вещей; мы пытаемся уложить все, с чем сталкиваемся, в прокрустово ложе своих представлений, и если для этого необходимо отрубить ногу, руку или голову, что ж, так тому и быть. Таким образом, мы не интерпретируем, а подгоняем явления и вырабатываем свой, притом совершенно ошибочный взгляд на другие народы, расы, нации.

Как-то я впервые оказался в Тбилиси с Вахо, грузинским журналистом, с которым познакомился на отдыхе в Пицунде. Вахо пригласил меня в гости к своим знакомым. Вряд ли надо рассказывать о том, что такое грузинское застолье. Оно поразило меня обилием блюд, вина и... тостов. Львиная доля этих тостов была произнесена в мой адрес. Пили за то, что я честный и умный, пили за то удовольствие, которое получают от меня мои родители, пили за моих детей, которые конечно же гордятся таким отцом — и так в течение всего вечера. Слушая все это, я мрачнел и мрачнел. Поздно вечером, возвращаясь в гостиницу в сопровождении Вахо, я не выдержал и сказал ему:

— Видно, грузины люди лицемерные.

Посмотрев на меня с удивлением, он спросил:

— Почему ты так считаешь?

— Да как иначе считать! — взорвался я. — Они видят меня первый раз в жизни, скорее всего, и последний тоже, а говорят обо мне черт-те что, будто мы сто лет знакомы! Как же так можно?! Это же сплошное притворство!

Вахо посмотрел на меня внимательно и спокойно, и в его темных глазах я прочитал мудрость.

— Послушай, Володя, во-первых, я привел тебя в эту компанию, значит, ты — мой друг, а меня-то они знают очень хорошо, плохого человека я не приведу. А во-вторых, предположим, я ошибся, предположим, ты — подлец, последний сукин сын. Если это так, то ты мало в жизни слышал добрых слов о себе и, может быть, услышав их в таком количестве сегодня вечером, чуть-чуть изменишься к лучшему. Понимаешь? Все, что говорилось за этим столом, было сказано совершенно искренне. Либо это все соответствует истине, либо это поможет тебе стать хорошим человеком.

Когда я обвинил грузин в лицемерии, мне было неудобно перед Вахо. Теперь же я почувствовал себя полнейшим... идиотом. Ведь я сделал выводы, исходя из опыта той культуры, в которой воспитывался и рос, я взял свое лекало и приложил его к ткани, о свойствах которой не имел ни малейшего представления. Когда лекало не подошло, я решил, что ткань с дефектом. И если бы не разговор с Вахо, если бы не мои неоднократные поездки в Грузию и дружба со многими грузинами, я остался бы со своими предрассудками, основанными, как и все предрассудки, на незнании.

Однажды я оказался темной ночью в горах Армении недалеко от Севана, существованию которого угрожали планы строительства тоннеля. Я как раз собирал материал по этому поводу в Ереване. День был долгий, жаркий, ни о каких кондиционерах никто и слыхом не слыхивал. К концу дня меня, измочаленного, посадили в «Волгу» и повезли куда-то. Я заснул мертвецким сном. Открыв глаза, увидел сквозь окно автомобиля черное бархатное небо, усеянное звездами неправдоподобных размеров. Они висели так низко, что, казалось, рукой можно достать. И вдруг я заметил луну, вернее, ее половину: *она, словно сказочная ладья, лежала на боку и плыла по небу*. В детстве, читая сказки «Тысячи и одной ночи», я любил рассматривать иллюстрации, в которых над башнями минаретов высоко плыл лежащий на боку полумесяц. Я тогда считал, что это — сказочный полет воображения, вполне соответствующий нереальности сюжетов. Я понимал, что полумесяц не может лежать на боку. И вот здесь, на берегах Севана, открыл для себя, что иллюстрации-то были абсолютно реалистичными, что сказки «Тысячи и одной ночи» — вот они, прямо над головой, только протяни руку... Но в эту армянскую ночь меня ждали еще открытия.

Ехали мы ехали и наконец оказались в какой-то горной деревушке. Водитель притормозил около одного из домиков. Я поинтересовался, почему мы остановились, и он ответил, что тут живут его друзья, что он проголодался и они будут счастливы нас накормить. Кругом царила полная темнота, нигде ни огонька, время — час или два ночи и ясно, что все спят сном праведников. Я представил себе реакцию людей, которых будят бог знает во сколько ради ужина для проезжего гостя из Москвы. Но я понимал, что спорить бесполезно. Водитель вышел из машины, поднялся к домику по узкой тропинке и постучал в дверь. Зажглась лампочка, дверь чуть приоткрылась, и до меня донеслись обрывки негромкого разговора на совершенно не понятном мне языке. Потом водитель вернулся, закурил и пояснил:

— Они ждали нас чуть пораньше.

«Ну, да, — подумал я, — так я тебе и поверил». Тишина была такая, что наше дыхание казалось громким. Потом вдруг во всем доме зажегся свет, распахнулась дверь, и какой-то мужчина громко сказал по-русски:

— Заходите!

Домик был маленький, с деревянными стенами и полом, почти без мебели, все говорило о жизни трудной и небогатой. Почему-то в памяти всплыли фотографии фермерских домов в Оклахоме в годы Великой депрессии. Но это была не Оклахома и не тридцатые годы в кризисной Америке. В глаза бросился уставленный разными блюдами стол — еды хватило бы человек на десять. Хозяин крепко пожал мне руку и попросил извинить его — мол, у него есть некое срочное дело и ему надо выйти из дома. Потом стало ясно, что выходил он, чтобы зарезать ягненка на шашлык для «ожидаемого» гостя. Пока мы ждали, я рассматривал комнату. В одном углу стояла кровать, на которой лежала старая женщина. Нет, не старая, а древняя. Она смотрела на меня огромными немигающими глазами, в которых выражалась неслыханная печаль. Казалось, эти глаза видели все: и времена расцвета и славы Армении, и века ее страданий, и ее героическую борьбу против накатывавших на нее волн завоевателей — непобедимых легионов Рима, лучников и конников Парфии, тиранов Византии, безжалостных дружин татар, стального кулака Тамерлана, изогнутых ятаганов Оттоманской империи... Все это прошло перед ее глазами, она босыми ногами исходила бесконечные пески истории, в ее глазах покоилась мудрость веков, и, глядя в них, я чувствовал себя совсем маленьким и нагим. Я отвернулся и обнаружил стоящих позади меня семерых мальчиков. Плечом к плечу, в совершенно одинаковых и явно выходных костюмах, они стояли по росту — самый высокий справа, самый маленький на левом краю, правда, и самый высокий был не слишком велик. Я дал бы ему от силы лет одиннадцать, да только лицо у него было совершенно взрослое, и потому он одновременно выглядел и старше, и моложе своих шестнадцати лет. Но все это вспомнилось мне потом... А в тот момент меня потрясло, что детские глаза были точно такие же, как у старухи. И я испытывал странное и неуютное чувство оттого, что меня рассматривали дети, которые уже при рождении были старше, чем буду я в час своей смерти. В этот миг я понял, что моя культура, моя цивилизация ничто по сравнению с тем, что сберегли они. Эти люди сумели выжить как народ, сохранить свой язык, свою культуру, свою землю (хотя и не полностью); они прямые потомки тех, кто жил задолго до рождения Рима и до того, как сотворила свое волшебство Древняя Греция, кто был современниками овеянных тайной египтян времен первых фараонов.

Когда мы сели к столу, жена хозяина не присоединилась к нам. Старуха продолжала лежать в постели, безотрывно глядя на нас, а мать семейства села рядом с ней и наблюдала, как мы едим. Это меня и расстроило, и рассердило, о чем я сказал водителю через час-другой после того, как мы попрощались со всем семейством (в ответ старуха чуть кивнула, мать семейства улыбнулась, но с места не встала, дружная семерка подошла и по старшинству по очереди церемонно пожала мне руку, а отец крепко, по-медвежьи, обнял).

— Какого черта! — вскипел я. — Почему этой несчастной женщине не было позволено сидеть с нами за столом? Как-никак мы живем в последней четверти двадцатого века в якобы передовой стране!

Водитель качнул головой и сказал:

— Ты не понимаешь, ты ничего не видишь. Ты не заметил? Каждый раз, когда хозяин вставал, чтобы говорить тост, он смотрел на женщин, дабы получить разрешение. Ты не соображаешь, что жена позволила ему зарезать ягненка на шашлык? Если бы обе женщины не разрешили, он не впустил бы нас в дом. Это у вас женщины сидят с вами за одним столом, но ничего не решают, а у нас не так. Мы слушаемся женщину, потому что она и есть жизнь, от нее все. А ты все стол да стол...

В очередной раз, ослепленный своей культурой, своими традициями, я высокомерно отнесся к другой культуре и пришел к выводу, что этот народ считает женщин людьми второго сорта. Отчасти я все же был прав, как мне представляется, но прав был и водитель, насмехаясь над сугубо внешним «равенством», которым кичимся мы, представители западной цивилизации. Словом, я получил еще один урок: не суди, если не знаешь предмета...

Один из главных вызовов перестройке — национальный вопрос. Если не будет найдено решение по поводу центробежных сил, раздирающих страну, перестройка провалится точно так же, как без ликвидации гигантского дефицита, без принципиального изменения положения с продуктами питания и товарами народного потребления провалятся все радикальные экономические реформы. Взрыв национализма, наблюдаемый в стране, имеет множество причин, но одна из них — и это бесспорно — полное непонимание, проявленное Москвой, относительно традиций и культур нерусских этносов Советского Союза. Многие представители этнических меньшинств жалуются на определенную русификацию, которой они подвергаются, и жалуются не без оснований. Однако мне не кажется, что речь идет о тщательно продуманной стратегии со стороны Москвы, скорее, мы имеем дело с высокомерием национального большинства, с его неумением и нежеланием слезть со своей колокольни и забраться на другую, чтобы взглянуть на все происходящее иначе.

И СССР, и США — многонациональные государства, в этом они принципиально похожи. Но то, что отличает их, еще более принципиально: все национальности и этнические группы, проживающие в Америке, *откуда-то приехали* (за исключением коренного населения — индейцев); подавляющее большинство тех, кто живет в Советском Союзе (за исключением небольшого числа немцев, корейцев, греков, болгар и т.д.) — *коренные жители*. Одно дело расовые, религиозные и культурные предрассудки в стране приезжих, вырвавших свои корни, перевернувших свежую страницу, все начинающих с нуля. И совсем другое — те же предрассудки в стране, где люди живут бок о бок веками, периодически воюют друг с другом и имеют представления друг о друге, зацементированные временем. Ясно, что решать эти проблемы значительно проще, пока они еще не вошли в плоть и кровь страны, но несмотря на свое преимущество в этом плане, за двести с небольшим лет существования самая первая из новых демократий не смогла создать единую нацию-семью, не сумела справиться с национальной рознью.

Хотя стремилась к этому и даже изобрела образ — «плавильный котел»: всякий приезжающий жить в Соединенные Штаты попадает в него и выходит оттуда... американцем. Эта милая мифология стала одной из основ американского образа жизни. Правда, во время борьбы «черных» американцев за равноправие в шестидесятых годах плавильный котел заменили салатницей (в том смысле, что американская нация не представляет собой гомогенной массы, состоящей из *Homo americanus*, а больше похожа на большой фруктовый салат, на коктейль, на замечательный набор разных ингредиентов, каждый из которых дополняет другие). Картина, конечно, красивая, гораздо более красивая, чем та реальность, которую она якобы изображает. Осенью 1987 года независимая телевизионная компания

Во время турне по Америке. 1987 г.

King 5 помогла мне произвести пять часовых передач, объединенных общим названием «Встреча с Америкой».

В каждой программе вместе с аудиторией обсуждался один вопрос: американская семья, американская женщина, американская школьная система, американский взгляд на СССР и американские национальные меньшинства. Аудитория последней программы состояла как раз из представителей этих самых меньшинств — были индейцы, «черные» американцы, выходцы из Латинской Америки, чиканос (мексиканцы), выходцы из Азии. Все патриоты, все любили свою новую родину, о чем говорили со всей определенностью. Но все они соглашались с тем, что представляют не самые лакомые ингредиенты американского салата; все они признали, что в той или иной степени являются гражданами второго сорта из-за цвета кожи, из-за того, откуда приехали и из-за того, насколько хорошо или плохо говорят по-английски. По сравнению с так называемыми белыми им труднее было получить образование и работу, им платили меньше, они жили в менее привлекательных районах города, чаще подвергались полицейским проверкам. Нельзя отрицать наличие определенного прогресса, но все это тянется невероятно долго, и даже если виден свет в конце туннеля, как считают некоторые, до него еще очень и очень далеко. Несмотря на все разговоры о свободе и равенстве, ни одной из демократических стран пока не удается сколько-нибудь основательно решить проблемы этнических меньшинств.

***

А как же Обама? Разве избрание чернокожего президентом страны не говорит о радикальном продвижении американцев в этом вопросе? Конечно, говорит. За эти двадцать лет изменилось многое, и то, что тогда казалось совершенно невозможным, сегодня является реальностью. Но я не удивлюсь, если Обаму не выберут на второй срок. Тому много причин, и не последняя из них — то разочарование, которое испытывают многие из тех, кто за него голосовал. Он оказался слишком сговорчивым, явно сдвинулся «вправо», он, по сути дела, не смог выполнить ни одного из своих предвыборных обещаний. Ему этого не простят, но не простят вдвойне из-за цвета кожи. Рассуждение будет примерно таким: «Я тебя избрал, я проявил невероятную толерантность, я показал свое демократическое нутро, я, если называть вещи своими именами, проявил некоторую отвагу — а ты? Ты не оправдал моих ожиданий, ты, чернокожий, вместо того, чтобы оценить то, что сделал для тебя я, оказался слабаком. Тебе, «черному», нечего делать в Белом доме». Преувеличиваю? Ничуть.

***

У Советского Союза было примерно семьдесят лет на решение национального вопроса, корни которого восходят к истории Российской империи. Она, как и все империи, расширялась за счет завоевания сопредельных земель, поглощения все новых и новых народов. Иногда русское владычество рассматривалось ими как меньшее из двух зол. Так, вероятно, рассудили грузины и армяне, которым угрожала Оттоманская империя; скорее всего, так считали и украинцы, страшась угрозы с запада в лице католической Польши, а с юга — в лице крымских татар. Но в подавляющем большинстве случаев двуглавый российский орел был обыкновенным хищником, который никого ни от чего не спасал, а сам впивался стальными когтями в более слабого противника. Этот процесс начался всерьез при Иване Грозном и продолжался вплоть до девятнадцатого века.

Российская империя, как и всякая другая, эксплуатировала свои колонии без зазрения совести. Местным князькам оставляли некие признаки власти, но на самом деле власть была целиком и полностью в руках царя и Русской православной церкви. Поскольку православие являлось государственной религией, только православный мог считаться русским, а не быть православным, то есть русским, означало подвергаться санкционированной «сверху» дискриминации в образовании, в должности и так далее. Официальный взгляд на этот вопрос был четко сформулирован профессором Н.М. Коршуновым в 1910 году: «Невзирая на масштаб автономии любой подчиненной территории, законодательная власть русского монарха выше этой автономии, что обеспечивает превосходство русских интересов над любыми местными, частными стремлениями».

Подобная политика привела к тому, что этнические меньшинства Российской империи — особенно те, которые находились за Уралом, на Крайнем Севере и в Средней Азии, — лишались своей самобытности и по сути дела уничтожались не менее свирепо, чем их собратья американские индейцы. Происходило вымирание малых народов в стране, которую Ленин вслед за Астольфом де Кюстином назвал «тюрьмой народов».

Во время своих поездок по стране я смог лично убедиться в поразительных достижениях так называемой ленинской национальной политики. Были созданы алфавиты для народностей, прежде не имевших даже письменности, было учреждено преподавание местных языков в школах, представители малых народов, не говоря о более крупных, стали выбирать своих депутатов как на местном уровне, так и на всесоюзном. На местных языках печатались газеты и журналы, книги, велись радио- и телевизионные передачи, производились кинофильмы, ставились пьесы в театрах. Все это так, все это производило сильное впечатление, но несмотря на это, слова о «союзе равноправных республик», о «дружбе народов» звучали фальшиво.

При всех изменениях, которые произошли и коснулись некогда отсталых во всех отношениях национальных меньшинств, одно осталось неизменным: русские контролировали все в не меньшей степени, чем это было при царе.

Официально местные власти решали все вопросы. На самом деле все шло из Москвы, точнее, со Старой площади. В РСФСР вся партийная власть сосредоточивалась в руках русских — что, в общем, было логично. В республиках первый секретарь всегда являлся представителем местной национальности, но второй секретарь, по идеологии, неизменно был русским, и решал все он — тот же генерал-губернатор, но под другим, более приемлемым, соусом.

Еще одно наблюдение: подразделения вооруженных сил, расквартированные в разных республиках, состояли из солдат не местной национальности. Узбеки не служили в Узбекистане, грузины не служили в Грузии, литовцы не служили в Литве. За этим стояла четкая логика: если бы вдруг пришлось использовать войска против местного населения, было бы гораздо рискованнее приказать, например, латышу стрелять в латышей, чем, скажем, туркмену. Одно дело стрелять в своих, совсем другое — в чужаков, людей другой культуры, говорящих на другом языке, чьи проблемы тебя не касаются да и непонятны тебе.

Называть это прямым продолжением царской политики не следует. Когда большевики взяли власть, они предприняли — возможно, впервые в истории, — попытку ликвидировать то неравенство, которое существовало между русскими и всеми остальными, они исходили из убеждения, что, поскольку русские фактически подавляли остальные нации, им необходимо искупить этот грех. Бюджетные отчисления на душу населения были выше для республик, чем собственно для Российской Федерации, усилия, направленные на развитие и сохранение языков и культур малых народов, считались приоритетными (что, в конце концов, привело к росту недовольства со стороны русских, к росту национализма и шовинизма и к появлению таких организаций, как «Память»).

Нет ничего общего между советской национальной политикой и царской, кроме одного: сохранения контроля. Сладкая песня о равноправии могла убаюкать или обворожить только того, кто не имел политического слуха. Достаточно было услышать, какими кличками (кацап, хохол, чучмек, армяшка, черножопый и прочее) представители великороссского народа награждали своих «младших братьев» (кстати, почему младших, с чего вдруг? Нет сомнений, что и армянская, и грузинская культуры древнее русской), чтобы понять: до этого самого равенства и дружбы еще ох как далеко. Если Ленин и в самом деле стремился к созданию федерации равных народов и народностей, то надо признать: эта затея не то что провалилась — к ее реализации даже не приступили. Зато реализовался разработанный Сталиным план автономизации страны, в которой автономии побольше назывались союзными республиками, поменьше — автономными республиками, краями, областями и так далее, но на самом деле ни о какой автономии речь не шла; а шла речь о *разделении* народов СССР, о подчеркивании того, что их разделяет, и одновременно о присвоении им титула, пусть пустого на деле, но дающего им ощущение собственной значимости. В каком-то смысле и в очень узко личностном плане это напоминает мне мои годы работы у Самуила Яковлевича Маршака, который представлял меня приходящим к нему людям как своего литературного секретаря. На самом деле, как я уже писал, я был всего лишь писарем, который готовил черновики ответов на письма, получаемые Маршаком из разных стран и от советских читателей. Конечно, должность литературного секретаря ласкала мой слух и придавала мне большее значение в глазах других, чем было на самом деле. Но после двух с половиной лет работы несоответствие между моим реальным положением и тем, как это положение именовалось, стало раздражать меня в гораздо большей степени, чем если бы я изначально числился просто секретарем. Нет ничего удивительного в том, что население союзных республик, поначалу гордившееся своим званием равного среди равных, давно поняло: реальная ситуация не соответствует декларированной, нет никакого равенства, а коли так — лучше выйти из этого ложного состояния.

Существует множество факторов, которые за годы советской власти привели к обострению межнациональной розни, и автономизация страны среди них, как я полагаю, главная. Однако к ней следует добавить произвольное (но хорошо продуманное) перераспределение территорий и насильственное переселение целых народов.

Для чего были «переданы» Узбекистану издревле принадлежавшие таджикам Самарканд и Бухара с прилегающими землями? Для чего армянские Нахичевань и Нагорный Карабах были «инкорпорированы» в Азербайджан? Не для того ли, чтобы таким образом посеять семена вражды, взаимной ненависти? Не потому ли эти семена, попав на столь плодородную почву, дали бурные, ядовитые всходы? Кровопролитные столкновения, свидетелями которых мы стали, разве случайны? «Разделяй и властвуй» — премудрость, усвоенная не только англичанами...

Когда крымских татар, поволжских немцев, калмыков, ингушей и чеченцев, курдов набили в товарные вагоны, как сельдь в бочки, и перевезли в Казахстан и Сибирь, передав их имущество и дома представителям других национальностей, разве не заложили тем самым националистическую бомбу замедленного действия под всем советским домом?

Когда сегодня мы видим взрывы столкновений в Сумгаите, Нагорном Карабахе, Тбилиси, Фергане, Коканде, Новом Узене, разве это не свидетельствует о совершеннейшем отсутствии пресловутой дружбы народов?

Все эти меры были направлены на то, чтобы национальным меньшинствам и в голову не приходила мысль объединяться и отстаивать свои интересы, добиваться подлинного равенства, а не игрушечного.

Но имелись и просчеты, ошибки, особенно в области экономики, тоже способствовавшие развитию национальной розни. Это было особенно заметно в годы брежневского застоя, когда применялись экстенсивные меры развития экономики. Такой подход не только усиливал застой, но и приводил к росту национального напряжения в двух регионах страны: Прибалтике и Средней Азии.

Прибалтика рассматривалась как идеальное место для создания новых отраслей промышленности. Но для этого требовалось такое количество рабочих рук, которым прибалтийские республики не располагали — что привело к массовому наезду русских, ставшему угрожающим: русские вскоре составили около двадцати процентов населения Литвы, около сорока процентов — в Эстонии и почти половину — в Латвии. В этих республиках, как и во всей стране, была тяжелая жилищная проблема, не хватало дошкольных детских учреждений — и этот массовый приезд серьезно усугубил социальные вопросы. Местных жителей, которые годами ждали жилья, отодвигали в очереди еще дальше, поскольку приезжим отдавали предпочтение. И то, что приезжие не делали даже попыток выучить местные языки, высокомерно говоря «пусть они говорят по-русски!», только подливало масла в огонь.

Помню свой разговор в Таллинне, когда эстонка рассказала мне о супружеской паре, у которой заболел шестилетний сын. Они повезли его в единственную детскую больницу города, где обнаружили, что врач не говорит по-эстонски. «Это был отличный врач, но то, что он не говорит по-эстонски, как часто не говорят продавцы в магазинах или билетерши, вот с этим мы не можем примириться. Разве русские примирились бы с тем, чтобы детский врач в Москве не говорил по-русски? Он спрашивает мальчика, что у него болит, а тот не понимает. Мальчик говорит что-то, а врач хлопает глазами».

Ее можно понять. Она — пусть не прямо — говорила о великорусском шовинизме, которому Ленин посвятил не одну страницу в своих трудах и считал худшим из всех видов шовинизма.

Да я сам столкнулся с этим во время поездки в Ригу, когда интервьюировал одного директора крупного завода. Он жил в столице Латвии двадцать пять лет, но не говорил на латвийском. Поразившись этому обстоятельству, я спросил его, как же он общается с подчиненными? «По-русски, — ответил он. — Это они должны понимать меня, а не я их».

Русские не виноваты в том, что живут в такой системе, они не несут ответственности за то, что Госплан и прочие бюрократические инстанции решили развить промышленность именно там, где не хватает рабочих рук. Но они безусловно повинны в высокомерии, в том, что вели себя как колонисты, не считая нужным выучить язык того народа, на земле которого находятся. И за это придется отвечать.

Если кому-то кажется, что слово «колонист» чересчур резкое, я возражу, что по сути дела, не по форме, а по содержанию политические и экономические решения прошлого говорят о колониальном взгляде. Именно этот подход в конечном счете привел к взрыву национализма во всех трех прибалтийских республиках.

Описанный подход еще более очевиден в отношении республик Средней Азии, где вся экономика подчинена одному — Его Величеству Хлопку. На сбор хлопка бросается вся и все, эксплуатируется детский труд (зачастую учащиеся вообще не ходят в школу с сентября по декабрь). Помимо того, что народилась настоящая «хлопковая» мафия, проникшая в партийные и государственные структуры вплоть до Кремля, помимо того, что хлопок привел к обогащению небольшой группы насквозь коррумпированных людей, он же привел и к обнищанию народа. Правительство закупает хлопок по бросовым ценам, тот самый хлопок, который покрыл миллионы гектаров плодородных земель, где когда-то возделывались сады, выращивались фрукты, овощи и зерно. Хлопок вытолкнул не только это, но и возможность создать какие-либо промышленные предприятия, в результате чего в этом регионе страны около пяти миллионов человек не имеют работы. Такое поведение характерно для метрополии в отношении ее колонии и неизбежно кончается восстанием.

Если это заметил я, смешно думать, что этого не замечали другие, в том числе из числа руководства. Но не было человека, который громко сказал бы: «Король голый!»

Вряд ли даже Салтыков-Щедрин сумел бы воссоздать масштабы этой преднамеренной слепоты. Вот образчик этого явления: «Всему миру известны результаты ленинской национальной политики. Все нации и народности Советского Союза вышли на дорогу благосостояния и добились крупных успехов в развитии промышленности, сельского хозяйства, науки и культуры... Единство многонационального советского народа крепко, как алмаз. И, как алмаз сверкает всеми цветами своих граней, так и единство нашего народа сверкает множеством наций, из которых он состоит, каждая из которых живет богатой, полностью равноправной, свободной и счастливой жизнью».

***

Ну как, не стошнило? Как вы полагаете, люди, которые писали такие тексты, и те, кто эти тексты утверждал, — они верили этой белиберде? Они не понимали, что в скором будущем страна рассыплется и все эти нации и народности разойдутся как в море корабли? Неужели не проводились опросы общественного мнения на сей счет — пусть закрытые-перезакрытые, но отражающие реальное положение вещей? Уму непостижимо.

***

Приведенная выше цитата была опубликована в связи с пятидесятилетием Великой Октябрьской социалистической революции. Почти четыре года спустя, на XXIV съезде КПСС Л.И. Брежнев объявил о рождении новой исторической общности: «советский народ». Вместо того чтобы предпринять попытки признать наличие проблемы, поставить диагноз, предложить какие-то меры для ее решения, выдвигались совершенно пустые, трескучие лозунги о «вечной дружбе братских народов Советского Союза». Вековое заболевание, усугубленное сталинской политикой и брежневским правлением, загонялось внутрь. Так накапливались национализм, нетерпимость, шовинизм. Когда же при гласности не только вылетел предохранительный клапан, но и полетела вся крыша советского котла, они вырвались наружу.

Все эти наблюдения складывались во мне постепенно, и не надо забывать, что я, выросший в Америке, хорошо знал о расовых и этнических предрассудках, их признаки были мне хорошо известны. И наступил тот тяжелый для меня день, когда я вынужден был поставить перед собой вопрос: не является ли Советский Союз на самом деле видоизмененной Российской империей? Если является, тогда Союзу не бывать, крах его неизбежен, он падет — как пали все империи.

Так каков же ответ?

И да, и нет.

Да — в том смысле, что целым букетом наций и народностей управляют из центра в интересах так называемой «титульной нации». Нет — потому что структуру страны, ее федеральное устройство, ее официальную национальную политику, ее идеологию в национальном вопросе никак нельзя назвать имперской. Вместе с тем она не является федерацией в подлинном смысле слова, поскольку ее федеративное устройство есть ширма, а не суть того, как она управляется. Получается, что СССР — ни то, ни другое, а нечто среднее, какое-то ублюдочное образование, которое мой отец назвал бы «помесь жида с канарейкой». Факт, что имперская составная имеется, факт, что федеративное начало в каком-то виде существует, факт, что обе эти тенденции тянут в разные стороны. Если перетянет первая — Советский Союз исчезнет с лица земли, если одолеет вторая — мы станем свидетелями подлинного союза равных, первой федерации на самом деле исторически разных по происхождению и развитию стран.

Для обнаружения антисемитизма в Советском Союзе не было необходимости ездить в командировки. Мое первое знакомство с ним состоялось тогда, когда меня не хотели принять на биофак МГУ, о чем я уже говорил. Но есть еще одна история, которая придает этому вопросу дополнительные краски.

Когда я был первокурсником, мы учились в здании биофака на улице Герцена* (ныне там располагается Зоологический музей). Но мы также посещали занятия на химическом факультете, который находился в одном из совершенно новых и современных учебных корпусов на Ленинских горах. Лабораторные работы обычно заканчивались около шести часов вечера, и в тот памятный для меня декабрьский вечер мы втроем пошли к остановке двадцать третьего автобуса: Вера, Ирма, Семен и я. Семен был сыном известного экономиста и отличался ироничным складом ума. Учился он блестяще, но страдал оттого, что был мал ростом и не особо привлекателен. Как часто бывает в таких случаях, Семена тянуло к более здоровым ребятам и к самым хорошеньким девушкам, к которым, в частности, относилась Вера. Мы стояли на остановке, разговаривая, когда подошел студент геологического факультета — в то время студенты-геологи носили особую форму, что выделяло их среди остальных. Он был явно на взводе и искал приключений. Не обращая никакого внимания на нас, он заговорил с Верой, стал настойчиво предлагать ей поехать повеселиться. Вера отвернулась, а Семен посоветовал геологу заняться какой-нибудь другой разведкой. Тот уставился на Семена наглым взглядом и ответил: «Заткнись, жидовская морда».

---

*Ныне Большая Никитская улица.

Есть только две возможные реакции на такого рода оскорбления. Надо либо уносить ноги, либо давать отпор — что я и сделал, не дожидаясь действий со стороны Семена. Я въехал геологу в челюсть изо всей силы, зная, что если уж решил драться, то бить нужно наверняка. Геолог рухнул как подкошенный, и я, ожидая, что он встанет, шагнул к нему, чтобы разок добавить и закрыть вопрос. Но он не вставал, а продолжал лежать на тротуаре около остановки.

— В Москве, как во всем мире, ни за что не найдешь милиционера, когда он нужен. Но если они нежелательны, они тут как тут. Вдруг появилась милицейская машина, из нее выскочили два человека в форме, и не прошло пяти минут, как я оказался зажатым между ними на заднем сиденье. Мои попытки объяснить, что произошло, не дали результата. «В отделении разберемся», — мрачно процедил один из блюстителей порядка.

В отделении меня отвели в какую-то комнату и стали снимать показания. То есть устроили форменный допрос. Все записали, дали мне прочитать, попросили подписать, что я и сделал. Потом допросившие — их было двое, один в штатском, другой в форме, — велели их подождать и вышли.

Надо ли говорить, что я был напуган. Это была моя первая «встреча» с силами закона и порядка в СССР. Я очень нервничал, в результате чего мой иностранный акцент стал более явным, чем обычно. Я даже допускал в речи грамматические ошибки, и оперативники посматривали на меня с явным подозрением (не будем забывать, что шел 1954 год, Сталина уже не было, но хрущевская «оттепель» еще не началась). Я представлял себе, как меня отправляют в Бутырскую тюрьму, а оттуда в ссылку — ведь именно это мне предсказывали мои друзья по американской школе, Джон Сандусски и Харри МакКормак, когда я сообщил им, что уезжаю в Советский Союз.

Открылась дверь, и милиционер предложил последовать за ним. Мы пошли по коридору и остановились у двери, обитой черным кожзаменителем.

— Давай заходи, — сказал милиционер, открыв дверь и слегка подтолкнув меня.

— Я оказался в кабинете. За письменным столом сидел человек в форме, над ним висел потрет Дзержинского. Кабинет был в полутьме: горела только настольная лампа, бросавшая свет на документ в руках мужчины — это были мои показания. Он положил бумаги, оценивающе взглянул на меня и почти что гавкнул:

— Познер?!

Я кивнул.

— Ну, рассказывайте.

Мне показалось странным, что он просит меня снова повторять то, что я уже рассказал и что он только что прочитал, но я понимал: здесь не самое подходящее место для споров, поэтому вновь изложил свою историю. Выслушав меня молча, он кивнул и спросил:

— А вы знаете, что случилось с человеком, которого вы ударили?

Я ответил, что не знаю и, честно говоря, мне это безразлично. Он некоторое время помолчал, потом сказал:

— А напрасно. Вы сломали ему челюсть. Он в больнице, а вам грозят пять лет тюрьмы.

Меня стало слегка подташнивать. Я молчал.

— Вы почему так говорите по-русски? — поинтересовался он. — Вы иностранец?

Я объяснил свои обстоятельства.

— Послушайте меня, Познер. Вы должны усвоить, что вы не в Америке, вы в Советском Союзе. В нашей стране запрещается распускать кулаки, за это мы наказываем людей, сажаем их, понимаете? В нашей стране запрещено оскорблять человека из-за его национальности, цвета кожи или религии, у нас за это сурово наказывают. О «жидовской морде» надо немедленно сообщить нам, а уж мы позаботимся, чтобы дело попало в суд. Размахивать кулаками — это не дело. Понимаете?

Я кивнул.

— Ну вот и хорошо, Познер, — сказал он, взял мои показания, сложил их аккуратно, уголком к уголку, и неспешно разорвал пополам, потом на четверти, на восьмые части, затем ссыпал обрывки в огромную пепельницу, чиркнул спичкой и поджег. — Идите домой, Познер, — велел он сурово, — и забудьте, что вы когда-либо были здесь. — Он посмотрел мне прямо в глаза и чуть потеплевшим голосом вдруг обратился на «ты»: — А твой товарищ, тот, из-за которого ты драться полез, он-то не приехал с тобой в отделение?

Я отрицательно качнул головой.

— Ну вот, видишь, — он улыбнулся больше глазами, чем ртом, — этот горе-геолог был прав. Приятель твой и в самом деле жидовская морда... Ладно, иди.

Я повернулся и вышел из кабинета, пытаясь понять, что же произошло. Не знаю почему, но в коридоре я обернулся на дверь и увидел именную табличку. Не помню, в каком чине был начальник этого отделения милиции, не помню, какое это было отделение, не помню его инициалов, но на всю жизнь запомнил его фамилию: Коган. Это была моя первая и последняя встреча с милиционером-евреем.

Я часто рассказывал эту историю, поскольку у нее масса чисто литературных достоинств — но не только поэтому. Уж больно хорош в ней я — этакий борец против антисемитизма, готовый рисковать своим благополучием ради другого человека. Но потом я стал задумываться — что именно двигало мной? Обида за Семена? Чувство справедливости? Или то, что слово «жид» так же относилось и ко мне? Другими словами, будь моя фамилия не Познер, а, скажем, Смит или Борисов, отреагировал бы я таким же образом? Постепенно я стал понимать: чтобы ответить на этот вопрос, я должен ответит на другой: еврей ли я?

Отрывок, который я привожу ниже, взят из телевизионной передачи, состоявшейся весной 1986 года, когда я был гостем студии Фила Донахью. После ознакомления с ним вам станет понятно, насколько я не был готов ответить на этот самый вопрос.

Донахью: Вы еврей?

Познер: Это так говорите вы. Что такое «еврей»? Определите... разъясните для меня.

Донахью: У вас была бармицва?
Познер (горячо): Никогда!
Донахью: Вы это говорите с некоторым энтузиазмом.
Познер: Нет! Послушайте, я родился от матери католички и русского отца. Когда я говорю, что он был русским, я имею в виду, что в дореволюционной России его отец стал православным, и следовательно, русским, поскольку в царской России православный человек автоматически считался русским. Евреи же не могли учиться в университете, так что вот... Мои родители — русский отец, французская католичка мать. Каким образом я могу быть евреем?
Донахью: Значит... Значит вам важно, чтобы... чтобы была полная ясность в этом вопросе?
Познер: Мне все равно, кто я, мне это безразлично, но я все-таки хотел бы, чтобы кто-нибудь определил, что это значит, в религии ли дело, или в крови, которая течет в твоих жилах, или в чем? Я не религиозен, и поэтому...
Донахью: Но вы понимаете, почему задается этот вопрос?
Познер: Ну конечно я знаю, как меня обозвали...
Донахью: Ну, позвольте... Собственно, *а как именно* вас обозвали?
Познер: Еврейчиком.
Донахью: Еврейчиком?
Познер: Еврейчиком-предателем...
Донахью: Речь идет о предателе, о еврее...
Познер: Насколько я помню, меня он назвал еврейчиком-предателем... точно.
Донахью: И вас это возмущает потому что... Потому что вы — не еврей?
Познер: Я смеюсь над этим. И мне странно, что официальное американское лицо может так выражаться публично...

(Тут следует разъяснить, что речь идет о выступлении одного конгрессмена в палате представителей США, Боба Дорнана, о чем я еще расскажу.)

На самом деле мне было не до смеха. Из текста видно, насколько я неуютно себя чувствовал, как вертелся и крутился. Мне явно было неуютно с самим собой.

Мне всегда казалось, что мой отец отвергал свое еврейство. Не могу сказать, что точно знаю почему, хотя догадываюсь. Думаю, это объясняется двумя сугубо русскими причинами. Первая сводится к тому, что в России еврейская интеллигенция всегда стремилась к ассимиляции. В этом своем стремлении она разделяла взгляд, который считался прогрессивным, в частности Лениным, писавшим, например, следующее в работе «Положение Бунда в партии»:

«Еврейский вопрос обстоит именно так: ассимиляция или изоляция? Идея еврейской «нации» явно реакционна по характеру не только со стороны своих постоянных сторонников (сионистов), но и со стороны тех, кто пытаются соединить ее с идеями социал-демократии (бундовцы). Идея еврейской национальности противоречит интересам еврейского пролетариата, так как прямо или косвенно порождает настроение, враждебное ассимиляции, порождает психологию «гетто».

Портрет, подаренный мне Джиной Лоллобриджидой, с ее автографом

Мой главный учитель русской словесности Самуил Яковлевич Маршак

Мой первый работодатель Маргарита Ивановна Рудомино

Телемост «Москва–Калифорния». Алексей Козлов и группа «Арсенал». 1983 г.

В Америке. 1987 г.

С Брайаном Каном. Монтана, 1987 г.

С моей тетей Тото. Париж, 1989 г.

Зимние Олимпийские игры в Ванкувере. Справа налево: Юлия Бордовских, Алла и Игорь Угольниковы, Геннадий Хазанов, Надежда Соловьева

С женой Надей

Петя Орлов с женой Наташей

Надежда Соловьева и Катя Чемберджи

Дочь Катя

У памятника моему любимому герою д'Артаньяну. Франция, город Тарб, 2009 г.

Мы с Иваном Ургантом в Альпах

Съемки фильма об Италии. Справа налево: Иван Ургант, Доменико Дольче, Стефано Габбана и я

С Франко Дзефирелли

С княгиней Строцци

Моя дочь со своим мужем Клаусом Брауном

Дочь и внучка

Мечта кулинара. 2002 г. Фото Валерия Плотникова

Легендарная «миссис Адамс» из книги Ильфа и Петрова «Одноэтажная Америка». 2005 г.

Вторая банальна: быть евреем в России было (да и остается) чем-то чуть постыдным, чуть неудобным, поводом для смешков и уколов. Это не мешало многим носить свое «еврейство» с гордостью, иногда даже с вызовом, но мой отец предпочитал находиться вне столь важного для России вопроса.

***

Вы уже поняли, что тогда, двадцать с лишним лет тому назад, я относился к Ленину с повышенным пиететом и не считал возможным спорить с ним. Что касается этой цитаты, то я совершенно не могу понять, почему Ленин считал, что евреи должны ассимилироваться. Начать с того, что ассимилироваться им попросту не давали — хотя, возможно, они бы и рады были. Психология «гетто» формируется не «настроением, враждебным ассимиляции», а антисемитизмом, который проявляется, в частности, в том, что стремится к изоляции евреев от всей остальной части населения.
Вот не совсем по теме, но все же: знал ли Владимир Ильич, что в его жилах течет и «еврейская кровь»? Мне кажется, он никогда и нигде ничего об этом не писал.

***

Применительно к интеллектуальной части еврейского сообщества — у нее имелся определенный выбор: либо оставаться в пределах черты оседлости, то есть быть чужими, вести свою обособленную жизнь, находиться вне основного течения русского существования и таким образом пребывать в изоляции, либо войти в это течение и стать его активным участником. Последнее означало отказ от иудаизма и часто влекло за собой принятие православия. Это требовало внутреннего отказа от психологии *местечка*, от еврея, носящего большую черную шляпу, длинное черное пальто, длинную же бороду и болтающиеся вдоль щек пейсы. Возможно, я заблуждаюсь, но мне кажется, что те евреи, которые выбрали путь ассимиляции, на самом деле презирали свое прошлое, стремились отбросить его, по крайней мере подсознательно. Они бросались в океан русской жизни со всей энергией и страстью, которые придавало им желание раз и навсегда избавиться от унизительного пребывания в черте оседлости, забыть о ней, вычеркнуть ее из своей памяти. Не случайно процент евреев среди революционеров-большевиков, среди членов первого советского правительства, среди руководителей Чека был столь высок.

Эти евреи отказывались говорить на идише, они воспитывали своих детей в традициях русской культуры, преднамеренно предавали забвению свое наследие. В определенном смысле они, сами никогда в этом не признаваясь, испытывали определенное внутреннее неудобство оттого, что были евреями. Нет, они, разумеется, не являлись антисемитами, они осуждали антисемитизм, но осуждали примерно так, как белый американец осуждает неравноправие своих чернокожих сограждан, предрассудки по их поводу: мол, это отвратительное явление, хотя и не касается меня непосредственно.

Я пришел к этим выводам не сразу, а лишь по истечении многих лет наблюдений за тем, как мой отец реагировал на предположения других о том, что он еврей: он это резко отвергал, притом с нотками презрения в голосе. Это не могло не повлиять на меня. Я знал, что его родители были евреями, но по какой-то непонятной (хотя и вполне, возможно, объяснимой) причине упорно повторял рассказанную отцом версию, что его отец — сын или внук семьи выкрестов, а мать — русская. И мне потребовалось некоторое время, чтобы признать и принять факт: моя фамилия — Познер — обозначает еврея, выходца из польского города Познани, бывшего центром еврейской культуры еще в четырнадцатом веке.

Я рос со знанием, что я француз, как моя мама. Но когда в 1942 году в Гринвич-вилледже с меня попытались снять штаны два католика-хулигана, я почему-то не ответил «нет» на их вопрос, еврей ли я. Да и когда член экзаменационной комиссии биофака сказала, что мне отказано в приеме в вуз из-за еврейской фамилии, я тоже не стал доказывать, что к евреям не имею никакого отношения. Вместе с тем я никогда не чувствовал себя евреем, никогда не интересовался ни ивритом, ни еврейской культурой. Я не испытывал никакой гордости (в отличие от подавляющего большинства евреев, проживавших вне Израиля), когда Моше Даян одерживал свои блистательные победы. Вообще единственным, что возбуждало во мне хоть какое-то ощущение причастности к еврейству, был... антисемитизм.

В поэме «Бабий Яр» Евгений Евтушенко говорит, что будет считать себя евреем до тех пор, пока на свете останется хоть один антисемит. Мысль хорошая, конечно, выраженная вполне по-евтушенковски. Однако неевреию высказать подобное, в общем, не особенно трудно, хотя и благородно. Это все тот же случай, когда белый человек выступает в защиту «черного». Но однозначно, что антисемитизм вызывает консолидацию тех, против которых он направлен.

За исключением случая, когда мне отказали в приеме в МГУ, я больше не чувствовал себя непосредственной жертвой антисемитизма. Но это вовсе не означает, что в Советском Союзе это редкое явление. Многие, в том числе евреи, говорили мне, что к тридцатым годам в СССР антисемитизма по сути не было. Отвечая на вопросы Еврейского телеграфного агентства в 1931 году, Сталин как бы подтверждает это:

«Национальный и расовый шовинизм — пережиток человеконенавистнических привычек, характерных для времен людоедства. Антисемитизм как крайняя форма расового шовинизма является самым опасным пережитком людоедства. Антисемитизм выгоден эксплуататорам в качестве громоотвода, который помогает капиталистам спастись от гнева рабочего люда...

В СССР антисемитизм строго преследуется по закону как глубокое чуждое советской системе явление. Советский закон наказывает активных антисемитов смертной казнью».

Я что-то никогда не слышал о том, чтобы в Советском Союзе кого-то посадили, уж не говорю — казнили, за антисемитизм. Если и в самом деле этот древнейший предрассудок был изжит в СССР к тридцатым годам, в чем я сильно сомневаюсь, он продолжал сидеть в национальной подкорке. Иначе как объяснить, что гитлеровская пропаганда нашла столь плодородную почву на оккупированной советской территории? Я не утверждаю, что все, или большинство, откликнулись на нацистские призывы выдавать евреев. Мы знаем о героических случаях, когда рискуя жизнью русские — и не только русские — прятали евреев у себя дома. Вместе с тем количество советских граждан, выдавших оккупантам сотни тысяч советских евреев и даже участвовавших в их избиениях и расстрелах, подтверждает печальную истину о том, что антисемитизм в СССР был в лучшем случае латентным. Хватало одного сигнала со стороны жестокого и беспощадного врага, чтобы привести его в самое активное состояние.

***

Отец рассказывал мне, что после революции была объявлена смертельная война антисемитизму, в связи с чем ходил такой анекдот: люди, опасаясь быть обвиненными в антисемитизме, вместо «Я поджидаю трамвай» говорили «Я подъевреиваю трамвай».

***

В послевоенные годы Сталин сознательно и расчетливо подлил масла в огонь антисемитизма, развязав кампанию против «безродных космополитов» и подготовив так называемое «Дело врачей», которое должно было стать, как я писал раньше, прелюдией к массовой депортации евреев в Сибирь.

После смерти «вождя» репрессий поубавилось, но положение евреев не улучшилось. Можно даже сказать, что оно ухудшилось — но не сразу. Между 1953 и 1972 годами антисемитизм существовал на относительно низком уровне, нечасто звучали рассказы о том, как человек пострадал именно за свое еврейство. Всем было, конечно, известно, что для евреев закрыты двери некоторых учреждений — например Московского государственного института международных отношений, Министерства иностранных дел. Но после приезда в Москву президента США Ричарда Никсона весной 1972 года и подписания ряда документов и соглашений, в том числе и о праве советских евреев эмигрировать в Израиль, положение изменилось к худшему. Многие на Западе не находят этому объяснения. Но тут вновь возникает вопрос своей и чужой «колокольни». Скажем, для американца эмиграция — это совершенно нормальный и естественный процесс. В конце концов, Америка стала Америкой благодаря эмиграции. Во многих странах Европы — Италии, Ирландии,

Германии — эмиграция рассматривается как нормальное стремление человека лучше устроить свою жизнь. Иногда это связано с драматическими обстоятельствами, такими, например, как картофельный голод в Ирландии, нищета в Италии, преследования на политической или религиозной почве, как в Германии или во Франции, но это *всегда* воспринимается как нечто нормальное. В России, особенно в советское время, все по-другому.

Вспомним дореволюционную эмиграцию из Российской империи. Кто уезжал? В основном евреи, бежавшие от погромов в девяностых годах девятнадцатого века и в начале двадцатого. «Скатертью дорожка» — такова была реакция большинства остающихся. За революцией 1917 года и приходом большевиков к власти последовал первый исход из страны собственно русских. Они бежали по политическим причинам, часто это были либо активные противники новой власти — люди, которые ей сопротивлялись, воевали в составе белых армий, либо пассивные ее противники — те, кто рассчитывал на скорый ее провал и уповал на поражение большевиков. Словом, это были те, кто не принял революцию. Для тех же, кто оставался в стране, бежавшие являлись врагами, предателями. Таким образом, формула «эмигрант = предатель» стала аксиомой национального менталитета.

Вспомним вторую волну эмиграции из СССР. Она совпала с окончанием Второй мировой войны, и до сих пор крайне неохотно признается, что огромное количество советских граждан бежали вместе с отступавшими гитлеровскими войсками. Речь не только о тех, кто сотрудничал с немцами, хотя таких было немало, речь и о тех, чьих родственников расстреляли, сослали, посадили во время сталинских репрессий, о тех, кто стал противником системы, прозрел, кто не успел выскочить до того, как двери захлопнулись в середине двадцатых годов. Надо ли удивляться тому, что эта, вторая, волна могла только закрепить сугубо негативное отношение советских людей к «эмигранту»?

Третья волна — последствие так называемой разрядки напряженности, некоторого улучшения отношений между СССР и США, что, безусловно, было встречено советским народом с воодушевлением. Но такое изменение отношений мало что изменило в оценке народом эмигранта, хотя надо бы сказать о некоторых тонкостях. Эмиграционная политика базировалась на концепции возвращения на историческую родину. Таким образом, этнические меньшинства, чьи предки когда-то иммигрировали в Россию или в СССР, могли воспользоваться этим для возвращения на эту самую историческую родину. В частности, это касалось испанцев, греков, болгар, немцев, никогда не отличавшихся особенно большой численностью и заметностью в стране. Возвращение испанцев, бежавших от Франко, возвращение греков, бежавших от черных полковников, возвращение немцев, частью бежавших от Гитлера, частью приехавших в Россию еще при Екатерине II и Петре I, ни у кого особых чувств не вызывало. Другое дело — отъезд евреев в Израиль. Именно они составляли большинство в этой третьей волне, именно они были наиболее заметной своей частью, именно их население рассматривало как «своих» — пусть второго сорта, ущербных, но своих, в отличие от испанцев, греков и немцев. И по мере того как они уезжали во все больших количествах, возникла новая аксиома: эмигрант = предатель = еврей.

Реакция на еврейскую эмиграцию была бурной и эмоциональной. Она сфокусировала, словно линза, все антисемитские предрассудки и создала такую обстановку, что многие евреи, которые колебались, уезжать им или нет, и даже некоторые их тех, кто и не помышлял уезжать, решились эмигрировать. По мере увеличения потока еврейской эмиграции в начале и середине семидесятых годов враждебная атмосфера обрела конкретные очертания и выражение. Высшие учебные заведения перестали принимать евреев, им все чаще отказывали в приеме на работу. Откровенные антисемиты, раньше действовавшие с некоторой оглядкой, совершенно распоясались.

Перевожу слова Председателя Гостелерадио СССР Сергея Георгиевича Лапина. 1979 г.

Например, ярым антисемитом был председатель Гостелерадио СССР Сергей Георгиевич Лапин. Мне в красках рассказывали о том, что он, потребовав поименный список членов Большого симфонического оркестра Гостелерадио, лично вычеркивал из него еврейские фамилии — количество которых было велико (как, впрочем, и во всех сильнейших симфонических оркестрах мира). Многих сотрудников комитета, работавших в разных редакциях и подразделениях, вынудили уйти — такова была обстановка.

Если бы меня спросили, был ли я лично свидетелем того, о чем пишу, я должен был бы ответить отрицательно. Игорь Лобанов, начальник Главного управления кадров комитета, с которым я не только был знаком, а имел добрые отношения, никогда ни намеком не дал мне понять, будто получил указание не нанимать на работу евреев. Не видел я и того, как Лапин вычеркивал из списка оркестрантов. Но это были не слухи, а совершенно точная информация, исходящая от людей, которые знали все, что происходило. Интересная деталь: никто, в том числе я, не сомневался в правдивости этой информации, но никто, во всяком случае я, не стремился проверить ее, своими глазами убедиться в ее истинности. Почему? Думаю, ради самосохранения. Ведь если бы я увидел этот пресловутый список с вычеркнутыми синим лапинским карандашом фамилиями, если бы начальник Управления кадров подтвердил, что есть указание не брать на работу евреев, мне пришлось бы предпринять какие-то шаги, в результате которых я несомненно потерял бы работу. Шкурный интерес взял верх.

Когда Ростропович был студентом Московской консерватории в сороковых годах и уволили его профессора, Дмитрия Дмитриевича Шостаковича, обвиненного

Ждановым в формализме, юный виолончелист в знак протеста ушел из консерватории. Когда Российская академия отказалась принять в свои ряды Горького и Чехова, Лев Толстой вышел из ее состава.

Когда ты видишь, что кого-то несправедливо преследуют, ты обязан реагировать. Единственное оправдание твоему бездействию — отсутствие точных доказательств этого преследования. Именно поэтому, как мне кажется, большинство людей предпочитают не знать о чем-то таком, что может либо подвергнуть их опасности, либо покрыть позором. Я — не исключение...

Итак, в отношении еврейской эмиграции возник механизм типа «тяни-толкай»: увеличение потока эмиграции подхлестывало рост антисемитских настроений и действий, что в свою очередь стимулировало рост эмиграционного потока. Все это усугублялось тем, что Соединенные Штаты использовали вопрос еврейской эмиграции в своих политических целях.

Хочу сказать прямо и без обиняков: официальная позиция США в вопросе о еврейской эмиграции из СССР не имела никакого отношения к озабоченности руководством этой страны правами человека. Когда в конце семидесятых годов эмиграционные ворота стали закрываться, жертвами явились не только евреи, но и немцы, и греки, и прочие. Если бы американские власти в самом деле стремились облегчить положение тех, кому отказали в выезде, они ставили бы вопрос и обо всех других национальных меньшинствах и, наконец, о самих русских, которым такой выезд полностью запрещался. Американские еврейские организации никогда и пальцем не пошевельнули, чтобы облегчить участь советских граждан-неевреев. Американские СМИ никогда не поднимали вопрос о советских гражданах вообще — только о евреях. Американское правительство никогда не заявляло о праве всякого советского гражданина на эмиграцию, в котором ему отказывали. Конгресс США принял поправку Джексона-Вэника, исходя из утверждения, что «отказником» считается лишь советский еврей, получивший отказ в выезде.

Помню, как меня пригласила на встречу группа весьма влиятельных евреев, приехавших из США, чтобы встретиться с руководителями советского правительства и КПСС и добиться их согласия на беспрепятственную эмиграцию евреев из СССР. Суть их позиции заключалась в том, что если Советский Союз не изменит свою политику в вопросе еврейской эмиграции, они предпримут такие меры, от которых СССР несдобровать. Я высказался в том роде, что такие угрозы могут иметь только обратный эффект, поскольку ни одна уважающая себя страна не потерпит подобного шантажа. Кроме того, сказал я, каждый человек, а не только еврей, должен иметь право выехать из своей страны. Мне дали понять, что США в высшей степени безразлично все, что касается советских граждан не евреев.

Не менее определенно хочу сказать, что изменение эмиграционной политики СССР, благодаря которому *любой* гражданин может уехать куда захочет (за исключением тех, кто в свое время дал подписку о невыезде в связи с секретностью работы) и так же свободно вернуться, что является не менее важным правом человека, — результат перестройки, так называемого нового мышления, инициатив, рожденных *внутри* страны. Давление извне было в лучшем случае вторичным фактором. Об этом следовало бы помнить тем, кто хлопает друг друга по спине, говоря, что они «заставили русских пойти на попятную».

Принципиально новая политика Советского Союза в отношении эмиграции сняла в какой-то мере остроту с проблемы «отказников» и с ее еврейского толкования. Но дискриминация продолжается как в области высшего образования, так и в области найма на работу. Появление же организаций, открыто исповедующих троглодитский антисемитизм (таких, в частности, как «Память»), знаменует собой начало нового этапа, на котором евреям грозит физическая расправа.

В середине семидесятых годов популярностью пользовался анекдот, исчерпывающе отвечавший на вопрос, почему евреи покидают СССР. «Крупный советский ученый, еврей по национальности, подает документы на отъезд в Израиль. Поскольку он и в самом деле известен, его приглашают в ЦК, где инструктор спрашивает его:

— Вы недовольны условиями работы?
— Да нет, все хорошо.
— Может быть, у вас проблемы с жильем?
— Что вы, у нас отличная квартира.
— А, понимаю, у ваших детей проблема с трудоустройством!
— Вовсе нет. Сын учится в аспирантуре, а дочь-пианистка успешно концертирует.
— Так чего же тебе надо, жидовская морда?!»

Анекдот этот не устарел. И пока будет так, евреи будут уезжать из СССР.

Если не брать в расчет «Память», имеющую аналоги в США («Ку-клукс-клан», Нацистская партия Америки и ряд других), антисемитизм никогда в Советском Союзе не исповедовался публично, официально он не являлся частью государственной политики. Однако так называемые антисионистские кампании служили именно этим целям. Достаточно ознакомиться вот с этим образчиком определения сионизма, взятого мной из Советского энциклопедического словаря 1981 года издания:

«**Сионизм** (от названия холма Сион в Иерусалиме), реакционная шовинистическая идеология и политика еврейской буржуазии. Возник в конце XIX века. Выдвинул лозунг создания в Палестине еврейского государства и переселения туда всех евреев. Характерные черты С.: воинствующий шовинизм, расизм, антикоммунизм, антисоветизм. Высший орган сионистов — Всемирная сионистская организация, создана в 1897. Руководящие центры С. находятся в Израиле, где он является государственной доктриной, а также в США».

Признаться, я не поклонник сионизма, равно как и любой доктрины, которая требует от правоверных, чтобы они жили в определенной географической точке. Равным образом я не приемлю разговоров об «избранной нации». Скорее, я согласен с тем, что в 1938 году писал Альберт Эйнштейн в своей статье «Наш долг сионизму»:

«Быть евреем, в конце концов, означает, прежде всего признавать и следовать на практике тем гуманным фундаментальным принципам, о которых сказано в Библии, — принципам, без которых не может существовать ни одно здоровое и счастливое сообщество людей... Иудаизм должен испытывать глубокую благодарность сионизму. Сионистское движение возродило среди евреев ощущение сообщества». Далее, касаясь вопроса разделения Палестины, он пишет: «И еще одно, последнее, личное соображение по поводу разделения. Я безусловно предпочел бы увидеть разумное соглашение с арабами, основанное на мирном сосуществовании, чем создание еврейского государства. Помимо чисто практических соображений мое понимание существа природы иудаизма противится идее еврейского государства с границами, армией и какой угодно скромной мерой мирской власти. Я опасаюсь того внутреннего ущерба, который потерпит от этого иудаизм — особенно от развития узкого национализма в наших собственных рядах, против чего мы уже воюем изо всех сил даже без существования еврейского государства».

Пытаясь разобраться с самим собой, я тем не менее, не скрывал своего резко отрицательного отношения к антисемитизму — за что и поплатился. Дело было так...

Зимой 1968 года меня с супругой пригласил на ужин советник посольства ФРГ господин фон Штудниц. Вообще, лишь немногим, специально отобранным советским гражданам разрешались контакты с иностранцами. Чаще всего это были те, кто сотрудничал с КГБ, либо кому это требовалось по работе. О диссидентах не говорю — они общались на собственный страх и риск. Поскольку я работал во внешнеполитической пропаганде, куда относились журналы Soviet Life и «Спутник», то принадлежал ко второй категории, так что само приглашение не представляло ничего из ряда вон выходящего. Другое дело ужин. Помимо нас с супругой за столом сидели еще четыре пары: советники финского, индийского и японского посольств с супругами и наши любезные хозяева. Мы являлись единственными советскими гостями — обстоятельство, которое могло бы насторожить меня. Тот факт, что четыре советника захотели провести время именно со мной, человеком малоизвестным, не занимающим официального положения, должен был включить мою систему раннего оповещения. Но система молчала. Более того, я купался в лучах направленного на меня внимания, придавая себе абсолютно незаслуженный вес. В течение всего ужина я изрекал истины различного рода по поводу жизни в Советском Союзе, касаясь также и вопроса антисемитизма. Я по сей день не понимаю, почему меня пригласили на тот ужин. Может быть, это было связано с моей репутацией человека, говорившего что думает (либо болтуна?), может быть, с тем, что западные дипломаты испытывали острый дефицит общения с советскими людьми? Как говорится, на безрыбье и рак рыба. Дипломатам нужны источники информации, и если для этого надо ловить рыбку в мутной воде, что ж, значит, ловят. Что они получили от меня — не берусь сказать, но выступал я много и цветисто, в том числе живописуя реальное положение с антисемитизмом в СССР.

Прошло несколько дней, и мне позвонил отец с просьбой немедленно приехать к нему домой. Тон его голоса не оставлял сомнений: дело не терпит отлагательств. По прибытии я увидел, что меня ожидает, помимо отца, некто Виктор Александрович (этот человек впоследствии добился для меня разрешения выехать в Дрезден, когда отца уложил там тяжелейший инфаркт). Я пишу «некто», потому что никаким Виктором Александровичем он, конечно, не был, хотя я так и не узнал его настоящего имени. Позже мне стало известно, что он генерал КГБ. Что до его отношений с моим отцом, то я никогда не пытался уточнить, в чем они заключались. Полагаю, что папа интересовал КГБ из-за своего прошлого и связей на Западе. Полагаю также, что ему этот интерес льстил.

***

Вернусь к теме, которую я затронул чуть ранее.
Когда советское правительство предложило моему отцу переехать из США в советский сектор Берлина, чтобы стать сотрудником «Совэкспортфильма», я воспринял это как должное: мой отец — один из самых известных организаторов киноиндустрии Запада, нет ничего удивительного в том, что ему предлагают работу. Лишь много позже мне стало понятно, что реиммигрантам лишь в редчайших случаях предлагали хоть какую-нибудь работу, не говоря о работе за границей. Тогда я должен был задаться вопросом: почему проявили такую «милость» в отношении отца. Ответ очевиден: потому, что он сотрудничал с КГБ. Сам он никогда не говорил мне об этом, хотя порой и намекал. Но через двадцать лет после его смерти, в 1995 году, в американской печати появились материалы о проекте «Венона», запущенном в 1943 году с целью расшифровки советских тайных депеш. Благодаря «Веноне» были разоблачены и схвачены многие американцы, работавшие на советскую разведку, в частности, супруги Розенберг. Среди расшифрованных числится и мой отец: его кличка была «Платон». Он не являлся профессиональным, тем более кадровым разведчиком, но у меня нет ни малейших сомнений: только его связями с советскими спецслужбами можно объяснить факт его приглашения на советскую загранработу.

***

Отец сказал, что Виктор Александрович хотел бы поговорить со мной о важном деле, и тот приказал: «Поехали обедать».

Я встречался с ним, быть может, десять раз, и он всегда разговаривал приказным тоном. Мы спустились на улицу, где его ждала машина, и отправились в ресторан «Прага». Поднялись на третий этаж, там в кабинете был накрыт на двоих роскошный стол — ясно, что все организовали заранее. Мы сели, и Виктор Александрович предложил мне закусить (все тем же приказным тоном). Признаться, особого аппетита у меня не было, поскольку я понимал: встречаемся мы не ради того, чтобы вкусно поесть и поговорить о женщинах (знатоком которых он являлся).

— Ладно, — сказал он, когда я, съев пару ломтиков сервелата (редкость для тогдашней Москвы), положил вилку, — раз наелся, почитай вот это... — Он достал из внутреннего кармана пиджака несколько сложенных вчетверо листков бумаги.

Это был донос. Подробный и точный донос, в котором было воспроизведено буквально все, что я сказал во время ужина у советника фон Штудница. Закончив чтение, я в состоянии полной растерянности посмотрел на Виктора Александровича. Надо заметить, что лицо у него было не из приятных. Большие навыкате и близко сидящие карие глаза, крупный горбатый нос, большой рот с довольно тонкими губами, высокие скулы, кожа темного цвета с красноватым оттенком у скул. В общем, лицо восточное — быть может, турецкое или греческое, — и вполне свирепое. Взгляд тяжелый и проницательный, манера разговаривать — безапелляционная. Все это вместе взятое лично у меня вызывало резко отрицательное отношение, но все это в какой-то степени уравновешивалось одним: это был человек безусловно умный и интересный, человек, много знающий и много читающий; кстати, его великолепная библиотека в квартире на Большой Калужской улице* состояла почти целиком из произведений русских и советских писателей, запрещенных советской цензурой, изъятых таможней, но попавших к нему (в частности, там были превосходный двухтомник Ахматовой, воспоминания Нины Берберовой да и многое другое). Так вот, лицо Виктора Александровича, когда я поднял глаза от доноса, выглядело ужасающе. Он улыбался, словно убийца, который сейчас спокойно и с удовольствием перережет глотку своей жертве, в глазах его читалось абсолютное презрение.

— Когда сообразишь, как мы это получили, я поверю, что ты умен, — сказал он. — Но это вряд ли произойдет, потому что из написанного следует, что ты дурак. Из написанного следует, что ты фазан, нет, публично распускающий хвост павлин, что ты готов раздеться догола перед кем угодно, как блядь, лишь бы тебя одарили своим вниманием. Думаешь, ты произвел на них впечатление своей болтовней? Да они презирают тебя, над тобой смеются, они удивлялись, насколько ты полон собой, какой ты индюк. Вот этот документ кладет конец твоей работе, твоей карьере, он означает для тебя тюрьму. Твое счастье, что я перехватил его и уговорил начальство не давать ему ход. Я сделал это, потому что твой отец — честный, порядочный человек, человек мужественный и принципиальный, который вернулся на родину, чтобы помогать нашему делу. На тебя мне плевать. Но мне твои родители дороги, я знаю, что они не переживут того, что могло бы с тобой случиться. Скажи им спасибо, что не сидишь, скажи им спасибо, что тебя не выгнали из партии, скажи им спасибо, что тебя не погнали с работы. А теперь поешь и подумай о том, кто ты есть. И запомни: твои «друзья» и КГБ, которым ты отказал в сотрудничестве, хотели снять с тебя голову за это, — он показал пальцем на бумаги, которые я все еще

---

*Ныне Ленинский проспект.

держал в руке. — Давай сюда... Головы они не получат. Но тебе все равно придется дорого заплатить за все это...

Я был раздавлен. То, что один из этой дипломатической четверки работал на КГБ, меня, в общем, не занимало. Но я испытывал глубочайшее отвращение к себе — за сковавший меня страх и еще за то, что Виктор Александрович был по сути прав. Да, я оказался набитым дураком, самовлюбленным индюком. Если бы я публично выступил по поводу антисемитизма, если бы я бросил вызов советскому руководству — другое дело, это в самом деле было бы мужественным поступком. Разумеется, учитывая обстановку тех лет, я в этом случае крупно рисковал бы, несомненно, понес бы серьезное наказание. Но такой поступок заслуживал уважения. Делясь же своими соображениями с иностранцами, я как бы доказывал самому себе, что я отчаянно смелый человек, но в действительности все обстояло ровно наоборот. Прав был Виктор Александрович, это свидетельствовало о моей глупости, поскольку моей «аудитории» мои откровения были совершенно безразличны. Они лишь использовали меня — с полного моего согласия...

Несколько слов о моих «друзьях» из КГБ.

Как-то вечером 1956 года, когда со мной жили Иосиф Давыдович и Нина Павловна, мне позвонил человек, который представился знакомым моего отца и сказал, что привез от родителей посылку. «Не смогли бы вы забрать ее завтра? — поинтересовался он. — Скажем, часов в пять в гостинице "Урал" в Столешниковом переулке». Даже по низким гостиничным стандартам того времени «Урал» считался второразрядной гостиницей. Обычно там останавливались командированные «толкачи», приехавшие в Москву, чтобы выбить для своего местного начальства какие-нибудь поблажки. Загранработники же являлись элитой, положению которой «Урал» явно не соответствовал. Но об этом я подумал лишь после...

Поднявшись на два пролета (лифта не было) и пройдя по каким-то запутанным и бесконечным коридорам, я наконец нашел нужный номер и постучался. «Войдите», — раздался голос. Я открыл дверь. За столом сидели двое мужчин, один из которых встал, подошел, поздоровался со мной за руку, потом обошел меня и запер дверь. Второй поднялся из-за стола и, когда я приблизился к нему, вынул из нагрудного кармана красную книжечку, сунул ее мне в лицо и сказал: «Комитет государственной безопасности. Садитесь».

Дальнейшее вспоминается как дурной сон. С одной стороны, это походило на бездарный американский фильм о КГБ. С другой, невозможно было поверить в происходящее, потому что подобные фильмы не имеют ничего общего с реальной жизнью. С третьей стороны (которой не бывает, но вспомним, что это был дурной сон, а там возможно все), это-таки происходило.

Все началось с вопроса:

— Что ж, Владимир Владимирович, расскажите о себе.

Разные люди по-разному пытаются скрывать свой страх, а я был перепуган до полусмерти. В таких случаях я делаюсь предельно наглым — это мой способ защиты.

— А что рассказывать? — ответил я, — Вы небось и так все знаете.

— А вы все-таки отвечайте на наши вопросы и рассказывайте, — последовал ответ, причем тон был явно угрожающий.

В течение четырех часов они допрашивали меня по поводу разных обстоятельств моей жизни. Если я опускал какую-либо подробность, мне напоминали о ней. Они и в самом деле помнили обо мне больше, чем я сам. Постепенно я стал понимать, что с первого дня моего приезда в СССР за мной следили, меня изучали, что какие-то мои близкие знакомые стучали на меня, сообщали все, что я говорил и что делал. Они знали о вещах совершенно личных и даже интимных. Например, им в деталях был известен мой роман с Женей... Тот, кто запер дверь, исполнял роль «хорошего полицейского». Он был невысокого роста, плотного телосложения, с мелкими и совершенно не запоминающимися чертами лица. На губах то и дело появлялась и исчезала улыбочка, все его движения были суетливыми, казалось, он, как спортсмен, делает бесконечное множество финтов. Говорил он мягко, примиряюще. Пожалуй, самой выдающейся его чертой было рукопожатие — жесткое и сильное, словно тиски.

Коллега его исполнял партию «плохого полицейского». Высокого роста, худой, лысеющий, с совершенно черными глазами и жестким неулыбчивым ртом, он сидел на стуле в позе кобры, изготовившейся к броску.

В их руках я оказался простым инструментом. Как только я начинал проявлять признаки раздражения, «добрый полицейский» Николай Антонович делал финт и вставлял нечто успокаивающее. Как только я обретал равновесие, «злой полицейский», имени которого не помню, выплевывал нечто такое, что начисто лишало меня покоя.

После того, как были рассмотрены в мельчайших подробностях все детали моей жизни, «злой полицейский» встал и торжественно сказал:

— Вам предлагается сотрудничать с Комитетом государственной безопасности. Что скажете?

Растерявшись, я спросил, что это означает, в чем должно заключаться мое сотрудничество? Очевидно, это была неправильная реакция на его предложение. Скорее всего, мне надлежало броситься им обоим на шею с восторгом и благодарностями. Он уничтожающе посмотрел на меня и ответил:

— Об этом вам скажем тогда, когда сочтем нужным. Но пока это означает, что вы будете сообщать нам сведения об иностранцах, с которыми встречаетесь, и о студентах, с которыми учитесь. Понятно?

И вот тут я действительно растерялся. Неужели эти люди, досконально меня изучившие, решили, что я могу быть стукачом? Неужели они рассчитывали на положительный ответ? Я был настолько задет этим, что с трудом сдерживал ярость. Стараясь сохранять спокойствие, я произнес:

— Что касается моих товарищей по учебе да и вообще советских граждан, то не может быть и речи, чтобы я доносил на них. Это не обсуждается. Что до иностранцев, то обещаю: если я когда-нибудь встречу человека, который покажется мне подозрительным, я сообщу об этом вам. Но я отказываюсь говорить о тех иностранцах, с которыми дружу.

— Ты, парень, не валяй дурочку, — прошипела кобра, внезапно переходя на «ты», — а то пожалеешь.

— Ну, он и не валяет дурочку, — возник Николай Антонович, — просто он еще совсем молодой человек с понятиями о чести. Ему надо дать время на обдумывание.

Первый кивнул и сказал:

— Помни: о нашей встрече никому ни слова. И помни о том, что разглашение государственной тайны карается законом.

— А если скажу? — нагло ответил я. — Например, моему отцу? Что, расстреляете меня?

Кобра ухмыльнулась и ответила:

— Будешь просить, чтобы тебя расстреляли.

Потом он подошел к двери, отпер ее и жестом предложил мне выйти вон.

Его я больше никогда не встречал. Но в течение нескольких лет Николай Антонович поддерживал со мной связь. Как правило, он назначал мне свидания в доме на Пушкинской площади, в котором располагался ломбард, — напротив здания Генеральной прокуратуры. Там была явочная квартира. Николай Антонович расспрашивал меня о разных людях, о политических настроениях тех кругов, в которых я вращался. Я давал всем исключительно положительные характеристики, а политические оценки были только мои, часто весьма критические. Как-то после очередной встречи, незадолго до моего дня рождения, Николай Антонович встретился со мной специально, чтобы подарить мне недавно вышедший и абсолютно не доступный для большинства людей том произведений Кафки. Он хранится у меня по сей день, и каждый раз, замечая его, я задумываюсь над иронией ситуации: офицер КГБ дарит мне книгу человека, который как никто другой описал ужасы доведенной до абсолюта государственной репрессивной машины. Это был очередной финт? Или, быть может, Николай Антонович на что-то намекал?

В 1963 или 1964 году он позвонил мне и назначил свидание, которое оказалось последним. На этот раз он был не один. Он сопровождал человека, который явно был выше его по чину. Мы поздоровались, но в течение всего последовавшего разговора Николай Антонович не проронил ни одного слова. Разговор же был короткий и недвусмысленный.

— Владимир Владимирович, как вы относитесь к тому, чтобы провести отпуск за границей? Например, на таком международном курорте, как Варна, в Народной Республики Болгария?

Я ответил, что отношусь к этому исключительно положительно.

— Вот и хорошо. Только вы поедете не как советский гражданин, а, скажем, со швейцарским паспортом. Мы вас предварительно обучим. Что скажете?

Сначала я усомнился в том, правильно ли понял его, но в то же время не сомневался: я понял именно так, как и следовало понимать такое предложение. Меня вербовали, и то, что они предлагали, показалось мне настолько отвратительным, что впервые за все мои встречи с представителями КГБ я сорвался. Сердце застучало так, что я чуть не оглох от шума в ушах.

— Вы что, шутите? — ответил я. — Вы же прекрасно знаете, откуда я родом, сколько у меня родственников и знакомых за границей, сколько у меня встреч было с иностранными корреспондентами и дипломатами в Москве за последние годы! Да и лицо у меня не из тех, которые быстро забываются. Вы предлагаете мне поехать на международный курорт, там ко мне подойдет какой-нибудь человек и скажет: «Привет, Владимир, вот уж не ожидал тебя встретить здесь», — а я что должен ему ответить? Мол, никакой я не Владимир, я швейцарский гражданин, меня зовут Вильгельм Телль — так, что ли? Либо вы хотите меня провалить, либо вы кретины. Мне это все сильно надоело. Разве вы не понимаете, что я никогда с вами не сотрудничал? Хватит, я сыт вами по самое горло!

Мне не забыть, как он посмотрел на меня. (Николай Антонович тщательно изучал носки своих стоптанных полуботинок, он ни разу за весь разговор не взглянул в мою сторону.)

— Правильно говорите, Познер, — сказал старший, — и мы сыты вами по горло. Больше встреч не состоится. Но мы вам это не забудем, и вы будете помнить о нас. Это я вам обещаю. А теперь уходите отсюда...

Это и были те «друзья», о которых упомянул Виктор Александрович. Думаю, им крупно досталось от начальства за то, что я сорвался с их крючка. Знаю, что они мне этого не простили. Уверен, они написали на меня убийственную характеристику. Мое дело скорее всего стоит на полке, предназначенной для «неблагонадежных». Можно не сомневаться, что именно они повинны в том, что вплоть до 1977 года я был невыездным, и даже тогда потребовалось личное поручительство председателя Гостелерадио СССР, чтобы меня выпустили в... Венгрию.

***

Довольно много лет тому назад меня пригласили выступить во Дворце молодежи на Комсомольском проспекте. В зале собрались тысячи три мальчиков и девочек, речь шла в основном о борьбе с наркоманией. Не очень понимаю, почему пригласили меня, да это и не важно. Во время своего выступления я упомянул, что когда-то был «невыездным». Потом продолжил свою речь и, закончив ее, спросил, есть ли вопросы. Пацан лет двенадцати поднял руку.
— Пожалуйста, — кивнул я.
— А что такое «невыездной»?..
То, что сегодня в России растет поколение, которое не знает, не понимает, что такое быть невыездным, лично для меня — одно из главных достижений Горбачева. То, что на пути загранпоездки гражданина России есть только два препятствия — деньги и иностранное консульство, — не просто хорошо, это великое благо.

***

Каким-то странным образом рассказ о том, как я пытался справиться со своим еврейством или его отсутствием, привел к истории моих отношений с КГБ. Поэтому я хотел бы сейчас подвести под ними общую черту.

Точно так же, как не все арабы — египтяне, или алжирцы, или сирийцы, не все евреи — израильтяне. Быть евреем, в моем представлении, это то же самое, что быть французом, или русским, или норвежцем, то есть иметь национальность «по крови» (что, правда, является абсолютно мало научным определением). В этом смысле я — отчасти еврей, отчасти француз, отчасти немец. И отчасти еще много кто, как, впрочем, и подавляющее большинство европейцев. «Кровь» — это не гражданство, нельзя гордиться своей кровью, нельзя ее и стыдиться. Тут я сторонник западного подхода, понимающего национальность как гражданство, а вовсе не как принадлежность к какой-либо расе, вовсе не как «кровь». Спросите «черного» жителя Мартиники, кто он по национальности, он ответит — «француз». Насколько я знаю, только в Советском Союзе людей делят на национальности — «по крови», что лишний раз разделяет, а не объединяет их.

Я считаю, что национальность человека зависит от него самого, от того, кем он себя чувствует, и для большинства это ощущение совершенно ясно. Моя ситуация сложнее. Насколько мне известно, во мне нет ни русской, ни американской крови. Но до какой-то степени я ощущаю себя русским, в еще большей степени — американцем и в некоторой мере французом. Евреем я себя не ощущал никогда (я не говорю, к сожалению, ни на идише, ни на иврите, мало знаком с еврейской культурой, и я человек неверующий), кроме случаев, когда сталкиваюсь с антисемитизмом.

Что до КГБ, то это правительство внутри правительства. Как и ЦРУ, КГБ представляет огромную опасность из-за гигантской власти, которой он был наделен. Параллелей между этими организациями довольно много. Обе совершали преступления — одна против собственного народа, другая — против народов других. Обе были созданы правительствами изначально для одной цели, но использовались для целого ряда совершенно иных. Оба правительства дали им такую власть, что они часто выходили из-под контроля и никогда, по сути дела, не были призваны публично к ответу за свои деяния. Вина лежит на правительствах, на руководстве государств. В конце концов, эти организации не представляют собой сказочных джиннов из тысячи и одной ночи Шехе-

Мама и папа в Ташкенте. 1964 г.

резады, они вырвались из замшелых сосудов, но их можно и нужно загнать обратно. Они обе оказались хвостами, которые виляли собакой, но только потому, что собака хотела, чтобы хвост ею вилял. Сегодня в Советском Союзе КГБ контролируется Советом народных депутатов, публично подвергается жесткой критике как со стороны избранных политических деятелей, так и по телевидению и в печати — это все есть нечто принципиально новое и поразительное.

***

Так и хочется написать: «Не долго мучилась старушка в злодея опытных руках...» С приходом к власти В.В. Путина ФСБ вновь обрела статус священной коровы. Было бы несправедливо утверждать, что нет никакой разницы между нею и предшествовавшим ей КГБ. Есть, и весьма существенная: ФСБ никому не внушает страх, нет ощущения, что она выше закона, что ее директор обладает большой властью. При разговорах люди больше не говорят, чуть понизив голос, о «конторе», как бывало в советское время. Но если судить о динамике, то за путинские годы, применительно к аппарату безопасности, она стала отрицательной и, скорее, стремится к прошлому. И что будет завтра — не знает никто.

***

Но я возвращаюсь к своей простенькой мысли: КГБ не родился в результате непорочного зачатия, он не взялся из «ниоткуда», а был создан конкретными людьми. И эти люди несут ответственность за деяния своего создания.

Я попал в журналистику, когда процесс десталинизации достиг своего зенита. Я ничего не понимал в этой новой профессии, это была terra incognita, которую предстояло завоевать. До того времени я мало задумывался над тем, что есть журналистика, какую она выполняет функцию, есть ли какая-нибудь связь между свободой печати и ответственностью перед читателем (слушателем, зрителем). Я был настолько наивен, что полагал, будто журналист может написать все что угодно и это будет опубликовано, лишь бы написал хорошо и честно. Я бросился в воды своей журналистской карьеры с головой, при этом брался исключительно за такие сюжеты, которые не ставили передо мной судьбоносных вопросов из области «быть или не быть». Как я уже отмечал, журнал Soviet Life был создан для того, чтобы показывать американцам самые привлекательные, самые позитивные черты Советского Союза, и я этот подход поддерживал всей душой. Ведь американцы никогда не страдали от дефицита критики в отношении СССР, имелся дефицит сбалансированной картины, и с моей точки зрения наш журнал представлял каплю позитивной информации в океане того, что получали США. Следовательно, показ исключительно позитивного был не только оправданным, но и справедливым делом.

При наличии такого подхода я не сталкивался ни с какими проблемами. Перо у меня было бойкое, и все, что я писал, получало одобрение и печаталось. Так происходило до 1964 года, до момента, когда я отправился на Байкал, чтобы подготовить очерк об этом уникальном озере и о тех, кто живет на его берегах. За восемь лет до того, будучи студентом биофака, я приезжал сюда в составе агитбригады, так что место было мне знакомо. Увиденное теперь неприятно поразило. Шло строительство гигантского целлюлозно-бумажного комбината, серьезно угрожающего экологии озера. Сторонники строительства утверждали, что все необходимые очистные системы установлены, но при ближайшем рассмотрении оказалось, что это ложь. На самом деле комбинат всасывал бы кристально чистую воду Байкала и выплевывал бы в него черную отраву. Мой очерк рассказывал о конфликте между интересами государственных учреждений, которые якобы совпадали с интересами народа, и реальностью. Оглядываясь на четверть века назад, могу без ложной скромности сказать, что этот очерк относится к моим лучшим работам. Я им горжусь и гордился тогда, о чем и заявил главному редактору Юрию Сергеевичу Фанталову, человеку исключительной честности, которому я обязан многим, в частности, ответственным отношением к работе. (Юрий Сергеевич был когда-то балетным танцором, но ушел со сцены по неизвестным мне причинам и попал во внешнеполитическую пропаганду. Мне необыкновенно повезло, что именно он возглавлял этот журнал. В течение жизни бывают встречи, определяющие путь и поведение человека, причем таких встреч крайне мало, может четыре или пять, не больше. Фанталов стал для меня такой встречей.)

Я был уверен, что очерк понравится ему. Прошло несколько дней, и меня вызвали к ответственному секретарю АПН Пищику. Если бы мне пришлось описать его одним-единственным словом, то я сказал бы о нем «толстый». Причем это относилось бы не только к невысокому, тучному телу, но и к лицу, губам, носу, и каким-то образом даже к глазам, напоминавшим мне две маслянистые лужицы в куске сала. Вместе с тем Борис Яковлевич был человеком тонким: за описанным мной фасадом скрывался необыкновенно тонкий ум, тончайшее чувство юмора и тонкое понимание того, как надо обращаться с людьми, в частности, такими, как я, которым еще предстояло набить весьма болезненные шишки, изучая правила игры.

Борис Яковлевич поздоровался со мной за руку, жестом пригласил сесть в кресло, сел сам и начал:

— Володя, можно говорить с тобой на «ты»? — Это был первый и последний советский начальник, который просил у меня разрешения «тыкать», и с точки зрения тактики ведения беседы он осуществил настоящий гамбит. Я, понятно, кивнул. — Володя, я хочу поздравить тебя с блестящей работой. Ты написал великолепный очерк. Но теперь я прошу тебя перечитать его не собственными глазами, а глазами твоих будущих читателей. Это американцы, так?

Я кивнул.

— Ну, и что знают американцы о нашей стране? Ни-че-го. Ноль, — он руками изобразил большой круг. — Если бы ты написал этот очерк для советского читателя — другое дело. Советский читатель знает, что такое Госплан. А американцы? Для них это китайская грамота, понимаешь? Значит, я тебя прошу: возьми очерк и перечитай его, но глазами американца, который только что купил Soviet Life у какого-нибудь киоскера. Сделав это, ты, не сомневаюсь, уберешь то, что американцу непонятно. Но одно к тебе пожелание: не превращай сосну в телеграфный столб.

— Извините, Борис Яковлевич, я не совсем понял...

— Знаешь, Володя, — просиял Пищик, — есть редакторы, которые боятся собственной тени. Они работают карандашом не как хирург скальпелем, а как лесоруб электропилой. Они срезают все, что хоть как-то вытарчивает, все должно у них быть гладко, без сучка и задоринки. Они берут сосну и срезают все — ветки, шишки — и превращают ее в телеграфный столб. Я тебя прошу: не делай этого... Слушай, — вдруг добавил он, просияв еще больше, — вот тебе предложение: давай я попробую показать тебе, что имею в виду. Оставь очерк, я сам поработаю над ним, а ты потом решишь, годится или не годится...

Через два дня очерк лежал на моем столе с приколотой запиской: «Отличная работа. Жму руку». И подпись Пищика.

Должен признать, он показал пример высшего редакторского класса. Он и в самом деле пользовался синим редакторским карандашом как скальпелем. На первый взгляд казалось, почти ничего не отрезано. Все было на месте. Кроме одного. Исчез конфликт. Очерк кастрировали.

Передо мной типичный образец лакировки — это я понял сразу. Но тщеславие и накопленный опыт сыграли главную роль в моей реакции, вернее, в отсутствии таковой. Это была моя первая крупная работа для журнала, и я с нетерпением ждал, когда ее опубликуют. Все, что там написано, говорил я себе, правда. Пусть не вся правда, но все-таки правда. А потом, разве бывает вся правда, полная правда? Я отдавал себе отчет в том, что высказывать несогласие с правительством по вопросам внешней и внутренней политики запрещено, равно как табуирована критика высших лиц (пока то или иное лицо не впадало в немилость). Знал, хотя никто никогда мне этого не говорил. Никому никогда не давали перечня того, что можно и чего нельзя. Эти истины постигались на практике, неписаные законы заучивались опытным путем. При этом довольно легко было найти запретам объяснение и оправдание. Разве Запад не объявил нам идеологическую войну? Разве в этой холодной войне победа не окажется на стороне того, кто преуспеет в битве за человеческие умы? Даром, что ли, нас, журналистов, называют бойцами идеологического фронта? В частных разговорах между собой мы вполне могли признать, что далеко не все в порядке, что многое нуждается в улучшении и исправлении, но может ли это позволить себе солдат? Может ли тот, кто воюет с безжалостным врагом, жаловаться ему на своих офицеров и генералов? Разумеется, нет! Настоящие патриоты объединяются в единую силу и стоят насмерть, пока не придет победа. Поступать иначе — значит лить воду на мельницу врага (и разве американские консерваторы не говорят точно такие же вещи относительно публичной критики Соединенных Штатов своими журналистами?).

Не следует, наконец, забывать и о другой стороне этого вопроса: о самосохранении. Еще были свежи в памяти сталинские времена с их террором, с уничтожением людей за любую критику, кроме той, которую санкционировал сам «вождь всех народов». Уже состоялись первые суды над диссидентами, и легко было представить, что ждет человека, чьи писания могут истолковать как антисоветские. Страх уютно обосновался в подсознании людей — и я не был исключением.

Как многие другие, я оказался между молотом и наковальней. Я знал, что буду презирать себя за то, что компрометирую свои принципы. Мне следовало создать свою собственную экологическую нишу, определить свои правила, свой modus vivendi, позволяющий мне оставаться честным человеком, не лишаясь при этом свободы. Постепенно я выработал тактику, которую сформулировал для меня спустя несколько лет старый большевик Николай Яковлевич Тиллиб, когда я советовался с ним о том, поступать ли мне в партию. «То, с чем ты столкнешься сегодня, ничего не имеет общего с идеями Ленина, с идеалами революции. Кое от чего тебя стошнит. Но страдать придется молча. Придется тебе ходить по лезвию бритвы, никогда не подавая вида. Если ты и в самом деле веришь в социализм, ты победишь. Если же не веришь, а думаешь о карьере, значит, ты продашься».

Я дал себе слово не врать. Не петь осанны партии и Генеральному секретарю. Я пообещал, что стану собирать материал, способствующий тому, чтобы американцы избавились от своих предрассудков в отношении Советского Союза, от ложных стереотипов. И я сделаю то же самое для советских людей в связи с Америкой, когда представится возможность.

Обещание было дано абсолютно искренне. Но я не могу утверждать, что выполнил его. Дело не в том, что я преднамеренно обманывал или дезинформировал свою аудиторию. Скорее, я подвергал себя самоцензуре, убирал то, что могло представить угрозу для меня, редко высказывал свое мнение до конца. Я не раз и не два задавался вопросом: что на самом деле скрывается за моими решениями — страх за себя, за мою семью, нежелание снабжать «врага» боеприпасами, ложно понятое чувство патриотизма или просто трусость? Вероятно, всего понемножку.

Это были одинокие и трудные времена, к тому же ломалась моя личная жизнь. Мы встретились с Валентиной поздним летом 1957 года, почти сразу же после завершения проходившего в Москве Всемирного фестиваля молодежи и студентов, в течение которого я почти все две недели жил вместе с американской делегацией. Эти две недели оказались для меня необыкновенно важными, поскольку подтолкнули меня к решению возвращаться в Соединенные Штаты. Я понял, что эти люди, американцы, совершенно разные по взглядам и по статусу, словом, по всему, для меня *понятны*, это *мои* люди, мне легко с ними. Я понял, что принял тяжелое решение, что это означает расставание с родителями, но в то же время я испытал определенное облегчение.

Наступил август, до возобновления учебы оставался целый месяц, делать было нечего, да и деваться некуда. И тут родители моего сокурсника по факультету Миши

Островского предложили пожить у них на даче. Они собирались в Крым, дача пустовала и была оплачена. Я с радостью принял их предложение.

На самом деле это была не дача, а чердачная комнатушка под крышей какого-то дома. Без канализации и горячей воды, что стало для меня полной неожиданностью — во-первых, мне дали понять, что дача эта находится в шикарном месте (Николина Гора), и во-вторых, я все еще многое мерил американскими лекалами, следовательно, «дачу в шикарном месте» представлял определенным образом; наконец, в-третьих, отец Миши Островского Аркадий Островский, был широкоизвестным, чтобы не сказать знаменитым, советским композитором, и я не мог даже подумать, что такой человек ютится в подобной хибаре. Но я тем не менее скоро понял: Николина Гора и в самом деле место особое, здесь живет элита — научная, художественная, и иметь дачу на Николиной Горе статусно. Понял я и то, что ради лета, проведенного здесь, многие готовы жить в совершенно жутких условиях и платить весьма серьезные деньги — чем местное население пользуется вовсю.

***

Николина Гора того времени и Николина Гора сегодня — это две разные планеты. Тогда на Николиной жили люди известные, заслуженные — такие, как Петр Капица, Владимир Мясищев, Александр Гольденвейзер, разные ученые, деятели искусств, писатели. Жили там и так называемые «простые» люди (очень не люблю этот термин), которые летом сдавали свои дачки московской элите. Жизнь была спокойной, особых заборов не ставили, да и дома были довольно скромные. Сегодня Николина Гора выглядит как крепость, ожидающая осады: высоченные стены, отороченные колючей проволокой, и за ними — не особняки даже, а дворцы, в котороых живут российские нувориши. От старого милого духа не осталось и следа. Проезжая по Николиной мимо этих крепостных стен, я испытываю острое желание вооружиться базукой и долбануть по ним. И думаю, я такой не один.

***

Словом, я жил на чердаке, где не было ничего, кроме кровати и одного стула. Я не заплатил бы ни рубля за такую «дачу», но я и не платил, а дареному коню... На Николиной Горе я познакомился с Валентиной.

Ей был тогда двадцать один год. Как и мне, ей оставался один год учебы в Московском университете, где она блестяще училась на классическом отделении филологического факультета. Друг другу мы сразу понравились, оказалось, что у нас похожие вкусы и оценки, нам было интересно разговаривать. Мы проводили вместе целые дни: катались по Москве-реке на байдарке, играли в теннис, совершали длинные прогулки по полям и лесам прекрасного Подмосковья. В сентябре мы вернулись в Москву и продолжали видеться каждый день. Поженились мы в марте 1958 года и расстались десять лет спустя. Я уже говорил об этом и не буду повторяться. Вспомню лишь Льва Николаевича Толстого, который был абсолютно прав, когда писал, что все счастливые семьи счастливы одинаково, а каждая несчастливая семья несчастна по-своему...

Чуть раньше я рассказал про вечер нашего расставания. Я никогда не испытывал такого отчаяния, как в тот момент, — у меня было ощущение, что мир мой рушится. Боль казалась ужасающей, жизнь теряла смысл. Будь я способен тогда анализировать свои чувства, я понял бы то, что стал понимать гораздо позже: я более всего страдал оттого, что это происходит со мной. Это был удар по моему «я», по моему убеждению, что такие вещи происходят с другими людьми, но не со мной, потому что я не такой, как все.

Думаю, человеку вообще свойственно считать себя особым, уникальным, отличным от других. Нет-нет, он в этом вряд ли признается даже самому себе. Но ощущение собственной исключительности сидит в каждом из нас, и когда какое-либо событие доказывает нам, что это не так, что мы заблуждаемся, что мы точно такие же, как и остальные, мы не выдерживаем, взрываемся, выходим из себя. Еще: разве мы не склонны винить кого угодно и что угодно, но только не себя в своих несчастьях? И разве мы не приписываем все свои достижения и успехи исключительно себе, своим достоинствам? Мы плохо умеем себя оценивать, этой науке мы либо не учимся вовсе, либо учимся крайне тяжело и в процессе этой учебы постоянно получаем удары — более или менее болезненные. И нет исключений из этого правила. Ну, разве что мать Тереза...

Когда я женился на Валентине, то понимал, что отказываюсь тем самым от идеи вернуться в Америку. На это я решился безо всякого труда, поскольку любил ее. Но тоска по Америке, по дому не исчезла. И она компенсировалась

Валентина во время нашего первого отпуска. Черное море, 1958 г.

Валентина дома на 3-й Миусской. 1963 г.

тем, что я постоянно общался с разными американцами — хотя в те годы в Москве таких возможностей было немного. Так получилось, что я стал часто встречаться с американскими корреспондентами, работавшими в Москве, причем эти встречи оправдывались моей работой. Это были странные встречи. Контакты американских корреспондентов строго ограничивались, это не касалось лишь диссидентов и, чуть позже, «отказников». Поэтому они не могли особо выбирать — пусть я был рыбкой небольшой, но представлял собой хоть какой-то улов в смысле источника информации. Вместе с тем они прекрасно понимали, что ни один советский гражданин (за исключением все тех же диссидентов и «отказников») не станет встречаться с ними, не имея на то одобрения КГБ. Странно ли, что они относились ко мне с подозрениями? Если бы я тогда отдавал себе в этом отчет, то прекратил бы эти встречи безо всяких сожалений, и уж конечно не стал бы делиться с ними своими внутренними переживаниями. Я вел себя глупо, не на кого пенять, кроме как на себя. Много лет спустя Николас Данилофф, один из тех, кто был корреспондентом в те годы, в интервью телевизионной компании CBS рассказал о том, как я приходил к нему «поплакаться» (по-английски это выражение звучит гораздо более обидно: «To cry into your beer» — буквально «рыдать в собственное пиво»). Я могу сколько угодно обижаться на Данилоффа, но вполне заслужил его оценку.

Американские «коллеги» выкачивали из меня все, что я знал (немного в то время), а я, полный тщеславия, был рад стараться. И нет ничего удивительного в том, что это плохо кончилось для меня. Удивительно, что это случилось так поздно.

Одним июньским днем 1963 года мне позвонил Сэм Джаффи, заведующий московским бюро американской телевизионной компании ABC. Как мне казалось, у нас с ним сложились искренние дружеские отношения.

— Влад, — сказал он, — ходят слухи, что вот-вот запустят в космос женщину. Ты что-нибудь об этом знаешь?

До меня, конечно, доходили слухи. Но учитывая завесу секретности, которая окутывала советскую космическую программу, я никаких конкретных сведений не имел.

— Видишь ли, Сэм, — ответил я, — я знаю ровно столько же, сколько ты. Может, она полетит в воскресенье, а может и нет...

Я и в самом деле не знал ничего и назвал воскресенье просто так, подразумевая, что это может случиться в любой день недели. Но Джаффи истолковал мои слова по-своему, решил, что в них содержится намек. Не понимаю до сих пор, почему. Ведь Джаффи должен был сообразить: имей я доступ к секретной информации, я никогда не стал бы разглашать ее — ни намеками, ни еще каким-либо способом. Так по крайней мере мне кажется. Хотя не исключено, что мое поведение, моя болтливость, моя готовность «говорить по душам» настроили его (и не только его) на другой лад.

Так или иначе, в воскресенье 16 июня 1963 года Валентина Терешкова взлетела с Байконура, став первой женщиной-космонавтом в мире, — и телекомпания ABC, словами шефа своего московского бюро Сэма Джаффи, предсказала это событие за несколько часов. На следующий день Норман Михайлович вызвал меня к себе и устроил форменный допрос относительно того, кто сообщил мне о предстоящем космическом старте. Тут надо оговориться, что в Главной редакции политических публикаций, где я в то время еще работал, за соседним с моим столом сидел человек (кажется, звали его Валентином Михайловичем), имевший какие-то прямые связи с космической программой. Он конечно же знал о предстоящем полете, поэтому в утечке информации заподозрили именно его. Я слово в слово повторил свой разговор с Джаффи.

— Почему вы сказали, что это может произойти в воскресенье? — строго спросил Норман Михайлович.

— Понятия не имею. С таким же успехом мог бы назвать любой другой день недели. Вы же понимаете, что я не владел никакими сведениями!

Наконец я убедил его, что в самом деле ничего не знал, что никто ничего мне не говорил, что это все чистая случайность и что я сожалею о случившемся. В завершении беседы я поинтересовался:

— Скажите, Норман Михайлович, как стало известно, что именно я был источником сообщения Джаффи? Прослушивают его телефон?

Бородин посмотрел на меня с сожалением (дураков-то надо жалеть), потом сказал:

— Для чего прослушивать, когда вокруг столько болтунов? Кроме того, ABC отказалась давать его репортаж без указания источника информации. Вот он вас и назвал.

Я был потрясен. Я свято верил в то, что журналист никогда не выдает своих источников. Я даже не поверил Бородину, решив, что он хочет испортить мои отношения с Сэмом. В тот же вечер я позвонил Джаффи:

— Сэм, почему ты назвал меня информатором для твоего репортажа о предстоящем полете Терешковой?

Ответ был великолепный:

— Как же, Влад, я хотел, чтобы и ты заработал на этом славу.

***

Так прекратилось мое общение с Джаффи, и не только с ним. Это был довольно жестокий, но полезный предметный урок. Когда разговариваешь с журналистом, надо в обязательном порядке (и вне зависимости от того, приятель он или даже друг) произнести одно из трех: «off the record» — то есть нельзя даже ссылаться на мои слова; «background» — можно ссылаться, но нельзя называть источник; и «you can quote me» — вы можете цитировать меня.

С Ларри Кингом на Играх доброй воли. Сиэттл, 1989 г.

***

Когда несколько лет спустя стали ходить слухи, что Джаффи связан с ЦРУ, я был шокирован в гораздо меньшей степени. Сказывался опыт жизни и работы. Не знаю, правда ли это, но для меня это и не имеет особого значения. Я знал, что многие журналисты не только работали «под крышей», но активно сотрудничали с разведкой. Сегодня я гораздо менее готов осудить Сэма, чем тогда. Пройдя советскую школу журналистики, я многое понял, и теперь меня трудно удивить. Как говорится, я битый, а за одного битого двух небитых дают.

Мои контакты с американскими корреспондентами многому научили меня. Я смог понаблюдать за тем, как они работают, собирают крохи информации там-сям, потом сопоставляют, находят нужных им людей, даже когда обстоятельства места и времени этому не способствуют, и в конце концов создают тот самый репортаж, тот материал, который требовался. Меня подкупало их умение, их профессиональное мастерство. Но вместе с тем я полностью расходился с ними в вопросе так называемой объективной журналистики.

С моей стороны, возможно, несправедливо критиковать человека за то лишь, что он стремится сообщить факты. Но реальность журналистской деятельности заключается в том, что она не ограничивается только фактами — иначе журналиста мог бы заменить компьютер. Журналистика всегда сопряжена с необходимостью *выбора*. Выбора темы, подхода, лексики. В результате всякий разговор об объективности часто служит камуфляжем, ширмой, скрывающей, что факты окрашены оценками, данными журналистом. Таким образом не только читатели вводятся в заблуждение — как ни странно, сами журналисты начинают верить в свою преданность объективности.

Не надо ходить далеко за примером, достаточно ознакомиться с тем, что сообщали о Советском Союзе американские СМИ. Как показывают опросы, у значительного большинства американцев сугубо отрицательное представление о своих советских визави. Они уверены, что советские люди несчастны, не ценят семью, не столь патриотичны, не любят свою работу, лишены чувства юмора. Причиной тому — не генотип, а политическая система. Я вспоминаю свое участие в ток-шоу Фила Донахью в Нью-Йорке, когда женщина из аудитории, только что вернувшаяся из туристической поездки в Москву, поделилась своими впечатлениями.

— В вашем городе, — сказала она мне, — люди не улыбаются. Я почувствовала, как они подавлены. У меня был ужасный случай: я спускалась утром на лифте и поздоровалась с какой-то русской женщиной, а она просто молча посмотрела на меня и побоялась даже ответить.

— Давайте, мадам, проделаем с вами следующий опыт, когда закончится передача, — предложил я, — выйдем вместе с вами на улицы Нью-Йорка и посчитаем, сколько людей разгуливают с сияющими улыбками на лицах...

Последовал взрыв хохота и аплодисменты, не только потому, что жители Нью-Йорка обычно несутся сломя голову и вовсе не склонны блаженно улыбаться, но и потому, что очевиден был мой посыл: если москвичи не улыбаются — это оттого, что они жертвы «империи зла», а вот если не улыбаются ньюйоркцы — это от чего?

— Что касается вашего случае в лифте, — продолжал я, — то имейте в виду, что в большинстве стран, в том числе в моей, не принято заговаривать с незнакомыми людьми. Вас в этой ситуации могут принять либо за ненормального, либо за того, кто решил «склеить» понравившегося человека. Все-таки нужно понимать, что вы имеете дело с другой культурой...

За этим вновь последовали аплодисменты.

Откуда у американцев такие взгляды? Полагаю, что это отчасти результат «объективной» журналистики.

Любопытно, что многие американские журналисты сами признают всю глубину заблуждений своих сограждан по поводу СССР, но абсолютно отказываются признать прямую связь между этим и тем, что они своим согражданам сообщают. Бывший корреспондент газеты The New York Times в Москве Дэвид Шиплер как-то написал в одной статье о том, как он совершил турне по ряду американских университетов в середине восьмидесятых годов и был поражен и обеспокоен количеством негативных и совершенно не соответствующих действительности стереотипов, с которыми он столкнулся. Но ему и в голову не пришло, что его репортажи могли иметь к этому хоть какое-никакое отношение!

Я много общался с американскими корреспондентами в Москве, но никогда не слыхал, чтобы кто-нибудь из них заявил: мол, я терпеть не могу вашу страну и постараюсь сделать так, чтобы мои читатели думали так же. Конечно, многим Советский Союз не нравился (вполне возможно, обоснованно), но я готов биться об заклад: лишь некоторые из их числа когда-либо признавались самим себе (уж не говоря о других), что написанные ими материалы отражают предвзятое отношение к нашей стране. Напротив, уверен, они не сомневались в своей объективности. Словом, они, как и знаменитый в свое время акын Джамбул Джабаев, стали бы утверждать: что вижу, о том и пою.

Были, конечно, и такие, которые сознательно искажали правду.

Помню статью об инфляции в Советском Союзе, опубликованную в журнале U.S. News and World Report. В это время в США как раз установился довольно высокий уровень инфляции, что, разумеется, вызывало недовольство американцев (почему-то считается, что если рассказать, будто у других дела обстоят еще хуже, это успокоит недовольных — странный взгляд, но весьма популярный в пропаганде). В данной статье сравнивались индексы цен на некоторые товары и услуги в СССР за два разных года (не помню точно какие, но, скажем, за 1978 и 1980 годы). Все цены давались не в рублях, а в их долларовом эквиваленте. Получалось так, что в 1978 году проезд в метро в Москве стоил пять центов, а в 1980 — шесть, то есть подорожал на двадцать процентов. Точно такой же рост — или больший — отмечался в отношении стоимости буханки хлеба, фунта масла, автомобиля и т.д. Словом, получалось, что рост инфляции в СССР составляет десять процентов в год — значительно больше, чем в Америке. Однако ничего не говорилось о том, что в Советском Союзе ходят не доллары и центы, а рубли и копейки, что в этой валюте *цены совершенно не изменились*. Изменился же *официальный курс валюты*: произошло определенное падение доллара относительно рубля. Следовательно, в 1980 году за доллар можно было купить меньше, чем в 1978 году. Объективно? Объективно. Вранье? Вранье.

В течение десятилетий в широкой американской печати не появлялось никаких позитивных материалов об СССР. Я знаю только одного американского журналиста (чью фамилию не стану называть, поскольку наш разговор был приватным, не для печати, о чем он не преминул предупредить), который признался мне в том, что есть немало позитивного, о чем можно было рассказать, но... «Я знаю, чего хочет от меня редактор. Понимаешь, о нашей работе судят по тому, как часто наш материал попадает на страницы газеты или в телевизионный эфир. И мы прекрасно понимаем, что для этого требуется. Нужны диссиденты, «отказники», коррупция, пьянство. Нам не надо ничего говорить, у нас очень тонкие локаторы, мы улавливаем домашнюю реакцию лучше всякого радара и действуем соответственно. И вы, советские журналисты, поступаете точно так же».

Он был прав на сто десять процентов. Из советских журналистов только один, честно глядя мне в глаза, утверждал, что его бесконечные корреспонденции о жизни в Соединенных Штатах, изобиловавшие рассказами о безработных, бездомных, преступности, полицейском произволе, нищете, дискриминации и наркомании, являются абсолютной правдой и лишь отражают фактическое положение дел. Все остальные довольно откровенно признавались (разумеется, доверительно), что они выполняют заказ, делают то, чего от них ожидают.

Они, эти советские журналисты, следовали тому, что принято называть линией партии. Но сильно ли отличаются от них их американские коллеги? Ошибочно ли утверждать, что американские СМИ следуют «линии правительства» в том, как освещают вопросы внешней политики, в особенности так называемых «коммунистических» стран (кавычки поставлены не случайно: никаких коммунистических стран нет, есть страны, которые официально стремятся к построению коммунистического общества, но на деле далеки от выполнения его принципов)? Классический пример — Китайская Народная Республика.

В течение четверти века «красный» Китай описывался американскими СМИ как страна безумцев, как народ муравьев, как государство, стремящееся поглотить Азию. Это было зеркальным отражением американской внешней политики, которая отказывалась признать КНР и блокировала ее прием в ООН. Для государственного секретаря США Дина Ачесона подлинной целью американского вооруженного вторжения во Вьетнам было не допустить экспансии Китая.

Потом президент Никсон и государственный секретарь Киссинджер решили воспользоваться резким ухудшением отношений СССР и КНР в надежде разыграть «китайскую карту». Никсон отправился в КНР, где встречался с Мао Цзэдуном и

Чжоу Эньлаем, прогулялся по Великой Китайской стене, выпил пару-тройку рюмок с китайским руководством, после чего американский читатель/зритель/слушатель стал получать радикально противоположную информацию о Китае и китайцах. Настолько противоположную, что можно было думать, будто речь идет о другой стране и о другом народе. Теперь американцы узнали, что китайцы необыкновенно приветливы, трудолюбивы, преданы семье, удивительно скромны, что у них богатейшая и древнейшая культура, что они изобрели порох и пасту, что они волшебники в том, что касается игры в пинг-понг. Кроме того, господа присяжные заседатели, они обожают животных и, в частности, симпатичнейшего медведя панду (вы когда-нибудь слышали о том, что русские любят животных?). Не прошло и года, как американское общественное мнение развернулось на сто восемьдесят градусов, начался роман с некогда страшными представителями «желтой угрозы».

Потребовались события на площади Тяньаньмэнь в июне 1989 года, чтобы американские СМИ заговорили о проблеме прав человека в КНР, но разве это положение было иным в 1972 году и в последующие годы? Разве диссидентов не сажали? Разве неугодных не казнили? Разве в Китае не было политических заключенных? Да их было гораздо больше, чем в СССР. Но догадаться об этом было бы трудно, читая американскую прессу. В очередной раз американские СМИ следовали линии государства.

Я вовсе не хочу сказать, что в Советском Союзе все иначе. Было конечно же хуже. Даже во времена перестройки и гласности лишь изредка появляются примеры иного подхода к делу. За прошедшие три года особенно заметными стали высказывания в СМИ официальных представителей Запада, не подвергающиеся цензуре. Возможно узнать, что именно говорят, скажем, начальник штаба НАТО, министр обороны ФРГ, государственный секретарь США, спикер палаты представителей, начальник Комитета объединенных штабов США, члены конгресса, ведущие обозреватели — о чем и мечтать-то раньше было нельзя. Правда, чаще всего за этим следует «разъясняющий» комментарий советской стороны — впрочем, так же, как и за моими выступлениями по американскому телевидению следует «опровержение» какого-нибудь местного советолога.

Помимо этого, постепенно предметом публичного обсуждения становится и советская внешняя политика, которая всегда была священной коровой. Высказываются противоположные мнения по Афганистану, по размещению советских ракет среднего радиуса дальности, по событиям «пражской весны» 1968 года и венгерскому восстанию 1956 года. Правда, это все события *прошлого*, к ним нынешнее руководство вроде бы отношения не имеет. И все же...

На мой взгляд, откровенному обсуждению современных вопросов внешней политики СССР мешают два обстоятельства (в отличие от политики внутренней, которую разбирают необыкновенно откровенно).

Первое связано с неписаным правилом о неприемлемости высказывания публичной критики в адрес советского руководства. Если все-таки можно винить того или иного министра или министерство в ошибках, приведших к проблемам на внутреннем фронте, то внешняя политика всегда была делом только высшего эшелона, самого Политбюро, Генерального секретаря, который, как жена цезаря, выше подозрений. Несмотря на то, что главных редакторов и журналистов официально призывают высказываться откровенно по всем проблемам, они не очень-то откликаются. Я присутствовал на встрече, которую проводил высокопоставленный член ЦК, несколько раз подчеркнувший, что мы, мол, не являемся официальными лицами, не выступаем от имени правительства. «Говорите нам, что вы думаете по всем вопросам, в том числе и по внешней политике!» После окончания встречи, уже направляясь к выходу, я услышал разговор между главным редактором «Известий» и одним из самых уважаемых и известных обозревателей этой газеты.

— Завтра я напишу такое, — сказал обозреватель, — что мало не покажется.

— Давай, давай, — ответил редактор, — я все равно это не напечатаю.

Главный был человеком многоопытным и хитрым. Он хорошо знал правила игры и помнил прошлое. Что до будущего — то пусть рискуют другие.

Второе обстоятельство я связываю с так называемым эффектом бумеранга. Все, что появлялось в прошлом в советских СМИ касательно внешней политики страны, носило сугубо официальный характер. Точнее, это было санкционировано сверху. Если в советской печати публиковалось нечто злобное и оскорбительное по поводу правительства другой страны, то оно воспринималось той страной как официальное заявление и часто вызывало ноту протеста. И это логично — ведь все понимали, что советские СМИ жестко контролируются властью, следовательно, все, что появляется в них, власть одобрила. Этот взгляд стал постепенно распространяться не только на СМИ, но и на советских граждан вообще — все, что они говорили иностранцам, выражало официальную точку зрения государства (за исключением диссидентов). Помню как в 1986 году, находясь в Вашингтоне, я выступал перед членами American Enterprise Institute, одного из наиболее консервативных «мозговых центров» США. Я произвел фурор, высказав критику советской эмиграционной политики и политики глушения зарубежных радиопередач, направленных на Россию. Моя аудитория отказывалась верить, что я выражаю собственное мнение, поскольку советский гражданин не мог этого делать по определению. Эти господа воспринимали меня так, как фермер из штата Нью-Гемпшир воспринимал жирафа — он отказывался признавать существование такого животного. Когда его отвели в зоопарк и показали живого жирафа, фермер внимательно осмотрел его и изрек: «Такого зверя нет!»

Сегодня советские СМИ и в самом деле — совсем другое животное. То, что появляется в печати, по телевидению, возможно, иногда инспирировано правительством (что бывает в любой стране), но, как правило, не является отражением официальной точки зрения. Но эти изменения произошли и происходят гораздо быстрее, чем меняются представления об СССР как на Западе, так и на Востоке. Когда я принял участие в создании документального телевизионного фильма о подлинных взаимоотношениях между СССР и гитлеровской Германией в 1939—1940 годах, правительство Германской Демократической Республики заявило официальный протест советскому послу в Берлине — вполне характерная для того времени реакция. Собственно, именно из-за подобных реакций Министерство иностранных дел, призывая журналистов высказываться открыто и откровенно, на самом деле не очень-то это поощряет, опасаясь возможного недовольства со стороны своих союзников. Свежий пример — освещение советскими СМИ студенческих волнений в Пекине. Репортажи, показанные по советскому ТВ, отличаются... как бы это лучше сказать... бесстрастностью. И советский корреспондент в Пекине повторил, не поперхнувшись, официальную линию китайского правительства — мол, «на площади Тяньаньмэнь все обошлось без единой человеческой жертвы».

Короче говоря, когда-то мы убедили всех, что советский журналист, пишущий о внешней политике, по сути есть рупор власти, и если он высказывает собственное мнение, то лишь в частностях, всегда помня о возможных последствиях «свободомыслия». Теперь, когда положение меняется и во многом изменилось, мы стали своими собственными жертвами — сработал своеобразный бумеранг. Зарубежные правительства либо считают эти изменения ширмой, либо игнорируют их, что соответствует их интересам.

Наконец, я упомянул бы еще одно обстоятельство, мешающее не только советским, но и другим журналистам в освещении внешнеполитических вопросов. Дело в том, что журналисты, как и многие другие, страдают от некоторого налета национализма, они как бы «болеют» за свою страну, за свое государство, волей-неволей становясь на позицию своих правительств. Нелегко справиться с этим чувством. Люди в принципе гораздо терпимее относятся к критике внутренней политики, чем к осуждению политики внешней. Критика своей страны, признание ее неправоты (и признание тем самым правоты другого государства) часто воспринимаются как отсутствие патриотизма, лояльности. Отстаивая эту точку зрения, американцы часто ссылаются на слова генерала и политика Карла Шурца, произнесенные им в 1872 году: «Права она или нет, это моя страна». При этом они забывают, что это лишь часть цитаты. Полностью она звучит так: «Права она или нет, это моя страна. Если она права, мы поддержим ее в этой правоте, если не права — надо ее поправить».

Получив соответствующие подсказки от своих правительств, американские и советские СМИ десятилетиями вели холодную войну. Теперь, когда наметился сдвиг в отношениях, начинают меняться и СМИ. Меня же интригует вопрос: смогут ли журналисты когда-нибудь подняться выше принципа «ты — мне, я — тебе», сумеют ли они исходить из понимания своей ответственности? Поймем ли мы, что являемся не просто американскими или советскими журналистами, а прежде всего — гражданами мира, чья работа реально влияет на общественное мнение? Преодолеем ли свой узкий национализм?

Для этого придется пожертвовать рядом священных коров, прежде всего принципом нейтральной журналистики. Я горячий поборник идеи, что журналист обязан сообщать факты и взгляды, вне зависимости от того, нравятся они ему или нет. Да, мы должны непредвзято говорить о том, что видим, а не о том, что хотели бы видеть. Но быть нейтральным — это уже совсем другое дело. В действительности нейтральность всегда притворна, в нас всегда живут симпатии и антипатии, и в девяноста девяти случаях из ста наш читатель/зритель/слушатель знает, на чьей мы стороне.

Журналист, который кичится своей нейтральностью, напоминает мне молодого человека из одной истории. Он загорал нагишом на пляже и вдруг заметил, что к нему приближается хорошенькая женщина. Не имея времени, чтобы натянуть брюки, он схватил лежавшую около него старую кастрюлю и прикрыл ею причинное место. Женщина подошла к нему и с улыбкой сказала:

— Спорим, я могу разгадать, о чем вы сейчас думаете.

— О чем же? — с трудом проговорил молодой человек.

— Вы думаете, что у этой кастрюли есть дно.

Наша «нейтральность» скрывается примерно таким же образом.

Обязанность объективно сообщать факты и высказываться открыто ставит серьезные вопросы перед журналистом, но в особенности перед советским журналистом — членом КПСС.

С одной стороны, есть ленинская норма: после того, как в результате открытого и демократического обсуждения принято решение, член партии обязан сделать все возможное для его претворения в жизнь. С другой стороны, я как профессиональный журналист считаю, что окончательное решение о том, что писать и как писать, принимаю лично, без чьего-либо участия. В этом я сам себе судья. Между этими двумя подходами есть очевидное противоречие, заложен принципиальный конфликт — о чем в начале своего журналистского пути я не догадывался. Когда же проблема дала знать о себе, я постарался игнорировать ее, сделал вид, что нет такой проблемы, то есть занялся самообманом. И история о сосне и телеграфном столбе — лишь один пример того, как я пытался проблему обойти.

Когда я стал всерьез испытывать трудности из-за ограничений, с которыми сталкивался в Soviet Life, судьба бросила мне спасательный круг. Им оказался журнал «Спутник», дайджест советской печати для иностранного потребления.

«Спутник» родился в 1967 году, но корнями уходил в эпоху «оттепели». Лишь немногие понимали, что греются в лучах осеннего солнца, которое скоро опустится за горизонт, после чего наступит долгое темное морозное время. Журнал сразу привлек внимание. Это был первый советский дайджест, публикующий профессионально и со вкусом отредактированные статьи по самому широкому спектру вопросов. Печатался он в Финляндии — качество было отменное. Понадобилось только два года, чтобы «Спутник» стал первым (и последним) советским журналом, права на публикацию которого приобрели крупнейшие издатели Великобритании, ФРГ, Франции, Испании и Японии. К концу 1969 года совокупный тираж журнала в капиталистических странах перевалил за миллион — это был неслыханный прорыв!

В социалистических странах Восточной Европы «Спутник» продавался на русском языке и раскупался мгновенно. В Москве им торговали из-под полы по пять рублей за номер. Работники ЦК, разных министерств и прочие люди требовали, просили и вымаливали свой ежемесячный номер.

Председатель АПН Борис Сергеевич Бурков быстро смекнул, что «Спутник» может поднять его на недосягаемую высоту — но только при условии, что будет выходить в Советском Союзе.

С тетей Лёлей, приехавшей в Москву в 1988 г. Справа – Павлик.

Однако это представляло собой серьезную проблему. Начать с того, что вся печатная продукция АПН предназначалась лишь для зарубежного потребителя. Кроме того, подавляющее большинство редакторов других печатных изданий были категорически против выхода «Спутника» на внутренний рынок, опасаясь того, что он завоюет рынок, — и не ошибались. Не было в то время ни одного журнала, способного конкурировать со «Спутником» по дизайну, по уровню материалов или по выбору представленных тем. Но имелась еще одна причина, куда более драматическая...

Традиционно все советские СМИ были подотчетны Отделу пропаганды ЦК КПСС. Хрущев внес некоторую поправку в этот порядок, разделив внешнеполитическую пропаганду и внутреннюю. При этом был создан новый отдел ЦК — Отдел международной информации. Возникло положение, когда два отдела — один традиционный и могущественный, другой новый и еще неустановившийся — отвечали за одно и то же — за пропаганду. И хотя адресность этой пропаганды разделилась, это положение должно было неизбежно привести к борьбе между отделами не на жизнь, а на смерть. Теперь, с течением времени, понятно, что у этой борьбы мог быть только один исход, уж очень неравны были силы, да и изменилась политическая конъюнктура страны. По одну сторону стоял верховный идеологический жрец Михаил Суслов, больший символ брежневской эпохи, чем сам Брежнев, а по другую — малоизвестный функционер, фамилия которого давно забыта. Ясно, что отдел пропаганды должен был победить.

Борис Бурков являлся человеком многоопытным. Он не чурался интриг и слыл в каком-то смысле игроком. Создавая АПН, он взял на работу, среди прочих сыновей, дочек, племянников, племянниц и иных родственников влиятельных людей, дочь Никиты Сергеевича Хрущева Юлю и дочь Леонида Ильича Брежнева Галю. Используя эти козыри, а также другие сильные карты, Бурков играл тонко и умело, налаживая личные отношения с самым верхним слоем руководства, прежде всего непосредственно с Брежневым. Вскоре вся Москва обсуждала то, как «Бур» гоняет чаи с «Броверманом» (если кто не помнит, брежневские брови размерами и густотой напоминали кусты, которые специально выращивают для использования в качестве препятствий для лошадей, соревнующихся в стипл-чейзе. Но именно тогда, в момент своего наибольшего влияния, Бурков-игрок взял верх над Бурковым-интриганом, ему показалось, что он держит бога за бороду, что игра сыграна. Он стал обращаться со всеми своими вопросами прямо к Брежневу через голову Суслова и агитпропа. Он время от времени демонстрировал агитпропу, что Суслов ему не указ — и ему этого не простили. Суслов, судя по всему, был человеком терпеливым, он понимал, что надо лишь дождаться подходящего случая — и дождался, хотя случай оказался совершенно непредсказуемым и по-советски абсурдным.

Макет журнала «Спутник» всегда делался в Москве. Но поскольку журнал был коммерческим и издавался западными издателями, непременно выделялось определенное количество полос под рекламу. Западные партнеры имели право размещать любую информацию, кроме антисоветской, порнографической, содержащей призывы к войне или к расовой, религиозной и национальной розни. В 1970 году отмечалось столетие со дня рождения Ленина, и апрельский номер вынес эту тему на свою обложку. В западногерманском издании местный художник чуть-чуть изменил макет (это разрешалось в пределах, кажется, десяти процентов) таким образом, что левая полоса, предшествовавшая началу материала о столетии вождя, была отведена рекламе. В этом номере напечатали рекламу дезодоранта: совершенно обнаженный молодой человек стоял, опершись о частокол, одна часть которого счастливо скрывала его причинное место. С точки зрения немецкого издателя — реклама как реклама, ничего особенного. Михаил Суслов и его отдел отреагировали несколько иначе.

Главный посыл последовавшего удара был весьма хорош: деньги и пропаганда несовместимы. Идеология чиста и неподкупна. Деньги лишены морали по определению. Любые попытки заработать на идеологии неизменно ведут к компромиссам, к измене своим принципам. То, что произошло с немецким изданием «Спутника», лишь подтверждает эту истину. Разместить фотографию Владимира Ильича Ленина, гениального вождя мирового пролетариата, выдающегося мыслителя, светоча не только двадцатого века, но и всех времен, напротив такого образчика капиталистической рекламы, попахивающей к тому же порнографией — разве это не доказательство приведенного посыла, разве это не говорит о том, насколько низко пал «Спутник», и о декадансе тех, кто его выпускает? Было созвано специальное собрание Московской партийной организации, участники которого не поскупились, одаривая «Спутник» различными эпитетами: «буржуазная подтирка», «идеологический диверсант», «пособник капитализма» и тому подобными. Особо досталось Олегу Феофанову, главному редактору журнала, которого в конце концов навсегда изгнали из журналистской профессии. На самом же деле ни Феофанов, ни журнал как таковой никого не интересовали. Стрельба велась по крупному зверю — по Буркову, именно в него целились. И попали.

Буркова освободили от должности, и организация, которую он создал и возглавлял почти десять лет, организация, которая даже по западным стандартам отличалась оперативностью и профессиональным мастерством, вскоре превратилась в болото. За Бурковым последовала целая вереница председателей Правления, совершенно безразличных к судьбе АПН. Главным их принципом было «не поднимай волны». В последние годы, кажется, делаются попытки вернуть АПН к прежнему состоянию, но я сомневаюсь, что удастся оживить смертельно больного пациента. Всю кровь из него высосали, иммунитет разрушили, а теперь пробуют с помощью искусственного дыхания поставить его на ноги...

Погиб и «Спутник» — не сразу, правда. Он умирал долгой и мучительной смертью. За изгнанием Феофанова последовали и другие увольнения. Были разорваны все контракты с западными издательствами. От журнала отказались его распространители, он перестал продаваться. Вскоре «Спутник» потерял все, что было создано превосходным трудом великолепного коллектива. Он, как и в самом начале своего пути, стал печататься в Финляндии и распространяться за счет АПН, что и предопределило его медленное умирание.

Меня же в очередной раз уберегла судьба: я покинул редакцию «Спутника» в феврале 1970 года, всего за два месяца до его разгрома. Не может быть ни малейшего сомнения: будь я еще в должности ответственного секретаря, меня разорвали бы на части и выставили бы на всеобщее обозрение в качестве хрестоматийного примера буржуазного разложения.

Ушел я не потому, что прислушался к внутреннему голосу, не потому, что отличаюсь особой интуицией, а по совершенно иным причинам, коих было три. Первой являлось мое желание *писать*, никем не руководить и отвечать только за себя. Конечно, должность ответственного секретаря журнала — самая интересная, поскольку к выполняющему эту работу сходятся все нити издания. Я многому научился, я постиг, как мне кажется, все тонкости соединения разных статей, иллюстраций, шрифтов воедино; в конце концов, ответственный секретарь сродни повивальной бабке — он способствует рождению журнала. Но эта работа не оставляет времени ни на что другое, а я хотел писать. Вторая причина была связана с постепенным удушением, которому подвергалась пресса. Это началось после пражской весны 1968 года, когда власти страшно перепугались и принялись особо тщательно отслеживать и душить любые проявления инакомыслия. Как я уже упоминал, «Спутник» был зачат «оттепелью», но родился при наступающих морозах. К концу 1969 года не осталось ничего от либеральных начинаний Хрущева, все сосны превращались в телеграфные столбы, на журналистов надели смирительные рубашки. Я перешел в «Спутник», потому что журнал обещал что-то новое, такое, чего не было прежде. Я ушел, потому что ничего из обещанного не получил. Подоплекой третьей причины была любовь...

Екатерина Михайловна Орлова. Конец 90-х гг.

Она же, середина 1980-х гг.

Мой приход в «Спутник» совпал с развалом моего брака с Валентиной Чемберджи. Я был в плохом состоянии, тяжело   происходящее и страдал от полного одиночества. Я остро нуждался в ком-то, с кем мог бы поделиться наболевшим. Судьба (ангел-хранитель?) так распорядилась, что в журнале работал еще один человек, чьи обстоятельства в тот момент мало отличались от моих.

Примерно за полгода до перехода в «Спутник», еще работая в Soviet Life, я как-то вышел в коридор. Я стоял около двери редакционной комнаты, когда заметил идущую в мою сторону женщину — насколько я помню, шла она не одна, но даже под страхом смерти я не смог бы сказать, были ли это мужчины или женщины и сколько их было. Я видел только ее. Прошло с того дня больше двадцати лет, но и сегодня я могу описать ее во всех деталях — вьющиеся, цвета светлого меда волосы, сиявшие словно нимб; глаза, глубоко сидящие, широко расставленные, голубизны кисти Боттичелли; рот, четко очерченный, чувственный, обещающий. Я помню ее платье — оно плотно облегало фигуру, имело длинные рукава, которые застегивались на запястьях рядом пуговиц; цвет у платья был совершенно необыкновенный — смешались зеленые, синие и коричневые тона, они подчеркивали ее золотую гриву и точно подходили к зелено-коричневым замшевым туфелькам на каблуках-«шпильках». Думаю, что я остолбенел и имел весьма глупый вид, поскольку, когда она проплыла мимо, словно императрица, чуть покачивая величественной головой, до меня донеслись смешки.

Такой она запечатлелась в моем сознании, или подсознании. И вот наступил мой первый день в «Спутнике» — и я вновь увидел ее. Оказалось, она работает там с самого первого дня. Оказалось, что и она расходится с мужем. Оказалось, что и ей нужна родная душа. И так случилось, что из-за некоторых обстоятельств, о которых нет нужды здесь распространяться, она стала работать в кабинете ответственного секретаря журнала, то есть у меня. Поначалу общее горе тянуло нас друг к другу, потом возникли иные чувства. Мы не считали нужным скрывать свои отношения, и вскоре стало ясно, что кто-то из нас должен покинуть редакцию. Я как ответственный секретарь подписывал все материалы журнала, в том числе те, которые готовила она, что было сопряжено с некоторыми этическими вопросами...

Звали ее Катей. Екатериной Михайловной Орловой.

Таковы три причины, побудившие меня покинуть «Спутник». Должен признать, что решение не было трудным, тем более я получил крайне интересное и лестное для меня предложение. Работая в «Спутнике», я время от времени писал и записывал комментарии для Североамериканской службы Центрального радиовещания на зарубежные страны (так называемого Московского Радио — «Radio Moscow»). Комментарии, видимо, нравились, потому что главный редактор Николай Николаевич Карев предложил мне перейти к нему в качестве комментатора. При

На радио. Записываю свой «Ежедневный разговор Владимира Познера». Начало 80-х гг.

этом, сказал он, я смогу писать сколько хочу и о чем хочу, хотя предпочтительно о жизни в Советском Союзе, то есть, о внутренней политике. Я смогу писать по-английски без контроля Главлита (цензуры), сам читать в эфир свои комментарии, отвечать только за себя. О лучшем я и мечтать не мог. Но было одно обстоятельство: существовала негласная договоренность между Государственным комитетом по радиовещанию и телевидению и АПН — не переманивать сотрудников. Чтобы обойти это правило, я уволился по собственному желанию, объяснив, что хочу поработать «на вольных хлебах». Когда же кадровики АПН узнали о моем переходе, я уже оформился и вмешиваться было поздно. Хотя они и попытались, особенно после разгрома журнала. Помню, как Карев пригласил меня к себе в кабинет, чтобы рассказать, как мои «друзья» из АПН позвонили ему и предупредили о том, какой я «опасный», «неверный», «лицемерный» и «прозападный» человек. Эти «друзья» были совершенно равнодушны к моему уходу из «Спутника», но они не могли пережить того, что я не только избежал публичной казни, но и прекрасно устроился. Для них это было невыносимо.

Главная редакция радиовещания Московского радио являлась местом, скажем так, странным. Она включала четыре подразделения: руководство (главный редактор, его заместитель и начальники отделов), журналисты (комментаторы, редакторы), переводчики и дикторы. Первые два подразделения состояли из «настоящих» советских людей, то есть из тех, кто родился и вырос в СССР. Для них английский язык не был родным, хотя некоторые владели им превосходно. Как правило, журналисты писали свои материалы по-русски, затем начальство визировало их (без визы главного или его заместителя материал не мог идти в эфир), и они поступали на перевод, а затем к дикторам. Среди переводчиков и дикторов тоже насчитывалось не-

Мой первый опыт в радиожурналистике. Французская редакция Московского радио. Путинки, 1956 г.

большое количество «настоящих» советских людей, но в большинстве своем это были люди «подпорченные»: в их числе — дети тех, кто эмигрировал до революции, а потом вернулся, чтобы участвовать в строительстве социализма, дети репрессированных в тридцать седьмом первых советских полпредов за границей, — словом, люди разных судеб. Все они владели английским как родным, и все они рассматривались как не совсем «свои». К этому надо добавить, что многие из них, довольно плохо зная русский язык, не слишком-то хорошо говорили и на английском — в общем-то без акцента, но при отсутствии настоящего образования имели ограниченный словарный запас, да и произношение не слишком интеллигентное.

Я попал в довольно любопытную ситуацию. Я владел русским как родным, говорил безо всякого акцента, по должности был комментатором и таким образом относился ко второму, журналистскому, подразделению, то есть к «настоящим» советским. Но не менее свободно я изъяснялся по-английски, да к тому же сам читал свои комментарии у микрофона, что ставило меня в четвертое подразделение. При этом «настоящие» снисходительно считали «эмигрантов» аполитичными, а «эмигранты» презирали «настоящих» за то, что те плохо знают страну, на которую пишут, да к тому же посредственно владеют английским. Я, таким образом, оказался в особом положении, что давало мне определенные преимущества, но и вызывало некоторую зависть — и вражду.

«Эмигранты» не могли мне простить того, что по своей должности и по положению я отношусь к категории «настоящих», хотя на самом деле таковым не являюсь, в то время как многие из «настоящих» продолжали считать меня «не своим». Понятно, из этого правила были исключения...

Работа на Иновещании оказалась для меня необыкновенно интересной и полезной, особенно после того, как Николая Николаевича Карева, выступавшего против всякой разрядки и сближения СССР и США, сменили и назначили на его место Гелия Алексеевича Шахова, человека, которому я обязан тем, что состоялась моя журналистская карьера.

Гелий Алексеевич был и остается одной из самых интересных, необыкновенных, одаренных и сложных личностей, с какими я когда-либо встречался.

***

О нем написано в другой главе, но только сейчас я решаюсь сказать о том, что Гелий Алексеевич кончил не лучшим образом: он, как и многие работники Гостелерадио, пил, но при этом почти не пьянел. И вот однажды, будучи в сильном подпитии, он пригласил американского корреспондента агентства Assosiated Press на наше закрытое партийное собрание. О чем он думал — можно только догадываться. Скандал вышел гигантский, и Шахова освободили от должности и перевели в Главную редакцию пропаганды на должность комментатора. Я очень любил и ценил Гелия Алексеевича и пытался помочь ему, звонил нашему куратору в ЦК, который заверил меня, что увольнять его не собираются, но оставить в должности не могут. К сожалению, Шахов решил, что я просил назначить меня на его место — полный бред, хотя бы потому, что я никогда не стремился к руководящим постам, более того, бежал от них, как черт от ладана. У нас однажды состоялся разговор с Гелием Алексеевичем — тяжелый, противный, в котором я пытался убедить его в том, что он заблуждается на мой счет. Мне было неприятно доказывать, что я не верблюд, Шахов все твердил свое, в конце концов я сказал какую-то грубость — и на этом завершилось наше знакомство. Я по сей день не могу простить Гелию, что он подозревал меня в этой мерзости.

***

Ему было, наверное, лет пятьдесят, когда мы познакомились, но выглядел он старше. Узнать в нем необыкновенно красивого, с тонкими чертами студента, фотографию которого он мне как-то показал, было невозможно. Сохранились лишь сардоническое выражение лица, чуть издевательский смешок в глазах и несколько кривая улыбка. Гелия Алексеевича отличал совершенно оригинальный, непредсказуемый и блестящий ум да неуемный аппетит к чтению. Я считаю себя человеком начитанным, но Гелию Алексеевичу я не годился и в подметки. Он напоминал мне человека-губку, который всасывает все, что когда-либо читал, и не забывает ничего.

Он был обаятелен донельзя — остроумен, изящен, с дьявольским чувством юмора. Но он мог быть совершенно отвратительным, отталкивающим. Он обладал поразительным умением «вычислять» других, точно находя бреши в их броне. По-моему, Гелий испытывал наивысшее удовольствие, наблюдая за тем, как поддетый им человек корчится на конце иглы, словно пойманное насекомое. Он порой напоминал мне слегка сошедшего с ума энтомолога, который, подцепив инструментом многоножку, с любопытством следит за ее движениями. Гелий Алексеевич был циником, и как мне кажется, он рассматривал любой иной подход к жизни как личный вызов, как то, что требуется уничтожить.

Буквально в первый свой день на посту главного редактора Гелий Алексеевич сделал мне уникальное предложение: не хотел бы я вести собственный ежедневный

В Паланге с Катей, 1973 г.

трехминутный комментарий семь дней в неделю? Предложение революционное. Во-первых, на советском радио и телевидении не принято было создавать звезд. Главной фигурой являлся диктор, человек, который по определению не мог иметь никакого мнения. Публика иногда предпочитала одного диктора другому, но только по причинам внешнего характера, а не потому, что, скажем, Нонна Бодрова отстаивала одну точку зрения, а Аза Лихитченко — другую. Журналисты рассматривались как рупоры, как трубопроводы для переноса определенной точки зрения. Чем меньше индивидуальностей, тем лучше. Помню, как однажды Сергей Георгиевич Лапин сказал молодому журналисту: «Да насрать на то, что вы думаете! Кто вы такой, чтобы думать?» Смысл понятен: журналист должен знать свое место.

Во-вторых, предложение это противоречило основам оплаты труда, принятым в то время (кажется, это есть и сегодня). Система эта престранная, чтобы не сказать абсурдная. Журналист получает заработную плату, зависящую от его должности (оклад). Кроме того, он получает гонорар за все, что пишет. Однако большинству журналистов не позволено заработать гонорарами, то есть журналистским трудом, сумму большую, чем оклад. Другими словами, если оклад журналиста составляет двести рублей в месяц, сумма его гонораров не должна превышать двухсот рублей. Это система «потолка». Для многих «потолок» составляет пятьдесят процентов от оклада, для некоторых — семьдесят пять процентов, и только для особо привилегированных «потолка» нет — заработай сколько сможешь. Помимо этой странной практики, имеется еще один принцип — так называемого «соотношения».

Когда Ленин писал о печати, а писал он часто и много, он всячески подчеркивал значение так называемых рабкоров, то есть журналистов непрофессиональных. Он считал, что рабкор в принципе более честен, менее эгоистичен, не склонен к компромиссам, характерным для тех, кого называют представителями второй древнейшей профессии. Я не стану здесь спорить с Ильичем, хотя готов с ним в чем-то согласиться. Но его взгляд был искажен до полной неузнаваемости и стал пародией на самое себя. На все средства массовой информации распространился принцип «соотношения», который гласил: шестьдесят процентов всех материалов, появляющихся в данном СМИ, должны принадлежать перу нештатного корреспондента

Дома в Чистом переулке с Павликом, Петей и Катей. 1973 г.

или автора. Таким образом, если штатный корреспондент за месяц опубликовал в своем СМИ четыре своих материала, он обязан за этот же месяц разместить в нем не менее шести материалов внештатных — иначе ему не заплатят за его авторские работы. Этот принцип вовсе не открыл страницы газет или эфир «представителям масс», а лишь привел к развращающей практике, при которой профессиональный журналист берет абсолютно не профессиональный и чаще всего бездарный материал внештатника, начисто переписывает его, горячо при этом благодарит «автора», который таким образом помог журналисту решить проблему, и публикует материал, который на самом деле имеет весьма отдаленное отношение к тому, кто указан в качестве автора.

Предложение, которое сделал мне Гелий Алексеевич, и в самом деле было революционным: он превращал меня в «звезду», имевшую свою ежедневную рубрику, и освобождал меня от потолка и от соотношения шестьдесят-сорок. Понятно, что я принял предложение с восторгом. «Только помните, Володя, — предупредил он со своей слегка кривой улыбкой, — отныне у вас нет права болеть, плохо себя чувствовать. У вас остается лишь один повод для того, чтобы пропустить день: ваша смерть».

«Ежедневная беседа Владимира Познера» дебютировала 7 октября 1973 года. Она прозвучала в последний раз 31 августа 1986 года.

С профессиональной точки зрения эти тринадцать лет были, как мне кажется, самыми важными в моей жизни. Я научился писать и выражать свои мысли так, чтобы другие могли меня понять. Я испытал не сравнимую ни с чем радость обратной связи: я получал письма от слушателей со всей Америки, их писали люди, с которыми я никогда в жизни не встретился бы, они выражали свою благодарность, дружбу, надежды, что, может быть, когда-нибудь мы все заживем вместе и в мире так, как человеку жить положено, они приглашали меня к себе, чтобы «преломить хлеб» за общим столом... Это были письма, от которых сердце мое начинало биться чаще и комок подкатывал к горлу, письма, вызывающие во мне ощущение своей полезности, нужности. Понятно, я получал и послания, полные ненависти, но ведь и это — источник гордости.

Надо сказать, я был единственным журналистом — не только на Московском радио, но и в СССР, — который вел ежедневную рубрику. Постепенно мое имя стало узнаваемым. С известностью пришла и зависть, даже ненависть. Тогда я этого не понимал, но понимание все же пришло... через некоторое время.

В целом я получал огромное удовольствие от своей работы. Гелий Алексеевич дал мне carte blanche, я мог писать о чем хотел — что и делал. Я выбирал такие темы, которые мог бы раскрывать честно, темы, которые не приводили к столкновению ни с руководством, ни с моей совестью. Пожалуй, именно в эти годы я пришел к выводу, что журналист должен быть верен себе. Тогда же я полностью осознал дилемму, вытекающую из того, что я и член партии, и журналист, — и попытался сформулировать ее решение.

Если партия, на мой взгляд, заняла ошибочную позицию, я обязан писать об этом. Если писать об этом невозможно (как часто бывало в прошлом и отчасти продолжается сегодня), у меня нет выхода, я должен молчать. Но ни при каких обстоятельствах я не могу поддерживать данное решение партии. Как члену партии мне надлежит сообщить моим товарищам о своем решении. Если наши разногласия непреодолимы, партия может изгнать меня из своих рядов, или я могу сам выйти из ее состава. Но бюрократы от партаппарата не должны иметь ни права, ни возможности позвонить моему главному редактору и потребовать, чтобы были приняты меры — как они всегда делали в прошлом и продолжают делать сейчас.

Работая на Московском радио, я обладал исключительной степенью свободы. Объясняется это обстоятельством совершенно невероятным. Поскольку я писал свои комментарии по-английски, их визировали только два человека: заведующий отделом вещания на США и главный редактор. Само вещание на США начиналось в два часа ночи по Москве и заканчивалось в семь утра. Этим и следует объяснять тот факт, что никто или почти никто из живущих в СССР никогда наши программы не слушал. Настраивали на нас свою волну любители-коротковолновики, люди, не имевшие ничего общего с партийной бюрократией, отслеживающей все, что могло считаться подрывным. В общем, я да и все те, кто писал свои материалы на языке, гораздо реже попадали в поле зрения цензоров. В каком-то смысле это показывает абсурдность всей системы: самый официальный источник информации — Иновещание — был на самом деле гораздо менее официозным, чем почти любое другое советское СМИ потому лишь, что никто, или почти никто, не слушал его программы.

Разумеется, эта «свобода, несмотря на» не имеет ничего общего с той, которой мы пользуемся сегодня в условиях гласности и которая является полной... почти. Ограничения существуют, хотя частью они психологического свойства, — многие журналисты все еще оглядываются через правое плечо в сторону КПСС, чтобы понять, чего от них хотят. Телефонное право все еще существует. Впрочем, так дела обстоят не только в России, в чем признается любой журналист... в частном разговоре.

Если СМИ выполняют свой общественный долг, появляются спорные материалы, и кто-то должен принимать решение относительно того, что разрешать, а что — нет. Вопрос только в одном: кто этот человек? Начальник? Если да, то перед кем он отвечает? На Западе он отвечает перед компанией, в некоторой степени — перед рекламодателями, в конечном счете — перед акционерами, которые ждут от него максимальных доходов. Если радио и телевидение выдают в эфир программу, вызывающую бурные споры, и если эта программа негативно сказывается на рейтинге либо вызывает недовольство потребителя, она будет снята с эфира. Этим и объясняется тот факт, что с политической и общественной точки зрения американское телевидение в значительной своей части представляет пустыню. Телевидение, обращенное к рынку, не стимулирует тот самый открытый политический диалог, который предполагается в Первой поправке к Конституции США. Главное — деньги, и тому, что их приносит, отдается предпочтение.

Что сказать о советском телевидении? Его начальство всегда отвечало перед партийным руководством, и сегодня положение принципиально не изменилось. Председатель Гостелерадио СССР является членом правительства и назначается премьер-министром (назначение должно быть утверждено Верховным Советом). Телевидение финансируется государством, а тот, кто платит за девушку, сам ее и танцует. Некоторые позволят вам танцевать не совсем так, как ожидалось, дадут поимпровизировать, но не надо самообманываться: никто не разрешит танцевать *другой танец*. Это исключено.

На самом деле СМИ должны быть подотчетны публике. Но это возможно только при соблюдении и существовании некоторых условий, среди которых главное — глубокое понимание журналистом своего долга перед обществом, а именно долга информировать и просвещать. Без этого личного отношения не получится ничего, но его одного мало. В Америке такой подход мощно поддерживает Первая поправка к Конституции, личные исторические примеры, в частности, Тома Пейна и И.Ф. Стоуна (кстати, и тот, и другой пострадали за свое стремление быть независимыми, честными журналистами). Кроме того, в Америке существует разнообразие источников информации. Вместе с тем все большая коммерциализация СМИ, давление тиража и рейтинга сказываются самым пагубным образом. Рынок якобы обеспечивает возможность появления спорных суждений и взглядов, способствует широкому выбору. Поклонникам таких вечерних сказок я советую провести следующий эксперимент: включите вечерние новости, повернитесь спиной к телевизору и с помощью пульта, «стреляя» через плечо, переходите с канала на канал; при этом прошу не брать в расчет тот факт, что вы узнаете голоса ведущих, в данном случае Тома Брокоу, Питера Дженнингса и Дэна Разера. Я готов поспорить на любую сумму, что по содержанию сообщений вы не отличите один канал от другого. Информационные программы трех ведущих сетей не только идентичны по наполнению, они совпадают и по манере подачи. Выбор, если таковой имеется, похож на выбор, предлагаемый тремя ведущими еженедельными политическими журналами — Time, Newsweek, U.S. News and World Report. Это выбор стиля, выбор личностей, но не выбор по существу. Таково правило для основных СМИ в Америке. Изменится ли оно? Может ли измениться?

В Советском Союзе нужно, чтобы на смену партийно-государственному контролю пришла система гарантированного выбора СМИ. Если удастся добиться этого, аудитория получит реальный выбор, что, как можно надеяться, увеличит ответственность журналиста перед аудиторией. В теории для этого есть главное — инфраструктура. Ведь профессиональные союзы, творческие союзы, женские и молодежные организации и многие другие имеют собственные журналы и газеты, которые якобы отражают интересы своих читателей. На самом деле все эти печатные органы «колебались» в соответствии с линией партии. Это начинает меняться, что демонстрирует колоссальный рост тиражей множества печатных СМИ и в самом деле отражающих теперь интересы читателей. Это правда, как правда и другое: нет никаких гарантий, что эта политическая независимость продлится.

***

Я как в воду глядел. Я хотел было сказать, что в годы правления Бориса Николаевича Ельцина средства массовой информации России пользовались совершенно неограниченной свободой, а потом, с приходом к власти Владимира Владимировича Путина с его «вертикалью власти», да еще с «суверенной демократией» Владислава Юрьевича Суркова, эта свобода стала все более и более сокращаться, но в действительности все сложнее. Горбачевская политика «гласности» сделала из журналистов самых популярных и почитаемых людей страны. Длиннющие очереди за такими изданиями, как «Московские новости» и «Огонек», многомиллионные зрительские аудитории таких программ, как «Взгляд», «12 этаж», «ТСН» и других, превратили журналистов — в глазах публики — в рыцарей на белом коне, в эдаких крестоносцев Правды. Это само по себе таило в себе определенную опасность: ведь очевидно, что чем выше возносишь человека, чем сильнее веришь в него, тем тяжелее разочарование. Но это не главное. Главное заключается в том, что сами журналисты стали смотреть на себя именно таким образом, они поверили в то, что у них есть миссия, что они — спасители отечества. Я не стану называть фамилии только потому, что, назвав одну, надо перечислить всех, а это десятки имен...

Теперь подумаем вот о чем: у этих журналистов не было вообще ни малейших представлений о том, что есть свобода печати, свобода слова. У них не было (позволю себе добавить: и нет) понимания того, что чем больше уровень свободы, тем выше уровень ответственности. Для них свобода слова заключалась — и заключается — в том, чтобы говорить что хочется. А это не свобода.

В России понятие свободы подменено понятием «воли», а воля гласит: что хочу, то и ворочу. Я часто ссылаюсь в спорах с коллегами на слова члена Верховного суда США двадцатых и тридцатых годов прошлого века Оливера Уэнделла Холмса-младшего, сказавшего: «Самая строгая защита свободы слова не защитила бы человека, умышленно кричавшего «Пожар!» в театре и вызвавшего панику». Чуть перефразирую, но ничуть не изменю существа сказанного: свобода слова совершенно не дает права кричать «Пожар!» в театре только потому, что хочется кричать «Пожар!». Более того, нельзя кричать «Пожар!», не убедившись в том, что пожар в самом деле имеется. Если же развить это положение до его логического конца — нельзя придавать слухам облик фактов, нельзя, как утверждают многие российские журналисты, в том числе и весьма известные, заявлять: «Мое дело сказать, дело публики проверять, так это или нет».

В ельцинские годы вот эта «свобода» стала всеобщей, журналисты писали и говорили что хотели, не неся за это никакой ответственности. Но и это не все. Приватизация СМИ привела к тому, что газеты, журналы, радиостанции, телевизионные каналы превратились в рупоры взглядов своих хозяев. Самый яркий тому пример — прежняя «Первая программа ЦТ», которую контролировал Борис Абрамович Березовский. Кто помнит те времена, помнит и о появлении телекиллера Сергея Леонидовича Доренко, выполнявшего совершенно четкие политические задачи, поставленные перед ним Березовским.

Всеми восхваляемый НТВ совершенно точно выполнял политические прихоти своего владельца Владимира Александровича Гусинского — выполнял очень и очень профессионально, но это не меняет сути.

Многие представители так называемой «либеральной» журналистики с грустью вздыхают о «старых, добрых временах», когда, казалось, разрешалось все. На деле они сами отчасти виноваты в том, что последовало, поскольку в своей массе давно перестали быть журналистами, а превратились в... даже не знаю, как поточнее их назвать. Политики — не политики, может быть, общественные деятели, но совершенно определенно не журналисты.

То, что произошло со СМИ с приходом к власти В.В. Путина, совершенно отвратительно, но было вполне предсказуемо. Сегодня в России положение таково: чем меньше аудитория того или иного СМИ, тем в целом оно свободнее. И наоборот: чем шире его аудитория, тем эта свобода ограниченнее. Абсолютно циничная политика, за выполнением которой следят из Кремля. Нет никакого секрета в том, что еженедельно в Кремль вызываются председатель ВГТРК О.Б. Добродеев, генеральный директор Первого канала К.Л. Эрнст и генеральный директор НТВ В. М. Кулистиков, чтобы получить соответствующие «наставления» от упомянутого мной В.Ю. Суркова и заместителя руководителя Администрации Президента РФ, бывшего с 2000 по 2008 год пресс-секретарем президента РФ А.А. Громова. Господин Сурков когда-то придумал интересный термин — «управляемая демократия» (который потом заменил не менее замечательным — «суверенная демократия»). Свобода слова в России нынешнего дня, свобода печати совершенно управляемы.

Есть и примеры того, что можно принять за подлинно свободные СМИ, — но это будет заблуждением. Я имею в виду радиостанцию «Эхо Москвы». Работающие там журналисты гордятся — а то и кичатся — своей свободой, при этом закрывая глаза на то, что выполняют политическую функцию, а именно являются своего рода «потемкинской деревней» свободы печати в России. «Эхо Москвы» — акционерная компания, 35% акций принадлежат журналистам станции (главным образом главному редактору А.А. Венедиктову), 65% — компании «Газпром Медиа», которая, в свою очередь, целиком принадлежит Газпрому, Газпром же принадлежит... Вопросы есть? Если бы Газпром (читай «власть») захотел прикрыть «Эхо Москвы», то сделал бы это легко. Но не закрывает. И это при том, что на «Эхе» регулярно выступают самые ярые противники «кровавого режима» Путина, люди, которые поносят власть всеми возможными, а порой и невозможным словами.

***

Я как телевизионный журналист принципиально не возражаю против государственного финансирования и контроля — при условии, что нет государственной монополии. Другими словами, помимо государственного телевидения должно существовать иное телевидение, в идеале контролируемое общественностью. Технически сделать это довольно просто: через спутник связи посылается закодированный сигнал, который примет любой телевизор, если он снабжен декодером, — его можно арендовать, скажем, за пятьдесят рублей в год. Если зрителю нравится ваше вещание, он возобновит свою подписку на будущий год. Если же нет — что ж, вы погорели. Нельзя сказать, что такая система гарантирует появление высококачественного, честного телевидения. Желание удержать зрителей и привлечь новых может привести к такому же положению, какое мы видим на коммерческом ТВ. Речь идет об установлении очень тонких отношений между требованиями аудитории и ответственным руководством, принимающим ответственные решения. Волей-неволей возникает вопрос о том, кто, собственно, принимает решения. Единственно правильного ответа не существует, но я убежден: реально создать приемлемые взаимоотношения между зрителем, телевизионным руководством и журналистами.

На самом деле необходимо создание в России общественного телевидения и радио, то есть такого телевидения и радио, которое: а) не зависит от рекламы, не являясь коммерческим, и б) не зависит от власти. Такое ТВ и такое радио существуют сегодня в сорока девяти странах.

В июне 2004 года, вскоре после закрытия программы «Намедни» и увольнения с НТВ ее автора Леонида Геннадьевича Парфенова, я обратился к президенту Путину с просьбой об аудиенции. У меня были две цели: попытаться вернуть Парфенова в эфир и получить поддержку в отношении создания в России общественного телевидения. Приняли меня на удивление быстро. Встреча состоялась в Кремле, в кабинете Путина, который встретил меня без пиджака и галстука. Президент произвел на меня сильное впечатление: он чрезвычайно внимательно слушал, очень быстро вычислил мою «волну», реагировал на мои слова мгновенно, был остроумен и обаятелен. Когда я спросил, не будет ли он возражать, если мы вместе с Парфеновым сделаем программу на Первом канале, он ответил, что Парфенов, конечно, наломал дров, но он не возражает — чему я очень обрадовался, но как выяснилось, преждевременно. Как мне рассказывали, буквально через два дня после моего визита к Путину пришел господин Добродеев, возглавлявший ВГТРК. Он привел с собой будущего генерального директора НТВ Кулистикова. Я не могу поручиться за точность, поскольку не присутствовал, но мне рассказывали, что Добродеев предложил Кулистикова на пост гендиректора НТВ, но при условии, что Парфенов либо вернется на НТВ, либо не будет работать ни на одном другом канале. Путин дал свое согласие. У меня есть основания думать, что их предупредили о моем приходе.

Разговор об общественном ТВ я могу привести почти дословно. После того как я изложил свои соображения, состоялся следующий диалог:

Путин: *Почему вы считаете, что у власти не должно быть своего телевизионного канала? У всех могут быть, а у власти нет?*

Познер: *Власть может использовать телевидение для разъяснения и продвижения своей политики, когда ее представители выступают в разных программах. И это вызывает гораздо больше доверия, чем когда знаешь, что сам канал управляется властью.*

Путин: *Не согласен. Во Франции, например, у власти есть свой канал, и все хорошо.*

Познер: *Но есть и общественное ТВ.*

Путин: *Я не против, но кто будет платить за него? Например, в Англии платят за ВВС, и платят немало. У нас народ не может платить.*

Познер: *Есть разные способы. Вы знаете, что такое СВС?*

Путин: *Нет.*

Познер: *Это «Канадская вещательная корпорация», канадский аналог ВВС. Этот канал получает финансирование из бюджета страны, причем закон оговаривает, что выделенный на него процент не может быть сокращен. Кроме того, закон запрещает власти вмешиваться в вещательную политику СВС.*

Путин: *Владимир Владимирович, раз деньги идут из бюджета, значит власть контролирует этот канал. Ведь кто платит, тот заказывает музыку.*

Познер: *Совершенно не обязательно.*

Путин: *Вы хороший человек, но очень наивный...*

Мы не договорились. До сих пор никакого реального движения в сторону создания общественного телевидения нет, хотя в принципе достаточно было бы политической воли, чтобы превратить в него ВГТРК.

Прощание с иллюзиями

Еще раз вместе с М.С. Горбачевым мы обратились к президенту Путину с просьбой рассмотреть вопрос о создании общественного ТВ. Получили в ответ совершенно пустое письмо за подписью руководителя Федерального агентства по печати и массовым коммуникациям М.В. Сеславинского. Смысл письма сводился к тому, что еще не время...

Сейчас восемьдесят процентов всех СМИ либо принадлежат власти — федеральной или региональной, либо опосредованно контролируются ею. При таком положении вещей говорить о свободе печати не просто смешно, а даже оскорбительно.

***

Возможно, я заблуждаюсь, но мне кажется, что сегодня советские СМИ постепенно отходят от традиционных источников контроля и движутся в сторону контроля общественного. Во всяком случае, нынешний подход советских СМИ к тем или иным общественным явлениям существенно отличается от того, что происходит в Америке.

Например, о случаях этнических столкновений раньше либо вообще не сообщалось в советских СМИ, либо говорилось крайне скупо без всяких попыток анализировать их причины. Теперь советские журналисты пытаются рассмотреть причины явлений, без знания которых невозможно разобраться с проблемой. Наличие этнической розни привело к тому, что общество стало задаваться вопросами: почему ничего не говорили об этом в прошлом, каким образом многонациональная страна должна справляться с этим? Какой следует быть национальной политике в отношении языков, школы, образовательных программ, представительства в органах власти? Одними разговорами и дебатами проблему не решить, но без самого широкого обсуждения ее не решить тем более, а без свободных и ответственных СМИ нет настоящего обсуждения. В конечном счете любые проблемы можно одолеть только при добровольном участии просвещенного общества.

В Соединенных Штатах СМИ определяют свою роль как средства сообщения информации, а не как общественного катализатора. Вчерашняя новость — это вчерашняя новость, и точка. Избирательная кампания какого-нибудь мэра, отличавшаяся расовой напряженностью, вскоре предается забвению, но условия, породившие эту напряженность, сохраняются. Тема расовой проблемы не находит продолжения, как правило, СМИ не действуют в качестве возбудителя общественного диспута. Правительство США регулярно публикует доклады о бедности в Америке. В докладе 1988 года сообщается, что *половина* всех «черных» детей в стране живут ниже черты бедности. Это было сообщено в СМИ. И все. А как же общенациональные дебаты, направленные на поиск решения проблемы? А как же поиск причин этого явления? А как же рассмотрение различных подходов, которые могли бы помочь? Учитывая историческую приверженность США к определенным идеалам, среди которых — «право на жизнь, свободу и стремление к счастью», хочется спросить: разве эта проблема не ставит перед обществом фундаментальных моральных вопросов? Так почему СМИ чаще всего предпочитают пройти мимо них? Почему общество смотрит в другую сторону?

Отчасти ответ кроется в журналистике, исповедующей принцип «только факты» — но это лишь видимая часть айсберга. Невидимая — те, кому СМИ принадлежат. Если общество исходит из положения, что новости и информация суть товар и ничем принципиально не отличаются от бензина, автомобиля или лака для волос, то из этого кое-что следует. В частности то, что всякий бизнес имеет свои цели, и стимулирование широкого общественного обсуждения социальных проблем не найдет поддержки в корпоративных структурах, потому что такой диалог может привести к выводам, противоречащим интересам бизнеса. В отличие от того, что говорят и чему верят большинство американцев, СМИ Соединенных Штатов не представляют собой свободного рынка идей, а скорее являются площадкой для размещения идей свободного рынка. В результате американцы относятся к наименее информированным людям в современном мире — хотя они абсолютно убеждены в том, что все обстоит ровно наоборот.

Американскому эстаблишменту удалось убедить американцев в том, что поскольку они имеют доступ к любому источнику информации, который их душа пожелает, они и в самом деле наиболее информированные люди на земле. Мол, вы можете утолить свою информационную жажду из бесчисленного количества источников, выбирайте на здоровье. В результате этого убеждения у обыкновенного американца *исчезает жажда*. Он с удовольствием поглощает то, что предлагают ему главные СМИ.

У советских граждан подход иной, поскольку многие, если не большинство, давно поняли: их плохо информируют, и у них нет доступа к иным источникам информации, кроме тех, которые контролируются государством. Отсюда та жажда, которая побуждала их слушать «зарубежные голоса» и искать информации где только возможно. В результате рядовой советский гражданин гораздо более информирован, чем его американский визави.

Когда я думаю о СМИ, как западных, так и восточных, я не нахожу ответов на все возникающие у меня вопросы. Например, могут ли СМИ в однопартийном государстве на самом деле способствовать независимому мышлению и разнообразию идей? В случае СССР (применительно к последним четырем годам) получается, что могут. Некоторые утверждают, что наметившееся движение необратимо. Я придерживаюсь иного мнения. Начать с того, что все обратимо, кроме самого времени. Даже самый демократический строй, отличающийся тонко отстроенной системой сдержек и противовесов, не гарантирует необратимости демократического правления, так как и в нем возможно вполне демократическое избрание фашиста в качестве лидера. Что же касается Советского Союза, страны, в которой веками все управлялось централизованным абсолютным авторитетом, страны, психологически приспособившейся именно к такой структуре власти, страны только-только зарождающейся демократии, — не составит особого труда снова закрыть недавно открывшиеся окна и двери.

Фотография с супеобложки этой книги, вышедшей в Америке. 1990 г.

На Западе, в первую очередь в США, подлинное разнообразие подрывается принципами корпоративной экономики, стремящейся к слияниям и быстрейшему созданию общества потребителей, жаждущих немедленного удовлетворения своих потребностей. В каком-то смысле в то время как советские СМИ мучительно трудно усваивают принципы общественной ответственности, американские СМИ стремятся как можно быстрее забыть то, что когда-то исповедовали. Информация рассматривается как товар, она должна развлекать, ее нужно заворачивать в подарочную бумагу, чтобы бросалась в глаза и хорошо *продавалась* — даже если она вовсе не информирует. Изначально в Америке журналистику считали сторожевым псом общества, источником политического многомыслия, общественным катализатором, гарантией информированного и, следовательно, гражданского общества. Сегодня это в гораздо большей степени теория, нежели практика, так по крайней мере мне кажется.

Если вспомнить, как освещались президентские выборы 1988 года, то возникает ощущение фарса. Тот, кого раньше называли гордым сторожевым псом политики, согласился жрать подачки, состоявшие из специально заготовленных для телевидения «саунд-байтов», хлестких двадцати-тридцатисекундных банальностей, выученных кандидатами. Ни одна из общенациональных проблем страны не удостоилась обсуждения. Но если СМИ не способствуют тому, чтобы президентская избирательная кампания соответствовала своему изначальному назначению, как можно ожидать от нее готовности стимулировать осмысленный общественный диалог по любому значимому вопросу?

Когда-то лорд Актон замечательно сформулировал положение о том, что власть развращает, а абсолютная власть развращает абсолютно. Можно, как мне кажется, «власть» заменить «богатством» — с таким же результатом. Советские СМИ были развращены, а затем абсолютно развращены, поскольку полностью зависели от партии, которая поначалу стояла у власти, а потом превратилась во власть абсолютную. Сегодня это как будто начинает меняться, власть постепенно переходит к тем, кто должен обладать ею, — к избранным представителям народа. Есть надежда, что СМИ не будут больше служить интересам лишь одной организации, то есть КПСС, а повернутся к интересам множества групп, ассоциаций и различных партий, и представление об ответственности перед обществом постепенно станет главной их заботой. Это я говорю как человек, который смотрит на проблему изнутри — что, возможно, дает мне право на подобные суждения.

Об американских СМИ я сужу извне. И все же должен сказать, что, вглядываясь в них, не вижу ни сосен, ни телеграфных столбов. Только джунгли, состоящие из деревьев, которые были посажены некогда для того, чтобы давать людям плоды информации. Но что-то произошло, и теперь эти деревья переродились, перестали кормить людей просто так, а ждут, чтобы те платили, и платили как можно больше.

Впрочем, я уже признал: в данном вопросе я являюсь аутсайдером, и то, что представляется моему взгляду, искажено моим восприятием.

***

С октября 1991 по апрель 2006 года я работал в Соединенных Штатах Америки, где вместе с Филом Донахью вел телевизионную программу «Pozner & Donahue» на канале CNBC. Так что я был вполне «внутри», а не снаружи.

За эти годы я значительно изменил свое мнение об американских СМИ и американской журналистике — изменил в хорошую сторону. И это несмотря на то, что и я, и Донахью лишились работы из-за своих политических и профессиональных взглядов, о чем я уже рассказывал...

Несколько лет спустя Филу предложили вести программу на канале MSNBC. Он согласился. Вскоре президент Буш-младший затеял войну в Ираке, и Донахью стал выступать против этой войны. И снова его уволили, а программу закрыли.

С одной стороны, я пишу об этом, чтобы рассеять иллюзии относительно свободы печати в США. Она, конечно есть. Но в общем-то свобода печати — это коридор, одновременно и очень широкий, и совсем узкий, и в любом случае понятно: тому, кто попытается раздвинуть стены этого корридора, придется непросто. С другой стороны, американские СМИ — по крайней мере те, которые достойны этого звания, — продолжают ставить во главу угла информированность своего читателя-слушателя-зрителя. Как в 1971 году газета New York Times опубликовала совершенно секретные «Пентагонские бумаги», чем нанесла существенный урон облику США в мире, но приоткрыла американцам подлинное положение дел с войной во Вьетнаме, так и почти тридцать лет спустя все та же газета публикует не менее секретные данные с сайта «Викиликс» (WikiLeaks), тоже наносящие удар по престижу американской администрации — и опять с целью информирования населения.

При всех своих минусах, при всей своей коммерциализации американская журналистика остается одной из лучших.

Принципиальная разница между российскими и американскими СМИ: в СССР/России власть стремится скрыть от людей то, что ей невыгодно предавать гласности (авария на Чернобыльской АЭС, гибель «Курска» и т.д.). Точно так же поступают и американские власти. Но советские/российские СМИ, в своей массе контролируемые властью, служат инструментом для сокрытия правды, американские же — наоборот. По-моему, этим сказано все. Или почти все.

ГЛАВА 6. дракон, ящеры и время жабы

В октябре 1964 года Никита Сергеевич Хрущев был освобожден от должности и отправлен на пенсию. Этого не ожидал никто. Кое-кто обрадовался, кое-кто огорчился, но можно было лишь гадать о том, что в действительности означает случившееся.

Никита Сергеевич на самом деле не пользовался ни уважением, ни тем более любовью большинства своих сограждан. Если кто и поддерживал его в стране, то интеллигенция, и это несмотря на первые процессы над диссидентами, им инициированные, на учиненный им разгром художников и скульпторов на выставке в Манеже, на безобразное и оскорбительное его поведение на встрече с интеллигенцией в резиденции на Ленинских горах... Культурная элита страны всегда помнила об исторической речи Хрущева на XX съезде партии, о запущенном им процессе реабилитации жертв сталинских репрессий. Но у подавляющего большинства советских граждан, у так называемого «народа» было совершенно иное мнение.

Начнем с того, что это большинство не желало слышать, будто Сталин — преступник. Уж слишком много положили они и их родители на алтарь Отечества с именем Сталина на губах. Слишком много было принесено жертв, слишком много устроено оваций, слишком много произнесено клятв. Признать Сталина преступником, кроме того, означало в определенной степени признать и то, что они способствовали его преступлениям: ведь если бы все не славословили его, не кричали «ура!» по каждому поводу, если бы не признавали его правоту и гениальность во всем, вряд ли Сталин достиг бы абсолютной власти. Хрущев, разоблачая Сталина, не отказывался и от своей ответственности. Однако многие граждане не были готовы к этому. Возражать против фактов, приведенных Хрущевым, они не могли, но внутренне отказывались считать их фактами.

Однако у нелюбви к Никите Сергеевичу была еще одна причина, на мой взгляд, гораздо более тонкая. Она не имела ни малейшего отношения к тому, что говорил или делал «Хрущ», как полупрезрительно некоторые называли генсека. Дело заключалась в том, что он был очевидным мужланом, человеком деревенским, слишком «простым». Он не обладал эрудицией и интеллектом Ленина, не имел представительного облика Сталина: этот лысый, пузатый, некрасивый человек очень уж походил на выходца из народа, и именно поэтому народ презирал его.

У русских и американцев есть схожие черты, но самая поразительная — их отношение к знати. Оба народа избавились от своих коронованных правителей, пролив на этом поприще немало крови, но оба народа готовы ночь простоять, лишь бы краем глаза увидеть настоящего короля или потомка царя, они млеют от титулов и встреч с титулованными особами.

Еще одна общая черта: ни американцы, ни русские особо не жалуют представителей интеллигенции. В Америке их называют «яйцеголовыми», в России же существует целый список обидных словечек и выражений: «очкарик», «ботаник», «еще шляпу надел» и т.д. Тем не менее и те, и другие хотят, чтобы их страну представлял человек, вызывающий всеобщее уважение.

Хрущев был начисто лишен внешнего благородства. Его поведение на Генеральной Ассамблее ООН, когда он стучал башмаком по столу (так по крайней мере гласит легенда), его угрозы в адрес американцев с упоминанием «кузькиной матери», его поведение в целом было поведением мужицким, так называемые «простые» люди узнавали в нем себя, но хотели совершенно другого — человека, который во всем превосходил бы их, к которому можно было бы тянуться, уважать. Они мечтали о «крутом» лидере.

Имелись и другие причины, по которым популярность Хрущева сходила на нет. Постепенно стал возникать такой же культ его личности, какой был при Сталине: всюду висели его фотографии, о нем делали документальные киноленты — вспомним, например, фильм «Наш дорогой Никита Сергеевич» (чего стоит одно название!). Представители второй древнейшей профессии поспешили заговорить о мудрости этого крупнейшего государственного деятеля — и это воспринималось Хрущевым как совершеннейшая истина. После поездки в США и посещения хозяйства фермера-миллионера Гарста Хрущев влюбился в кукурузу и по возвращении в СССР приказал, чтобы этой культуре уделяли особое внимание. Результат был катастрофическим для сельского хозяйства, поскольку «кукурузу-волшебницу» стали сажать по всей стране, в ущерб традиционным культурам, в том числе там, где она не могла расти.

«Кукурузник», болтун, полуграмотный болван, грубиян, лишенный такта и чувства собственного достоинства, посмешище на весь мир, превративший в посмешище собственную страну, шут гороховый — примерно так характеризовало Хрущева большинство населения. Не удивительно, что оно радовалось его падению.

Однако несмотря на все недостатки, нельзя отказать Хрущеву в ряде важнейших достижений: он разоблачил Сталина и начал процесс реабилитации его жертв; он избавил страну от пытавшегося захватить власть Берии; при нем и благодаря ему началась «оттепель», вызвавшая мощную волну своего рода общенационального ренессанса. Спутник и Гагарин, Ту-104, «Один день Ивана Денисовича», явное улучшение международной обстановки, появление удивительного поколения, получившего название «шестидесятники», — словом, и в самом деле стало теплее.

Не мог ли его уход повернуть страну вспять и привести к серьезному похолоданию? Вот о чем говорили и спорили в октябре 1964 года.

Оглядываясь назад, приходится признавать: никто не предсказывал падение Хрущева. Никто не обладал достаточным умом, пониманием того, что иначе-то и быть не могло. Ведь Хрущева не могли не убрать — либо оставался он, но тогда погибал аппарат партии, либо торжествовал аппарат, но погибал он. Они были несовместимы, и силы имели не равные, даже Сталин не мог победить свой же аппарат. Ему, Сталину, требовалось создать машину для управления теми, кто отказался (и кому отказали) от права думать в пользу некоей системы идей, называемой коммунизмом. Подавляющее большинство этих людей знали о философии и теории коммунизма столько же, сколько христианин-фундаменталист знает о христианстве. Они лишь *верили* идее, верили ее верховному жрецу. Партийный аппарат был безликим и бесчувственным, он, как современнейший радар, способен был отловить и зарегистрировать малейшее проявление инакомыслия, свободомыслия. Эту машину-чудовище сотворил Сталин-Франкенштейн, но в отличие от изобретения киногероя она была полностью предсказуема, полностью подчинялась своему творцу. Она питалась страхом, энергоресурсом с самым высоким КПД, поскольку этот ресурс сам себя обновляет. Мне представляется, что Сталин, злой гений, понимал: чтобы этот источник энергии не сгорел, необходимо постоянно заменять различные части машины новыми, обновлять аппарат. Но он, очевидно, не предвидел, что эти запчасти, несмотря на их массовое производство, несмотря на их идентичность, могут закончиться. Он не предвидел, что аппарат, созданный для обнаружения и истребления всего того, что не подходит, неизбежно накинется на своего создателя. Ведь Сталин «не подходил», он не запчасть, а уникум. Аппарат это учуял, увидел в нем врага, угрозу своему существованию. Я не сомневаюсь в том, что аппарат уничтожил бы Сталина — да, возможно, это и произошло. Ведь мы до сих пор почти ничего не знаем о подлинных обстоятельствах смерти «отца народов».

Хрущев тоже не подходил, он восстал против аппарата. Но Хрущев не внушал страх, да и не он создавал аппарат, более того, он изначально являлся одной из запасных частей, но как выяснилось, бракованной. Аппарат отверг его и выбрал в качестве замены деталь подходящую — Леонида Ильича Брежнева.

Позвольте мне небольшое отступление.

В 1944 году Евгений Шварц (которого «открыл» Маршак), талантливейший советский драматург, закончил работу над одной из наименее известных и наиболее замечательных своих пьес — «Дракон». Как почти все пьесы Шварца, «Дракон» — это аллегория, изложенная в форме сказки.

Я полагаю, что вы знакомы с этой пьесой, но для тех, кому еще предстоит прочитать ее, я расскажу фабулу.

Однажды странствующий рыцарь по имени Ланцелот оказывается в незнакомой стране. Он тут же влюбляется в девушку, которая рассказывает ему о том, что страна эта благополучна, что ее граждане живут хорошо и отличаются завидным здоровьем. Дело в том, разъясняет она, что ни мозги граждан, ни их организмы не заражены никакими микробами инакомыслия и физических недугов благодаря тому, что правитель страны, могучий Дракон, пламенем своих ноздрей давно сжег переносчиков этих вредоносных бацилл (цыган) и прокипятил все реки и озера. В стране этой все обстоит как нельзя лучше... не считая некоторых мелочей, сущих пустяков. Например, того, что каждый год Дракон выбирает себе в жены самую красивую девушку. Он увозит ее, и она исчезает навсегда, но лучше и не знать, что он делает с ней... Судьбе угодно, чтобы и ту девушку, в которую влюбился Ланцелот, Дракон выбрал себе в жены. Рыцарь поражен. «Почему вы не восстаете против этого? — спрашивает он девушку, — почему вы не боретесь, неужели нет никого, кто защитил бы вас от этого чудовища?» — «Нет, — отвечает она, — это невозможно и бессмысленно. Дракон непобедим».

Тем не менее Ланцелот вызывает Дракона на смертный бой, и тот вызов принимает. Накануне боя Дракон назначает рыцарю встречу на городской площади. Далее между ними происходит разговор, который, на мой взгляд, обнажает природу тоталитаризма с такой точностью и ясностью, каких я не находил ни в одной «научной» работе на эту тему:

ДРАКОН: Как здоровье?
ЛАНЦЕЛОТ: Спасибо, отлично.
ДРАКОН: А это что за тазик на полу?
ЛАНЦЕЛОТ: Оружие.
ДРАКОН: Это мои додумались?
ЛАНЦЕЛОТ: Они.
ДРАКОН: Вот безобразники. Обидно небось?
ЛАНЦЕЛОТ: Нет.
ДРАКОН: Вранье. У меня холодная кровь, но даже я обиделся бы. Страшно вам?
ЛАНЦЕЛОТ: Нет.
ДРАКОН: Вранье, вранье. Мои люди очень страшные. Таких больше нигде не найдешь. Моя работа. Я их кроил.
ЛАНЦЕЛОТ: И все-таки они люди.
ДРАКОН: Это снаружи.
ЛАНЦЕЛОТ: Нет.
ДРАКОН: Если бы ты увидел их души — ох задрожал бы.
ЛАНЦЕЛОТ: Нет.
ДРАКОН: Убежал бы даже. Не стал бы умирать из-за калек. Я же их, любезный мой, лично покалечил. Как требуется, так и покалечил. Человеческие души, любезный, очень живучи. Разрубишь тело пополам — человек околеет. А душу разорвешь — станет послушней, и только. Нет-нет, таких душ нигде не подберешь. Только в моем городе. Безрукие души, безногие души, глухонемые души, цепные души, легавые души, окаянные души. Знаешь, почему бургомистр притворяется душевно-

больным? Чтобы скрыть, что у него и вовсе нет души. Дырявые души, продажные души, прожженные души, мертвые души. Нет-нет, жалко, что они невидимы.

ЛАНЦЕЛОТ: Это ваше счастье.

ДРАКОН: Как так?

ЛАНЦЕЛОТ: Люди испугались бы, увидев своими глазами, во что превратились их души. Они на смерть пошли бы, а не остались покоренным народом. Кто бы тогда кормил вас?

ДРАКОН: Черт его знает, может быть, вы и правы. Ну, что ж, начнем?

ЛАНЦЕЛОТ: Давайте...

Они бьются, и Ланцелот побеждает, он убивает Дракона, но сам получает смертельную рану. Он исчезает, но по слухам он мертв. Жители же страны получили свободу... кажется. Потому что на смену Дракону приходят его приспешники, те, которые выполняли все его приказы, включая самые страшные и жестокие, — Бургомистр и сын его Генрих. Дракон был драконом, чудовищем, бессердечным хищником, могучим и, как казалось, непобедимым властителем, который правил страной триста лет. Его боялись, но его уважали: что ни говори, а дракон. Когда он прилетал, изрыгая пламя и дым, когда темнело небо, сверкали молнии и раздавались удары грома, предвещая его появление, даже враги признавали за ним некоторое величие. Только дракону под силу было искалечить души целого народа. Но когда эта работа завершилась, этим народом мог править любой, даже совсем мелкий гад — и таковыми были Бургомистр и сын его Генрих. Злобные, извращенные, трусливые, неверные, мелочные, продажные — а потому в каком-то смысле даже более опасные, чем сам Дракон.

Я никогда не пойму, каким образом Шварцу удалось безнаказанно написать и опубликовать это пьесу. Быть может, объяснение самое прозаическое: Сталину в 1944 году было не до пьес. Объяснение, конечно, не самое убедительное, но хоть какое-то. Но как удалось Шварцу предугадать, что Дракошу Сталина заменят мелкие гады — на это у меня нет ответа...

Никто среди нас, представителей журналистского сообщества, подобного не ожидал. Хорошо помню, что я относился к Хрущеву очень критически, особенно в последние годы его правления. И еще ругали — главным образом в журналистской среде — его зятя, Алексея Аджубея, человека, сделавшего карьеру со скоростью метеора именно благодаря семейным связям. Буквально за несколько лет он поднялся с должности собственного корреспондента «Комсомольской правды» до кресла главного редактора «Известий». У него была еще масса других постов и регалий, поговаривали, что Аджубей является и теневым министром иностранных дел страны. Его принимали Папа Римский, президент Кеннеди. Понятно, что многие завидовали ему, не признавая его несомненных способностей. Однако факт: при нем «Известия» — газета не менее серая и скучная, чем «Правда», стали по-настоящему интересны. Я часто слышал от коллег: мол, был бы я женат на дочери Хрущева, еще не такую газету сделал бы! В народе ходила переделанная под момент пословица:

«Не имей сто друзей, а женись, как Аджубей». Бесспорно, имея такой тыл, Алексей Иванович чувствовал себя куда увереннее и действовал несравненно более смело, чем кто-либо еще в средствах массовой информации СССР. Но не поспоришь и с тем, что это был человек хваткий, с выдумкой, любивший и ценивший свою профессию. Недаром журналисты, работавшие в «Известиях» при Аджубее, до сих пор считают это время золотым. Среди прочего они хвалят его за то, что он неизменно защищал сотрудников газеты, никогда не давал их в обиду, был необыкновенно преданным главным редактором.

Когда сняли Хрущева, Аджубея мгновенно освободили от должности, а «Известия» вскоре стали такими же серыми и скучными, как в прежние годы. В народе вновь вспомнили шутку о том, что в «Изестиях» нет правды, а в «Правде» нет известий...

Говорят, что в последние годы своего правления Хрущев стал вести себя как царек, да и поведение Аджубея часто бывало грубым, высокомерным, он разыгрывал из себя принца-наследника. Да, это так. И тем не менее я хорошо помню, что события октября 1964 года вызвали во мне тревогу. Хрущев обладал массой недостатков, он являлся частью и продуктом системы и был изуродован всеми ее родимыми пятнами. Но он был человеком искренним и убежденным — так по крайней мере мне казалось. Появление Леонида Ильича Брежнева на посту генсека подействовало на меня как сигнал тревоги. И скоро выяснилось — тревога не была ложной.

В 1967 году исполнялось пятьдесят лет Великой Октябрьской социалистической революции, и это событие должно было отмечаться всей страной самым торжественным образом. В связи с этим событием планировался к выпуску целевой номер журнала Soviet Life. Будучи ответственным секретарем журнала, я предложил посвятить его Ленинграду — городу трех революций, городу Петра, городу «десяти дней, которые потрясли мир», городу, носившему имя Ленина. Кроме того, это город, в котором родился мой отец и в котором я впервые влюбился, — а потому город для меня особый. По моему замыслу, воздавая должное Санкт-Петербургу–Петрограду–Ленинграду, мы получали возможность рассказать о пятидесятилетии таким образом, чтобы не оскорблять воззрения читателя, для которого приход к власти большевиков вряд ли был великим праздником. Кроме того, без прямолинейной пропаганды на примере Ленинграда и ленинградцев мы могли показать все то, чего добилась страна за полвека. «Наверху» не только приняли мою идею, но и поручили мне руководить проектом.

Я подобрал группу журналистов и фоторепортеров, и она готовила специальный номер журнала в течение шести месяцев. Для меня как для журналиста этот период стал одним из самых увлекательных и поучительных в жизни. За эти месяцы я познакомился со множеством совершенно необыкновенных людей, и среди них были два человека, которые навсегда останутся в моей памяти. Их нет уже в живых, но дело их будет жить вечно...

В течение многих лет посетители Золотой кладовой Эрмитажа сдавали свои сумки и прочие емкости маленькой, худенькой немолодой женщине, работавшей в гардеробе.

Прощание с иллюзиями

В ней не было ничего особенного, если не считать того довольно неожиданного, факта, что она в случае необходимости свободно общалась с иностранными гостями на пяти языках — французском, английском, немецком, итальянском и испанском. Впрочем, общение было предельно ограниченным и сводилось к ответам на вопросы типа: «Не подскажете ли, где туалет?», «Нужно ли сдавать зонтик?», «Вы уверены, что все мои вещи будут в сохранности?». Знали бы посетители, кому они сдают свои вещи...

Мария Владимировна Степанова (так ее звали) родилась в дворянской семье. Отец ее, Владимир Степанов, был самым молодым капитаном во всем царском военно-морском флоте и близким другом царя Николая II. Ей исполнилось семь лет, когда он погиб при Цусиме. В знак благодарности герою царь взял Марию к себе, и она росла как член его семьи в Зимнем дворце, среди сокровищ Эрмитажа, среди блистательных балов и концертов, в окружении неслыханной роскоши самой богатой семьи России.

Вскоре после начала Первой мировой войны Мария стала сестрой милосердия. Вместе с другими отпрысками царского рода и дворянских фамилий она посещала фронт, была свидетелем неслыханных ужасов и страданий: операций, которые делались без обезболивания, обезображенных и изуродованных солдат, вони, грязи и крови. После Октябрьской революции и прекращения военных действий Мария Владимировна вернулась в Петроград, где продолжала работать медицинской сестрой. Жила она на Петроградской стороне в чердачном помещении. Как-то поздно вечером к ней постучались. «Пришли за мной», — подумала она, зная о том, что в ответ на белый террор большевики объявили красный. Она решила, что кто-то, помнивший ее по Зимнему, увидел ее в больнице и донес властям. Отперев дверь, она убедилась, что опасения ее подтверждаются: на пороге стоял мрачный мужчина в тужурке и с маузером на боку в сопровождении двух вооруженных солдат.

— Гражданка Степанова? — спросил он.

— С кем имею честь?

— Можете называть меня либо гражданин, либо товарищ Андреев, как вам будет угодно. Вы гражданка Степанова?

Она кивнула.

— Идемте с нами, — приказал он.

— Можно ли взять с собой вещи? — уточнила она.

— Не надо, они вам не понадобятся, — резко ответил он.

Мария Владимировна пошла за ним вниз, позади нее шли двое солдат, и она не сомневалась, что ведут ее на расстрел. У подъезда стояла машина — явление редкое в то время, и гражданин/товарищ Андреев пригласил ее сесть. По бокам расположились солдаты, человек с маузером сел впереди, коротко что-то бросил водителю, и они тронулись с места. На улице стояла темень — хоть выколи глаз, невозможно было понять, куда машина направляется. Ехали довольно долго и совершенно молча. Наконец остановились.

— Выходите, — приказал Андреев.

Мария Владимировна вышла и замерла: перед ней было здание Смольного института благородных девиц, в котором она когда-то училась. Ныне там располагался штаб большевиков.

— Следуйте за мной, — приказал Андреев. Они миновали караул у ворот, вошли в здание, поднялись на второй этаж и, оставив позади часовых, зашагали по бесконечным коридорам, пока не дошли до входа в приемную, у которой толпились люди.

— Подождите здесь, — сказал мужчина в тужурке и, не взглянув ни на бдительного секретаря, сидевшего за столом, ни на вооруженную охрану, скрылся в кабинете. Двое солдат по-прежнему стояли позади нее, так что ни о каком бегстве не могло быть речи. Дверь кабинета почти сразу же открылась, Андреев вышел и жестом пригласил ее войти, сам же закрыл за ней дверь и исчез.

— Мария Владимировна так и не сказала мне, кого она увидела в кабинете, кто был тот человек, который знал о ее существовании и приказал найти и привести ее. Она всячески сопротивлялась интервью, не желала говорить о своей личной жизни и согласилась только потому, что ее попросил об этом директор Эрмитажа Борис Борисович Пиотровский. Она упрямилась, но упрямился и я. Как правило, я добиваюсь своего, стараюсь очаровать, расположить к себе человека, вытащить из него то, что мне надо. Но я понял, что напрасно прилагаю усилия, когда она твердо заявила: «Я вам не скажу, кто это был, потому что дала слово, что никогда и никому не скажу».

Но Мария Владимировна все же поведала мне, о чем шла речь в этом кабинете.

— Мы знаем, кто вы, — сказал тот, кто распорядился, чтобы ее привезли. — Мы знаем, что вы — человек чести. И мы просим вашей помощи. Эрмитаж — национальная сокровищница, Эрмитаж должен стать достоянием народа. Но никто не знает ни Эрмитажа, ни Зимнего дворца так, как знаете их вы. Мы просим вас переехать туда, жить там и проследить за тем, чтобы все было в целости и сохранности.

Мария Владимировна дала свое согласие. Так она вернулась в дом, в котором выросла, только теперь он был пуст и темен, по его парадным залам гулял холодный невский ветер, отчего тяжелые хрустальные люстры порой покачивались и издавали протяжный стон, напоминавший ей о великолепии ночных балов-маскарадов, отчаянных, но и учтивых молодых людях в плотно облегавших их стройные фигуры авантажных формах, о прелестных женщинах в длинных с глубокими декольте платьях, о времени недавнем и давнем, времени, ушедшем навсегда...

Шло время. Мария Владимировна продолжала жить и работать в Эрмитаже. Внешний мир жил своей бурной жизнью, полной триумфов и трагедий. Но сквозь стены Эрмитажа все события доносились слабым шепотом. И вот на рассвете 22 июня 1941 года гитлеровский вермахт обрушился на Советский Союз. Не успели опомниться, и немцы уже стояли у стен Ленинграда, города, который Гитлер обещал стереть с лица земли, поскольку в нем зародилась зараза большевизма.

Директор Эрмитажа Леон Абгарович Орбели однажды позвал к себе Марию Владимировну. Кроме них в кабинете был еще один человек — представленный как чекист, без фамилии.

— Мария Владимировна, — сказал директор, — мы хотим поручить вам дело исключительной важности. Дело это абсолютно секретное, поэтому я прошу вас заранее дать согласие или отказаться, потому что, когда вы узнаете эту тайну, отказываться будет поздно. Вы меня понимаете?

Степанова кивнула — мол, поняла, согласна.

— Ленинград может не устоять, — начал Орбели. — Если это случится, немцы уничтожат все, что не украдут. Поэтому мы эвакуируем всю коллекцию Эрмитажа — живопись, рисунки, абсолютно все. Но скифское золото — это вещь особая. Ей нет цены. Мы хотим, чтобы вы руководили упаковкой всей Золотой кладовой, до последней мелочи. Когда закончите, проследите за тем, как ящики будут погружены. Потом вы поедете со всем этим грузом по адресу, известному только нам троим. Его не знает ни один другой человек. По прибытии на место проследите за тем, как ящики закопают — причем вы должны помнить: исполнителям скажут, что они хоронят секретные архивы. Никому не захочется рисковать жизнью, чтобы украсть бумаги. За все отвечаете вы и только вы. Все эти сокровища — ваши, и так будет до того дня, когда прогоним фашистов, когда победим. И тогда вы со своим грузом вернетесь в наш любимый Ленинград, в наш Эрмитаж. Вы все поняли?

Мария Владимировна снова кивнула...

Четыре долгих года она прожила в какой-то деревушке далеко на Севере (она отказалась назвать ее). Вместе с другими жителями она терпела холод и голод. Если бы она присвоила хотя бы один бриллиант из тысяч драгоценных камней, к которым имела доступ, никто этого не заметил бы, а она жила бы в сносных условиях, хотя бы в смысле питания. Но когда я спросил, не приходила ли эта мысль ей в голову, не было ли хотя бы мгновенного соблазна, она посмотрела на меня так, будто застала за каким-то совершенно позорным и отвратительным делом — скажем, за разграблением могилы только что похороненного друга...

Наступил долгожданный день возвращения сокровищ Золотой кладовой в Эрмитаж. Орбели предложил Степановой весьма лестную должность, но она, поблагодарив, отказалась. Она попросила определить ее старшей гардеробщицей в Золотую кладовую, и с того дня и до самой своей смерти Мария Владимировна принимала сумочки и атташе-кейсы у бесчисленных посетителей. Для них она была всего лишь худенькой, маленькой пожилой женщиной, отвечавшей им, правда, на пяти языках. Малозаметной гардеробщицей.

Второй моей героиней, вполне достойной бессмертия, была женщина совершенно другого рода. Анна Ивановна Зеленова излучала неуемную энергию и передвигалась со скоростью и решимостью танка. Она появлялась из-за угла... нет, не появлялась — вырывалась, шла в атаку, опустив, словно бык, голову, на которой сидел чуть сдвинутый набекрень фиолетовый берет, — и всякий понимал, что стоять на ее пути опасно для жизни.

Для Анны Ивановны не было ничего важнее дела. Она не пользовалась никаким макияжем, ее каштановые волосы были затянуты узлом на затылке, она носила туфли без каблуков и всегда одевалась в совершенно бесформенный костюм, который вышел из моды еще до того, как попал в магазин. Облик ее был бы совершенно непримечательным, если бы не глаза. Из-за толстых стекол допотопных очков она смотрела на все с выражением радостного удивления, только что сделанного открытия, и глаза ее имели цвет недавно раскрывшейся незабудки. Она не вынимала изо рта вонючую папиросу «Беломорканал». И слушала. Ах, как она слушала! Она сидела, чуть склонив голову вправо, с торчащей изо рта под немыслимым углом «беломориной», в надвинутом на левое ухо, словно съехавшем от легкого подпития берете и смотрела на собеседника своими полными удивления и восторга голубыми глазами. Она слушала и смотрела так, что казалось, будто вы — лучший рассказчик в мире. Но самом деле лучшим рассказчиком была она, Анна Ивановна Зеленова, и рассказы у нее были совершенно замечательные.

Она окончила Ленинградский университет по специальности искусствовед за несколько лет до войны и вскоре стала куратором Павловского дворца-музея. Когда же немцы оказались рядом и стало ясно, что не сегодня-завтра они займут Павловск, началась паника. Бежали все. Можно было только гадать, какая судьба ожидала дворец, но Анна Ивановна гадать не стала. Имея в своем распоряжении три грузовика с водителями, она совершила свой бессмертный подвиг: тщательнейшим образом собрала по одному образцу каждого экземпляра того, что хранилось во дворце. По одному креслу из каждого набора, по одному дивану, по одному предмету из десятков великолепных сервизов, по одной вилке, ложке, по одному ножу, по одному образцу всех видов обоев, шелков, по одной паркетине из каждой залы и комнаты — словом, не было пропущено ничего из этого бесконечного количества вещей. Все это занесли в специальный реестр, сфотографировали подробнейшим образом, упаковали и погрузили в машины. Я не знаю, правда ли, что Ной спас животный (и растительный?) мир, погрузив на свой ковчег каждой твари по паре, но то, что Анна Зеленова спасла Павловский дворец — это, как говорится, факт. Она была последним гражданским лицом, покинувшим Павловск, ее грузовики отъехали в сопровождении последнего отступавшего советского танка. И она стала первым гражданским лицом, вернувшимся в Павловск, — вошла туда вместе с первой колонной бравших город советских танков, преследовавших бежавших немцев. Я представляю ее, стоящую в открытой башне головного танка, с торчащей изо рта папиросой, с опущенной, как у рвущегося на противника быка, головой, с натянутым на левое ухо беретом, — картина для меня не менее вдохновенная, чем знаменитая «Марианна» («Свобода на баррикадах») Делакруа.

Глядя сквозь меня полными страдания глазами, она рассказала мне, что сотворили фашисты с ее любимым Павловским дворцом.

— Они срубили весь дворцовый парк, все дубы, клены, березы, посаженные двести лет назад. Они мочились и испражнялись в залах и покоях дворца, они испещрили стены матерными словами и гадкими рисунками. Они разрубили бесценные предметы мебели для того, чтобы топить печки. Они уничтожили все, что могли, — полы, стены, зеркала. Эти представители «высшей арийской расы» повели себя хуже гуннов.

Возможно вы, уважаемый читатель, бывали в Павловске или еще побываете. Красота дворца поражает, в голову не придет мысль, что в 1944 году здесь были руины. Если бы не Анна Ивановна Зеленова, реставрация дворца оказалась бы невозможной. Здание восстановили бы, наполнили бы предметами того времени, но отреставрировать, вернуть в то состояние, в каком он некогда был, с учетом всех мельчайших деталей — нет, этого не сделали бы, не имея под рукой образцов всех оригиналов, тех самых образцов, которые собрала и увезла эта уникальная женщина. Я преклоняюсь перед теми художниками, которые годами совершали эту кропотливую работу — работу, говорящую о патриотизме в самом возвышенном и прекрасном смысле этого столь часто извращенного понятия. Я восхищаюсь жителями Павловска, да и всей страны, посылавшими скудные свои деньги на восстановление, тратившими силы и время на уборку разрушенного парка, на посадку деревьев. Сегодня Павловский ансамбль — это краса и гордость страны, не просто исторический объект, а памятник целому народу. Но прежде всего это памятник Анне Зеленовой. Я не верю в загробную жизнь, но хочу думать, что где-то витает ее дух с дымящимся вонючим «беломором» во рту, со съехавшим к левому уху, словно нимб подвыпившего святого, беретом лавандового цвета; он витает и смотрит глазами, полными восторга и удивления, на свой рукотворный памятник.

Не так давно, читая газету International Gerald Tribune (от 6 октября 1989 года), я набрел на статью под заголовком «Второе рождение неоклассического великолепия России». Статья была о Павловске, о его дворце. Прочитал я ее с огромным удовольствием, радуясь тому, что наконец-то Анна Ивановна получает международное признание. Но о ней не нашел ни одного упоминания. Последний абзац статьи гласил: «То, что Павловск отреставрирован столь великолепно, — конечно же, огромное достижение, и туристы должны испытывать чувство благодарности по этому поводу. Тем не менее, несмотря на то, что Советский Союз стал значительно более свободным, весь этот мрамор, эта позолота, эти шелка странным образом диссонируют с жизнью страны, в которой, несмотря на перестройку, серость и нищета все еще повсеместны. Невозможно не задаваться вопросом: не является ли эта великолепная реставрация всего лишь позолоченным суррогатом художественной свободы?»

Что сказать на это? Долго ли еще будут западные газеты и журналы настаивать на том, что любую позитивную информацию о Советском Союзе необходимо корректировать, непременно добавляя в бочку меда ложку дегтя?

Мария Владимировна Степанова и Анна Ивановна Зеленова. Две ленинградки, две судьбы среди целой мозаики, заполнившей страницы специального номера журнала и составившей историю града Петра, города Ленина, колыбели трех революций.

Я очень гордился нашим трудом, но руководству АПН он не понравился. «Почему так мало говорится о руководящей роли партии? — спросили меня. — Почему вы столько написали о бедах и трагедиях? Где присущий нам оптимизм?» Номер все же вышел, было слишком поздно менять его, но из него выбросили целые куски, в частности, тот, который объяснял подлинные причины неслыханного голода, приведшего к смерти около миллиона жителей, — повинны были и партийные органы, и военные, совершенно не подготовившиеся к германскому наступлению...

Во времена маккартизма в Америке замечательный киносценарист Далтон Трамбо, один из так называемой «голливудской десятки»*, написал небольшой памфлет под названием «Время жабы». Оказывается, древние римляне придумали рецепт, чтобы легче было жить, когда наступали плохие времена, — надо было съесть живую жабу. Сколь бы отвратительным ни было время, оно не могло быть отвратительнее поглощения живой жабы. Съешь ее, и все остальное покажется не таким уж мерзким, — так советовали современники Юлия Цезаря. Для американцев маккартизм являлся «временем жабы». Для меня — и не только для меня — таковыми стали годы правления Брежнева.

Кастрация специального номера Soviet Life была лишь предвестником последующих перемен. Это походило на первое дуновение холодного ветра, от которого поеживаешься, но потом забываешь, ведь до зимы еще, кажется, далеко. А холода наступали.

Вскоре Театр на Таганке и Юрий Петрович Любимов оказались на мушке у государственной цензуры. Пьесы кромсались, запрещались, каждая новая постановка превращалась в борьбу не на жизнь, а на смерть между Таганкой и бюрократическим аппаратом, представленным в данном случае Министерством культуры. Аппарат всегда стремился к единообразию, все, что отличалось, все, что «вытарчивало», перемалывалось. Таганка и в самом деле «вытарчивала». В свое время Любимова расстреляли бы либо задавили, как, например, задавили Михоэлса. При более «гуманном» правлении Брежнева его вынудили покинуть страну, да и не только его. Десятки советских художников, писателей, поэтов, режиссеров, ученых постигла та же участь. Впрочем, слово «вынудили» следует употреблять осторожно...

Весной 1987 года я оказался в Голливуде, куда американские кинодеятели пригласили небольшую группу своих советских коллег (меня включили в делегацию по настоянию тогдашнего первого секретаря Союза кинематографистов СССР Элема Климова, считавшего, что мое знание Америки и моя известность среди американцев могут пригодиться). Нас приняли исключительно радушно, в нашу честь устраивали банкеты, и я хорошо помню, как на одном таком банкете Климов подчеркнуто и публично отказался от общения с Андроном Сергеевичем Кончаловским, который за несколько лет до этого уехал работать в Соединенные Штаты. Потом

---

*В 1947 году Комитет палаты представителей по расследованию антиамериканской деятельности «занялся» Голливудом. Всего был допрошен сорок один человек, из них десять отказались отвечать на вопросы Комитета, за что их приговорили к тюремному заключению сроком от шести месяцев до одного года и занесли в так называемые «черные списки».

я спросил Климова, почему он так поступил, и он ответил: «Понимаешь, Андрон пошел по пути наименьшего сопротивления. Пока мы воевали, пытались делать честные картины и получали по башке от бюрократов, а многие из нас и голодали, потому что эти сволочи лишали нас права на работу, он женился на француженке и удрал. И не вернулся. Благодаря папе ему сохранили гражданство, да и вообще не предали анафеме, как случилось с другими, например, с Тарковским. Когда было тяжело и страшно, он струсил, а теперь, когда времена изменились, он хочет пристроиться к тем, кто дрался за эти перемены. И я ему в этом деле не помощник!»

***

Я знаком с Андроном с 1957 года. Это, безусловно, один из самых умных, эрудированных и интересных людей, каких я когда-либо встречал. Я не могу сказать, что мы с ним близкие друзья. Скажу больше: я не уверен, что у Андрона вообще есть близкие друзья. Но у нас вполне приятельские отношения. Я привел этот эпизод, потому что считаю важным сегодня напомнить, чем являлся «железный занавес», каких неимоверных усилий стоило получить разрешение на выезд, и показать, как некоторые люди — в том числе такие порядочные и честные, как Элем Климов, воспринимали отъезды подобного рода. Я не согласен с Климовым. Я неоднократно говорил и повторяю: всякий человек имеет право уехать куда хочет и вернуться когда хочет. Но в то же время мне его реакция совершенно понятна.

***

Отец Кончаловского — Сергей Владимирович Михалков, писатель средненький, но выдающийся оппортунист, человек, презираемый всеми мне знакомыми представителями советской интеллигенции, человек, щедро награжденный властью за полное отсутствие каких бы то ни было принципов — кроме принципиального прислуживания власти предержащим. Он имел в брежневские годы значительное влияние и «выход» на кого угодно, и нет сомнений, что он прикрыл Андрона. Хотя я не удивился бы, узнав, что он при этом больше исходил из соображений собственной безопасности, нежели из нежных отцовских чувств, — ведь если бы в историю влип его сын, его призвали бы к ответу.

***

Я хорошо помню рассказ Маршака о том, что где-то в 1935 году к нему пришел мало кому известный Михалков с детским стихотворением, в котором все издевались над несуразно высоким дядей Степой. Маршак — с его слов — переписал стихотворение и вернул его Ми-

халкову в том виде, в каком его все знают. Правда? Теперь не разобраться. Может, Маршак как детский писатель завидовал Михалкову? Тоже вероятно. Факт, что Маршак не любил Михалкова, называл его «севрюжьей мордой» и «гимнюком». Последнее связано с тем, что Михалков являлся соавтором слов Гимна Советского Союза, в котором фигурировало имя Сталина. После разоблачения Хрущевым культа личности И.В. Сталина Михалков быстренько переписал слова гимна — уже без упоминания имени «вождя». Когда же исчез СССР и потребовался совершенно новый гимн, но на старую музыку, Михалков вновь исполнил заказ. Он был щедро награжден властью: Герой Социалистического Труда, лауреат Ленинской премии, трех Сталинских премий, кавалер ордена Андрея Первозванного. И автор таких тошнотворных стишков, как:

Чистый лист бумаги снова
На столе передо мной,
Я пишу на нем три слова:
«Слава партии родной».

Или:

«Коммунизм»! Нам это слово
Светит ярче маяка.
«Будь готов!» — «Всегда готовы!»
С нами ленинский ЦК!

К этому портрету следует добавить, что С.В. Михалков принимал активное участие в кампании против «безродных космополитов» (читай — евреев), клеймил Пастернака, Солженицына и Сахарова. В общем, замечательный был человек.

***

Позиция Климова точно определяет своего рода Рубикон, разделявший представителей интеллигенции в Советском Союзе — были те, которые по собственной доброй воле покидали страну, и те, которые оставались. Нет сомнений, что оставшиеся смотрят на уехавших с некоторым чувством превосходства и брезгливости. Что и говорить, эмигрировавшие выбрали легкий путь. Они не захотели отстаивать истину в своей стране, они отказались от борьбы и ее последствий, они, попросту говоря, бежали. Более того, осознанно или не отдавая себе в этом отчета (это значения не имеет), они позволили себя использовать силам, которым на самом деле совершенно наплевать как на судьбы России, так и на то, что может произойти с ее народом. Бежавших и так называемых «невозвращенцев» повсеместно демонстрировали в качестве живых доказательств того, что Советский Союз — «империя зла», эти люди становились пешками в политической игре, принесшей гораздо больше вреда их стране, нежели блага.

Все сказанное абсолютно не относится к тем, кого насильственно выдворили из страны, кого вынудили уехать, кого вдруг совершенно беззаконно лишили гражданства в то время, когда они находились за границей. Можно не соглашаться с политическими взглядами Солженицына, Бродского, Ростроповича, Неизвестного, Галича, Любимова и других, но нельзя сомневаться в их мужестве и порядочности.

Все это подводит меня к фигуре Андрея Дмитриевича Сахарова, о котором я пишу сейчас в контексте на первый взгляд не связанного с ним эпизода — Чехословакией 1968 года.

Весной 1968 года события, которые разворачивались в Чехословакии, вызывали во мне и чувство надежды, и ощущение неминуемой беды. Я ведь всегда верил: социализму под силу то, что недоступно ни одной другой системе, — создать общество, которое и в самом деле соответствует вековой мечте, общество, которое не основано на противоречиях между разными группами, на борьбе, на противостоянии личности и толпы. И вот теперь мне показалось, что именно такой социализм возникает в Праге — и на этом держались мои надежды. Но одновременно я *знал*, что советское руководство не позволит этому случиться. Откуда я это знал? Не могу сказать. Знал, и все. На уровне подсознания, на уровне крови и плоти. Но мозг отвергал это знание, не желал признавать его. И потому в течение всей этой весны и лета я утверждал, что мы никогда не введем войска в Чехословакию. Это было как «Отче наш» — ты повторяешь его без конца в надежде, что частое повторение приведет к исполнению желания. Я публично отрицал возможность вторжения, поднимал на смех тех, кто предсказывал его, а внутренне готовился к неизбежному. И когда 21 августа, ранним солнечным московским утром объявили о совместном вводе войск сил Варшавского договора, я был к этому готов. Я даже подыскивал рациональное объяснение, чтобы оправдать это вторжение.

Если ты поддерживаешь страну, которая (хотя бы теоретически) основана на принципах, которые тебе дороги, и стремится (по крайней мере на словах) создать такое общество, о котором ты мечтаешь, ты склонен оправдывать почти любые ее действия. Полагаю, это верно вообще, но применительно к Чехословакии эта истина обрела для меня особое значение.

Во время Пражской весны Запад заходился от восторга. Дубчек был всеобщим любимцем, и выражение «социализм с человеческим лицом» слетало с губ каждого. Но в действительности Запад более всего страшился (и продолжает страшиться) именно этого: социализма с человеческим лицом. Если социализм способен не только гарантировать экономические и социальные права каждого, но и предоставить всем и каждому демократические свободы, которыми так гордится Запад, да к тому же быть экономически эффективным, чтобы уровень жизни *каждого* человека стал приемлемым, — разве это не представляет смертельной угрозы капиталистическому строю? Целые поколения американцев выросли в уверенности, что автомобиль — американское изобретение (хотя на самом деле эта честь принадлежит Германии) и что американские автомобили не имеют себе равных в мире (когда-то это было правдой); но сообразив, что японцы производят автомобили лучшего качества, да к тому же более дешевые, чем «Форд», «Крайслер» и «Дженерал Моторс», они, американцы, принялись покупать японские машины. Такова природа человека. По аналогии можно сказать: если американцы, или любой другой народ, придут к выводу, что другая система предлагает им более привлекательные условия, нежели те, в которых они живут, рано или поздно они «приобретут» ту систему.

***

Понятно, Запад больше этого не страшится. Социализм — по крайней мере тот вариант, который попытались построить в Советском Союзе, — показал свою полную нежизнеспособность. Можно сколько угодно рассуждать на тему «а что было бы, если бы Дубчеку удалось сделать то, что он хотел», однако никакого толка не будет. Торжественные похороны этого социализма состоялись уже довольно давно, и ни о каком воскрешении речь не идет.

***

Именно такой системой мог бы стать «социализм с человеческим лицом».

В значительной своей части поддержка, оказываемая Западом Дубчеку, была вполне искренней, правда, имелось в ней и заблуждение: люди в своем большинстве «чувствовали», что Дубчек пытается сделать что-то хорошее, хотя спроси их о сути этого «хорошего», вряд ли кто ответил бы. Точно так же они «чувствовали»: коммунизм — это плохо, но не имели ни малейшего представления о том, что же именно предлагает обществу коммунизм. Однако те люди на Западе, которые определяли политику, были к Дубчеку совершенно равнодушны. Я не сомневаюсь в том, что они с особым рвением рекламировали Дубчека и его сторонников, исходя из убеждения, что он провалится и СССР вмешается.

Я уверен, что основная сила капиталистического мира, в частности, Трехсторонняя комиссия, не может мириться с существованием социализма с человеческим лицом, поскольку такой социализм вышибает из-под нее стул, рушит всю ее идеологическую структуру. Нежелание этих людей даже теоретически допускать существование «человеческого» социализма не менее догматично, чем самый догматический марксист. В какой-то степени это напоминает мне прелестный рассказ Филиппа Рота «Обращение евреев». Дело происходит в хедере. Раввин Биндер объясняет своим ученикам, что для Бога нет ничего невозможного. Тут мальчик Оззи Фридман спрашивает: если Бог может все, почему же он не смог сделать так, чтобы женщина забеременела непорочным образом? Раввин Биндер оказывается в тяжелом положении. С одной стороны, если Бог не способен совершить такое, в общем, плевое дело, тогда он вообще ни на что не способен. С другой стороны, если Бог мог так устроить, чтобы женщина родила беспорочно, тогда нужно признать, что Иисус Христос мог быть Божьим сыном — а это вышибает из-под иудаизма самую ее основу...

Известие о вторжении в Чехословакию повергло меня в глубокую депрессию. Это был великий праздник для антисоветистов и антикоммунистов! Это был мрачный, отчаянный, темный день для меня, для тех, кто все еще верил в существование идеалов.

И возникла дилемма: высказать все, что я думаю, невзирая на последствия? Осудить правительство и страну, которые я тогда считал своими, за этот акт тирании, которому нет оправдания? Подыграть таким образом моим противникам, которые наверняка похвалят меня за честность и похлопают по спине, пока я не испытаю острое чувство омерзения от этого прикосновения? На самом деле ответ может быть только один: да. Не изменяй себе ни при каких обстоятельствах. Не имеет значения, кто пытается воспользоваться тобой, кто и как применяет твои слова и поступки. Лучше всех этот принцип выразил Линкольн: «Я делаю все, что могу, настолько хорошо, насколько могу, и собираюсь делать так до самого конца. Если итог будет в мою пользу, все, что скажут против меня, не будет означать ничего. Если же итог будет против меня, то и десять ангелов, клянущихся в моей правоте, не изменят ничего».

Но летом 1968 года я не был готов так поступать. Я с этой дилеммой не справился, как не справились многие, кто поверил в большевистскую революцию, был предан идеям и идеалам социализма и цели построения коммунистического общества, кто поддерживал Советский Союз и кто — именно из-за всего этого — не смог и по сей день не может признавать не только ошибки, но и преступления, допущенные этой страной. Речь идет о людях мужественных, о людях, которые, не скуля и не жалуясь, страдали за свои взгляды и веру, речь идет о несомненно честных людях — собственно, именно это и объясняет, почему они мучились и мучаются на дыбе этой дилеммы. Для них вопрос «быть или не быть» сводился и сводится к вопросу: как могу я открыто критиковать Советский Союз, если тем самым даю козыри его врагам? Разумеется, есть и другой вопрос, куда менее благородный: что будет со мной, если я выскажусь? Не случится ли что со мной? Понятно, что случится. Вопрос лишь в том, насколько это будет тяжело.

Итак, я находил оправдания произошедшему. Например, утверждал, что ситуация в Чехословакии в какой-то момент перестала отвечать чаяниям народа, более не преследовала цели создания «человеческого» социализма, напротив, была нацелена на его уничтожение. Я говорил, что народ оставили в стороне, что средства массовой информации не представляли интересы народа, что Дубчек и компания продались Западу, о чем свидетельствовало открытие ими границы с ФРГ. Я утверждал, что Запад хотел добиться падения правительства ЧССР, его замены прозападным правительством и, учитывая, какую роль сыграла эта страна в качестве детонатора Второй мировой войны, учитывая ее ключевое стратегическое расположение в самом сердце Европы, Советский Союз и его союзник не могли не увидеть во всем этом угрозы своей безопасности. Я тогда был убежден, что это вполне весомые доводы, да и сегодня продолжаю так считать. Но я должен был добавить к ним лишь несколько слов: тем не менее нет оправдания вторжению, невозможно оправдать присутствие советских танков на улицах Праги; наступит день, и мы признаем этот факт и будем сожалеть о принятом решении. Добавь я эти слова тогда, мне не в чем было бы упрекнуть себя сегодня. Но я этого не сделал.

Были люди, которые вели себя иначе, слушали только голос своей совести. Среди них самым выдающимся являлся Сахаров.

Я в свое время осуждал Сахарова за то, что он апеллирует к Западу. И когда его отправили в Горький, в ссылку, я нашел аргументы в пользу этого решения. Как прикажете поступить, вопрошал я, с известнейшим человеком, который позволяет использовать себя против собственной страны? Разве есть правительство, которое *не стало бы* реагировать на опасное для себя поведение? Реакция может быть в той или иной степени умной и тонкой, или грубой и тупой, но когда системе угрожает поведение отдельно взятого человека или организации, она принимает меры. Примеров тому множество. Разве Джо Хилла не засудили и не расстреляли за то лишь, что он был профсоюзным активистом (а в те годы таких людей рассматривали, как угрозу для власть имущих)? Разве не поджарили Сакко и Ванцетти по ложному обвинению потому только, что в те годы американские власти видели в большевизме настоящую угрозу? Разве печально известные «пальмеровские налеты»* не этим объясняются? Разве то, как обошлись с «Черными пантерами», Полем Робсоном, Малькомом Иксом и Мартином Лютером Кингом, не связано с тем, что во всех этих «черных» американцах почувствовали угрозу? Так о чем шум? Да, сослали Сахарова в Горький. Ну, а отправили бы Робсона в Детройт — очень возмущались бы? То, что лишили его всякой работы, сделали невыездным, отняв паспорт, никого особенно не задело...

Был ли я прав? В том, что система, увидев в ком-то для себя угрозу, принимает ответные меры — безусловно. Но по сути дела, если исповедовать идеалы социализма — нет, потому что я конечно же понимал: нельзя ссылать человека за то лишь, что он высказывает свою точку зрения. Нельзя людей сажать, отправлять в лагеря, в психушки потому, что они, по мнению властей, занимаются антисоветской пропагандой. Знал, понимал, но не мог заставить себя открыто признаться в этом. И занял абсолютно формальную позицию: есть закон, он может нравиться вам или

---

*«*Красный страх* (1919–1920), страх коммунизма, обуявший Соединенные Штаты после Первой мировой войны. После большевистской революции 1917 года в России лидеры Америки, опасаясь подобной революции в Соединенных Штатах, привели в действие машину федеральных репрессий против подозреваемых радикалов. Генеральный прокурор А. Митчелл Пальмер инициировал так называемые «налеты Пальмера» (1920) против «подозрительных» иностранцев...» // Факты об американской истории / Под ред. Теда Янака, Пэм Корнелисон. — Бостон, Нью-Йорк: Хаутон Миффлин, 1993.

не нравиться, но это закон. Если вы нарушите его — ждите наказания. Закон запрещает антисоветскую пропаганду? Запрещает. Эти люди нарушили его? Нарушили. Это доказано? Да, доказано. Следовательно...

До чего же хороша формальная логика! Требуется всего-навсего сформулировать убойную по логике мысль: разве не для того принимаются законы, чтобы их исполняли? Ответ очевиден, и, значит, все в порядке. Но я никогда не ставил под сомнение справедливость закона, хотя, даже если ставил бы, вряд ли легко дал бы однозначный ответ. Что делает закон справедливым? То, что его поддерживает большинство граждан? Если так, то закон, запрещающий антисоветскую пропаганду, был абсолютно справедлив.

Не стоит забывать о том, через какие испытания прошел советский народ, не следует игнорировать гордость нации, считающей себя победительницей, несмотря на все, казалось бы, непреодолимые трудности. Задумываемся ли мы над тем, что у этого народа было ощущение, будто он занимает постоянную круговую оборону от врагов, — ощущение, внушенное ему Вождем-Драконом и использованное для гонений и репрессий? Пусть никто не усомнится в том, что подавляющее большинство этого народа безоговорочно поддержало бы даже самый драконовский закон, направленный против тех, кто «клевещет» на Советский Союз.

Vox pópuli — vox Déi?* Боюсь, это далеко не всегда так, бывает, что и большинство серьезно заблуждается.

Требуется невероятное мужество, чтобы, несмотря на гнев народа, бороться за его свободу. Требуется неслыханная убежденность, чтобы отстаивать права тех, кто плюет тебе в лицо. Андрей Сахаров — один из немногих, кого можно причислить к этой категории.

Законы эти были несправедливы, и с их нарушителями поступали несправедливо. Я же прятался за своей уютной логической конструкцией, пока не понял, что больше так жить не могу. А признавшись себе в том, что не прав, я вынужден был понять и то, что теперь должен действовать. Так или иначе, но неизбежно наступает день, когда тщательно закрытая тобою дверь, за которую ты никогда не заглядывал, открывается. Так случается почти со всеми, и, пожалуй, нет людей, которые не закрывали бы ту или иную дверь. То же произошло с Сахаровым, когда он работал над водородной бомбой. Как и почему наступает момент истины? Вряд ли есть универсальный ответ на этот вопрос. Но лучшего ответа, чем тот, который дал мне когда-то Дэниэл Эллсберг, человек, укравший знаменитые «пентагоновские бумаги» и рискнувший не только оказаться в тюрьме, но и считаться предателем Америки, я не получал ни от кого.

Это было в 1987 году, я работал над передачей о гражданском неповиновении. Господин Эллсберг был одним из тех, кого я интервьюировал. Я спросил его, помнит ли он то самое мгновение, когда он осознал, что рискует не только блестящей карьерой, но и свободой и, возможно, даже жизнью, решившись предать гласности

---

*Vox pópuli — vox Déi (Голос народа — голос Бога) — латинская поговорка.

совершенно секретные документы (из которых вытекало, что президент Соединенных Штатов Джонсон соврал своему народу, заявив, будто в Тонкинском заливе торпедные катера Северного Вьетнама напали на американское судно). Эти документы доказывали, что никакого «инцидента в Тонкинском заливе» не было, что это инсценировка, о которой Джонсон знал, инсценировка, которой воспользовались, чтобы начать военные действия против Северного Вьетнама. Словом, Эллсберг в ответ рассказал мне, как он, будучи в Западной Германии, познакомился с Мартином Нимёллером, немецким пастором, в Первую мировую войну командовавшим подводной лодкой, собственно, сан пастора он принял после войны, будучи к этому времени пацифистом, затем постепенно занимал все более высокую ступень в церковной иерархии, пока не стал главным пастором Гамбурга (что как раз совпало с приходом к власти Гитлера). И вот что Нимёллер поведал Эллсбергу, а Эллсберг — мне.

«Сначала они пришли за коммунистами, и я промолчал, потому что я не коммунист. Потом они пришли за социал-демократами, и я промолчал, потому что я не социал-демократ. Потом они пришли на профсоюзниками, и я промолчал, потому что не член профсоюза. Потом они пришли за евреями, и я не протестовал, потому что я не еврей. И когда они пришли за мной, больше некому было протестовать». Вот и спрашивается: до каких пор можно делать вид, будто тебя не касается то, что они приходят за коммунистами, за евреями, за католиками? До каких пор можно делать вид, что жертвы несправедливости тебя не касаются? До каких пор можно закрывать глаза на то, что людей сажают, убирают в психиатрические больницы, превращают их там в инвалидов за то лишь, что они «инакомыслящие»? До каких пор можно разглагольствовать о свободе и демократии, попивая виски с содовой на террасе своего шикарного пентхауса на Пятой авеню, в то время как там, внизу, есть люди — и их немало — которые живут в нищете, живут, словно звери в клетках, в своего рода гетто? До каких пор?

На самом деле ответ есть: это возможно до тех пор, пока страх того, что может произойти с тобой, будет сильнее твоей совести. Желание собственного благополучия, собственной безопасности пересиливает многие другие.

Я никогда не был поклонником поэзии Евгения Евтушенко, но не могу не процитировать четыре строчки из его стихотворения о Галилее — уж очень точно они передают мою мысль:

> Ученый, сверстник Галилея,
> Был Галилея не глупее:
> Он знал, что вертится Земля,
> Но у него была семья.

Вот она, дилемма из дилемм!
Что будет с теми, за которых ты в ответе, с теми, кого ты любишь, с теми, кто неминуемо пострадает за то, что ты решил высказаться? Это вопрос общий, в рав-

ной степени относящийся к любому обществу, имеющему определенные ценности, традиции, привычки. Одновременно это вопрос частный: ведь чем менее уверенным себя чувствует общество, тем оно менее толерантно, тем жестче наказывает инакомыслие. И тем быстрее и радикальнее реагирует на слова или поступки диссидента, которого считает опасным. Но даже весьма уверенное в себе общество терпит лишь до определенного предела. Оно устанавливает свои правила игры и за нарушение этих правил наказывает. Способы наказания могут быть самыми разными — от грубых и жестоких (тюрьма, лагерь, казнь) до вполне утонченных (лишение работы, остракизм). Общество может «достать» вас через вашу жену, через детей, заставляя страдать *их* за то, что сделали или сказали *вы*. В итоге у каждого есть две возможности. Первая — отступить. При этом вы никогда не признаетесь себе в том, что сознательно решили сдаться, закрыть глаза на то, что изначально подвигло вас на объявление войны своему обществу. Вы начнете искать и быстро найдете «причины», вполне объясняющие ваше решение. Но если в вас сохранились хотя бы частицы чести и совести, то неминуемо наступит день, когда вы признаетесь себе: вы отступили потому лишь, что струсили, смалодушничали, оказались слишком слабым, не смогли справиться со страхом. Я этот страх испытал в полной мере. И пусть меня осудит тот, у кого хватило мужества действовать иначе.

Что до второй возможности, то она столь же очевидна, сколь сложна: не отворачиваться от правды, не делать вид, будто не замечаете ее, не искать пути обходного, а поступать так, как того требует и честь, и совесть, и элементарная порядочность.

На мой взгляд, это на самом деле даже не вопрос выбора. Ты поступаешь так, как поступаешь, потому что *не можешь поступать иначе.*

Это имеет прямое отношение к «испытанию зеркалом», о котором говорил Кузьма: в одно прекрасное утро просыпаешься, идешь в ванную комнату, начинаешь чистить зубы либо бриться и вдруг не то чтобы замечаешь, а прямо упираешься в лицо, отраженное в зеркале, — и тебя начинает тошнить. Господи, неужели это я?! Так происходит не с каждым, но если происходит — нет выбора.

Правда, это процесс постепенный, длительный, это результат того, что вопросы, от которых ты уклонялся и увертывался, возвращаются и возвращаются, требуя ответа. Все то время, пока я защищал мировоззрение, которому был предан, я часто задумывался над тем, должно ли это неизбежно приводить к оправданию того, что на самом деле по моему собственному убеждению является неприемлемым? Должен ли я воздержаться от открытой критики своего общества потому лишь, что «противник» воспользуется этим и подвергнет сомнению все то, во что я верю? Если я закрываю глаза на темные стороны моего общества, чтобы не стать предателем его идеалов, не предаю ли я себя?

По мере того как положение при Брежневе ухудшалось, эти вопросы стали занимать все больше места в моих размышлениях. Особенно громко они начали «стучаться», когда я получил роль международного толкователя советской политики на американском телевидении. Это произошло впервые, кажется, в конце 1979 или в начале 1980 года, когда заведующая корреспондентским пунктом компании АВС в Москве Энн Гаррелс подсказала своим шефам в Нью-Йорке, что помимо диссидентов хорошо бы использовать «нормального» советского гражданина для выяснения вопросов, связанных с Советским Союзом. Так я появился в самой престижной информационной программе Соединенных Штатов того времени — «Nightline» («Ночная линия»).

Мои первые выступления в этой программе вызвали бурю. Зрители не могли никак понять, что это за русский, который не только говорит как американец, без тени акцента, но и рассуждает как американец? Что это за русский, который вообще-то и внешне отличается от типичных представителей СССР, появлявшихся обычно на американском телевидении? Одет не так, шутит, улыбается... Словом, я скоро стал своего рода «селебрити» (термин, не имеющий точного эквивалента в русском языке и обозначающий нечто среднее между звездой и знаменитостью). В Америке у меня появилось немало сторонников. Разумеется, появились и те, кто терпеть меня не мог. К последним относился (и относится) известный консервативный обозреватель Джордж Уилл, который чуть с ума не сошел, когда Тед Копелл, ведущий программы «Ночная линия», позволил себе назвать меня коллегой.

Но строго говоря, мое положение было престранным. Дома, в СССР, меня не знал никто, в Америке же моя фамилия становилась все более известной. Мне позволено было общаться с американской аудиторией по телевидению, но советский телеэкран оставался для меня закрытым. Собственно, эта ситуация отражала отношение ко мне руководства. Тут самое время упомянуть о роли, которую сыграл в моей жизни Гелий Алексеевич Шахов.

Я познакомился с ним в 1973 году, когда его назначили главным редактором Главной редакции радиовещания на США и Англию. Его назначение было связано со снятием прежнего главного редактора, Николая Николаевича Карева, убежденного противника политики разрядки и любого сближения с Соединенными Штатами. Собственно, решение о его снятии и приняли после того, как он написал письмо (уж не помню, куда), в котором протестовал против вышеозначенного. Перед своим уходом Карев позвонил мне домой и посоветовал срочно искать другую работу, поскольку Шахов жуткий антисемит. Я до сих пор не понимаю, что двигало Каревым в тот момент. Но прекрасно знаю, что Гелий Алексеевич был совершенно чужд антисемитизма. Более того, он как-то очень быстро выделил меня среди других сотрудников, предложил мне нечто до того момента не практиковавшееся на советском радио — мою ежедневную рубрику, и, начиная с октября 1973 года, когда я впервые вышел с ней в радиоэфир, занялся настоящей пиар-кампанией в мою пользу (тогда в СССР не существовало понятия «пиар», но именно это делал Гелий Алексеевич). Как я уже писал, мы, работники Иновещания, шутя, но вполне справедливо, называли свое учреждение «могилой неизвестного солдата», что вполне соответствовало нашему положению: в СССР нас не знал никто, да и за границей лишь небольшая аудитория пользовалась коротковолновыми приемниками, без которых невозможно было слушать Московское радио. Сотрудники Иновещания становились известными только когда переходили на Всесоюзное радио или на Центральное телевидение, где очень быстро обретали популярность.

Упоминал я и о том, что, работая на Иновещании, журналист не мог пользоваться топорной пропагандой, предназначенной для советской аудитории, он должен был иметь дело с куда более утонченной публикой; кроме того, на Иновещании разрешалось затрагивать темы, являвшиеся табу для СМИ внутри страны. Журналисты-пропагандисты Иновещания были, как правило, лучше информированы и отличались более яркой индивидуальностью, чем работавшие на советскую аудиторию. Появляясь в домашнем эфире, они привлекали к себе всеобщее внимание. Вот лишь некоторые примеры: Влад Листьев, Александр Любимов, Владимир Цветов, Михаил Таратута, Михаил Осокин, Дмитрий Захаров да и ваш покорный слуга...

Благодаря Гелию Алексеевичу я стал одним из немногих сотрудников Иновещания, чью фамилию узнало высшее руководство Гостелерадио. Но и это не все. Шахов решил сделать меня «выездным», отпереть дверь, которую осенью 1969 года приоткрыл генерал КГБ, курировавший нашу семью (упомянутый мной Виктор Александрович), — тогда это позволило мне выехать в ГДР, в Дрезден (!) к отцу, где его свалил тяжелый инфаркт, и привезти его домой в Москву вместе с мамой. После этого дверь вновь заперлась. Шахов же, задумав открыть ее, взялся за дело крайне непростое. Однако и сам он был непрост и, видимо, имел необходимую отмычку. Так или иначе, он отправился на прием к председателю Гостелерадио СССР Сергею Георгиевичу Лапину, имел с ним разговор, о содержании которого мне никогда не говорил, лишь сказав, что Лапин обещал помочь. И вот весной 1977 года мне сообщили, чтобы я готовился к поездке в США. Я был вне себя от радости. Спустя несколько дней меня попросили принять участие в одной из самых популярных в Великобритании радиопередач — «Шоу Джимми Янга». Это был первый, если я не ошибаюсь, приезд в Москву крупной западной коммерческой радиопрограммы. Янг и его команда собирались провести для британского слушателя пять передач в прямом эфире с участием советских граждан. Британцам давалась возможность бесплатно звонить в московскую студию и задавать вопросы советским гостям — как известным, так и не очень. Успех этого мероприятия превзошел все ожидания. Это было и мое первое участие в иностранной программе, и именно там я впервые, если мне не изменяет память, позволил себе высказать некоторую критику в адрес советской системы. Ничего сверхъестественного я, конечно, не сказал, но сам факт, что прозвучала хоть какая-то критика, был чем-то совершенно новым и неожиданным. Я получил массу поздравлений от друзей по работе и от наших британских коллег. Я находился на невероятном подъеме — не только потому, что отличился в программе Янга, а еще и оттого, что знал: мои выездные документы оформляются.

Накануне своего отъезда из Москвы Джимми Янг устроил прием для всех советских участников его программы. Во время приема мне позвонил начальник Управления кадров Гостелерадио СССР Игорь Лобанов и сообщил, что мне в поездке отказано. В Америку я не еду.

Как описать мое разочарование? В течение многих лет я сознательно гнал от себя всякие мысли о загранпоездках, запрещал себе думать о невозможном. Потом благодаря Шахову появилась надежда, свет в конце туннеля. Свет этот постепенно становился все более ярким, и я стал мечтать о том, как ступлю на улицы моего любимого Нью-Йорка, пройдусь по всем своим старым местам, по своему «газетному маршруту». И вот мечта с треском рассыпалась.

Если не считать 1957 года, не было более тяжелого для меня времени в Советском Союзе, чем 1977 год. Потому что я потерял надежду. Я сдался. Я был на грани того, чтобы пасть на колени и молиться. К счастью, этого не случилось. Если бы это случилось, я не знаю,

Катечка дома на 3-й Миусской. 1965 г.

к чему это привело бы, кем бы я стал, где бы я был сегодня. Я придаю этому такое значение из-за своего отношения к религии и к церкви, а это требует некоторого объяснения. Я принципиальный и непримиримый противник института Церкви. Признаюсь — без всякого удовольствия, — что Церковь демонстрирует необычайную живучесть. Больше не могу сказать о ней ничего хорошего. Что до существования какого-либо Высшего Разума, то к этому я отношусь менее категорично, хотя и не верую в Бога. Бывало, что я завидовал тем, кто верит. Бывали времена острой боли и одиночества, ощущения беззащитности и отчаяния, когда возникал соблазн опуститься на колени и помолиться. Но я никогда не уступал этому соблазну, опасаясь, что этим предам себя, что поднимусь с колен другим человеком. Возможно, лучшим, возможно, нет, но другим. Мистика? Быть может. Но это не меняет сути.

Тогда же, в семьдесят седьмом, я был на грани срыва. Начал пить. Я порой не помнил, что говорил и делал накануне. Я стал открыто говорить о намерении эмигрировать, о своей ненависти ко всему советскому, о том, что я здесь — чужой. Это были тяжелые времена не только для меня, но и для моей жены. Знаю, что она страдала. Я себе этого не простил и никогда не прощу.

Мне кажется, что отчасти происходившее со мной связано со смертью моего отца в 1975 году.

Наши отношения никогда не были простыми. Но они стали совсем тяжелыми в 1957 году, когда в ответ на мои слова о том, что я хотел бы вернуться Америку, он пригрозил сообщить об этом в КГБ и добиться моего ареста. Это явилось причиной того, что в начале шестидесятых годов я внутренне отказался от отца — хотя ни он, ни мама не имели об этом представления.

Возможно, я уже писал о том, что мой отец был необыкновенно обаятельным и привлекательным мужчиной. Женщины были от него без ума, а он от предложений не очень-то отказывался. Словом, в начале 1961 года до меня стали доходить слухи о том, что у отца — роман с женщиной вдвое моложе его. Это была дочь известнейшего советского кинорежиссера, особа с лисьими повадками, несомненно, умная, острая на язык и вполне современная — в смысле эмансипированная (не знаю почему, но отцу нравились «эмансипахи»). Слухи эти довольно больно задели меня, и я помню, что решил поделиться с Иосифом Давыдовичем и Ниной Павловной. Но случилось так, что Иосиф Давыдович, ближайший папин друг, рассказал ему о моем беспокойстве. Вскоре отец позвонил мне и попросил зайти поговорить. Мне эту встречу не забыть. Никогда.

— Люди обожают трепать языком, и ты, как я понял, такой же, как все, — начал он, — но ты мне объясни, как ты можешь обсуждать поступки твоего отца, как ты можешь усомниться в его порядочности? Как смеешь ты сомневаться в моей любви к твоей матери? Как мог ты, хотя бы на мгновение, допустить, что я могу причинить ей боль? Как же ты можешь?!

И в самом деле, как я посмел? Я попросил прощения, я был отвратителен себе, я себя презирал...

Но хуже всего было то, что во мне сидело нечто, отказывавшееся поверить ему, и это нечто все повторяло и повторяло: «лукавит он, лукавит». В это время я переписывался с американкой, с которой познакомился во время Всемирного фестиваля молодежи и студентов в 1957 году. Она писала мне до востребования на Главпочтамт, и вот через неделю после разговора с отцом я зашел на почту, чтобы проверить, нет ли мне письма. Я подошел к окошку и протянул девушке свой паспорт. Она стала перебирать письма на букву «П», вынула конверт, положила его в паспорт и сунула мне. Взяв паспорт с письмом, я отошел, потом посмотрел на конверт. Он был адресован Познеру В.А., а не В.В. В строке обратного адреса указывался черноморский курорт, где, как мне было известно, отдыхала та самая дама, о которой шли слухи. Не задумавшись, я вскрыл и прочитал письмо...

Я понимал, что не имел на это права, письмо-то адресовалось не мне. Но в этот момент мне было совершенно наплевать, «что такое хорошо и что такое плохо». *Я должен был прочесть это письмо.* Я должен был узнать правду, какие бы последствия ни грозили мне. И правда эта заключалась в том, что отец солгал мне. У него с этой женщиной был роман.

Окажись он в тот момент рядом, я убил бы его. Не за то, что он спал с этой женщиной — я был достаточно взрослым, чтобы понимать: это случается, более того, это, скорее, правило, а не исключение. Но то, что он соврал, то, что заставил меня чувствовать себя мерзавцем, сыном, предавшим отца, — этого я не мог ему простить. Я возненавидел его.

Ровно через неделю я вновь вернулся на Главпочтамт, вновь протянул паспорт — и попал в десятку! Не обратив внимания на несовпадение его и моего отчества, девушка опять протянула мне то, за чем я пришел. И снова я прочитал письмо, и снова нахлынула на меня черная волна ненависти. Я поклялся, что отец за все заплатит, — за то, что он сделал с моей мамой, за то, что он сделал со мной. Я поклялся, что наступит день, когда я предъявлю ему оба эти письма и спрошу: «Ну, что ты теперь скажешь?»

Но я так и не исполнил этого.

Тому помешали разные обстоятельства. И то, что мы с Валентиной разошлись, и то, что я встретил Катю, но более всего то тяжелое и трагическое поражение, которое потерпел сам отец.

Во время «оттепели» начала шестидесятых годов он приступил к работе над планом, который в случае реализации изменил бы не только всю советскую киноиндустрию, но, возможно, повлиял бы на основы советской экономики. То, что он предлагал, преследовало всеми поддерживаемую цель: введение таких экономических правил, которые стимулировали бы производство высокохудожественных кассовых фильмов. Цель-то ясная, но способ ее осуществления отличался как от западного метода «делания» кино, так и от советского подхода. На Западе кино — это прежде всего бизнес; финансовые соображения, кассовый успех берут верх над содержанием и художественным уровнем. В Советском Союзе кассовый успех (или не успех) никак не влияет ни на режиссера, ни на сценариста. Сценарист получает гонорар за принятый сценарий, после чего успех фильма его мало интересует. Что до режиссера и всех остальных, занятых в производстве, их оплата зависит лишь от оценки, которую фильм получит еще до выхода на экран, от категории, присвоенной ему приемочной комиссией. Категория присваивается в зависимости от идеологических и художественных достоинств картины. Чем выше категория, тем выше оплата. Популярность же фильма у зрителей совершенно не влияет на материальную сторону дела, поскольку, как я уже отметил, категория присваивается еще до его выхода на экран.

Мой отец предложил принципиально иной подход. Нужно, сказал он, заплатить сценаристу и режиссеру некую изначальную, базисную сумму гонорара (не очень высокую). Затем, когда фильм будет завершен, приемочная комиссия присвоит ему категорию. Потом фильм выходит на экран. Окончательный расчет со всеми, кто имел отношение к производству картины, происходит после истечения определенного срока — скажем, трех месяцев, причем этот расчет должен зависеть от трех факторов: содержания картины (идеологии), художественных достоинств и кассового успеха. Так, если фильм получает высшую категорию и пользуется успехом у зрителя, всем выплачивается очень высокий гонорар. Если же фильм провалился у зрителя, несмотря на то, что получил высшую категорию, гонорар снижается, но все же отражает высокий идейно-художественных уровень картины. Наконец, если фильм получил низкую категорию, но при этом привлек массового зрителя, гонорар выплачивается минимальный, чтобы отбить охоту у сценариста и режиссера производить низкопробщину.

В Соединенных Штатах такой подход был бы неприемлемым, как, впрочем, в любой капиталистической стране. Если товар хорошо продается, никто не будет рассуждать о его художественной стороне, о том, как он влияет на молодежь и т.д. Мой отец считал, что в социалистическом обществе все должно обстоять иначе, что в таком обществе экономические стимулы могут и должны способствовать производству высокого качества — в данном случае фильмов. На мой взгляд, он был прав, но только теоретически. Насчет положения дел в Советском Союзе он серьезно заблуждался.

Вместе с писателем Константином Симоновым и режиссером Григорием Чухраем отец разработал предложение по созданию новой независимой Экспериментальной творческой киностудии (ЭТК). Потребовалось два или три года усилий, и в 1963 году ЭТК начала работу. Отец был назначен исполняющим обязанности директора, а Григорий Чухрай — художественным руководителем. К сожалению, дело это было обречено, потому что в Советском Союзе, где якобы исповедовался принцип «от каждого по способностям, каждому по труду», все обстояло ровно наоборот: подлинное экономическое стимулирование (больше — за хорошую работу, меньше — за плохую) и создание экономически независимых от правительства организаций рассматривались как угроза самой системе (признаюсь, с точки зрения данной системы рассматривались правильно). Следовательно, ЭТК должна была занимать приоритетное место в списке «заказанных» бюрократическим аппаратом объектов. Тот факт, что ЭТК просуществовала аж пять лет, объясняется тем, что во главе ее стояли люди с громкими именами (я имею в виду Чухрая и Симонова), а главное — студия выпустила фильмы, которые по сей день занимают видное место в пантеоне русского кинематографа — например, «Белое солнце пустыни».

ЭТК была обречена еще из-за личных отношений моего отца с некоторыми руководителями советской киноиндустрии, в частности, с заместителем министра В.Е. Баскаковым. Я не хочу вдаваться в историю этой вражды, но не могу не заметить, что мой отец не отличался ни дипломатичностью, ни сдержанностью и довольно легко наживал себе врагов. Если он считал человека дураком, он не скрывал этого, давал тому понять, что он — дурак. Одним словом, помимо самой системы, для которой ЭТК представляла нечто чужое и угрожающее «статусу кво», был конкретный и влиятельный враг — Баскаков, мечтавший поквитаться с моим отцом. Что он и сделал.

Студию закрыли в начале 1968 года. Вернее, не закрыли, а лишили самостоятельного положения и включили в состав студии «Мосфильм» на правах творческой мастерской. На самом деле ЭТК была таким образом убита. Я допускаю, что если бы Григорий Чухрай как художественный руководитель студии занял непримиримую позицию, добился бы приема у Брежнева (что было ему в те годы вполне под силу), он ЭТК отстоял бы... хотя бы на время. Но будучи талантливейшим режиссером и автором одного из лучших фильмов, сделанных когда-либо о войне («Баллада о солдате»), Григорий Наумович не являлся борцом. Он уступил давлению, и, как мне кажется, отец ему не простил этого, расценив как предательство.

Кабинет моего отца в «Совэкспортфильме». На стене – любимый портрет И. В. Сталина. Берлин, 1950 г.

Так или иначе, студия была уничтожена, и от этого удара мой отец не оправился. 24 октября 1968 года, в день своего шестидесятилетия, он написал заявление о выходе на пенсию. Я убежден: втайне он надеялся, что его, одного из самых блестящих и авторитетных знатоков кинопроизводства, станут уговаривать остаться. Напрасные надежды. Баскаков заявление подписал быстро и с удовольствием. Так отец отметил свой юбилей... Через полгода его свалил тяжелейший инфаркт.

Было поздно предъявлять ему эти два письма. К тому же благодаря усилиям Кати мы с отцом сблизились и стали друзьями. От нее потребовалась и любовь, и страстное желание, и тонкий ум, чтобы заставить его понять и признать, насколько он был не прав, принуждая меня безоговорочно принимать его точку зрения на все происходящее. Я знаю, что он очень мною гордился, но не способен был согласиться со своей неправотой, и сожалел об этом, пока Катя не убедила его в том, что, сделав это признание, он станет гораздо более счастливым человеком.

Эти последние пять лет жизни были для него очень тяжелыми — так мне кажется. Правда, он никогда не жаловался — он скорее умер бы, чем признался в слабости или открыто пожалел бы о содеянном. Это я знаю точно. Ему было тяжело не

Отец с Элиной Быстрицкой. 1963 г.

из-за болезни сердца, а из-за осознания, что сердце у него больное, что он — не в полном порядке. Отец всегда отличался легкостью и быстротой движений, он всегда находился в великолепной форме — как однажды кто-то сказал: «Твой отец не ходит, он парит». Он вообще не болел, его ничего не брало, он понятия не имел, что такое головная боль, что такое простуда. А тут он был болен, серьезно болен, и психологически не мог справиться с этим. Он отказывался от рекомендованных ему физических упражнений, как ни старалась мама, упрямился и находил причины не выходить с ней на прогулки. Постепенно мой отец, всегда такой подтянутый и спортивный, стал как-то обвисать. У него даже появился животик...

Но мне кажется, что его физические страдания не шли ни в какое сравнение с душевными. Ведь он, приняв в свое время решение поехать жить в Советский Союз, в «страну справедливости», поставил на карту не только свою жизнь, но и благополучие жены и детей. В результате была сломана его карьера, разбиты его надежды. Он прекрасно понимал, что мама на самом деле страдала, что для нее Россия всегда была чужой, что она до мозга костей француженка. Хотя он гордился мной, он так и не стал свидетелем моих успехов. Возможно, его единственной подлинной радостью был мой брат Павел, который блестяще защитил докторскую диссертацию по теме древневьетнамской истории, и защитил не где-нибудь, а в Сорбонне (по крайней мере, в семье появился один настоящий ученый!). Мой отец не дожил до перестройки и гласности — и признаться, не представляю, какие чувства вызвали бы в нем эти события, хотя, думаю, он торжествовал бы (наконец-то утверждается настоящий социализм!). С удивительным упрямством он продолжал верить в силу той революции, которая еще в детстве всецело овладела им, но я не сомневаюсь: временами им овладевало беспросветное отчаяние.

* * *

Как ни тяжело писать эти слова, но может и хорошо, что мой отец умер, не дожив ни до перестройки, ни до развала Советского Союза. Боюсь, он не пережил бы этого. Ему пришлось бы признаться себе в том, что он собственными руками разрушил свою жизнь и жизнь своей жены. Он отказался от высокого поста, от реальной возможности стать не только очень богатым, но и очень влиятельным, он вырвал супругу из родной среды и перенес в совершенно чужую, он рискнул благополучием своих детей ради идеи, которой не дано было осуществиться. Как выдержал бы он осознание содеянного?

Отец на Каннском кинофестивале с Сергеем Герасимовым. 1965 г.

**

В июле 1975 года отец с мамой поехали в гости к его сестре во Францию. Катя, Павел и я проводили их с Белорусского вокзала. Я помню, каким он показался мне худым, хрупким, с желтоватым цветом лица. Я не догадывался о том, что мы видимся в последний раз. Через десять дней мама позвонила из Парижа и сообщила, что папа умирает. Врачи поставили ему диагноз «галопирующая лейкемия». Она сказала, что завтра они срочно вылетают в Москву, и попросила меня поговорить с отцом — он лежал на втором этаже тетиной квартиры и не слышал ее слов. Поразительнее всего то, что я совершенно не помню нашего с ним разговора. Помню только, что у него был необыкновенно слабый голос, а я разыгрывал невероятную бодрость, шутил о том, как искусно он притворяется, будто болен — словом, пустая болтовня. Потом мир для меня замер. Катя подключила все свои связи* и добилась

---

*Моя жена заведовала отделом в журнале «Советский Союз», который считался одним из главных — если не главным — пропагандистских изданий страны. На его страницах публиковались интервью с руководителями страны, в частности, Председателем Совета Министров СССР А.Н. Косыгиным, Председателем Верховного Совета СССР Н. Подгорным и т.д. Члены редколлегии, заведующие отделами имели связи на самых высоких уровнях.

организации специальной палаты в институте, возглавляемом министром здравоохранения Петровским (правда, услышав диагноз, тот выразил надежду, что отец умрет раньше, чем прилетит, поскольку лечение очень тяжелое и совершенно бесперспективное). Я слышал все это, наблюдал, сам куда-то звонил и что-то говорил, но то был не я. Я как будто замер, окаменел, находился далеко-далеко от всего происходящего и сидел в полном одиночестве...

Встречать самолет мы поехали вдвоем с Павлом. Тогда у меня не было машины, поэтому транспорт предоставил Виктор Александрович, верный кагэбэшный друг отца. За рулем сидел молодой человек лет тридцати. Он очень походил на образцового ирландского полицейского из Нью-Йорка моего детства: рыжеватые волосы, синие, словно сапфиры, глаза, белейшая кожа, белозубая улыбка и великолепное телосложение. Мы ехали на «жигуленке» ярко-синего цвета, который ничем не отличался от всех прочих машин, если не считать того, что у него явно был форсированный двигатель. Да и водитель походил на профессионального гонщика: мы мчались по Московской кольцевой дороге со скоростью под сто восемьдесят километров в час, причем время от времени водитель включал сирену, при звуке которой все остальные машины тут же шарахались в стороны, уступая дорогу.

Помню, какое удовольствие получал от этого мой брат. Он *кайфовал* от подобной демонстрации силы, вседозволенности. Я видел, как он буквально захлебывается от восторга...

На входе в здание аэровокзала нас встретил представитель «Аэрофлота». Он сказал мне, что только что получил сообщение с борта самолета рейса Париж—Москва — один из пассажиров умер. Я знал, о ком идет речь.

Папа умер в десяти тысячах метров от земли. Не в Советском Союзе, не во Франции. Он умер... нигде, он умер *между*, он умер, можно сказать, символично. И каждый раз, когда я думаю о нем, о его смерти — а думаю я об этом часто, меня пронзает острая боль. Из-за того, как скверно обошлась с ним жизнь. Из-за того, что его мне не хватает. Из-за того, что я всегда его любил — хоть ни за что не хотел признаться себе в этом...

Я все еще храню те два письма, ошибочно врученные мне девушкой на Главпочтамте. Написавшая их женщина жива, более того, она стала довольно известным кинокритиком. Быть может, я как-нибудь вложу их в конверт и пошлю ей. С миленькой записочкой от меня. Как говорится — pourquoi pas?*

***

Я не написал о том, что во время этого романа мой отец пытался добиться, чтобы мы с Валей подружились с его пассией... Прошло с тех пор много времени; не знаю, жива ли еще

---

*Почему бы нет? (франц.)

та дама, давно эмигрировавшая в США. Имя ее — Марианна Сергеевна Юткевич, в замужестве — Шатерникова. Если она жива и если эти слова попадутся ей на глаза, я буду рад этому обстоятельству: пускай узнает, что нанесла глубокую рану моей маме (с которой она целовалась и миловалась) и что стала повинной в долгих годах отчуждения между мною и моим отцом. Хотя вспоминаю стихотворение Лермонтова, где есть такие слова:

Пускай она поплачет...
Ей ничего не значит!

Не в бровь, а в глаз.

* * *

Председатель Гостелерадио СССР Сергей Георгиевич Лапин, который, как потом выяснилось, поручился за меня, воспринял отказ мне в выезде как личное оскорбление. Не потому, что он как-то особенно относился ко мне или ценил мою работу. Просто КГБ, воспрепятствовав мне, несмотря на поручительство Лапина, фактически ударило по его статусу, по его престижу. Не будем забывать, что он возглавлял весьма важное учреждение, был членом всесильного Центрального Комитета КПСС. Кроме того, дружил с Брежневым. Уж если Лапин чего-то захотел, он должен был это получить и мириться с отказом какой-то кагэбэшной шестерки не собирался.

В результате его действий я поехал в командировку в Венгрию, в город Веспрем — это было летом 1977 года — для участия в телевизионном фестивале. Правда, делать там мне было решительного нечего, поскольку я не занимался ни Венгрией, ни (в то время) телевидением.

* * *

Эта поездка сыграла особую роль в моей жизни. Из-за обилия свободного времени я попросил разрешения у руководителя советской делегации Александра Каверзнева поехать на два-три дня в Будапешт. (Каверзнев был, на мой взгляд, самым талантливым среди политических обозревателей Гостелерадио, по-моему, он прекрасно понимал реальное положение вещей и оттого пил. Запойно.) Он отпустил меня. И вот, гуляя по улицам этого довольно красивого города, я увидел кинотеатр, на фронтоне которого анонсировался фильм «One Flew Over the Cuckoo's Nest» (русское название — «Пролетая над гнездом кукушки») с Джеком Николсоном в главной роли. Я, признаться, не представлял тогда, кто такой Николсон, меня привлекла информация, что фильм идет на английском языке с венгерскими субтитрами. Я купил билет, вошел в кинотеатр... и вышел оттуда другим. В этой великой картине Николсон играет человека по фамилии МакМэрфи, который попал в психушку за свой буйный нрав и пытается расшевелить пациентов вполне здоровых, но «спрятавшихся» здесь от внешнего и враждебного мира. *В ключевой сцене фильма он спорит с ними (на сигареты — денег у них нет) о том, что оторвет от пола тяжелейший умывальник. Вот он нагибается, хватает умывальник и пытается его оторвать — жилы вздуваются на лбу, на шее, такое ощущение, что у тебя у самого сейчас лопнут жилы — но сил не хватает. Он выпрямляется, поворачивается и медленно уходит под смешки тех, с кем поспорил. Затем останавливается на мгновение и говорит: «По крайней мере, я попробовал».*

И вдруг я понял: в этом и есть смысл жизни, обязательно, во что бы то ни стало надо попробовать. Не имеет значения, с успехом или нет. Потому что даже если тебе не повезет, твой пример окажется решающим для кого-то другого... В конце картины громадный индеец вырывает-таки умывальник, разбивает им зарешеченное окно психушки и убегает в ночь.

Для меня это явилось ударом грома среди ясного неба, это перевернуло мою жизнь. С тех самых пор я исповедую этот принцип: *надо, обязательно надо попытаться.*

***

Выйдя из «чистилища» поездки в социалистическую страну без замечаний, я заслужил короткую поездку в Финляндию — это было зимой 1978 года, и вновь делать там мне было абсолютно нечего. Однако Финляндия рассматривалась советскими инстанциями как следующая ступень, ведущая к этажу, где располагались «настоящие» капиталистические государства. Поскольку я и в Финляндии ничем не опозорил звания советского гражданина, я попал, наконец, в число «выездных» граждан страны социализма. И вот в 1979 году меня отправили в командировку в Канаду для участия в телевизионной программе «Что есть истина?», продюсером которой был некто Ральф Кирчен. Он, как и Джимми Янг, привез свою программу в Москву, записал ряд передач и показал их потом в Канаде, как он сообщил нам, с большим успехом. Именно поэтому Ральф пригласил нескольких советских участников этих передач в Торонто, чтобы развить достигнутый успех. Среди них оказался и я.

Между Ральфом, его прелестной женой Нормой и мной очень быстро сложились добрые отношения. Казалось, он и в самом деле хотел развивать связи с СССР, хотя в те годы это было делом не популярным. Он стал наезжать в Москву довольно часто, бывал у нас дома, и постепенно стало ясно: среди всех своих советских знакомых Ральф явно отдает предпочтение мне. В Канаду за 1979 год я ездил два раза, затем еще дважды в восьмидесятом — чтобы принять участие в его программе и заодно записать несколько пилотов его нового проекта, получившего рабочее название «Политика мировых держав».

В 1980 году по приглашению Ральфа я поехал в Лондон — для участия в дебатах. Моим оппонентом должен был стать бывший заведующий корреспондентским пунктом газеты Washington Post в Москве Роберт Кайзер, причем BBC согласилась пустить эти дебаты в эфир. За первой программой «Восток против Запада: война или мир?» последовала вторая — «Восток против Запада: чей путь лучше?» Надо сказать, они вызвали довольно большой интерес, но куда более интересным для меня оказался разговор, который состоялся с Ральфом накануне моего и его отъезда. Мы ехали в такси и обсуждали дебаты, когда вдруг Ральф сообщил, что перед выездом из отеля его навестили работники Канадской королевской конной полиции (для читателя поясню, что RCMP, помимо всего прочего, занимается еще разведкой и контрразведкой). Я поинтересовался, почему они приходили. Ральф как-то искоса взглянул на меня и пояснил:

— Они спрашивали мое мнение о том, может ли тебя прельстить идея остаться на Западе?

Я очень хорошо помню свое ощущение: Ральф на самом деле не столько рассказывает мне о случившемся, сколько передает этот вопрос по их поручению.

— Ну и что же ты им ответил?

Ральф рассмеялся и сказал (буквально):

— I told them to get the fuck out of my office*.

Я кивнул:

— И ты был совершенно прав.

Чуть раньше я писал о том, что Гостелерадио считало меня ценным приобретением. Надеюсь, читатель уж понял, почему. В стране можно было по пальцам пересчитать журналистов, которые не только владели английским языком как родным, но и были всецело преданы идеям социализма, умело отбивали нападки на СССР, убедительно возражали против тех антикоммунистических представлений, которые на Западе стали чуть ли не условным рефлексом большинства граждан. Но важно помнить: я потому был столь эффективным пропагандистом, что позволял себе критиковать Советский Союз, признавать те или иные его проблемы и недостатки. Это было разрешено мне, ибо я обращался к зарубежному слушателю/зрителю. Подобное допускалось на Иновещании, но абсолютно запрещалось в домашнем эфире, и этот эфир оставался для меня недоступным. Можно говорить что угодно о советском руководстве, как высшего, так и среднего звена, но нельзя отнимать у него то, что я назвал бы классовым чутьем: при всех моих успехах на ниве советской пропаганды мне не доверяли, чувствовали, что я могу, разговаривая с советской аудиторией, что-то такое «ляпнуть». Я прекрасно помню разговор, состоявшийся в лифте здания Гостелерадио в Останкино с уже упомянутым мною первым заместителем Лапина, Энвером Назимовичем Мамедовым, человеком блистательным во всех отношениях. На мой вопрос о том, когда же меня допустят до внутреннего эфира, он сказал: «Нам звезды не нужны». Я тогда не то что не был звездой — меня в Советском Союзе не знал никто. Но Мамедов со своей редкой проницательностью

---

*Я сказал им на хрен убраться из моего офиса (*англ.*).

понимал, что «звездный» потенциал у меня есть, а контролировать «звезд» трудно. Зачем такая морока?

Тем временем я все чаще появлялся на западном телевидении, особенно в США, во мне росло чувство уверенности в себе — и склонность нарушать неписаные законы советской пропаганды. Я ходил по очень тонкому льду, пока осенью 1981 года не провалился.

К этому времени я стал несколько легкомысленно относиться к просьбам западных СМИ об интервью, соглашался на них не задумываясь. Дал я согласие и на подобную просьбу популярнейшего в США журнала «Люди» («People»). Журналист, которому это поручили, был штатным сотрудником одного из американских агентств, кажется, Associated Press, но кроме того являлся и корреспондентом журнала.

Не услышал я ничего неожиданного в задаваемых им вопросах, их можно было легко предсказать — в том числе и вопрос: «Можете ли вы, господин Познер, не соглашаться в чем-то со своим правительством?» Сегодня несогласие с правительством в Советском Союзе — национальный вид спорта, только ленивый не занимается этим, но в те годы лишь отчаянно смелый — или безрассудный — человек мог себе позволить такое. Так что вопрос, хотя и ожидаемый, был не без подвоха. Ответишь, что нет, — и тем самым подтвердишь предположение американского читателя, будто в СССР нет свободы слова. Поэтому в таких случаях полагалось совершить пару тройных словесных тулупов, но прямого ответа на вопрос не давать. Но мне это все уже приелось, и я ответил утвердительно: «Да, могу». Следующий вопрос был очевиден: «Не могли ли бы вы привести пример?»

Тут я почувствовал себя шахматистом, который видит, какую ловушку приготовил ему противник, но понимает, что уже попал. То есть вынужден делать ход, за которым последует разгром. И я его сделал. «Пожалуйста, — ответил я. — Взять, например, смертную казнь. В Советском Союзе правительство за смертную казнь, я же — против, о чем не раз публично говорил».

Джон посмотрел на меня с видом мышки, съевшей кота: «А в области внешней политики, господин Познер? Например, в отношении Афганистана? Вы разделяете политику правительства в этом вопросе?»

«Шах и мат!» — сказал мой внутренний голос. Но отступать было поздно. «С точки зрения того, как отреагирует международное сообщество, решение было сомнительным. Стране нанесен ущерб в смысле ее международного авторитета. Боюсь, что этот ущерб будет еще более серьезным. Впрочем, не думаю, что эти соображения фигурировали, когда принималось решение о вводе войск...»

Согласитесь, ничего сверхъестественного я не сказал. В журнале этот пассаж не появился. Но уже на следующий день он фигурировал чуть ли не под первым номером в ленте «Ассошиэйтед пресс». В результате этого меня чуть не уволили.

В Главной редакции радиовещания на США и Англию был человек, который меня ненавидел, — уже упомянутый мной Джо Адамов. Я точно знаю, что никогда не сказал о нем дурного слова, так что до сих пор не понимаю причин этой ненависти. Могу только предположить, что он завидовал моим успехам. До моего прихода в Главную редакцию и особенно до прихода в качестве главного редактора Шахова, который благоволил мне и не скрывал этого, Джо слыл непререкаемым авторитетом, журналистом номер один, несравненным знатоком искусства общения с американцами. Так получилось, что с моим приходом ему пришлось это место уступить — и он не мог простить мне этого.

***

В первом издании этой книжки я преднамеренно не назвал его. Жизнь рассудила нас, и не для того пишу я эту книгу, чтобы с кем-то свести счеты. Теперь же называю, поскольку с тех пор прошло больше тридцати лет — срок, который позволяет рассекречивать даже закрытые до того времени документы.

***

Одним словом, агентская лента попала в его руки, и он тут же пошел с ней на прием к Энверу Назимовичу Мамедову. Как мне рассказывали, разговор состоялся следующий:
— Энвер Назимович, как вы поступили бы, если бы какой-нибудь работник Иновещания высказал критику в адрес советской политики в Афганистане?
— Я уволил бы его.
Мой «доброжелатель» протянул Мамедову ленту.
Буквально через несколько часов Иновещание облетела весть: Познера увольняют, Познер опозорился, Познер дал интервью американцам и высказался против ввода войск в Афганистан. Сразу же некоторые мои коллеги, завидев меня, идущего по коридору, стали отворачиваться. Но большинство повели себя совершенно иначе, они подчеркнуто давали понять, что поддерживают меня — и это в тех обстоятельствах был поступок. Я никогда об этом не забуду и всегда останусь им благодарен. Тем временем машина была запущена. Созвали партийное собрание, чтобы обсудить мой проступок... Мне жаль тех, кого не прорабатывали на партийном собрании. Опыт, я вам скажу, бесценный в том смысле, что необыкновенно помогает разобраться, кто есть кто.
Первым выступил и задал тон мероприятию Александр Петрович Евстафьев, заместитель председателя Гостелерадио, возглавлявший Иновещание. Он начинал свою журналистскую карьеру в той же Главной редакции, с которой сотрудничал я, хорошо знал Соединенные Штаты, где проработал не один год, и казался на фоне прочих высокопоставленных советских чиновников вполне

приличным человеком. Он превосходно знал правила чиновничьей игры и отличался крайней осторожностью при принятии решений. Сожалею о том, что у меня не было под рукой диктофона, чтобы записать его речь — она была, как бы это сказать точнее, выверена до последней буквы. Как считал Александр Петрович, то, что я совершил, связано не с ошибкой, мною допущенной, не с глупостью, которую, в общем-то, можно простить, а с моим буржуазным воспитанием. Ведь где рос и учился Познер? В Америке. Нет ничего удивительного в том, что во мне нет классового чутья, но это усугубляется отсутствием скромности, высокомерием, «звездной» болезнью, которой я страдаю и которой заболел из-за частых (слишком частых) выступлений по американскому телевидению, из-за частых (слишком частых) поездок за рубеж. Он предложил исключить меня из партии. Выступавшие вслед за ним члены партбюро не очень сильно разошлись во мнениях: кто-то поддержал Евстафьева, кто-то предлагал менее тяжелую меру наказания — строгий выговор с занесением, например. Но нашлись два-три человека, назвавшие все происходящее фарсом. Правда, им недвусмысленно дали понять, что они заблуждаются. Было решено объявить мне выговор с занесением в учетную карточку и не допускать до эфира в течение неопределенного времени (пока я не «исправлюсь»). Как я потом узнал, ряд моих «доброжелателей» ходили к Лапину с предложением уволить меня, но Сергей Георгиевич ответил им: «Уволить Познера — не фокус, а кто будет работать?»

***

Вся эта история и партийный выговор имели далеко идущие последствия, в частности, я вновь стал невыездным. Я планировал ехать в Канаду в октябре 1981 года, но поездка была отменена. Разумеется, я позвонил Ральфу, чтобы предупредить об этом. Я ожидал, что он расстроится, но никак не был готов к его почти истерической реакции, будто от моего приезда или не приезда зависела его жизнь. Это был наш последний разговор. Ральф Кирчен исчез. Несколько раз я посылал ему открытки на Рождество, на Новый год, но ответа не последовало. Позже, при случайных встречах с канадцами в Москве, особенно с жителями Торонто, я спрашивал, слышали ли они о некоем Ральфе Кирчене, знакома ли им телевизионная программа «Что есть истина?». Они пожимали плечами и качали головами. Много лет спустя, после выхода этой книги в Америке, мне позвонил Дуглас Холл, один из постоянных участников программы «Что есть истина?». Он сказал, что все годы следил за моими успехами, и горячо поздравил с тем, что книга стала бестселлером. Поблагодарив его, я спросил, знает ли он о Ральфе. Ответ его поразил меня. С его слов выходило, что Ральф был мошенником, что он был вынужден продать свой дом и все имущество и работать водителем такси, чтобы выплачивать наделанные долги. Я не поверил своим ушам: Ральф — жулик?

Была ли какая-нибудь связь между отменой моей столь недавно приобретенной свободы передвижения и падением Ральфа? Почему-то мне кажется, что была. Во всяком случае, есть основания полагать, что Кирчен работал на канадскую разведку, что ему было дано задание завербовать меня либо добиться того, чтобы я стал «невозвращенцем». И внезапную отмену моей поездки Канадская королевская конная полиция восприняла как доказательство того, что КГБ разгадал эти планы. Следовательно, Кирчен провалил дело, а коль так, от него надо отказаться. Если же допустить, что канадская разведка поддерживала его и деньгами, понятным становится последовавшее за всем этим его бедственное финансовое положение.

***

Сообщение, почти положившее конец моей карьере, открывалось следующими словами: «Леонид Брежнев, возможно, правит Советским Союзом, но для миллионов американцев Владимир Познер и есть голос Кремля». Позже в доверительной беседе мне передали, что эти слова на самом деле нанесли мне больший урон, чем высказывание относительно Афганистана. Но вот странное дело: когда все кончилось, когда сочли, что в меру меня измордовали и потыкали носом в дерьмо, когда мне как следует дали понять, насколько я беззащитен, — я вдруг испытал облегчение. Как теперь мне представляется, это был первый признак моего превращения в свободного человека. Начал отступать страх.

Прошло несколько месяцев, меня вновь допустили до эфира, и я оказался участником программы «Ночная линия» с Тедом Коппелом, которая была посвящена «избранию» Ю.В. Андропова Генеральным секретарем ЦК КПСС. Я сидел тогда в московской студии на восьмом этаже здания Гостелерадио на улице Королева, смотрел в объектив наставленной на меня камеры и в наушник слушал, как Коппел, один из самых блестящих и авторитетных тележурналистов США, представляет участников программы: венгерского журналиста, свидетеля событий 1956 года в Будапеште (тогда послом СССР в Венгрии как раз был Андропов); бывшего директора ЦРУ, визави Андропова-председателя КГБ — адмирала Стансфилда Тэрнера и... «выбравшего свободу» Аркадия Шевченко. В это самое мгновение я понял, что пропал. Ведь по неписаному, но весьма жесткому закону любое общение с предателями категорически запрещалось. Ни о каком разговоре — пусть даже матерном — не могло быть и речи. При этом предателями считались все, кто решил уехать из СССР, не говоря уж о пресловутых «невозвращенцах». А тут еще и шпион!

Как быть?! Я лихорадочно стал перебирать варианты, ни один из которых не был приемлемым. Я мог встать и уйти из студии, но что подумали бы американские зрители — чего я испугался? Может быть, симулировать обморок? Пока я думал, Тед попросил меня рассказать об Андропове-человеке. Я ответил, что не знаком с ним, знаю лишь основные вехи его биографии. Выступивший вслед за мной венгерский журналист назвал Андропова монстром, устроившим кровавую бойню в Будапеште. Адмирал Тэрнер дал Андропову весьма жесткую, но профессиональную характеристику. Шевченко же отработал по полной программе, вылив Андропову на голову целый бак помоев. И вот наступил момент истины: «Владимир, — обратился ко мне Тед, — что вы можете сказать по поводу услышанного?»

И вновь спас меня мой ангел-хранитель.

Я ответил, что готов разговаривать с кем угодно, в том числе с адмиралом Тэрнером, но не собираюсь общаться с предателями — какую бы страну они ни предали. «Ваш гость, — продолжал я, — не только предал свою страну, он еще предал и свою семью — жену и двоих детей, о чем я знаю не понаслышке. Дело в том, что мой сын учится в той же школе, что и дочь этого человека, и я в курсе произошедшей трагедии: когда стало известно, что Шевченко — предатель, его жена, которая в то время была в Москве, повесилась. Так что ваш гость повинен в гибели матери своих детей и в том, что они фактически стали сиротами. Нет, — сказал я, — не то что разговаривать с ним — я с ним, как говорят в России, не стал бы даже срать на одном поле».

Тут в эфире наступила тишина, пауза, совершенно не характерная для американского коммерческого телевидения. Потом Тед заметил: «Ну, Владимир, если вы не хотите разговаривать с мистером Шевченко, мы не можем вас заставить».

С этим я горячо согласился, и Шевченко по сути дела выключили из беседы.

Позже мне прислали видеокассету этой программы, и я увидел, как Шевченко, услышав слова о самоубийстве жены, закрыл лицо руками. Уверен: знай он, что я случайно обладаю этой информацией, он отказался бы от участия в программе — как, впрочем, отказался бы и я, зная заранее о его присутствии. Так или иначе, я не обменялся с ним ни одним словом. Я не нарушил неписаного закона, запрещавшего общение с предателями. Доля везения и некоторая сообразительность спасли меня. Невозможно мириться с тем, что кто-то решает за тебя, с кем можно, а с кем нельзя разговаривать. То, что Шевченко — мерзавец, для меня неоспоримо, но я предпочел бы сказать ему об этом, не будучи принужден к тому правилами «игры».

Спустя время я вновь встречался с Шевченко, но в программе Бринкли. Впрочем, беспокоиться было не о чем, поскольку у Бринкли все интервьюируемые гости появлялись последовательно и не общались друг с другом.

На следующий день мне позвонил начальник Главного управления внешних сношений Гостелерадио СССР Лев Андреевич Королев. Он был краток:

— Владимир Владимирович, готовьтесь. Вас ждут неприятности.

— Почему?

— Вы же знаете, что нельзя разговаривать с такими подонками, как Шевченко.

— Так я и не говорил с ним!

— Не будем обсуждать этот вопрос. Готовьтесь.

Повесив трубку, я понял две вещи: во-первых, меня уволят; во-вторых, мне на это наплевать. Черт с ними, жизнь на этом не кончается, пошли бы они все... Парадокс: мне грозили серьезные неприятности, а я испытывал облегчение, ощущение свободы.

На следующее утро ровно в девять зазвонил мой телефон.

— Владимир Владимирович?

— Да.

— Это приемная Лапина. Вас просит зайти Сергей Георгиевич.

Я спустился с девятого на четвертый, начальственный, этаж, вошел в приемную Лапина, и его секретарь, милая женщина средних лет, посмотрев на меня с сочувствием, жестом пригласила в кабинет. За столом сидел САМ. Кроме того, собрался целый ареопаг: заместитель Лапина по Иновещанию Александр Петрович Евстафьев, начальник отдела кадров Лобанов, заместитель председателя Генрих Зигмундович Юшкявичюс и Лев Андреевич Королев. Я поздоровался и сел на стул напротив Лапина. Разыгралось действо, которое я никогда не забуду...

Лапин был человеком незаурядным, одаренным множеством талантов, в том числе актерским. Изобразив на лице выражение крайнего отвращения, он спросил:

— Как же вы могли разговаривать с такой мразью?

Я ответил, что вовсе с ним не разговаривал. Тогда Лапин скорчил гримасу, будто я только что плюнул ему в суп.

— Но вы же приняли участие в одной с ним передаче!

Я кивнул и пояснил, что за мной осталось последнее слово в программе, которую смотрят десятки миллионов американцев, я смог сказать им то, что думаю. Так что, по моему мнению, я правильно сделал, что поучаствовал.

Лапин откинулся в кресле. Теперь его лицо изображало высокомерное презрение.

— Вы полагаете, что правильно сделали, а вот мы, видите ли, считаем, что вы поступили неправильно. Более того, мы считаем, что вы еще не доросли до такой работы, вам не надо заниматься этим. Понятно?

Поскольку я осознавал, что участь моя решена, я посмотрел Лапину в глаза и спросил:

— Я свободен?

Этого он не ожидал. Он окинул взором всех сидящих и, разведя руками, обратился к молчаливой аудитории:

— Нет, вы посмотрите, как он не любит критику.

Все это время Лев Королев дергал меня за полу пиджака и тихо просил молчать, терпеть. Но меня уже никто и ничто не могло остановить, пропадать — так с музыкой!

— Ну что вы, Сергей Георгиевич, совсем наоборот. Я уже лет пятнадцать работаю здесь и доброго слова не слышал ни от вас, ни от ваших подчиненных. Так что к критике я вполне привык.

Следует сказать, что Лапина боялись до обморочного состояния, ему не возражал никто, или почти никто. А тут какой-то несчастный комментатор. От неожиданности он чуть сбавил обороты.

— Вы должны понимать, Владимир Владимирович, что у вас работа — как у сапера. У вас нет права на ошибку.

— Извините, Сергей Георгиевич, — возразил я, совершенно закайфовавший от этой беседы, — но я нанимался к вам не сапером, а журналистом. Но коль скоро вы решили провести такую параллель, позвольте вам заметить: сапер, если он, не дай бог, подорвется на мине, знает, что свои постараются его спасти. А мы, работая здесь, понимаем, что именно свои постараются угробить.

Наступила мертвая тишина. И тут Юшкявичюс задумчиво посмотрел на потолок и абсолютно серьезно, выговаривая каждое слово четко и с литовским акцентом, отчего все прозвучало особенно весомо, как бы самого себя спросил:

— А интересно, как накажут Шевченко за то, что он принимал участие в одной программе с Познером?

Абсурдность всего происходящего была очевидна даже человеку туповатому, не говоря уж о Лапине.

— Ладно, — проворчал он, — идите, работайте.

Я встал, улыбнулся, пожелал всем всего хорошего и вышел.

Спустя два дня мне сообщили, что посол СССР в Вашингтоне Анатолий Добрынин направил в ЦК, КГБ и МИД отчет, в котором дал высочайшую оценку моему выступлению в программе Коппела. Конечно, я этому обрадовался, но эта радость не шла ни в какое сравнение с той, которую я испытывал, покидая кабинет Лапина. Я торжествовал. Мне казалось, что я убил дракона, того самого дракона, который обосновался, свернувшись клубком, в моем сердце, и который то и дело мною управлял, извергая волны страха и заполняя им мою душу.

Но дракон был жив да и сейчас живет. Он живет в душах, которые искалечил. Он посасывает свою трубку, поглаживает усы, обнажает желтоватые клыки в уверенной улыбке и тигриными желтыми глазами наблюдает за тем, как целая страна, словно Лаокоон из змеиных пут, пытается вырваться на свободу из его скользких объятий.

***

К этой главе мне было бы нечего добавить, если бы не одно обстоятельство.

В предисловии к русскому изданию я рассказал о том, как изначально, когда Брайан Кан предложил мне написать книгу, я согласился только при условии, что в ней не будет ничего из моей личной жизни. Опытный американский редактор, похвалив рукопись, сказал тогда, что ее не напечатают, если я не расскажу в ней побольше о себе — и в конце концов я так и сделал. При этом я пытался говорить лишь о тех вещах, которые существенно

Мне 76. Первый справа мой внук Коля, третья – Валентина Чемберджи, справа от меня моя дочь Катя, слева – моя жена Надежда Соловьева. Париж, 2010 г.

повлияли на мою жизнь. Но кое-что я опустил — отчасти чтобы кого-то не ранить, отчасти исходя из чувства самосохранения.

Время все расставляет по своим местам, в том числе и самые личные мысли. И теперь, почти полвека спустя, решаюсь рассказать о событии, которое кардинально изменило мою жизнь — так мне кажется.

Когда я работал в Главной редакции политических публикаций АПН, я познакомился с Л.Р. — молодой и необыкновенно красивой женщиной: стройная, словно топ-модель, голубоглазая блондинка, но при этом умная и обаятельная, она меня сильно увлекла, и эта симпатия сначала стала обоюдной, а потом переросла в страсть. Она не была замужем, я же был женат и имел ребенка. Я отдавал себе отчет в том, что не уйду от жены, не оставлю ребенка, но физическое — да и не только физическое — влечение было неодолимым. Хорошо ли это, плохо ли, но я не умею врать и совершенно лишен способности жить двумя параллельными жизнями. И через довольно короткое время я признался Валентине в том, что у меня роман — и ушел из дома. Идти мне было некуда. Я не мог вернуться к родителям — не потому, что они отказали бы мне в жилье, а просто это было немыслимо для меня. И вот я снял комнату в квартире подруги домработницы моих родителей. Платить мне особо было нечем, но она согласилась сдать ее при условии, что я там не буду ночевать по четвергам, когда она принимает своего любовника — северного вьетнамца, студента какой-то специальной академии для зарубежных коммунистов.

Туда по вечерам ко мне приходила Л.Р.

Сказать, что я терзался муками вины перед Валентиной — не сказать ничего. В конце концов я попытался покончить с собой: взрезал вену на левой руке. Попытка не удалась, потому что когда я приступал к правой руке, без стука вошла хозяйка, которая, увидев лужу крови, заверещала не своим голосом и вызвала «скорую».

Я понял, что так жить не смогу, и написал Валентине письмо с просьбой простить меня и разрешить вернуться. Она разрешила, и это был один из самых счастливых дней в моей жизни. Простила ли? Не знаю, но я напрасно думал, что теперь все будет хорошо. Валентина через некоторое время увлеклась другим человеком, и я воспринял это как наказание — справедливое наказание за мой поступок.

Думаю, именно эта история сыграла решающую роль в нашем расставании; вполне возможно, что не будь ее, мы остались бы вместе и тогда моя жизнь сложилась бы совершенно иначе.

ГЛАВА 7. прорыв

Когда я приехал в Советский Союз, народ в своем подавляющем большинстве верил в советскую систему. Еще он верил Сталину — несмотря на террор, несмотря ни на что. Миллионы советских людей выходили на демонстрацию Первого мая, будь то на Красной площади или в каком-нибудь захолустном городке, и праздновали День международной солидарности трудящихся, не сомневаясь, что весь мир празднует вместе с ними.

Первый и тяжелейший удар по этой вере был нанесен Никитой Сергеевичем Хрущевым, разоблачившим так называемый «культ личности И.В. Сталина». Можно строить множество теорий относительно подлинной цели хрущевской «десталинизации», но одно несомненно: он был уверен в том, что, ударив дубиной по Сталину, сумеет разнести в щепки сталинскую мифологию. Как и во многих других случаях, он ошибался. При всей своей природной смекалистости Хрущев был человеком малокультурным и плохо образованным, с ограниченным кругозором. Положив на весы истории прямолинейную антисталинскую деятельность Хрущева с тем, чтобы выяснить, что перетягивает — польза от шоковой терапии или вред от разрушенных идеалов и зарожденного цинизма, мы вряд ли добьемся однозначного ответа.

Как я уже отмечал, первые годы хрущевской «оттепели» были ознаменованы появлением как надежд и энтузиазма, так и разочарования и цинизма. Одно не противоречит другому, диалектика жизни много сложнее, чем мы, работники СМИ, да и не только мы, себе представляем. С одной стороны, разоблачение Сталина — деспота, одержимого манией власти, кровавого монстра, злого гения для многих явилось не меньшим потрясением, чем стало бы, скажем, для глубоко верующего человека известие о том, что Бога в самом деле никогда не было и нет. Но с другой стороны, живительная струя свежего воздуха, заполнившая

Мне только что в очередной раз отказали в поездке за рубеж. 1977 г.

засохшие легкие страны, была настолько сладкой, что породила во многих чувство торжества и эйфории. С одной стороны, отчаяние, глубочайшее разочарование, с другой — рождение новой, не менее сильной веры, чем прежде.

Некоторые утверждают, что Хрущева вовсе не волновали цели либерализации и демократии, ему, истинно советскому порождению, продукту сталинской системы, эти понятия были столь же чужды, сколь и безразличны. На самом деле, разоблачая Сталина, Никита Сергеевич пытался перехватить власть у Берии и Маленкова, в которых многие видели первых среди прочих преемников Сталина (наряду с Молотовым и Кагановичем). Вместе с тем Хрущев не мог довести свою антисталинскую кампанию до логического конца, поскольку сам испачкал руки в крови по самые локти. Не будем забывать о том, что он занимал высокие партийные должности в самые страшные годы сталинского террора: в Москве (1935–1938) и на Украине (1938–1947). Его подпись стоит под смертными приговорами множества ни в чем не повинных людей. Понятно, что ему надо было прибрать паруса своей десталинизации прежде, чем разбушевавшие волны обрушатся на его собственный парусник. Здесь-то и кроются причины половинчатости, непоследовательности его реформ.

В этих рассуждениях есть доля истины, причем немалая, но массовая реабилитация несправедливо репрессированных, исправление ошибок (какие бы цели это ни преследовало) были несомненным благом для страны. Однако Хрущев, овладев властью, не только позволял другим петь себе дифирамбы, он явно пал жертвой собственного властолюбия. И постепенно те, кто поначалу поверил ему, приветствовал его, стали сомневаться, а потом откровенно критиковать человека, который наградил золотой звездой Героя Социалистического Труда кинорежиссеров, создавших документальный фильм-панегирик «Наш дорогой Никита Сергеевич».

Парадоксальным образом Хрущев напоминает мне... Наполеона. Если бы этот император, стоявший во главе французских революционных (!) войск, отменил в России крепостное право, полагаю, он выиграл бы войну 1812 года. Царизм канул бы в Лету на век раньше. Кто знает, какие это могло бы иметь последствия не только для России, но и для всего мира? Понятно, у истории нет сослагательного наклонения, но в данном случае все проще: Наполеон *не мог сделать этого*. Не потому, что не обладал властью, а потому, что это было вне его ментальных возможностей. Как мне кажется, именно этой психологической слепотой объясняется его поражение в 1812 году, где главную роль сыграл вовсе не Кутузов, а русский народ — крепостные, ведшие партизанскую войну, крестьянская дубина, которой ни он, ни его блестящие маршалы противостоять не могли. Но если бы он даровал этому народу свободу — что тогда? Дает ли это основания утверждать, по крайней мере теоретически, что Наполеон мог выйти победителем в русской кампании? Нет, не дает, поскольку, как я уже писал и в чем я не сомневаюсь, Le Petit Caporal сохранял менталитет и предрассудки «маленького ефрейтора», что исключало для него любую возможность принимать решения на уровне «освободителя нации».

Если бы Хрущев довел до конца начатые реформы, если бы он открыл двери для демократических преобразований, для свободы слова, если бы он вступился за группу Краснопевцева (студентов исторического факультета Московского университета, приговоренных к десяти годам лагерей за издание подпольной газеты и за призывы к многопартийности), если бы он потребовал отмену суда над Синявским и Даниелем, если бы он запретил охоту на диссидентов и поощрял бы инакомыслие — если бы Хрущев выбрал именно этот путь, возможно, он одержал бы победу над советско-партийным бюрократическим аппаратом, ведь именно в это время аппарат колебался, шатался, терял равновесие. Но все эти «если бы» исходят из абсолютно ошибочного предположения, что Хрущев, этот рабоче-крестьянско-большевистский полуграмотный Хрущев мог преодолеть самого себя. Можно ли не то чтобы требовать, но хотя бы надеяться, что кошка вдруг залает? К моменту, когда в результате еще одного партийного заговора скинули Хрущева, его никто не поддерживал, ему уже никто не верил — «кукурузник», стучавший башмаком по столу на Генеральной Ассамблее ООН, публично материвший Маргариту Алигер на встрече с творческой интеллигенцией и Эрнста Неизвестного на выставке художников в Манеже, стал посмешищем.

Впрочем, мало кто предвидел, что принесет с собой Леонид Ильич Брежнев. Если первые годы хрущевской «оттепели» породили надежду и веру, то к 1964 году, когда Хрущева сняли, от них оставались лишь жалкие тени. Можно сказать, что брежневские годы добили их — так, как офицер добивает выстрелом в голову подстреленных, но еще живых жертв расстрела. Правда, сравнение это совершенно ошибочное. Выстрел в голову избавляет жертву от мучений, брежневские же годы скорее походят на своего рода проказу. Общество наблюдало за собственным гниением, за тем, как постепенно отваливаются пальцы рук и ног, принюхивалось к запахам, осязало тошнотворный вкус коррупции, прислушивалось к маловразумительным и оскорбительным для человеческого ума и уха «экономика должна быть экономной», «сисимасиси», «сосисские сраны» — и заходилось при этом от смеха.

Оно смеялось, когда Брежневу прикалывали на грудь четыре золотых звезды Героя Советского Союза и одну «Гертруду». Оно смеялось, наблюдая за тем, как брежневский клан фарцевал, торговал золотом и брильянтами, валютой и наркотиками. Оно смеялось над тем, как никому не известный офицер с «говорящей» фамилией Чурбанов женился на Гале Брежневой и тут же стал генералом и первым заместителем министра внутренних дел. Оно до слез смеялось, когда этот министр внутренних дел СССР, главный борец с преступностью, присваивал себе то, что украли воры и бандиты, и принуждал беспомощных старух продавать свой семейный антиквариат за бесценок. Оно смеялось, глядя на то, как Рашидов, первый секретарь ЦК партии Узбекской ССР и кореш Брежнева, обнимался с местной мафией и накапливал сказочные богатства на труде женщин и детей, вынужденных за гроши от зари и до зари собирать хлопок. Оно задыхалось от смеха, видя всеобщее взяточничество, то, как все и вся продается и покупается, в том числе правительственные награды и звания.

За всем этим и за многим другим общество наблюдало и смеялось — зло, безнадежно, горько, сквозь слезы (где ж вы были, дорогой Николай Васильевич?).

***

Одна из главных тем сегодняшней России — всеобщая коррупция. Об этом говорят как о чем-то новом, только что поразившем российское общество. Непостижимо, как быстро забывается прошлое: к концу брежневского правления коррупция стала всеобщей, ничуть не меньшей по масштабу, чем сегодня. Взятки давались за все: за внеочередное получение автомобиля, за ту или иную справку, за дефицит. Рыба, как метко определяет русская пословица, гнила с головы — ровно так же, как сегодня. Разница заключается лишь в том, что тогда деньги имели меньшую силу, чем ныне, но суть и масштаб коррупции не изменились.

***

Некоторые выбрасывались из окон, кидались под машины, но таких было мало. Гораздо больше было тех, кто пил горькую и умирал в алкогольных парах. И еще больше тех, кто ринулся принимать участие в этом своеобразном кетче, набивая карманы, животы и рты всем, что удавалось отхватить и откусить.

Иные все же отказывались участвовать в этой вакханалии. Не желали умирать. Не сдавались.

В течение двух десятилетий, вплоть до 1985 года, они, эти думающие люди, спорили о том, возможно ли надеяться на изменения. Казалось, надеяться не на что. Брежнев и партийный аппарат представлялись вечными, гуманные идеалы социализма, в самые отчаянные часы придававшие нации неодолимую силу, превратились в неприличные призывы, которым не верил решительно никто. Считалось, нет смысла бороться, ни будучи членом партии, ни находясь вне ее, поскольку борцов в лучшем случае игнорировали, а в худшем — уничтожали. Мир придерживался единой точки зрения, что нет ни малейших надежд на сколько-нибудь серьезные изменения в СССР. И лишь очень немногие настаивали на том, что так продолжаться не может, что мгла предшествует рассвету.

Я был среди последних — отчасти потому, что такая мысль выглядела логичной. Ведь ни одно общество не способно оставаться статичным, вслед за падением непременно наступает подъем, а мы, как мне казалось, упали — дальше некуда. Но дело было не только в логике. *Я должен был верить*, что станет лучше. Я держался за свою веру так, как тонущий держится за соломинку.

Мои самые близкие друзья говорили, что я сошел с ума. «Ты наивный идеалист, — сказал мне один из них. — Ты не понимаешь Россию, ты не понимаешь русский народ. Если что и изменится, то только к худшему. Не понимаешь ты ни х...»

Потихоньку я начал соглашаться с этим.

Леонид Ильич Брежнев умер 10 ноября 1982 года, его смерть не вызвала ни переживаний, ни даже удивления. Полуинвалид, порой не понимавший, где находится, не выговаривавший множества букв, спотыкавшийся не только языком, но и ногами, объект бесчисленных анекдотов, каждый из которых на самом деле комментировал прогрессирующее слабоумие вождя, он даже не вызывал сочувствия...

«Помощник генсека Брежневу:

— Леонид Ильич, вы надели разные туфли, одну черную, одну коричневую. Надо послать водителя домой, чтобы он привез нужные.

Брежнев (подумав минуты две):

— А зачем? Дома ведь тоже одна туфля черная, другая — коричневая».

Или:

«Брежнев помощнику:

— Мне завтра надо выступить на заводе с речью о мирном существовании. Напиши, но покороче, не больше пятнадцати минут.

На следующий день помощник спрашивает Брежнева:

— Ну, Леонид Ильич, как прошла речь? Понравилась?

Брежнев:

— Понравиться — понравилась, но я же просил минут на пятнадцать, а ты написал мне на целый час.

Помощник:

— Леонид Ильич, неужели вы зачитали все четыре экземпляра?»

Нет, смерть Брежнева никого не удивила. Но «избрание» генсеком Юрия Владимировича Андропова стало большой неожиданностью.

Я до сих пор не могу понять, почему его назначение многие восприняли как нечто позитивное, как повод для оптимизма. Ведь Андропов возглавлял КГБ в течение пятнадцати лет, и именно он жестоко и безжалостно давил любые проявления инакомыслия, именно ему принадлежит иезуитская идея о необходимости принудительного психиатрического «лечения» диссидентов (мол, только психически больной человек может быть противником советской власти). Но и это не все. Одно из первых его дел на посту генсека — организация своего рода «опричнины», которой вменялось отлавливать граждан, находившихся не на рабочих местах, а в кино, магазинах и даже в банях. Понятно стремление каким-то образом навести порядок в совершенно распоясавшейся стране, но метод был выбран, как мне кажется, совершенно неприемлемый. Однако это мнение не разделяется большинством. Более того — и это поразительно — многие мои сограждане по сей день вспоминают эти драконовские меры с восхищением, а их автора — с нежностью.

Еще удивительнее то, что Запад присоединил свой голос к хору аллилуйя, пропетых в честь Андропова. Он якобы любил джаз, ценил хороший виски и превосходно говорил по-английски. Откуда шла эта «информация», не знал никто, но согласно логике советологов, все это добавляло ему очков и предвещало что-то хорошее.

Думаю, есть два объяснения тому, почему в Советском Союзе назначение Андропова восприняли как доброе предзнаменование. Во-первых, на фоне тотальной коррупции он казался рыцарем без страха и упрека. Он был скромен, сдержан, не ходили никакие слухи об эскападах его детей или родственников — этим он разительно отличался от Брежнева и брежневского окружения. Во-вторых, когда наступают трудные времена, русским свойственно искать сильную руку, которая в случае необходимости начнет безо всякого стеснения мочить всех кого следует. Кто подходил для этой роли лучше, чем бывший председатель КГБ СССР?

Я же не могу сказать об Андропове ничего хорошего. Он находился у власти всего лишь пятнадцать месяцев, и за это время во внутренней политике не произошло никаких значительных изменений к лучшему. Что же касается внешней — Андропов пригрозил отменить переговоры с США, если те решатся разместить в Европе ракеты «Першинг-2» и крылатые ракеты, а затем-таки прервал переговоры, что было весьма на руку ястребам вроде Ричарда Перла: первая ракета «Першинг» была размещена, Советский Союз покинул стол переговоров в Женеве, после чего Пентагон мог размещать что и сколько ему хотелось.

Андропов умер 9 февраля 1984 года — и вновь никто не удивился: тщательно скрываемая от всех информация о его смертельной болезни являлась секретом Полишинеля, об этом знала вся страна. Но «избрание» на пост генсека Константина Устиновича Черненко было воспринято как что-то из области гиньоля. Из тех, кто по телевидению наблюдал за торжественными похоронами Андропова на Красной площади, вряд ли забудет трагикомическую сцену: Черненко отчаянно пытается отдать честь умершему товарищу по партии, он тянется правой рукой к краю своей зеленой велюровой шляпы, рука поднимается медленно, будто сопротивляясь весу привязанной к ней тяжеленной гири. Вот она поравнялась с его правым плечом, вот, слегка дрожа от усилия, достигла мочки уха и застыла, все заметнее дрожа. Прошло пять или десять секунд, и рука упала, словно в полном изнеможении. Вместе со мной в то утро на работе этот спектакль смотрели несколько моих коллег, и я отчетливо помню, как мы молча переглянулись, а потом кто-то проронил: «Не жилец».

По сути дела, все понимали: Черненко — фигура компромиссная, но кто будет следующим — вот это был главный вопрос. Чаще всего назывались три фамилии: Горбачев, Гришин, Романов.

Наименее известным в широких кругах был Горбачев, избранный в Политбюро лишь в 1980 году. По слухам он числился среди «либералов». Двое его конкурентов были хорошо знакомы общественности.

Виктор Васильевич Гришин не только являлся членом Политбюро, но и занимал весьма престижный пост первого секретаря Московского городского комитета партии. Это была личность бесцветная, безликая, до мозга костей партийно-бюрократическая. По сути дела, о нем не ходили ни слухи, ни анекдоты, он был частью машины и в совершенстве знал ее изнутри. У него имелись свои представления о правилах игры, о приоритетах и партийной иерархии. Об этом, в частности, свидетельствует история женитьбы его сына, о которой мало кто слышал.

Как теперь известно, Лаврентий Павлович Берия был донельзя сластолюбив. Для удовлетворения его похоти гэбэшники отлавливали на улицах Москвы хорошеньких женщин и приводили их «хозяину». Как правило, насытившись приглянувшейся дамой он оставлял себе на память какой-нибудь предмет ее интимной одежды, чаще всего лифчик. Но были и исключения из правил. В частности, Берия однажды заметил одну девушку шестнадцати лет и... влюбился. Он даже встретился с ее родителями, чтобы получить их согласие (хотел бы я посмотреть, как они отказали бы ему) на брак. Правда, Берия был женат, но, подождав восемнадцатилетия своей новой пассии, он взял ее к себе в качестве второй жены. Она родила ему дочь... А много-много лет спустя вполне взрослый сын Гришина встретился с этой дочерью — и влюбился в нее. Через какое-то время он сделал ей предложение, но мать ее категорически воспротивилась. «Держись подальше от сильных мира сего, — сказала она дочке, — я уж так нахлебалась, тебе не советую». Незадачливый жених названивал ей по телефону, а она бросала трубку, отказывалась говорить с ним. И однажды к ней домой явился сам В.В. Гришин. «Почему вы не даете согласие на брак вашей дочери с моим сыном? — спросил он. — Не считаете ли вы, что сын Гришина недостоин руки дочери Берии?» Он не шутил. Он и в самом деле полагал, будто люди сталинского окружения, что бы о них ни говорили, стоят особняком, что они — не чета нынешним.

Эту историю рассказала мне мать той девушки, так что ссылаюсь на первоисточник. Не называю ее имени и фамилии, потому что это не играет роли в характеристике Гришина, хотя и оставляет без внимания интересы любителей «клубнички». Что ж, ничего не поделаешь.

***

Все возвращаюсь к тому, что время многое меняет. Эту женщину я хорошо знал, звали ее Лялей Дроздовой. Она была необыкновенно хороша собой — я познакомился с ней в ее лет со-

Первый приезд тети Лёли в СССР. Рядом с ней сидит мама, стоим (слева направо) Павлик, я, папа. 1963 г.

рок, так что можно только догадываться, какой она была в восемнадцать. *О ней ходили разные слухи, в частности, о том, что ее отец, крупный чин в НКВД, узнав о намерениях Берии относительно его дочери, застрелился. Было в Ляле что-то от femme fatale, хотя на самом деле, как мне представляется, она являлась фигурой трагической: Берию, отца ее первой дочери Марты, расстреляли; расстреляли и мужа ее второй дочери. Ляля сошлась с одним из моих близких друзей и прожила с ним лет пять — собственно, тогда я и узнал ее. Отношения у нас были доверительные, но Ляля никогда ничего не рассказывала о Берии — да я и не спрашивал, считая это бестактным. После того, как она рассталась с моим приятелем, я видел ее редко, а потом и вовсе перестал встречать. Умерла она несколько лет тому назад, оставив за собой какой-то таинственный шлейф.*

***

Все-таки поразительно, что Гришин рассматривал этот брак как партийно-династический...

Что до третьего кандидата в генсеки, то Григория Романова и боялись, и ненавидели. Еще будучи первым секретарем Ленинградского обкома партии, Романов заслужил репутацию безжалостного, жестокого, властолюбивого партийца. Он был до крайности надменен — настолько, что лишь узкому и особому кругу лиц разрешалось входить в его кабинет и лицезреть его во плоти. Со всеми остальными сотрудниками Смольного он общался по внутреннему телевидению. Говорят, что для свадебного банкета одной из своих дочерей он приказал доставить из Эрмитажа царский сервиз. Так это или нет, не знаю, но, учитывая его диктаторские наклонности, допускаю подобную возможность. Из троицы претендентов на высший партийно-государственный пост он, несомненно, имел самую твердую руку. Стань он генсеком, страна почти наверняка вернулась бы в состояние модернизированного, но не менее страшного сталинизма.

Константин Устинович Черненко скончался 10 марта 1985 года. На следующий день Пленум ЦК КПСС избрал Генеральным секретарем Михаила Сергеевича Горбачева. Но как водится, решение Пленума было формальностью — голосовать за Горбачева *рекомендовало* ему Политбюро.

Однако как там сложились голоса? Кто был за Горбачева, кто против? Пока соответствующие документы закрыты и рассекречены будут еще не скоро. Так что приходится строить догадки.

Можно предположить, что шестидесятидвухлетний Романов понимал — ему не выиграть и потому поддержал кандидатуру Гришина, который был старше его на девять лет и гораздо ближе по взглядам. Расчет простой: при Гришине у власти выпихнуть из состава Политбюро Горбачева будет несложно, а без Горбачева Романов рано или поздно (скорее рано, учитывая возраст Гришина) займет гришинское кресло.

Говорят, что Горбачев победил с перевесом всего лишь в один голос. Возможно, это так. Но совершенно точно известно, что из десяти тогдашних членов Политбюро (Алиев, Воротников, Горбачев, Гришин, Громыко, Кунаев, Романов, Соломенцев, Тихонов, Щербицкий) двое — Кунаев и Щербицкий — отсутствовали (а они почти наверняка не проголосовали бы за Горбачева). Знаем мы и то, что из этой десятки семеро вскоре были отправлены на пенсию: Романов (июль 1985 г.), Тихонов (октябрь 1985 г.), Гришин (февраль 1986 г.), Кунаев (январь 1987 г.), Алиев (октябрь 1987 г.), Соломенцев (октябрь 1987 г.) и Щербицкий (сентябрь 1989 г.). Не секрет и то, что ключевую роль в избрании Горбачева сыграл Андрей Андреевич Громыко, остававшийся членом Политбюро до своей смерти в 1989 году.

Вообще-то количество высокопоставленных партийных функционеров, отошедших в мир иной между 1981 (год XXVI съезда партии) и 1985 годами (когда избрали Горбачева), было таким, что какой-то московский острослов придумал загадку, мгновенно ставшую популярной во всей стране: «Вопрос: назовите любимый вид спорта членов Политбюро. Ответ: гонки на лафетах».

Я отчетливо помню состояние радостного ожидания, с каким страна встретила избрание Горбачева. Казалось, замерший почти пульс застучал, в воздухе запахло чем-то головокружительным. Вместе с тем ничто в официальной биографии Горбачева не говорило о его склонности к радикальным переменам, ничто не объясняло вдруг возникшие ожидания. Но народ, как всегда, предчувствовал. Точно так же, как животные задолго чуют приближение урагана или землетрясения, мы, животные политические, шестым чувством ощущаем приближающиеся социальные катаклизмы.

Первое публичное выступление Горбачева разительно отличалось от того, что прежде говорили партийные боссы. Начал он с хорошо всем известного, но всегда официальными лицами умалчиваемого: экономика страны нуждается в коренной перестройке, производительность труда непозволительно низка, потери в энергетической области огромны, производство продуктов питания и товаров народного потребления значительно уступает мировым стандартам как в количественном, так и в качественном отношении. Тре-

С Михаилом Сергеевичем Горбачевым на Радио-7 «На семи холмах». 1998 г.

буются, заявил он, радикальные меры, чтобы поднять страну на качественно новый уровень общественного и экономического прогресса. Повторяю, это было известно, хоть и табуировано, но Горбачев пошел дальше, связав экономические перемены с политическими: «Нам ясно, что эту задачу не решить без достижения нового уровня в развитии социалистической демократии». «Кроме того, — добавил он, — публичность является неотъемлемой частью социалистической демократии. Подробная, своевременная и откровенная информация является свидетельством доверия к народу, уважения к его уму и чувствам и к его способности понимать события».

Для страны, которая десятилетиями жила в условиях строжайшей цензуры и контроля за информацией, эти слова, этот первый призыв к тому, что впоследствии стало называться гласностью, содержали в себе обещание радикальных перемен.

Но ведь мы уже были научены горьким опытом. Мы слышали речи — пусть не такие, но тоже многообещающие — о том, как «догоним и перегоним Америку», о том, как будем «жить при коммунизме», да мало ли о чем еще! Все эти грандиозные посулы оказались пустым звуком — хлопком пробки, вылетевшей из бутылки шампанского. Так что мы имели основания сомневаться в словах Горбачева. Но вскоре стало понятно: его появление — это знак, обещание прорыва для страны в целом и для каждого из нас в отдельности.

И для меня тоже.

Мой личный прорыв имел самое непосредственное отношение к моей профессии — журналистике. Точнее, к телевидению. Если фактическое уничтожение журнала «Спутник» символизировало для меня самые удушливые годы брежневизма, то телемост «Ленинград–Сиэтл: встреча в верхах рядовых граждан» ознаменовал начало гласности. Это телевизионное действо было не только моим личным прорывом (что важно для меня, но вряд ли имеет большое значение для страны), но и событием историческим — и потому оно достойно подробного описания.

Когда Рональд Рейган вел в 1980 году свою избирательную кампанию, немало политологов, как в США, так и в СССР, не принимали всерьез его антисоветскую риторику. Они считали, что либеральные кандидаты в президенты становятся более консервативными, занимая Овальный кабинет Белого дома, и наоборот. Возможно, это и в самом деле так, но каждое правило имеет исключения, и одним из них стал Рейган. У меня не было ни малейших сомнений относительно судьбы советско-американских отношений в случае его победы над президентом Картером: и когда он выиграл гонку, я предсказал серьезное ухудшение этих отношений (выступая 5 ноября 1980 года в программе «Ночная линия»). Как показало время, я не ошибся.

С того дня, как Рейган вступил на пост президента, отношения между двумя странами ухудшились — то есть они и были плохими, но теперь стали угрожающими. Нельзя винить в этом только Рональда Рейгана. Когда советское руководство приняло решение о вводе войск в Афганистан, оно четко дало понять, что совершенно не возражает против ухудшения отношений с Западом в целом и с Соединенными Штатами в частности. Мы пока не знаем, как именно принималось это решение, кто персонально несет ответственность за урон, нанесенный стране и народу, за последствия Афганистана. Не обладая этой информацией, я, однако, хотел бы предложить вам некую, на мой взгляд, не лишенную логики теорию.

К концу 1979 года можно было не сомневаться в двух вещах: во-первых, конгресс США не ратифицирует ОСВ-II (Договор по ограничению стратегических вооружений), хотя он и был подписан Джимми Картером и Л.И. Брежневым; во-вторых, в ответ на количественный перевес советских ракет среднего радиуса действия СС-20, несмотря на международные протесты, НАТО разместит ракеты «Першинг-2» и крылатые ракеты в Европе. И первое, и второе означали тяжелое поражение для советской внешней политики, особенно для тех, кто являлся сторонником и архитектором разрядки. Есть основания полагать, что ястребы в советском руководстве (а их было немало) увидели в этих событиях свой шанс отыграться. В связи с этим я не могу не вспомнить главного редактора Главной редакции радиовещания на США и Англию, о котором уже писал и который взял меня на работу еще в 1970 году. Я имею в виду Николая Николаевича Карева. Хоть он и возглавлял Главную редакцию радиовещания на США, он эту Америку не любил. Он стал ярым противником разрядки с того весеннего дня 1972 года, когда об этом понятии заговорили во время визита президента Никсона в Москву. Карев писал гневные письма протеста в ЦК, заявляя, что с «американскими империалистами» можно вести дела только с позиции силы. Вскоре его перевели на другую работу, назначив на его место Гелия Шахова, человека совершенно иных воззрений. Но каревы ждали своего часа, и, как им казалось, дождались к концу семидесятых годов. Легко себе представить, как они пеняют Брежневу: «Ну вот, видите, Леонид Ильич? Разве мы не предупреждали, что ничего из этой разрядки не

Узнаёте? Совсем молодой Михаил Барщевский участвует в одном из первых телемостов. 1983 г.

получится? Что американцам нельзя доверять, что они уважают только силу? Так давайте применим ее, силу-то!»

Лучшего места для ее применения, чем Афганистан, нельзя было придумать. Тут все сходилось: общая граница с СССР, слабая в военном отношении страна, отличный полигон для испытания новых видов вооружения, тактики и стратегии ведения военных действий.

Возможно, мое предположение ошибочно. Но мы непременно узнаем истину, и как мне кажется, она подтвердит мои слова. Так или иначе, отношения между двумя сверхдержами ухудшались с пугающей скоростью. К концу 1981 года были прерваны по сути все обмены, все контакты на правительственном уровне; резко снизилось количество американских туристов, приезжающих в СССР. О поездках советских туристов в США говорить не приходится. Образовалось своего рода пустота. И из этой пустоты родилась концепция телемоста. К этому были причастны несколько человек — американцы Джим Хикман и Рик Лукенс, советские граждане Павел Корчагин, Сергей Скворцов да и автор этих строк. Но «отцом» этой идеи стал Иосиф Гольдин, человек блестящего и парадоксального ума, не диссидент, но и не «homo soveticus», человек, который отказывался жить по советским нормам и более всего на свете дорожил своей свободой.

***

Я убежден, что Иосиф был гением. Он считал, что если во всех крупных городах мира установить гигантские телевизионные экраны, позволяющие людям не только видеть друг друга, но и общаться, разговаривать, то это предотвратит войны. Иосиф был деятельным мечтателем, с одной стороны — романтиком-идеалистом, с другой — абсолютным прагматиком, который точно знал, как добиться желаемого. Если бы я мог, я поставил бы Иосифу памятник первооткрывателя. Думаю, ему эта идея понравилась бы — он не был лишен тщеславия. После успеха телемостов наши пути с ним разошлись, он много и надолго ездил в Штаты, но я его ни разу там не встречал. Умер он от инфаркта во Владикавказе, куда приехал, чтобы попытаться уладить конфликт с Чечней.

***

Как и многие гениальные идеи, эта была весьма простой: использовать спутниковую телевизионную технику и гигантские телевизионные экраны, чтобы позволить двум большим группам людей общаться между собой. Летом 1981 года в Москве находились Хикман и Лукенс, представители движения, получившего название «гражданская дипломатия». Его активисты встречались с советскими людьми, которые, как и они, были крайне обеспокоены состоянием отношений между США и СССР. Во время одной такой встречи речь зашла о фестивале рок-музыки, который должен был состояться в сентябре в Калифорнии в местечке Сан-Бернардино. Фестиваль продлится несколько дней, будет проходить на открытом воздухе при огромном стечении народа — до четверти миллиона человек ежедневно. Для того чтобы всем было видно сцену, построят гигантские экраны... И в этот момент кто-то из нас — не помню, кто именно (да это и не столь важно), спросил, а нельзя ли из Москвы послать изображение, чтобы оно было принято в Сан-Бернардино и показано на одном из этих экранов.

В ночь с 4 на 5 сентября 1982 года по Москве около двухсот пятидесяти тысяч американцев в Сан-Бернардино издали вопль восторга, увидев, как на двух гигантских телеэкранах появилось изображение нескольких сот русских, собравшихся в третьей

Телемост с участием академика Чазова. 1984 г.

студии Гостелерадио в Москве; последние же, узрев на студийном экране несметную толпу, тоже завопили в ответ. Люди, разделенные друг от друга половиной мира, вдруг оказались рядом. Так начался первый в истории телемост...

На самом деле никакого реального общения между ними не было, если не считать трансляции нескольких музыкальных номеров. Для большинства это была лишь демонстрация возможностей современной техники. Но были и те, кто сразу оценил потенциал этой техники как средства общения американцев и русских, когда всякие отношения почти свелись к нулю. За телемостом «Москва–Калифорния» последовал целый ряд других, которые вел я: второй телемост «Москва–Калифорния», «Дитя мира» — памяти погибшей в авиационной катастрофе Саманты Смит, «Вспоминая войну» — где американские и советские ветераны войны вспоминали встречу на Эльбе, произошедшую сорок лет назад, наконец, телемост «Дети и кино», в течение которого дети в Сан-Диего и Москве делились друг с другом сценами из любимых фильмов. Все эти «мосты» писались (то есть не шли сразу в прямом эфире), затем монтировались и передавались в эфир Первой программы Гостелерадио СССР в прайм-тайм. То есть фактически их видела вся страна. Чего нельзя сказать о Соединенных Штатах, где аудитория ограничивалась лишь зрителями одной-единственной местной телевизионной станции, согласившейся принять участие в телемосте. Но если говорить о произведенном впечатлении, то и в Америке, и в СССР оно было минимальным, «мосты» эти не только не стали событием, они очень скоро забылись в обеих странах. Я объясняю это тем, что они не являлись подлинными по сути, это было искусственное общение с заранее установленными правилами, не соответствовавшими реальному положению вещей.

Отношения между двумя государствами, повторюсь, достигли низшей точки, подавляющее большинство американцев боялись Советского Союза и вполне соглашались с определением Рейгана, назвавшего СССР «Империей зла». Воспитанные в духе «интернационализма» советские люди не испытывали особой неприязни к американцам в целом, но поносили Рейгана и «американский империализм». Однако смотревшие эти первые телемосты не смогли бы догадаться об этом. Организаторы заранее договорились, что это будут «мосты дружбы» и к участию в них допустят только тех, кто стремится к улучшению отношений. Участникам предлагалось избегать конфронтаций, не стремиться «зарабатывать очки» друг за счет друга и искать новые пути общения.

Дело, конечно, благородное, участники и организаторы этих телемостов испытывали чувство радости, даже подъема, но вместе с тем не могли не понимать, насколько это доброе и заинтересованное общение не соответствует реальному положению. Эти программы — пример того, как желаемое принималось за действительное, и потому не удивительно, что они не оставили глубокого следа в памяти людей. Вскоре Гостелерадио и станция King 5 в Сиэтле договорились о проведении принципиально другого телемоста: с обеих сторон в нем должны были участвовать по двести человек, все люди совершенно обыкновенные, никак специально не отобранные — отсюда и родилось название «Встреча в верхах рядовых граждан». С советской стороны ведущим назначили меня, с американской — Фила Донахью. Его кандидатуру предложили американцы; я, признаться, представления не имел о том, кто такой Фил Донахью. Как оказалось, они не могли найти более подходящего для этого человека.

В то время — шел 1985 год — Фил Донахью находился на пике своей славы. Он олицетворял собой воплощение «американской» мечты. Фил родился в срединном штате Огайо в городе Дейтоне в самой заурядной американской католической семье ирландского происхождения. Мама его была домохозяйкой, отец — коммивояжером, торговавшим, если мне не изменяет память, мебелью (кажется, он умер, когда Фил еще был мальчиком; так или иначе, он крайне редко о нем вспоминает). Фил учился ни шатко ни валко, как всякий американский школьник, прятался под партой во время «ядерных тревог», которые готовили всех подростков к тому дню, когда Советский Союз обрушит на Америку дождь межконтинентальных ядерных ракет. Он молился «за спасение душ» русских, полагая, что вся их беда заключается в том, что они — безбожники. Окончив школу безо всякого блес ка, Фил получил подарок судьбы: знаменитейший в Соединенных Штатах католический университет Нотр-Дейм, куда, как правило, попадают лишь лучшие выпускники средних школ Америки, в этот год решил открыть свои двери и для учеников «средних», при том за очень низкую плату. Так Фил стал студентом престижного университета. За годы учебы он сильно увлекся радиожурналистикой и по окончании университета устроился работать на местную станцию репортером криминальной хроники. Он оказался одним из тех, кого в Америке называют «a natural» — то есть рожденным для того дела, которым занимался. Он быстро выдвинулся как прекрасный, ничего не боящийся, превосходно говорящий, умный репортер.

Такой заставкой открывался первый телемост между СССР и США Москва–Калифорния. Его открытие было встречено бурными аплодисментами. 1983 г.

Компания, в которой он работал, помимо радиостанции имела и телевизионный канал, и вот однажды ее хозяин попросил Фила (прежде никогда с телевидением тесно не сталкивавшегося) подменить заболевшего ведущего одной из популярных программ. Это была программа вполне традиционная: ведущий задавал вопросы гостю, а студийная аудитория, словно в театре, наблюдала, иногда выражая восторг или осуждение. Как мне потом рассказывал Фил, через пять минут после начала программы (а тогда все шло прямо в эфире, по сути дела, не записывалось ничего) он совершенно не знал, о чем дальше спрашивать гостя. В совершеннейшем отчаянии он кинулся к аудитории со словами: «Может, кто-то из вас хочет задать вопрос?» И — о чудо! — вопросы посыпались как из рога изобилия, вопросы острые, интересные. Так Филом Донахью был изобретен — пусть случайно — жанр talk show (ток-шоу). И с этого момента его карьера взвилась, словно ракета. Недолго проработав в Дейтоне, он вскоре оказался на крупной станции в Чикаго, а потом, как это всегда бывает в Америке в случае настоящего телевизионного успеха, в Нью-Йорке. К моменту нашей встречи его программа «Донахью» шла по тремстам с лишним телевизионным станциям США,

Телемост Ленинград–Бостон «Женщины с женщинами», на котором прозвучали ставшими легендарными слова «У нас секса нет...». 1987 г.

он зарабатывал миллионы долларов в год и, что самое поразительное, не имел конкурентов: он, единственный во всей Америке, вел ток-шоу — правда, вскоре ситуация изменилась самым драматическим образом, но это потом... Учитывая сказанное, нетрудно понять, почему кандидатура Донахью была идеальной.

Сегодня, когда стало модно иметь дело с Советским Союзом, можно не без удовольствия, потягивая джин с тоником, вспоминать о трудностях тех времен — в особенности если эти трудности вас лично не касались. Фил Донахью был *первой* американской телезвездой, рискнувшей своей популярностью американского идола ради того, чтобы «поработать с красными». Вспомним, что моими визави на всех других телемостах не были телезвезды, их конечно же могли причислить к «розовато-левым» за то, что они участвуют в таких программах, но они по сути не рисковали ничем. Фил же рисковал своим уникальным положением «всеамериканского героя».

Многие его коллеги по телевизионному цеху, не говоря о тех кремлеведах, с которыми он советовался, прежде чем принять решение, прямо и без обиняков заявляли: мол, он делает глупость, русские собираются использовать его, ему не дадут сказать то, что он хочет, советской аудитории; словом, давали понять, что Филу Донахью лучше заниматься своим делом, вести ток-шоу и держаться подальше от политики, в которой он не понимает ни черта, иначе русские оставят от него рожки да ножки.

***

Много лет спустя Фил поведал мне о том, как он позвонил Теду Коппелу и спросил его мнение о Владимире Познере. Тед сказал: «Он мне нравится». Но когда Фил стал советоваться с ним относительно возможной программы, Тед заявил, что это пустое дело, ничего не получится и так далее.
Я прекрасно помню, как однажды вечером раздался телефонный звонок.
— Алло? — ответил я.
— Это Владимир Познер? — уточнили на английском языке.
— Да.
— Это Фил Донахью.
Дальше посыпались вопросы: могу ли я гарантировать, что программа выйдет в эфир, могу ли я гарантировать, что ничего не вырежут, могу ли, могу ли, могу ли... На все я отвечал «да, могу», хотя на самом деле не мог гарантировать ничего. Но страстное желание добиться этого телемоста оказалось сильнее благоразумия.
Да и вообще, если нельзя, но очень хочется — то можно, правда?

***

Фил достоин всяческих похвал за то, что не испугался, но он был крайне озабочен возможными последствиями своего решения — что свидетельствует о его трезвом уме.

Например, он настоял на том, чтобы в Ленинград приехали его люди для подбора советских граждан, которые примут участие в телемосте. «Если мы не пойдем ему навстречу, — объяснял я руководству, — если он не сможет однозначно заявить, что именно его люди лично подбирали советских участников, американские зрители тут же решат, что вся эта аудитория подобрана работниками КГБ». Понимая его беспокойство, я опасался, что наше руководство вряд ли согласится с этим. Но мне удалось убедить его, и в ноябре 1985 года группа работников программы «Донахью» прибыла в Ленинград. Они хотели, чтобы аудитория представляла собой срез города, чтобы в ней были заводские рабочие, портовые грузчики, кораблестроители, медсестры, учителя, студенты, врачи и так далее. Понятно, что собрать такую компанию посредством опроса прохожих на улицах города невозможно. Очевидно было и то, что без нашей помощи никто не пустит этих милых женщин (их было три) на территории больниц и заводов (через год, когда уже мы поехали в Бостон, чтобы подобрать аудиторию для второго телемоста с Донахью — «Женщины с женщинами», нам точно так же потребовалась организационная помощь наших американских коллег). В Ленинграде мы быстро нашли общий язык. В течение дня мы все вместе (с советской стороны нас тоже было трое) посещали разные учреждения, спрашивали людей, хотят ли они участвовать в телемосте, и в случае их согласия записывали фамилии и телефоны, а в конце дня, собравшись в уютном номере в гостинице «Астория», уточняли списки возможных будущих участников. Последнее слово всегда было за представителями Донахью: если они просили вычеркнуть кого-то из списков, мы не спорили, ограничиваясь советами. Нам потребовалось чуть меньше недели, чтобы собрать необходимое количество людей. До телемоста оставалось около месяца.

Я собирался прибыть в Ленинград за день до телемоста, но вынужден был приехать раньше: мне в Москву позвонили Павел Корчагин и Сергей Скворцов (с которыми я сделал все телемосты, да и многое другое) и сообщили, что Ленинградским обкомом партии принято решение собрать всех будущих участников телемоста для предварительной «подготовки» к событию. Я понимал, что этого допустить нельзя, тут же помчался в аэропорт и вскоре оказался в городе трех революций. Уже через час я сидел с московскими коллегами Павлом и Сергеем, пытаясь выработать план действий. Мы не надеялись на поддержку руководства Ленинградского телевидения — для него возражать обкому было все равно что сделать себе харакири. Горбачев к этому времени находился у власти всего лишь восемь месяцев, власть же и авторитет КПСС оставались абсолютными, не было и намека на то, что вот-вот что-то случится. Словом, навлекать на себя партийный гнев никто не собирался...
Я договорился о личной встрече с Галиной Ивановной Бариновой, начальником идеологического отдела обкома.

Ленинградский обком партии размещался в Смольном, где я прежде не бывал. Меня поразило количество охраны — все хотелось спросить, кого они опасаются. И еще поразило то, что я отмечал и прежде в тех редких случаях, когда в Москве оказывался на Старой площади в здании ЦК: партийные функционеры поразительно друг на друга похожи. Есть нечто такое — в походке, в манере подавать руку, в выражении лица, в стиле одежды, — что делает их необычайно *распознаваемыми*. Вот уж поистине, рыбак рыбака видит издалека! Кстати, то же относится и к комсомольским функционерам, у которых, как мне показалось, есть особое, «знаковое» рукопожатие: рука выставляется довольно далеко и высоко, а затем, завладев встречной рукой, сжимается крепко и дергается не столько вверх-вниз, сколько просто резко вверх — непосвященных это часто приводит к тому, что они от неожиданности теряют равновесие и вынуждены сделать шаг вперед, а это сопряжено с определенным психологическим дискомфортом (по крайней мере так бывало со мной).

Надо признать, что Галина Ивановна Баринова совершенно не вписывалась в характерный образ партработника. Эта стройная, холеная, высокого роста женщина, со вкусом одетая и внешне вполне привлекательная, напоминала в гораздо большей степени бизнес-леди высокого уровня. Поздоровавшись со мной за руку (рукопожатие было крепким, но безо всякого дергания) и жестом пригласив сесть, она спросила, что привело меня к ней. Я сказал, что до меня дошли слухи, будто обком решил провести предварительную встречу с будущими участниками телемоста, а я категорически возражаю против этого.

— Почему? — спросила она.

Я ответил, что в принципе, может, и имеет смысл заранее готовить людей, которые прежде никогда не встречались с американцами, но в данном случае этого делать нельзя, потому что (тут я постарался и голосом, и выражением лица подчеркнуть важность ситуации) информация о такой встрече, дойди она до американцев, безусловно будет интерпретирована как попытка промыть мозги советским участникам, напугать их и к тому же отрепетировать с ними то, что им надлежит говорить. А это смертный приговор не только этому телемосту, но и любой попытке «строить» такие мосты в будущем.

Один из телемостов 1983–1984 гг. между СССР и США. Крайний слева – Юрий Щекочихин

— Да что вы говорите? — сказала Баринова с иронической улыбкой. — А как американцы узнают об этом?

Сам тон, каким был задан вопрос, и цинизм застигли меня врасплох, словно удар под дых. Но при счете «восемь» я встал на ноги и нанес пару собственных ударов.

— Есть в Ленинграде американское консульство, — напомнил я тоже не без иронии, — работники которого будут внимательнейшим образом следить за всем, что касается нашего мероприятия. Это во-первых. А во-вторых, если вы соберете группу из двухсот человек для предварительного собеседования, то нет ни малейших сомнений в том, что среди них найдутся такие, которые расскажут об этом своим родственникам и знакомым. То есть слух просочится обязательно.

В ответ Баринова улыбнулась своим чувственным ротиком, приоткрыв превосходно покрашенные губы ровно настолько, чтобы обнажить два ряда жемчужноподобных зубов, и нажала кнопку небольшого переговорного устройства, стоявшего на заставленном телефонными аппаратами столике рядом с ее письменным столом.

— Слушаю, Галина Ивановна, — раздался голос.

— Вызовите мне сюда Петра Петровича. Немедленно. — Она посмотрела на меня и пояснила: — Петр Петрович из Большого дома, — так я впервые узнал, как в Ленинграде называют здание КГБ. — Он сейчас будет.

Телемост «Ленинград—Бостон» 1986 г.

И в самом деле, Петр Петрович не заставил себя ждать. Я до сих пор не понимаю, как он добрался в Смольный с Литейной буквально за три минуты. Впрочем, вполне возможно, что у него был кабинет и в здании Смольного. Так или иначе, Петр Петрович предстал перед ее глазами будто по волшебству. Мне показалось, что он буквально влетел в кабинет Бариновой, но влетел совершенно бесшумно, как экспертно брошенный фрисби, и замер у самого края стола, почтительно склонив набок голову и словно всем своим существом вопрошая: «Чего изволите?»

— Знакомьтесь, — сказала ему Баринова, — Владимир Владимирович Познер. Присядьте.

Мы поздоровались, лишь коснувшись друг друга ладонями в совершенно формальном рукопожатии, и Петр Петрович согнул колени ровно настолько, чтобы задница опустилась на краешек стула, на который указала ему Баринова. Так он и сидел, напоминая мне стареющего, лысеющего попугайчика с выцветшими голубыми глазами.

— Петр Петрович, — начала Баринова, — нет ли у вас какой-либо информации о наших американских друзьях? Не проявляют ли они повышенного интереса к предстоящему мероприятию?

Он посмотрел на нее не мигая, потом слегка наморщил лоб, сжал губы и покачал головой.

— Нет, Галина Ивановна, все тихо.

Она кивнула и спросила:

— Значит, нет повода для беспокойства, Петр Петрович?

Он вновь внимательно посмотрел ей в глаза, вновь наморщил лоб и сжал губы, решительно покачал головой и повторил:

— Нет, все тихо.

— Спасибо, Петр Петрович, можете идти, — позволила Баринова, и Петя Попугайчик, как я назвал его мысленно, соскочил с жердочки, кивнул мне и тихо вылетел из кабинета. — Ну, что скажете, Владимир Владимирович? — почти ласково промурлыкала Баринова.

Я понимал, что проиграл. Но у меня оставалась еще одна последняя карта.

— Галина Ивановна, — сказал я, — если вы считаете необходимым организовать предварительную встречу с участниками телемоста, воля ваша, я тут ничего не могу поделать. Но если в результате этого что-то произойдет, то это будет ваша ответственность. Я хочу, чтобы прямо в протоколе было зафиксировано, что я предупредил вас о возможных последствиях вашего решения. Теперь это ваша ответственность, — повторил я, — я умываю руки.

До последнего времени самым большим преимуществом, коим обладали партработники высокого уровня, была возможность приказывать, никак не отвечая за результаты своих приказов. Если результат был удачным, партначальник пожинал соответствующие плоды: ордена-медали, продвижение по службе и прочие удовольствия. В случае неудачи рубили голову непосредственному исполнителю, который «не справился». Но я отказывался брать на себя ответственность «исполнителя», что было совершенно неприемлемо для партработника типа Бариновой.

— Ну зачем же вы так категоричны, — от ее улыбки растаял бы даже Петя Попугайчик, — мы же не бюрократы. — Она, встала, взяла меня за левую руку чуть выше локтя и повела из кабинета. — Пойдемте, нас ждет... — Баринова назвала имя-отчество, которое я с тех пор запамятовал, хотя речь шла о секретаре по идеологическим вопросам, весьма важной персоне в партийном мире. Мы пошли по бесконечным коридорам Смольного — это было для меня впервые, но потом я бывал здесь еще и каждый раз думал о том, как зимой 1934 года за одним из поворотов Сергея Мироновича Кирова ждал убийца. Убийца, как мне когда-то рассказывал человек, имевший отношение к этому делу, не дожил до допросов и до суда, он погиб, кажется, в автомобильной катастрофе, когда его везли на допрос или из тюрьмы в тюрьму. По некоторым источникам, Леонид Николаев — так звали убийцу — был судим и расстрелян. Но суд этот — если он и был — почему-то проводился без публики, без газетных заголовков, без криков типа «собаке собачья смерть», в отличие от знаменитых процессов 1936–1938 годов.

Гибель же Кирова послужила сигналом к началу сталинского террора, уничтожившего всю оппозицию и, как мне кажется, лучшие умы страны.

Кабинет второго секретаря был огромных размеров — разместились бы здесь все будущие участники телемоста. Самого же второго секретаря я плохо помню — лет пятидесяти, роста среднего, очки в роговой оправе, твидовый пиджак; говорил он хорошо поставленным баритоном и довольно активно размахивал руками. Он поздоровался со мной, дернув мою руку вверх, потом сказал:

— Раз вы не советуете встречаться с участниками мероприятия, не будем встречаться. Вот и все. Вам виднее, мы вам доверяем. Ответственность ваша. Желаю удачи.

Полагаю, что я застыл с выражением полного идиотизма на лице, потому что Баринова засмеялась. Только тогда я понял, как тщательно они подготовились. Еще до моего прихода они были согласны отказаться от предварительной встречи с аудиторией, просто хотели услышать мои доводы. Приглашение Пети Попугайчика стало чисто театральным представлением (допускаю, что Петр Петрович не был в курсе); они всего лишь решили меня испытать. И как только я заявил Бариновой, что умываю руки, что теперь это их ответственность, как только мяч оказался на их половине корта, они тут же вернули его мне и заявили, что игра закончена: мол, я вышел в финал, а уж если я проиграю там, тогда поговорим...

Наступил день телемоста. Состояние у меня было как у человека, которому сказали, что у него рак в последней стадии и нет надежды на спасение. Понимая, что смерть неминуема, он не особенно волнуется. Чему быть — того не миновать. Тем более учитывая, как мало времени у него осталось: три... два... один... старт!

Начало не предвещало ничего хорошего и застигло всех советских участников, в том числе и меня, врасплох. Американцы сразу полезли в драку и принялись лупить по Советскому Союзу во всех направлениях: эмиграция, «отказники», антисемитизм, права человека, диссиденты, свобода слова, Сахаров, Афганистан, южнокорейский лайнер 007, Солженицын... Подобного никогда не было на советском телеэкране, тем более с участием американцев! Любая критика советской системы просто-напросто запрещалась, между собой люди, конечно, выражали недовольство, но осторожно, чаще всего дома, на кухне, среди своих. Если в средствах массовой информации появлялась критика, то она была тщательно дозирована, кроме того, всегда подчеркивалось, что речь идет о «нетипичном явлении», об «отдельно взятых недостатках». Советские участники растерялись, фактически потеряв дар речи.

Я же как ведущий попал словно кур в ощип. Я был похож, по крайней мере внутренне, на циркового жонглера, который одновременно «работает» с несколькими наборами разных предметов, отчаянно стараясь ни один не уронить. Во-первых, я должен был способствовать общению между двумя сторонами. Во-вторых, мне надлежало постоянно оценивать собственное поведение, а еще следовало понять, как реагировать на Фила Донахью, который вел себя будто Рэмбо (как он объяснил мне потом, ему поручили не давать спуску «этим русским»). Я не знал, стоит ли мне пойти на обмен ударами или не позволять втягивать себя в конфронтацию? В-третьих, я не мог забыть о тех, кого не было видно в кадре, о тех, кто наблюдал со стороны, — о телевизионных начальниках, о Галине Бариновой со товарищи из Смольного. Что думали они по поводу происходящего? Наконец, в-четвертых, я задавался вопросом: выйдет ли когда-нибудь эта запись в советский телевизионный эфир и если выйдет, то в насколько обрезанном виде? Мне кажется, мое положение было куда более сложным и драматичным, чем положение Фила, да и моя аудитория совершенно не упрощала дело.

Советских участников фактически подобрала — пусть с нашей помощью, но с правом решающего голоса — Мэрилин О'Райли, женщина, работавшая много лет с Донахью сначала в Чикаго, затем в Нью-Йорке. Она являлась экспертом по подбору аудитории ток-шоу, но помимо прочего эта ирландская американка из Города ветров (как называют американцы свой самый американский из всех городов — Чикаго), эта мать шестерых мальчиков и одной девочки была совершенно прелестной женщиной. Несмотря на то что она не знала ни одного русского слова, она сумела не только установить человеческий контакт со всеми предполагаемыми советскими участниками, но и обворожить каждого из них. Ей помогала другая сотрудница Донахью, Лорейн Ланделиус, женщина пенсионного возраста, необыкновенно добрая, теплая и деликатная — такая всеобщая мама. Подавляющее большинство советских участников впервые увидели «живых» американцев и подсознательно они решили, что все американцы такие же милые и симпатичные, как Мэрилин и Лорейн. С этим ощущением они при-

Отбор участников телемоста Ленинград–Сиэттл «Встреча в верхах простых граждан» на кировском заводе. Ленинград, 1985 г.

шли в телевизионную студию, некоторые даже принесли с собой букетики цветов, чтобы помахать ими, приветствуя своих «американских друзей» и борцов за мир. Они сидели в студии с улыбками на лицах в ожидании начала коллективного космического рукопожатия, а вместо этого получили по морде. И они пошли на обмен ударами. Американец спрашивает: «А почему Сахаров у вас в Горьком?» А наш отвечает: «Потому что он — предатель, а вы — провокаторы!» Советские участники заняли глухую оборону. Среди американцев некоторые

Телемост Ленинград–Бостон «Женщины с женщинами». Донахью в бостонсокй студии. 1987 г.

высказывали довольно резкую критику в адрес собственной страны, наши же молчали. Как я ни старался, никак не мог их расшевелить.

Конечно, это можно понять. Гласность была в новинку, никто особенно не хотел рисковать. Ведь все хорошо знали, какие последствия ожидают тех, чье единственное «преступление» — выражение недовольства по поводу того, что они считали недостатком советской системы. Это воспринималось как антисоветская пропаганда, за нее полагался скорый суд и ГУЛАГ. Несчастные «антисоветчики» высказывались не по телевидению, не на всю страну, не на весь мир, но все равно подвергались жестокому наказанию.

Так как советские участники не желали делиться соображениями о собственных проблемах, я решил взять эту функцию на себя — разумеется, сдержанно, признавая наличие некоторых сложностей и неудач, наряду с несомненными успехами. Я отдавал себе отчет в том, чем рискую, но решение было принято мной задолго до самого телемоста. Да и не имел я выбора, должен же был *хоть кто-то* с советской стороны признать хоть часть правды.

По мере того как советские участники ни с чем не соглашались, американцы становились все злее и злее. Не знаю, чем все кончилось бы, если бы вдруг один из американских участников — высокий красивый мужик в кожаной тужурке, рыбак, как выяснилось впоследствии, — не встал и не сказал: «Мы что здесь — с ума сошли? Неужели вы не понимаете, что наши правительства как раз хотят нас поссорить?! Неужели мы пришли в эту студию, чтобы друг на друга орать? Неужели мы хотим войны?»

И тут все опомнились. Кто-то даже заплакал, люди заговорили иначе, стали открываться сердца...

Когда все кончилось, я был совершенно без сил. Моя жена Катя и близкий ленинградский друг, наблюдавшие за всем со стороны, смотрели на меня с выражением глубокой обеспокоенности на лицах. Мои московские «партнеры по авантюре» Павел и Сергей казались всем довольными и считали, что все прошло отлично. Я подумал, что они слишком молоды и не понимают возможных последствий только что произошедшего. Присутствовавшие представители ленинградской партийной организации были и растеряны, и напуганы. Хорошо помню неуверенную улыбку Бариновой, которая, прощаясь со мной, сказала: «Интересно, очень интересно...» И еще в памяти остались мои собственные соображения: все ждут, что скажут там, наверху.

Я был выжат как лимон и больше всего на свете хотел забыть об этом телемосте, будто его никогда и не было.

Но об этом не могло быть и речи. Нам предстоял монтаж программы, притом мы обещали американской стороне оставить всю критику, все то, что может не понравиться советскому зрителю. Это был вопрос нашей чести — но и вопрос нашей карьеры, нашего будущего. Завершая телемост, Донахью говорил, что американцы уважают советский народ, но удивляются, как может такой великий, талантливый, замечательный народ допустить, чтобы им управляла группа старцев, принимающих решения за плотно закрытыми дверями. И нам предстояло *это* выдать в эфир Гостелерадио СССР!

Следует упомянуть и о том, что мы с Донахью заключили джентльменское соглашение: обе версии телемоста — американская и советская — должны быть максимально идентичными. Но поскольку монтаж одной делался в Нью-Йорке, а другой — в Москве и, кроме того, хронометраж американской версии — не больше сорока шести минут (чтобы вписаться в традиционные временные рамки «Донахью»), а под эфир советской дали полтора часа, программы в итоге сильно отличались. Обе стороны вынуждены были согласиться с этим, но к работе друг друга относились с большими подозрениями, полагая, что любой вырезанный эпизод объясняется исключительно политическими мотивами. Через много лет я вспоминаю обе версии и думаю, что каждая сторона была честна и не изменила первоначальному замыслу.

Наша программа планировалась к выходу в эфир в феврале 1986 года, за два дня до открытия XXVII съезда ЦК КПСС. Дней за десять до назначенной даты председатель Гостелерадио Александр Никифорович Аксенов потребовал предварительного просмотра окончательной версии. Тот вечер я не забуду никогда...

В кабинете Аксенова собралась вся команда телемоста и новый начальник Главного управления внешних сношений Валентин Валентинович Лазуткин. Кроме того, пришли два заместителя Аксенова — Александр Петрович Евстафьев (он возглавлял Центральное радиовещание на зарубежные страны) и Владимир Викторович Орлов (глава Всесоюзного радио), а также Григорий Суренович Оганов — куратор Гостелерадио в ЦК. Аксенов, сменивший Лапина, был для нас человеком новым, пока не понятным. В определенном смысле он являлся абсолютно типичным партработником. По образованию — школьный учитель, во время войны возглавлял крупный партизанский отряд в Белоруссии, затем — министр внутренних дел этой республики, после — посол СССР в Польше. Настоящая иллюстрация к русским словам из «Интернационала» (которых нет во французском оригинале) — «кто был ничем, то станет всем». На самом деле, как я потом имел возможность убедиться, Аксенов был неплохим человеком, добрым, справедливым и порядочным. Но был он и крайне ограниченным, все видевшим лишь в черно-белых тонах, принимающим решения на уровне «да—нет», безо всяких «может быть». Описывая большевиков революционной поры, поэт Николай Тихонов дал им ставшее классическим определение: «Гвозди бы делать из этих людей, крепче б не было в мире гвоздей». Определение, подходящее к Аксенову как нельзя лучше. Это был человек несгибаемый, крепкий, который верил в дело партии безусловно и без сомнений (так и хочется сказать слепо) и не сомневался, что коммунист может все.

Признаю справедливости ради, но безо всякой охоты, что вера эта возникла не на пустом месте. По мере того как Советы теряли какую-либо власть, а партийный аппарат практически заменил собой правительство, партийного работника стали рассматривать как «швеца, жнеца и на дуде игреца», его бросали на выполнение самых разных заданий. И хотя он часто не имел профессионального образования в порученой ему сфере, он был профессиональным организатором, наделенным огромной властью. Если такой человек проваливал задание, не справлялся с партийным поручением и переставал быть партработником, ему, как правило, давали такое дело, которое, увы, требовало профессиональных знаний и подготовки (например, пост посла в какой-нибудь стране). Вряд ли есть необходимость говорить о том, к каким плачевным результатам это приводило. Правда, было время, когда партийные работники в значительной степени являли собой интеллектуальную элиту страны, но это было до того, как сталинская газонокосилка срезала все сколько-нибудь торчащие над остальными головы, оставив в живых лишь конформистов. Партработниками становились благодаря саморегулирующейся системе, которая с поразительной точностью выявляла инакомыслящих, сомневающихся, людей с развитым чувством собственного достоинства. В результате партийным работником становился тот, кто не мог быть ничем и никем иным. И как только проштрафившегося партийного начальника назначали на другой пост, подведомственное ему хозяйство начинало загибаться. Это для страны оказалось и остается крайне тяжелым делом — хотя пока наши руководители не желают в этом признаваться.

А.Н. Аксенов возглавлял Гостелерадио в течение трех с половиной лет и все это время демонстрировал полное отсутствие всяческого понимания предмета или умения обеспечить это важнейшее подразделение лидерством. При нем не происходило ничего, он не запомнился ничем и давно забыт.

Но в тот вечер я не знал ничего об этом человеке, во власти которого было либо казнить нашу программу, либо помиловать. Я встречался с ним впервые, и должен признать, он не произвел на меня впечатления: типичный черный костюм, сидевший мешком, какие-то блеклые глаза за толстыми стеклами очков, круглое маловыразительное лицо, небольшой с плотно сжатыми губами рот, нос пуговкой, темные, зачесанные назад волосы.

Аксенов поздоровался с каждым из нас за руку (рукопожатие было таким, будто тебя испытывают на прочность), пригласил сесть, сел сам и попросил запустить кассету. В течение следующих девяноста минут я исподтишка наблюдал за выражением его лица, надеясь уловить хоть что-нибудь. Тщетно. Аксенов мог бы стать великим покеристом — его лицо не выражало *ничего*. Не было ни улыбки, ни насупленных бровей. Я только потом понял: он не хотел, чтобы о его настроении догадывались заместители. Наконец эти мучительные полтора часа закончились. Аксенов повернулся к Евстафьеву и спросил:

— Александр Петрович, какое ваше мнение?

Второй слева – Председатель правления Гостелерадио СССР Александр Никифорович Аксенов. Крайний справа — начальник Главного управления внешних сношений. В центре — один из вице-президентов телекомпании NBC. Я — крайний слева. 1987 г.

Евстафьев, как я уже писал, возглавлял Иновещание и был моим начальником. Именно он потребовал в свое время исключить меня из партии за то, что я посмел выразить сомнения в правильности решения советского руководства о вводе войск в Афганистан. Евстафьев, на мой взгляд, был не глуп, но являлся абсолютным конформистом, человеком, который в зависимости от обстоятельств мог с одинаковым жаром нападать на какую-либо точку зрения либо защищать ее. Мне казалось, что я читаю ход его мыслей: начальник не дал понять, как сам относится к только что увиденному, но вряд ли такой «железный коммунист» поддержит подобную программу. В ней говорились опасные вещи, вещи, которые должны были спровоцировать в любом бюрократическом уме сигнал тревоги. Гласность только-только зарождалась, не существовало пока никаких прецедентов, на которые можно было бы опереться. В общем, шансы были не в пользу телемоста.

— Во-первых, — начал Евстафьев, — программа сыровата, она требует доработки. Но даже в этом случае ее вряд ли следует демонстрировать на всю страну. Это же Ленинград—Сиэтл, так что я предлагаю показать ее только в Ленинграде, посмотрим, какая будет реакция, потом решим, как поступить дальше. Во-вторых, так или иначе, сейчас вообще не время показывать ее, учитывая, что мы находимся в преддверии XXVII съезда партии. Это надо сделать после съезда, причем не сразу...

Пока говорил Евстафьев, от которого я, признаться, ничего другого не ожидал, я наблюдал за выражением лица Аксенова. Оно оставалось совершенно каменным.

— Спасибо, Александр Петрович, — сказал он и кивнул Орлову.

Владимир Викторович был известен тем, что боялся всего, вообще не принимал решений и «ел» начальство глазами. У него даже была кличка — «Плата за страх». Не приходилось сомневаться в его оценке телемоста, особенно после выступления Евстафьева. Как же можно предложить такое для эфира? Что это за разговоры об «отказниках», о каких-то евреях, о диссидентах?! Как это допустить?

К концу его выступления мне стало не по себе. И не потому, что я боялся потерять работу — с этой мыслью я уже свыкся. Но я слишком хорошо представлял себе, какой будет реакция в Америке, если у нас программу запретят. Не говоря о том, как я буду выглядеть в глазах Фила Донахью — ведь я обещал ему, что программа выйдет.

Тут заговорил Оганов — и я не поверил своим ушам. Он сказал буквально следующее:

— Вы знаете, то, что мы сейчас посмотрели, — это и есть настоящее телевидение. По-моему, это замечательная программа, это новый шаг на нашем телевидении...

Наконец решил высказаться и Аксенов.

— Позвольте мне, — начал он, чуть окая, — поздравить вас всех с замечательной программой. Вы заслуживаете всяческих похвал. Это не только хорошая работа, но и это, Александр Петрович, настоящий подарок XXVII съезду нашей партии, который, как вы знаете, открывается послезавтра. Советское телевидение вправе гордиться вашей работой, и вы заслуживаете самой высокой оценки. Ну, а вам, — он обратился к Евстафьеву и Орлову, — следовало бы выпить рюмочку коньяку перед таким просмотром — для храбрости, что ли...

Это было одно из тех сказочных мгновений, о которых мы все мечтаем, прекрасно осознавая невозможность их воплощения. В ту минуту я понял, как это — оказаться на седьмом небе. Это был триумф, нечто, не сравнимое ни с чем. Я хотел пройтись колесом по кабинету, пробежаться по потолку, двум заместителям показать неприличные жесты, завопить, словно индеец на тропе войны. Вместо этого я пожал всем руки, выплыл из кабинета, весьма сдержанно дошел до комнаты, где мы собирались с Корчагиным и Скворцовым — и пустился в какой-то сумасшедший пляс. Словом, в тот вечер мы страшно напились.

Я и по сей день не знаю, почему Аксенов высказался подобным образом. Не могу поверить, что он и в самом деле так думал. Уверен, эту кассету смотрели до него и на совсем другом уровне и дали соответствующее указание. Ведь Аксенов был человеком крайне консервативным, он никогда не поддерживал ничего, что выходило за рамки общепринятого, не защищал своих сотрудников, если из ЦК ему выражали недовольство по поводу той или иной передачи, он не любил тех журналистов, которые имели собственное мнение. Учитывая все это, кажется маловероятным, чтобы он самостоятельно разрешил выдать в эфир такой материал. Как мне кажется, он получил соответствующее указание.

***

Догадки мои были правильными: много позже я выяснил, что кассету предварительно посмотрел Александр Николаевич Яковлев, а потом и Горбачев, и оба высоко оценили программу. Об этом знали и Оганов, и Аксенов. Ларчик просто открывался.

***

Телемост «Ленинград—Сиэтл: встреча в верхах рядовых граждан» был показан по первому каналу Гостелерадио СССР в самый прайм-тайм не один, а два раза. Его увидели не менее ста восьмидесяти миллионов человек. Успех его был грандиозен и безоговорочен. Буквально за один вечер я стал знаменитостью. Волею судеб я оказался первым советским человеком, который на глазах у всей страны вел никем не отрепетированную дискуссию с рядовыми американцами. И тот факт, что я не врал, признавал недостатки и проблемы, о которых знали все советские люди, но вместе с тем отстаивал интересы страны в вопросах принципиальных, нашел отзвук в сердцах. Десятилетиями гражданам предлагали телевизионные программы,

Я с Людмилой Гурченко. 1995 г.

старательно избегающие любых упоминаний того, что могло не понравиться власти. Горбачев призвал к гласности, и этот телемост был, по сути дела, первым примером этой самой гласности на телевизионном экране. В нем вещи назывались своими именами, в разговоре участвовали американцы, и таким образом программа бросала вызов табу не только внутренним, но и тем, которые выработались за годы «холодной войны».

Телемост вызвал бурную массовую реакцию. Печатные издания по всей стране получали тысячи писем от читателей, мне на адрес Гостелерадио написали больше семидесяти тысяч человек. Одно из соображений, высказанных авторами писем, было вполне предсказуемым и звучало примерно так: «Наконец-то мы можем говорить с американцами напрямую без посредника. Это замечательно!» Второе было совершенно неожиданным, по крайней мере для меня. В нем выражалась резкая критика советских участников телемоста: «Товарищ Познер! Как вам удалось собрать столько идиотов в одной студии? Почему они не хотели говорить правду? Почему они не признавали недостатков в отличие от американцев, которые этого не боялись? Если бы вы пригласили меня, то, уж не сомневайтесь, не пожалели бы об этом». Эта точка зрения, сформулированная с разной степенью вежливости, напомнила мне знаменитое изречение: «Я увидел врага, и он — это мы». Не отдавая себе в этом отчета, в первый раз в жизни нация увидела свое коллективное лицо, и оно ей не понравилось. Более того, нация испытала чувство неловкости и даже стыда.

Прошло всего лишь пять лет, и сегодня советские люди, выступая по телевидению, высказывают гораздо более резкие суждения в адрес собственных лидеров, общества, правительства, чем большинство американцев высказывают в свой адрес. Это следствие гласности, перестройки, всей той бескровной революции, которая происходит в нашей стране. Но мне хочется верить, что началом — зримым и реальным — этого дела стал телемост «Ленинград–Сиэтл», нанесший крайне болезненный удар по национальной гордости страны. Он являл собой выдающийся пример того, что можно назвать телешоковой терапией. На мой взгляд, в этом нуждаются так и не испытавшие ничего подобного американцы.

Следует подчеркнуть, что с самого начала американское коммерческое телевидение не очень-то поддерживало идею телемоста. Крупнейшие телесети сперва отказались от этого начинания. Позже, когда президент новостной службы компании АВС проявил мужество и нестандартность мышления, организовав три телемоста «Конгресс США — Верховный Совет СССР», их показали после передачи Теда Коппела «Ночная линия», которая заканчивается в половине двенадцатого ночи, для весьма специфической аудитории...

Утверждают, что телемостам не хватает «сексуальности», то есть они вряд ли смогут удержать внимание большой аудитории, проиграют в войне рейтингов программам своих основных соперников. Такова «истина», которую я услышал от американских телевизионных начальников самых разных уровней. Но напрашивается вопрос: на каком основании они делают такой вывод?

Телемост «Ленинград—Сиэтл» был предложен всем без исключения станциям Америки, которые покупали и показывали программу «Донахью». Большинство отказались, *даже не запросив* для предварительного ознакомления запись программы. Таким образом, зрителю не предложили выбрать между чем-то новым и оригинальным и привычным вещанием. А жаль, потому что те немногие, все-таки ставшие зрителями моста — около восьми миллионов американцев, были в не меньшем восторге от него, чем советские зрители. Я получил из Штатов несколько сот писем, в которых высказывались взгляды и похожие, и отличавшиеся от тех, что выражали советские зрители. Совпадали они в том, что и американцы приветствовали возможность прямого диалога с советскими людьми, ведь такое общение рядовых людей гораздо важнее обмена на правительственном уровне. Удивительно, что и американцы были крайне недовольны своей аудиторией. Они писали, что их соотечественники в программе агрессивны, надменны, самоуверенны, лишены толерантности. Они хвалили советских участников за сдержанность, за более широкий кругозор. На самом деле разница в поведении двух аудиторий объяснялась еще одним любопытным фактором: советские участники были в целом более готовы к этой встрече, по крайней мере к ее визуальной части, американцы выглядели примерно так, как они ожидали. Американцы же вовсе не ожидали того, что увидели. Женщина из Филадельфии писала: «Я, конечно, знала, что советские женщины рожают детей так же, как и мы. Но потребовался вот такой обмен, я должна была увидеть их живых на экране, чтобы их дети стали для меня реальностью. Это совершенно перевернуло мое представление о них». Другая зрительница писала из Канзас-сити: «Меня поразило, что русские женщины такие хорошенькие, хорошо одеты, пользуются макияжем, модно причесаны. Я думала, что все русские женщины ходят в платках, что все они толстые и уродливые...»

Мне абсолютно понятна ее реакция. Примерно в это время в Америке большой популярностью пользовалась реклама гамбургеров фирмы «Уэнди'з»: на плакатах изображался показ мод, якобы происходящий в Москве, где местная топ-модель, бабища необъятных размеров, расхаживает в военных сапогах и форме, носит толстые очки в стальной оправе и, разумеется, не пользуется макияжем. Реклама на редкость глупая, оскорбительная для русских женщин (они это как-нибудь переживут), оскорбительная для американок, поскольку исходит из того, что они все дуры (они-то смогут это пережить?), но эта реклама бесспорно закрепляет существующие в Америке стереотипные представления о Советском Союзе, отображенные в местных политических карикатурах, комиксах, фильмах, сериалах и так далее.

Телемосты способны эти стереотипы разрушить. Может быть, в этом и есть причина отказа от них американской стороны?

Как я уже писал, наша программа вышла в эфир за два дня до открытия XXVII съезда партии — события, которое привлекло всеобщее внимание. Ведь это был первый съезд после Брежнева. К тому же между мартом 1985 года, когда Горбачева избрали генсеком, и февралем 1986 года, когда состоялся съезд, в стране произошли революционные события. Все ждали: что принесет XXVII съезд? В ожидании ответа на этот вопрос в Москву понаехало невиданное доселе количество иностранных корреспондентов. Поскольку я все еще числился среди «любимых красных» телевизионной компании «Эй-Би-Си», я не удивился поступившему от нее весьма интересному предложению: дать в прямом эфире интервью находящемуся в Вашингтоне Дэвиду Бринкли сразу же после того, как президент Рональд Рейган обратится к стране с посланием по поводу оборонного бюджета. Среди телевизионных политических комментаторов Бринкли пользовался особым уважением. Его отличали, помимо глубоких знаний, безупречная вежливость, подчеркнутая сдержанность и тонкий английский юмор. Я конечно же ответил согласием.

Это интервью стало знаменитым, если не сказать скандальным. Впрочем, чтобы по-настоящему оценить произошедшее, необходимо предварить рассказ, напомнив об обстоятельствах, при которых все случилось.

Примерно за месяц до описываемого мной события ближайшие советники Рейгана пришли к выводу: в конгрессе постепенно нарастает протест против очередного увеличения военного бюджета, который и так вырос вдвое за последние шесть лет. В ноябре 1985 года Рейган впервые лично встретился с Горбачевым — это было в Женеве, причем их встреча привела к заметному снижению напряженности в советско-американских отношениях. Кроме того, советники президентов были знакомы с результатами непубликовавшегося опроса общественного мнения, из которого явствовало: семьдесят пять процентов американцев считали, что в военном отношении США превосходят СССР. Они сочли, что Рейгану под силу изменить эти настроения, если он сам непосредственно обратится к американскому народу с просьбой поддержать увеличение расходов на оборону. Выступление должно было состояться 26 февраля в восемь часов вечера по вашингтонскому времени, то есть в четыре утра следующего дня по Москве.

С учетом этой восьмичасовой разницы мне надо было быть в московской студии не позже половины четвертого. Рейган говорил около двадцати минут. Он постарался напугать народ, нарисовав страшную угрозу для всего мира, исходящую от военного могущества безбожного коммунистического Советского Союза. Он пользовался всякими графиками и иллюстрациями того, как «гигантская Красная армия» постепенно занимает весь земной шар, как коммунизм растекается по Африке, Азии и Латинской Америке.

— Вся история советского поведения, — озабоченно сказал Рейган, — вся история советской жестокости в отношении тех, кто слабее, напоминает нам о том, что лишь наша военная сила и наша национальная воля являются гарантией мира и свободы. Это хорошо понимают народы Афганистана и Польши, Чехословакии и Кубы, да и многих других находящихся в неволе стран.

Вслед за обращением президента, которое получилось короче, чем ожидалось, спикер палаты представителей Джим Райт выступил с ответом от демократической партии. Говорил он около двенадцати минут, после чего Бринкли в своем обычном спокойном и лаконичном стиле подвел итоги сказанному и взял короткие интервью у корреспондентов АВС по Белому дому и по конгрессу. В основном его интересовало то, как речь Рейгана будет воспринята на Капитолийском холме. Закончив с этим, Бринкли развернулся в кресле и обратился к американскому зрителю:

— Что ж, теперь послушаем, что думает обо всем этом находящийся в Москве советский комментатор Владимир Познер.

Я считал, что мне дадут две, максимум три минуты эфирного времени, поэтому совсем коротко остановился на кажущихся мне нелепостях речи президента

С Филом на приеме у мэра города Нью-Йорка Дэвида Динкинса (второй слева). 1992 г.

и завершил свое выступление, высказав мнение, что речь эта не отличалась правдивостью. Дэвид Бринкли попросил меня уточнить, что я имею в виду. Втайне я надеялся, что он именно об этом попросит.

— Дело в том, — сказал я, — что президент Рейган говорил о стратегической оборонной инициативе, так называемых «звездных войнах»; при этом он заявил, что Советский Союз начал разрабатывать свою стратегическую оборонную инициативу еще тринадцать лет тому назад, то есть за десять лет *до того*, как о СОИ упомянул Рейган. Это означает, что в течение десяти лет Советский Союз разрабатывал противоракетную космическую оборону, ракетную систему, представлявшую смертельную угрозу для США, систему, запрещенную Договором о противоракетной обороне от 1972 года. И в течение всех этих десяти лет *никто ни разу не заявил по этому поводу ни малейшего протеста, ни в военном ведомстве США, ни в правительстве*. Более того, когда в марте 1983 года Рейган объявил о начале работы над СОИ, он не пояснил, что это ответ на советские попытки создать свою систему стратегической противоракетной обороны...

Я спросил американских телезрителей, кажется ли им это вероятным? Полагают ли они, что Советский Союз способен создать свою СОИ без того, чтобы американская разведка хоть что-то заметила? Ведь Америка была в деталях осведомлена о каждой имеющейся в СССР единице тактического ядерного оружия, так почему же она ничего не знала о разработке оружия стратегического?

Доводы были, как мне потом сказали, убойные. Но этим не закончилось, Бринкли все задавал и задавал вопросы. Словом, интервью длилось почти восемь минут, после чего Дэвид вновь развернулся в кресле и произнес:

— Что ж, время у нас кончилось. Спасибо, мистер Познер. А всем вам я желаю спокойной ночи...

И тут началось представление!

Действие I. Находившийся в это время в Москве архиконсервативный комментатор Джордж Уилл позвонил в Белый дом супруге президента Нэнси, с которой дружил, и рассказал о случившемся. Нэнси разбудила своего мужа и передала все ему, в ответ разгневанный Рейган заорал: «Черт возьми, на чьей они стороне?!» Чуть позже он пожаловался группе сенаторов-республиканцев на то, что «средства массовой информации почему-то хотят помочь русским».

Действие II. Начальник Администрации президента Дональд Риган потребовал, чтобы Патрик Бьюкенен, начальник отдела печати Белого дома, отсмотрел кассету с моим интервью. В результате Бьюкенен написал гневное письмо президенту Новостной службы компании ABC Руну Арледжу, в котором он назвал меня «профессионально подготовленным пропагандистом» и спросил: «Сочли ли бы вы образцом справедливой и непредвзятой журналистики предоставление какому-нибудь гитлеровскому приспешнику возможности подвергнуть критике в эфире BBC обращение Уинстона Черчилля к нации, в котором он требовал бы увеличить расходы на оборону?»

Действие III. Член палаты представителей США от Калифорнии, республиканец Роберт Дорнан, чуть ли не лопаясь от гнева, публично назвал меня «нелояльным, предателем-еврейчиком». Вскоре ему пришлось пожалеть об этом, поскольку B'nai-B'rith International и целый ряд других организаций, созданных для защиты прав американских евреев, обвинили его в антисемитизме. Старикан Боб тут же полетел в Иерусалим, встал перед телевизионными камерами у Стены Плача и произнес речь о том, как он, американский ирландец-католик, любит евреев и Израиль, а что до неудачного выражения, которое он употребил в палате представителей, то она объясняется тем, что он был ужасно расстроен и разгневан всем происходящим, да к тому же заканчивалось отведенное ему для выступления время. Он, оказывается, хотел сказать не «еврейчик», а «христопродавец». Ну да. Чего уж там, Боб, признал бы, что у тебя произошла оговорка по Фрейду...

Действие IV. Высокопоставленный представитель телевизионной компании ABC официально признал, что напрасно позволили Познеру так долго говорить и оставили за ним последнее слово, но американский народ имеет право знать, что думает другая сторона.

Действие V. На следующее утро вся эта история оказалась на первой полосе буквально всех периодических изданий страны. Так, заголовок газеты «U.S.A. Today» гласил: «Рейган разнес ABC за выступление советского комментатора». Газета «The Washington Post» сообщала: «Рейган заявляет, что СМИ допустили ошибку, предоставив советскому пропагандисту эфир». В течение целой недели комментаторы и колумнисты высказывались. Даже пресолидная «The Wall Street Journal» опубликовала редакционную статью под заголовком «Vladimir Who?».

Действие VI и последнее. Телевизионная компания ABC официально принесла свои извинения Белому дому.

Это было в марте 1986 года. С того времени меня стали гораздо реже приглашать для участия в передачах ABC. Я говорю об этом безо всякой обиды, прекрасно понимая, в какое неприятное положение попала ABC. Вместе с тем я никак не могу понять, почему американскому зрителю никто не сообщил, что ABC совершенно не предполагала предоставить мне эфир без участия представителя американской стороны? Почему не сообщили, что в то злосчастное утро со мной в студии должен был находиться, но не пришел, заболевший Питер Дженнингс, продюсер и ведущий ежевечерней программы новостей телесети ABC? Почему не упомянули, что Пьер Салинджер, бывший пресс-секретарь президента Кеннеди и виднейший комментатор ABC, которому поручили заменить Дженнингса, проспал и потому не явился? Почему американцев таким образом убедили, что этот Познер, этот рупор Кремля, этот предатель и... христопродавец каким-то чудом сумел захватить камеру, микрофон, студию, спутник связи и самого Дэвида Бринкли, чтобы в течение почти восьми минут извергать на бедных американцев водопад своих коммунистических воззрений?

Вернемся, однако, к телемосту «Ленинград—Сиэтл».

В глазах советской общественности я оказался телевизионным воплощением гласности. Мало кто знал, что в течение многих лет мне было позволено обращаться только к западным аудиториям, к американцам, французам, канадцам, англичанам, но не к своим, поскольку мои взгляды считались слишком спорными для общего употребления. После телемоста я стал необыкновенно популярным, хотя находились и те, кто давал мне крайне негативную оценку. Характерным в этом смысле было письмо некоего Бочарова из Ленинграда. Его опубликовали в «Известиях», копии были направлены в ЦК КПСС и в КГБ. Автор письма писал, что я американский «агент влияния», враг народа, предатель, словно Бочаров был русским вариантом Дорнана. В ответ на публикацию в «Известиях» хлынул целый поток писем в мою поддержку, что, не скрою, было мне очень приятно. Однако меня подстерегала неожиданность.

Один из ведущих журналистов «Известий», Александр Евгеньевич Бовин, опубликовал краткий и довольно сдержанный комментарий по поводу письма Бочарова. Через некоторое время Бовин получил письмо от Роя Медведева, в прошлом известного диссидента, который в связи с перестройкой стал членом Верховного Совета. Медведев сообщал Бовину том, что Бочаров — активный участник «Памяти», в прошлом он пытался завербовать его, Медведева, в члены этой организации, для чего изложил диссиденту подлинные цели «Памяти»: реставрация царизма в России, «чистка» русской нации, изгнание всех «неверных» (читай — «евреев») и тому подобное. Медведев высказался в том роде, что, учитывая личность Бочарова, Бовину следовало написать нечто более резкое.

Тогда я впервые попал под огонь «Памяти», хотя должен не без гордости сказать, что с тех пор я стал одной из любимых мишеней этой славной организации...

В августе 1986 года закончилось (как мне казалось) время моего остракизма: я получил должность политического обозревателя Центрального телевидения. Я добрался до пика профессии.

То, как изменилась жизнь в Советском Союзе с приходом Горбачева, с трудом поддается описанию. На наших глазах бюрократический аппарат сдал свои позиции в экономике, заводам и хозяйствам предоставили возможность самостоятельно решать свои вопросы. Мы явились свидетелями контрнаступления бюрократии, пытавшейся вернуть и консолидировать свою власть, в ответ на что шахтеры выступили с общенациональной забастовкой. Оплата труда начинает хоть в какой-то степени зависеть от его качества, убыточным предприятиям позволяют обанкротиться. Если еще совсем недавно все цены жестко определялись сверху, сейчас мы видим, как все большую роль играет рынок, мы двигаемся в сторону рыночных отношений. Недалек тот день, когда рубль станет свободно конвертируемой валютой. Изменения между тем касаются не только экономики, но и политической системы — что, возможно, приведет к еще более драматичным последствиям.

Когда в 1985 году Горбачев заговорил о «демократизации», мало кто понимал, что он имеет в виду. В 1987 году состоялся первый опыт выборов с участием множества кандидатов — правда, они ограничивались лишь руководством предприятий, некоторых вузов и т.п. Многие оценивали это скорее как игру. К началу 1988 года, еще до того, как в моду вошло слово «плюрализм», появились первые не зависимые ни от партии, ни от власти организации и ассоциации. Их быстро назвали «неформалами» (за неимением ничего более подходящего). Они не являлись политическими, но имели свои политические платформы, они высказывались публично по большому кругу вопросов — от проблем искусства до проблем окружающей среды. Выборы в Верховный Совет СССР 1989 года продемонстрировали их силу — не только в Прибалтике, где кандидаты от таких «неформалов», как «Народный Фронт» и «Саюдис», одержали громкую победу, но и во многих других регионах страны.

Этим выборам предшествовала XIX Всесоюзная партийная конференция, состоявшаяся в июне 1988 года. Именно тогда делегаты приняли решение о создании подлинно независимого суда, профессиональных и постоянно действующих органов законодательной и исполнительной власти. На этой партконференции Михаил Сергеевич Горбачев одержал одну из главных своих побед, предложив, чтобы местное партийное руководство участвовало в выборах как местных, так и общесоюзных. Казалось, он предлагает нечто совершенно логичное: ведь и в самом деле власть в стране принадлежит партии, а раз так, почему бы не признать это публично и придать тому, что существует de facto, статус de jure? Почему бы не объединить воедино партийную и правительственную власть? Предложение было встречено партийными функционерами с восторгом. Либерально же настроенная часть общества перепугалась и обвинила Горбачева (разумеется, не публично) в том, что он продался консерваторам: вместо того чтобы ослабить власть партии и вернуть ее советам, как изначально задумывалось Лениным, он собирался лишать советы даже той минимальной власти, которой они обладали на местах.

Но среди нас были и такие, кто обратил внимание на одно из условий будущих выборов, упомянутое Горбачевым как-то вскользь: если партийный кандидат почему-либо потерпит поражение, он должен будет расстаться со своей партийной должностью. При этом казалось, что Горбачев исходит из железной логики: любой лидер должен пользоваться народной поддержкой, однако верно и то, что партийный лидер не может проиграть выборы. Верно потому, что, во-первых, не было случая, когда бы это произошло, и во-вторых, ни один из партийных работников даже в дурном сне не мог предположить, что выборы будут настоящими. Небольшая часть интеллектуальной элиты восприняла предложение Горбачева как блестящую уловку, направленную на то, чтобы самым легитимным путем избавиться от наиболее твердолобых партработников на местах. И они не ошибались.

Во время этих выборов тридцать восемь первых секретарей получили под зад коленом. Это были местные князьки, они не могли представить себе, что против них хоть кто-то проголосует, это был нокаутирующий удар. Одновременно с этим рядовой избиратель вдруг осознал силу своего голоса, понял, что у него есть реальная власть. Не просто менялись правила игры — возникала совершенно новая и незнакомая игра.

Сейчас положение вот какое: партработники очень недовольны, о чем и заявляют Горбачеву. Тот по сути дела отвечает им: «Ты хотел этого, Жорж Данден, ты этого хотел», ведь вы проголосовали за это на партийной конференции». И действительно, так оно и было. Тем временем вся страна потирает руки в ожидании местных выборов, на которых несомненное большинство партначальников потерпят тяжелое поражение. Да и нынешних местных представителей власти не ждет ничего хорошего.

В уже как-то упомянутой мной книжке Киплинга «Сталки и компания» один из главных действующих лиц, мальчик по фамилии Мактурк, так описывает искусство японского мастера по одному из видов восточных единоборств: «У этих борцов есть такой прием, который вынуждает противника делать всю работу. Противник старается, старается, а мастер чуть так изовьется — и бах, его противник самого себя опрокидывает. Прием называется «шиббувичи», или «токонома», или что-то в этом роде». Так вот, я бы сказал, что Михаил Горбачев мастерски владел этим приемом. Раз за разом он позволял консервативной оппозиции действовать сколько захотят, а потом чуть извивался — и бах, они сами себя опрокидывали.

Решения партийной конференции представляют один из очень редких примеров, когда хоть каким-то людям удалось предугадать, что последует за приемом мастера искусства шиббувичи. Как правило, не угадывает никто.

Почему-то это все напоминает мне рассказ гроссмейстера Марка Тайманова о том, как он проиграл матч-турнир Бобби Фишеру с разгромным и совершенно невероятным счетом 6:0. Не надо быть знатоком шахмат, чтобы понимать, что гроссмейстеры никогда и никому не проигрывают «под ноль», тем более когда речь идет о шахматистах, претендующих на мировую корону. Когда Тайманов проиграл с этим счетом, это была сенсация. Более того, это казалось настолько невозможным, что Федерация шахмат СССР лишила его звания гроссмейстера. Потом, когда Фишер разгромил Бента Ларсена с таким же счетом и «непробиваемого» Тиграна Петросяна со счетом 6,5: 2,5, Федерация поняла, что погорячилась, но не стала признаваться в этом. По сей день Тайманов сохраняет звание международного, но не советского гроссмейстера.

***

На самом деле Марку Евгеньевичу вернули все его звания. Не могу не написать, хотя к теме книжки это не имеет никакого отношения, что Тайманову в 2011 году исполнилось восемьдесят пять лет, а в семьдесят восемь он стал отцом двойняшек! Девочки только-только идут в школу, а старшему сыну Тайманова шестьдесят четыре года.

***

Описывая поражение, нанесенное ему будущим чемпионом мира, Тайманов говорил: «Когда играют гроссмейстеры, они понимают логику ходов противника. Ходы эти могут быть настолько блестящими и сильными, что невозможно найти против них ответа, но их логика очевидна. С Фишером все обстоит не так. Для нас, игравших против него, не было в его ходах никакой логики. Получалось, что мы играем в шахматы, а он играет в какую-то другую игру. Ну, конечно, наступал момент прозрения, когда его план становился ясным, но уже было поздно, мы были разбиты».

Мне кажется, что Горбачев — политический игрок такого рода. Никто не может разгадать смысла его ходов. А когда начинают понимать — поздно, игра уже сделана. Именно поэтому, думаю, он сумел пройти сначала комсомольское, а затем партийное сито, добраться до самого Политбюро и стать Генеральным секретарем. Сумей кто-нибудь разгадать смысл его ходов — он сидел бы не в Политбюро.

Но скептики продолжают упорно сомневаться и спрашивать: если Горбачев и в самом деле есть и был сторонником радикальных реформ, как объяснить, что его ввели в состав Политбюро в самое мрачное время правления Брежнева? Пожалуй, не существует всеобъемлющего ответа. Но кое-что ясно.

Полагаю, что в КПСС существовало определенное количество сторонников реформ. Они были и до прихода к власти Хрущева и тем более после. Их насчитывалось мало, они сидели тихо, не появлялось очевидных результатов их деятельности, но это были люди, убежденные в громадном потенциале социализма, люди, которые решились пойти на то, чтобы пытаться менять партию изнутри. Они соблюдали партийную дисциплину, лишнего не говорили и потому являлись некими невидимками. Но вместе с тем они добились некоторых результатов, стимулируя эксперименты на местах, способствуя хоть какому-то обмену мнениями, какому-то политическому диалогу внутри партии. Но важнее всего то, что они оставались в партии и занимали потенциально весьма важные посты.

Есть какая-то удивительная ирония в том, что во времена Брежнева были две группы, желавшие радикальных реформ: «коммунисты-невидимки», о которых я говорил, и весьма видные и обращавшие на себя внимание всего мира диссиденты. Если бы кто-нибудь сказал, что между этими двумя группами много общего, полагаю, этого человека назвали бы либо провокатором, либо сумасшедшим. Даже сегодня такое предположение подняли бы на смех. И все же мне оно кажется не лишенным основания. Понятно, что среди диссидентов было немало таких, которые категорически не принимали идею социализма. Солженицын, например, всегда считал, что социализм и коммунизм представляют собой безусловное зло. Но Сахаров, пожалуй, самый последовательный и порядочный из всех правозащитников, требовал соблюдения положений советской Конституции.

Я даже рискну предположить, что как за Западе, так и в СССР сторонникам «холодной войны» было выгодно приклеивать антисоветский ярлык ко всем без исключения диссидентам. Запад делал из них героев антикоммунистической борьбы за свободу, Москва же — предателей, продавшихся международному империализму за жалкие тридцать сребреников.

За всем этим наблюдали коммунисты-реформаторы, в том числе Горбачев. Во время правления Брежнева Михаил Сергеевич и почти все нынешние его товарищи набирались впечатлений и опыта *далеко от Москвы*. Пусть они пользовались привилегиями партийной элиты — закрытыми для других продуктовыми и прочими магазинами, санаториями, поликлиниками, больницами, машинами и дачами, пусть они получали все это фактически бесплатно, но они не были слепыми, они не могли не видеть того, что происходит в стране. Ведь к середине семидесятых годов даже в Москве стала очевидна отчаянность положения, и начались хоть половинчатые, но все же эксперименты в области промышленности и сельского хозяйства. У реформаторов имелось вполне достаточно времени, чтобы поразмышлять над результатами. Бросался в глаза контраст между самостоятельностью на местах, справедливым распределением прибылей, участием рабочих, инициативой и высокой моралью — с одной стороны, и властью бюрократии, апатией и коррупцией — с другой. Это все были нормальные, порядочные мужчины и женщины, сумевшие проследить за причинно-следственной связью событий и пришедшие к простому выводу: здоровая, активная экономика является продуктом деятельности физически и морально здоровых людей.

Те, которые называли себя «верными ленинцами», заседавшие в кабинетах власти, перевели в Москву большую группу младореформаторов, добившихся определенных успехов на периферии: они должны были найти действенные способы увеличения производительности труда в стране. Если бы окопавшейся партбюрократии показалось, что эти «периферийщики» представляют для них угрозу, их конечно же никогда не направили бы в столицу. Но в том-то и дело, что эти «верные ленинцы» не отличались серьезными познаниями в области марксизма, они не видели неразрывной связи между реформами экономическими и политическими. Им казалось, что они вызывают в Москву команду слесарей, чтобы те привели в порядок подтекающие краны. На самом деле в столицу прибыла монтажно-строительная бригада.

Любопытнейший вопрос: каково соотношение между эволюцией и появлением ключевой личности, тем человеком, который точно соответствует времени? Я не знаю ответа на этот вопрос, но точно знаю, что такие люди появляются. Вот из этого бастиона пустой болтовни и консерватизма вышел Михаил Сергеевич Горбачев.

Проводимая им политика встречена с одинаковой неприязнью как советскими сталинистами, так и американскими кремлеведами. Для первых она неприемлема, поскольку лишает их привычной власти. Для вторых — поскольку опрокидывает выработанные ими концепции того, что есть на самом деле советская власть. Скажем, такие «эксперты», как Маршалл Голдман, настаивают на том, что Горбачеву остался год, максимум полтора до того момента, как его сметут. Другой эксперт, Збигнев Бжезинский, предсказывает сначала развал Советкого Союза, а затем его консолидацию под руководством русского «сильного человека». Словом, предсказывают разное, но все сводится к тому, что социализм не может быть успешным и Советский Союз — зло. Это категорическое нежелание допускать даже теоретическую возможность позитивных изменений говорит не столько о постепенном склерозе интеллектуальных артерий, сколько о паническом страхе того, что историческая реальность отправит на свалку итоги работы целой жизни. Ведь десятилетиями эти советологи проповедовали определенную систему взглядов, убеждая не только свое правительство, но и народ. Сейчас же, вполне возможно, «священников» отлучат от церкви.

***

Приходится признать, что Бжезинский, да и не только он, был гораздо ближе к истине, чем я. Да и Голдман тоже. Правда, он предсказывал, что Горбачева уберет партийный аппарат, и в этом он, конечно, ошибался — ни Голдман, никто другой не предвидел взлета Ельцина и того, что за этим последовало. Равным образом Бжезинский ошибался в том, будто «старый» Советский Союз развалится, а потом вновь будет собран «сильной рукой»: никакого Советского Союза после развала не случилось. Но «сильная рука» в лице В.В. Путина пришла к власти, и многие — в том числе я — считают, что он так или иначе вернул некоторые признаки СССР, из которых самый мерзкий с моей точки зрения — гимн.

***

Советские люди в своем подавляющем большинстве жили и работали со слепой верой в Сталина, в партию, в то, что советская система — лучшая в мире. Постепенно, шаг за шагом эта вера разрушается. Сталин обернулся чудовищем, человеком, повинным в массовых убийствах, тем, для кого личная власть оказалась много важнее идеалов революции и наследия Ленина. Партия стала самой реакционной силой в стране, коррумпированным трамплином для карьеристов, организацией, которая создавала свою элиту и вознаграждала ее всякими привилегиями, что прямо противоречило ее собственным заявлениям. А все преимущества, предлагавшиеся системой — бесплатное общедоступное образование для всех и каждого, бесплатное медицинское обслуживание для всех и каждого, гарантированная и справедливо оплаченная работа для всех и каждого — превращены в карикатуру оригинала, искажены порой до неузнаваемости.

«Неужели жизнь прожита понапрасну? Неужели все, что говорили мне, ложь?» — вот вопросы, которые задают себе люди. Кто же ответит? Сталинисты считают, что все всегда делалось правильно, они не желают признаваться ни в чем.

Они с ностальгией вспоминают прошлое, когда все было просто, когда жизнь была черно-белой, безо всяких оттенков. Они мало чем отличаются от американских кремлеведов, тоже надеются и предсказывают провал Горбачева. Но противники перестройки в одном безусловно правы: на ее пути стоят огромные трудности.

Одна из них — отсутствие в России исторического демократического опыта. Когда король Англии Джон вынужден был подписать Великую хартию вольностей в 1215 году (корни американской демократии восходят к этому документу), Россия лежала пластом под татарским игом и пролежала так в общей сложности около трехсот лет. Надо ли напоминать, что татаро-монгольские ханы не отличались преданностью идеалам демократии? Когда Россия наконец сбросила это ярмо, она оказалась страной отсталой. Мимо нее прошло Возрождение, не испытала она расцвета искусств, зарождения и бурного роста ремесленничества и купечества. Россия отстала политически, экономически и культурно. Введение крепостного права было, по существу, попыткой нагнать экономическое отставание. К концу пятнадцатого века крепостничество обрело легитимность на государственном уровне и просуществовало более трехсот лет. Итак, триста лет татарского рабства, затем триста лет рабства собственного, помноженного на царское самодержавие, которое ну никак не подпадало под понятие «просвещенная монархия»... Разве странно, что этот тяжелый опыт не только наложил отпечаток на национальный менталитет, но и в значительной степени сформировал его?

Но ведь царизм не кончился с 1861 годом и отменой крепостного права. Взгляды менялись медленно и с трудом, они касались в основном верхушки, того сугубо русского явления, которое стало называться интеллигенцией. С февраля 1917 года, когда царь отрекся от престола, и до ноября этого же года, когда власть захватили большевики, у демократии в России появился первый реальный шанс — правда, шанс, сильно осложненный Первой мировой войной и участием в ней в качестве «пушечного мяса» миллионов русских крестьян. Они мечтали не о демократии (о которой и представления не имели), они мечтали о том, чтобы вернуться к своим домам и женам.

Есть такое словосочетание — «если бы». Его на самом деле не полагается применять к истории. Но соблазн уж очень велик...

Если бы социалистическая революция не привела к Гражданской войне; если бы Запад не оказывал поддержки белым армиям; если бы Антанта не совершила интервенцию против Советской России; если бы революции было дано развиваться без кровопролития... Если бы все эти «если бы» осуществились, можно ли предположить, что в Советской России родилась бы новая форма демократии — демократия социалистическая? Но какое это имеет значение, ведь так не случилось. Отчаянная ситуация в Гражданской войне вряд ли могла способствовать развитию демократии. Напротив, она требовала жесточайшей руки, диктатуры, пусть не царской, по сути, но весьма привычной для народа. Русский эксперимент с демократией закончился, еле-еле начавшись, к середине 1918 года. Он возобновился шестьдесят семь лет спустя. Сталин, с одной стороны, удушил демократию, но с другой — его самого породило отсутствие демократических традиций и институтов. В демократической стране не может быть ни Ленина, ни Сталина. Все то, что сделало их появление возможным в России, стоит на пути успешного развития перестройки.

Кроме того, имеется оппозиция. Во-первых, оппозиция пассивная — со стороны тех, кто не справляется эмоционально с переменами, которые, как им кажется, угрожают привычному образу жизни. Эти люди не только не знают, но и не желают знать о том, насколько плохо обстоят дела в их собственной стране. Они предпочитают блаженное неведение. Во-вторых, оппозиция активная — со стороны тех, кто, потеряв веру, плевать хотел на все, кроме собственных корыстных интересов. Они отказываются от любой общественной активности, которая не гарантирует им немедленного и ощутимого вознаграждения. В-третьих, оппозиция осознанная и продуманная — со стороны тех, кто реально теряет рычаги власти. Это довольно разнородная масса: партработники разного уровня, как городские, так и сельские; правительственные чиновники высокопоставленные и «шестёрки», работающие в бесконечных министерствах, учреждениях, на заводах и в прочих организациях; работники ответственные и не очень ответственные местного, республиканского и общесоюзного масштаба, профсоюзные, комсомольские и пионерские деятели — все они присосались к гигантскому вымени этой громадной дойной коровы — нашей страны. Они не желают уходить и сопротивляются. Они вводят в законопроекты пункты и уточнения, сводящие эти же законы на нет; они откладывают в долгий ящик то, что требует срочного решения; они распространяют слухи, которые мешают стабильности. Они подливают масло в огонь.

Вот один лишь один пример. Когда напряжение между Абхазией и Грузией достигло высшей точки, но еще поддавалось контролю, было принято решение закрыть Сухумский государственный университет и преобразовать его в отделение Тбилисского государственного университета. Это решение не могло не привести к взрыву недовольства и насилия, на что и рассчитывалось. Это был удар по Горбачеву, удар, который нанесли в самое решающее время развития перестройки, когда заседал первый Съезд народных депутатов и шла первая Сессия Верховного Совета.

Наконец, есть главный вопрос — вопрос советской экономики. Сумеет ли перестройка добиться радикального реформирования экономики с тем, чтобы народ это почувствовал?

Один из ближайших советников Горбачева, Александр Николаевич Яковлев, назвал перестройку «прорывом в неизвестное». В неизвестное? Что может быть страшнее этого для целого народа, никогда не умевшего принимать самостоятельных решений?

Для перестройки труднее всего, но и важнее всего возродить веру в идеалы, которые основаны на реальном опыте жизни каждого отдельно взятого человека. Для тех, чьи идеалы разбиты; для тех, кто потерял иллюзии; для тех, кто вырос в обществе, где решения принимали не они, а власть; для тех, кому и в голову не приходило сомневаться в правильности этих решений, — это непосильная задача. Как сказал один из моих приятелей: «Ты понимаешь, почему Моисей увел израильтян в пустыню и держал их там сорок лет? Да потому, что все они прежде были рабами, и он не хотел, чтобы в Землю обетованную пришли люди с рабским менталитетом. Требовалось, чтобы все они вымерли, чтобы подросло новое, свободное поколение. Только оно могло обрести Землю обетованную. При этом, заметь, Моисею это не было дано».

Аналогия хороша: на самом деле не будет настоящего прогресса в России, пока в мир иной не отойдут те, кто вырос при Сталине, Хрущеве, Брежневе. Это, к сожалению, так. Люди, искалеченные советской системой, не могут избавиться от своего прошлого, перестройка — не для них. Было бы здорово, если бы все могли обретаться в какой-нибудь пустыне до той поры, пока на смену им не придет новое, не знавшее рабства поколение. Но этому не бывать. Библейский миф — одно, а реальность — совсем другое. Надо двигаться вперед, таща за собой кандалы.

И все же, только лжец или слепой может отрицать, что за прошедшие четыре года страна продвинулась.

Я всегда считал, что социализм способен создать более справедливое, более открытое и человеческое общество, чем все прочие общественно-политические системы. Я пришел к этому, исходя из того, что говорил мне мой отец, и из того, что видел и испытал я сам. Но за тридцать семь лет жизни в Советском Союзе мне пришлось признаться себе в том, что эта система имеет мало общего с социализмом и с теми идеями, которые выражали основоположники этого учения. Все искажено почти до неузнаваемости. Тому есть как объективные причины (отсутствие демократической традиции), так и субъективные. Я стал свидетелем последствий этого искалеченного социализма и видел, как и дальше его калечат. Почему-то это напомнило то, как в Древнем Китае калечили ножки новорожденных девочек: плотно обматывали ступни шелковыми лентами, чтобы они не росли и оставались изящными, словно у куклы. Понятно, что это причиняло ребенку страшную боль, но девочка выживала — и становилась калекой, еле передвигавшейся, словно пингвин, на кукольных ступнях. С человеком можно сотворить все что угодно. Можно превратить его в урода, в горбуна, как это делали в Средние века. Еще легче это сделать с человеческой душой — помните шварцевского Дракона? Именно так поступил Сталин и его камарилья с социализмом в России.

Мне стало казаться, что для социализма в Советском Союзе наступил своеобразный момент истины. Сумеет ли он выжить и набраться новых сил? Я хорошо помню первую, хрущевскую попытку, которая хотя и закончилась полным разочарованием, на какое-то время возбудила не только надежды, но целое поколение, названное «шестидесятниками». Они в основном продолжали верить и надеяться. И даже когда при Брежневе случился откат назад всего, что было достигнуто, когда было сдано и предано все то, чего с таким трудом добились, когда извращения социализма в каком-то смысле стали хуже сталинских, — даже тогда я да и многие другие продолжали считать, что это отступление временное, что все еще будет, что придет праздник и на нашу улицу. Когда это случится — я не мог ответить: общественные часы ходят не так, как человеческие, для истории полвека — ничто, и я понимал, что вряд ли доживу до этого желанного времени. Но не сомневался в том, что оно наступит. И вдруг — Горбачев, вдруг что-то началось. А может быть, не вдруг. Страна находилась в таком плачевном состоянии, что должна была либо погибнуть, либо перестроиться.

На ум приходит странная аналогия. Когда произошел крах 1929 года и обвалилась Уолл-стрит, когда началась Великая депрессия, многие предсказывали, что это начало конца капитализма. Казалось, предсказания эти имеют под собой веские основания. На глазах разваливалась мировая система капитализма. Десятки миллионов людей лишались работы, крова, надежд. Резко снизилась производительность труда и прибыль. В Соединенных Штатах не менее ста тысяч человек подали документы на отъезд в СССР.

Многие, и среди них я, считают, что капитализм в Америке спас Франклин Делано Рузвельт, выдающийся государственный деятель, обладавший редким видением будущего и твердой волей. Если бы не он, если бы не его политика «новой сдачи карт», если бы не законы, которые он сумел навязать конгрессу, если бы не порожденные им правительственные организации, призванные принимать экстренные меры для создания новых программ и рабочих мест, если бы не принятый в 1935 году под его контролем Закон о социальном обеспечении, которым мог воспользоваться каждый американец, — если бы не все это, вполне возможно, что американский народ сделал бы выбор в пользу другой политической системы. Можно сказать, что Рузвельт спас американский капитализм, введя в его тело серьезную дозу социализма, подавившую эксцессы «свободного рынка». Именно он добился регулирования федеральным правительством деятельности фондового рынка и банковской системы. И пор сей день многие из рядов американской олигархии ненавидят Рузвельта за то, что он заставил их чуть-чуть поделиться своими несметными богатствами, а кроме того, передал ответственность за благополучие страны государству.

В определенной степени Горбачев играет роль советского Рузвельта. Он пытается спасти социализм в Советском Союзе. При этом он вводит в тело социализма определенную дозу того, чего вдоволь имеется в капитализме: парламент и институциональный плюрализм, общество, исходящее из ценности каждой отдельно взятой человеческой жизни, независимая судебная власть, конкурентный рынок, частная собственность. И поскольку он стремится вернуть истинную власть народу, как изначально было задумано, его многие ненавидят.

Для того чтобы американский капитализм вновь встал на ноги, потребовался мощный экономический укол: Вторая мировая война. Советскому Союзу придется встать на ноги без войны — это так. Будет очень трудно.

Когда в эфир вышел телемост «Ленинград–Сиэтл», мне казалось, что я не ошибся в своих надеждах. Это было мое личное торжество веры. В течение многих лет я говорил себе: «упрись, не сдавайся, не прогибайся. Многие не выдержали. Кто стал конформистом, кто эмигрировал. Я их не виню. В худшем случае я их жалею, ведь это люди сломленные. Я боялся того, что сломаюсь и я и тогда мне наступит конец. Можно склеить разбитую вазу, чашку, но человеческая душа не склеивается. Не собрать ее вновь воедино ни всей королевской коннице, ни всей королевской рати».

Я часто думал о Булгакове, который так и не увидел издания своего шедевра «Мастер и Маргарита» ни в своей стране, ни в другой. Я думал о том, как не дожил он до всенародной славы; как его рассказы, пьесы, романы были встречены хамской критикой, улюлюканьем, как потом его книги были запрещены, как он просился, чтобы его, очевидно не нужного России, отпустили на все четыре стороны (в чем Сталин отказал ему), как в конце концов все тот же Сталин позволил ему служить во МХАТе работником сцены, и как он умер, не дожив до пятидесяти лет, в полной безвестности. И тем не менее победил. Слава Булгакову! Слава всем, знаменитым и безвестным, кто не сдался!

Какое же это наслаждение — видеть, как истина пробивается, как отлив сменяется приливом. Но море еще штормит, нам еще долго плыть до нашей обетованной земли. Пока плывем...

Это верно не только для Советского Союза. Почти полвека мы все жили во враждующем биполярном мире. Отчасти это было делом рук Сталина, отчасти — той системы, которую он оставил нам в наследие, отчасти раздувал это пламя Запад. Теперь в Советском Союзе мы пытаемся перестроиться, избавляемся от проклятого наследия. Если мы отказываемся принимать участие в этом, то не может быть никакой «холодной войны». А раз так, значит, все начинается с нового листа.

Наступило время прорыва.

***

Перечитываю, и мне становится жалко самого себя: как же я хотел, чтобы все получилось! Как же я хотел верить в то, что не зря мой отец пожертвовал богатством и карьерой, не зря вырвал мою бедную маму из любимой ею страны, не зря я потратил лучшие годы своей жизни на пропаганду идеалов социализма!
И все понапрасну.
Никакого прорыва не случилось. Просто исчез Советский Союз, что, по мнению В.В. Путина, является величайшей геополитической катастрофой ХХ века. Я не очень-то понимаю, из чего он исходит, утверждая так. Разве миру стало хуже? Другое дело, что это одна из величайших трагедий в истории человечества. Достаточно подумать о том, сколько погибло людей, сколько уничтожено ценностей, сколько обманутых надежд, сколько загубленных судеб — пожалуй, подобного не найти во всей истории.
А то, что возникло вместо СССР, — никакой не прорыв. В этом нет ничего нового, нет ни надежд, ни обещаний. Это все уже есть, этого полно, только лучшего качества. Но

даже в своем лучшем выражении это общественное устройство не обещает никакого прорыва. Как там пелось у группы «АВВА»?

> *Money, money, money
> Always funny
> In the rich man's world.
> Money, money, money
> Always sunny
> In the rich man's world...*

Разве не так? Разве мир, в котором мы живем сегодня, — не мир для богатых? Разве не деньги решают все или почти все? Только не спешите называть меня коммунистом или даже социалистом. Я просто констатирую факт.

Разве то общество, которое пришло на смену Советскому Союзу, сделало людей более счастливыми? Может быть, стало меньше бедных? Меньше несчастных? Меньше больных? Мне, конечно, стало лучше. Я могу ездить по всему свету. Я прилично зарабатываю и поэтому могу позволить себе все или почти все что хочу. Мне хорошо. Для меня нет вопроса, какое общество лучше — то, которое с громким чавканьем спустилось в унитаз истории, или то, которое имеет место быть сегодня. Сам распад того общества доказывает его нежизнеспособность. Но оно зарождалось с великими обещаниями, о которых я не забуду.

То общественно-политическое устройство, которое сегодня охватило мир, не обещает ничего, не предлагает никаких идей, кроме одной: обогащайся и приобретай, стремись к богатству, потому что оно, богатство, и есть мерило успеха. Миллиардер пользуется не меньшим общественным восхищением, чем выдающийся ученый или артист, — и конечно, живет он вольготней.

Сегодня в России школьники старших классов стремятся к так называемым «денежным» профессиям, у подростков на устах стоимость и, следовательно, престижность того или иного предмета. Маленькие дети разговаривают о деньгах.

А как же бедные? Как же голодные дети? Как же нищие старики? Хотите знать ответ? А никак. Сами они виноваты. Нет-нет, вы не подумайте, будто это общественное устройство не гуманно: для сирых и несчастных есть разные «социальные сети безопасности», чтобы они, падая, не разбивались насмерть. Но признаемся: у общества не болит душа о них. И это касается не только России, это порядок общий. В России это более обнажено, потому что общество только вошло во вкус, русские жрут деньги и ртом и ж....й, но это пройдет. Лет этак через пятьдесят или сто в России заживут точно так же, как в Америке или в Швейцарии.

Помните чудесную историю о петербуржской графине, которая, услышав крики толпы и звуки выстрелов, послала свою кухарку узнать, что происходит (было это в октябре 1917 года)?

Через час раскрасневшаяся кухарка вернулась.
— Ну что, Даша, что там происходит?

— Барыня, там революция!
— И чего же они хотят?
— Барыня, они хотят, чтобы не было больше богатых!
Графиня чуть печально улыбнулась, покачала головой и сказала:
— Как странно. Мой прадед, декабрист, хотел, чтобы не было бедных.
Еще чего!
Интересно, какие взгляды имел на сей счет Христос? Разные люди, движения, ордена во времена Средних веков утверждали, что у Христа не было никакой собственности — ни личной, ни общественной. Они утверждали, что надо стремиться к бедности. Богатство, говорили они, развращает, ибо придумано сатаной. Папе это все как-то не понравилось, и он наслал на этих противников богатства инквизицию. И их сожгли — при громадном стечении народа, громко выражающего свой восторг.
Как говорит одна любимая мной женщина: Life is tough*.

---

*Жизнь жестока (англ.).

ГЛАВА 8. ВОЗВРАЩЕНИЕ

14 мая 1986 года, после тридцативосьмилетнего отсутствия, я вернулся в Америку, в страну моего детства и отрочества. Поездка была организована несколькими местными телевизионными станциями городов Нью-Йорка, Чикаго, Бостона, Вашингтона, Сан-Франциско и Сиэтла.

Полет от Шереметьево-2 до аэропорта имени Джона Фицджеральда Кеннеди длился десять часов, считая один час стоянки в Гандере, где советские авиалайнеры садились для дозаправки (там, на Ньюфаундленде, это обходится дешевле). И в течение всего этого времени я не понимал, снится мне это или происходит на самом деле? Казалось, это все-таки сон. Ведь снился мне он много раз: вот я хожу по улицам моего любимого Нью-Йорка, звоню в дверь моего еще школьного товарища, он открывает дверь — и совершенно балдеет от удивления и радости. А «он» — это Стив МакГи, или Бобби Холландер, или Арти Мушенхайм, или Харри Монтагью... Потом я просыпался с лицом, мокрым от слез, потому что мой сон — это на самом деле кошмар: я никогда не смогу вернуться в Америку.

Как-то дома в Москве я слушал присланную мне в подарок долгоиграющую пластинку, выпущенную в честь американского народного певца Вуди Гатри. Я уже упоминал его имя на этих страницах — имя мало что значащее для русского читателя. Это был великий американец, автор более трех тысяч песен, многие из которых стали подлинно народными. На этой пластинке его песни пели такие знаменитые музыканты, как Пит Сигер, Арло Гатри, Боб Дилан, Джоун Баэз и другие. Я обожаю эти песни и этих исполнителей, я весь ушел в музыку (на самом деле это была запись живого концерта, состоявшегося в Калифорнии). И вот в самом конце зазвучал низкий прекрасный голос Одетты, исполнявшей, быть может, самую известную из всех песен Вуди Гатри: «Эта страна — моя страна, эта страна — твоя страна». И вдруг из моих глаз потекли слезы, я плакал без удержу, не контролируя себя, всхлипывая и захлебываясь как ребенок. На меня накатывали волны тоски, Америка завладела моим сердцем, моей душой. Я никак не мог остановиться, я даже не мог глотнуть воды из стакана, что принесла мне Катя. Я лишь прижался к ней и обхватил, словно она — мое последнее прибежище, последняя надежда.

Это произошло до того, как я стал «выездным».

***

Я писал о том, как меня «выпихнули» в Венгрию с телевизионной делегацией. Я тогда не имел никакого отношения ни к Венгрии, ни к телевидению, но необходимо было поехать хоть куда-нибудь, чтобы обозначить факт моей «выездабельности». Не могу не рассказать о том, что перед любой загранпоездкой требовалось в сопровождении представителя отдела кадров пройти «экзамен» выездной комиссии райкома партии, состоявшей из старых партийцев (или, как мы называли их между собой, «старых б...»). Это были люди, главное удовольствие которых заключалось в том, чтобы не рекомендовать тебя к поездке из-за твоей недостаточной политической подкованности. Например, они могли спросить: «Сколько станций в Московском метрополитене?» И если ты не знал, тебе говорили, что ты вряд ли можешь достойно представлять Советский Союз за рубежом.

О тупости этих людей свидетельствует и мой опыт.

После того как представитель отдела кадров зачитал вслух мою биографию и сообщил, что я «политически грамотен, морально устойчив и общественно активен», старым б... было предложено задавать мне вопросы. Начал грузный полковник в отставке:

— Товарищ Познер, вот говорят, что вы комментатор Главной редакции радиовещания на США и Англию, что вы выступаете у микрофона со своими комментариями. Выходит, вы знаете оба языка?

Соблазн сказать ему, что он старый идиот, был чрезвычайно велик. Но я удержался. Более того, я даже не рассмеялся, а с серьезным видом ответил:

— Это очень правильный вопрос, но дело в том, что английский и американский языки очень похожи друг на друга, хотя и отличаются разным произношением.

Мало того что мы зависели от КГБ — мы еще зависели от людей такого уровня. Как вспомнишь, так вздрогнешь...

Кстати, о КГБ.

Как-то я шел по коридору четвертого «начальственного» этажа Гостелерадио и увидел шедшего мне навстречу начальника Главного управления внешних сношений Льва Андреевича Королева. Он остановил меня со словами:

— Владимир Владимирович, я давно хотел поинтересоваться: почему вы не ездите за рубеж?

Я опешил настолько, что ничего не ответил, а просто молча уставился на него.

— Напрасно удивляетесь. Вот вам телефончик, попросите Ивана Павловича.

— А кто это? — растерянно спросил я.

— Позвоните, позвоните, можете сослаться на меня, — «не услышал» мой вопрос Королев, протянул листок бумаги и двинулся дальше по коридору.

Вернувшись в свой кабинет, я набрал номер. Раздался мужской голос:

— Полковник... — забыл фамилию, — слушает.

— Можно попросить Ивана Павловича? — проговорил я.

— Кто его просит?

— Познер Владимир Владимирович?

— *Здравствуйте, Владимир Владимирович!* — Это было сказано таким тоном, будто полковник давно ждет моего звонка и очень ему рад. — *К сожалению, Иван Павлович болен. Но он свяжется с вами, как только выздоровеет.*
Тут я задал вопрос, от которого на том конце провода потеряли дар речи:
— *А как он найдет меня? Ведь у вас нет моего телефона...*
После длинной паузы:
— *Вы не беспокойтесь, Владимир Владимирович, мы найдем вас.*
Прошла неделя или десять дней, и мне позвонил сам Иван Павлович:
— *Здравствуйте, Владимир Владимирович, это Иван Павлович.*
— *Здравствуйте, Иван Павлович.*
— *Вы звонили мне?*
— *Да.*
— *По каком вопросу?*
(Вот ведь гад, он же прекрасно знал, по какому вопросу, но хотел меня помучить.)
— *Мне Лев Андреевич Королев дал ваш телефон, чтобы выяснить, почему меня никуда не выпускают...*
— *Ах, вот оно что. Ладно, давайте встретимся с вами послезавтра в одиннадцать утра в приемной КГБ. Вам будет удобно?*
— *Да, но я не знаю, где находится приемная КГБ.*
Пауза.
— *Вам позвонят и объяснят. Да, не забудьте взять с собой паспорт...*
Я с тех пор не бывал в приемной КГБ, так что не курсе, там ли она еще находится (под вывеской ФСБ), но тогда приемная располагалась в самом конце Кузнецкого Моста, с правой его стороны, в доме номер двадцать четыре. Я был там за десять минут до назначенного времени, подошел к окошку. Меня поразило расстояние между мной и женщиной, которая должна была взять мой паспорт и выдать пропуск — это был как бы маленький туннель: захоти я дать ей в глаз, не дотянулся бы. Может быть, именно такие случаи имелись в виду? Меня сопроводили в совершенно спартанскую комнату

Тед Тернер, Фонда. Игры доброй воли. Сиэтл, 1990 г.

без окон: стол, два стула, ничего более. Минуты через три вошел мужчина лет сорока пяти, высокий, подтянутый, черноволосый. Протянул руку:
— Здравствуйте, Владимир Владимирович.
— Здравствуйте, Иван Павлович.
— Иван Павлович, к сожалению, не смог прийти. Меня зовут... — Не помню уже его имени. Дальше состоялся любопытнейший разговор, который выглядел приблизительно так:
— Владимир Владимирович, как вы думаете, почему вы — невыездной?
— Ну, во-первых, потому что я с вашей точки зрения болтаю много лишнего. Во-вторых, потому что я отказался работать с вами.
— Да нет, дело все в тех дураках, которые курировали вас.
— Ну, это вы сказали, а не я.
— Скажите, Владимир Владимирович, а сейчас вы согласились бы работать с нами?
— Получается торговля, да? Мол, будете работать с нами — поедете за рубеж, не будете — не поедете. Я это уже проходил. Не буду работать с вами.
— Почему вы позволяете себе разговаривать таким тоном?
— А как прикажете разговаривать?! Вы опять про белого бычка, а мне это знаете как надоело!
— Ладно, ладно, не горячитесь. Мы решим ваш вопрос, но для этого потребуется решение коллегии КГБ.
— Да, видно, нет в стране проблем, если коллегия КГБ должна собираться, чтобы решить, может ли Познер выехать за рубеж...
Однако коллегия состоялась. И я стал выездным. Но до сих пор закипаю, когда вспоминаю этот оскорбительный, унизительный бред.

***

 Отчасти мой сон стал явью, когда мы с Катей провели месячный отпуск во Франции по приглашению моей тети Тото — Виктории Александровны, сестры отца. Мы прибыли на Восточный вокзал Парижа, где она встретила нас со своим мужем Роже, моим «дядей-конем» (он сажал меня, пятилетнего, на плечи и уносил вниз в бомбоубежище во время налетов немецкой авиации в 1940 году). Теперь, в восьмидесятом, мы поехали к ним домой на бульвар Виктор, что находится в пятнадцатом арондисмане, в квартиру моего детства. Вернее, мы с родителями жили этажом ниже, но я часто поднимался сюда, потому что здесь жил мой любимый друг, королевский пудель Проспер. Нет, это был не королевский пудель, а Король пуделей.
 Собачники — люди странные. Они рассказывают совершеннейшие небылицы о своих четвероногих друзьях. Например: «Знаете, люди хвастаются умом своих собак. Я же не такой. Я не стану утверждать, будто моя собака обыгрывает меня в шахматы. Нет, не обыгрывает, она проигрывает...» Я не знаю, умел ли Проспер

играть в шахматы, но то, что этот пес был много умней некоторых моих знакомых, имел тончайшее чувство юмора, был аристократом духа и обладал незаурядным тактом — за это я ручаюсь.

Проспер был крупным даже для королевского пуделя. Черно-белый, абсолютно кучерявый, он никогда не позволил бы себя постричь или как-то иначе обкорнать, как это происходит со многими пуделями. Он на таких смотрел с нескрываемым презрением. Больше всего он любил играть в прятки. Приносил свой мяч, клал его перед тобой на пол и выжидающе смотрел, ожидая слов: «Проспер, иди в угол, закрой глаза и не подглядывай».

Он послушно шел в дальний угол комнаты и упирался мордой в стену. Тем временем надо было спрятать мяч. Как раз в этот момент Проспер начинал жулить: он тихо поднимал голову и пытался подсмотреть. На это требовалось возмущенно сказать: «Проспер! Как не стыдно!»

Явно смущаясь, он давал понять, что ему-таки стыдно, и вновь отворачивался к стене. Это была часть ритуала, который повторялся два-три раза, пока не раздавалась команда «Ищи!». Тут наступал бенефис Проспера. Он выходил из угла с выражением полной растерянности на морде, будто говоря: «Черт возьми, куда вы на этот раз запрятали мой мяч?»

Полагалось говорить «холодно», «тепло», «теплее», «горячо» в зависимости от того, как шли поиски. Вначале Проспер шел совершенно не туда, все кричали ему: «Холодно, холодно!», он замирал, поворачивался к зрителю, смотрел на него невероятно скорбно, потом, как истинный француз, пожимал плечами и отправлялся в противоположную сторону. Понятно, что он знал, где спрятан мяч — как и все пудели, он обладал тончайшим обонянием, найти мяч было для него делом секундным, но Проспер любил *играть*.

После оккупации Парижа летом я жил на даче с моей тетей, ее подругой, тоже родом из России, и еще какими-то людьми, имен которых совершенно не помню. Жил с нами и Проспер. По утрам он уводил меня на рыбалку. Поскольку с едой было плоховато, Проспер сам занимался вопросом своего пропитания: он шел на местную речку и, стоя, словно черно-белый гризли (я знаю, что гризли — бурого цвета, но Проспер был черно-белым гризли, нравится вам это или нет) на мелководье, выхватывал рыб зубами либо ударом лапы выбрасывал их на берег, а потом съедал.

Проспер отправился в собачий рай, когда достиг почтенного возраста: ему шел двадцать второй год. Это было после нашего отъезда и задолго до моего возвращения. Но я часто вспоминал его и вновь подумал о нем, войдя в квартиру моего французского детства и приблизившись к большому окну, смотревшему на здание Министерства ВВС Франции. Вдруг показалось, что время спрессовалось, сложилось, словно подзорная труба: снова мне пять лет, снова я смотрю из того самого окна на то самое здание и вот-вот услышу голос мамы: «Vovka, viens boir ton lait»*. Но вместо

---

*»Вовка, выпей свое молоко» (*фр.*)

этого услышал низкий, хриплый голос Тото — голос отчаянной курильщицы с полувековым стажем: «Вова, иди выпей виски, по-моему, тебе это нужно».

Возвращение во Францию было, однако, лишь частью мечты, которая дважды почти осуществилась. Впервые это произошло в 1983 году, когда некий Джим Дабакис, комментатор радиостанции города Солт-Лейк-Сити, организовал для меня общенациональный лекционный тур. Он был намечен на октябрь, поэтому мы с Катей решили взять отпуск в сентябре. Мы поехали в Дом журналистов в Варну (помните, куда хотел меня послать под видом швейцарского гражданина мой опекун-вербовщик из КГБ?). И там узнали о том, что советский истребитель сбил лайнер KAL-007 южнокорейской авиалинии. Мою поездку отменили. По одним слухам, отказал мне в визе Государственный департамент США. По другим, меня вытащили из самолета, стоявшего на взлетной полосе, работники КГБ. Не было ни того, ни другого. Просто советское руководство (в чьем лице, не знаю) пришло к выводу, что, учитывая крайне тяжелое состояние отношений с Америкой из-за сбитого самолета, мне лучше не ехать.

Вернувшись в Москву, я попытался изменить это решение, объясняя, что именно сейчас и надо ехать, именно сейчас необходимо предложить американцам другую точку зрения на случившееся. Но все было тщетно.

В 1985 году состоялось повторение пройденного. Вновь для меня организовали лекционное турне, вновь мы с Катей проводили отпуск, на этот раз под Ленинградом, в Комарове, вновь сообщили мне, что моя поездка отменяется. Почему? Да все по той же причине: забота о моей безопасности. Не стану утверждать, что это была полная выдумка, но вместе с тем не сомневаюсь: были люди, которые опасались того, что я скажу, как поведу себя в Америке, и они не хотели нести за это никакой ответственности. Наконец, не было уверенности, что я не «выберу свободу», как тогда говорили, не окажусь невозвращенцем.

Когда же я сошел с борта самолета майским днем 1986 года, встал в очередь для неграждан США к паспортному контролю, получил свой багаж, без всяких помех миновал таможенников, вышел в зал прилетов и увидел человека, державшего картонку с фамилией ПОЗНЕР, когда он взял мои чемоданы и проводил меня к лимузину, присланному от компании «Мультимедиа», в которой работал Донахью, когда, наконец, машина бесшумно тронулась с места и мягко понеслась в сторону Нью-Йорка, оставив позади аэропорт имени Джона Фицджеральда Кеннеди, я пребывал в состоянии шока... Но оставим меня, сидящего в лимузине и изо всех сил пытающегося увидеть первые признаки знаменитого нью-йоркского «скайлайна» (слово не очень поддается переводу, но в данном случае лучше всего подходит, на мой взгляд, «силуэт»), и поговорим о деле пусть второстепенном, но сильно меня занимающем.

Американцы, приезжающие в Советский Союз, настроены на неприятности, на проблемы. И нечего этому удивляться — ведь их встречает «Империя зла». Пусть там стало чуть лучше, но ведь Горбачев не отрекся от коммунизма, а от этих красных так и жди подвоха... Словом, американцы ждут самого худшего, а тот, кто ждет, как известно, дожидается. Они же почти сразу сталкиваются с неприятностями в лице советских пограничников на паспортном контроле. Люди в военной форме сидят в застекленных будках, берут паспорта, тщательно изучают их, рассматривают визу, как правило, внимательно сравнивают фотографию с физиономией владельца, причем делают все это молча. Обычно это совсем молодые ребята, лет по восемнадцать-двадцать, и языков, надо полагать, они не знают. Да и вообще они настроены чрезвычайно серьезно: никогда не улыбаются, ни «здрасьте», ни «до свидания» от них не услышишь. Словом, несут службу. Были бы они не советскими, а, скажем, французами, все было бы нормально — ну, мрачные и мрачные, подумаешь, какое дело. Но в том-то и дело, что они советские, поэтому реакция примерно такая: «Вы видели, как они разглядывают нас? Жуть какая-то!», «Сразу подумал о ГУЛАГе», «Почему они никогда не улыбаются? Может, это у них запрещено?»

Мне жаль, что этим славным американским гражданам не приходится иметь дело со своими иммиграционными службами. Это тоже люди в форме, хотя они и не относятся к вооруженными силам США, они так же сидят в отдельных боксах, но американские граждане проходят по другой очереди, в отличие от всех иностранных приезжих, и потому они никогда не испытывали всех прелестей собственного погранконтроля. Прежде всего работники INS (Immigration and Naturalization Service — Служба иммиграции и натурализации) не улыбаются. Но зато они задают вопросы — *по-английски*, и если ты не знаешь английского языка, это твоя проблема. Либо найди переводчика, либо отойди и жди, пока тебя кто-нибудь пожалеет. Кроме того, эти господа — я говорю о личном опыте — часто хамоваты. Приезжая в Советский Союз, вы должны заполнить таможенную декларацию; приезжая в США, вы должны помимо таможенной заполнить декларацию для иммиграционной службы. В ней, в частности, содержится вопрос о том, где вы собираетесь останавливаться. Если вы, не дай бог, не знаете названия вашей гостиницы, поскольку номер вам забронировали встречающие вас люди, то не пытайтесь объяснить это иммиграционному лицу. Оно и слушать не станет, попросту отгонит вас от своего окошка. Так что иммиграционная служба США предоставляет неограниченные возможности для огульных выводов при наличии даже небольшого воображения и желания.

***

С тех пор многое изменилось. В России пограничную службу в аэропортах чаще всего несут женщины. Среди них есть и очень хорошенькие. Страха они не внушают. Не сказать, что всем и каждому улыбаются, но они вполне приветливы. Наконец, сделали окошки для своих граждан, то есть так же, как во всех других странах, им оказывают некоторое предпочтение, не то что раньше, когда предпочтение оказывали иностранцам. В Америке не измени-

лось ничего: с иностранцами не церемонятся. Мне-то легче, я стал гражданином США, так что представитель иммиграционной службы встречает меня словами «Welcome home!».

***

Вдали я увидел Нью-Йорк. И сердце мое остановилось. Говорят, это невозможно. Говорят, что остановка сердца приводит к смерти. Как дипломированный физиолог я это подтверждаю. Но у всякого правила есть исключение, свидетельство чему — я: мое сердце остановилось, это я знаю точно, а я все еще живой...

Года через два после моего возвращения в Нью-Йорк Донахью пригласил меня прокатиться с ним на его яхте «Магзи». Фил сильно увлекся морским делом, говорил с неподдельным восхищением о тех, кто умеет ходить под парусами. «Магзи», конечно, имела мачту и парус, но только на случай аварии. А так она была снабжена мощным двигателем и всякого рода навигационными инструментами и картами. Все это Фил освоил, сдал соответствующие экзамены и теперь управлял яхтой как заправский шкипер. Мы стартовали из городка Вестпорт, штат Коннектикут, где у Фила загородный дом, и поплыли по рукаву Атлантического океана, который протянулся между островом Лонг-Айленд и материком. Вскоре погода стала портиться. Задул холодный ветер, сначала умеренно, потом все сильнее. Дождь закапал, затем полил как из ведра. К тому времени, когда мы, миновав атлантический рукав, вошли в Ист-Ривер (Восточная река — так называется коварный и бурный участок воды, омывающий с одной стороны берега Бронкса, Квинса и Бруклина, а с другой — острова Манхэттена), оставив позади печальные очертания тюрьмы на острове Райкерс, совсем стемнело. Мы поплыли дальше, подгоняемые шквальными ветрами, обливаемые ливневым дождем, мимо острова Рузвельта, под мостом Квинзборо, мимо ярких огней здания Объединенных Наций, под Уилльямбергским и Манхэттенским мостами, под любимым мостом Маяковского (и моим) — Бруклинским, а волны все нарастали, подкидывая и потом роняя в бездну бедную «Магзи». И вот мы выплыли из Ист-Ривер и вошли в залив города Нью-Йорка, а Фил твердой рукой держал курс на статую, которую жители этого изумительного и любимого мною города нежно называют «Леди». Она высилась с факелом свободы в правой руке, а мы в плотных дождевиках плыли навстречу ей и воющему ветру, в ответ которому тоже что-то орали. И потом Фил поставил яхту на автопилот, спустился со мной в кают-компанию, нажал на какие-то кнопки, включив стереосистему, и изумительной красоты голос запел одну из самых любимых американцами песен — «Америка Прекрасная». А «Магзи», как бы сделав книксен статуе Свободы, развернулась и поплыла к Манхэттену. И когда сквозь мглистый вечер стали просматриваться мириады огней нижней части города, когда стало казаться, что мы приближаемся к россыпи бриллиантов, Фил еще раз нажал на кнопку, и Лайза Минелли запела «Нью-Йорк, Нью-Йорк», да так, что в глазах моих закипели слезы.

Потом Фил, полушутя, признался, что хотел сделать из меня невозвращенца, хотел эмоционально выбить меня из седла. Что ж, попытка была недурной, можно даже сказать вполне приличной. Но после того как я узрел силуэт Нью-Йорка спустя тридцать восемь лет после расставания, я мог справиться с любыми эмоциями...

Лимузин остановился у гостиницы «Дрейк» на углу Пятьдесят шестой улицы и Парк-авеню. Поскольку я провел там несколько последующих дней, «Дрейк» всегда будет стоять особняком в моей памяти. Я слабо помню, как зарегистрировался, как меня проводили в номер, показали, как пользоваться телевизором, мини-баром и кондиционером. Помню, что дал провожатому на чай, закрыл за ним дверь, быстро умылся, переоделся и вышел на улицу. Свернул на Пятьдесят шестую, направо, пересек Мэдисон-авеню, дошел до Пятой и двинулся вниз, в сторону «даунтауна». Я шел среди толпы людей, плыл в мире лиц и голосов, но вместе с тем я был совершенно одинок, меня окружала скорлупа тишины, я был невидимкой. Я все пытался понять, что происходит со мной, что творится в моей душе. Это было что-то странное, что-то не совсем понятное, что-то... и вдруг я понял: мне казалось, будто я никогда и не уезжал, что я, как герой Вашингтона Ирвинга Рип ван Винкль, заснул и проспал тридцать восемь лет. И вот наконец проснулся — и от этого ощущения мне стало страшно.

Перед поездкой в Нью-Йорк не раз и не два я говорил себе: «Не надо никаких ожиданий. Помни книжку Томаса Вулфа: «You Can't Go Home Again» («Домой возврата нет»). Это будет чужой город, готовься к этому. Конечно, это будет больно, но за сорок лет все меняется». И в самом деле, город изменился, но это все еще был мой город. Я любил его улицы, его запахи, его толкотню, спешку, любил тогда, когда был совсем ребенком, хотя не отдавал себе в этом отчета, любил и хорошее, и плохое. И вот теперь, спустя почти сорок лет, все еще любил его, свой город — «Большое яблоко», как многие называют его, самое большое, самое красное, самое сочное.

Я глядел на проходящих, и мне хотелось крикнуть: «Эй вы! Смотрите! Это я! Я вернулся! Вернулся, мать-перемать! Протрите глазки, посмотрите, пощупайте, да-да, это я! А вы-то решили, что я никогда не вернусь, ведь так, ведь решили, сукины вы дети мои любимые, а я — вот он!»

Но никто на меня не смотрел, никто даже не повел бровью. Это же Нью-Йорк, мальчик мой, или как мы, местные, говорим — Ну-Йок, и нам начхать не только на тебя, но на всех и на всё на свете, понимаешь?

Однако на следующий день на меня уже смотрели во все глаза, потому что я стал гостем передачи Фила Донахью. Студийная аудитория была главным образом женская, и когда я сказал Филу, что люблю Нью-Йорк, они зааплодировали. Но надо знать женщин Нью-Йорка: их невозможно провести, у них тонкий нюх на фальшь. Как говорит жена Фила Марло Томас: «у нас встроенный говнодетектор». Словом, они не могли допустить, чтобы их провел этот коммуняка из России, к тому же явно

Я только что переехал на работу в США. Моя первая квартира. Нью-Йорк, Рождество 1991 г.

нервничающий. Я уже рассказал вам о том, каким предстал идиотом, когда пытался уйти от ответа на вопрос, еврей ли я. Помню еще один любопытный диалог, произошедший во время этой передачи. Одна из женщин в студии спросила меня, верую ли я в Бога. Я ответил честно и прямо, что я атеист. Последовал коллективный вздох ужаса, будто я признался в том, что ем маленьких детей на завтрак. По окончании программы ко мне подошла одна дама и, понизив голос, сказала: «Мистер Познер, не говорите в Америке, что вы — атеист. Скажите лучше, что вы — агностик. Все подумают, что это какая-то религия, и все будет хорошо».

И в самом деле, быть атеистом в Америке нелегко.

Когда американцы пеняют Советскому Союзу по поводу его недостатков и грехов, они неизменно говорят и об отсутствии свободы вероисповедания. Я не стану возражать — не потому, что они правы (хотя свободы вероисповедания в СССР существенно больше, чем это представляют себе почти все американцы), а потому, что им, американцам, следовало бы хорошенько подумать прежде, чем отдаться столь характерному для них делу: наивному, но вместе с тем оскорбительному проявлению превосходства над всеми другими народами, убеждению, что по каким-то неведомым причинам они лучше других, они особенные, что американский путь и образ жизни не только самый правильный, но (между нами, конечно) единственно приемлемый из всех возможных. Американцы могли бы, как мне кажется, задаться, например, таким вопросом: почему от дающего показания в суде требуется сказать: «Я клянусь говорить правду, всю правду, и ничего кроме правды, *да поможет мне Бог*», положив при этом руку на Библию? Как это надо понимать? Неужели американское представление о правосудии исходит из убеждения, что христиане честные, а представители других конфессий, уж не говоря об атеистах, склонны врать?

Почему, когда приводят к присяге Президента США, он должен клясться на Библии? Каковы шансы, что человек, публично признающийся в атеизме, станет президентом страны? Как будет житься американской семье, взрослым и детям, открыто признающим, что они — атеисты? Я уж не говорю о тех, кто живет в «библейском поясе» (так в Америке называют несколько южных штатов, где особенно сильны христианские фундаменталисты, что-то наподобие «красного пояса» в России), — быть атеистом там буквально значит подвергаться остракизму и преследованию. В Америке дискомфортно жить атеисту, он скорее станет изгоем, а его детей будут дразнить и бить в школе. Я к чему пишу это: мне всегда казалось, что свобода вероисповедания означает и свободу *не* верить. Разве атеист не должен пользоваться теми же правами, что и верующий?

Типичная поза Донахью во время ток-шоу. Нью-Йорк, 1992 г.

На передаче Фила я не смог бы сказать все это, но Донахью пригласил меня снова стать его гостем на следующий день — значит, что-то такое интересное во мне было, потому что лишь единицы попадали на шоу Донахью два дня кряду.

Именно тогда я познакомился с Филом лично. Он произвел на меня сильное впечатление своей объективностью, умными и острыми вопросами, тем, как точно он улавливал и атаковал слабые места в моих аргументах, но всегда давал мне возможность ответить. К счастью, я общался с ним и вне эфира. Мы стали близкими друзьями, так что я не претендую на объективность в своем к нему отношении, но называю его другом именно в русском понимании этого слова — а оно принципиально отличается от американского. Американец, познакомившись с вами вчера, может представить вас сегодня кому-либо со словами «meet my friend» — «познакомьтесь с моим другом». Мне много раз приходилось объяснять американцам, что такое пуд соли, который надо разделить, прежде чем сможешь назвать человека своим другом. С Филом мы съели этот пуд. Он самый настоящий друг (не подумайте, что американцы не умеют дружить, не понимают, что такое дружба — это совсем не так, просто они не придают самому слову такого значения).

Мне посчастливилось видеть Донахью в расцвете его мастерства, и не было случая, чтобы я не восхитился его тонкостью, его умом, его честностью. Именно поэтому меня так задевают те программы, которые он считает нужным делать, чтобы конкурировать с такими ведущими ток-шоу, как Опра Уинфри и Хиральдо Ривера. Донахью не имеет себе равных, когда речь идет о политике, о вещах важных и серьезных, но он не способен соперничать с теми, кто заглядывает в замочные

Я – гость программы «Донахью». 1990 год.

скважины и обсуждает интимные и вульгарные темы. На мой взгляд, он напрасно ввязывается в это соревнование...

Да, Нью-Йорк изменился за тридцать восемь лет моего отсутствия. Он стал еще богаче. Город теперь пахнет богатством. Прежде его символом было здание Эмпайер стейт. Теперь это башни-близнецы Всемирного торгового центра. Вместе с тем Нью-Йорк стал и беднее — меня поразило количество бездомных. Я, конечно, слышал о них, видел по телевидению, но одно дело слышать и видеть издали, совсем другое — жить среди них. В сороковых годах здесь были бездомные, существовали для них приюты, но никто не жил прямо на улице. В районе Бауэри, в нижней части Манхэттена, располагались специальные помещения, где могли укрыться бездомные, я никогда прежде не видел, чтобы люди строили себе «гробы» из картонных коробок и забирались в них на ночь, чтобы не замерзнуть. Да, существовал Гарлем, но не было Южного Бронкса, не было районов, похожих на лунный пейзаж, не было выгоревших, будто от военных действий, остовов домов, не было окон, забитых досками или затянутых металлическими ставнями. Не было на улице наркотиков, не видно было наркоманов.

Имелись и другие отличия. Например, множество курьеров на велосипедах. В мое время только дети да разносчики газет катались на велосипедах, лишь сумасшедший мог сесть на полугоночный велосипед и помчаться по улицам, а теперь какие-то камикадзе носились среди невероятного нью-йоркского движения, проявляя чудеса ловкости, мастерства и... безрассудства.

Все это осталось в моей памяти от первых двух дней пребывания в Нью-Йорке, да и осело оно там только после того, как я укрылся от бури эмоций, которая понесла меня, словно щепку, закружила, вышибла дыхание, подавила...

После первой передачи с Донахью я отправился в свою родную школу «Сити энд Кантри» в сопровождении бостонской телевизионной съемочной группы станции WGBH, которая готовила часовой документальный фильм «Не совсем типичный русский, или Дело Познера». Телевизионщики сильно удивились, когда я устроил им экскурсию по школе — ведь я не забыл ничего. Я показал им, где прежде располагался кабинет директора и создателя школы, Кэролайн Пратт, столярную и гончарную мастерские. Этот возврат в детство эмоционально давался мне с трудом, но я держал себя в руках до того момента, пока новый директор не дал мне ксерокс старой школьной газеты за 1 мая 1946 года (том 1, № 5, цена — три цента). Среди прочего я обнаружил стихи, написанные Влади Познером, которые привожу здесь в авторском переводе.

Голос

Жил-был человек
С большими усами,
Большой же бородой.
И голос у него был
Просто громовой.
Куда бы ни шел он,
Слышно был всем,
Слышал даже тот,
Кто был глух и
Нем.
Но так случилось, что он осип.
Так было сухо, что он охрип.
Вот была радость и
Потеха,
Чуть все не лопнули от слез и
Смеха.

Что-то в этом стишке ударило меня в самое сердце, ударило куда сильнее, чем, скажем, моя фотография в двенадцатилетнем возрасте. Я видел много таких фотографий, я отлично представлял себе, как выглядел в двенадцать лет. Но я совершенно не помнил себя — именно себя, двенадцатилетнего мальчика, не помнил, что и как я говорил и думал. Эти стишки каким-то таинственным образом позволили мне познакомиться с собой тогдашним, с мальчиком, который пожимал мне руку, смотрел мне в глаза с радостной улыбкой, предвкушая все то, что предстоит ему в жизни. И мне хотелось обнять его, прижать к себе и сказать, что все у него будет хорошо, все будет о'кей.

Я обернулся и увидел своих соклассников Арти Мушенхайма и Стива МакГи, и заплакал. С их появлением нахлынул вал воспоминаний, связанных с ними обоими, но особенно со Стивом, лучшим спортсменом школы, лучшим учеником и самым рослым среди нас, выпускников.

Тут надо бы объяснить, что в Америке школьная учеба обычно состоит из трех ступеней: «нижней школы», в которой учатся до шести лет, «средней школы», в которой учатся до четырнадцати лет, и «высшей школы», которую обычно заканчивают в восемнадцать лет.

Наша школа объединяла в себе «нижнюю» и «среднюю», так что ее выпускникам было всего по четырнадцать лет. Несмотря на такой «проблемный» возраст, Стив был удивительно «взрослым»: он никогда не кричал, дрался лишь когда его вынуждали, при этом всегда побеждал, держался чуть в стороне, блестяще учился, ходил в музыкальную школу, где слыл первым учеником по классу виолончели, — словом, мы, шантрапа, относились к нему с почтением. И вот теперь Стив стоял передо мной, и меня больше всего поразило, что он ниже меня ростом и почти совсем облысел. Прежними остались спокойный взгляд его зеленых глаз и неторопливая, мягкая улыбка. «Как дела, Влади?» — спросил он, назвав меня так, как звали меня в школе. От кома в горле я не мог ответить.

Тем временем съемочная группа работала в поте лица, и в какой-то момент режиссер фильма Стив Атлас спросил Стива и Арти, не было ли у них в детстве проблем с «этим коммунякой Познером». Они оба захохотали, засмеялся и я от абсурдности этого вопроса. Это было такое мгновение, когда все лишнее, что наросло за жизнь, отпадает и остается только суть, только стоящее. Для него, для Атласа, вопрос был нормальный, даже ключевой, потому что таковы его политический и жизненный опыт. Для нас троих это была полная чушь. Мы могли бы рассказать ему о том, как проводили вечера на квартире у Бобби Холландера и в отсутствие его родителей приходили в состояние трудно удержимого сексуального возбуждения от разглядывания «художественных» фотографий обнаженной натуры из запретного для нас альбома. Мы обсуждали технику так называемого «французского поцелуя» и по очереди разглядывали в бинокль пару, регулярно совершавшую странный эротический танец в квартире расположенного через улицу дома — она неизменно появлялась в лифчике и трусиках и высоко над головой трясла парой маракасов, а он прыгал вокруг нее в парадной одежде. Они то вдруг появлялись в ярко освещенном прямоугольнике правого или левого окна, то исчезали, то ныряли в «кадр», то выныривали, пока вдруг не гас свет. Да, мы много чего могли бы рассказать господину Атласу, но что толку? Его это не интересовало, вернее, его интересовало не это. Он желал получить ответ на вопрос, который не приходил нам в голову; нас, мальчишек, не волновали наши политические взгляды. Мы могли бы ответить ему только одно — мы были *своими*. Понял бы он или не понял — не знаю, но я почему-то никак не могу забыть то мгновение.

***

На самом деле Атлас знал, о чем спрашивает. Я окончил школу «Сити энд Кантри» в 1946 году, когда отношения между Америкой и СССР только начали портиться. Я поступил в хай-скул имени Питера Стайвесанта, последнего голландского генерального директора Новой Голландии и, в частности, города Нью-Амстердама, впоследствии ставшего Нью-Йорком. Школа имени Стайвесанта была и остается одной из самых сильных и престижных в Америке. Учатся в ней бесплатно, но для поступления надо сдать конкурсные экзамены. Я поступил в сорок седьмом году и учился там до середины сорок восьмого, когда резко ухудшились советско-американские отношения. Мои взгляды были известны, и мне пришлось несладко: были драки, довольно частные. В конце концов директор школы посоветовал моему отца забрать меня оттуда во избежание неприятностей.

***

Документальный фильм, посвященный мне, был построен таким образом, чтобы три так называемых эксперта в области пиара смогли дать свой анализ того, что говорю и делаю я, Мастер пропаганды. Вы, конечно, помните мой рассказ о Галине Ивановне Бариновой, возглавлявшей отдел пропаганды Ленинградского обкома партии. Помните вы и о том, что она хотела «подготовить» всех советских участников предстоящего телемоста. Если бы ей это удалось, то американская сторона обвинила бы нас в промывании мозгов нашей аудитории, заявила бы, что мы не доверяем собственному народу и потому считаем необходимым подвергать его пропагандистской обработке. Помня об этом, я прошу вас, дорогие читатели, ознакомиться с оценками, которые дали «на камеру» Арнольд Зенкер (представленный в «Деле Познера» как бывший телеперсонаж и один из самых успешных в стране специалистов по обучению работе в кадре), Алекс Бим (бывший московский корреспондент американского журнала Business Week) и Маршалл Голдман (глава Русского исследовательского центра Гарвардского университета).

«ЗЕНКЕР: Владимир Познер просто создан для телевидения... Для человека моей профессии это то же самое, что быть скрипачом и наблюдать за Исааком Стерном. Говоришь себе — как же замечательно он это делает! Как же это удается ему? С помощью нюансов, маленьких «сдач», которые ничего ему не стоят...

БИМ (комментируя мой ответ на вопрос, еврей ли я): Он явно не справился с вопросом о еврействе. В каком-то смысле это объясняется тем, как его подготовили, ему не удается играть роль этакого спонтанного советского парня...

ВЕДУЩИЙ (за кадром комментирует тот факт, что я был у Донахью в двух передачах подряд): Фил Донахью является существенным элементом стратегии Познера. Через его программу Познер получает прямой выход на гигантский слой средней Америки...

ГОЛДМАН: Когда мы смотрим Познера по телевидению, мы должны всегда помнить о том, что он пытается всучить нам определенный товар. Надо себе задавать вопрос: «А я купил бы подержанную машину у этого человека?» Надо все время спрашивать себя: «А я готов поверить его гарантиям?» И знаете ли, в какой-то части гарантии в порядке, скажем, клаксон работает, но шины могут быть спущены. Именно в этом контексте надо рассматривать все, что он говорит».

Велика ли разница между Г.И. Бариновой и этими достопочтимыми джентльменами? Между тем, что хотел сделать Ленинградский обком, и тем, что на самом деле предприняла телевизионная компания WGBH (которая, замечу, имеет в Америке реноме одной из самых прогрессивных, самых либеральных, самых демократичных, самых профессиональных). Положа руку на сердце, думаю, что разницы никакой. Пожалуй, даже Баринова и обком более честны в своих намерениях, они откровенно заявляют, что людей надо «готовить». Ни Зенкер, ни Бим, ни Голдман, ни, конечно, Атлас и руководство телекомпании не согласились бы с тем, что они «готовят» аудиторию.

Я же уверен в том, что идеологическое руководство американского телевидения сомневается в способности зрителей сделать «правильные» выводы из увиденного — и в этом они ничем не отличаются от советских идеологических комиссаров.

Меня в этой программе насквозь проанализировали. Это необыкновенно интересный и поучительный опыт, позволяющий судить о неуверенности в себе тех, кто посвятил себя созданию антисоветских стереотипов и сам стал жертвой своей деятельности. У них просматривается некая паранойя, суть которой сводится к следующему: если американский зритель увидит во мне нормального человека, честного, но при этом *советского*, он начнет сомневаться не только в стереотипах, внушаемых ему всю жизнь, но, что еще опаснее, в той внешней и подчас внутренней политике, которую он, зритель, воспринимал как единственно верную.

Советские представители не первый год появляются на американском телеэкране. Однако их не опасаются, потому что они не противоречат существующему стереотипу: сильный акцент, выражение лица, манера одеваться, логика изложения — все это соответствует представлениям о том, каков есть «русский». Пробиться к зрителю, преодолев стереотип, одновременно подтверждая его, крайне трудно. Как только зритель видел на экране образ, сформированый в голове, дело было сделано: что бы ни говорили русские, это не имело никакого значения, поскольку они по определению ничего хорошего сказать не могут. Есть, правда, другие русские, хорошие — те, которые просят политического убежища, но так как и они, «выбравшие свободу», говорят с русским акцентом и не выглядят «американцами», зрителя следует соответственно подготовить: «А теперь хотим представить вам борца за права человека в Советском Союзе, которого принимал и приветствовал вчера президент Рейган, — советского диссидента Анатолия Щаранского».

Образ «плохого русского» возник в результате десятилетий идеологических усилий. Начиная с карикатуры 1918 года, изображающей бородатого и звероватого большевика, о котором я уже упоминал, и кончая страшенным Иваном Драго, которого все-таки нокаутирует бесстрашный Роки, этот образ вбит в американский национальный мозг и закреплен с помощью мрачных и бездарных «рупоров» советской политики. И это стало особенно важным с появлением телевидения: когда говорил «русский», аудитория понимала, что говорит плохой человек, лжец, представитель зла.

Но я, Владимир Познер, не соответствовал стереотипному образу. «Как, — спрашивал зритель, — он русский?!» А вот это и в самом деле опасно, в особенности с точки зрения консерваторов. Впрочем, и некоторых либералов. Как-то я участвовал в дебатах с профессором Гарвардского университета Дэвидом Ергиным (это было в 1979 году в Торонто), так он потребовал, чтобы около него на столе поставили маленький американский флаг, а около меня — маленький советский. Он опасался, что зрители, не дай бог, спутают, кто есть кто.

Поскольку я не похож на того «русского», которого создала американская пропаганда, зритель волей-неволей испытывает некоторый шок и *начинает слушать*. И вовсе не потому, что доверяет мне, а потому, что несовпадение реальности и ожиданий заставляет его вынуть идеологические пробки из ушей. Именно это и злит Джорджа Уиллса, Маршалла Голдмана и им подобных. Ведь если люди станут слушать, может статься, они придут к каким-то выводам — например решат, что семи десятилетиям антисоветской пропаганды вопреки в моих словах есть доля истины. А уж от такой мысли консервативная Америка содрогается. Поэтому выдвигается тезис: мое присутствие в США — не что иное, как коварный и страшный советский план. А то, что Америка была закрыта для меня до 1986 года, то, что меня не пускали на советский телеэкран, то, что я никогда не появился бы на американском телеэкране, если бы того не хотело само американское телевизионное руководство, — об этом не будем ни думать, ни говорить, ведь логика нас не волнует, не так ли?

Во время этого первого своего визита я ездил по стране и постоянно сталкивался с таким образом мыслей, с боязнью признать, что я обыкновенный человек, имеющий некую систему взглядов. Типичный случай произошел с архиконсервативным Ридом Ирвайном, джентльменом, возглавляющим организацию «За точность в СМИ» (на самом деле он и его сотрудники вылавливают в печати, радио и на ТВ все то, что противоречит консервативной точке зрения). Участвуя со мной в одной из передач Теда Коппела, он обозвал меня лгуном, но когда Тед попросил его указать, в чем же я соврал, он совершенно смутился, покраснел как рак и вынужден был признать, что он «не помнит». Я был свидетелем того, как страх рождает ненависть и как ненависть растит страх, как «свободная» печать и «демократическая» власть манипулируют американцами ничуть не в меньшей мере, но куда более умело и утонченно, чем советскими гражданами манипулируют «контролируемые» СМИ и «тоталитарная» власть. Я все это увидел, но не получил от этого зрелища ни малейшего удовольствия, не было и тени желания сказать: «Тьфу, они ничуть не лучше нас!» Единственное чувство, которое я испытал, — разочарование.

Прощание с иллюзиями

Первые дни моего путешествия прошли в буре эмоций. Потребовалось некоторое время, пока я смог чуть спустить паруса и вновь обрести равновесие. Когда же это произошло, эйфория, замечательный сон, ставший явью, уступили место тяжелому пониманию того, что прав был Томас Вулф: в самом деле домой нет возврата, мой дом — неизвестно где, не тут и не там, но где-то внутри меня, среди тех, кого я люблю; мой дом там, где живет моя жена, мои дети. Мне стало ясно, что Америка моих грез и мечтаний столь же далека от реальности, сколь далек был Советский Союз от моих юношеских иллюзий.

Я хорошо помню, когда и где испытал почти невыносимое чувство печали от осознания этой истины: это было 27 мая 1986 года в Сан-Франциско, в километре от моста Золотые Ворота, ровно через год после смерти в этом городе моей матери.

В течение десяти лет с момента ухода моего отца она постепенно теряла интерес к жизни. Она, разумеется, ходила в магазин, навещала друзей, даже путешествовала. Но ее единственной радостью были Павел, живший с ней в родительской квартире, я и моя дочь — ее внучка — Катя. В 1982 году, как мне помнится, врачи нашли у мамы аневризму аорты. Они предложили операцию, хотя и опасались, что не выдержит сердце. Оперироваться она отказалась, добавив, что будет жить, пока не придет ее время. Время пришло, когда она гостила у наших друзей Далси и Майкла Мэрфи в Сан-Франциско. Она скончалась в объятиях Далси — ушла быстро и безболезненно, как это всегда бывает при разрыве аорты.

Я не забуду телефонного звонка, который разбудил меня в Москве ранним утром двадцать восьмого мая, в день рождения моей жены. Это была Далси...

Знаете, что я нахожу необъяснимым? То, что смерть поражает наше воображение, шокирует нас. Чего нельзя сказать о рождении кого-либо; но ведь смерть — такая же естественная штука, что и рождение. Я понимаю, что моя мама умерла. Я признаю это. Но я отказываюсь считать это «нормальным», не могу примириться...

Спустя две недели я получил письмо от человека, который когда-то был влюблен в мою маму — впрочем, возможно, любил ее всю свою жизнь. Я знал его, когда мы жили в Америке, он приезжал к нам, когда мы жили в Берлине. Он всегда казался мне мягким, добрым и умным. Но этим, как я теперь понимаю, ничего не сказано, потому что он был (и есть) человек особый — в чем убедило меня его письмо. Вряд ли кто-нибудь сумел бы написать о моей маме так, как написал он — в том числе я. Поэтому я решил пойти по пути наименьшего сопротивления и предложить вам, читатель, проститься с ней, как простился я — прочитав это письмо. Я привожу его полностью, за исключением нескольких слов, относящихся лично ко мне и с ней не связанных.

«Я был знаком с твоей матерью около пятидесяти лет и прощался с ней не раз, полагая, что больше мы не увидимся никогда: в Нью-Йорке в конце тридцатых, когда она вместе с твоим отцом вернулась в Париж; в 1948, когда она покинула Соединенные Штаты (она тогда была в плохом состоянии, тяжело перенося давление и угрозы того времени и вынужденный отъезд); в Берлине в 1952; в Париже, во время одной из ее поездок туда с твоим отцом; во Флоренции, куда я поехал повидаться с ней после смерти твоего отца (она приехала вместе с Тото в гости к Леле); и, наконец, в Риме несколько лет тому назад, где я посадил ее на парижский поезд после ее приезда ко мне. Так прошла почти вся ее жизнь, и я за это время видел, как она меняется, стареет, слабеет (ударов было множество, жизненных потрясений больше, чем она могла одолеть), становится все более хрупкой. Я поражаюсь, что она выстояла так долго. Я не удивился бы, если бы она сдалась раньше.

В тридцатых годах (1936—1937?) она была веселой, полной жизни, она отважно строила свою жизнь — незамужняя девчонка со своим маленьким мальчиком (твой отец находился в Париже, и они еще не знали, останутся ли вместе). В ней были жажда жизни, смелость открывать ее для себя и испытывать. Она была сексуальна (детям трудно представить себе, что их мама когда-то была сексуальной), и я по-юношески втюрился в нее по самые уши. Эти романтические чувства (ничего конкретного из них так и не получилось) навсегда окрасили мои мысли о ней. Даже когда я увидел ее в последний раз, хрупкую и напуганную, в ней сохранялся след этой ауры. Он вдруг оживал в каком-то замечании, в смехе, в мгновенном блеске ее глаз. Жизнь обошлась с ней жестоко, очень жестоко, но все же не смогла совсем потушить ту искру, которая так долго меня привлекала.

Но тяжелые времена наступили через много лет после нашей первой встречи. Она прожила несколько хороших лет в Париже, в США во время войны и сразу после ее окончания. Надо было зарабатывать на жизнь, когда они с твоим отцом добрались до США (им помогли мои родственники, когда они бежали из оккупированной Франции в Испанию), но они справились без особого труда (в то время твоя мать была сильной и изобретательной). А потом пошли денежные годы: Павел родился в относительной роскоши в доме рядом с Пятой Авеню, у него была няня, и мать твоя расцвела. Она находилась в своей среде, и ее средой были франко-американская буржуазная устроенность и культура — мир стильной одежды, последних литературных романов и выставок, приемы для друзей и деловых партнеров дома или в ресторанах, летняя вилла, наполненная родственниками и малыми детьми (где наибольшей бедой могло быть пережаренное мясо или детская простуда). Самыми драматичными были нечастые семейные ссоры. Сестры твоего отца так и не приняли полностью твою мать. Они смотрели на нее свысока оттого, что она была слабее них, меньше знала, не имела профессии, карьеры, которой *они* могли бы гордиться.

Она страдала, что ее не ценили (не любили?) они. Мне кажется, в детстве она испытала нечто такое, что оставило ее беззащитной и напуганной. Ее обижала критика твоих теток, но почему-то она считала, что заслужила ее. Она в самом деле *не была* столь крутой и блистательно умелой, как они. И в результате этого возникла трещина в ее защитной стене — трещина, которой предстояло расти и расти под предстоящими ударами.

А потом, как говорят в Америке (когда-то говорили), «говно попало в вентилятор». Началась «холодная война». Твой отец был советским гражданином, и американские власти взялись за него: подслушивание телефона, слежка, занесение в черные списки и, наконец, изгнание (как именно это произошло, я не помню. Но не приходится сомневаться в желании властей избавиться от твоего отца). Твоя мать не была создана для ведения такого рода военных действий. Ей недоставало ни политических знаний, ни убеждений, которые помогли бы ей противостоять этим преследованиям. По сути ей казалось, что ее наказывают несправедливо, не по делу за проступок, который она не совершала. Она не могла ответить ударом на удар. Она не знала, как это делается. Да и нечем было бить. Ту уверенность в себе, которой она когда-то обладала, подточили издевки и сарказм, часто адресованные ей как мужем, так и его сестрами. У нее все заметнее стали сдавать нервы.

Примерно в это время я видел их в Нью-Йорке (я тогда работал на Западном побережье), где попытался создать с твоим отцом бизнес по производству образовательных фильмов (его бывший партнер и кинокомпания, с которой он сотрудничал много лет, боялись иметь с ним дело). Ничего из этого не вышло. Но время от времени я сидел с твоей матерью, когда твой отец уходил на деловые встречи. Именно тогда я впервые увидел страх, которому предстояло стать хроническим, — страх, который, вероятно, восходил к ее раннему детству; быть может, ее когда-то бросили.

Когда стало невозможным больше оставаться в Нью-Йорке, они (твои мать и отец) решили вернуться во Францию. Последовала еще одна катастрофа. Твоему отцу отказали в визе. Он же был красным! И США очернили его имя перед французскими властями.

Твоя мать могла вернуться во Францию только без мужа. Предстоял тяжелейший выбор. На одной чаше весов — ее неотъемлемое французское гражданство, вполне буржуазный, комфортабельный образ жизни, но без мужа и с необходимостью найти работу и самостоятельно вырастить детей (не было и речи о том, чтобы не она их растила). На другой — неизвестность, разрушенный войной Советский Союз, материальные трудности, чужой язык (она не знала ни слова по-русски), полная зависимость и беспомощность (без знания языка она не могла рассчитывать на работу), расставание навсегда с сестрами и друзьями (так виделось в те мрачные времена «холодной войны»). Выбор оказался слишком тяжелым. Она его сделала, но глубоко внутри у нее что-то треснуло. (Мне следует здесь сказать, что она никогда не обсуждала это со мной. С моей стороны это догадки.) Для нее семья стояла на первом месте (благополучие детей сыграло, думаю, главную роль в ее решении). И она поехала со своим мужем и детьми туда, в эту Чужую, Темную Страну.

Русские ей не обрадовались, не встретили с цветами. Напротив. Напряжение все нарастало. Трудоустройство (твоему отцу оказалось крайне сложно получить работу по специальности и соответствующую его уровню); жилье (милиция потребовала, чтобы они покинули Москву); отсутствие друзей и родственников; сложности привыкания детей к совершенно другому обществу и уровню жизни. Примерно в это время, возможно, после приезда в Берлин (еще один язык, еще одно усилие, чтобы приноровиться, еще одно чужое место) у твоей матери случился нервный срыв, потребовалась ее госпитализация.

Но нутро у нее было сильное, несгибаемое. Я снимаю перед ней шляпу. Она собралась с силами и занялась делом: растила детей, следила за тем, чтобы было достаточно еды, чтобы хорошо одевались... Преодоление этих проблем помогло ей войти в жизнь: без этого она вполне могла бы уплыть куда-то далеко-далеко за пределы нашего мира.

Вскоре после этого мы увидели друг друга в Берлине...

У твоей матери оказался один стальной передний зуб, от вида которого я содрогнулся. Она была тщеславна в своей красоте. Она считала внешность главным своим благом. Даже представить невозможно, что она ощутила, когда кусок стали оказался у нее во рту. Это символизировало грубость перемен, которые она пережила. Но испытания не изменили ее. Она все еще тяготела к стильной одежде, красивым вещам и вкусной еде; к моему удивлению, это же касалось ее соседей по советскому городку. Твою мать забавляли их вкусы, она относилась к ним со снисхождением, рассматривая их как до всего жадных и жаждущих победителей в Великой Войне, хватавших посуду, мебель, цветы, рояли! Она не участвовала в этой охоте. Это было ниже ее достоинства. Она слишком хорошо помнила яркие моды Парижа и Нью-Йорка. Позже, как мне показалось, она стала чуть подражать другим, но без энтузиазма, вполсилы. Ей надо было научиться не выделяться. Это был своего рода камуфляж, необходимый для выживания. Сердце же принадлежало другим местам. Парижу... Нью-Йорку... Вашингтону.

Следующая наша встреча произошла в Париже. С ней был твой отец, так что это случилось лет двенадцать тому назад. Она приготовила превосходный обед. Я летел из Лондона в Рим, но прервал свой полет, чтобы повидаться с ними, и оба они, и мать, и отец, рассказывали и рассказывали обо всем том, что пережили со времени нашей последней встречи в Берлине в 1951 году. Они испытали трудные времена. Очень трудные. Твой отец был полон горечи — и на то у него имелись основания. Он отказался от великолепного, обеспеченного уровня жизни ради своих идеалов; но в конце-то концов он посчитал, что обошлись с ним мерзейшим образом. Предали его. У твоей матери, не имевшей ни корней, ни надежд относительно родины твоего отца, не было таких чувств. Она не ожидала ничего, кроме мерзостей, и потому была приятно удивлена тем, что все могло быть гораздо хуже, но обошлось. Возможно, ее одинокая борьба за существование в Париже и США, когда она была совсем молодой женщиной в тридцатых годах, подготовила ее к ежедневным заботам: поиску работы, крова, еды, одежды. Казалось, она испытала некое удовольствие от борьбы с системой, в которой, можно сказать, преуспела. Она сравнивала свой образ и уровень жизни не с тем, каким он мог бы быть в Париже или в Нью-Йорке, а с московским житьем-бытьем окружавших ее людей. Исходя из этих норм, она была в полном порядке. Получала она удовлетворение и от своей работы. Но главным и самым значимым дл нее были достижения сыновей. Как мне кажется, она в этом черпала ощущение уверенности, глубинного понимания своего «я». Далось это ей не просто, и на меня это произвело впечатление. Она проводила меня в аэропорт тем вечером — ей захотелось сделать это. И снова мы не знали, увидимся ли вновь, но было необыкновенно радостно от этой встречи, прерванной двадцатью годами полного молчания. И то, что она проводила меня, было знаком дружбы и выражением значимости нашей встречи.

После этого мы увиделись еще два раза: во Флоренции после смерти твоего отца, и в Риме, где она остановилась у меня. В то время, в отсутствии твоего отца и его поддержки (в которой она нуждалась из-за того, что, как я уже сказал, жила с душевной трещиной, с продырявленным чувством уверенности в себе) она испытывала страх перед этим миром; мне показалось, что путешествиями и встречами со старыми друзьями она пытается заполнить пустоту, яму — пытается убедить себя в том, что проживает жизнь не напрасно. Это было сражение со старостью, болезнью и с потерей ощущения самоидентификации, которое давали ей замужество и семья. И сражение это продолжалось. По-моему, она была невероятно отважной.

Порой она говорила о себе с необыкновенным пониманием своего положения. В ответ на мое письмо с соболезнованиями по поводу смерти твоего отца она написала, в частности: «Один мой друг как-то заметил, что моя жизнь похожа на существование золотой рыбки в аквариуме. Я никогда не забуду эти слова». Я тоже.

Почему пишу я это длинное письмо?.. Я не могу положить цветы к ее могиле, даже не знаю, где она. Это письмо — букет для нее, который я посылаю тебе. Думаю, она одобрила бы это. В любом случае я надеюсь, что все написанное мной добавит что-то к пониманию тобою твоих родителей, а значит, к пониманию самого себя».

Есть некоторые неточности. Не все даты верны. Отца никто не изгонял из Америки, хотя он вынужден был уехать из-за обстоятельств, о которых я уже писал. Нельзя сказать, чтобы письмо сообщило мне нечто такое о моих родителях, чего я не знал. Но оно — один из самых замечательных, самых тонких, самых проникнутых любовью портретов моей матери. Будь это картина, она висела бы у меня в кабинете. Но это письмо, и оно всегда находится там, где я легко могу до него дотянуться.

Автор письма маме
Julian Zimet

Размышляя в Сан-Франциско о маме, я не мог не задаться вопросом о том, какой нашла Америку *она* после стольких лет отсутствия, какой была *ее* реакция на страну, в которой она жила с 1934 до 1939 года, а потом вновь с 1940 по 1948? Что ощутила *она*?

Мое мнение вытекает из моего американского опыта, из всего того, что я лично испытал, видел, слышал, нюхал, пробовал; кроме того, оно является и результатом чтения и размышлений. Как мне кажется, невозможно понять изменения, произошедшие в Соединенных Штатах (да и все то, что происходило в Советском Союзе), не признав масштабов влияния холодной войны.

Если существует одно-единственное событие, которое изменило и затем определило мой жизненный путь, то им стала холодная война. Она вынудила моих родителей покинуть Америку. Она не позволила им вернуться во Францию. Она сделала моему отцу предложение, от которого он не мог отказаться, — советская работа в Восточном Берлине. Она была причиной нашего приезда в СССР. Не будь ее, холодной войны, моя жизнь была бы совершенно иной, да и я был бы иным.

В определенном смысле и Соединенные Штаты, и Советский Союз — да и весь мир в той или иной степени — сформировались в результате политики холодной войны.

Я не собираюсь спорить о том, кто в ней виновен. Скажу лишь, что не принимаю черно-белую мифологию прошлого, да и отчасти сегодняшнего дня — мол, во всем виноват «глобальный империалистический заговор» или «всемирный коммунистический заговор». То, о чем пишу я, относится к последствиям нашего враждебного, биполярного мира, который и есть порождение холодной войны.

Нет страны, нет нации, которая могла бы вести войну без того, чтобы она оставила глубокий след в психике народа. Война — это враги, борьба не на жизнь, а на смерть, это жесткость взгляда, который не признает оттенков. Пусть в том или ином обществе существуют демократические свободы, инакомыслие, публично задаваемые вопросы по поводу политики правительства — они отходят на второй, а то и на двадцать второй план, когда речь идет о выживании, о том, быть или не быть.

«Холодная война» — точно найденное название. К ней относится абсолютно все, что уже было сказано мной. Но в отличие от всех «горячих» войн современности, «холодная» длилась *сорок лет*.

В Советском Союзе только начинают понимать всю пагубность влияния на страну и народ четырех десятилетий холодной войны, последствия этого напряжения. Можно определенно сказать, что эта «война» питала наихудшие склонности советского общества, давала козыри наиболее репрессивным, если не параноидальным элементам, по сути дела исключая развитие гуманистических, демократических принципов, на которых основана философия социализма и коммунизма. Она, эта «война», заткнула рты тем, кто мог спросить, куда идет страна. Любой вопрос, любые сомнения, любая критика расценивались как «пособничество врагу». Учитывая реалии нашего биполярного мира, подобное обвинение не было полностью лишено истины. Наша экономика, наши средства массовой информации, наше образование, даже наши основные общественные принципы и ценности — все они так или иначе подверглись искажению в результате нескончаемой политической войны с Западом. Советская внешняя политика, декларировавшая справедливость, уважение международных норм, строилась на «реальной» политике холодной войны. Это привело к тому, что можно было бы назвать квазиколониальной практикой Восточной Европы, когда маленькие страны рассматривались как пешки в шахматной игре супердержав. Можно без преувеличения сказать: результаты всего этого как внутри страны, так и за ее рубежами катастрофические. Нет ничего странного в том, что, пытаясь справиться с этими катастрофами, с той психологией, которая их породила, нам приходится переосмысливать суть всей холодной войны.

Полагаю, что холодная война отразилась на Соединенных Штатах точно так же; приведенный выше абзац вполне актуален и в отношении Америки — пусть и с минимальной редактурой. Но Америка намного богаче, намного сильнее, что позволило ей в большей степени самортизировать, свести на нет часть того, что совершила холодная война. Правда, далеко не все. Америке еще предстоит справиться с теми ранами, которые эта война нанесла качеству жизни, традициям гуманизма, демократическим ценностям.

Не будь холодной войны, наступила бы эра МакКарти, которая по сей день определяет то, что называется «пределами политических дебатов». Погибли бы тридцать пять тысяч американцев в Корее да еще пятьдесят тысяч во Вьетнаме, не говоря о двух миллионах вьетнамцев? Получили бы американскую поддержку такие мерзкие диктаторы, как Маркос, Франко, Сомоса, Пиночет? Вряд ли.

Когда мы еще жили в Нью-Йорке, президент Трумэн подписал закон, в преамбуле к которому было сказано, что каждый американец имеет право на приемлемое жилье. Четыре десятилетия спустя есть ощущение, что до реализации этого важнейшего права еще очень и очень далеко. Знаменитая Война с Бедностью, объявленная президентом Линдоном Джонсоном, пала жертвой другой войны — холодной. Грязь и нищета городских трущоб, постепенный развал системы школьного образования, резкий рост наркомании — разве это не противоречит исконным американским представлениям о порядочности? Всего этого не было бы, с этим не мирились бы, если бы не десятилетия военных расходов да принятие обществом истины, что глобальная борьба с коммунизмом важнее удовлетворения жизненных потребностей рядового американца.

Невозможно не прийти к выводу — если, конечно, оценивать справедливо, — что холодная война слишком дорого обошлась и Соединенным Штатам, и Советскому Союзу не только в экономическом плане, но и в моральном.

Я не без тревоги обнаружил немалое сходство между догорбачевским стилем руководства в СССР и тем, который наблюдал в Америке Рейгана. Схожие агрессивность, высокомерие, безграмотность. То, что обе системы сумели выжить до сих пор, несмотря на качество руководства, скорее свидетельство их живучести.

Мы видим и слышим лишь то, что хотим видеть и слышать, фильтруя то, что противоречит нашим убеждениям и взглядам. Когда американские правые попадают в Советский Союз, они повсюду обнаруживают признаки подавления народа тоталитарным режимом. Американские левые находят прямо противоположное. Советские туристы, посещающие Америку с мыслью об эмиграции, видят общество всеобщего благоденствия, другие же — бездомных и нищих. Каждым управляет его предвзятость. И я не исключение. Я прекрасно отдаю себе отчет в том, на сколько подозрительно мое утверждение, будто я приехал в Америку не для того, чтобы найти там подкрепление моим политическим убеждениям. Тем не менее это так. Столкнувшись с бедностью в столь богатой Америке, увидев ужасающую нищету, существующую бок о бок с неслыханной роскошью, я не потираю руки от удовлетворения.

Мое возвращение было сладко-горьким.

Сладость в том, что я вернулся. Вернулся в собственное детство. Стоял у дома номер двадцать четыре по восточной Десятой улице, смотрел на окна второго и третьего этажей и вновь видел, словно отмотав киноленту собственной жизни на сорок лет, всех нас — мать и отца, моего любимого пса Жука, моего маленького брата Павлика, мою обожаемую Джулию — и проживал жизнь столь далекую теперь от меня, будто ее никогда и не было. Сладость также — в звучавшем вокруг меня нью-йоркском говоре, в том, чтобы купить и съесть пару «френков со всеми делами» (так в Нью-Йорке — и только там — называют горячие сосиски, уложенные в белые продолговатые булочки с горчицей, жареным луком, кислой капустой, маринованными огурчиками и еще бог знает с чем), в возможности пробежаться в Центральном парке, притормозив по пути, чтобы послушать двух скрипачей, исполняющих двойной концерт Вивальди; сладость — в посещении бейсбольной игры на Янки-стадиум, и в том, чтобы посидеть на ступеньках собора Святого Патрика, а потом, уже на другой стороне Пятой авеню, поглазеть на любителей фигурного катания на искусственном катке «Рокфеллер Плаза». Сладости было хоть отбавляй, не пересказать сколько, и она переполняла сердце до самых краев... Сладость Фултоновского рыбного рынка, от которого несло за версту, но запах которого кружил мне голову сильнее, чем «Опиум», «Пуазон» или «Шанель № 5». Фултоновский рыбный рынок с его орущими чайками, мачтами кораблей, пакгаузами, ресторанчиками, брусчаткой и миллионом других вещей, не значащих ровным счетом ничего ни для кого, кроме человека, который приходил сюда в двенадцать лет, приходил с подаренным ему на день рождения фотоаппаратом фирмы «Кодак» и проводил здесь долгие часы. Здесь, думал он, пришвартовывались пиратские корабли, отсюда уплывали лихие капитаны-китобои — уплывали приключениям навстречу, вдыхая просоленный океанский ветер, и сюда возвращались, оплыв полмира, изящные трехмачтовые шхуны.

Нет, я не приехал в поисках этой сладости. Она была здесь, она меня поджидала. Как поджидала и горечь...

«Копы», попарно патрулирующие Вашингтонский сквер — любимое место нашего детства, где мы самозабвенно играли в «ступ-бол» и никогда не видели ни полицейских, ни наркоторговцев, за которыми они теперь охотились. Молодые люди, стоящие в очереди за креком, о котором и слыхать никто не слыхал в Гринвич-вилладж моего детства. Резкий запах мочи и бездомные, спящие на скамейках в Томкинс-сквере. Опустошенные, горькие лица забытой Америки, Америки, списанной со счетов этикой корпоративного капитализма.

И еще сцена, запомнившаяся навсегда. Я сижу в великолепнейшем зале ожидания Вашингтонского железнодорожного вокзала, откуда первым же поездом должен выехать в Нью-Йорк. Вокзал и в самом деле поразительно красивый, шедевр современной архитектуры. Кроме того, он необыкновенно удобен для всех посетителей и пассажиров (замечу в скобках, что по части создания удобств американцы абсолютные чемпионы мира, ни в одной стране ничего подобного нет), тут есть все — от шикарных бутиков и разнообразных магазинов и ларьков до ресторанов высокой кухни, закусочных и оборудованных компьютерами бизнес-салонов. О туалетах не говорю. Они достойны отдельной главы...

Но в то утро мое внимание было приковано к человеку явно либо пьяному, либо находившемуся под влиянием наркотиков: он шел по залу, хихикая и хохоча, тыча пальцем в сторону чего-то, что было видно ему одному, и как бы приглашал всех принять участие в этом безумно смешном спектакле. Нахохотавшись всласть, он снял пальто, скатал его и, положив под голову, лег на скамейку. Уснул он мгновенно, и его лицо, напоминавшее образы Эль Греко белизной кожи в сочетании с черными усами и острой бородкой, казалось теперь совершенно спокойным и на редкость красивым. Он лежал в странной позе — торс его образовывал почти прямой угол с ногами, которые свисали со скамейки и упирались в пол. И тут к нему направился другой человек —чернокожий американец, тоже из разряда то ли пьяных, то ли наркоманов, то ли сошедших с ума. Высокий, худощавый, он был одет в сильно поношенный, кое-где прохудившийся костюм. Он двигался, размашисто жестикулируя, широко разводя руки и кланяясь невидимой публике, причем двигался все более сужающимися кругами, пока не очутился рядом со спящим человеком. Он сел рядом с ним и чуть толкнул его одним пальцем. Не последовало никакой реакции. Он толкнул его чуть сильнее — с тем же результатом. Тогда он залез спящему в карман, вытащил оттуда смятую пачку сигарет и спички и тут же закурил. Он делал все это, будто совершал театральное действо — широко, с гримасами, словно ожидая аплодисментов. Покурив, он взялся за край пальто, служившего подушкой спящему, и чуть дернул. Тот не шелохнулся. Тогда он дернул посильнее, пальто выскользнуло из-под головы, и она глухо стукнулась о скамейку. Белый продолжал спать. Чернокожий встал, широко развел руками и отвесил глубокий поклон, как бы говоря: «Видите, что я умею?» Потом поднял пальто, скатал его еще туже, сунул под мышку и, ухмыльнувшись, пошел бочком к выходу. Просящий милостыню крадет у нищего — почему-то мне вспомнилось что-то из Брейгеля-старшего.

За всем этим спектаклем наблюдали не меньше пятидесяти человек. Наблюдали они исподтишка, краем глаза, закрыв лица утренними газетами, журналами, книжками. Никто не проронил ни слова. Происходящее их не касалось. Эти двое были представителями другого, опасного мира — мира, который с точки зрения ожидавших утренний экспресс Вашингтон—Нью-Йорк не являлся частью их мира, их Америки.

У подножья Килиманджаро перед восхождением. 1997 г.

Не знаю почему, но вся эта сцена напомнила мне фермера из штата Небраски, который несколько лет тому назад посетил мой дом в Москве. Пришел он совершенно неожиданно: он отбился от своей туристической группы и, потерявшись, пристал к чужой, которую я ждал по договоренности с Союзом дружбы с народами зарубежных стран. В какой-то момент нашего разговора со студентами возникла тема советского сельского хозяйства, его проблем, и тут встрял этот житель Небраски.

— Я фермер, — начал он, — и каждый год я сжигаю часть своего урожая. То, что мы называем излишками. Я делаю это потому, что правительство платит мне, чтобы я не производил больше определенного количества. Я знаю, что в моей стране есть голодные люди, которым эти излишки очень пригодились бы. Я с радостью отдал бы их им. Какой смысл сеять, полоть и собирать урожай, если ты потом должен уничтожить часть твоего труда? Но я ничего не могу отдать за так. Если я сделаю это, правительство вычеркнет меня из списков. Если я произведу слишком много, упадут цены. Это ударит не только по моей жизни, но и по всему рынку — так по крайней мере мне говорят. Вот я и сжигаю продукты, еду, в которой нуждаются голодные люди. Если это и есть часть того, что мы называем американским образом жизни, мне очень хочется, чтобы он изменился...

Горькие мысли.

Поднявшись на борт самолета «Аэрофлота», чтобы лететь в Москву, я ощутил радость от мысли, что возвращаюсь... домой! К своей семье, к любимому моему месту, к стране, куда забросила меня судьба. Да, я радовался, ибо до того опасался, что исполнение моей мечты — возвращение в Америку — сделает меня ее пленником. Так не случилось. И когда огромный самолет, разбежавшись и оторвавшись от взлетной полосы, стал набирать высоту, когда я увидел далеко внизу Нью-Йорк, когда этот город моей детской любви вновь заставил мое сердце замереть, я понимал: каждое мое возвращение сюда и каждый мой отъезд будут одновременно и сладостными, и горькими.

Я, казалось, примирился с тем, что являюсь частью двух обществ, двух стран, ради которых живу и работаю.

А это значило, что я наконец-то могу взяться за книгу, о которой столько лет думал и которую столько лет безуспешно пытался написать.

***

С тех пор таких приездов и отъездов было множество. Начиная с восемьдесят шестого, не было года, чтобы я не посетил Америку. Уж не говорю о том времени, когда я практически переехал в Нью-Йорк и работал там. Детские воспоминания и опыт важны, может быть, они важнее всего с точки зрения формирования человека — американцем ли, французом ли, русским ли. Это происходит на подсознательном уровне, это восприятие не имеет отношения к логике. Другое дело — опыт взрослый, которого у меня в Америке не было до 1986 года. Проработав там почти семь лет, я набрал множество впечатлений, но они жили отдельно от тех далеких, детских. Эти сами по себе и те сами по себе. И скорее всего это не изменилось бы, если бы не съемки фильма «Одноэтажная Америка».

Об этом я написал книжку вместе с моим американским другом Брайаном Каном, упомянутым мною в самом начале этой книги: он был ее «толкателем». Кому интересно — тот может прочитать ту книжку о нашем путешествии по Америке. А здесь я хочу коснуться только одной стороны того приключения.

Как правило, мы ездим в одни и те же места, чаще всего они являются местами наших отпусков и выбираются в зависимости от наших финансовых возможностей. Как правило, мы общаемся с людьми своего круга, и этот выбор чаще всего обусловлен нашими профессиями, образованием, финансами, короче, положением в обществе, статусом. Так или иначе, наше представление о собственной (а тем более чужой) стране определяется именно этим, и потому это представление ограничено.

Наши съемки длились два месяца. Мы исколесили Америку от Восточного побережья до Западного и обратно, мы побывали на северо-востоке, на Среднем Западе и на юге, посетили места совершенно нам не знакомые и общались с людьми, с которыми в обычной жизни не общались бы. Не могу сказать, как это отразилось на каждом из нас. Но на меня это подействовало неожиданным — и счастливым — образом: воедино сошлись мое детское восприятие Америки с моим взрослым. Вдруг это стало одним целым. И вместе с тем пришло спокойствие, исчезла мучительная неопределенность.

Я думаю, что в течение многих лет я сопротивлялся самому себе. Мои политические взгляды, внушенные мне отцом, имели следствием убеждение, что я не должен любить Америку, а обязан любить Россию. Странно? Наверное. Это все равно что считать вкусным абсолютно несъедобный обед, приготовленный любимой женой. Из-за подобного состояния я искал в Америке негативное — и находил его; точно так же я искал в СССР/России позитивное — и находил его. И все это бесконечно долгое время голос глубоко внутри меня говорил: «Неправда это. Неправда». Тяжело жить с таким внутренним раздраем.

Все это отпустило меня совсем недавно — лет пять тому назад. Мои политические взгляды изменились, но не это главное. Главное то, что они больше не верховодят моими чувствами. Я могу без внутреннего стеснения сказать, что Америка мне ближе, чем Россия, что я люблю Нью-Йорк больше, чем Москву, и чувствую себя в большей степени американцем, чем русским.

Так случилось в моей жизни. Так, как говорится, легла карта.

ГЛАВА 9. прощание с иллюзиями

Я полагал, что эта последняя глава будет посвящена анализу ранее приведенных аргументов и доводов, что-то вроде: «Уважаемые дамы и господа, я считаю, что общественно-политическая система «А» лучше/хуже общественно-политической системы «Б», и вот почему...» Потом последовали бы статистические данные, факты и утверждения, доказывающие мою правоту.

Я полагал, что поразмышляю о громком хоре голосов, требующих, чтобы перестройка и все с ней связанное было интерпретировано нами как смерть марксизма, как похороны коммунизма.

Я полагал, что обращу внимание читателя на якобы обязательный выбор между благоденствием и социальной справедливостью, на идею, что социальная защищенность и справедливость являются преградой на пути экономического роста, на положение, гласящее, что быть более справедливым значит быть более бедным, что хочешь не хочешь, но приходится искать компромисс между экономической справедливостью и экономической эффективностью. Я полагал, мне удастся показать вам, что вся эта премудрость есть на самом деле лишь дымовая завеса, за которой скрывается жадность.

Я также полагал, что задам вопрос: если вам дадут чертеж, но вы полностью проигнорируете его, будете ли вы винить архитектора, когда построенное таким образом здание рухнет? Исходя из этого я собирался спросить: можно ли винить в чем-либо теорию социализма, коли те, кто якобы возвел ее, проигнорировали строительные чертежи архитектора и на самом деле соорудили своего рода Вавилонскую башню?

Я полагал, что последняя глава будет посвящена всему этому.

Я ошибался. Эта книга не о том, какая система лучше. На самом деле эта книга о том, как один отдельно взятый человек пытался найти истину, о глубокой обеспокоенности одной отдельно взятой личности состоянием человечества, об убеждении одной отдельно взятой личности в том, что, как пела Милая Чарити, «должно же быть что-то лучше, чем это!».

В последний день работы Первого съезда народных депутатов в июне 1989 года я вместе со всей страной и, возможно, со всем миром наблюдал торжественный финал того, что можно было бы назвать и трагедией, и драмой, и комедией шекспировского масштаба и страстей. У трибуны стоял пожилой мужчина, выглядевший старше своих лет, он стоял твердо, упрямо, требуя, чтобы ему дали возможность обратиться к собравшимся — к тем двум тысячам граждан, которых, как и его, избрали в высший законодательный орган страны. Он просил дать ему пятнадцать минут, но явное большинство зала просьбу эту встретило свистом и криками: «Нет! Нет!»

Этим человеком был Андрей Сахаров.

И он все-таки заговорил. А поскольку его слова содержали нелицеприятную критику того, что удалось сделать Первому съезду и что сделать не удалось, поскольку он, как всегда, говорил прямо, не соблюдая никакой дипломатии, агрессивное большинство — именно так называли консервативную часть этой ассамблеи — начало хлопать. Это были не аплодисменты, а спонтанно рожденный способ не давать выступающему говорить. Так родилось новое понятие — «захлопывать», то есть перекрывать голос говорящего громким ритмичным хлопаньем, фактически аплодировать *против* того, что он пытается сказать. Этот способ оказался необыкновенно действенным, многим выступавшим пришлось покинуть трибуну, так и не получив возможности высказаться. Теперь же агрессивное большинство пыталось «захлопать» Сахарова.

Как я уже заметил, эта тактика чаще всего срабатывала. Но сейчас был другой случай. Хлопальщики имели дело с человеком, который не прогнулся ни перед партаппаратом, ни перед государственной машиной, с человеком, который не дрогнул, который добровольно отказался от таких благ, о каких хлопальщики никогда и не мечтали...

В течение нескольких лет мы с женой снимали небольшой домик в Жуковке, километрах в двадцати пяти от Москвы по Рублево-Успенскому шоссе. С одной стороны, Жуковка — это обыкновенная русская деревня. Но с другой — это и место отдыха сильных мира сего, высокопоставленных партийных работников и правительственных чиновников. Помимо деревни Жуковка есть Жуковка-1, Жуковка-2 и Жуковка-3, анклавы, спрятанные за высокими заборами, где живет советско-партийная элита, снимая дачи за баснословно низкие цены. У деревенских все как в любой советской деревне — нет канализации, горячей воды, каких-либо удобств, кроме электричества. Живут эти люди за счет натурального хозяйства и дачников, живут тяжело и бедно — впрочем, как почти вся страна. А вот за заборами... Помимо так называемых госдач есть частные дома, скорее напоминающие особняки. В десяти минутах ходьбы от снимаемой нами хибары расположились хоромы, принадлежащие семейству Брежневых, виолончелисту Ростроповичу (приютившему там опального Александра Солженицына). Кроме того, там находятся двух- и трехэтажные кирпичные строения, подаренные Сталиным ученым, работавшим над атомным и ядерным оружием. Среди последних был и Сахаров, «отец» советской водородной бомбы, трижды Герой Социалистического Труда. Понятно, что и ему подарили загородный дом в Жуковке, и дом этот продолжает стоять, словно символизируя исключительные привилегии, которыми он обладал и от которых отказался, поскольку не желал отказываться от своих принципов.

Такого человека невозможно «захлопать».

Нельзя было оторваться от телевизионного экрана, мы смотрели как завороженные, видели, как он противостоит агрессивному большинству, перекрикивает шум, размахивает руками, словно пытается оттолкнуть от себя волну звука, накрывающую его из зала, упорно излагает то, что хочет сказать, требуя, чтобы слушали его делегаты, страна, весь мир, наконец.

Не забыть мне эту сцену. Она была полна символики, она говорила о многих вещах.

Она говорила о способности человека преодолеть все что угодно, несмотря ни на что.

Она говорила о достоинстве и чести. Их можно закопать, закатать в цемент, сбросить в самые глубокие шахты, заморозить в полярных льдах, сжечь в печах, уничтожать в газовых камерах. Но невозможно их победить. Они неодолимы.

И более всего эта сцена говорила о том, что происходит в Советском Союзе.

В 1830 году перед смертью Симон Боливар писал: «Те, кто служат делу революции, вспахивают море». Поразительный образ. Можно ли придумать более тщетное занятие, чем пахать море? На самом ли деле революция — это лишь пена, волна, которая, успокоившись, сливается с безграничными водами нашей истории?

Нет ясного ответа на этот вопрос, ведь современная история предлагает нам лишь несколько революций: Франция, Россия, Китай, Куба...

А как насчет Америки, спросите вы? А никак. Ведь в 1776 году американский народ восстал не против *собственного* правительства. Следовательно, это не было революцией. Американский народ восстал против заморского тирана, он восстал, требуя независимости от *иностранного* властелина. Это была война за независимость или, говоря современным языком, народно-освободительная война, но не революция. Кстати, мне любопытно, стали бы нынешние Соединенные Штаты Америки поддерживать Джорджа Вашингтона и его Континентальную армию в борьбе с британской короной? Думаю, вряд ли. Скорее всего, поддержали бы Великобританию — точно так же, как постоянно поддерживают самые репрессивные системы сегодня.

Революция, даже в самом удачном своем варианте, — дело малоприятное. Более того, это акт отчаяния, свидетельство предела. Человеку не свойственно восставать, рисковать своим благополучием и жизнью, если он не загнан в угол. Революции не только низвергают все старые институты, они выворачивают общество наизнанку. Они раскалывают нацию, ставят отцов против сыновей, брата против брата. Но делают они это ради благороднейших целей — счастья человечества, и именно такие идеи питают революцию. Их возглавляют мечтатели, одержимые состраданием к народу. Эти люди изначально чаще всего не жаждут власти ради власти, они не стремятся к личной диктатуре, но этим обычно все кончается. В этом смысле можно было бы постулировать, что все революции в конце концов терпят крах. Нет в таком утверждении ничего абсурдного.

Робеспьер, например, являл собою чистейший дух Французской революции 1789 года, он призывал к отмене смертной казни, но в конце пути утонул в кровавой бане террора, который сам же объявил. Сама эта революция, родившаяся со словами «Свобода, равенство, братство» на губах, породила Наполеона, будущего императора, имевшего своей целью мировое господство. Когда избавились от Наполеона, его заменил еще один король из династии Бурбонов. И ради этого воевали и умирали французы, ради такой рокировки совершалась революция? Разумеется нет. Так что было бы логично сказать, что Французская революция, известная в России как «Великая» и «буржуазная», провалилась. Но это только если судить по очень короткому историческому отрезку — с 1789 по 1815 годы. А если подходить со стороны подлинно исторической перспективы, можно заключить, что эта революция закончилась триумфом. Ведь благодаря ей возникла Французская Республика, именно она зажгла в умах новые мысли и мечтания. Потребовались годы, понадобились другие бунты (так обычно называют революции, которые не удались). Но обещания 1789 года были все-таки воплощены, стали реальностью — спустя примерно век. Эта революция послужила стартером чего-то такого, что не могло двигаться по прямой и имело свой тайный способ ускорения. Пусть вначале показалось, что оно обладает врожденными фатальными недостатками. В итоге же революция победила.

Русская революция ноября 1917 года предложила нечто куда более грандиозное, чем реализация лозунга «Свобода, равенство, братство». Она планировала создать принципиально новое общество, в котором не будет обездоленных и всесильных, в котором управляемые сами станут управлять, в котором жажда наживы иссякнет, поскольку богатство перестанет быть целью и потеряет всякий общественный смысл. Люди, возглавлявшие эту революцию, мечтали о лучшей доле для народа, преследовали благороднейшие цели (возможно, не все, но несомненное большинство). Понятно, у каждого из них был свой интеллектуальный потолок. Но те, кто представляет этих людей как банду фанатиков, навязавших свои взгляды целой нации, сильно упрощают историю. Не говоря о том, что это и весьма пессимистический взгляд, ведь он предполагает, что долгосрочный обман такого количества народа в самом деле возможен. И действительно, большинство русских, а затем советских людей поддержали революцию и, чуть позже, Сталина. Следует задаться вопросом: почему? Как могла целая страна в течение стольких лет верить в это чудовище? Вопрос это не риторический, он требует ответа.

Будь Сталин той персоной, которую мы видим в современных политических карикатурах, он не мог бы пользоваться всенародной любовью. Значит, было в нем что-то такое, нечто отдельное и особое, иначе *не могло быть*. Пожалуй, я способен описать это нечто собственными словами, но предпочитаю уступить трибуну одному из самых ярых критиков Советского Союза — Александру Зиновьеву. Блестящий и эрудированный ученый и философ, человек, чье деревенское происхождение придает утонченным рассуждением о родной стране несомненную народность, Зиновьев мгновенно прославился после опубликования на Западе в 1976 году труда «Зияющие высоты». Он тут же был уволен с работы и лишен всех ученых званий. В 1978 году ему дали понять: либо он уедет из СССР, либо его ждет тюрьма. Учитывая, что у него были жена и дочь, выбирать не приходилось. Его изгнали из страны и затем лишили гражданства. Ныне он проживает в ФРГ.

Я привел все эти данные лишь для того, чтобы ни у кого не возникло сомнений относительно подлинно антисоветских и антисталинских убеждений Зиновьева. В августе 1989 года он дал интервью еженедельнику «Московские новости», изданию абсолютно перестроечному. Ему, в частности, был задан вопрос о том, правильно ли его цитировали в некоторых западных изданиях, будто он отчасти оправдывал деятельность Сталина? Вот его ответ:

«Я стал антисталинистом уже в шестнадцать лет. Но теперь-то все стали антисталинистами. Я же, следуя правилу, что мертвые не могут быть моими врагами, изменил ориентацию моей критики реальности. Я стал исследовать сталинскую эпоху как ученый. И пришел к выводу, что, несмотря ни на что, это была великая эпоха. Она была страшной, трагичной. В ней совершались бесчисленные преступления. Но сама она в целом не была преступной. Если подходить к истории с критериями морали и права, то всю ее придется рассмотреть как преступление. Я не оправдываю ужасов сталинской эпохи. Я лишь защищаю объективный взгляд на нее. И я презираю тех, кто сегодня наживается на критике безопасного для них и беззащитного прошлого. Как говорится, мертвого льва может лягнуть даже осел. Пару слов о коллективизации. Я знаю, что такое колхозы не понаслышке, я сам работал в колхозе. Моя мать шестнадцать лет была колхозницей, испытав все ужасы коллективизации. Но она до смерти хранила в Евангелии портрет Сталина. Почему? Благодаря колхозам ее дети покинули деревню и приобщились к современной городской жизни. Один стал профессором, другой — директором завода, третий — полковником, три сына — инженерами. Нечто подобное происходило с миллионами других русских семей. Колхозы, будучи трагедией, вместе с тем освободили миллионы людей от пут частной собственности и от тупости прежней деревенской жизни». Можно возразить, что, не будь Сталина, жизнь этой крестьянки и ее шестерых сыновей сложилась бы лучше. Вероятно. Даже скорее всего. Но эти рассуждения совершенно не могут волновать женщину, которая, как и семьдесят процентов населения России, была безграмотной, которую ожидала жизнь вьючного животного и которая ничего другого не предполагала и для сыновей. Но жизнь ее была совершенно трансформирована благодаря сталинской коллективизации. Разве странно, что она считала его святым, безгрешным и безошибочным чудотворцем?

А что же ее шестеро сыновей? Ну, один стал ярым и ярким критиком советской системы, хотя вряд ли его можно считать типичным. Типично же то, что случилось не только с ним и его братьями, но и с миллионами других. Именно это донельзя усложняет вопрос, исключает возможности черно-белого, простого ответа. В прошлом американцы справедливо гордились тем, что «любой» из них мог стать президентом, причем в этом выражалось и революционное убеждение, будто все люди рождены равными. В Советском же Союзе буквально все лидеры являются сыновьями тех, кто пахал и сеял, кто стоял у станка и рубил уголь. И к власти они пришли в основном при Сталине.

Согласно Эвклиду, самое короткое расстояние между двумя точками на плоскости — прямая линия. Впрочем, эта аксиома неприменима к геометрии Лобачевского, открывшей новую эру в понимании пространства. Полагаю, что история куда более многомерна, чем могут себе представить даже самые выдающиеся математики. Какая «линия» соединяет Второй съезд Советов, на котором 8 ноября 1917 года выступал Ленин, и Первый съезд народных депутатов, на котором 9 июня 1989 года выступал Сахаров? Линия эта не прямая, она выписывает немыслимые зигзаги, но в ней есть логика — пусть мало понятная, пусть скрытая, но железная.

Невозможно оценивать историю, основываясь на «если бы». Что было бы, если бы Сталин умер пяти лет от роду от гриппа? Что было бы, если бы Ленина в 1918 году не ранила Фани Каплан и он прожил бы еще много лет в полном здравии? Что было бы, если бы... «Если бы, да кабы, да во рту росли б грибы, то был бы не рот, а целый огород», — так говаривал мой отец.

Вера в то, что революция и есть самый короткий путь от той точки, в которой находится твое общество сегодня, до той, где ему надлежит быть завтра, — иллюзия. Не более того. Разрушительная сила революции изначально превосходит ее созидательный потенциал. Мы все *разрушим*, а затем... Революция отказывает нам в соблюдении правил и порядка, и этот отказ обходится очень дорого. В какой-то степени это можно сравнивать с тем, как старый дом либо взрывают, либо тщательно разбирают с соблюдением всех норм безопасности. Первый способ кажется самым быстрым: заложили взрывчатку, трах-бах — и сравняли с землей. Но одновременно с тем все разлетается в разные стороны, разбиваются окна соседних домов, кирпичи падают каким-то несчастным на головы, все покрывается пылью. И когда, наконец, пыль осела, становится ясно: мы пока не можем приступить к строительству того изумительного здания, о котором мечтали, потому что сначала надо убрать все руины, всю грязь, о количестве которой мы и представления не имели, не говоря о том, что у нас нет необходимых для уборки лопат и машин. Вот мы и сколачиваем носилки, берем старые тачки, из рук в руки передаем друг другу битый кирпич, куски штукатурки и убираем. Бесконечно медленно. И одновременно строим среди всей этой разрухи. Но то, что мы строим, совершенно не похоже на то, о чем мы мечтали, на чертежи, которые рисовали, да мы и представления не имели о том, в каких условиях нам предстоит жить и строить. Мы строим свое здание методом тыка, ломая, переделывая, и все происходит мучительно тяжело.

А что сказать об эволюции, о способе, при котором соблюдаются правила безопасности? Начинает она еще неторопливее. Вот поставили защитные металлоконструкции, вот покрыли все пленкой. Кажется, работа тянется и тянется... Но вот однажды пленка снимается, убираются металлоконструкции и — о чудо! — стоит новое здание, изумительное здание нашей мечты. Да, потребовалось гораздо больше времени, чтобы разобрать старое, но никто и ничто не пострадал и, что особенно важно, само строительство шло несравненно быстрее.

Но и эта картинка — иллюзия. Даже самый поверхностный взгляд на историю человечества обнаруживает, что и эволюционный путь развития общества — результат мучительной, тяжелой и бесконечно долгой борьбы. Никогда не достигалось ничего без огромных жертв, без страданий. Нет, эволюция вовсе не синоним порядка.

Революция же — своего рода война, в ней не разобраться, коли ты сидишь в траншеях и блиндажах: в глаза бросается только кровь и жестокость. Но ведь кровь и жестокость не чужды и эволюции. Революция как бы сжимает века в десятилетия, так происходило в России, и трагичность этого процесса была так явно видна именно из-за скорой смены событий.

Нас гораздо больше задевает случившееся на площади Тянанмынь, чем, скажем, медленное разрушение жизни жителей городских гетто. Почему? А потому, я думаю, что первое зримо, оно разыгрывается перед нашими глазами здесь и сейчас. Второе же не разыгрывается, а *протекает*, это процесс, мы не можем следить за его перипетиями. Первое — это драма, трагедия; второе — история.

Революция и эволюция. Скорее всего, первое является порождением второго. Хотелось бы, конечно, обходиться без этого порождения, но тут уж ничего не поделаешь.

Прощание с иллюзиями — процесс болезненный, ведь эти иллюзии для нас своего рода наркотики. Они меняют наше восприятие действительности — иногда чуть-чуть, наподобие марихуаны и кокаина, иногда радикально, как героин и ЛСД. Мы привыкаем к этим иллюзиям, не можем без них обходиться, ведь они украшают нашу жизнь. Но когда реальность все-таки прорывается к нам, когда иллюзии больше не работают — что тогда? Как справиться? Как быть, если случилась передозировка? Выходит, иллюзии могут убить не хуже наркотика...

Расставание с иллюзиями болезненно еще и потому, что нет лекарств от них, нет реабилитационных центров. Приходится рассчитывать только на себя безо всяких пилюль, наклеек, гипноза и прочих средств. А поскольку это и в самом деле тяжело, не каждый из нас идет на это. Сложно усомниться в том, что казалось бесспорным, сложно подвергать сомнению то, что мнилось святым, сложно допустить, что твоя вера, возможно, была заблуждением.

Это с трудом дается отдельно взятой личности. А целому обществу? Еще более мучительно, но и совершенно необходимо. Общество, построенное на иллюзиях, представляет страшную угрозу для всех своих членов, потому что рано или поздно оно рухнет.

Случается, наш ежедневный жизненный опыт явственно подтверждает наши иллюзии, и лишь самым прозорливым удается увидеть, что там ждет за поворотом дороги Истории.

Представьте себе древнего египтянина эпохи фараонов, которого спрашивают, считает ли он рабство справедливым и вечным институтом? Ведь рабство просуществовало три с половиной тысячи лет, тридцать пять веков. Разве можно было сомневаться в том, что это есть нормальный, извечный порядок? Разве сомневались люди в феодальные времена в том, что монарх есть богопомазанник? Разве десять веков Средневековья оставляли место для сомнений?

Человеческое общество, как и природа, имеет свои законы и свои черные дыры.

Средние века были куда более темными, оставили человечеству куда менее богатое наследие, чем рабовладельческие Афины. Но без Средних веков не наступило бы Возрождение.

Развиваясь веками, человечество мечтает, причем мечта эта едина для всех. Будь то Эдем Ветхого Завета, или авестанский сад Йимы, Дильмун шумеров или Теп Зепи египтян, Золотой век эллинов или Крита-Юга, описанная в Махабхарате, — будь то на Западе или на Востоке, на Юге или на Севере, будь то среди самых примитивных или самых развитых культур и цивилизаций, мы все мечтаем о рае, о том месте, где заживем вечно и счастливо.

Когда я смотрел на Андрея Сахарова, который настаивал на своем и говорил что думает, мне подумалось: быть может, после всего этого мрака, этих страданий, этого безрассудства, террора и жестокости, после всех страстей, мечтаний, героизма и жертв мы становимся свидетелями рождения чего-то такого, что позволит нам вновь открыть и найти некогда утерянное, но не забытое человечеством.

Возможно, я заблуждаюсь.

Как бы то ни было, я уверен, что человечество построит человеческий мир.

У меня нет иллюзий, что я это увижу.

И у меня более нет иллюзий, будто только одно общество располагает истиной.

Я теперь не верю в то, что революции есть самый короткий путь к светлому будущему, хотя и никуда от них не денешься.

Я не верю и в то, что собственность священна, что идеология безгрешна и всесильна, я не верю людям, которые готовы принести в жертву идее хотя бы одну-единственную человеческую жизнь, и идеологам — как слева, так и справа — я говорю: чума на оба ваших дома!

Я, как и мольеровский Дон Жуан, верю в то, что дважды два — четыре, а дважды четыре — восемь, что человек не живет хлебом единым, но и без хлеба он жить не может. Я считаю, что созидание есть счастье, что самовыражение есть созидание, что созидаем мы через труд, и труд нас создает.

Не знаю, есть ли этимологическая связь между словами «поиск» и «вопрос», но они непосредственно определяют наши судьбы. Мы задаемся вопросом относительно того, кто мы, что мы и почему мы, и это нас толкает на поиск того золотого света, который сияет там, за горизонтом. И так будет всегда, и в этом, наконец-то, я совершенно уверен.

Говоря словами Оливера Уэнделла Холмса-младшего: «Уверенность — чаще всего иллюзия, и покой — не судьба человека».

**

Сегодня я эту короткую главку написал бы чуть иначе, изменил бы стилистически. Но суть осталась бы той же, и поэтому ни по ходу ее, ни после нее я не стал вводить никаких комментариев.

ПОСЛЕСЛОВИЕ*

С того дня, как «Прощание с иллюзиями» вышла из печати в переплете, в России произошли перемены, подтолкнувшие меня к написанию послесловия для нового, карманного издания. Речь идет о двух на первый взгляд совершенно не связанных между собою событиях: первое несомненно имеет большое общественное и политическое значение, чем и привлекло внимание всего мира, второе же — сугубо личного свойства.

Под первым событием я подразумеваю XXVIII съезд Коммунистической партии Советского Союза. Для многих членов КПСС, в том числе и для меня, он должен был стать, как сказал бы Михаил Сергеевич Горбачев, судьбоносным как в позитивном в смысле, так и в негативном. Если говорить о позитивной стороне, то этот съезд мог привести к радикальным изменениям в КПСС, к тому, что партия трансформируется и станет такой, какой задумывалась — политической организацией, преследующей лишь одну цель: служение народу. Само собой разумеется, такая трансформация потребовала бы признания прошлых ошибок, взятия на себя ответственности за сталинские и постсталинские преступления и репрессии, короче говоря, это потребовало бы публичного покаяния, самоочищения. Только так можно было перевернуть страницу и обрести новую жизненную силу. Многие на это надеялись.

Негативное же сводилось к тому, что съезд мог попытаться повернуть ход истории вспять, укрепить позиции партийной бюрократии. Для таких членов партии, каким был я, это означало бы выход из КПСС, поскольку дальнейшее пребывание в ее рядах становилось бы в этом случае аморальным.

Надежда на благоприятный исход, конечно, была, но, признаться, слабенькая: большой прозорливости не требовалось, чтобы почувствовать, куда дуют партийные ветры. Незадолго до ожидаемого XXVIII съезда состоялся I съезд КПСС России, который поставил все точки над «i». Первым секретарем был избран Иван Полозков, образцовый и типичнейший партийный бюрократ, безликий, серый, но вместе с тем злобный, хитрый, если угодно, партийное воплощение шекспировского Яго. Тот факт, что именно такого человека избрали лидером компартии России, не оставлял сомнений по поводу тех людей, которые поддержали его, той

---

*Это послесловие было написано специально для издания книги в мягкой обложке в конце 1990 года, через полгода после ее выхода в переплете.

партийной иерархии, которая заправляла делами на местах. Как мне кажется, даже Горбачев не ожидал этого. Меня-то это точно застигло врасплох, но вместе с тем и подготовило к тому, что должно произойти на XXVIII съезде.

И все-таки... Когда умирает близкий и любимый человек, разве легче, разве боль менее остра, если ты заранее знал о его смертельной болезни? Легче ли оттого, что ты был готов к его смерти? Не думаю. Всегда остается хоть тень надежды, что, несмотря ни на какие прогнозы, все будет хорошо.

Съезд обернулся катастрофой. Голоса немногих перестроечных делегатов потонули в море агрессивных партработников, всем своим бесстыдным поведением показавших, что волнует их не страна, которой они призваны служить, не народ, которого они якобы представляют, а лишь одно: власть, ускользающая от них вместе со всеми привилегиями.

Среди всех делегатов, выступавших с речью, самые бурные аплодисменты получил Егор Кузьмич Лигачев. При этом следует упомянуть об опросах общественного мнения — они показывали, что популярность Лигачева среди населения почти нулевая. Это был человек, отчаянно сопротивлявшийся реформам перестройки. И этот человек являлся любимцем делегатов съезда.

Чего никак нельзя сказать о Горбачеве.

На Михаила Сергеевича нападали все, его винили в развале страны, в подрыве всего того, что сделала КПСС, в двурушничестве, в болтовне о социализме, когда на самом деле он втайне возрождает капитализм. Но Горбачев выжил. Горбачев — великий гипнотизер, Горбачев — гамельнский музыкант, Крысолов, Горбачев — канатоходец, Горбачев — маг и чародей, современный Гарри Гудини, умеющий выпутаться из самых безнадежных пут, перепрыгнуть через зияющие пропасти. Он принялся наигрывать всем до боли знакомую и успокаивающую мелодию, он покачивал плечами и размахивал руками ей в такт, и вскоре весь съезд, все пять тысяч делегатов покачивались и напевали с ним в унисон.

Горбачев победил.

Его вновь избрали Генеральным секретарем ЦК КПСС. Это положило конец честолюбивым мечтаниям Егора Лигачева. Михаил Сергеевич предотвратил раскол партии, хотя, я убежден, раскол неизбежен, это лишь вопрос времени, не более. Он совершил совершенно блистательный фокус, вынув из шляпы власть, которой пользовалось элитное Политбюро, и непостижимым образом передав ее только что сформированному им новому Президентскому Совету. Можно лишь поражаться уникальному таланту этого человека, который раз за разом затевает абсолютно проигрышную игру и выходит победителем.

Но преуспел он не во всем. Он не сумел изменить лицо партии, и, говоря о лице, я имею в виду тех, кто руководит на местах, тех, кто занимает ключевые партийные посты по всей стране. Да, гипнотизер, да, выдающийся канатоходец, да, легендарный флейтист из Гамельна, за которым сначала устремились крысы, а потом и дети неблагодарных горожан, да, современный Гудини. Но не чудотворец.

Потому-то, когда все закончилось, когда пыль партийного сражения осела, настало время принимать решение: оставаться в партии или выходить.

Я вышел.

После двадцатитрехлетнего пребывания в КПСС я сдал свой партийный билет со следующим письменным заявлением: «Я стал членом КПСС, так как верил, что только коммунистическая партия способна изменить страну к лучшему. Сегодня я выхожу из КПСС, потому что коммунистическая партия стала основной силой, стоящей на пути прогресса страны».

Как я уже сказал, это событие — XXVIII съезд КПСС и его последствия — потребовали от меня написать это послесловие.

Второе же событие произошло в то самое время, когда я над ним уже работал.

Все началось с телефонного звонка из конторы Ваганьковского кладбища. Там похоронены мои родители. Звонивший сообщил мне, что обзванивает всех тех, у кого могилы родственников были осквернены ночью хулиганами. Он попросил меня приехать и посмотреть, что сделали с могильной плитой моих родителей.

Даже сейчас я пишу эти слова и вновь чувствую, как меня начинает подташнивать, и я обливаюсь холодным потом. Поначалу я не мог понять, что такое он говорит. Я уже был в курсе, что какие-то неонацисты прошлой ночью ворвались на кладбище в поисках могил с еврейскими фамилиями. Я слышал по радио, что они разбивали памятники, вырезали свастики на могильных плитах. Все это вызывало во мне отвращение и гнев, но почему-то и в голову не приходила мысль, что это может иметь непосредственное отношение ко мне. Есть ли пределы наивности? Ведь Познер — еврейская фамилия. К тому же фамилия в России известная благодаря телевидению, которое сделало меня любимцем одних и объектом ненависти других — всякого рода антисемитского, шовинистического сброда типа «Памяти». Мне следовало быть готовым к случившемуся. Но я готовым не был, да и невозможно жить в такой готовности...

Я тут же поехал на кладбище. Вместе со смотрителем, звонившим мне,

Могила моих родителей на Ваганьковском кладбище в Москве

пришел на родительскую могилу. Было видно, что ее только что привели в порядок: она была окаймлена чистым, желтым песком, который смотрелся рамкой на фоне темной земли. На самой гранитной плите вместо буквы «В» в имени моего отца было пустое место.

— Там была вырезана свастика, — пояснил смотритель. — Чтобы убрать ее, пришлось и букву удалить. Но вы не беспокойтесь, — поспешил добавить он, — мы исправим все. Никто и не заметит разницы.

— Не надо, — ответил я. — Пусть останется как есть. Пусть люди знают, что было.

Смотритель кивнул и, отвернувшись, тихо произнес:

— Как скажете.

С тех пор прошло несколько недель, но я все еще чувствую, как во мне закипает бешенство, как какая-то сила толкает меня, чтобы я вышел и... что? Сам не знаю. Но что бы это ни было, я не хочу этого, потому что оно, это самое нечто, разрушительно и навеяно темными силами. Я пытаюсь понять: что стоит за гневом, во власти которого я нахожусь? Почему я потерял то, чем так гордился, — умение контролировать себя, держать равновесие? Не потому ли, что лично я задет случившимся? Не думаю. Может быть, меня выбил из колеи сам факт того, что такое могло произойти? Вряд ли. Я отдаю себе отчет в росте антисемитизма в России. Более того, мне неоднократно задавали вопросы по этому поводу на публичных выступлениях в Москве и Ленинграде: «Что же нам, евреям, делать перед угрозой антисемитизма?» На это у меня был только один ответ: надо протестовать, публично протестовать, демонстрировать, выходить на улицы, требовать действий со стороны властей. Пусть это опасно, пусть есть угроза, что нападут на вас — все равно, надо протестовать во весь голос, нет другого выхода.

Но еще я говорил о солидарности...

Есть ли кому-нибудь дело, когда азербайджанцы режут армян, как это было в Баку? Дело есть — только армянам. А когда азербайджанцев убивают армяне? Все верно, до этого дело есть только азербайджанцам. И так далее. Узбеки горюют по поводу своих убитых, таджики — по поводу своих, грузины-месхитинцы кричат о помощи, когда становятся жертвами грузин-христиан, но им совершенно безразличны бедствия крымских татар. Евреев же заботят лишь их беды. Каждый печется исключительно о себе, о своей национальности, о своей религиозной принадлежности.

Не будет мира, пока все не поймут, что насилие по отношению к другим бьет по каждому из нас. Если мы не поднимем свой голос в защиту тех, кто от нас отличается цветом кожи, верой, культурой, нечего ожидать, что им будет дело до нас.

Такова, если угодно, суть моей проповеди, суть того, во что я верую. Согласен: если бы вандализм, совершенный на Ваганьковском кладбище, не задел меня лично, я вряд ли пережил бы подобную бурю чувств. Но более всего меня угнетает всеобщая апатия и безразличие властей, когда речь идет о таких преступлениях. Вот вам пример. Вскоре после случившегося на Ваганьковском кладбище нечто похожее произошло в небольшом городе на юге Франции. Было разгромлено еврейское кладбище — уничтожены памятники, осквернены могилы. Но сходство этим и ограничивается. Потому что вся Франция, десятки и сотни тысяч людей вышли на улицу, состоялась гигантская антифашистская демонстрация, во главе которой шел президент Французской Республики Франсуа Миттеран. Это было недвусмысленное выражение единства народа и правительства.

В России не было ничего похожего. Более того, для меня очевидно нежелание советского руководства занимать ясную и твердую позицию относительно растущей волны русского фашизма (исключением является Александр Николаевич Яковлев, человек уникальных моральных принципов). Что до Горбачева, то он ходит вокруг да около, впрочем, это и не удивительно. Михаила Сергеевича отличает стремление сидеть одновременно на двух стульях. Однако даже Ельцин, человек, славящийся своей прямотой, отказывается говорить на эту тему. Не забыть мне того дня, ко я отправился брать у Бориса Николаевича интервью для Гостелерадио СССР. Это было накануне выборов Председателя Президиума Совета народных депутатов Российской Федерации — баллотировались, помимо Ельцина, два кандидата: бывший Председатель Совета Министров СССР Рыжков и директор завода ЗИЛ, чью фамилию я запамятовал. Ельцин был тогда заместителем председателя Госстроя, находился в опале, власти всячески пытались опорочить его. Он блестяще ответил на мои вопросы, настолько, что интервью запретили (кассету потом кто-то выкрал, и интервью было показано в Ленинграде и в Свердловске).

**

Буквально через несколько дней после этого у меня дома раздался телефонный звонок.
— Слушаю.
— Владимир Владимирович?
— Да, это я.
— Добрый вечер. Ельцин говорит.
— Добрый вечер, Борис Николаевич. — Я был сильно удивлен.
— Владимир Владимирович, вы в курсе того, что выкрали наше с вами интервью и показали его в Свердловске и Ленинграде?
— Нет, не в курсе.
— У вас не будет неприятностей?
— Да не думаю. Ведь не я выкрал...
— Хорошо. Но если что — позвоните мне, я прикрою вас.
Я вспомнил об этом и хотел бы сказать, что обычно люди, находящиеся на самом верху, очень быстро забывают о тех, кто хоть как-то помог им в этом. Звонок Ельцина мне несомненно говорит в его пользу.

***

Во время интервью я спросил Ельцина о том, как он относится к таким «патриотическим» организациям, как «Память». Он ответил, что следовало ожидать роста националистических настроений и быть готовым к ним.

— Борис Николаевич, — уточнил я, — я хотел услышать ваше личное мнение о подобных группах и организациях.

Ельцин вновь ушел от ответа и, насупив брови, процедил:

— По крайней мере, уходить с Мавзолея — не тот метод, которым надо пользоваться.

Этим он «вставил» Горбачеву за то, что тот демонстративно покинул трибуну Мавзолея во время первомайского парада и демонстрации, когда по Красной площади прошла группа слегка подвыпивших националистов, оравших в его адрес всякого рода оскорбления.

Когда интервью завершилось, Ельцин похлопал меня по плечу и, улыбнувшись своей фирменной хитрой улыбкой, делавшей его похожим на булгаковского кота Бегемота, сказал:

— Я понимаю, почему вы спрашивали о «Памяти», но сейчас еще не время отвечать.

Не время? Другими словами, «Память» — политическая сила, с которой приходится считаться, сила, которой Ельцин хочет воспользоваться в собственных политических целях? Понятно, политика — дело грязное, но разве необходимо залезать в эту грязь по самую макушку?..

Совсем недавно участвовавшему в ток-шоу председателю КГБ СССР и члену Президентского Совета В.А. Крючкову задали тот же вопрос — мол, что думает он о «Памяти» и подобных организациях? Его ответ многих потряс.

— «Память», — сказал он, — имеет целый ряд положительных аспектов, среди его членов есть преданные патриоты России, которые уже совершили и продолжают совершать замечательные дела.

— Например? — спросил ведущий.

Товарищ Крючков решил не нагружать нас излишними подробностями.

— А как насчет *некоторых других членов*, как насчет *не столь положительных аспектов*?

Главный гэбэшник страны скромно промолчал.

На этом заканчиваю разговор о тех событиях, которые подтолкнули меня к написанию послесловия...

— Когда я, девятнадцатилетний идеалист, приехал в СССР в декабре 1952 года, это было государство, общество, не знавшее себе равного по несоответствию между тем, что официально заявлялось, писалось, вещалось и распространялось средствами массовой информации, и тяжелой, чтобы не сказать ужасной, реальностью каждодневного существования. Однако большинство предпочитало верить своим ушам, нежели глазам. Герой этого анекдота все-таки отдает себе отчет в том, что между услышанным и увиденным есть противоречие. Но большинство его сограждан — я даже рискну сказать, подавляющее большинство, — закрывали глаза, чтобы не видеть. И продолжают жить с плотно закрытыми глазами. Отчего?

Не потому ли, что мешает открывать глаза упрямая гордость за победу над нацистской Германией? Не обязательно смотреть пронзительный фильм «Белорусский вокзал», чтобы понимать: Великая Отечественная была, несмотря ни на что, звездным часом советского народа, временем, когда Сталину пришлось отпустить вожжи, потому что не было другого пути к победе над Гитлером. Впервые (и в последний раз) советскому человеку позволили проявить инициативу, впервые он почувствовал себя в полной мере человеком, впервые смог выпрямиться и высоко поднять голову.

Быть может, глаза народу затуманили успехи послевоенного восстановления? Ведь и правда добились неслыханных результатов: всего лишь за пять лет вышли на довоенные рубежи. И дело не только в том, что потеряли около тридцати миллионов своих лучших людей, не только в том, что были уничтожены тысяча семьсот городов и поселков, семьдесят тысяч деревень и селений, не только в том, что без крыши над головой остались двадцать пять миллионов человек, и даже не в том, что одна треть национального богатства сгорела дотла. Главное — и в этом я абсолютно убежден — это сделали *без чьей-либо помощи, одни.* Советологи предсказывали, что для этого потребуется ни много ни мало пятьдесят лет. Потребовалось ровно на порядок меньше.

А возможно, нежелание видеть правду — это следствие страха, чувства самосохранения, вытекающее из осознания кары, ожидающей любого, кто усомнится в мудрости и гениальности «отца народов»?

Скорее всего, верно и первое, и второе, и третье. Тут и в самом деле сработало своеобразное триединство.

Нет лучшего сатирика, чем Михаил Жванецкий. Нет человека умнее. Думаю, нет человека и печальнее... разве что Гоголь. Почему-то я считал, что Гоголь не выступал перед публикой со своими произведениями. Оказывается, как мне подсказали, не просто выступал, а, по словам Б.М. Эйхенбаума, «Гоголь отличался особым умением читать свои вещи, как свидетельствуют многие современники». Панаев говорит, что «Гоголь читал неподражаемо»...

Жванецкий отличается от многих классиков еще одним: он невероятно, неслыханно афористичен, он такое говорит одной фразой, что другому не высказать и в нескольких предложениях.

Публика помирает со смеху, публика все понимает, публика знает истинную цену советскому ширпотребу, она не раз стояла в многочасовых очередях за «их» туфлями, не раз «благодарила» продавца за оставленную под прилавком пару импортных босоножек. Публика все понимает. Но это сегодня. Было же время — я застал его — когда все та же публика и в самом деле верила, что «наши туфли —

во!» — и не только туфли. Верили в лозунг: «Советское — значит отличное», и лишь много лет спустя, уже сегодня, добавили к нему полное иронии окончание: «Советское — значит отличное... от иностранного».

Вы помните, я рассказывал о генерале Иосифе Иосифовиче Сладкевиче, чьи танки сорок шесть лет тому назад перешли советскую границу?

Как и подавляющее большинство его соотечественников, генерал Сладкевич никогда не бывал за рубежами страны Советов. То, что находится там, «за бугром», его мало интересовало и по определению не могло сравниться с СССР, где все «во!».

Иосиф Иосифович был абсолютным порождением большевистской революции. Он родился в 1902 году в еврейском местечке на Украине. Жила семья исключительно бедно, в постоянном страхе погромов, и считала это нормальным положением дел. Так жили его родители, так жили их родители, так было, есть и будет. Быть евреем в Российской империи как раз и означало жить так — по крайней мере в это верили все или почти все, кто обретался за чертой оседлости. Ребе учил их терпению, скромности, умению радоваться малому, не выделяться, говорить тихо и вежливо и молить Бога, чтобы когда-нибудь он избавил избранный им народ от казаков и погромов.

Но, как это всегда бывает, встречались и те, кто не хотел мириться с такой проповедью, не соглашался с тем, что якобы было уготовано им судьбой. Если верно то, что народы Российской империи были угнетаемы царизмом, то это вдвойне справедливо для евреев; удивительно ли, что именно из их рядов вышли те, кто бился насмерть с властью? Необычайно высокий процент евреев среди революционеров, а затем и руководителей в коммунистической партии и правительстве непосредственно после захвата власти большевиками лишь свидетельствует о сказанном.

Иосифу Сладкевичу было пятнадцать лет, когда разгорелась Гражданская война. Пользуясь всеобщим хаосом, в котором никого не просили предъявлять свидетельство о рождении, он записался в конные отряды легендарного Котовского. Так началась военная карьера мальчика из еврейского местечка, не просто ставшего впоследствии офицером (что было бы невозможно в царское время), но дослужившегося до звания генерал-лейтенанта и командующего танковым корпусом. Еврейский мальчишка воевал бок о бок с миллионами других граждан бывшей империи за создание нового мира, нового будущего, чей образ горячее пламя зажгло в стольких сердцах. Они воевали с кадровыми белыми армиями, которыми командовали царские генералы и которым Запад помогал деньгами, оружием и отчасти живой силой. Они должны были потерпеть поражение — но победили, несмотря ни на что. Иосиф Иосифович стал свидетелем того, как его отсталая, полуграмотная крестьянская страна постепенно приковывала к себе внимание всего мира, как именно в его стране впервые в истории установили восьмичасовой рабочий день и шестидневную рабочую неделю; как именно в его стране впервые в истории утвердился принцип равной оплаты за равный труд, право на ежегодный оплаченный отпуск, на пенсию по старости, на бесплатное образование и медицинское обслуживание. Он стал свидетелем того, как его страна постепенно выходит на уровень мировой державы. Можно бы сказать, что весь его личный опыт, вся его жизнь вне всякого сомнения служили доказательством успехов Октября, ленинского гения и величия лучшего из учеников Ильича — Сталина. Был он и свидетелем массовых репрессий конца двадцатых и тридцатых годов — и совершенно им не удивился, не озаботился ими. Он не сомневался в наличии «врагов народа», верил, что этим ползучим гадам удалось залезть во все углы, занять посты в партии и правительстве. Он же воевал с ними в тяжелейшие годы «гражданки», разве не продались они гидре международного империализма, разве не они покушались на жизнь вождя мирового пролетариата? За что боролись, на то и напоролись, правильно скандировал народ: собакам — собачья смерть! А если и в самом деле среди репрессированных и расстрелянных попадались люди ни в чем не виноватые, так что уж тут поделаешь, как говорится, лес рубят — щепки летят.

То, что испытал юноша Иосиф Сладкевич, испытали десятки миллионов других, те, чьи жизни и судьбы революция круто изменила; странно ли, что их преданность системе была полной и безоговорочной, походившей на преданность ребенка родителям?

Надо ли удивляться тому, что они не желали замечать ничего, что могло нанести ущерб образу их страны? И их гордости за нее? Их вере в превосходство советской системы над всеми прочими?

Правда, Иосиф Иосифович представлял собой отдельный, даже особый случай. Когда он был отправлен в отставку — в середине шестидесятых, во время проводимого по указанию Хрущева сокращения численности вооруженных сил, — он стал серьезно изучать экономику. Бывший генерал начал работать в одном из институтов Академии наук, написал диссертации — сперва кандидатскую, потом докторскую — о реальном экономическом положении в оборонных секторах СССР и США. Став доктором наук, он вскоре получил и звание профессора, но это были лишь внешние, формальные проявления того, что с ним в самом деле происходило: он продолжал расти, развиваться, что крайне редко бывает в таком возрасте. И вот это привело к тому, что он стал иначе, намного более критически смотреть на свою страну и ее политическую систему. Помню, как однажды я спросил его (это было году в 1970-м), продолжает ли он верить в те идеалы, за которые так отчаянно воевал? Я и сейчас вижу, как он сидит в кресле напротив — широкоплечий, могучий, сверлит меня грозными карими глазами, и лицо его, необыкновенно сильное, но вместе с тем тонкое, выражает почти страдание. «Воуодя, — ответил он после продолжительного молчания, — как же я могу не веуить этим идеауам? Вся моя жизнь, каждый мой шаг, каждое важное мое уэшение — все диктовауось этой веуой. Как ты думаешь, я могу тебе сказать, что все это быуо зуя? Что я во всем ошибауся? — Он покачал головой. — Я быу честным чеуовеком. Я веую в то, что деуаю. Дай бог, чтобы ты и твое покоуение смогли в конце жизненного пути сказать то же самое...»

Для тех, кто вырос вместе с революцией, для тех, чья молодость и зрелость совпали с годами Великой Отечественной и победой над гитлеризмом, для тех, кого не репрессировали, не отправили на страдания и смерть в ГУЛАГ, для всех этих людей советское время было триумфальным. Они оказались поколением победителей, несмотря ни на какие трудности и жертвы. Ими руководила вера — пусть идеалистическая, ими руководило убеждение в судьбоносности их дела. То, во что они верили, то, что говорил им Сталин, которому они доверяли больше, чем самим себе, было куда важнее каждодневной реальности. Точнее, все, что они видели, воспринималось ими через призму собственных убеждений, и потому все увиденное — неважно что — вписывалось, не противоречило, принималось. ГУЛАГ был необходим, ведь классовый враг не дремлет, враг внутренний и враг внешний спят и видят, как развалить первое в мире государство рабочих и крестьян; тяжесть жизни, вечный дефицит всего — продуктов, товаров, жилья — это следствие враждебного окружения. А то, что необходимо отдавать все силы на обороноспособность родины, это результат военной разрухи, множества разных причин, в которые потому легче верить, что они *отчасти* соответствуют действительности.

Для поколения Сладкевича прошлое было наполнено смыслом: они жертвовали ради целей, которых добились, они победили именно тогда, когда весь мир предсказывал им поражение. Их немало среди сегодняшних жителей страны, так надо ли удивляться тому, что для них сегодняшний день лишен смысла и поэтому совершенно неприемлем? О них можно сказать, что они девственны в своей невинной, чистой вере; им говорят: вся ваша жизнь прожита зря, все, во что вы верили, — ложь. Разве удивительно, что они отвергают горбачевскую перестройку?

Отвергают ее и их дети, но по иным мотивам. В отличие от родителей они если и были романтиками, то не долго, они свою идеологическую девственность потеряли давно, тогда, когда усвоили правила игры.

Правило первое: чтобы преуспеть, нужно иметь «правильную» биографию, родителей с положением.

Правило второе: нужно последовательно становиться членом всех положенных общественно-политических организаций — быть октябренком, пионером, комсомольцем. Без этого нечего и мечтать о поступлении в престижное высшее учебное заведение, например в МГИМО или в МГУ.

Правило третье: надо по возможности учиться прилично, но помнить, что твои политические воззрения важнее академических успехов. Это вдвойне верно для тех, кто мечтает о «загранработе» или о журналистике, поскольку для этого требуется рекомендация школы и районного комитета ВЛКСМ, а их рекомендации — сугубо политические.

Правило четвертое: быть конформистом. Это главное содержание всех школьных уроков, да и не только школьных. Никогда не следует сомневаться в том, что говорит учебник. Никогда не высказывать собственного мнения, осо-

В гостях у Ларри Кинга. Судя по серпу и молоту, это примерно 1987–88 г.

бенно если оно отличается от общепринятого. Нужно говорить то, что говорят все. Коли Сталин сказал, что Владимир Маяковский — лучший и талантливейший поэт нашей эпохи, то так оно и есть. Если сказано в учебнике, что Иван Грозный был великим царем, собирателем земель русских, значит, не сомневайся в этом. Если учитель биологии называет Менделя, Вейсмана и Моргана шарлатанами и мракобесами, если он утверждает, что генетика, равно как и кибернетика, есть буржуазная лженаука, помни — это истина, и не надо интересоваться их опытами и работами. Сомневаешься? А зря. Тебе-то не все ли равно? Ты же не планируешь устраивать революцию в биологии, ведь так? Не умничай, дорогой, говори то, что надо говорить, и зарабатывай таким образом очки. Это тебе зачтется.

Подобные уроки были весьма предметными, их блестяще усвоили те, кто, с одной стороны, презирал своих «предков» за подлинную убежденность, но с другой — подражал им, разыгрывал из себя таких же убежденных, преследуя при этом одну-единственную цель: преуспеть, пробиться к кормушке, к привилегиям. Втайне они осуждали идеалы своих родителей, смеялись над ними, но публично клялись ими. На словах не было для них ничего важнее и святее построения коммунизма, на самом деле они рассматривали членство в КПСС как трамплин к карьере. Они питали собой систему, которая когда-то обещала осуществить человеческую мечту о счастливой жизни, но оказалась обманщицей. В этой системе важно было *делать вид*, будто живешь счастливо в лучшем из миров. Это общество поставило все с ног на голову, оно требовало от своих членов, чтобы они отвергли все нормы цивилизованных стран, оно требовало лицемерия в масштабах, еще не виданных миром. Мелкий пример: среди всех возможных привилегий чуть ли не выше остальных ценилась работа за рубежом (особенно на «враждебном» Западе). Но об этом не говорил никто. Более того, когда человек узнавал, что его отправляют «за бугор», он строил кислую мину, тяжело вздыхал, заводил песнь о чувстве долга — мол, если того требует Родина, то я, конечно, готов, но честно говоря, принимаю это поручение с тяжелым сердцем...

Никогда не забуду своих коллег журналистов-пропагандистов шестидесятых и семидесятых годов, которые, вернувшись в отпуск из командировки, в ответ на мои расспросы о жизни в США, Великобритании или еще какой стране печально смотрели на меня и отвечали: «Знаешь, очень там тяжело, слов нет как тяжело. И очень скучаем по дому...»

Никакой радости, никаких рассказов, никакого смеха и конечно же ни одного доброго слова о «проклятом Западе», о «загнивающей буржуазии» — а то не дай бог кто-то решит, что вам там *нравится*. А уж если об этом сообщат куда следует, тогда прости-прощай загранработа, забудь о шмотках, об аппаратуре, о прочих товарах, из-за которых, собственно, и стремились к таким поездкам. Так что мочи Америку, мочи Францию, мочи их всех от мала до велика, и тогда, даст бог, ты останешься в обойме и будешь дальше пастись на плодородных пастбищах империализма.

***

Сейчас, конечно, мало кто помнит, как это было, а многие попросту не знают. Нет сил как хочется назвать фамилии некогда прославленных политических обозревателей Гостелерадио СССР, «Известий», «Правды», «Комсомольской правды» и привести отрывки из их комментариев. Иных уж нет, а те далече, преподают, например, историю России и выдают себя чуть ли не за диссидентов, боровшихся против советской бюрократии... Воздержусь. Они-то прекрасно понимают, кто есть кто, они врали тогда и врут сейчас, пусть живут в своем позоре.

Кстати: уже когда перестройка была в полном разгаре, телеведущий Дмитрий Крылов, вооружившись камерой, стал заходить к политобозревателям и задавать им вопрос о том, не испытывают ли они чувства стыда (неудобства?) за то, что говорили раньше. Я довольно пространно ответил положительно, о чем потом пожалел, потому что, во-первых, никто, кажется, кроме меня так не ответил, и во-вторых, зачем метать бисер перед свиньями?

***

Лучше других преуспевали те, кто более умело приспосабливался к извращенным и искаженным ценностям этого престранного общества: чем больше чего-то хотелось, тем сильнее притворялись в обратном, чем сильнее это ненавидели, тем громче признавались этому в любви. Главным правилом этого общества было: делай, как я.

Вряд ли можно оценить всю глубину и масштаб коррупции, порожденной такой шизофренией. Но если верно, что это поколение презирает своих отцов за чистоту помыслов, за веру, то себя оно презирает еще сильнее за то, что притворяется верующим. Чем выше это поколение поднималось по иерархической лестнице, тем глубже оно погружалось в собственные мерзости; вместе с тем оно утешалось уверенностью в своей власти, в своем всесилии, в том, что никто не посмеет бросить ему вызов, и никто никогда не заставит его вернуться в нормальный мир и посмотреться в зеркало.

Конец этому положила перестройка.

Поначалу они ее поддержали. Разве не всегда они поддерживали вожака, разве для них не стало

1994 г.

условным рефлексом повторять то, что он говорит, выражать ему преданность, восторгаться каждым его словом? Разве не так обеспечили они себе посты с вытекающими из них благами? Им, конечно, были знакомы слова о демократии, свободных выборах, народовластии, да они сами повторяли эти слова не раз и не два, но все это составляло часть игры, на самом деле ничего никогда не менялось, все оставалось по-старому. Собственно, на это они и ставили, но к тому моменту, когда поняли, что ставка ошибочна, что выбрали они не того коня, у них более не было средств для новой ставки, другими словами, они утратили власть. Ее отняла у них перестройка, она нанесла им удар, от которого нельзя оправиться, удар, который они считали невозможным в принципе и который заключался в изменении общественного сознания. Это второе поколение, поколение конформистов, ненавидит перестройку не потому, что она вынудила их усомниться в их идеалах, в их вере — у них никогда не было ни того, ни другого, — а потому, что она лишила их власти.

***

А вот тут я ошибся самым кардинальным образом. По сути дела, как раз они-то и у власти сегодня, у власти в широком смысле слова — у власти политической и у власти финансовой. В своем презрении к этим людям я не хотел признаваться себе в том, что они, добравшиеся до власти в советское время, обладали и обладают определенными способностями. Их никак нельзя считать заурядными людьми, они и умны, и умелы, советская система научила их выживать и преуспевать в самых сложных обстоятельствах. Было наивно с моей стороны думать, что они не приспособятся к новым обстоятельствам — правда, если бы само общество подверглось некоему катарсису, духовному очищению, если бы те, кто правил ранее, были бы отринуты, как это произошло в Польше, в Венгрии, в Чехии, в Словакии, тогда, возможно, они не смогли бы удержаться. Но так не случилось. Более того, новая система оказалась лишенной всяких моральных устоев, намека на порядочность, она оказалась бандитской и грабительской — а эта среда подходила и подходит им как нельзя лучше.

***

Это подводит нас к третьему поколению, к внукам идеалистов и детям конформистов. Как же относятся они к перестройке? Любое обобщение грешит именно тем, что оно обобщение. Не все идеалисты в самом деле были идеалистами. Не все их дети стали конформистами. Не все представители третьего поколения — циники. Не все, но, как мне кажется, большинство. Не будем забывать, что на глазах у этого поколения происходила деградация их родителей. Оно, это поколение, отличается от двух предыдущих тем, что изначально ни во что не верило и не имело особого интереса в сохранении status quo. В романе Гарриет Бичер-Стоу «Хижина Дяди Тома» есть маленькая чернокожая девочка по имени Топси. Откуда она взялась, как росла — никто не знает, она просто вдруг появилась. Топси в Америке — фигура нарицательная, о человеке могут сказать: «он просто рос, как Топси». Так и это поколение — оно просто росло, смирившись с жизнью в обществе, лозунги которого не принимало и мораль которого не уважало. Нельзя сказать, что это поколение против перестройки. Как нельзя и сказать, что оно за. Оно предпочитает оставаться в стороне, не брать на себя никакой ответственности и ни во что не верить, чтобы потом не обманываться.

Таком образом, сегодняшнее общество состоит из трех поколений: два со знаком «минус» и одно безо всякого знака, два отрицательных и одно нейтральное. А что-нибудь положительное просматривается? У кого-нибудь имеется конструктивная программа действий, чтобы если не противостоять деструктивным настроениям, то хотя бы как-то их уравновесить? Возможно есть. Но очень мало. Основные достижения перестройки в гораздо большей степени — результат антисистемных, антисоветских настроений (еще один «минус»), а не сознательного стремления помочь Горбачеву.

Когда в марте представители оппозиции победили на выборах в городские Советы Москвы, Ленинграда, Киева, Свердловска, Волгограда, это вряд ли было выражением поддержки их политических платформ (о которых подавляющее большинство избирателей не имели ни малейшего представления). На самом деле это было выражением недовольства, недоверия и презрения избирателей к тем, кто традиционно занимал эти посты. Точно так же избрание Бориса Николаевича Ельцина в Верховный Совет СССР, а затем в Верховный Совет Российской Федерации было не столько народным выражением доверия к его программе, сколько коллективным кукишем «отцу перестройки» Горбачеву. В этом есть особая ирония, поскольку без Горбачева и его перестройки никто, кроме безрассудных или безумных, и не подумал бы публично показать кукиш чему бы то ни было — кроме, разумеется, тех случаев, когда его демонстрацию одобряли сверху.

Что подводит меня еще к одному минусу — а именно к отношению народа к Михаилу Сергеевичу Горбачеву. Размышляя над этим феноменом, я почему-то вновь вспоминаю Жванецкого и его знаменитый рассказ о раках, которые вчера были большие, но по пять, а сегодня маленькие, но по три. Понимаю, странно, но это так.

Вот данные, предоставленные Борисом Грушиным, создателем пока единственной в стране независимой службы изучения общественного мнения — «Vox Populi». Общесоюзный опрос, проведенный в марте 1990 года, показал, что позитивный рейтинг Горбачева составляет сорок шесть процентов. Не очень-то много, говорите вы? А это смотря с чем сравнивать. Такой же опрос, проведенный в июне, то есть спустя неполных три месяца, показал, что только девятнадцать процентов населения позитивно оценивают своего президента — и это несмотря на безусловный успех его встречи в Вашингтоне с президентом Джорджем Бушем. Возникают по меньшей мере два вопроса:

1. Когда наступит предел падения рейтинга Горбачева, после которого падет он сам?
2. Почему он, пользующийся мировой популярностью и признанием, столь нелюбим в собственной стране?

Ответ на первый вопрос, хотя и бесконечно интересен, не относится непосредственно к теме этой главы; с ним придется повременить. Однако я убежден, что процесс, запущенный Михаилом Сергеевичем, будет развиваться вне зависимости от того, останется он у власти или нет. Второй вопрос требует двухслойного, если можно так сказать, рассмотрения.

Слой первый.

Для всего мира Горбачев — это человек, который положил конец холодной войне. Человек, который прекратил военное противостояние с Соединенными Штатами, другими словами, избавил землю от угрозы глобальной ядерной войны и всеобщей гибели. Горбачев — это человек, который чуть ли не в одиночку и меньше чем за пять лет совершенно изменил то, что казалось неизменным. Для всего мира он — тот человек, который поощрял и поддерживал изменения в странах Восточной Европы, способствовал падению Берлинской стены, воссоединению Германии, радикальной перестройке Варшавского Договора. Именно он принимал решение о выводе советских войск из Афганистана, именно он вернул Андрея Сахарова из горьковской ссылки в Москву, именно он открыл дорогу гласности, дал советским людям возможность свободно ездить за рубеж и эмигрировать. Короче говоря, все, что сделал Горбачев, оказалось для мира благом, запущенные им реформы никому не нанесли вреда — за пределами Советского Союза.

Ну, а внутри страны?

Начать с того, что перестройка не всем пришлась по душе (о чем я уже писал). Но что еще важнее — далеко не все советские люди разделяют энтузиазм Запада относительно тех конкретных дел, которые стали символами горбачевской перестройки.

Сахарова вернули в Москву? Ну и что? Кому есть дело до высоколобого ученого, апеллировавшего к Западу против собственной страны? Вернули наших из Афганистана? Это неплохо, но убитых не вернешь, да и ушли с позором. Дали независимость странам Восточной Европы? И в результате потеряли то, что законно получили благодаря победе над Гитлером. Чего же тут хорошего? Свобода слова? Да болтовня это все, лучше бы дали пожрать. Можно теперь ездить по зарубежам? Ну да, если есть деньги...

И это лишь некоторые типичные реакции многих на то, что можно бы считать бесспорными достижениями и последствиями перестройки. Но ведь были последствия совсем иные, например: война между Арменией и Азербайджаном из-за Нагорного Карабаха, кровопролития в Баку, в Узбекистане и Киргизии, в Алма-Ате, в Тбилиси, в Вильнюсе и Риге. А как отнестись к выходу из СССР республик Прибалтики, как понять стремление выйти из Союза республик Закавказья, Украины, Белоруссии, Молдавии? Как быть с бурным и страшным ростом преступности, инфляции? Как, наконец, справиться с бесконечным дефицитом буквально всего — хлеба, водки, сигарет, колбасы, молока, ниток и пуговиц? Как объяснить тот неоспоримый и очевидный факт, что за последние пять лет стало труднее жить, снизились и производство, и уровень жизни?..

Слой второй.

Он гораздо менее очевиден, но, думаю, более сложен и важен.

Давайте вспомним, каким образом пришел к власти Михаил Сергеевич Горбачев. Он двигался по общепринятому пути — октябренок, юный пионер, комсомолец, комсомольский активист, член партии, партийный работник. Так он поднимался по иерархической лестнице, пока не добрался до самого верха и не стал членом Политбюро ЦК КПСС. Он не был Лехом Валенсой, который бросил вызов системе, боролся с ней и пришел к власти с собственной партией. Он не был Вацлавом Гавелом, драматургом-диссидентом, который отсидел срок за свои политические взгляды, но не сдался и в конце концов был избран президентом страны. Горбачев — типичный представитель власти, он рос и развивался внутри ее, он никогда не противостоял ей, он ждал своего часа — и дождался его.

Сегодня Горбачев несет ответственность за все прегрешения (и преступления), совершенные этой властью.

Ведь всегда образуется некий люфт между каким-либо действием и его последствиями. Это особенно верно в отношении действий политических, общественных, экономических. Насильственная коллективизация и фактическое уничтожение крестьянства в конце двадцатых и в начале тридцатых годов; интеллектуальное обезглавливание страны в результате процессов и чисток второй половины тридцатых; новые послевоенные репрессии; милитаризация экономики и жесткое централизованное планирование последующих десятилетий. Все эти действия имели множество последствий, не сразу очевидных, проявившихся спустя годы. И все они внесли свою лепту в те тяжелейшие проблемы, которые испытывает страна.

Однако рядовой человек не склонен анализировать, ему чужд историзм в оценках. Рядовому человеку просто-напросто ясно, что он стал хуже жить, а не лучше, что все это произошло с ним в годы так называемой перестройки, а ее-то придумал некто Горбачев, человек, чья карьера расцвела в брежневские годы «застоя», как он их назвал. С точки зрения этого самого рядового человека виноват во всем Горбачев, именно он несет ответственность за то, что жить теперь невозможно тяжело.

Приведу отрывок из статьи, опубликованной в недавнем номере «Московских новостей»:

«Мы живем еще в системе, которая построена не для нормальных людей, а для особого вида, называемого советским человеком. И все мы, советские, оказавшиеся в условиях экономического кризиса, постепенно стали терять вторую часть нашего названия. Все мы без исключения носим эту печать (я никогда не слышал, чтобы, например, кто-то из Франции или Америки называл бы себя не французом или американцем, а «американским человеком» или «французским человеком»). Утеря нами наших человеческих качеств является, как мне кажется, результатом нашей среды, которая, кстати, тоже создана нашей системой. Я могу на собственном примере проследить этот процесс. Как только я захожу в продуктовый магазин... я начинаю сердиться, а после того, как я постоял в очереди за хлебом, сердитость перерастает в гнев. Я и прежде отдавал себе в этом отчет, но пытался контролировать себя; теперь все происходит автоматически — это стало делом совершенно нормальным. Следующая стадия потери нашего человеческого облика будет связана с отказом от культуры и этики. Их заменят те качества, которые необходимы для выживания в бесчеловечной среде; эта среда тихо притупляет все, что есть в нас человеческого, постепенно наши человеческие черты уходят все глубже и глубже в наше подсознание, все больше затрудняя дело их возвращения. Тем временем гнев, ненависть, агрессия становятся постоянными чертами. И это завершает второй шаг деградации личности. Что касается меня, я нахожусь на половине этого шага, хотя бывают такие случаи, когда опускаюсь полностью — правда, случается это не очень часто. Я могу лишь догадываться о том, что следует за этим. Вероятно, следующая стадия связана с людьми, которые являются членами таких организаций, как «Память», людьми, сочетающими нетерпимость по отношению к другим национальностям с желанием установить самое страшное изобретение любого злого гения: диктатуру, управляющую насилием. Таково их решение сегодняшних проблем».

Эти рассуждения принадлежат перу пятнадцатилетнего московского школьника Андрея Николаева.

Когда Карл Маркс размышлял о будущем человечества, он пришел к выводу, что «природная злобная натура» человека — на самом деле результат многовекового существования в условиях угнетения. Измените условия жизни человечества, предложил Маркс, и вы создадите нового человека, в котором не будет ни жадности, ни эгоизма. Для Маркса этим измененным условиям соответствовали социализм и следующий за ним коммунизм.

Возможно ли построение социалистического общества (тем более коммунистического), невозможно ли — покажет только время. Есть доводы за, есть и против, но оставим это другим. Для меня ключевой вопрос звучит так: можно ли в самом деле изменить «природу человека»? Противники Маркса отвечают отрицательно, утверждая, что природа и есть природа, она неизменна, следовательно, все разговоры о социализме/коммунизме — чепуха, идеализм. Но достаточно взглянуть на советский опыт, чтобы сказать: прав был Маркс, природу человека можно изменить, изменив условия его существования. Заставь людей жить в бесчеловечных условиях, и они скорее всего станут иными, утеряют многие из своих «природных» черт. Об этом и писал Андрей Николаев. Перестройке приходится иметь дело с таким людьми, с таким народом.

Осознанно или бессознательно, но человек восстает против постоянной лжи, плохого обращения, бездарного управления, безразличных властей. То, что способен вынести человек, не способно вынести ни одно животное, оно издыхает. Человека же постигает смерть моральная, он вынужден приспосабливаться, забывать о принципах, в нем возникает чувство презрения к самому себе. За этим следует гнев, слепая ненависть, желание ударить — неважно, что или кого, лишь бы ударить.

Вы давно водили машину в Москве? Вас кто-нибудь из коллег-водителей пропускал, уступал вам дорогу? Или же материл вас, гудел, подрезал, чуть ли не загонял в кювет? Когда продавщица (продавец) в магазине не лаяла на вас, не цедила ответ сквозь зубы, а разговаривала приветливо, вежливо? Сознайтесь, что вы уже привыкли на все вопросы и просьбы слышать «нет», причем «нет», сказанное с удовольствием, смачно — мол, на тебе, кушай!

Как говорили наши предки-римляне — «Homo homini lupus est»*. Мы в СССР изменили изречение на более саркастическое: «человек человеку *товарищ* волк». Да, кстати, по поводу слова «товарищ». Когда-то оно было полно значения. В нем слышались доверие, общность взглядов и целей, оно было своего рода паролем, как и знаменитое обращение друг к другу обитателей киплинговских «Джунглей»: «Мы с тобой одной крови, ты и я». Поначалу оно являлось обращением партийцев-революционеров, но постепенно заменило в советском обществе существовавшие ранее «господин», «госпожа», «сударь» и «сударыня». По мере того как СССР становился

---

*«Человек человеку волк» (*лат.*, из комедии древнеримского писателя Плавта).

государством партийной бюрократии, слово потеряло всякий оттенок первоначального значения и стало официальным обращением — сохранив лишь пустую бессмысленную оболочку. Ныне его вообще перестали употреблять. Как же обращаются люди друг к другу? А вот как: «Женщина!», «Мужчина!». Так сказать, все упростили. Дальше некуда.

Рассказывают, что Наполеон, пытаясь найти дополнительные источники финансирования для своих бесконечных военных кампаний, приказал губернатору Корсики, своего родного острова, удвоить налоги. Спустя некоторое время он поинтересовался, как же жители Корсики отреагировали.

— Ваше величество, люди бунтуют, проклинают вас, грозятся восстать.

— Отлично, — ответил император. — Повысьте налоги еще в два раза.

Спустя несколько недель Наполеон вновь спросил, как дела на Корсике.

— Ваше императорское величество, народ скрежещет зубами, одетые в лохмотья женщины толпятся перед губернаторским дворцом, держа на руках плачущих от голода детей, они кричат, что вы ответите за это.

— Превосходно. Удвойте налоги.

Прошло еще несколько недель, и Наполеон вновь спросил, как ведут себя корсиканцы.

— Ваше величество, народ плачет. Царит атмосфера безысходности и мрака. Кажется, у них нет надежды, и они ко всему безразличны.

— Славно, — отреагировал Наполеон, — удвойте налоги.

Спустя несколько дней к императору подошел его помощник и сказал:

— Простите меня, ваше императорское величество, но поскольку вы просили меня следить за положением на Корсике, я считаю своим долгом доложить вам, о чем только что узнал.

— И о чем же? — спросил император.

— Ваше величество, я не могу понять, что происходит, но после вашего последнего распоряжения вновь удвоить налоги народ начал хохотать, и он хохочет до сих пор.

— Наконец-то, — сказал Наполеон. — Больше налоги не повышать.

Сегодня в Советском Союзе настроение мрачное, никто не лелеет особых надежд. Об этом ярче всего говорят огромные очереди у посольств США и ФРГ из тех, кто хочет уехать. Согласно неофициальным, но вполне информированным источникам, таких заявлений в одном американском посольстве накопилось более трехсот тысяч. В СССР до сих пор нет цивилизованного закона об эмиграции, до сих пор гражданин СССР не может выехать из страны без советской визы на отъезд. Я пишу эти слова в августе 1990 года, когда, согласно советским порядкам, только трем категориям лиц позволено эмигрировать: тем, у кого есть так называемые «прямые» родственники за рубежом (к таковым относятся мать или отец, сын или дочь, брат или сестра); тем, у кого вне Советского Союза есть «родина» (это касается советских граждан еврейской, немецкой, греческой, испанской и прочих национальностей, включая армян — из-за мощной и многочисленной зарубежной диаспоры); наконец, тем, кто выходит замуж (или женятся) за иностранца.

Эмиграция представляет особый интерес с точки зрения того, как изменились взгляды в Советском Союзе, какой произошел поворот в оценке — от сугубо негативного до безоговорочно позитивного.

Я уже писал довольно подробно о трех волнах эмиграции из России/СССР и о том, как народ относился к эмигрантам. Не буду повторяться, только напомню, что отношение это было резко отрицательным.

Сегодня все изменилось. Где бы я ни был, где бы ни выступал, меня спрашивают: «Зачем же вы приехали в эту проклятую страну?»

Когда будет принят новый закон об эмиграции (что случится раньше, чем эта глава выйдет из печати), когда эмиграция перестанет быть привилегией определенных людей, поднимется четвертая волна. Думаю, она окажется мощнее всех прежних. Миллионы людей — рискну предсказать, что миллионов пять — побегут прочь. Ими будут руководить разные соображения, в том числе опасение того, что двери захлопнутся так же неожиданно, как открылись. Но им придется сделать крайне неприятное открытие: двери запрут... с той стороны. Теперь, когда уже нельзя зарабатывать политический капитал, добиваясь, чтобы тот или иной советский гражданин становился невозвращенцем, Соединенные Штаты установили квоту в пятьдесят тысяч иммигрантов из СССР в год. Есть ли сомнения, что Франция, Великобритания, Италия, да и другие западноевропейские страны введут свои, возможно, более строгие ограничения? Уже Австралия и Новая Зеландия дали понять, что не нуждаются в иммиграции, Израилю нужны лишь евреи... Куда отправятся все остальные несостоявшиеся эмигранты?

Не может ли получиться так, что цунами, ударившись о глухую скалу, развернется и покатит назад? Как это скажется, какими будут последствия для страны? Одному богу известно...

Отцом перестройки считается Михаил Сергеевич Горбачев. Цель перестройки — добиться кардинальных изменений в экономической и политической системе. Изменений, разъяснил бы Горбачев, которые будут способствовать развитию социализма. Возможно, это и есть цель перестройки, но с моей точки зрения речь идет о гораздо более значимом деле, а именно о возвращении советских людей к их человеческим источникам, существу.

Мы сегодня являемся свидетелями родовых болей целой нации — процесса мучительного, тяжелого, связанного с вырыванием целой страны из тьмы утробы; яркий свет бьет в глаза, новорожденный кричит от гнева, от страха, от жажды жизни и сомнений. Мы видим, как целый народ сбрасывает скорлупу — пусть уродливую, неудобную, но тем не менее защитную, никого не выпускавшую, но и не впускавшую тоже. Скорлупа отпадает, и бывший ее хозяин чувствует себя оголенным и беспомощным. Все старые правила оказались лживыми, все прежние ценности подвергаются сомнению. Надо все начинать с нуля, и для многих эта задача кажется не столько трудной, сколько неразрешимой.

Они заблуждаются.

Как заблуждаются те из вас, кто считает эту главу чересчур пессимистической. Я никогда не был пессимистом и не стал им, хотя принимаю пословицу советских времен о том, что пессимист — всего лишь хорошо информированный оптимист. Данная глава — попытка помочь читателю понять, что творится сегодня в Советском Союзе, что варится там, внутри. Ведь оно отличается от того, что так подробно и поверхностно описывают средства массовой информации. В недрах страны происходит революция. Нет, не в обычном политическом смысле, это не попытка захвата власти одной группой лиц у другой. Это глубинный революционный процесс, революция национальной души и психики. Этим и только этим объясняются хаос, страдания и травмы.

Тяжело наблюдать за этим, мучительно принимать в этом участие, но нет сомнений, что эта революция победит. Откуда моя уверенность? В ответ я мог бы написать еще одну главу. Но избавлю вас от этого. Позвольте, отвечу цитатой (и заодно завершу эту книгу), которую я ценю, наряду с ранее упомянутой мной цитатой из Джона Донна, более всех других. Это высказывание принадлежит Уильяму Фолкнеру и является отрывком из его речи по случаю вручения ему Нобелевской премии:

«Я отказываюсь принять конец человека. Легко сказать, что человек бессмертен просто потому, что он выстоит: что, когда с последней ненужной твердыни, одиноко возвышающейся в лучах последнего багрового и умирающего вечера, прозвучит последний затихающий звук проклятия, даже и тогда останется еще одно колебание его слабого неизбывного голоса. Я отказываюсь это принять. Я верю в то, что человек не только выстоит — он победит. Он бессмертен не потому, что один среди живых существ обладает неизбывным голосом, но потому, что у него есть душа, дух, способный к состраданию, и жертвенности, и терпению».

ЭПИЛОГ

22 октября 1991 года я вместе с Катей улетел в Нью-Йорк по приглашению Фила Донахью, чтобы вместе с ним вести телевизионную программу. Приняв это приглашение, я в какой-то степени действовал по рецепту Наполеона: «Ввяжемся, а там посмотрим». Я не был уверен, что смогу работать на равных с Филом, я совершенно не представлял себе, как вообще буду жить в Нью-Йорке. Словом, было много вопросов и ни одного ответа. Так почему я все же решил уехать?

Отчасти это было связано с тем, что я больше не работал на Центральном телевидении, откуда меня «ушли» после скандального (с точки зрения властей) интервью, данного мною одной американской телекомпании.

Отчасти это было связано с желанием принять новый вызов и доказать всем, и, в первую очередь самому себе, что и в Америке я могу работать не хуже лучших.

Но все-таки главная причина состояла в другом.

***

19 августа 1991 года, примерно в семь утра, я вернулся с утренней пробежки. Поднявшись на крыльцо домика, который мы снимали в Жуковке, я увидел застывшую перед телевизором Катю, а на экране — позеленевшее лицо своего знакомого, диктора ЦТ Юрия Петрова. Он говорил что-то о каком-то ГКЧП. Через пять минут все стало ясно: совершен государственный переворот. Горбачев, находящийся на отдыхе в Форосе, якобы болен и не может исполнять своих обязанностей президента СССР, поэтому создан Государственный Комитет по чрезвычайному положению, куда, в частности, вошли председатель КГБ СССР В.А. Крючков, премьер-министр СССР В.С. Павлов, министр внутренних дел СССР Б.К. Пуго, министр обороны СССР Д.Т. Язов и вице-президент СССР Г.И. Янаев.

Это означало конец перестройки и гласности, конец всем мечтам о социализме с «человеческим лицом»: КГБ, милиция, вооруженные силы (нынешние «силовики»), за которыми стояли ЦК КПСС и правительство (минус Горбачев) выступили против нового курса. Разве они могли проиграть?

Мы немедленно сели в наш «жигуленок» и помчались в Москву. Рядом с нами грохотала колонна танков, и только оказавшись рядом с этими машинами, я понял, до чего танк страшен. Громадный, грозный железный монстр, который задавит тебя и не заметит.

22 августа 1991 г. Я выступаю перед гостиницей «Москва» после провалившегося путча

Еще в подъезде дома я услышал, как в квартире трезвонит телефон, и сразу понял: это меня разыскивают разные американские, английские и французские СМИ, жаждущие получить комментарий. Мы вошли в квартиру, телефон все звонил и звонил, а я не понимал, как должен поступить. Если ответить и дать событиям ту оценку, которую я считал единственно верной, то ни в какую Америку я не поеду; скорее, могу «поехать» совсем в противоположенную сторону. Если дать другой комментарий, то это будет подлостью, которую я вряд ли прощу себе. Если не давать никакого комментария, то это будет... что?

Звонки не прекращались, и я сказал Кате, что хочу выйти, посмотреть на происходящее. Ходил я часа три или четыре. Такой я Москву еще не видел: у Белого дома толпы народа, строящие какие-то самодельные баррикады, танки на улице Горького и Манежной площади, из их башен растерянно смотрят на обступивших их людей солдатики лет восемнадцати-двадцати. В воздухе пахнет и грозой, и свободой, от которой кружится голова.

С самого начала я понимал, что я должен дать интервью, у меня нет выбора, вернее, есть выбор между позором и презрением к себе, с одной стороны, и риском быть арестованным, но иметь чистую совесть, с другой. И вышел я из дома подальше от непрекращающихся звонков с тайной надеждой, что, быть может, увижу нечто такое, что освободит меня от этого долга. Получилось же совсем неожиданно: выбор оказался легким, и не было в этом ничего героического — вдруг я понял, что перестал бояться.

Советский Союз держался на своего рода эпоксидном клее, состоящем из веры и страха. И пока эти составные части «работали», система была незыблемой.

Прощание с иллюзиями

Первой начала сдавать вера. *Разоблачение культа личности Сталина, вызывавший смех и презрение «Хрущ», напялявший себе на грудь пять золотых звезд Героя Брежнев — таких обстоятельств не выдержала бы ни одна вера.*

А вслед за верой стал подтачиваться страх.

Помню, что все годы своего проживания в СССР я боялся. Чего? Не могу сказать конкретно. Я чувствовал себя совершенно беззащитным. Это был страх, не имевший ни ясного образа, ни места обитания. Он просто был. Помню, каждый раз возвращаясь из ежегодного отпуска, я боялся того, что случится в первый день моей работы. Не ждут ли меня неприятности в связи с тем, что я сказал, или, напротив, не сказал, сделал или не сделал? Страх этот сидел во мне безвылазно, прописавшись, казалось, навечно. И вдруг он исчез. Его не стало, причем я понимал точно, что больше он не вернется никогда. Невозможно передать облегчение, которое я испытал, будто задышал свежим, прохладным воздухом, наполнившим мои легкие тысячами пузырьков чистой радости.

Я вернулся домой и сказал Кате, что должен ответить на телефонные звонки, должен сказать то, что считаю нужным. И она совершенно спокойно, абсолютно уверенно ответила: «Конечно, ты должен, по-другому ты не можешь поступить».

Я опасался, что она станет отговаривать меня, скажет, что глупо рисковать, когда через месяц нам предстоит уехать в Америку. Единственное, о чем Катя попросила, — это чтобы я дозвонился ее сыну Пете, в это время как раз находящемуся в Штатах, и сказал бы ему пока в Москву не возвращаться. (Я так и поступил, но Петя прилетел на следующий день — что было и остается предметом моей гордости.)

Эти три дня — девятнадцатое, двадцатое и двадцать первое августа — стоят особняком в русской истории: это был единственный случай, когда народ сам, без призывов, без вмешательства каких-либо партий, встал на защиту того, чего он, народ, хотел. И народ победил. Помню, как двадцать второго числа я оказался на площади Дзержинского, где состоялся спонтанный митинг. И когда меня заставили выйти на трибуну, чтобы сказать какие-то слова, вся громадная толпа начала скандировать «Познер! Познер! Познер!» — и я почувствовал, что такое выражение народного обожания может человека унести в заоблачные выси и привести к полной утере трезвой самооценки и всякого представления о реальности. Мною овладел страх — нет, не тот, о котором я говорил и от которого я избавился, страх не за себя, а боязнь того, насколько легко можно управлять людьми, когда они впадают в эйфорию.

То были великие дни, они останутся в моей памяти навсегда, вызывая и радость и боль. Потому что вскоре за ними последовало другое. И от этого я уехал.

Я уехал от Михаила Сергеевича Горбачева, который и породил перестройку, и погубил ее. Он отвернулся от людей с либерально-демократическими взглядами, он практически сам вернул к власти тех, кто не хотел и не мог хотеть развития перестройки. Он думал, что знает, как ими управлять, забыв, что партаппарат сильнее отдельно взятого человека. Кровь, пролитая в Риге, Вильнюсе, Тбилиси, Баку и Сумгаите, — лишь один из результатов его поворота не вправо, а назад. Скажете, не Горбачев отдавал приказ стрелять, калечить людей саперными лопатами? Не он. Но ответственность его, Президента страны.

Я не верю, что Горбачев не знал о готовящемся путче. Не может быть, чтобы не докладывали ему об этом, и не Сталиным он был, не параноиком, чтобы решить, будто доносят провокаторы, враги, предатели.

Почему Михаил Сергеевич взял и уехал в отпуск накануне подписания нового Союзного договора, имевшего архиважное значение для создания нового Советского Союза? Почему он не довел подписание до конца? Когда, много лет спустя, я задал ему этот вопрос в программе «ПОЗНЕР», он ответил: «Это была моя ошибка».

И все, Михаил Сергеевич? Нет уж, так не пойдет. И тогда в голову приходит ужасающая мысль — он все знал, он решил сыграть в две лузы: если путч удастся — он вернется и останется президентом, если же нет, то он — герой, жертва темных сил... Не хочу верить в это хотя бы потому, что благодаря Горбачеву моя жизнь, да и не только моя, изменилась до неузнаваемости, лично я благодарен ему по гроб жизни, но сомнения мучают и мучают. И я уехал.

Я уехал и от Бориса Николаевича Ельцина, который дважды звонил мне и предлагал свою помощь. Первый раз, когда он еще сам был в опале и баллотировался на пост Председателя Президиума Верховного Совета РСФСР, но вызвался «прикрыть» меня; второй раз, когда был Президентом РФ и предложил мне стать его пресс-секретарем (я отказался, сославшись на свой возраст и неспособность выражать чужое мнение, если оно не совпадает с моим собственным). Конечно же я ценю это и благодарен. Но это не меняет того факта, что Борис Николаевич имел уникальную возможность превратить Россию в демократическую европейскую страну. Но он не сделал этого. Более того, не справившись с собственными слабостями и плохо разобравшись в том, кто есть кто, он реально способствовал развалу страны — не СССР, а России. Все те беды, о которых говорят сегодня, восходят ко времени Ельцина. По сути дела, именно при Ельцине начинается отток сторонников нового курса, именно при нем возникает ностальгия по советскому строю, именно при нем возвращается и становится все популярней фигура Сталина.

Я верил Ельцину, несмотря на то, что был ему лично признателен, я искренне полагал, что... да что уж говорить! На сей раз моя вера полнилась сомнениями, я предчувствовал, что в который раз мои надежды напрасны.

Я уехал, потому что больше не было сил разочаровываться.

***

Я проработал на канале CNBC шесть с небольшим лет. Могу ли я сказать, что этот опыт научил меня чему-нибудь? Положа руку на сердце отвечу, что нет. Он, этот опыт, конечно, был полезен. Но американское телевидение не открыло для меня каких-то доселе мне неизвестных профессиональных секретов. Да, я многому научился у Донахью, научился, потому что он — уникальный мастер своего дела, а не потому, что он американец. За эти годы я убедился в том, что американские телевизионщики работают ничуть не лучше, чем российские: профессионал есть профессионал, этим все сказано.

Научила ли меня чему-нибудь американская журналистика? Безусловно. Если говорить совсем коротко, то она преподала мне три истины.

Истина первая. Свобода печати, свобода слова, которая ценится превыше всех прочих американских ценностей и оговорена Первой поправкой к Конституции США, не безгранична. Привожу пример. Году в девяносто третьем или девяносто четвертом американские СМИ поносили Японию за то, что она, Япония, не пускала на свой внутренний рынок американские автомобили. Требовали санкций, закрытия американского рынка для японских товаров и тому подобное. Мы с Филом посвятили этому вопросу одну передачу, главный посыл которой звучал так: американские автомобили уступают японским по всем главным показателям. Японские машины безопаснее, экономнее, лучше держат дорогу, реже ломаются. Чем ругать японцев, сказали мы, надо улучшить качество американских автомобилей. Вот когда они перестанут уступать японским, тогда будет о чем поговорить.

Среди рекламодателей программы «Познер и Донахью» числился американский автомобильный гигант «Дженерал Моторз», который после выхода в эфир той передачи отозвал свою рекламу. Нас с Филом тут же вызвал к себе президент NBC.

— Вы что, охренели?! Кто дал вам право критиковать наших рекламодателей? — возмутился он.

— А мы их и не ругали, — ответил Фил, — мы...

— Вы критиковали их товар, — перебил его президент, — а это недопустимо!

— А как же свобода слова? — поинтересовался я.

— Свобода слова?! — вскричал он. — Свобода слова — это там, на улице, — он махнул рукой в сторону окна, — там, а не в моей студии!

— Это цензура! — начал заводиться Фил.

— Вы меня, американца, обвиняете в цензуре?! — взревел президент. — Да как вы смеете?

Примечательно то, что президент компании и в самом деле не считал это цензурой. Защита доходов компании — это вовсе не цензура, это важнейшее дело. А запрет на критику рекламодателя и есть защита интересов компании. И выходит, что цензура — это то, что существует в других странах, но не в Америке. В Америке цензуры нет. Вдруг это напомнило мне ставшие классикой слова советской женщины-участницы телемоста «Ленинград—Бостон», которая на вопрос американской бабушки, есть ли насилие и секс на советском ТВ, ответила: «У нас секса нет...» Тут раздался громовой хохот собравшейся в студии аудитории, и в нем потонуло завершение ее фразы: «...на телевидении».

Конечно, секса на советском ТВ было немного, но он все-таки был. Конечно, цензуры на американском ТВ немного, но она все-таки есть. Однако утверждение: «у нас цензуры нет» не подвергается сомнению, это аксиома, как дважды два — четыре. Такое умение не видеть того, что видеть не хочется, совершенно поразительно. Я не отрицаю существования свободы слова, свободы печати в Америке. Она присутствует. Но свобода слова — это, как я уже говорил, коридор со стенами, пробивать которые не рекомендуется.

Истина вторая. Американская журналистика преподнесла мне несколько уроков профессиональной этики. Снова воспользуюсь примером. Каждая из трех ведущих телевизионных сетей — ABC, CBS, NBC — выходит в прямом эфире с главными новостями в одно и то же время — 18:30. Такая жесткая конкуренция приводит к тому, что зрителю, по сути, предлагается выбрать не саму программу (они почти одинаковы по содержанию), а ведущего. Скажем, в свое время самый высокий рейтинг имела новостная программа сети CBS, которую вел легендарный Уолтер Кронкайт. Когда он отошел от дел, его место занял Дэн Разер, не сумевший удержать зрителей на прежнем уровне, вследствие чего компания CBS стала проигрывать конкурентам. Тогда руководство решило пойти на эксперимент в виде парного ведения новостей (чего никогда не бывало прежде) и подкрепило Разера известной журналисткой, китаянкой американского происхождения, Конни Чанг. Все это совпало по времени с появлением на политической арене США некоего Ньюта Гингрича. Человек крайне консервативных взглядов, представитель так называемых «неоконов»*, Гингрич способствовал тому, что республиканская партия получила большинство в палате представителей, спикером которой он стал. Было известно, что Гингрич сильно не любит президента Клинтона и терпеть не может его жену Хиллари. CBS решила послать Конни Чанг в штат Джорджия, где жила мать Гингрича, чтобы взять у нее интервью, — это было в январе 1995 года. Приезд мощной телевизионной команды — всегда экстренное событие в Америке, а когда это касается небольшого сонного городка на глубоком Юге, то становится событием чуть ли не историческим. И вот Конни Чанг берет интервью у пожилой, чуть напуганной матери Гингрича и спрашивает:

— А что ваш сын говорит о Хиллари?

Женщина смущается, краснеет и поясняет, что не может ответить на этот вопрос в эфире. Тогда Чанг наклоняется к ней и, понизив голос, предлагает:

— А вы просто шепните мне на ушко, чтобы это было только между нами.

Матери Гингрича невдомек, что прикрепленный к ее выходной блузке петличный микрофон прекрасно уловит каждое ее слово. Она шепчет:

— Он говорит, что она сука.

Слова эти прозвучали в вечерних новостях; но когда выяснилось, что Чанг обманула женщину, дав ей понять, будто ее слова не будут записаны, последовал гигантский скандал, Чанг стала объектом жесткой критики. В том же 1995 году она была уволена с CBS.

Урок ясный: американская журналистика придерживается определенных правил — пусть неписаных, — и нарушение их карается очень строго не законом, а самим журналистским сообществом. Эти правила появились не сразу (почитайте рассказ Марка Твена «Журналистика в Теннесси»), они — результат определенного исторического развития Аме-

---

*Сокращение от «неоконсерватор» — так назвали себя наиболее жесткие сторонники использования экономической и военной мощи США против их противников.

рики, и я могу засвидетельствовать, что они действуют. Американский журналист не сообщит ничего, не проверив досконально факты, не переговорив с разными источниками информации, не убедившись в том, что это его сообщение точно и верно. Этим он принципиально отличается от своих российских коллег.

Наконец, истина третья, и, возможно, самая главная. Американская журналистика исходит из того, что она имеет один-единственный долг — информировать. Это превыше всего. В 1971 году газета «Нью-Йорк Таймс» опубликовала знаменитые и совершенно секретные «Пентагоновские бумаги», выкраденные бывшим морским пехотинцем, ученым и общественным деятелем Дэниэлом Эллсбергом. Из них явствовало, что президент Джонсон лгал собственному народу и всему миру, обвинив Северный Вьетнам в нападении на американский корабль в Тонкинском заливе, и воспользовался этой ложью, чтобы начать бомбежки Ханоя, тем самым нанеся тяжелый удар по престижу страны. Многие назвали бы такой поступок Эллсберга не просто не патриотичным, а предательским. Однако редколлегия газеты опубликовала эти документы, исходя из твердого убеждения: если пресса становится обладателем важной для народа информации, она обязана эту информацию сообщить. Абсолютно то же самое произошло в 2011 году, когда та же «Нью-Йорк Таймс» напечатала секретные донесения американских дипломатов, добытые возглавляемой Джулианом Ассанжем организацией «Викиликс».

Когда я работал в Нью-Йорке, меня пригласил на семинар известный обозреватель и преподаватель журналистики Фред Френдли. Там участвовали самые знаменитые журналисты Америки. Во время семинара Френдли сказал: «Хочу перед вами поставить задачу. Представьте, что вы берете интервью у министра обороны. Вы сидите в его кабинете, задаете свои вопросы, и вдруг раздается телефонный звонок. Министр поднимает трубку, что-то говорит, вешает трубку и обращается к вам: "Извините, мне надо выйти на три минуты. Посидите, сейчас вернусь". Он выходит из кабинета. Вы, конечно, смотрите, что у него на письменном столе, иначе вы не были бы журналистами. И видите, что министр оставил лицом вверх документ. К вам он повернут вверх ногами, вы не имеете права ничего трогать, но вы, конечно, умеете читать вверх ногами, иначе вы не были бы журналистами. Документ оказывается совершенно секретным, из него вытекает, что через десять дней ваша страна объявит войну другой стране. Как вы поступите с этой информацией? И имейте в виду: министр забыл перевернуть документ, так что это не подстава».

Обсуждение длилось меньше минуты, собственно, не было никакого обсуждения. Все ответили на вопрос одинаково: «Я сделаю все, чтобы эта информация стала достоянием моей аудитории».

Вот долг журналиста. Нет разговора о патриотизме, о том, что это на руку врагу, что это предательство. Есть только одно: я, журналист, обязан сообщить народу информацию. Это мой долг, такой же, как долг врача — спасать раненого бойца, неважно, наш он или вражеский. Такая реакция, такое восприятие чуждо российской журналистике, и об этом я рассуждаю не теоретически.

Вернувшись в Москву в 1997 году, мы с Катей основали «Школу телевизионного мастерства В.В. Познера»* (название, вызывающее у меня отвращение, но этого потребовали бюрократические процедуры). Школа эта создана для того, чтобы повышать уровень профессионального мастерства журналистов, работающих на региональных телевизионных станциях России. Я не буду вдаваться в подробности, скажу только, что Школа прошла через очень и очень сложные времена. Так вот, встречаясь с приехавшими из городов и весей России коллегами, я всегда задаю им тот же вопрос, который задавал нам профессор Френдли. Вас удивит, если я сообщу, что буквально единицы отвечают так же, как американские журналисты? Одни ссылаются на патриотические чувства, другие — на государственную тайну, кто-то еще на что-то. Некоторые говорят, что они промолчали бы, потому что боятся последствий для себя и своих близких. И это единственный довод, который я принимаю, потому что нельзя заставлять человека лезть на баррикады. Это решение сугубо личное.

***

Советский Союз прекратил свое существование через два с небольшим месяца после моего переезда в Нью-Йорк. Помню, я встретил эту новость не только без сожаления, но и без удивления: для меня было ясно, что советская империя, как и любая другая, неизбежно развалится. Конец был ожидаемым, сюрпризом же явилось то, насколько легко и бескровно это произошло. Думаю, это связано прежде всего с тем, что «метрополия» — Россия — хотела избавиться от «колоний» — республик. Этого желал Борис Николаевич Ельцин. Наверное, у него имелось на то много причин, но одна очевидна: упразднив СССР, Ельцин лишал президентского кресла Горбачева и таким образом становился единоличным лидером. Двигали им, в этом я уверен, честолюбие и жажда власти. Ведь если бы Ельцин хотел удержать бывшие республики и ради этого был бы готов применить силу, тогда пролилось бы много крови — как в случае крушения всех империй новой истории (Португальской и Испанской, Голландской и Британской, Австрийской и Французской). Ельцин, повторюсь, стремился избавиться и от Горбачева, и от республик, а республики стремились к независимости.

В доказательство того, что советский народ хотел сохранить СССР, Горбачев, и не только он, ссылается на референдум 17 марта 1991 года. На нем «да» сказали семьдесят шесть процентов проголосовавших. Эта цифра заставила меня вспомнить слова Марка Твена о том, что ложь бывает трех видов: просто ложь, отъявленная ложь и статистика. В тех республиках, которые были против референдума (Латвия, Литва, Эстония, Азербайджан, Армения, Грузия) и где прошли собственные опросы на тему «хотите ли вы,

---

*Я добился получения места для строительства здания Школы и «открывал двери», когда это было нужно, но вся бесконечная «черная работа» по оформлению бумаг, все переговоры, все, что касалось организации, — дело рук Кати, и по справедливости Школа должна бы именоваться Школой Познера-Орловой.

чтобы ваша страна вышла из состава СССР и стала независимой и демократической?», подавляющее большинство ответили «да». Понятно, что этнические русские, которые составляли чуть больше половины населения страны, желали сохранения СССР, за то же выступала немалая часть этнических украинцев и белорусов и малая часть этносов других республик. Вот так получились эти семьдесят шесть процентов. Но совершенно очевидно, что если бы референдум проводился отдельно по республикам, то картина вышла бы принципиально иной. Что, собственно, и подтвердилось через несколько месяцев, когда СССР юридически перестал существовать.

Советская система представляла собой социально-политический эксперимент, подопытными кроликами которого были люди. Опыт, обещавший рай на земле, принес ад. За семьдесят четыре года своего существования эта власть лишила жизни не менее шестидесяти миллионов человек. Если вывести среднюю годовую, получится восемь миллионов убитых в год. Такой смертельной «урожайности» не знала ни одна система.

Я придерживаюсь убеждения, что люди, возглавлявшие советское государство, являлись преступниками. Жаль, что некому было посадить их на скамью подсудимых, жаль, что некому было их судить: сам советский народ, сама эта «новая историческая общность» поддерживали систему, способствовали ее реализации.

Не состоялся бы Нюрнбергский процесс, если бы судьи и прокуроры не были иностранцами. В нацизме виновен был немецкий народ, и не мог он судить самого себя. Нюрнбергский процесс случился только потому, что Германия проиграла войну и была оккупирована. СССР тоже проиграл войну — только «холодную» — и никакой оккупации не подвергся. И в результате получилось то, что получилось: сегодня в России правят те, кто был самым горячим поборником советского строя, это те самые люди, которые орали «Да здравствует!», люди, чьи аплодисменты переходили в овацию, люди, которые во время сталинского террора выходили с плакатами «Собакам — собачья смерть!», клеймили Пастернака, Сахарова и Солженицина, это те самые партийцы и комсомольцы, которые тогда клялись своими билетами, а ныне истово размахивают крестами и целуют руку патриарху и прочим сановникам церкви.

Во время работы в Америке я не очень отслеживал, что происходит в России. Начиная с 1993 года я стал вести программы «Мы» и «Человек в маске», которые производились Авторским телевидением Анатолия Малкина и шли в эфире Первого канала (тогда ОРТ). Я прилетал раз в месяц, записывал четыре программы и вновь улетал, что, конечно, не позволяло мне вникнуть в события. А творилось здесь нечто невиданное...

Приватизация. Гигантские богатства — не миллионные, не миллиардные, а триллионные — были приватизированы за копейки. Я многих спрашивал, почему все делалось так поспешно, так непродуманно, — спрашивал Анатолия Борисовича Чубайса и Егора Тимуровича Гайдара, двоих людей, которых я уважаю и к которым испытываю симпатию. Оба ответили примерно так: только этот способ мог гарантировать, что прежняя власть не вернется, надо было действовать решительно и быстро. Возможно. Но верно и то, что в результате появился на свет совершенно особый вид капиталиста — человека, который разбогател, не предприняв для этого ничего. В Америке (и много еще где, но ограничусь одной страной) все те, кого изначально называли «баронами-грабителями», а потом «капитанами индустрии», такие титаны, как Рокфеллер, Дюпон, МакКормак, Форд, Вандербильдт и прочие — все они свои состояния заработали. Да, проливали при этом чужую кровь, да, совершали преступления, да, воровали, все так, но им не откажешь в одном: они начинали с нуля, им никто ничего не давал за бесценок на так называемых залоговых аукционах. И позвольте заметить, что поведенческая и психологическая пропасть пролегает между тем, кто свое сотояние заработал, и тем, кто его получил.

С Билли Грехемом, известнейшим американским проповедником. Штат Северная Каролина, 1993 г.

Почему образ «нового русского» стал нарицательным в мире — и при этом совершенно не позитивным? Почему эти люди не испытывают чувства стыда, соря деньгами, даже, напротив, считают, что чем публичнее они это делают, тем они «круче»?

«Русский капитализм» выражается, в частности, в появлении множества «рублевок», особняки сказочных размеров и не менее сказочной уродливости возвышаются над избами живущих рядом полунищих людей. Коммунистическая верхушка прятала от народа свои привилегии: закрытые поликлиники и больницы, закрытые санатории и дома отдыха, закрытые магазины, спецпайки, спецраспределители, спецкнижные списки. Эти же не прячут ничего. Вместо «спец» у них «VIP»: трибуны, входы и выходы, места, обслуживание... Все жду не дождусь VIP-сортиров.

Я был бы не прав, если бы не сказал, что есть и «настоящие» капиталисты, те, кто все построил своими руками. Но не они определяют облик страны.

Криминализация и коррупция. Откуда они взялись в девяностых — эти люди в малиновых пиджаках, эти киллеры, эти преступные группировки? Из каких щелей они вылезли? Ведь нам говорили, что по сравнению со всеми прочими странами, особенно с Америкой, в Советском Союзе почти нет преступности. Но ведь не из Америки прилетели в Россию все эти Япончики, Тайванчики, Маккинтоши. В каких глубинных слоях советского общества дожидались они своего часа?

Меня поражают те, кто ностальгирует по советским временам, в частности, доказывая, будто «тогда такого не было». Не было? Полноте!

Прощание с иллюзиями

Вы забыли «узбекское хлопковое дело», во главе которого стоял Первый секретарь ЦК КП Узбекистана? Вы забыли застрелившегося министра внутренних дел СССР Щелокова, «собиравшего» антиквариат и драгоценности? Вы забыли первого заместителя председателя КГБ СССР Цвигуна, которому было вменено следить за любившей бриллианты Галиной Леонидовной и за ее цыганом? Цвигун тоже застрелился, якобы потому, что был сильно болен... Вы забыли повальное воровство, фарцевание, продажу из-под полы, блатных директоров продуктовых и прочих магазинов? Вы забыли дело директора Гастронома № 1? Все было, и в какой-то степени было еще мерзее, чем сегодня, потому что тогда говорилось, что это «исключения», что это «нетипично», что на самом деле этого нет или почти нет. Сегодня хоть признают тяжесть положения... правда, от этого не легче.
Шовинизм, расизм, ксенофобия. И снова вопрос: неужели кто-нибудь полагает, что пышный расцвет ксенофобии в России взялся ниоткуда? Или, того пуще, есть результат распада СССР? Может быть, кто-то считает, что повинны в нем «американский империализм» или «жидомасонский заговор»? Кто объяснит мне, почему выходцы из СССР, эмигрировавшие в США, Германию, Францию и другие страны, отличаются от местных жителей троглодитским высочайшим расизмом?
Широко разрекламированная «дружба народов» СССР была выдумкой, бессовестным обманом. На самом деле «мудрая национальная политика величайшего гения всех времен и народов» лишь усугубила традиционную для Российский империи нетерпимость к людям иной национальности. Почему уже при Иване Грозном иностранцев селили отдельно и следили за тем, чтобы с ними не общались местные? Откуда и почему возникла Немецкая слобода, и знаете ли вы, что изначально словом «немец» называли всякого, кто не умел говорить по-русски: раз не говорит по-русски, значит ущербен, неполноценен, немой. С какой целью в советский паспорт была введена графа «национальность», пресловутый «пятый пункт», который подчеркивал национальную принадлежность, а не гражданство человека, тем самым разделяя, а не объединяя людей?
Все это не замечалось, отрицалось, прикрывалось гигантской пропагандистской крышей, а когда крыша слетела... Сегодня иметь в России «неславянскую внешность» реально опасно. Нет смысла описывать убийства, совершаемые подонками, объявившими себя «настоящими русскими». Но стоит призадуматься над тем, что ни президент страны, ни председатель правительства ни разу не посвятили этой теме ни одного серьезного публичного выступления. Стоит призадуматься и над тем, что Русская православная церковь, говоря об «особом» русском пути, о «народе-богоносце», ни разу громко и внятно не осудила разгул национализма в России.
Религия как мода и РПЦ. Я крещен в соборе Парижской Богоматери, крещен католиком. Произошло это скорее всего по французской традиции. Мой русско-еврейский отец был атеистом и мог воспринимать мое крещение разве что слегка иронично. Я никогда с мамой не говорил о ее отношении к религии, но думаю, что она была агностиком. Она прожила несколько школьных лет в женском монастыре в Дамфризе (в Шотландии), однако я никогда не видел, чтобы она молилась или хотя бы раз пошла в церковь. Ни она, ни отец особенно не внушали мне ничего. Помню только, что когда во время оккупации они

ненадолго отдали меня в русскую иммигрантскую семью, жившую на острове Рэ, меня заставляли перед сном становиться на колени и читать «Отче наш...». Комизм ситуации заключался в том, что я не знал ни одного слова по-русски, так что должен был выучить текст наизусть, не понимая ровным счетом ничего. Мне это казалось абракадаброй. Словом, вырос я атеистом.

Как я неоднократно говорил и говорю, в религии меня смущает запрет на сомнения: надо верить — и все. Никаких «почему», никаких «как». Во всех случаях ответ один: «потому». Впрочем, дело хозяйское, каждый живет как хочет. Я отношусь к религии вполне терпимо. Другое дело Церковь. Об этом я тоже говорил и продолжаю говорить: алчная, агрессивная, властолюбивая, она берет на себя функцию единственного посредника между человеком и Богом — что само по себе, на мой взгляд, недопустимо. Но меня отталкивает от Церкви главным образом глубокое противоречие между тем, что она проповедует, и тем, как живут священнослужители. Здесь есть прямая параллель — то, что проповедовала КПСС, и то, как жило ее руководство.

Во всех народных сказках и легендах священник всегда мерзок, лицемерен, сластолюбив, вороват.

Моя мама в женском монастыре в Дамфризе. Шотландия. 1920-е гг.

И одна из характерных черт всех значимых революций — невероятно жестокое преследование священников и варварское разрушение храмов. Может быть, самые яркие примеры тому — Французская революция 1789 года и Русская революция ноября 1917 года. Нельзя без содрогания читать описания того, что творили с этими людьми. Откуда такая ненависть к Церкви и к священнослужителям?

По-моему, дело не в том, сколько кровавых войн развязала Церковь. И не в том, сколько людей по ее прихоти сожгли заживо, замучили, сослали с вырванными ноздрями, языками, с клеймами во лбу*. Дело, как мне кажется, в другом: во лжи, в обмане, в том, что чело-

---

*Иногда говорят: «Подумаешь, святая инквизиция! Она сожгла на кострах всего-то около двадцати пяти тысяч человек! Разве можно это сравнить с...» — и далее следует та или иная фамилия или система. При этом почему-то забывают о Крестовых походах, о Столетней и Тридцатилетней религиозных войнах, но бог с ними. У меня только один вопрос: если бы Церковь располагала современным оружием массового уничтожения, как вы думаете, она воспользовалась бы им?..

век в конце концов не может больше выносить проповедь смирения, скромности, жизни в бедности, набожности, когда видит, что и проповедник, и Церковь от этой проповеди далеки. Да, конечно, были и есть искренние, верующие священники, как были искренние и верующие коммунисты, но ни те, ни другие не правили и не правят балом.

Как-то я имел неосторожность высказать, в том числе и в этой книге, некоторую критику в адрес Русской православной церкви. Если говорить коротко, то я укорил ее за торговлю спиртными напитками и табачными изделиями (на льготных, предоставленных государством, условиях). Я укорил ее за агрессивность, за стремление диктовать моду, поведение, за стремление проникать в школу, в армию, на ТВ, хотя место ей в храме — и только. И еще я позволил себе сказать, что среди христианских церквей самая темная, самая отсталая, самая нетолерантная — Русская православная. И я привел данные, из которых явствует, что по качеству и уровню жизни, по развитию демократии и свободы на первом месте идут страны с преимущественно протестантской верой, на втором — страны католические, и на третьем, последнем, страны православные, в частности Греция, Болгария и Россия. Боже, что тут началось! Как же кляли меня церковники, как же требовали моего отлучения от телевидения, моей высылки из страны! Легко догадаться, что сделали бы со мной эти проповедники добра и терпимости, имей они власть.

Ныне в России носят кресты напоказ, чтобы всем было видно. Носят государственные деятели и столпы бизнеса, носят отъявленные бандиты. Меня отвращает не вера как таковая, пусть я и не согласен с ней, меня отвращает вера «как бы», вера «лайт». У меня нет ни малейшего сомнения, что если бы завтра вдруг по мановению волшебной палочки вернулся к власти Сталин, все эти воцерковленные дамы и господа заменили бы свои кресты на другие символы со скоростью молнии, смазанной маслом. Ложь, лицемерие — вот чем охвачено российское общество сегодня, вот что произошло и продолжает происходить.

***

Согласно опросу, проведенному в мае 2011 года Центром Левады, двадцать два процента взрослого населения России хотели бы уехать из страны навсегда. Опрос, однако, показал крайне неприятную тенденцию. Хотят уехать более половины тех, кто занимается бизнесом, и более половины студентов высших учебных заведений. Парадокс: люди живут так хорошо, как не жили никогда. Я говорю не о Москве. За последние годы я объездил порядка пятидесяти российских городов, больших и малых: полно автомобилей, магазины забиты товарами, нет пресловутого советского дефицита, нет очередей, зато у населения есть деньги. Но они — большинство — недовольны. Одни скучают по равенству в нищете — те, кто постарше. Другие завидуют более имущим. Но не это главное. Когда человек — раб, когда он не может поднять головы, когда ему некогда оглядываться, сравнивать свое бытие с существованием других, он и не размышляет о своем житье-бытье. Но стоит ему зажить чуть лучше, чуть выпрямиться — и он на-

чинает видеть, начинает сравнивать... Кажется, я уже вспоминал бессмертную фразу Жванецкого: «Кто не видел других туфель, наши туфли — во!» Но в том-то и дело, что увидели...

Когда человек не видит перспективы, когда для него нет понятного завтрашнего дня либо этот день рисуется ему безнадежным и бессмысленным — именно тогда возникает желание бежать.

***

Мое возвращение в Америку, мои почти семь лет работы там, опыт съемок фильма «Одноэтажная Америка» и знакомство с совершенно дотоле неведомыми мне местами, встречи с самыми разными людьми — все это не дало мне повода для оптимизма.

Я уезжал из Америки подростком. Я знал, что мама моя француженка, что родился я в Париже; я знал, что мой папа — русский, я знал, что именно на его родине, называемой СССР, существует по-настоящему справедливое общество, именуемое «социализмом», что там нет ни бедных, ни богатых, нет безработных, нет трущоб, нет расизма. И я хотел быть русским. Но все это не мешало мне оставаться американцем. Я обожал бейсбол, моим кумиром был Джо ДиМаджио, я бредил вестернами. Я помнил наизусть Преамбулу к Декларации Независимости и речь, которую произнес президент Линкольн в Геттисбурге, я знал назубок американскую историю и мог за шестьдесят секунд перечислить в алфавитном порядке все сорок восемь штатов, но одного я не знал: насколько глубоко проник в мое подсознание образ Америки — страны Демократии, страны Свободы, страны Неограниченных Возможностей, где Каждый Может стать Кем Хочет. И когда я уехал, я увез все это с собой. И когда я страдал в Германии, все это жило во мне. Но когда я приехал в СССР, все это, во мне сидящее, начало твердить: «Куда ты приехал? Это не то, это не так, неужели ты не видишь, что тебя обманули?!» Как же я не хотел слышать, а тем более слушать этот голос! Я пытался не видеть ничего, что подтверждало правоту моих отвергаемых сомнений, а если видел, то находил увиденному оправдания... Но всему наступает предел: постепенно мне пришлось начать отдавать себе отчет в том, что происходит в Советском Союзе, каковы реальные порядки, насколько человек беззащитен, что такое в самом деле «социалистическая демократия». Я не мог не замечать, как жестоко преследуется инакомыслие, я не мог обманывать самого себя, когда становился свидетелем судилища над Синявским и Даниелем, издевательств над Пастернаком. И на этом фоне мои американские воспоминания обрели особую ауру, притягательность. Я не обманывался относительно политики Америки. Но я не сомневался, что то основное, глубинное, которое составляло изначально фундамент Соединенных Штатов, неизменно.

И вновь меня постигло разочарование, вновь пришлось попрощаться с иллюзиями.

Я по-прежнему помнил Преамбулу к Декларации Независимости, но многие в Америке не то что не помнили, но и не знали ее. Что-то произошло с американским духом, с аме-

Меня снимает Рената Литвинова (!). Крыша Смоленского пассажа, Москва, 2004 г.

риканской душой. Все потускнело как-то. Весь этот замечательный американский оптимизм, вся эта неуемная вера в «американскую мечту» — все это перестало писаться, говориться и думаться с большой буквы.

Знаменитый «Плавильный котел», куда попадали иммигранты и откуда они выходили американцами, превратился сначала в «салатницу», в которой все перемешиваются, но не сливаются воедино, а потом в сервировочное блюдо с отделениями. Америка перестала справляться с иммиграцией: в Калифорнии есть районы, где не только мексиканские иммигранты первого поколения, но и их дети не говорят по-английски и не стремятся к этому. Если когда-то ассимиляция была правилом, сегодня она все больше становится если не исключением, то не само собою разумеющимся явлением.

Прежде достаточно было увидеть американский автомобиль, чтобы понять: Америка на подъеме, настало ее время. Сверкающий никелем, яркими красками, с хвостовым оперением и громадной, словно пасть кита, «мордой», весь устремленный вперед, неудержимый, этот автомобиль был символом успеха, торжества, ему не находилось равных в мире, и каждая марка была узнаваема. Сегодня американский автомобиль потерял всякие признаки индивидуальности и проигрывает как по качеству, так и по дизайну своим немецким, японским и прочим конкурентам.

Тогда, давно, американский джаз заставлял улыбаться, смеяться, плакать, подниматься в танце, отбивать ритм, он был полон жизни. Счастье звучало, лилось, выплескивалось в игре, импровизации таких корифеев, как Фетс Уоллер и Луи Армстронг, Билли Холидей и Бесси Смит, Каунт Бейси и Дюк Эллингтон, Диззи Гиллеспи и Чарли Паркер, Майлс Дейвис и Рей Браун, Элла Фицджеральд и Сара Вон, Стан Гетс и Лестер Янг, Рей Чарльз и Оскар Питерсон и... и... и... список бесконечен. А что сегодня? Рэп?

И самое тяжелое, самый верный признак того, что кончился «американский век», тем более «век Америки», — страна расколота. С одной стороны, христиане-фундаменталисты, неоконсерваторы, обезумевшие члены партии Чаепития, противники любых, я подчеркиваю, любых социальных программ, а с другой, либералы-демократы, защитники геев, однополых браков, права на аборт, сторонники повышения налогов для супербогатых, медицинского страхования... И кругом ненависть. Победа на президентских выборах чернокожего американца Барака Обамы лишь подчеркнула, сколь глубока разделившая Америку пропасть: он, призвавший к объединению усилий ради решения тяжелых проблем страны, к поиску взаимоприемлемых шагов, встретился с полным отказом от любых совместных действий, с категорическим нежеланием иметь хоть что-то общее с его администрацией. Америка топчется на месте, а это значит, что она пятится назад, отступает.

И я это чувствую тем острее, чем больше осознаю, как люблю эту страну.

***

Я вернулся в Россию после позорных президентских выборов 1996 года, выборов, подведших черту под устремлениями общества к демократии. Эти выборы были нечестные. В них использовался не только административный, но и всякий другой ресурс, главным образом медийный, чтобы обеспечить победу Борису Ельцину. Откровенно говоря, он должен был проиграть: в нем народ разочаровался. Победа «светила» Геннадию Зюганову, лидеру КПРФ. Это — если по справедливости. Но по справедливости КПРФ, называющую себя преемницей КПСС, следовало запретить — точно так же, как запретили коммунистические партии в бывших странах «народной демократии». Так что не будем переживать несправедливый отъем победы у Зюганова.

Но как же получилось так, что всего за пять лет Ельцин из народного любимца и героя превратился в человека, вызывающего неприязнь, недоверие, даже презрение? Дело только в пристрастии к алкоголю? Сомневаюсь. Однажды на мой вопрос «Демократ ли вы?» Борис Николаевич ответил: «Нет, конечно. Вы же знаете, в какой стране я родился, членом какой партии я

Дома в Чистом. 1997 г.

был, откуда мне быть демократом? Может быть, работая с настоящими демократами, я научусь этому». Ответил он блестяще и честно. Но не научился демократии Ельцин, на самом деле он остался вполне советским руководителем со всеми советскими повадками. Парадокс: он сломал советскую систему, но пытался руководить ею советскими способами — иначе он не мог, и в этом, я думаю, подлинная причина его неуспеха. Не демократы были ему ближе всех, а такие люди, как Александр Коржаков, тогдашний начальник его охраны. Я хорошо помню, как Борис Абрамович Березовский попросил меня взять интервью у Коржакова для ОРТ. Впечатление незабываемое. Ждали Коржакова с трепетом, будто это всесильный монарх. До его приезда какие-то мрачные, мускулистые, молчаливые люди тщательно проверяли помещения, через которые ему предстояло пройти. Вошел он в кабинет тогдашнего генерального директора Ксении Пономаревой словно к себе домой: громадный, грубый, «дарящий» всем свое присутствие. Брать у этого господина интервью мне совершенно не хотелось, и получилось оно никаким: с самого начала я понимал, что он ничего важного не скажет, и сразу же потерял к нему всякий интерес.

Правда, Березовский потом меня благодарил, говорил, что этим интервью я ему очень помог (?!). Видимо, Коржаков был тем человеком, от которого зависел «доступ к телу». Потом Березовский, сумев добраться до Ельцина, обрел немалую власть и превратился в злейшего врага Коржакова.

С Борисом Абрамовичем у меня сложились отношения, которые я назвал бы трагикомическими. Году в девяносто третьем мне в Нью-Йорк позвонил Эдуард Михайлович Сагалаев, которого я знал весьма поверхностно. Он сообщил мне, что едет в Штаты с делегацией телевизионщиков, возглавляемой Борисом Березовским. Поскольку я никак не отреагировал, Сагалаев спросил меня, знаю ли я, кто такой Борис Абрамович. Я ответил, что представления не имею, и Эдуард Михайлович как-то растерялся, а потом стал объяснять мне, что это новый хозяин бывшей «первой кнопки», теперь именуемой Общественным российским телевидением (ОРТ). И все они едут в Атланту встречаться с хозяином компании CNN Тедом Тэрнером, но будут в Нью-Йорке, а потому не мог бы я оказать содействие в организации встречи?..

Я не очень хорошо помню детали, но два момента не забуду. Первый был связан с желанием Березовского и приехавшего с ним Бадри Патаркацишвили* выяснить, где в Нью-Йорке продается самая лучшая, самая модная мужская одежда. Я сказал, что есть такой магазин на Мадисон Авеню, называется «Барниз». Оказалось, что я попал пальцем в небо. Их

---

* Бадри Шалвович Патаркацишвили был партнером и правой рукой Березовского. Я хорошо знал его: это был настоящий «крестный отец», человек со своими твердыми представлениями о чести. Он был вынужден уехать из России в Грузию, когда начались гонения на Березовского. Потом ему пришлось бежать из Грузии от Саакашвили, возненавидевшего его за созданное им независимое телевидение. Он умер внезапно, в пятьдесят два года, в своем особняке недалеко от Лондона. Хоронили его в Тбилиси. Из сотен людей из России, которым он помог, прилетели только пятеро — в том числе я.

на самом деле интересовала самая дорогая одежда, и они быстро убедились, что таковая продается в магазинах фирмы «Бриони». В общем, я почувствовал себя слегка идиотом.

Второй момент более важен для меня. Во время беседы Березовский попросил меня подумать над какой-нибудь новой, интересной программой для ОРТ. Я сказал ему, что давно размышлял о такой программе, что называется она ВВП («Весьма Влиятельные Персоны») и должна состоять из часовых интервью с людьми, чья деятельность повлияла на жизнь миллионов других. Речь идет о самых разных людях из самых разных стран, таким образом, эта программа может оказаться международной. Борис Абрамович загорелся и попросил изложить все это на бумаге, указав стоимость и всякие прочие моменты, и потом послать ему — что я и сделал.

Делегация вернулась в Москву, прошло какое-то время, и мне позвонили от Березовского с просьбой приехать. Встреча прошла наилучшим образом, Борис Абрамович попросил меня немедленно приступить к организации съемок «ВВП». «Что касается оплаты, — добавил он, — поговорите с Бадри Патаркацишвили, он занимается финансовыми вопросами».

Наша встреча состоялась в бывшем помещении Замоскворецкого райкома партии, ставшем Домом приемов «Логоваза»: от прежнего здания остались разве что стены, внутри все было перестроено и дышало богатством. У входа в приемный зал стояло бронзовое изображение стаи пираний с широко открытыми зубастыми пастями. Заметив мой удивленный взгляд, охранник, провожавший меня на встречу, ухмыльнулся и пояснил: «Пираньи — это наша эмблема...»

Патаркацишвили вышел из-за громадного антикварного дубового стола, поздоровался со мной и снова сел. У него были совершенно светлые, почти белые волосы, такого же цвета «сталинские» усы и настолько черные глаза, что невозможно было отличить зрачок от радужной оболочки. Мне казалось, что на на меня уставились два пистолетных дула.

Мы буквально за несколько минут обо всем договорились, хотя, признаться, я не очень-то верил в удачу. Тем не менее, вернувшись в Нью-Йорк, я обнаружил на своем банковском счете обещанную начальную сумму.

Трудно передать, какое счастье я испытал от возможности делать программу, о которой давно мечтал. Я собрал команду, арендовал помещение и приступил к работе. Она спорилась: мы сняли двенадцать программ. И вдруг из Москвы перестали поступать деньги. Мы продолжали работать, постепенно образовался долг. Я звонил Березовскому, звонил, но мне отвечали, что он занят, в отъезде, обязательно свяжется со мной... А долг все рос и достиг огромной для меня суммы в четыреста тысяч долларов. Наконец я дозвонился до Березовского, и тот сообщил, что «деньги кончились». Это была катастрофа. Дабы рассчитаться с американскими сотрудниками (о том, чтобы не заплатить им, не могло быть и речи: Америка — не Россия, меня затаскали бы по судам и разорили бы), я должен был бы продать не только свою квартиру, но и многое другое. Я впал в тяжелую депрессию, которая передалась и моей жене. Я решил, что надо ехать в Москву и добиться от Березовского уплаты этих злосчастных четырехсот тысяч.

Встреча состоялась все в том же Доме приемов «Логоваза». Состоялась она в полночь. Меня проводили в какую-то дальнюю комнату и попросили подождать. Минут через де-

В качестве Президента Академии российского телевидения, я поздравляю В.А. Гусинского с получением ТЭФИ «За вклад в развитие российского телевидения».

сять вошли Березовский и Бадри. Дословно я не помню, о чем говорил, но смысл был такой: у меня подписан договор с ОРТ на тридцать девять программ, следовательно, ОРТ обязано заплатить мне три миллиона девятьсот тысяч. Я могу подать на ОРТ в суд, но понимаю, что это будет тянуться бесконечно и кончится скорее всего ничем. Но я не уеду, не получив тех четырехсот тысяч, которые мне должны.

Тут Борис Абрамович принялся рассуждать о том, как относятся к контрактам в Америке («только соблюдают букву») и в Европе («соблюдают дух»), словом, стал меня «лечить». Я довольно бесцеремонно перебил его и сказал, что меня это совершенно не интересует, я хочу получить свои деньги, и он обязан заплатить. Тогда Березовский повернулся к молчавшему все это время Бадри и спросил:
— Бадри, что ты думаешь?
А тот ответил:
— Боря, он прав.
И деньги эти мне перевели; я рассчитался со своей командой и распрощался с мечтой о программе «ВВП».

Только позже, проигрывая в уме эту встречу, я понял, что ходил по острию ножа: начни я жалостливо просить, взывать, говорить о своем отчаянном положении, думаю, я не получил бы ничего. Помните, как у Булгакова в романе «Белая гвардия» солдат, «вознесясь в губительные выси», говорит генералу Слащеву, что тот злодей и душегуб, но потом валится на колени и просит прощения, а генерал, поначалу пораженный его словами, приказывает его повесить? Меня, конечно, не повесили бы, но тогда, в середине девяностых, за четыреста тысяч долларов легко могли убить.

Я вернулся в Нью-Йорк в определенном смысле победителем, но на самом деле потерпевшим поражение. Нервное потрясение, которое испытала Катя, зародило в ней определенный страх и даже недоверие к моим деловым способностям. Как мне кажется, именно тогда образовалась трещинка, которая со временем все росла, росла и привела к нашему разрыву. Мы прожили вместе тридцать семь лет, целую жизнь, в которой было много любви и счастья, в нашем разрыве я корю только себя, во мне живет и, пока я жив, будет жить глубокое чувство вины.

***

Мы вернулись в Россию в самом начале 1997 года. Страна находилась в тяжелом состоянии, это было накануне экономического кризиса 1998 года. Ельцин практически не управлял. Я помнил подтянутого, моложавого и спортивного Бориса Николаевича начала девяностых и теперь поразился его отяжелевшей фигуре и одутловатому, почти старческому лицу.

«Свободное, независимое» телевидение превратилось в инструмент политического влияния в руках его хозяев: ОРТ Березовского лупило по Лужкову и Примакову с помощью телекиллера Сергея Доренко, НТВ Гусинского било по своим целям, используя Евгения Киселева. Даже речи не шло об объективности или независимости. Тогда-то и началось падение доверия к СМИ в России: бывшие «рыцари без страха и упрека», журналисты перестройки и гласности, обернулись исполнителями чужой воли, проще говоря, пропагандистами. В тот момент стала сходить на нет журналистика, и сегодня не будет преувеличением сказать, что в России журналистики нет (хотя есть небольшое количество журналистов).

Я был одним из очень немногих, кому удалось сохранить независимость, да и то ненадолго: программа «Времена», которая появилась в эфире в 2000—2001 телевизионном году и поначалу снискала себе славу объективной, честной и профессиональной информационно-аналитической программы, продержалась на этом уровне четыре года. По мере того как укреплялась «вертикаль власти» президента Путина, все энергичнее сужались тематика и круг лиц, допущенных до эфира, и в конце концов я вынужден был программу закрыть: она превратилась в свое бледное подобие, стала скучной, беззубой, бессмысленной — как и все политическое телевидение России.

Вскоре после приезда в Россию я начал активно заниматься борьбой с эпидемией ВИЧ/СПИД. Я ездил по стране с программой «Время жить!», смысл которой заключался в следующем: с помощью телевизионного ток-шоу мы пытались добиться, чтобы в России а) поняли, каким образом вирус проникает в организм, б) узнали, как предохраняться от этого, в) не боялись ВИЧ-инфицированных, г) не подвергали людей, живущих с ВИЧ, дискриминации. В течение че-

Одна из последних программ «Времена». 2007 г.

Первое знакомство с ВИЧ-положительными больными. Москва, 1989 г.

тырех лет я выступал на местных станциях страны — всего в сорока пяти городах. В студиях собирались лица как официальные, так и вполне рядовые, а также студенты и некоторое количество ВИЧ-инфицированных. Возникали споры, порой горячие, но польза была несомненная. *Нашей программе оказывали противодействие представители Русской православной церкви и некоторые политические деятели (в частности, депутат Московской городской думы Стебенкова), требовавшие запретить половое воспитание в школе, убеждающие не произносить при подростках слово «презерватив» и призывающие лишь к воздержанию и верности. Этот подход нашел отклик у министра здравоохранения и социального развития Голиковой, в результате чего сегодня в России фактически сведена на нет вся деятельность по предотвращению инфекции.*

***

Жизнь причудлива. На одном из собраний представителей некоммерческих организаций, занимающихся проблемами СПИДа, обсуждался вопрос организации гала-вечера в день Всемирной борьбы с ВИЧ. Была приглашена самая известная (как мне сказали) промоутер в

России, некая Надежда Соловьева. Я о ней слышал в первый раз. Мы все сидели за круглым столом, когда дверь открылась и вошла Надежда Юрьевна. Она была в красном, с широким воротом, джемпере, надетом поверх ослепительно белой блузки. Короткая стрижка, матово-светлые волосы, необыкновенно яркое, без тени макияжа лицо. Нос чуть с горбинкой, четко очерченный рот, серо-голубые глаза. И вдруг я почувствовал, что не могу оторвать от нее взгляда. Почувствовал — и ужаснулся. Нет, не хочу, подумал я, не хочу больше никаких потрясений, никаких переживаний, я женат, я стар, чур меня, чур! Когда Надежда Юрьевна пришла на наше следующее заседание, я встал, чтобы уступить ей стул, а сам от смущения сел мимо стула, на фикус, вызвав гомерический хохот присутствующих.

Так она вошла в мою жизнь. Это было очень трудно, порой невыразимо тяжело. Впрочем, счастье легким не бывает.

**

Вчера весь мир узнал о том, о чем почти все догадывались: Владимир Владимирович Путин заменит Дмитрия Анатольевича Медведева на посту Президента России.

А жаль.

Не потому, что я проиграл спор и одному человеку должен ящик виски, а другому — ящик вина «Cheval Blanc».

Жалко Россию.

Я очень надеялся, что Путин откажется от президентского соблазна. Не потому, что я поклонник Медведева. А потому, что такой поступок со стороны Путина способствовал бы нормальной смене власти и хотя бы чуть-чуть приблизил бы Россию к современному цивилизованному демократическому обществу.

Жаль еще и потому, что я втайне лелеял мечту: доживу до дня, когда смогу сказать себе, что Россия становится демократической, современной страной, вызывающей в мире не страх, не гримасу презрения, а уважение и улыбку.

Не доживу.

При получении звания почетного доктора юриспруденции в колледже «Олбрайт». 1993 г.

***

P.S.
ПУ, МУ И ЗЮ
Пришли гранки книжки, и я не могу устоять перед желанием написать еще несколько слов.

24 сентября Пу и Му, как их стали называть, объявили о том, что они с **самого начала** *договорились, будто Пу вернется через четыре года. И это — смачный плевок в лицо всего российского общества. Четыре года мы думали-гадали, четыре года они разыгрывали фарс — мол, размышляем, время покажет, а на самом деле все было решено. Нас принимают за быдло, за дураков, они убеждены, что «пипл хавает» все.*

А потом состоялись «выборы» в Государственную Думу, выборы, неслыханные по количеству вранья, по уровню фальсификации, выборы настолько не приемлемые, что общество восстало — не все общество, конечно, но значительная его часть.

И вдруг власть в лице Пу и Му... зажмурилась. Вдруг она заговорила об изменении избирательной системы, о возвращении к прямым выборам губернаторов, о создании общественного телевидения. Она, власть, отправила в никуда «андроида» Грызлова. Она вот-вот снимет с должности председателя ЦИК Чурова.

24 декабря на проспекте Сахарова состоялся массовый митинг «За честные выборы». Он прошел мирно, без единого ареста, без рукоприкладства, без крови. Пока не знаю, чем этот митинг кончится: не будет ли эксцессов, крови, арестов.

Странным образом Пу напоминает мне теннисиста экстра-класса, который давно привык легко выигрывать у всех и каждого, настолько привык, что забыл главную заповедь любого соревнования: нельзя расслабляться, нельзя недооценивать оппонента. И вот, совершенно неожиданно для себя, Пу проиграл одно очко; потом второе и третье. И как водится, занервничал, стал допускать одну ошибку за другой. Для начала обозвал всех с ним несогласных бандерлогами, одновременно выступив в роли питона. Потом заявил, что государству надо чаще заявлять о себе по телевидению, а народу необходимы сеансы психотерапии. Как говорится, из огня да в полымя.

Дело слегка запахло керосином. То бишь возможным вторым туром на президентских выборах. Скорее всего, с участием Зю — и это опасно. В свое время французы, желая дать знать президенту Шираку, что они им недовольны, пропустили во второй тур националиста-шовиниста Ле Пена. Но во втором туре порядка 85% проголосовали за Ширака: не могли французы допустить неофашиста в Елисейский дворец. Но русские — это не французы. В своем протестном амоке они могут проголосовать за Зю. А это будет катастрофа не только для России. Правда, надеюсь, что подобного не произойдет.

Но больше всего надеюсь, что, несмотря ни на что — ни на тяжелейшую историю, ни на тысячу с лишним лет православия, ни на триста лет татаро-монгольского ига, ни на наследие Ивана Грозного, ни на семь с лишним десятков лет советского рабства, — русский народ выпрямится, встанет в полный рост и пойдет по тому единственному пути, который достоин человека — по пути демократии.

И совершенно неважно, что я не доживу до этого дня.

Публицистическое издание

Владимир Владимирович Познер

ПРОЩАНИЕ С ИЛЛЮЗИЯМИ

Фото на обложке — Ивана Ковригина
В книге использованы фото из личного архива автора

Литературный редактор *Ю.А. Тржемецкая*
Ведущий редактор *О.С. Бабушкина*
Корректор *И.Н. Мокина*
Технический редактор *Т.П. Тимошина*
Компьютерная верстка *Г.А. Сенина*

Подписано в печать 10.02.12.
Формат 70х90/ 16. Усл. печ. л. 36,27.
Доп. тираж / Перепл. 10 000 экз. Заказ № 1751М.
Доп. тираж / Супер. обл. 3 000 экз. Заказ № 1752М.

Общероссийский классификатор продукции
ОК-005-93, том 2; 953000 — книги, брошюры

ООО «Издательство Астрель»
129085, г. Москва, проезд Ольминского, д. 3а

Издание осуществлено при технической поддержке ООО «Издательство АСТ»

Электронный адрес:
www.ast.ru
E-mail: astpub@aha.ru

Отпечатано с готовых диапозитивов
в типографии ООО «Полиграфиздат»
144003, г. Электросталь, Московская область, ул. Тевосяна, д. 25

ПЕРВАЯ ЗА ПОСЛЕДНИЕ ГОДЫ

ЧЕСТНАЯ БИОГРАФИЯ,

В КОТОРОЙ АВТОР

С ПУГАЮЩЕЙ ОТКРОВЕННОСТЬЮ

ГОВОРИТ

О СЕБЕ, ВРЕМЕНИ

И РОССИИ